中華古籍保護計劃

ZHONG HUA GU JI BAO HU JI HUA CHENG GUO

·成果·

民國時期文獻
保護計劃

成果

紹興圖書館
民國時期傳統裝幀書籍普查登記目録

（上）

浙江省民國時期傳統裝幀書籍普查登記目録・紹興

國家圖書館出版社
National Library of China Publishing House

圖書在版編目(CIP)數據

紹興圖書館民國時期傳統裝幀書籍普查登記目録:全二册/紹興圖書館編. --北京:國家圖書館出版社,2018.12
(浙江省民國時期傳統裝幀書籍普查登記目録)
ISBN 978-7-5013-6479-4

Ⅰ.①紹… Ⅱ.①紹… Ⅲ.①公共圖書館—圖書館目録—紹興—民國 Ⅳ.①Z822.1

中國版本圖書館CIP數據核字(2018)第154006號

書　　名　紹興圖書館民國時期傳統裝幀書籍普查登記目録(全二册)
著　　者　紹興圖書館　編
責任編輯　趙　嫄

出　　版　國家圖書館出版社(100034　北京市西城區文津街7號)
(原書目文獻出版社　北京圖書館出版社)
發　　行　010-66114536　66126153　66151313　66175620
66121706(傳真)　66126156(門市部)
E-mail　nlcpress@nlc.cn(郵購)
Website　www.nlcpress.com→投稿中心
經　　銷　新華書店
印　　裝　河北三河弘翰印務有限公司
版　　次　2018年12月第1版　2018年12月第1次印刷

開　　本　787×1092(毫米)　1/16
印　　張　56
字　　數　1100千字

書　　號　ISBN 978-7-5013-6479-4
定　　價　560.00圓

《浙江省民國時期傳統裝幀書籍普查登記目録》

指導委員會

主　任： 褚子育

副主任： 葉　菁

委　員（按姓氏筆畫排序）：

吕振興　李儉英　金琴龍　倪　巍　徐兼明

徐　潔　陸深海　陳泉標　陳　浩　孫雍容

張純芳　張愛琴　褚樹青　樓　婷　鍾世杰

應　雄

《浙江省民國時期傳統裝幀書籍普查登記目録》

工作委員會

主　任：褚樹青

委　員（按姓氏筆畫排序）：

王以儉　毛　旭　占　劍　沈紅梅　季彤曦

胡海榮　莊立臻　徐益波　孫旭霞　孫國茂

劉　偉　應　暉

《浙江省民國時期傳統裝幀書籍普查登記目録》

編纂委員會

主　編： 徐曉軍

副主編： 曹海花　童聖江

統校和編纂工作小組組長： 曹海花（浙江圖書館）

統校和編纂工作小組成員（按姓氏筆畫排序）：

干亦鈴（寧波市圖書館）

吕　芳（浙江圖書館）

沈秋燕（嘉興市圖書館）

秦華英（浙江圖書館）

唐　微（紹興圖書館）

陳瑾淵（温州市圖書館）

《浙江省民國時期傳統裝幀書籍普查登記目録》

序　言

近代中國社會由封建王朝向民主政體蛹變的轉型時期，傳統思維與新思潮强烈衝突，書籍也隨之進入了重大變革時期，以綫裝書爲代表的傳統裝幀書籍日漸式微，傳統裝幀與現代裝幀進入了一個并存期。社會革命的發生并不意味着文化馬上就發生根本性的變化，文化的發展是有連續性的，它不會因朝代的突然更替而發生斷層式的變化。1912 年辛亥革命勝利後，中國傳統文化的發展依然繁榮，産生了一大批高質量的傳統裝幀書籍，這部分書籍也是中國傳統文化的重要組成部分。百年來，公共圖書館等公藏單位將這部分書籍跟古籍采取一樣的存放、管理、保護方式。浙江是文化大省，文化底蘊深厚，書籍刻印歷史悠久，前賢留下的著述浩如烟海，藏書雅閣及私人藏書爲數衆多，民國期間也刻印了大量典籍，民國時期傳統裝幀書籍在各藏書單位（尤其是基層單位）所藏歷史文獻中占據了相當大的比重。這些文獻形成了浙江文獻典藏的重要特色，是浙江傳統文化的重要組成部分。爲更加全面地掌握全省歷史文獻文化遺産現狀，揭示全省各地區文化脉絡，浙江省自古籍普查伊始就將民國時期傳統裝幀書籍納入古籍普查範圍。

按照《全國古籍普查登記手册》要求，登記每部古籍的基本項目，必登項目有索書號、題名卷數、著者、版本、册數、存（缺）卷數，選登項目有分類、批校題跋、版式、裝幀形式、叢書子目、書影、破損狀况等内容。“秉持浙江精神，幹在實處、走在前列、勇立潮頭”，浙江省的古籍普查工作一直高標準、嚴要求，自始至終堅持全國古籍普查登記平臺（以下簡稱古籍普查平臺）項目全著録，堅持文字信息和書影信息雙著録，登記每部書的索書號、分類、題名卷數、著者、卷數統計、版本、版式、裝幀、裝具、序跋、刻工、批校題跋、鈐印、叢書子目、定級及書影、定損及書影等 16 大項 74 小項的信息。普查統計顯示，截至 2017 年 4 月 30 日，全省 95 家單位共藏有中國傳統裝幀書籍 337405 部 2506633 册，其中民國時期傳統裝幀書籍 117543 部 751690 册，占全部傳統裝幀書籍的三分之一。

普查登記著録工作結束後，省古籍保護中心組織普查業務骨幹統校、編纂全省的普查登記目録。全省的普查登記目録是將古籍和民國數據分開的，由省古籍保護中心統一規劃，分别出版《浙江省古籍普查登記目録》和《浙江省民國時期傳統裝幀書籍普查登記目録》。古籍數據統校完成後，於 2017 年 3 月成立由浙江圖書館、寧波市圖書館、温州市圖書館、嘉興市圖書館、紹興圖書館 5 家單位的 7 名普查業務骨幹組成的《浙江省民國時期傳統裝幀書籍普查登記目録》統校和編纂工作小組，開展民國時期傳統裝幀書籍普查數據的統校和登記目録的編纂工作。

民國時期傳統裝幀書籍普查數據統校要求和登記目録編纂工作程序與古籍相同，省古籍保護中心制定的《浙江省古籍普查登記目録編纂工作方案》《浙江省古籍普查數據統校細則》，也適用於指導全省民國時期傳統裝幀書籍普查數據的統校和登記目録的編纂。統校和編纂工作程序如下：導出古籍普查平臺上的數據，切分出民國數據，按照設定的普查編號、索書號、分類、題名卷數、著者、版本、批校題跋、册數、存(缺)卷這幾項登記目録的出版款目對表格進行整理，整理後按照題名進行排列分給各統校員進行統校，統校結束後的數據按行政區域進行彙總，交由分區負責人進行覆核，覆核結束後由省古籍保護中心一一寄給各館進行修改確認，經各館確認後由分區負責人進行最後審定。

全省參與普查的共 95 家單位，其中 94 家有民國時期傳統裝幀書籍，進入本登記目録的有 93 家單位，總數達 11 萬餘部。根據分區域出版和達到一定條數可以單獨成書的原則，全省的民國時期傳統裝幀書籍普查登記目録大致分爲以下 15 種：浙江圖書館，浙江省博物館，中國美術學院圖書館等四家收藏單位，杭州圖書館等十一家收藏單位，寧波市天一閣博物館，寧波市圖書館等八家收藏單位，温州市圖書館，瑞安市博物館(玉海樓)等九家收藏單位、湖州市圖書館等七家收藏單位，嘉興市圖書館，嘉善縣圖書館等八家收藏單位，紹興圖書館，紹興市上虞區圖書館等九家收藏單位，金華市博物館等九家收藏單位，衢州市博物館等四家收藏單位、舟山市圖書館等二家收藏單位、麗水市圖書館等八家收藏單位，臨海市圖書館等八家收藏單位。爲保障普查編號的唯一性、終身有效性，各館數據以原普查編號從低到高的順序進行排列。由於浙江省古籍普查範圍包括古籍、民國傳統裝幀書籍、域外漢文古籍，著録時幾種文獻交替進行，而出版時是分開的，加之古籍普查平臺系統出現的跳號情況，所以會出現普查編號不連貫的現象，特此説明。

浙江省古籍普查工作得到了各方的關心和支持。感謝各兄弟省份古籍同行的熱情幫助，感謝李致忠、張志清、吴格、陳先行、陳紅彦、陳荔京、羅琳、王清原、唱春蓮、李德生、石洪運、賈秀麗、范邦瑾等專家學者的悉心指導。

條數多，分布廣，又出於衆手，儘管工作中我們一直争取做到最好，但無論是已經著録的古籍普查平臺數據還是即將付梓的登記目録，都難免存在紕漏，希望業界同仁不吝賜教，俾臻完善。

浙江省古籍保護中心
2018 年 3 月

《浙江省民國時期傳統裝幀書籍普查登記目録》

編纂凡例

一、收録範圍爲浙江省圖書館、博物館等公共收藏機構所藏，産生於 1912 年到 1949 年 9 月，有關傳統學術并以綫裝爲主的具有傳統裝幀形式的漢文書籍。

二、以各收藏機構爲分册依據，篇幅較小者，適當合并出版。

三、一部書籍一條款目，複本亦單獨著録。

四、著録款目包括普查登記編號、索書號、分類、題名卷數、著者、版本、批校題跋、册數、存(缺)卷等。普查登記編號的組成方式是：省級行政區劃代碼—單位代碼—古籍普查登記順序號。

五、以普查登記編號順序排序。

六、編製各館藏目録書名筆畫索引附於書後，以便檢索。

《紹興圖書館民國時期傳統裝幀書籍普查登記目録》

編委會

#《紹興圖書館民國時期傳統裝幀書籍普查登記目録》

前　言

紹興圖書館的前身是鄉紳徐樹蘭於1902年獨資創建的古越藏書樓，它是中國近代第一所具有公共圖書館性質的私家藏書樓，在115年的歷史長河中，跨越了清末、民國和中華人民共和國三個歷史時期，歷經古越藏書樓、紹興縣立圖書館、紹興縣魯迅圖書館、紹興市魯迅圖書館和紹興圖書館五個發展階段。

紹興圖書館藏書資源豐富，按傳統做法，清宣統三年（1911）之前的傳統古籍和1912年至1949年9月的傳統裝幀書籍都隸屬歷史文獻部，屬古籍範圍。藏書來源除古越藏書樓舊藏外，尚有政府轉交、本館收購、民間捐贈等途徑。古越藏書樓舊藏是我館古籍的主要來源。徐樹蘭先生建樓之後，便"將家藏經史大部及一切有用之書，悉數捐入"，"所有近來譯本新書，以及圖畫、標本、雅馴報章，亦復捐資購備"，藏書計有"七萬餘千卷"。同時特別推出"存書之例"，特地申明"以限於資力，未能完備，有願出資助益及助益書籍者，均拜嘉惠"，號召社會有識人士捐書。民國時期，藏書樓由私立轉公辦，改組爲"紹興縣立圖書館"。據1936年統計，藏書爲79000册，其中通常類圖書（含民國時期傳統裝幀書籍）逾50000册。日軍侵占紹興期間，藏書曾异地遷徙，歷盡艱辛，又遭兵燹之厄，損失慘重，數量鋭減，"不及戰前十分之三"。據1947年統計，僅存16651册，其中古籍11475册。抗戰勝利後，爲充實館藏，有過幾次大規模的募捐活動，用籌得善款從滬杭兩地購得圖書700餘部，略增館藏。中華人民共和國成立後，社會各界對圖書館的捐書助資更是綿延不絶。20世紀50年代，前觀巷鮑氏家庭圖書館百來册藏書入捐。1962年，鄉賢陶冶公捐贈古籍5000餘册。1964年，王貺甫先生將其父王子餘先生所藏民國修志委員會的資料捐贈給圖書館，其中包括《民國紹興縣志資料》稿本及各類采訪稿、修志委員會刊刻的書籍、修志所需的各類方志及古籍地方文獻等300餘部。1985年，退休中學教師袁子環將389册古籍捐贈圖書館。同年，美籍華人沈家楨將其先父沈鈞業先生日記手稿及珍藏圖書等捐贈給圖書館。以上捐贈圖書并入，極大地豐富了館藏，精細備陳，善本盈橱。

我館古籍編目工作源遠流長，歷史上有過突出成就。早在古越藏書樓時期，徐樹蘭先生就主持編製《古越藏書樓書目》，分經、史、子、集、時務五部，計35卷。1904年，藏書樓延聘慈溪孝廉、紹興府學堂總教習馮一梅重新編目，將庋藏圖書分爲政、學兩部，訂爲47類20卷，由上海崇實書局石印發行。此書目將中西書籍融爲一體，在中國近代圖書編目史上開創了一種全新的分類體系。紹興縣立圖書館時期，古籍改用“四庫法”分類。1979年，又采用《中國古籍善本書目》分類法編製館藏善本財産目録，分甲、乙編，計685部3895册。其中196部上報《中國古籍善本書目》編輯委員會，有105部入收《中國古籍善本書目》。20世紀80年代初，新編地方志事業興起，爲適應修志形勢需要，分别於1982年、1986年編印《魯迅圖書館善本書目》《魯迅圖書館古籍地方文獻》各一册，均爲油印本，印數不多，現已鮮有留存。本世紀初，隨着民間尋根“修譜熱”的悄然興起，我館從未編古籍中分編《館藏家譜目録》，計135部1200餘册，特設專櫃，以饗讀者。至此，在“中華古籍保護計劃”正式啓動之前，已經編目古籍覆蓋五分之三的藏品，尚有六萬餘册古籍未暇正式編目，僅以財産目録形式造册登記，其中包括大量的民國時期傳統裝幀書籍。

2007年1月，國務院辦公廳發布《關於進一步加强古籍保護工作的意見》（國辦發［2007］6號），“中華古籍保護計劃”正式啓動實施。2009年，我館成功入選“第二批全國重點古籍保護單位”，我館的古籍保護工作就此迎來發展契機。同年，浙江省“中華古籍保護計劃”全面展開，我館作爲一家省内較早開展古籍普查的單位，於2011年12月確立古籍普查方案，制訂工作手册，并在隨後的幾年中根據普查進展，不斷擴充古籍普查隊伍，一方面從館内抽調骨幹，另一方面又對外招聘了多名文史專業的高校畢業生，最終成立了一個由館長負責、分管副館長執行、歷史文獻部具體實施的普查小組。大家全力以赴，歷時4年半，於2016年6月圓滿完成古籍普查任務，完成普查29996部148838册，其中民國時期傳統裝幀書籍11395部44243册。

我館民國書籍不乏特色珍籍。如紹興縣修志委員會編訂的修志稿抄本系列，多達百餘種，包括未刊稿本《［民國］紹興縣志資料第二輯》，體系完整、内容完備，内含豐富的實地調查資料，彌足珍貴。民國抄本《大善寺志稿》，清末鳴野山房沈復粲所輯，屬地方珍稀抄本。還有地方人士的批校題跋本，如民國三十一年（1942）汪氏鉛印本《微尚齋雜文》六卷，有汪希文、張雲史題記，民國九年（1920）錢塘汪詒年鉛印本《汪穰卿遺著》八卷，有杜亞泉題記等等，各具特色。我館的民國書籍中更有大量的新學類文獻留存，這與古越藏書樓開一時風氣之先“存古開新”的辦館理念一脉相承。

根據浙江省古籍保護中心的統一規劃，本省普查目録將以古籍及民國時期傳統裝幀書籍兩部分呈現，所以，繼《紹興圖書館古籍普查登記目録》出版後，我館繼續推出《紹興圖書館民國時期傳統裝幀書籍普查登記目録》。是書收録館藏民國時期傳統裝幀書籍11395部44243册。凡1912年至1949年9月的刻本、活字本、套印本、鉛印本、石印本、稿抄本、鈐拓本等皆在收録之列，民國平裝本不入此目。著録款目有普查編號、索書號、分類、題名卷數、著者、版本、批校題跋、册數、存卷等内容。爲方便讀者使用，本目録後特附書名筆畫索引。

《紹興圖書館民國時期傳統裝幀書籍普查登記目録》和《紹興圖書館古籍普查登記目録》一起，作爲我館近十年來古籍普查成果的全面展示，凝聚了歷代館員的集體智慧，也包含了衆位古籍普查員的辛勤汗水。參與此目的編撰人員有：魯先進、唐微、丁瑛、施婧嫻、倪海青、吴春宏、許武智、王静、沈釗亮、韓如鳳、包瑜萍等。其中唐微負責本書的統稿、覆核和審定工作。

書目編纂是一項逐步積纍、不斷完善的工作，加之目録數據浩繁、水平有限、時間匆促，謬誤難免，祈請方家批評指正。

紹興圖書館
2017 年 11 月

目　　録

上册

下册

330000－1716－0000062　地獻 0390/00062
集部/别集類/清别集
通雅堂詩箋注十卷續集箋注二卷　（清）施山撰　施烇箋注　民國抄本　四册

330000－1716－0000076　地獻 0005/00076
集部/别集類
非儒非俠齋文集三卷聯語偶存初集一卷詩集一卷詩續集一卷　顧燮光撰　**福豔樓遺詩一卷**　陸珊撰　民國十一年（1922）石印本　二册　存三卷（詩集、詩續集、福豔樓遺詩）

330000－1716－0000083　地獻 0006/00083
類叢部/叢書類/自著之屬
越綴四種六卷　陳祖培撰　民國九年（1920）紹興印刷所鉛印本　一册

330000－1716－0000085　地獻 0008/00085
史部/金石類/石之屬/通考
曾爲湯貞愍所藏硯拓一卷　唐風輯　稿本　一册

330000－1716－0000087　地獻 0010/00087
史部/傳記類/總傳之屬/人表
浙江省立第五中學校友會在校校友録一卷　民國十九年（1930）鉛印本　一册

330000－1716－0000088　地獻 0011/00088
史部/地理類/專志之屬/祠墓
越祠紀略一卷　曾厚章編　民國十二年（1923）鉛印本　一册

330000－1716－0000089　地獻 0012/00089
史部/地理類/專志之屬/祠墓
越祠紀略一卷　曾厚章編　民國十二年（1923）鉛印本　一册

330000－1716－0000090　地獻 0013/00090
史部/地理類/雜志之屬
紹興縣館紀略一卷　丁采三　馬吉生編　民國九年（1920）共和印刷局鉛印本　一册

330000－1716－0000101　地獻 0032/00101
集部/别集類
遯行小稿一卷　余重耀撰　民國三十二年（1943）日知編印所鉛印本　余重耀題記一册

330000－1716－0000104　地獻 0033/00104
集部/别集類
春生詩草一卷　王聿鑫撰　民國四年（1915）杭州鉛印本　一册

330000－1716－0000105　地獻 0030/00105
集部/别集類
秋生館課餘草四卷　王寶華撰　民國八年（1919）王振緒蘇州鉛印本　四册

330000－1716－0000106　地獻 0031/00106
集部/别集類
岵脊遺稿三卷　金永撰　民國二十八年（1939）鉛印本　一册

330000－1716－0000112　地獻 0034/00112
集部/别集類
春生詩草一卷　王聿鑫撰　民國四年（1915）杭州鉛印本　一册

330000－1716－0000113　地獻 0035/00113
集部/别集類
春生詩草一卷　王聿鑫撰　民國四年（1915）杭州鉛印本　一册

330000－1716－0000115　地獻 0038/00115
類叢部/叢書類/自著之屬
勴堂遺書八種　顧家相撰　民國八年至十九年（1919－1930）會稽顧氏鉛印本　二册　存一種

330000－1716－0000256　善 0279/00256　史部/紀傳類/别史之屬
浙案紀畧三卷　陶成章撰　民國光復會抄本　三册

330000－1716－0000258　善 0211/00258　集部/别集類/清别集
聽松廬詩鈔不分卷　（清）張維屏撰　民國抄本　一册

330000－1716－0000277　地獻 0058/00277
集部/詩文評類/文法之屬/文法
文體釋名一卷　民國十年（1921）稿本　一册

330000－1716－0000290　地獻 0051/00290　集部/别集類/清别集

越縵堂文集十二卷　(清)李慈銘撰　民國十九年(1930)國立北平圖書館鉛印本　許壽裳題記　四册

330000－1716－0000301　地獻 0122/00301　類叢部/叢書類/自著之屬

勴堂遺書八種　顧家相撰　民國八年至十九年(1919－1930)會稽顧氏鉛印本　九册　存七種

330000－1716－0000317　地獻 0354/00317　集部/總集類/尺牘之屬

新輯尺牘合璧四卷　(清)許思湄　(清)龔萼撰　(清)婁世瑞注　(清)寄虹軒主人輯　民國上海文益書局石印本　四册

330000－1716－0000318　地獻 0353/00318　集部/别集類/清别集

新體廣注秋水軒尺牘二卷　(清)許思湄撰　陸翔注　民國十七年(1928)上海世界書局石印本　郁劍萍題記　二册

330000－1716－0000320　地獻 0070/00320　集部/别集類/清别集

愧廬文鈔二卷詩鈔一卷聯稿一卷　(清)胡鍾生撰　蔡元培選　民國三年(1914)上海越社鉛印本　一册

330000－1716－0000359　善 0304/00359　子部/術數類/相宅相墓之屬

葬法十論不分卷　(宋)賴文俊撰　民國抄本　一册

330000－1716－0000380　地獻 0077/00380　集部/别集類

夢櫺紐室詩存二卷　李文紘撰　民國二十二年(1933)鉛印本　一册

330000－1716－0000384　地獻 0078/00384　集部/别集類

夢櫺紐室詩存二卷　李文紘撰　民國二十二年(1933)鉛印本　一册

330000－1716－0000385　地獻 0075/00385　集部/别集類/清别集

求志齋遺墨一卷　(清)王餘慶撰　民國十四年(1925)鉛印本　一册

330000－1716－0000386　地獻 0079/00386　集部/别集類

夢櫺紐室詩存二卷　李文紘撰　民國二十二年(1933)鉛印本　一册

330000－1716－0000388　地獻 0080/00388　集部/别集類

夢櫺紐室詩存二卷　李文紘撰　民國二十二年(1933)鉛印本　一册

330000－1716－0000389　地獻 0082/00389　集部/别集類

岵萕遺稿三卷　金永撰　民國二十八年(1939)鉛印本　一册

330000－1716－0000390　地獻 0081/00390　集部/别集類

敉廬吟草二卷　朱允中撰　民國二十三年(1934)鉛印本　一册

330000－1716－0000391　地獻 0076/00391　集部/别集類/清别集

求志齋遺墨一卷　(清)王餘慶撰　民國十四年(1925)鉛印本　一册

330000－1716－0000396　地獻 0083/00396　集部/别集類

岵萕遺稿三卷　金永撰　民國二十八年(1939)鉛印本　一册

330000－1716－0000398　地獻 0084/00398　集部/别集類

岵萕遺稿三卷　金永撰　民國二十八年(1939)鉛印本　一册

330000－1716－0000399　地獻 0085/00399　集部/别集類

岵萕遺稿三卷　金永撰　民國二十八年(1939)鉛印本　一册

330000－1716－0000401　地獻 0089/00401　集部/别集類

稽隱文存一卷附課兒淺説一卷 鮑元輝撰 民國十三年(1924)鉛印本 陳祖培識 一冊

330000－1716－0000402 善 0331/00402 經部/小學類/音韻之屬/韻書
唐寫本唐韻殘卷校勘記二卷 姬佛陀撰 稿本 二冊

330000－1716－0000403 地獻 0092/00403 集部/別集類
汲修齋詩存二卷 鮑元輝撰 民國十九年(1930)鉛印本 一冊

330000－1716－0000404 地獻 0090/00404 集部/別集類
轉蓬集一卷 陳中嶽撰 民國二十一年(1932)天津大公報館鉛印本 一冊

330000－1716－0000406 地獻 0101/00406 史部/傳記類/別傳之屬/事狀
承歡初録一卷 孫家驥等撰 孫國幹等輯 民國二十四年(1935)鉛印本 一冊

330000－1716－0000407 地獻 0093/00407 集部/別集類
汲修齋詩存二卷 鮑元輝撰 民國十九年(1930)鉛印本 一冊

330000－1716－0000410 地獻 0094/00410 集部/別集類
汲修齋詩存二卷 鮑元輝撰 民國十九年(1930)鉛印本 一冊

330000－1716－0000412 地獻 0086/00412 集部/別集類
庸謹堂詩鈔二卷 唐風撰 民國十七年(1928)鉛印本 沈鈞業題記 一冊

330000－1716－0000413 地獻 0091/00413 集部/別集類
稽隱文存一卷附課兒淺説一卷 鮑元輝撰 民國十三年(1924)鉛印本 一冊

330000－1716－0000415 地獻 0087/00415 集部/別集類
庸謹堂詩鈔二卷 唐風撰 民國十七年(1928)鉛印本 一冊

330000－1716－0000416 地獻 0105/00416 類叢部/叢書類/家集之屬
顧氏家集十種 顧燮光編 民國十八年(1929)會稽顧氏金佳石好樓鉛印本暨石印本 五冊 存九種

330000－1716－0000418 地獻 0088/00418 集部/別集類
庸謹堂文存一卷附續歲華紀感一卷 唐風撰 民國二十二年(1933)紹興鉛印本 一冊

330000－1716－0000431 地獻 0095/00431 集部/別集類
質野簃叢稿一卷 鮑元輝撰 民國鉛印本 一冊

330000－1716－0000441 地獻 0116/00441 集部/別集類
闕箴齋詩賸四卷 陶壽煌撰 民國十六年(1927)北京慈祥工廠鉛印本 一冊

330000－1716－0000453 地獻 0117/00453 集部/別集類/清別集
自恥軒詩存一卷 (清)杜承沂撰 民國二十一年(1932)鹽城鼎新印務局鉛印本 杜式曾題記 一冊

330000－1716－0000457 地獻 0119/00457 集部/別集類
聽雨樓詩鈔二卷 胡慶榮撰 民國二十一年(1932)鉛印本 一冊

330000－1716－0000463 地獻 0120/00463 集部/別集類
聽雨樓詩鈔二卷 胡慶榮撰 民國二十一年(1932)鉛印本 田紹謙題記 一冊

330000－1716－0000476 地獻 0004/00476 類叢部/叢書類/自著之屬
勴堂遺書八種 顧家相撰 民國八年至十九年(1919－1930)會稽顧氏鉛印本 二冊 存一種

330000－1716－0000477 地獻 0037/00477

類叢部/叢書類/自著之屬

勵堂遺書八種　顧家相撰　民國八年至十九年(1919－1930)會稽顧氏鉛印本　二册　存一種

330000－1716－0000484　地獻 0005/00484

集部/別集類

非儒非俠齋文集三卷聯語偶存初集一卷詩集一卷詩續集一卷　顧燮光撰　**福豔樓遺詩一卷**　陸珊撰　民國十一年(1922)石印本　三册　存四卷(初集、詩集、詩續集、福豔樓遺詩)

330000－1716－0000488　地獻 0135/00488

集部/詞類/別集之屬

鹹酸橋屋詞一卷附庸謹堂歲華紀感一卷　唐風撰　民國十三年至十五年(1924－1926)鉛印本　一册

330000－1716－0000493　地獻 0140/00493

集部/總集類/酬唱之屬

陸放翁生日詩輯一卷　錢繩武輯　民國二十二年(1933)鉛印本　一册

330000－1716－0000494　地獻 0138/00494

集部/詞類/別集之屬

鹹酸橋屋詞一卷附庸謹堂歲華紀感一卷　唐風撰　民國十三年至十五年(1924－1926)鉛印本　一册

330000－1716－0000497　地獻 0142/00497

史部/地理類/方志之屬/郡縣志

嘉慶山陰縣志三十卷首一卷　(清)徐元梅修　(清)朱文翰等纂　民國二十五年(1936)紹興縣修志委員會鉛印本　七册

330000－1716－0000501　地獻 0149/00501

集部/詞類/別集之屬

八百里湖荷花漁唱二卷八百里荷花館題畫詞一卷　袁天庚撰　民國二十三年(1934)鉛印本　二册

330000－1716－0000502　地獻 0150/00502

集部/詞類/別集之屬

八百里湖荷花漁唱二卷八百里荷花館題畫詞一卷　袁天庚撰　民國二十三年(1934)鉛印本　一册　存二卷(一至二)

330000－1716－0000512　地獻 0148/00512

集部/詞類/別集之屬

八百里湖荷花漁唱二卷八百里荷花館題畫詞一卷　袁天庚撰　民國二十三年(1934)鉛印本　一册　存二卷(一至二)

330000－1716－0000536　地獻 0176/00536

集部/別集類/清別集

愧廬文鈔二卷詩鈔一卷聯稿一卷　(清)胡鍾生撰　蔡元培選　民國三年(1914)上海越社鉛印本　一册

330000－1716－0000543　新補 0381/00543

新學/學校

京師譯學館生理衛生學講義三編一卷　丁福保譯編　民國鉛印本　一册

330000－1716－0000544　地獻 0179/00544

集部/別集類/清別集

越吟殘草一卷　(清)平步青撰　民國十二年(1923)紹興四有書局鉛印本　一册

330000－1716－0000561　善 0400/00561　子部/藝術類/篆刻之屬

遯盦印學叢書十七種　吳隱輯　民國十年(1921)山陰吳氏西泠印社木活字印本　二十六册

330000－1716－0000572　善 0401/00572　史部/金石類

山陰吳氏遯盦金石叢書(遯盦金石叢書)十五種　吳隱輯　民國三年至十年(1914－1921)山陰吳氏西泠印社木活字印本　四十二册

330000－1716－0000573　地獻 0202/00573

集部/別集類/清別集

孫竹堂觀察書牘輯要一卷　(清)孫士達撰　孫祖同輯　民國二十二年(1933)會稽孫祖同鉛印本　一册

330000－1716－0000574　地獻 0204/00574

史部/傳記類/日記之屬

南歸志一卷　陳中嶽撰　民國二十一年

(1932)鉛印本　一册

330000－1716－0000576　地獻 0210/00576
集部/總集類/酬唱之屬
喻樨室六十唱和彙不分卷　黄廣輯　民國二十六年(1937)鉛印本　一册

330000－1716－0000577　地獻 0220/00577
集部/别集類
非儒非俠齋文集三卷聯語偶存初集一卷詩集一卷詩續集一卷　顧燮光撰　**福豔樓遺詩一卷**　陸珊撰　民國十一年(1922)石印本　二册　存二卷(一、詩集)

330000－1716－0000578　地獻 0219/00578
子部/藝術類/書畫之屬/題跋
元明百家題畫梅詩二卷　張拯亢輯　稿本　一册

330000－1716－0000584　地獻 0221/00584
集部/總集類/郡邑之屬
禹域叢書三種十二卷　禹域新聞社輯　民國禹域新聞社鉛印本　四册　存二種

330000－1716－0000596　地獻 0229/00596
集部/别集類
赤城畱别一卷　金城撰　民國木活字印本　一册

330000－1716－0000597　地獻 0228/00597
集部/别集類
竹平安館詩鈔二卷附詞一卷　阮堉撰　民國十九年(1930)杭州鉛印本　一册

330000－1716－0000598　地獻 0230/00598
集部/别集類
望虹樓遺箸三卷　陶熙孫撰　民國二十四年(1935)鉛印本　一册

330000－1716－0000601　地獻 0231/00601
集部/别集類
望虹樓遺箸三卷　陶熙孫撰　民國二十四年(1935)鉛印本　一册

330000－1716－0000608　地獻 0235/00608
集部/别集類
連理藤瓢刻詩記一卷雉桑小刻一卷　唐風撰　民國十九年(1930)紹興鉛印本　一册

330000－1716－0000610　地獻 0244/00610
集部/别集類/宋别集
箋注劍南詩鈔六卷　(宋)陸游撰　(清)楊大鶴選　(清)許貞幹校　雷瑨注釋　民國十九年(1930)上海掃葉山房石印本　十二册

330000－1716－0000612　地獻 0245/00612
集部/别集類/明别集
王文成公全書三十八卷　(明)王守仁撰　民國二年(1913)上海中華圖書館影印本　十二册

330000－1716－0000615　地獻 0242/00615
集部/别集類/清别集
九曲山房詩鈔十六卷續集一卷　(清)宗聖垣撰　**偶然吟一卷**　(清)宗聖堂撰　民國三年(1914)吴下鉛印本　一册　存二卷(續集、偶然吟)

330000－1716－0000616　地獻 0247/00616
史部/傳記類/總傳之屬/忠孝
男女百孝圖全傳四卷　(清)俞葆真編輯　(清)何雲梯繪　民國九年(1920)上海碧梧山莊石印本　五册

330000－1716－0000617　地獻 0248/00617
史部/傳記類/别傳之屬/事狀
胡翊齋先生[祖澤]遺思録一卷　胡劍吟輯　民國二十三年(1934)鉛印本暨石印本　一册

330000－1716－0000622　地獻 0249/00622
史部/史評類/史學之屬
文史通義八卷校讐通義三卷　(清)章學誠撰　民國十三年(1924)東陸書局石印本　六册

330000－1716－0000624　地獻 0243/00624
集部/别集類/清别集
九曲山房詩鈔十六卷續集一卷　(清)宗聖垣撰　**偶然吟一卷**　(清)宗聖堂撰　民國三年(1914)吴下鉛印本　一册　存二卷(續集、偶然吟)

330000－1716－0000628　地獻 0255/00628
史部/傳記類/總傳之屬/郡邑

三不朽圖贊不分卷　(清)張岱輯　民國十二年(1923)紹興印刷局鉛印本　一冊

330000－1716－0000634　地獻0256/00634
史部/傳記類/總傳之屬/郡邑
越風詩人小傳不分卷　周毅修輯　稿本　一冊

330000－1716－0000691　地獻0307/00691
集部/總集類/氏族之屬
伏舍傳唫集四卷　何鏞等撰　民國二十五年(1936)會稽壽氏鉛印本　一冊

330000－1716－0000693　地獻0313/00693
類叢部/叢書類/彙編之屬
國學選粹□□種　民國越鐸日報鉛印本　一冊　存一種

330000－1716－0000694　地獻0312/00694
類叢部/叢書類/彙編之屬
國學選粹□□種　民國越鐸日報鉛印本　一冊　存一種

330000－1716－0000696　地獻0315/00696
集部/別集類/清別集
越縵堂詩初集十卷　(清)李慈銘撰　民國二十年(1931)上海商務印書館鉛印本　三冊

330000－1716－0000697　地獻0314/00697
集部/別集類/清別集
杏花香雪齋詩九卷　(清)李慈銘撰　民國六年(1917)越鐸日報鉛印國學選粹本　田紹謙題簽並記　一冊

330000－1716－0000699　地獻0310/00699
集部/總集類/氏族之屬
伏舍傳唫集四卷　何鏞等撰　民國二十五年(1936)會稽壽氏鉛印本　一冊

330000－1716－0000700　地獻0309/00700
集部/總集類/氏族之屬
伏舍傳唫集四卷　何鏞等撰　民國二十五年(1936)會稽壽氏鉛印本　一冊

330000－1716－0000703　地獻0317/00703
集部/別集類/清別集
越縵堂詩續集十卷　(清)李慈銘撰　由雲龍編　民國二十二年(1933)上海商務印書館鉛印本　一冊

330000－1716－0000704　地獻0316/00704
集部/別集類/清別集
越縵堂詩續集十卷　(清)李慈銘撰　由雲龍編　民國二十二年(1933)上海商務印書館鉛印本　沈鈞業批點並記　一冊

330000－1716－0000706　地獻0318/00706
集部/別集類/清別集
越縵堂詩續集十卷　(清)李慈銘撰　由雲龍編　民國二十二年(1933)上海商務印書館鉛印本　一冊

330000－1716－0000707　地獻0319/00707
集部/總集類/氏族之屬
伏舍傳唫集四卷　何鏞等撰　民國二十五年(1936)會稽壽氏鉛印本　一冊

330000－1716－0000708　地獻0306/00708
集部/總集類/氏族之屬
伏舍傳唫集四卷　何鏞等撰　民國二十五年(1936)會稽壽氏鉛印本　一冊

330000－1716－0000710　地獻0308/00710
集部/總集類/氏族之屬
伏舍傳唫集四卷　何鏞等撰　民國二十五年(1936)會稽壽氏鉛印本　一冊

330000－1716－0000711　地獻0304/00711
集部/總集類/氏族之屬
伏舍傳唫集四卷　何鏞等撰　民國二十五年(1936)會稽壽氏鉛印本　一冊

330000－1716－0000712　地獻0305/00712
集部/總集類/氏族之屬
伏舍傳唫集四卷　何鏞等撰　民國二十五年(1936)會稽壽氏鉛印本　一冊

330000－1716－0000714　地獻0321/00714
集部/詩文評類/詩評之屬
越縵堂詩話三卷　(清)李慈銘撰　蔣瑞藻編　民國十五年(1926)上海商務印書館鉛印本　一冊

330000－1716－0000718　地獻 0327/00718
史部/地理類/專志之屬/古跡
蘭亭志四卷附録近人題詠一卷　張若霞編
民國二十五年(1936)鉛印本　一册

330000－1716－0000724　地獻 0322/00724
集部/詩文評類/詩評之屬
越縵堂詩話三卷　(清)李慈銘撰　蔣瑞藻編
民國十四年(1925)上海商務印書館鉛印本
二册

330000－1716－0000731　地獻 0336/00731
集部/總集類/郡邑之屬
會稽郡故書雜集八種　周作人輯　民國四年
(1915)會稽周氏刻本　一册

330000－1716－0000733　地獻 0333/00733
集部/别集類/清别集
誃臺賸草一卷　(清)李之芬撰　(清)李濤編
輯　民國山陰李氏石印本　沈亞題記　一册

330000－1716－0000736　地獻 0328/00736
史部/地理類/專志之屬/古跡
蘭亭志四卷附録近人題詠一卷　張若霞編
民國二十五年(1936)鉛印本　一册

330000－1716－0000737　善 0458/00737　集
部/戲劇類/總集之屬/傳奇
暖紅室彙刻傳奇　劉世珩編　民國八年
(1919)貴池劉氏暖紅室刻本　二册　存一種

330000－1716－0000739　地獻 0349/00739
集部/别集類
東門草一卷　黄壽袞撰　民國越鐸印刷局鉛
印本　一册

330000－1716－0000740　地獻 0350/00740
集部/别集類
嘯吟集四卷　徐舒撰　民國十七年(1928)鉛
印本　一册

330000－1716－0000743　地獻 0351/00743
集部/别集類
率爾吟草不分卷　張元昭撰　民國元年
(1912)鉛印本　一册

330000－1716－0000746　地獻 0337/00746
集部/總集類/郡邑之屬
會稽郡故書雜集八種　周作人輯　民國四年
(1915)會稽周氏刻本　一册

330000－1716－0000748　地獻 0352/00748
集部/别集類
遯餘艸一卷　張元昭撰　民國十九年(1930)
鉛印本　張朗公題記　一册

330000－1716－0000749　普子 2070/00749
子部/工藝類/日用器物之屬/服飾
仿單一卷　民國上海廣益書局石印本　一册

330000－1716－0000750　地獻 0357/00750
集部/詩文評類/詩評之屬
越縵堂詩話三卷　(清)李慈銘撰　蔣瑞藻編
民國十四年(1925)上海商務印書館鉛印本
二册

330000－1716－0000751　地獻 0341/00751
集部/詞類/别集之屬
擊缶詞一卷　甘大昕撰　民國三十四年
(1945)水周堂木活字印本　一册

330000－1716－0000755　地獻 0355/00755
集部/總集類/課藝之屬
論説範本四卷　杜瀚生撰　民國七年(1918)
上海會文堂書局石印本　四册

330000－1716－0000765　地獻 0356/00765
集部/别集類/清别集
言文對照分類詳注秋水軒尺牘四卷　(清)許
思湄撰　許家恩譯　民國十八年(1929)上海
羣學書社石印本　四册

330000－1716－0000777　地獻 0368/00777
史部/政書類/公牘檔册之屬
古會稽漁渡務本堂董氏義田議單一卷　董竟
吾等撰　民國八年(1919)會稽漁渡董氏稿本
一册

330000－1716－0000778　地獻 0374/00778
集部/總集類/選集之屬/通代
新體廣注古文觀止十二卷　(清)吳乘權
(清)吳大職輯　黄築巖　劉再蘇注釋　民國

［江蘇吴江］笠澤施氏支譜一卷　施肇曾纂修　民國十四年(1925)鉛印本　一册

330000－1716－0000925　地獻0460/00925　集部/别集類/清别集

竹香齋文鈔不分卷　(清)茹敦和撰　民國二十四年(1935)紹興沈鈞業抄本　一册

330000－1716－0000927　譜0026/00927　史部/傳記類/總傳之屬/家乘

［浙江蕭山］覺山孔氏宗譜二十四卷附一卷　孔慶璋修　孔憲彭等纂　民國八年(1919)詩禮堂木活字印本　二十九册

330000－1716－0000929　地獻0468/00929　子部/醫家類/方書之屬

紹興縣同善局附設施醫局醫方彙選不分卷　張鍾沅輯　民國十年(1921)鉛印本　一册

330000－1716－0000930　地獻0810/00930　史部/地理類/方志之屬/郡縣志

［民國］新昌縣志二十卷附新昌農事調查一卷　金城修　陳畬纂　**沃州詩存一卷**　(宋)潘音撰　**沃州文存一卷**　(宋)徐霖撰　民國八年(1919)鉛印本　十一册

330000－1716－0000933　地獻0473/00933　史部/地理類/專志之屬/寺觀

倉帝廟志一卷附臥龍山倉帝廟立石記一卷　(清)劉正誼編　**續倉帝廟志不分卷**　陳艮仙　周毅修輯　民國二十五年(1936)鉛印本　一册

330000－1716－0000934　地獻0470/00934　子部/醫家類/方書之屬

紹興縣同善局附設施醫局醫方彙選不分卷　張鍾沅輯　民國十年(1921)鉛印本　一册

330000－1716－0000937　地獻0469/00937　子部/醫家類/方書之屬

紹興縣同善局附設施醫局醫方彙選不分卷　張鍾沅輯　民國十年(1921)鉛印本　一册

330000－1716－0000938　譜0017/00938　史部/傳記類/總傳之屬/家乘

［山東昌邑］陳氏家乘不分卷　陳幹纂修　民國三年(1914)山東印刷公司鉛印本　一册

330000－1716－0000942　譜0018/00942　史部/傳記類/總傳之屬/家乘

［浙江紹興］紹興下方橋陳氏宗譜二十卷　陳星衍等纂修　民國十五年(1926)顧予堂木活字印本　一册　存一卷(十八)

330000－1716－0000943　譜0019/00943　史部/傳記類/總傳之屬/家乘

［浙江紹興］會稽車家浦陳氏宗譜十卷首一卷末一卷　陳秉彝纂修　民國二十六年(1937)聚德堂木活字印本　八册

330000－1716－0000946　譜0020/00946　史部/傳記類/總傳之屬/家乘

［浙江紹興］越城江橋陳氏宗譜四卷　陳壬一修　陳葨等纂　民國二十一年(1932)德星堂木活字印本　四册

330000－1716－0000948　地獻0486/00948　史部/政書類/公牘檔册之屬

紹興縣第一區村里籌備會市集村落固有事項調查報告一卷編制村里報告一卷　紹興縣第一區村里籌備會編　民國十七年(1928)紹興印刷局鉛印本　一册

330000－1716－0000951　譜0035/00951　史部/傳記類/總傳之屬/家乘

［浙江紹興］山陰華舍趙氏宗譜二十四卷　趙思林修　趙琯　趙德基纂　民國五年(1916)萃渙堂木活字印本　二十册　存二十卷(一、五至六、八至二十四)

330000－1716－0000952　地獻0480/00952　集部/總集類/酬唱之屬

紹興陳醉庭先生六秩壽辰詩文集不分卷　陳鍾潁等撰　民國九年(1920)光華美術印刷公司鉛印本　一册

330000－1716－0000957　地獻0481/00957　史部/傳記類/别傳之屬/事狀

清故誥授中憲大夫貤贈通議大夫候選道山西汾州府知府羅公［嘉福］家傳一卷欽加道銜汾州府知府前翰林院侍讀羅公祖大人德政去思

碑記一卷　顧家相撰　民國鉛印本　一册

330000－1716－0000961　譜 0037/00961　史部/傳記類/總傳之屬/家乘

[浙江餘姚]姜氏世譜十二卷　姜錫桓等纂修　民國六年(1917)敬勝堂刻本暨木活字印本　十一册　缺一卷(七)

330000－1716－0000963　譜 0039/00963　史部/傳記類/總傳之屬/家乘

[浙江紹興]水澄劉氏家譜十二卷　劉應桂　劉錕鼐編　民國二十二年(1933)紹興大路廣文印書館鉛印本　十二册

330000－1716－0000964　地獻 0492/00964　史部/政書類/公牘檔册之屬

紹興縣財政局接收各前知事縣長局長交代國省縣税款目存墊表不分卷　張鍾湘編　民國二十一年(1932)鉛印本　一册

330000－1716－0000965　地獻 0484/00965　史部/政書類/公牘檔册之屬

紹興縣第一區村里籌備會市集村落固有事項調查報告一卷編制村里報告一卷　紹興縣第一區村里籌備會編　民國十七年(1928)紹興印刷局鉛印本　一册

330000－1716－0000966　地獻 0493/00966　史部/政書類/公牘檔册之屬

紹興縣賦税紀略一卷附整理紹興縣財政計劃書　陶可亭編　民國十七年(1928)鉛印本　一册

330000－1716－0000967　譜 0150/00967　史部/傳記類/總傳之屬/家乘

[浙江餘姚]姜氏世譜十二卷　姜錫桓等纂修　民國六年(1917)敬勝堂刻本暨木活字印本　一册　存一卷(六)

330000－1716－0000968　譜 0042/00968　史部/傳記類/總傳之屬/家乘

[浙江紹興]紹興莫氏家譜十二卷首一卷末一卷　莫壽恒等纂　民國十六年(1927)木活字印本　五册

330000－1716－0000969　地獻 0497/00969　類叢部/叢書類/自著之屬

得天廬存稿二種　壽鵬飛撰　民國三十年(1941)鉛印本　二册　存一種

330000－1716－0000970　地獻 0495/00970　史部/政書類/公牘檔册之屬

董氏三山義莊租簿不分卷　稿本　一册

330000－1716－0000973　地獻 0501/00973　史部/傳記類/總傳之屬/家乘

沈氏歷代像傳一卷　沈錫榮撰　民國元年(1912)石印本　一册

330000－1716－0000976　譜 0040/00976　史部/傳記類/總傳之屬/家乘

[浙江紹興]山陰桃源寨下茹氏宗譜四卷　茹魯編　民國孝義門木活字印本　三册　存三卷(二至四)

330000－1716－0000978　地獻 0506/00978　史部/地理類/專志之屬/寺觀

紹興開元寺供奉古佛藏經事蹟彙誌不分卷　民國二十五年(1936)鉛印本　一册

330000－1716－0000981　譜 0045/00981　史部/傳記類/總傳之屬/家乘

[浙江紹興]史氏譜録續編不分卷　史基美纂修　民國七年(1918)鉛印本　一册

330000－1716－0000982　地獻 0509/00982　史部/地理類/方志之屬/郡縣志

[康熙]會稽縣志摘録不分卷　民國抄本　一册

330000－1716－0000985　地獻 0512/00985　史部/地理類/方志之屬/郡縣志

紹興地志述略不分卷　尹幼蓮編　民國二十年(1931)紹興印刷局鉛印本　一册

330000－1716－0000987　地獻 0510/00987　史部/地理類/方志之屬/郡縣志

影印嘉泰會稽志寶慶續志樣本不分卷　王家襄輯　民國十五年(1926)鉛印本暨影印本　一册

330000－1716－0000994　地獻 0511/00994

史部/地理類/方志之屬/郡縣志

影印嘉泰會稽志寶慶續志樣本不分卷 王家襄輯 民國十五年(1926)鉛印本暨影印本 一册

330000－1716－0000997 地獻 0525/00997 史部/政書類/公牘檔冊之屬

會稽二十三都二圖位字號魚鱗冊殘本不分卷 民國抄本 一册

330000－1716－0001000 地獻 0522/01000 史部/政書類/公牘檔冊之屬

各鎮鄉爲麻溪壩意見書不分卷 民國油印本 董懷祖題簽 一册

330000－1716－0001004 地獻 0539/01004 子部/雜著類/雜纂之屬

勝蓮華室漫録一卷附録一卷 駱季和撰 民國二十四年(1935)紹興凌霄社鉛印本 二册

330000－1716－0001006 地獻 0529/01006 類叢部/叢書類/彙編之屬

仰視千七百二十九鶴齋叢書四集三十一種 (清)趙之謙編 民國十八年(1929)紹興墨潤堂書苑據清光緒六年(1880)會稽趙氏刻本影印本 二十四册

330000－1716－0001013 地獻 0540/01013 子部/雜著類/雜纂之屬

勝蓮華室漫録一卷附録一卷 駱季和撰 民國二十四年(1935)紹興凌霄社鉛印本 二册

330000－1716－0001014 地獻 0541/01014 子部/宗教類/佛教之屬/諸宗

淨土三要述義一卷附録一卷 駱印雄述 民國十六年(1927)紹興大雲佛學社鉛印本 一册

330000－1716－0001015 譜 0070/01015 史部/傳記類/總傳之屬/家乘

[浙江蕭山]苧蘿王氏宗譜□□卷 王東福等彙集重輯 民國三槐堂木活字印本 十三册 存十一卷(二十三至二十四、三十五、三十七、三十九、四十一至四十四、四十六至四十七)

330000－1716－0001017 譜 0071/01017 史部/傳記類/總傳之屬/家乘

[浙江會稽]中南王氏宗譜十二卷首一卷 王大泉等纂修 民國二十三年(1934)三槐堂木活字印本 十六册

330000－1716－0001018 地獻 0526/01018 史部/地理類/方志之屬/郡縣志

[民國]紹興縣志資料樣本不分卷 紹興縣修志委員會輯 民國二十四年(1935)鉛印本 一册

330000－1716－0001019 地獻 0531/01019 子部/小說家類/瑣語之屬

今雨談屑一卷 陳中嶽撰 民國二十一年(1932)鉛印本 一册

330000－1716－0001021 地獻 0532－1/01021 子部/雜著類/雜纂之屬

人格駢言不分卷 韓迪周撰 民國二十二年(1933)鉛印本 一册

330000－1716－0001023 地獻 0532－2/01023 子部/雜著類/雜纂之屬

人格駢言不分卷 韓迪周撰 民國二十二年(1933)鉛印本 一册

330000－1716－0001024 譜 0154/01024 史部/傳記類/總傳之屬/家乘

[浙江會稽]中南王氏宗譜十二卷首一卷 王大泉等纂修 民國二十三年(1934)三槐堂木活字印本 十二册 缺三卷(二至三、五)

330000－1716－0001025 地獻 0551/01025 史部/目録類/專録之屬

摘鈔百宋一廛賦注不分卷 (清)黄丕烈注 民國抄本 一册

330000－1716－0001026 譜 0155/01026 史部/傳記類/總傳之屬/家乘

[浙江會稽]中南王氏宗譜十二卷首一卷 王大泉等纂修 民國二十三年(1934)三槐堂木活字印本 十六册

330000－1716－0001028 地獻 0643/01028 類叢部/叢書類/彙編之屬

仰視千七百二十九鶴齋叢書四集三十一種 (清)趙之謙編　民國十八年(1929)紹興墨潤堂書苑據清光緒六年(1880)會稽趙氏刻本影印本　十八册　存二十五種

330000－1716－0001030　地獻 0647/01030　類叢部/叢書類/彙編之屬
仰視千七百二十九鶴齋叢書四集三十一種 (清)趙之謙編　民國十八年(1929)紹興墨潤堂書苑據清光緒六年(1880)會稽趙氏刻本影印本　二十四册

330000－1716－0001036　地獻 0644/01036　類叢部/叢書類/彙編之屬
仰視千七百二十九鶴齋叢書四集三十一種 (清)趙之謙編　民國十八年(1929)紹興墨潤堂書苑據清光緒六年(1880)會稽趙氏刻本影印本　十八册　存二十五種

330000－1716－0001040　地獻 0533/01040　子部/雜著類/雜纂之屬
人格駢言不分卷　韓迪周撰　民國二十二年(1933)鉛印本　一册

330000－1716－0001051　地獻 0534/01051　子部/雜著類/雜纂之屬
人格駢言不分卷　韓迪周撰　民國二十二年(1933)鉛印本　一册

330000－1716－0001055　集補 1263－1/01055　集部/曲類/寶卷之屬
大明嘉靖江蘇蘇州府瑞珠寶卷二卷　民國三年(1914)上海文益書局石印本　二册

330000－1716－0001059　地獻 0563/01059　史部/地理類/專志之屬/寺觀
大善寺志稿不分卷　(清)釋卍生撰　(清)沈復粲輯　民國抄本　一册

330000－1716－0001061　地獻 0567/01061　史部/傳記類/總傳之屬/郡邑
越蔭録一卷傳芳録一卷　(清)杜甲撰　民國二十八年(1939)鉛印本　一册

330000－1716－0001063　譜 0068/01063　史部/傳記類/總傳之屬/家乘
[安徽廣德]錢氏家乘十二卷　錢文選輯　民國十三年(1924)鉛印本　六册

330000－1716－0001064　地獻 0570/01064　集部/總集類/酬唱之屬
六朝民肖影題辭不分卷　李鏡燧編　民國二十二年(1933)李氏鉛印本　一册

330000－1716－0001068　譜 0087/01068　史部/傳記類/總傳之屬/家乘
[浙江會稽]漁渡董氏務本堂支譜三卷首一卷　董渭輯　稿本　一册

330000－1716－0001069　譜 0089/01069　史部/傳記類/總傳之屬/家乘
[浙江山陰]陽川孫氏宗譜三十卷　(清)孫俊渭修　(清)孫循誠增修　(清)孫循楝　(清)孫循鏞　(清)孫規鈺纂　民國十六年(1927)敦彝堂鉛印本　十册

330000－1716－0001072　地獻 0579/01072　集部/詞類/別集之屬
越縵堂詞録二卷　(清)李慈銘撰　由雲龍校訂　民國二十年(1931)上海商務印書館鉛印本　一册

330000－1716－0001074　地獻 0571/01074　集部/總集類/酬唱之屬
六朝民肖影題辭不分卷　李鏡燧編　民國二十二年(1933)李氏鉛印本　一册

330000－1716－0001077　地獻 0583/01077　集部/別集類/清別集
晚香詩稿不分卷　(清)韓潮撰　民國鉛印本　一册

330000－1716－0001078　地獻 0582/01078　集部/總集類/選集之屬/通代
古文觀止十二卷　(清)吳乘權　(清)吳大職輯　民國七年(1918)上海天寶書局石印本　吳相鴻題簽　一册

330000－1716－0001079　譜 0098/01079　史部/傳記類/總傳之屬/家乘
[全國]章氏會譜德慶初編三十卷二編四卷三編十六卷四編十卷　章貽賢纂修　民國八年

(1919)鉛印本　二十四册

330000－1716－0001080　地獻 0581/01080
集部/總集類/選集之屬/通代
古文觀止十二卷　(清)吳乘權　(清)吳大職輯　民國五年(1916)上海錦章圖書局石印本　六册

330000－1716－0001081　譜 0159/01081　史部/傳記類/總傳之屬/家乘
[江蘇吳江]笠澤施氏支譜一卷　施肇曾纂修　民國十四年(1925)鉛印本　一册

330000－1716－0001082　地獻 0580/01082
集部/詞類/别集之屬
越縵堂詞録二卷　(清)李慈銘撰　由雲龍校訂　民國二十四年(1935)上海商務印書館鉛印本　一册

330000－1716－0001083　譜 0160/01083　史部/傳記類/總傳之屬/家乘
[浙江紹興]紹興莫氏家譜十二卷首一卷末一卷　莫壽恒等纂　民國十六年(1927)木活字印本　三册　存九卷(一至八、首)

330000－1716－0001085　地獻 0584/01085
集部/别集類/清别集
晚香詩稿不分卷　(清)韓潮撰　民國鉛印本　一册

330000－1716－0001093　地獻 0590/01093
集部/别集類
嵩涱詩集二卷　章寶銓撰　民國八年(1919)石印本　一册

330000－1716－0001095　地獻 0587/01095
集部/别集類/清别集
守拙軒吟稿五卷　(清)馬錫康撰　民國十三年(1924)扶風馬氏鉛印本　一册

330000－1716－0001098　地獻 0586/01098
集部/别集類
聽香讀畫軒文鈔一卷詩鈔一卷詞鈔一卷聯語彙録一卷　馬逸臣撰　孫葆英輯　民國二十八年(1939)鉛印本　朱仲華題簽　楊夢齡題記　一册

330000－1716－0001100　地獻 0588/01100
集部/别集類/清别集
晚香詩稿不分卷　(清)韓潮撰　民國鉛印本　一册

330000－1716－0001101　地獻 0591/01101
集部/别集類
非儒非俠齋集　顧燮光撰　民國二十五年(1936)會稽顧氏金佳石好樓石印本　三册

330000－1716－0001107　地獻 0599/01107
集部/别集類/宋别集
劍南詩鈔六卷　(宋)陸游撰　(清)楊大鶴選　民國四年(1915)上海掃葉山房石印本　六册

330000－1716－0001109　譜 0166/01109　史部/傳記類/總傳之屬/家乘
[全國]章氏會譜德慶初編三十卷二編四卷三編十六卷四編十卷　章貽賢纂修　民國八年(1919)鉛印本　二十四册

330000－1716－0001110　譜 0167/01110　史部/傳記類/總傳之屬/家乘
[全國]章氏會譜德慶初編三十卷二編四卷三編十六卷四編十卷　章貽賢纂修　民國八年(1919)鉛印本　二十四册

330000－1716－0001111　地獻 0585/01111
集部/别集類
聽香讀畫軒文鈔一卷詩鈔一卷詞鈔一卷聯語彙録一卷　馬逸臣撰　孫葆英輯　民國二十八年(1939)鉛印本　朱仲華題簽　一册

330000－1716－0001112　譜 0114/01112　史部/傳記類/總傳之屬/家乘
[浙江紹興]會稽徐氏宗譜三卷　徐尚言總理　徐尚泉　徐裕泰協理　徐蘭蓀　徐寶琦校正　民國八年(1919)敦善堂木活字印本　一册　存一卷(一)

330000－1716－0001113　地獻 0598/01113
集部/别集類/宋别集
後山詩鈔一卷　(宋)陳師道撰　民國二十八年(1939)山陰沈鈞業抄本　一册

330000－1716－0001115　地獻 0596/01115　集部/別集類/清別集

晚香詩稿不分卷　(清)韓潮撰　民國鉛印本　田紹謙跋　一冊

330000－1716－0001116　譜 0069/01116　史部/傳記類/總傳之屬/家乘

[浙江蕭山]苧蘿王氏宗譜□□卷首□□卷　王載宸等纂修　民國三十七年(1948)三槐堂木活字印本　三十七冊　存三十卷(十、十四至二十五、二十七至三十、三十三、三十五、三十七至三十九、四十一至四十四、四十六至四十八,首一)

330000－1716－0001117　地獻 0595/01117　集部/別集類/清別集

晚香詩稿不分卷　(清)韓潮撰　民國鉛印本　一冊

330000－1716－0001118　地獻 0594/01118　集部/別集類/清別集

晚香詩稿不分卷　(清)韓潮撰　民國鉛印本　一冊

330000－1716－0001120　譜 0116/01120　史部/傳記類/總傳之屬/家乘

[浙江會稽]馬氏分支宗譜十卷　馬蔭棠等纂修　民國二十年(1931)誠忍堂木活字印本　七冊　存六卷(五至十)

330000－1716－0001123　地獻 0597/01123　集部/別集類

棠隱廔未定稿不分卷　護棠撰　稿本　一冊

330000－1716－0001124　譜 0117/01124　史部/傳記類/總傳之屬/家乘

[浙江慈溪]慈谿橫山裘氏宗譜二十六卷　裘昌如　裘松堂纂修　民國三十八年(1949)敦睦堂木活字印本　二十六冊

330000－1716－0001126　地獻 0605/01126　子部/藝術類/遊藝之屬/聯語

宋詞集聯一卷　程柏堂撰　民國二十三年(1934)鎮江江南印書館影印本　一冊

330000－1716－0001130　譜 0118/01130　史部/傳記類/總傳之屬/家乘

[浙江慈溪]慈谿橫山裘氏宗譜二十六卷　裘昌如　裘松堂纂修　民國三十八年(1949)敦睦堂木活字印本　四冊　存四卷(十五至十八)

330000－1716－0001136　譜 0138/01136　史部/傳記類/總傳之屬/家乘

[浙江鄞縣]橫溪王氏宗譜二卷首一卷　王祥鷂　王祥本　王祖繩監修　王祥琇等董事　王祥洙纂修　民國十九年(1930)珠樹堂木活字印本　四冊

330000－1716－0001143　譜 0145/01143　史部/傳記類/總傳之屬/家乘

[浙江紹興]會稽黃壤塢李氏宗譜五卷　李昌增　李長序總理　民國八年(1919)忠賢堂木活字印本　五冊

330000－1716－0001145　地獻 0623/01145　史部/目録類/總録之屬/官修

紹興縣立圖書館通常類書目不分卷　紹興縣立圖書館編　民國二十三年(1934)鉛印本　一冊

330000－1716－0001149　譜 0119/01149　史部/傳記類/總傳之屬/家乘

[浙江諸暨]烏巖蔡氏宗譜三十二卷　蔡以卿纂修　民國十五年(1926)永思堂木活字印本　三十三冊

330000－1716－0001174　地獻 0630/01174　集部/總集類/選集之屬/斷代

八股餘韻一卷附録一卷　王世裕輯　民國二十二年(1933)鉛印本　一冊

330000－1716－0001179　譜 0133/01179　史部/傳記類/總傳之屬/家乘

[浙江紹興]會稽日鑄祝氏宗譜四卷　祝如奎　祝如龍纂修　民國二十二年(1933)敦本堂木活字印本　三冊

330000－1716－0001184　地獻 0631/01184　集部/總集類/選集之屬/斷代

八股餘韻一卷附録一卷　王世裕輯　民國二

十二年(1933)鉛印本　一册

330000－1716－0001186　地獻 0636/01186
集部/别集類/清别集
精選芥颿詩六卷附古今詩選一卷　(清)宗聖垣撰　民國山陰范孟超抄本　一册

330000－1716－0001191　譜 0172/01191　史部/傳記類/總傳之屬/家乘
[浙江紹興]富盛童氏家譜一卷　童光鏶纂　民國紹興縣修志委員會抄本　一册

330000－1716－0001192　地獻 0639/01192
集部/别集類/清别集
姜徵君遺詩二卷附遺詞一卷　(清)姜秉初撰　朱啟灝輯　民國二十七年(1938)四樂草堂鉛印本　一册

330000－1716－0001194　地獻 0638/01194
集部/别集類/清别集
姜徵君遺詩二卷附遺詞一卷　(清)姜秉初撰　朱啟灝輯　民國二十七年(1938)四樂草堂鉛印本　一册

330000－1716－0001196　地獻 0641/01196
子部/工藝類/文房四寶之屬/墨
摘録方氏墨譜中語一卷星彝雲鼎齋墨録一卷　張拯亢輯　稿本　一册

330000－1716－0001199　譜 0175/01199　史部/傳記類/總傳之屬/家乘
[浙江紹興]紹興潭底俞氏譜十卷首一卷末一卷　俞家驥纂　民國三十六年(1947)稿本　十册

330000－1716－0001203　譜 0061/01203　史部/傳記類/總傳之屬/家乘
[浙江山陰]姚氏敬愛堂完六支順昌房續譜不分卷　姚業顯重編　民國三年(1914)姚氏敬愛堂抄本　一册

330000－1716－0001208　譜 0092/01208　史部/傳記類/總傳之屬/家乘
[浙江會稽]鮑氏五思堂宗譜稿四卷首一卷　鮑德福纂修　民國二十一年(1932)五思堂鉛印本　三册

330000－1716－0001209　地獻 0651/01209
史部/編年類/通代之屬
尺木堂綱鑑易知録九十二卷明鑑易知録十五卷　(清)吴乘權　(清)周之炯　(清)周之燦輯　民國十六年(1927)上海掃葉山房石印本　二十四册

330000－1716－0001210　譜 0094/01210　史部/傳記類/總傳之屬/家乘
[浙江紹興]甘氏宗譜不分卷　甘元掄纂　民國九年(1920)鉛印本　一册

330000－1716－0001212　譜 0093/01212　史部/傳記類/總傳之屬/家乘
[浙江紹興]紹興蓮花橋胡氏宗譜二卷首一卷　胡壽震録　民國抄本　一册

330000－1716－0001213　地獻 0659/01213
類叢部/叢書類/自著之屬
勴堂遺書八種　顧家相撰　民國八年至十九年(1919－1930)會稽顧氏鉛印本　一册　存一種

330000－1716－0001214　譜 0088/01214　史部/傳記類/總傳之屬/家乘
[浙江紹興]紹興湖門孫氏世系不分卷　民國抄本　一册

330000－1716－0001215　地獻 0660/01215
史部/金石類
范鼎卿先生所著書三種　范壽銘撰　民國會稽顧氏金佳石好樓石印本　二册　存二種

330000－1716－0001217　譜 0109/01217　史部/傳記類/總傳之屬/家乘
[浙江紹興]山陰安城楊氏子仁公派下支譜不分卷　楊寶楚纂　民國二十八年(1939)鉛印本　一册

330000－1716－0001221　地獻 0675/01221
史部/地理類/方志之屬/郡縣志
[民國]紹興縣志資料第一輯不分卷　紹興縣修志委員會輯　民國二十六年至二十八年(1937－1939)紹興縣修志委員會鉛印本　十六册

330000－1716－0001223　譜0038/01223　史部/傳記類/總傳之屬/家乘

[浙江紹興]山陰大慶劉氏宗譜二卷　劉文憲等纂　民國十三年(1924)序思堂木活字印本　一册　存一卷(一)

330000－1716－0001229　譜0056/01229　史部/傳記類/總傳之屬/家乘

[湖北沔陽]楚北百忍堂張氏支譜不分卷　張海鵬纂修　民國六年(1917)張國祥抄本　一册

330000－1716－0001230　地獻0207/01230　史部/地理類/方志之屬/郡縣志

[嘉慶]山陰縣志校記一卷　(清)李慈銘撰　民國十九年(1930)鉛印本　一册

330000－1716－0001233　地獻0205/01233　史部/地理類/方志之屬/郡縣志

[嘉慶]山陰縣志校記一卷　(清)李慈銘撰　民國十九年(1930)鉛印本　王子餘題記　一册

330000－1716－0001237　地獻0673/01237　史部/地理類/方志之屬/郡縣志

道光會稽縣志稿二十五卷首一卷末一卷　(清)王蓉坡　(清)沈墨莊纂　民國二十五年(1936)紹興縣修志委員會鉛印本(卷二至五、十至十三、二十至二十二原缺)　三册

330000－1716－0001238　地獻0546 地獻0547/01238　史部/地理類/方志之屬/郡縣志

[嘉泰]會稽志二十卷　(宋)沈作賓修　(宋)施宿等纂　**[寶慶]會稽續志八卷**　(宋)張淏纂修　(宋)孫因撰　民國十五年(1926)據清嘉慶十三年(1808)采鞠軒刻本影印本　十二册

330000－1716－0001240　地獻0674/01240　史部/地理類/方志之屬/郡縣志

康熙會稽縣志二十八卷首一卷　(清)王元臣修　(清)董欽德　(清)金烔纂　民國二十五年(1936)紹興縣修志委員會鉛印本　四册

330000－1716－0001243　地獻0711/01243　史部/地理類/方志之屬/郡縣志

嘉慶山陰縣志三十卷首一卷　(清)徐元梅修　(清)朱文翰等纂　民國二十五年(1936)紹興縣修志委員會鉛印本　七册

330000－1716－0001245　譜0060/01245　史部/傳記類/總傳之屬/家乘

[浙江蕭山]蕭山龕山應氏宗譜四卷　應召南等纂修　任梅生續修　民國十五年(1926)静裕堂木活字印本　四册

330000－1716－0001246　縣資0021－16/01246　史部/地理類/方志之屬/郡縣志

[民國]紹興縣志資料第一輯不分卷　紹興縣修志委員會輯　民國二十六年至二十八年(1937－1939)紹興縣修志委員會鉛印本　十六册

330000－1716－0001252　譜0180/01252　史部/傳記類/總傳之屬/家乘

[浙江山陰]安城楊氏子仁公派下支譜不分卷　楊寶楚纂修　民國二十八年(1939)鉛印本　一册

330000－1716－0001253　譜0181/01253　史部/傳記類/總傳之屬/家乘

[浙江山陰]安城楊氏子仁公派下支譜不分卷　楊寶楚纂修　民國二十八年(1939)鉛印本　一册

330000－1716－0001254　譜0182/01254　史部/傳記類/總傳之屬/家乘

[浙江山陰]安城楊氏子仁公派下支譜不分卷　楊寶楚纂修　民國二十八年(1939)鉛印本　一册

330000－1716－0001255　譜0183/01255　史部/傳記類/總傳之屬/家乘

[浙江山陰]安城楊氏子仁公派下支譜不分卷　楊寶楚纂修　民國二十八年(1939)鉛印本　一册

330000－1716－0001256　譜0184/01256　史部/傳記類/總傳之屬/家乘

[浙江山陰]安城楊氏子仁公派下支譜不分卷

楊寶楚纂修　民國二十八年(1939)鉛印本　一册

330000－1716－0001260　地獻0693/01260
史部/傳記類/總傳之屬/郡邑
龍山詩巢志略四卷　錢繩武輯　民國二十二年(1933)鉛印本　一册

330000－1716－0001261　地獻0689/01261
史部/傳記類/日記之屬
東游日記一卷(民國十五年六月三日至七月二十六日)　周肇祥撰　民國北平京華印書局鉛印本　一册

330000－1716－0001264　地獻0684/01264
史部/傳記類/日記之屬
越縵堂詹詹録二卷　(清)李慈銘撰　李文糺輯　民國二十二年(1933)李文糺鉛印本　志白跋　二册

330000－1716－0001266　譜0147/01266　史部/傳記類/總傳之屬/家乘
[安徽休寧]汪氏譜略不分卷　汪原渠纂修
紹興府蕭山縣鳳儀村念四都大義居住汪氏世系摘記不分卷　民國抄本　二册

330000－1716－0001267　地獻0690/01267
史部/傳記類/日記之屬
東游日記一卷(民國十五年六月三日至七月二十六日)　周肇祥撰　民國北平京華印書局鉛印本　一册

330000－1716－0001269　地獻0685/01269
史部/傳記類/日記之屬
越縵堂詹詹録二卷　(清)李慈銘撰　李文糺輯　民國二十二年(1933)李文糺鉛印本　二册

330000－1716－0001272　地獻0697 地獻0698/01272　史部/傳記類/别傳之屬/事狀
紹興王臥山先生百齡追紀徵文集不分卷　王福珅　王家襄輯　民國十二年(1923)鉛印本　二册

330000－1716－0001273　地獻0686/01273
史部/傳記類/日記之屬
越縵堂詹詹録二卷　(清)李慈銘撰　李文糺輯　民國二十二年(1933)李文糺鉛印本　二册

330000－1716－0001274　地獻0699/01274
史部/傳記類/别傳之屬/事狀
會稽施仲魯先生暨德配程淑人六十徵言事略一卷　施贇等輯　民國十五年(1926)刻朱印本　一册

330000－1716－0001275　地獻0706/01275
類叢部/叢書類/自著之屬
香雪崦叢書四種　(清)平步青撰　民國六年至十四年(1917－1925)刻本暨鉛印本　一册　存一種

330000－1716－0001277　地獻0705/01277
史部/傳記類/日記之屬
祁忠敏公日記十五卷(明崇禎四年至弘光元年)　(明)祁彪佳撰　**祁忠敏公年譜一卷**　(明)王思任撰　(清)梁廷枏　(清)龔沅補編　民國二十六年(1937)紹興縣修志委員會鉛印本　六册

330000－1716－0001278　地獻0701/01278
集部/總集類/酬唱之屬
篔谷公篔管課子圖題辭一卷　孫家驥輯　民國二十三年(1934)鉛印本　一册

330000－1716－0001283　地獻0700/01283
史部/傳記類/别傳之屬/事狀
會稽何烈婦周孺人遺札徵詩文啟不分卷　周毅修輯　民國十一年(1922)鉛印本　一册

330000－1716－0001287　地獻0712/01287
史部/政書類/公牘檔册之屬
會稽二十三都一圖推字魚鱗册不分卷　民國抄本　四册

330000－1716－0001292　地獻0725/01292
史部/政書類/公牘檔册之屬
紹興縣置產簿不分卷　民國六年(1917)會稽漁渡董氏抄本　一册

330000－1716－0001295　地獻0732/01295
新學/議論

新生活中舊人鑑一卷　朱貫正編　民國二十三年(1934)稿本　一冊

330000－1716－0001316　地獻 0737/01316
經部/小學類/文字之屬/字書/訓蒙
千字文訓纂一卷附札記一卷　唐風撰　民國二十二年(1933)鉛印本　一冊

330000－1716－0001320　地獻 0744/01320
史部/政書類/公牘檔冊之屬
紹縣戶摺全録一卷　民國抄本　一冊
330000－1716－0001322　地獻 0765/01322
史部/傳記類/别傳之屬/年譜
淄川蒲明經[松齡]年徵一卷　唐風撰　民國二十二年(1933)鉛印本　一冊

330000－1716－0001330　地獻 0767/01330
集部/别集類
秋門集一卷　唐風撰　民國二十一年(1932)稿本　一冊

330000－1716－0001331　地獻 0758/01331
子部/雜著類/雜考之屬
紹興濱渚出土之句兵考一卷　張掞亢撰　民國油印本　一冊
330000－1716－0001332　地獻 0759/01332
子部/雜著類/雜考之屬
續紹興出土古物調查記一卷　張掞亢撰　民國二十六年(1937)稿本　一冊
330000－1716－0001334　地獻 0745/01334
史部/傳記類/日記之屬
日記不分卷(民國二十年一月一日至二十四年十二月二十二日)　沈錫慶撰　稿本　九冊

330000－1716－0001336　地獻 0761/01336
史部/目録類/總録之屬
文苑叢談總目一卷　陶傳堯編　民國鉛印本　一冊

330000－1716－0001341　地獻 0756/01341
集部/詞類/别集之屬
寄榆詞一卷　魏铖撰　民國二十六年(1937)剡溪濟美堂袁氏刻藍印本　一冊

330000－1716－0001342　地獻 0766/01342
集部/别集類
貌若塑集一卷無情有味集一卷　唐風撰　民國二十三年(1934)稿本　一冊

330000－1716－0001344　地獻 0770/01344
集部/别集類
觚庵詩存四卷　俞明震撰　民國九年(1920)上海聚珍倣宋印書局鉛印本　疚齋題記　一冊

330000－1716－0001345　善附 0020/01345
類叢部/叢書類/自著之屬
香雪崦叢書四種　(清)平步青撰　民國六年至十四年(1917－1925)刻本暨鉛印本　六冊　存一種

330000－1716－0001349　地獻 0802/01349
集部/曲類/彈詞之屬
平湖調四種四卷　升卿氏録　民國抄本　二冊

330000－1716－0001358　縣資 0001/01358
史部/地理類/方志之屬/郡縣志
[民國]紹興縣志資料第二輯不分卷　紹興縣修志委員會輯　稿本　八十九冊

330000－1716－0001359　善附 0053/01359
史部/傳記類/總傳之屬/通代
畫梅百家小傳一卷　張掞亢撰　稿本　一冊
330000－1716－0001360　善附 0054/01360
集部/别集類/明别集
遠山堂詩集一卷　(明)祁彪佳撰　(清)祁理孫　(清)祁班孫輯　民國抄本　一冊
330000－1716－0001361　地獻 0803/01361
史部/傳記類/雜傳之屬
族譜雜録不分卷　民國抄本　一冊

330000－1716－0001364　善附 0056/01364
史部/史抄類
天澤陽秋四卷續編四卷三編六卷四編二卷　唐風撰　民國二十年(1931)稿本　十一冊

缺五卷(四、續編一至三、三編二)

330000－1716－0001365　地獻 0804/01365
集部/別集類/清别集
躬恥齋文鈔十四卷别集一卷後編六卷附崇祀鄉賢録一卷躬恥齋詩鈔十四卷首一卷後編七卷校勘記二卷　(清)宗稷辰撰　民國二年(1913)吳門鉛印本　八册

330000－1716－0001367　地獻 0809/01367
史部/地理類/方志之屬/郡縣志
嘉慶山陰縣志三十卷首一卷　(清)徐元梅修　(清)朱文翰等纂　民國二十五年(1936)紹興縣修志委員會鉛印本　七册

330000－1716－0001368　善附 0058/01368
集部/别集類/唐五代别集
韓文類纂四卷二編二卷三編一卷四編一卷　(清)姚鼐選　民國周毅修抄本　八册

330000－1716－0001369　地獻 0805/01369
集部/别集類/清别集
躬恥齋文鈔十四卷别集一卷後編六卷附崇祀鄉賢録一卷躬恥齋詩鈔十四卷首一卷後編七卷校勘記二卷　(清)宗稷辰撰　民國二年(1913)吳門鉛印本　九册

330000－1716－0001370　地獻 0811/01370
史部/地理類/方志之屬/郡縣志
康熙會稽縣志二十八卷首一卷　(清)王元臣修　(清)董欽德　(清)金烔纂　民國二十五年(1936)紹興縣修志委員會鉛印本　四册

330000－1716－0001372　地獻 0812/01372
史部/地理類/方志之屬/郡縣志
道光會稽縣志稿二十五卷首一卷末一卷　(清)王蓉坡　(清)沈墨莊纂　民國二十五年(1936)紹興縣修志委員會鉛印本(卷二至五、十至十三、二十至二十二原缺)　三册

330000－1716－0001375　地獻 0806/01375
集部/别集類/清别集
躬恥齋文鈔十四卷别集一卷後編六卷附崇祀鄉賢録一卷躬恥齋詩鈔十四卷首一卷後編七卷校勘記二卷　(清)宗稷辰撰　民國二年(1913)吳門鉛印本　九册

330000－1716－0001377　地獻 0728/01377
史部/傳記類/日記之屬
越縵堂日記補不分卷(清咸豐四年三月十四日至同治二年三月三十日)　(清)李慈銘撰　民國二十五年(1936)上海商務印書館影印本　十三册

330000－1716－0001379　地獻 0727/01379
史部/傳記類/日記之屬
越縵堂日記不分卷(清同治二年四月朔至光緒十五年七月初十)　(清)李慈銘撰　民國九年(1920)北京浙江公會影印本　五十一册

330000－1716－0001381　地獻 0807/01381
集部/别集類/清别集
躬恥齋文鈔十四卷别集一卷後編六卷附崇祀鄉賢録一卷躬恥齋詩鈔十四卷首一卷後編七卷校勘記二卷　(清)宗稷辰撰　民國二年(1913)吳門鉛印本　八册

330000－1716－0001384　地獻 0813/01384
史部/目録類/專録之屬
越聲書目不分卷　稿本　一册

330000－1716－0001402　子補 0775/01402
子部/宗教類/佛教之屬
因果經二卷首一卷　民國上海宏大善書局石印本　一册　缺一卷(二)

330000－1716－0001406　普經 0012/01406
經部/詩類/傳説之屬
詩經恒解六卷　(清)劉沅撰　民國北京道德學社印刷所鉛印本　六册

330000－1716－0001418　普經 0020/01418
經部/小學類/文字之屬/字書/字典
新字典十二卷拾遺一卷檢字一卷附録一卷勘誤一卷補編一卷　陸爾奎等編纂　民國元年(1912)上海商務印書館鉛印本　六册

330000－1716－0001430　普經 0030/01430
經部/小學類/文字之屬/字書/字典
字系十五卷坿録一卷　夏曰瑗撰　民國五年(1916)嘉定夏氏石印本　四册

330000－1716－0001437　普經0035/01437
類叢部/叢書類/彙編之屬
東南大學叢書□□種　民國上海商務印書館石印本　一冊　存一種

330000－1716－0001441　普經0037/01441
經部/小學類/文字之屬/字書/通論
中國文字之原始及其構造二編　蔣善國撰　民國十九年(1930)上海商務印書館石印本　二冊

330000－1716－0001444　普經0038－1/01444　經部/四書類/大學之屬/傳說
大學釋要一卷　金紹曾撰　民國九年(1920)鉛印本　一冊

330000－1716－0001446　普經0038－2/01446　經部/四書類/大學之屬/傳說
大學釋要一卷　金紹曾撰　民國九年(1920)鉛印本　一冊

330000－1716－0001456　普經0045/01456
經部/小學類/音韻之屬/等韻
四聲切韻表一卷凡例一卷　(清)江永編　**四聲切韻表校正一卷**　(清)夏燮撰　民國十九年(1930)北平富晉書社石印本　二冊

330000－1716－0001458　普經0046/01458
經部/小學類/音韻之屬/古今韻說
述均十卷　(清)夏燮撰　民國十九年(1930)北平富晉書社影印本　四冊

330000－1716－0001484　普經0060/01484
子部/藝術類/書畫之屬/法帖
篆文論語二卷　(清)吳大澂書　民國蘇州振新書社影印本　四冊

330000－1716－0001485　普經0061/01485
經部/小學類/文字之屬/說文
說文易檢十四卷附識一卷末二卷　(清)史恩綿編　民國十二年(1923)上海商務印書館影印本　十冊

330000－1716－0001487　普經0063/01487
經部/群經總義類/文字音義之屬
經傳釋詞四卷　(清)王引之撰　王時潤點勘　民國二十年(1931)上海掃葉山房石印本　四冊

330000－1716－0001489　普經0064/01489
經部/小學類/訓詁之屬/字詁
助字辨略五卷　(清)劉淇撰　民國上海古書流通處據海源閣刻本影印本　五冊

330000－1716－0001496　普經0066/01496
經部/易類/傳說之屬
新刻來瞿唐先生易注十五卷首一卷末一卷　(明)來知德撰　民國上海江東茂記書局石印本　五冊

330000－1716－0001500　普經0067/01500
經部/群經總義類/文字音義之屬
經傳釋詞十卷　(清)王引之撰　王時潤點勘　**研究說文書目一卷**　王時潤撰　民國十三年(1924)石印本　四冊

330000－1716－0001501　普經0068/01501
經部/詩類/傳說之屬
詩經集傳八卷　(宋)朱熹撰　民國三年(1914)中華書局鉛印本　四冊

330000－1716－0001504　普經0069/01504
經部/小學類/文字之屬/字書/字體
隸辨八卷　(清)顧藹吉撰　民國十二年(1923)掃葉山房石印本　八冊

330000－1716－0001517　普經0080/01517
經部/小學類/音韻之屬/韻書
增廣詩韻全璧五卷　(清)湯祥瑟輯　(清)華錕重編　**虛字韻藪一卷**　(清)潘維城輯　**初學檢韻袖珍一卷**　(清)姚文登輯　民國六年(1917)上海鴻寶書局石印本　六冊

330000－1716－0001519　普經0083/01519
經部/春秋左傳類/傳說之屬
言文對照左傳句解六卷　廣益書局編輯部編譯　民國二十一年(1932)上海廣益書局石印本　六冊

330000－1716－0001521　普經0082/01521
經部/四書類/總義之屬/文字音義
注音字母四書白話句解十九卷　周觀光　吳

穀民演譯　民國上海求古齋石印本　十四冊

330000－1716－0001522　普經 0081/01522

經部/小學類/文字之屬/字書/字體

隸辨八卷　(清)顧藹吉撰　民國十二年(1923)掃葉山房石印本　八冊

330000－1716－0001531　善附 0131/01531

子部/雜家類

注國故論衡原儒篇一卷　章炳麟撰　繆篆注　稿本　一冊

330000－1716－0001539　善附 0136/01539

集部/别集類/清别集

李越縵詩補鈔一卷　(清)李慈銘撰　民國二十四年(1935)紹興沈鈞業抄本　一冊

330000－1716－0001545　普經 0093/01545

經部/小學類/文字之屬/說文/專著

說文古籀補補十四卷補遺一卷附録一卷　丁佛言撰　民國十九年(1930)北平富晉書社石印本　四冊

330000－1716－0001548　善附 0141/01548

集部/别集類/明别集

鈐山堂詩選二卷　(明)嚴嵩撰　民國山陰沈鈞業抄本　沈鈞業批註　二冊

330000－1716－0001552　普經 0097/01552

子部/藝術類/書畫之屬/法帖

張季直書說文解字部目一卷　張謇書　民國十八年(1929)上海商務印書館影印本　一冊

330000－1716－0001554　集補 1485/01554

集部/小說類/短篇之屬

新鐫笑林廣記四卷　(清)遊戲主人撰　民國石印本　一冊　存一卷(二)

330000－1716－0001566　普經 0109/01566

經部/小學類/文字之屬/字書

王氏六書存微八卷首一卷　王闓運原定　(清)陳兆奎輯存　(清)喻謙述微　民國五年(1916)東州刻本　十二冊

330000－1716－0001573　普經 0116/01573

經部/孝經類/傳說之屬

孝經一卷附二十四孝圖說一卷　(唐)玄宗李隆基注　王震繪　民國據宋刻本影印本　一冊

330000－1716－0001577　普經 0127/01577

經部/春秋左傳類/傳說之屬

春秋左傳五十卷　(晉)杜預　(宋)林堯叟注釋　(唐)陸德明音義　民國十九年(1930)上海錦章圖書局石印本　六冊

330000－1716－0001579　普經 0119/01579

經部/春秋左傳類/傳說之屬

春秋左傳淺解一卷　吳佩孚　江朝宗講撰　王錦渠編輯　田步蟾　沈抱淑附解　民國二十四年(1935)救世新教明經學會鉛印本　一冊

330000－1716－0001581　普經 0123/01581

經部/小學類/文字之屬/字書/通論

蒼石山房文字談不分卷　石廣權撰　民國十八年(1929)上海商務印書館石印本　二冊

330000－1716－0001583　普經 0124/01583

經部/小學類/文字之屬/說文/專著

說文解字研究法不分卷　馬敘倫撰　民國十八年(1929)上海商務印書館石印本　一冊

330000－1716－0001584　普經 0125/01584

經部/易類/傳說之屬

易學三述一卷附易圖直解一卷　(清)王含光撰　民國二十五年(1936)鉛印本　一冊

330000－1716－0001587　普經 0128/01587

經部/小學類/文字之屬/字書/字體

六書分類十二卷首一卷　(清)傅世垚輯　民國十年(1921)上海錦文堂石印本　二十四冊

330000－1716－0001588　普經 0129/01588

經部/四書類/總義之屬/傳說

四書集注十九卷　(宋)朱熹撰　民國上海會文堂書局石印本　六冊

330000－1716－0001589　普經 0130/01589

經部/孝經類/傳說之屬

孝經白話解說一卷　朱領中撰　民國二十一年(1932)上海明善書局石印本　一冊

330000－1716－0001591　普經 0131/01591
經部/小學類/文字之屬/字書/字體
六書通十卷首一卷　(清)閔齊伋撰　(清)畢弘述篆訂　民國七年(1918)上海鴻文書局石印本　五册

330000－1716－0001592　普經 0132/01592
經部/春秋左傳類/傳說之屬
言文對照左傳評注讀本二卷　秦同培輯　民國十三年(1924)上海世界書局石印本　二册

330000－1716－0001594　善附 0148/01594
子部/藝術類/篆刻之屬/印譜
太上感應篇印譜一卷　蘇澗寬篆　民國十二年(1923)滬上朱墨套色石印本　一册

330000－1716－0001595　普經 0134/01595
經部/小學類/訓詁之屬/字詁
言文一貫虛字使用法不分卷　周善培撰　民國四年(1915)上海商務印書館鉛印本　四册

330000－1716－0001596　普經 0133/01596
經部/小學類/文字之屬/說文
說文偏旁考二卷　(清)吳照輯　民國八年(1919)蘇州振新書社石印本　四册

330000－1716－0001597　普經 0135/01597
經部/春秋左傳類/傳說之屬
評點春秋左傳綱目句解彙雋六卷　(清)韓菼重訂　民國上海進步書局石印本　六册

330000－1716－0001599　普經 0136/01599
經部/小學類/文字之屬/字書/字體
真行草大字典十二卷　書學會編　民國十三年(1924)上海有正書局石印本　六册

330000－1716－0001621　善附 0159/01621
子部/藝術類/遊藝之屬/棋弈
哺餘弈式□□卷　民國抄本　三册　存三卷(三至五)

330000－1716－0001630　善附 0164/01630
集部/別集類
綠杉野屋詩稿一卷　周毅修撰　稿本　一册

330000－1716－0001638　善附 0168/01638
子部/工藝類/日用器物之屬/陶瓷
古瓷摘要一卷　權伯華編訂　民國張拯亢抄本　一册

330000－1716－0001640　普經 0168/01640
經部/小學類/訓詁之屬/字詁
戴東原轉語釋補四卷首一卷　曾廣源撰　民國十八年(1929)海事編譯局鉛印本　一册　缺一卷(四)

330000－1716－0001644　地獻 0508/01644
史部/地理類/水利之屬
麻溪改壩為橋始末記四卷首一卷　王念祖纂　民國八年(1919)蕺社鉛印本　二册

330000－1716－0001648　善附 0175－1/01648　集部/別集類/清別集
存吾春軒集八卷　(清)周大樞撰　民國周毅修抄本　一册　存二卷(七至八)

330000－1716－0001649　普經 0170/01649
經部/四書類/總義之屬/傳說
四書恒解十四卷　(清)劉沅撰　民國鉛印本　六册

330000－1716－0001655　普經 0175/01655
經部/四書類/總義之屬/傳說
四書恒解十四卷　(清)劉沅撰　民國九年(1920)北京道德學社鉛印本　八册

330000－1716－0001665　普經 0184/01665
經部/小學類/音韻之屬
音韻學叢書二十種　嚴式誨輯　民國渭南嚴氏成都刻本　二册　存二種

330000－1716－0001667　善附 0179/01667
新學/商務/商學
生意須知一卷　民國抄本　一册

330000－1716－0001668　普經 0187/01668
經部/小學類/音韻之屬/韻書
廣韻五卷　(宋)陳彭年等修　**宋本廣韻校札一卷**　(清)黎庶昌撰　民國上海涵芬樓影印本　五册

330000－1716－0001669　善附 0180/01669

史部/金石類/錢幣之屬/文字
特健藥齋臧泉目一卷 唐風輯 稿本 一冊

330000－1716－0001670 普經 0188/01670
經部/小學類/音韻之屬/韻書
集韻聲類表四卷 黃侃撰 民國二十五年(1936)上海開明書店石印本 一冊

330000－1716－0001671 普經 0189/01671
經部/小學類/文字之屬/字書
今字解剖不分卷附補遺一篇 王有宗撰 民國二十四年(1935)上海商務印書館石印本 二冊

330000－1716－0001673 普經 0190/01673
經部/春秋左傳類/文字音義之屬
春秋左傳音義白話注解六卷 費恕皆編 民國十八年(1929)上海群學書社石印本 六冊

330000－1716－0001674 普經 0191/01674
經部/四書類/總義之屬/傳說
言文對照廣注四書讀本 世界書局編輯所編輯 民國上海世界書局石印本 二冊 存一種

330000－1716－0001675 善附 0182/01675
史部/雜史類/斷代之屬
蕉亭雜記二卷 陳夔龍撰 民國十四年(1925)刻本 二冊

330000－1716－0001676 善附 0183/01676
史部/史表類/通代之屬
嘉慶一統志表二十卷 (清)穆彰阿纂修 胡文楷輯 民國二十四年(1935)上海商務印書館影印本 十冊

330000－1716－0001677 普經 0193/01677
經部/書類/傳說之屬
書經簡明白話解六卷首一卷 陳善撰 民國二十年(1931)上海群學書社石印本 六冊

330000－1716－0001678 普經 0192/01678
類叢部/類書類/專類之屬
詩韻合璧五卷 (清)許時庚輯 **虛字韻藪一卷** (清)潘維城輯 民國上海公興書局鉛印本 五冊

330000－1716－0001680 普經 0194/01680
經部/書類/傳說之屬
書經集傳六卷首一卷末一卷 (宋)蔡沈撰 民國四年(1915)中華書局鉛印本 四冊

330000－1716－0001683 普經 0195/01683
經部/四書類/總義之屬/傳說
四書白話注解 許伏民 童官卓編 民國十二年(1923)上海鍊石齋書局、羣學書社石印本 十四冊

330000－1716－0001685 普經 0198/01685
經部/小學類/文字之屬/說文
說文解字十五卷標目一卷 (漢)許慎撰 (宋)徐鉉等校定 民國上海商務印書館據清藤花榭刻本影印本 四冊

330000－1716－0001711 普經 0222/01711
經部/易類/傳說之屬
易通十卷釋例一卷 劉次源撰 民國三十八年(1949)劉昌景鉛印屯園叢書本 劉昌景題記 三冊

330000－1716－0001723 普經 0238/01723
經部/小學類
小學金石論叢五卷補遺一卷 楊樹達撰 民國二十六年(1937)上海商務印書館鉛印本 二冊

330000－1716－0001724 善附 0216/01724
史部/地理類/雜志之屬
山北鄉土集一卷 (清)范觀濂撰 民國抄本 一冊

330000－1716－0001729 善附 0220/01729
史部/目録類/通論之屬
目録新論三卷 陳伯英撰 稿本 一冊

330000－1716－0001735 善附 0202/01735
史部/金石類/石之屬/目録
金石目録一卷 紹興縣修志委員會輯 稿本 一冊

330000－1716－0001736 善附 0222/01736
集部/總集類/尺牘之屬
致黃補臣太史信札一卷 黃壽衮輯 稿本

一册

330000－1716－0001737　普經 0242/01737
經部/小學類/文字之屬/字書/通論
中國文字之原始及其構造二編　蔣善國撰　民國二十二年(1933)上海商務印書館石印本　二册

330000－1716－0001741　善附 0226/01741
史部/地理類/專志之屬/寺觀
紹興開元寺供奉古佛藏經事蹟彙誌不分卷　民國二十五年(1936)鉛印本　一册

330000－1716－0001751　善附 0219/01751
史部/目録類/總録之屬/私撰
越縵堂袖中書長卷目録一卷　(清)李慈銘撰　民國抄本　一册

330000－1716－0001752　善附 0224/01752
子部/藝術類/書畫之屬/書法書品
甲輯集聯一卷乙輯集詩一卷　簡經綸撰　民國二十五年(1936)稿本　一册

330000－1716－0001754　善附 0234/01754
集部/别集類
復菴雜著不分卷　沈鈞業撰　稿本　五册

330000－1716－0001756　善附 0227/01756
集部/總集類/尺牘之屬
信箋集録不分卷　陳艮仙等撰　稿本　一册

330000－1716－0001757　子補 0483/01757
子部/宗教類/道教之屬
太上無極混元一炁度人妙經一卷　(元)趙孟頫書　民國影印本　一册

330000－1716－0001775　善附 0231/01775
子部/藝術類/篆刻之屬/印譜
印選十六種　孔雲白輯　民國二十五年(1936)鈐印本　十六册

330000－1716－0001777　普經 0274/01777
經部/小學類/訓詁之屬/字詁
文始九卷　章炳麟撰　民國二年(1913)浙江圖書館據章炳麟手寫稿本影印本　一册

330000－1716－0001781　子補 0813/01781
子部/宗教類/道教之屬
中學參同一卷太乙金華宗旨一卷悟性窮原一卷　民國刻本　一册

330000－1716－0001829　普經 0352/01829
經部/四書類/孟子之屬/正文
孟子經緯一卷　董其慧撰　民國二十四年(1935)張家口中華印刷局鉛印本　一册

330000－1716－0001838　地獻 1984－6/01838　類叢部/叢書類/彙編之屬
復性書院叢刊二十七種　馬浮編　民國二十九年至三十七年(1940－1948)復性書院刻本暨鉛印本　十三册　存五種

330000－1716－0001859　普經 0392/01859
經部/小學類/文字之屬/說文/專著
說文解字研究法不分卷　馬敘倫撰　民國二十二年(1933)上海商務印書館石印本　一册

330000－1716－0001861　普經 0394/01861
經部/易類
易藏叢書六種　杭辛齋撰　民國十一年(1922)上海研幾學社鉛印本　四册　存一種

330000－1716－0001864　經補 0432－4/01864　經部/四書類/總義之屬/傳說
四書集注十九卷　(宋)朱熹撰　民國鉛印本　一册　存一種

330000－1716－0001879　縣資 0087/01879
史部/目録類/總録之屬/官修
乙庫書目一卷　民國縣志資料委員會輯　稿本　一册

330000－1716－0001882　普經 0423/01882
經部/易類
易藏叢書六種　杭辛齋撰　民國十一年(1922)上海研幾學社鉛印本　五册　存二種

330000－1716－0001895　普經 0453/01895
經部/易類/傳說之屬
周易恒解五卷　(清)劉沅撰　民國北京道德學社印刷所鉛印本　五册

330000－1716－0001904　普經 0462/01904

類叢部/叢書類/自著之屬

章氏叢書十三種 章炳麟撰 民國六年至八年(1917－1919)浙江圖書館刻本 二冊 存一種

330000－1716－0001910 普經 0471/01910

經部/詩類/傳說之屬

詩毛氏學三十卷 馬其昶撰 民國五年(1916)京師第一監獄鉛印本 三冊

330000－1716－0001917 普經 0484/01917

經部/小學類/文字之屬/說文/傳說

說文解字詁林補遺十五卷前編三卷後編一卷補遺之續不分卷通檢一卷 丁福保編 民國十七年(1928)上海醫學書局石印本 三十九冊 缺八卷(一至二、十至十一,前編一至三,通檢)

330000－1716－0001919 普經 0484/01919

經部/小學類/文字之屬/說文/傳說

說文解字詁林補遺十五卷前編三卷後編一卷補遺之續不分卷通檢一卷 丁福保編 民國二十一年(1932)上海醫學書局石印本 十六冊

330000－1716－0001920 子補 0770－32/01920 子部/宗教類/道教之屬

關帝明聖真經一卷附感應靈籤一卷 民國上海宏大善書局石印本 一冊

330000－1716－0001930 普經 0506/01930

經部/小學類/文字之屬/字書/字典

辭源十二卷檢字一卷勘誤一卷附録五卷 陸爾奎等編 民國五年(1916)上海商務印書館鉛印本 十二冊

330000－1716－0001939 普經 0516/01939

經部/小學類/文字之屬/說文/傳說

說文解字詁林樣本一卷 丁福保編 民國上海醫學書局鉛印本 一冊

330000－1716－0001960 普經 0557/01960

經部/讖緯類/春秋緯之屬

春秋緯史集傳四十卷 (清)陳省欽撰 民國十三年(1924)天台陳鍾祺鉛印本 四冊

330000－1716－0001973 普經 0580/01973

新學/理學/文學

國語學草創不分卷 胡以魯撰 民國二年(1913)浙江教育司鉛印本 一冊

330000－1716－0001974 普經 0581/01974

類叢部/叢書類/郡邑之屬

義烏先哲遺書五種 黄侗編 民國二十二年至二十四年(1933－1935)義烏黄氏鉛印本 一冊 存一種

330000－1716－0001978 普經 0601/01978

經部/小學類/文字之屬/字書/通論

六書解例不分卷 馬敘倫撰 民國二十二年(1933)上海商務印書館石印本 一冊

330000－1716－0001991 普經 0607/01991

經部/小學類/文字之屬/字書/字典

辭源十二卷檢字一卷勘誤一卷附録五卷 陸爾奎等編 民國上海商務印書館鉛印本 十二冊 缺二卷(附録四至五)

330000－1716－0001998 普經 0613/01998

經部/小學類/文字之屬/字書/字典

分類辭源十二集 世界書局編輯所編 民國十五年(1926)上海世界書局石印本 十二冊

330000－1716－0002003 普經 0619/02003

經部/小學類/文字之屬/說文/傳說

說文解字注十五卷附六書音韻表五卷 (清)段玉裁撰 **說文部目分韻一卷** (清)陳煥編 **說文通檢十四卷首一卷末一卷** (清)黎永椿編 **說文解字注匡謬八卷** (清)徐承慶撰 民國三年(1914)上海文盛書局石印本 八冊

330000－1716－0002005 普經 0621/02005

經部/四書類/總義之屬/文字音義

注音字母四書白話句解十九卷 周覲光 吴縠民演譯 民國上海求古齋石印本 十四冊

330000－1716－0002006 普經 0620/02006

經部/四書類/總義之屬/傳說

新訂四書補注備旨十卷 (明)鄧林撰 (清)鄧煜編 (清)杜定基增訂 民國三年(1914)

上海鴻寶書局石印本　八冊

330000－1716－0002008　普經 0622/02008
經部/春秋左傳類/傳說之屬
春秋左傳句解六卷　(清)韓菼重訂　民國三年(1914)上海商務印書館鉛印本　六冊

330000－1716－0002009　普經 0623/02009
子部/藝術類/書畫之屬/法帖
篆文論語二卷　(清)吳大澂書　民國八年(1919)蘇州振新書社影印本　四冊

330000－1716－0002010　普經 0625/02010
經部/詩類/詩序之屬
詩序解三卷　陳延傑撰　民國二十一年(1932)上海開明書店鉛印本　一冊

330000－1716－0002011　普經 0626/02011
經部/四書類/總義之屬/文字音義
注音字母四書白話句解十九卷　周觀光　吳穀民演譯　民國上海求古齋石印本　十四冊

330000－1716－0002034　普經 0668/02034
經部/小學類/文字之屬/字書
各經傳記小學十四卷附錄一卷　(清)莊有可撰　民國二十四年(1935)上海商務印書館石印本　七冊

330000－1716－0002062　地獻 1612－39/02062　集部/別集類/清別集
秋水軒尺牘二卷　(清)許思湄撰　**雪鴻軒尺牘二卷**　(清)龔萼撰　民國上海鴻寶齋書局石印本　三冊　缺一卷(雪鴻軒尺牘二)

330000－1716－0002065　普經 0730/02065
經部/小學類/訓詁之屬/字詁
文始九卷　章炳麟撰　民國二年(1913)浙江圖書館據章炳麟手寫稿本影印本　二冊

330000－1716－0002067　普經 0735/02067
經部/小學類/文字之屬/字書/字體
六書分類十二卷首一卷　(清)傅世垚輯　民國十年(1921)上海錦文堂石印本　二十四冊

330000－1716－0002068　普經 0734/02068
集部/總集類/選集之屬/斷代
皇朝經世文編一百二十卷姓名總目二卷　(清)賀長齡輯　民國鉛印本　二十四冊

330000－1716－0002075　普經 0744/02075
子部/藝術類/書畫之屬/法帖
草字彙十二卷附補　(清)石梁集　民國元年(1912)上海同文書局石印本　六冊

330000－1716－0002092　普經 0762/02092
經部/小學類/文字之屬/說文/專著
說文解字研究法不分卷　馬敘倫撰　民國十八年(1929)上海商務印書館石印本　一冊

330000－1716－0002096　普經 0771/02096
新學/理學/文學
國語學草創不分卷　胡以魯撰　民國二年(1913)浙江教育司鉛印本　一冊

330000－1716－0002101　普經 0782/02101
經部/春秋左傳類/傳說之屬
新體評注東萊博議四卷　(宋)呂祖謙撰　民國十五年(1926)上海大東書局鉛印本　四冊

330000－1716－0002102　普經 0783/02102
經部/春秋左傳類/傳說之屬
增批輯注東萊博議四卷　(宋)呂祖謙撰　劉鍾英輯注　民國十三年(1924)上海啟新書局石印本　四冊

330000－1716－0002103　普經 0785/02103
經部/四書類/孟子之屬/傳說
新式標點白話詳注孟子七卷　周廷珍編注　民國十一年(1922)上海崇文書局鉛印本　四冊

330000－1716－0002106　普經 0788/02106
集部/詞類/詞韻之屬
詞林正韻三卷發凡一卷　(清)戈載撰　民國十三年(1924)掃葉山房石印本　四冊

330000－1716－0002110　普經 0792/02110
經部/春秋左傳類/傳說之屬
東萊博議四卷　(宋)呂祖謙撰　民國三年(1914)上海共和書局石印本　四冊

330000－1716－0002113　普經 0796/02113

子部/藝術類/書畫之屬/書法書品
說文解字部目一卷 （清）胡澍書　民國影印本　一冊

330000－1716－0002116　普經 0798/02116
經部/叢編
許學四種五卷　金鉞輯　民國八年（1919）天津金氏刻九年（1920）印本　四冊

330000－1716－0002141　普經 0837/02141
子部/儒家類/儒學之屬/禮教
今世三字經不分卷 （日本）松平康國撰　民國鉛印本　一冊

330000－1716－0002148　普經 0859/02148
經部/小學類/文字之屬/字書/字體
真行草大字典十二卷　書學會編　民國上海有正書局石印本　五冊　缺二卷（三至四）

330000－1716－0002151　普經 0861/02151
經部/春秋左傳類/傳說之屬
言文對照左傳評注讀本二卷　秦同培輯　民國十三年（1924）上海世界書局石印本　二冊

330000－1716－0002152　普經 0862/02152
經部/書類/傳說之屬
書經集傳六卷首一卷末一卷 （宋）蔡沈撰　民國四年（1915）中華書局鉛印本　四冊

330000－1716－0002153　地獻 1382－4/02153　類叢部/叢書類/彙編之屬
仰視千七百二十九鶴齋叢書四集三十一種 （清）趙之謙編　民國十八年（1929）紹興墨潤堂書苑據清光緒六年（1880）會稽趙氏刻本影印本　一冊　存一種

330000－1716－0002154　普經 0863/02154
經部/春秋公羊傳類/傳說之屬
春秋公羊傳十一卷附公羊校記一卷 （漢）何休學　（唐）陸德明音義　民國五年（1916）掃葉山房石印本　四冊

330000－1716－0002163　集補 1066/02163
集部/總集類/彙編之屬
教科適用古今小品精華二卷　中華書局編　民國上海中華書局鉛印本　一冊　存一卷（二）

330000－1716－0002164　普經 0918/02164
類叢部/叢書類/彙編之屬
永慕園叢書六種　羅振玉編　民國三年（1914）上虞羅氏影印本　一冊　存一種

330000－1716－0002172　普經 0893/02172
新學/雜著
禮議不分卷　潘復等編　民國十七年（1928）鉛印本　一冊

330000－1716－0002179　普經 0906/02179
經部/四書類/孟子之屬/傳說
孟子文評不分卷 （清）趙承謨評點　民國五年（1916）上海交通圖書館石印本　四冊

330000－1716－0002180　普經 0908/02180
經部/小學類/文字之屬/說文/傳說
說文解字注十五卷附六書音韻表五卷 （清）段玉裁撰　**說文部目分韻一卷** （清）陳煥編　**說文通檢十四卷首一卷末一卷** （清）黎永椿編　**說文提要一卷** （清）陳建侯撰　**徐星伯說文段注札記一卷** （清）徐松撰　（清）劉肇隅編　**龔定菴說文段注札記一卷** （清）龔自珍撰　（清）劉肇隅編　**桂未谷說文段注鈔一卷補鈔一卷** （清）桂馥撰　（清）劉肇隅編　民國十二年（1923）上海掃葉山房石印本　十三冊

330000－1716－0002227　普史 0177/02227
史部/紀傳類/正史之屬
二十四史附考證　民國上海涵芬樓據清乾隆武英殿刻本影印本　二十四冊　存一種

330000－1716－0002228　普史 0198/02228
史部/紀傳類/正史之屬
史記一百三十卷 （漢）司馬遷撰　（清）吳汝綸點勘　**桐城吳先生史記初校本點識一卷** （清）吳汝綸撰　吳闓生輯　**桐城吳先生彙録各家史記評語一卷** （清）吳汝綸輯　民國四年（1915）都門書局鉛印本　十二冊

330000－1716－0002235　地獻 1961－2/02235　集部/曲類/寶卷之屬

重刻觀世音菩薩本行經簡集二卷　民國三年(1914)上海文益書局石印本　一册　存一卷(一)

330000－1716－0002262　普史 0285/02262
史部/編年類/斷代之屬
清史綱要十四卷　吳曾祺等編　民國十三年(1924)上海商務印書館鉛印本　六册

330000－1716－0002270　普史 0329/02270
史部/編年類/斷代之屬
注釋清鑑輯覽二十八卷　文明書局編輯　民國九年(1920)文明書局鉛印本　十二册

330000－1716－0002280　普史 0304 普史 0305 普史 0312/02280　史部/編年類/通代之屬
資治通鑑二百九十四卷目録三十卷　(宋)司馬光撰　(元)胡三省音注　**續資治通鑑二百二十卷**　(清)畢沅編集　民國十五年(1926)上海大中書局石印本　八十册

330000－1716－0002282　普史 0306/02282
史部/編年類/通代之屬
資治通鑑二百九十四卷　(宋)司馬光撰　(元)胡三省音注　**通鑑釋文辯誤十二卷**　(元)胡三省撰　民國六年(1917)上海商務印書館鉛印本　六十册

330000－1716－0002283　普史 0308/02283
史部/編年類/通代之屬
資治通鑑二百九十四卷　(宋)司馬光撰　(元)胡三省音注　**通鑑釋文辯誤十二卷**　(元)胡三省撰　民國六年(1917)上海商務印書館鉛印本　六十册

330000－1716－0002284　普史 0328/02284
史部/編年類/斷代之屬
清史綱要十四卷　吳曾祺等編　民國十三年(1924)上海商務印書館鉛印本　六册

330000－1716－0002287　普史 0316/02287
史部/編年類/通代之屬
資治通鑑二百九十四卷　(宋)司馬光撰　(元)胡三省音注　**通鑑釋文辯誤十二卷**　(元)胡三省撰　民國六年(1917)上海商務印書館鉛印本　六十册

330000－1716－0002296　史補 0792－4/02296　史部/編年類/通代之屬
增評加批歷史綱鑑補三十九卷首一卷　(明)王世貞　(明)袁黄纂　**資治明紀綱目二十卷**　**資治明紀綱目三編一卷**　(清)張廷玉等撰　民國二年(1913)上海錦章圖書局石印本　十五册　缺二十三卷(二十五至二十七、明紀綱目一至二十)

330000－1716－0002321　普史 0370 普史 0371 普史 0372 普史 0374 普史 0375 普史 0376 普史 0378 普史 0381/02321　史部/紀事本末類/通代之屬
歷朝紀事本末(九朝紀事本末)九種　(清)陳如升　(清)朱記榮輯　(清)慎記主人增輯　民國十四年(1925)上海校經山房、成記書局石印本　四十四册　存八種

330000－1716－0002324　普史 0368/02324
史部/傳記類/别傳之屬/事狀
陶勤肅公[模]行述一卷　(清)陶葆廉　(清)陶保霖撰　**陶勤肅公墓銘一卷**　(清)陳豪撰　民國鉛印本　一册

330000－1716－0002326　普史 0384/02326
史部/紀事本末類/斷代之屬
清史紀事本末八十卷　黄鴻壽輯　民國四年(1915)上海文明書局石印本　八册

330000－1716－0002327　普史 0385/02327
史部/紀事本末類/斷代之屬
清史紀事本末八十卷　黄鴻壽輯　民國十八年(1929)上海文明書局石印本　八册

330000－1716－0002339　普史 0400/02339
類叢部/叢書類/彙編之屬
四部叢刊三編七十一種　張元濟等編　民國二十四年至二十五年(1935－1936)上海商務印書館影印本　二册　存一種

330000－1716－0002350　普史 0418/02350
類叢部/叢書類/自著之屬

海日樓遺書九種　沈曾植撰　民國姚家埭沈氏刻本　四冊　存一種

330000－1716－0002372　史補 0830/02372
史部/雜史類/通代之屬
中史不分卷　民國油印本　一冊

330000－1716－0002378　普史 0456/02378
子部/雜著類/雜説之屬
歸田録二卷補遺一卷　（宋）歐陽修撰　民國二十二年（1933）上海商務印書館鉛印本　一冊

330000－1716－0002379　普史 0453/02379
史部/雜史類/斷代之屬
陶杭縣白旗下語一卷　崔廣勛撰　民國十五年（1926）鉛印本　一冊

330000－1716－0002380　普史 0452/02380
史部/雜史類/斷代之屬
陶杭縣白旗下語一卷　崔廣勛撰　民國十五年（1926）鉛印本　一冊

330000－1716－0002381　普史 0454/02381
史部/雜史類/斷代之屬
陶杭縣白旗下語一卷　崔廣勛撰　民國十五年（1926）鉛印本　一冊

330000－1716－0002391　普史 0469/02391
史部/傳記類/别傳之屬/年譜
萬年少先生［壽祺］年譜一卷附録一卷隰西草堂集拾遺一卷續拾一卷年譜補正一卷　羅振玉輯　民國八年（1919）上虞羅氏鉛印本　一冊

330000－1716－0002401　普史 0485/02401
類叢部/叢書類/彙編之屬
求恕齋叢書三十一種　劉承幹編　民國吳興劉氏嘉業堂刻本　四冊　存一種

330000－1716－0002402　普史 0486/02402
史部/傳記類/别傳之屬/年譜
錢士青先生［文選］編年事略一卷　甘澤沛王永清編　民國二十五年（1936）鉛印本　一冊

330000－1716－0002404　普史 0490/02404
史部/傳記類/别傳之屬/事狀
楊穌甫先生家傳一卷　李岳瑞撰　民國石印本　一冊

330000－1716－0002406　普史 0491/02406
史部/傳記類/别傳之屬/事狀
天風澥濤館六十自述一卷　謝振新撰　民國二十三年（1934）上海二我軒鉛印本　楊庶堪題簽　一冊

330000－1716－0002407　普史 0493/02407
史部/傳記類/别傳之屬/事狀
誥授光禄大夫太子少保郵傳大臣顯考杏蓀府君［盛宣懷］行述不分卷　盛重頤等撰　惲彦彬填諱　民國石印本　宏毅題簽　一冊

330000－1716－0002416　集補 2877/02416
集部/别集類
赤城晋别一卷　金城撰　民國木活字印本　一冊

330000－1716－0002417　普史 0503/02417
史部/傳記類/總傳之屬/仕宦
歷代名臣言行録二十四卷　（清）朱桓輯　民國五年（1916）錦章圖書局石印本　八冊

330000－1716－0002421　普史 0507/02421
史部/雜史類/斷代之屬
南疆逸史十卷紀略四卷　（清）溫睿臨撰　**南疆逸史跋一卷**　（清）楊鳳苞撰　民國四年（1915）上海國光書局鉛印本　六冊

330000－1716－0002423　普史 0508/02423
史部/雜史類/斷代之屬
唐語林八卷附校勘記一卷　（宋）王讜撰　民國九年（1920）上海商務印書館鉛印本　四冊

330000－1716－0002426　普史 0512/02426
史部/雜史類/斷代之屬
南明野史三卷首一卷附録一卷　（清）南沙三餘氏撰　民國二十二年（1933）上海商務印書館鉛印本　三冊

330000－1716－0002433　普史 0520/02433
史部/史抄類

二十四史輯要六十四卷附二十四史總目一卷二十四史四庫提要一卷　趙華基編　民國十七年(1928)上海中華書局鉛印本　三十六册

330000－1716－0002434　普史 0519/02434
史部/史抄類
二十四史輯要六十四卷附二十四史總目一卷二十四史四庫提要一卷　趙華基編　民國十七年(1928)上海中華書局鉛印本　三十六册

330000－1716－0002435　普史 0521/02435
史部/史抄類
二十四史輯要六十四卷附二十四史總目一卷二十四史四庫提要一卷　趙華基編　民國十七年(1928)上海中華書局鉛印本　三十六册

330000－1716－0002440　普史 0527/02440
史部/雜史類/斷代之屬
三十三日脱難記一卷　(清)楊兆鏊撰　楊泰頤輯　民國十二年(1923)鉛印本暨石印影印本　一册

330000－1716－0002446　普史 0540/02446
史部/傳記類/别傳之屬/事狀
容菴弟子記四卷　沈祖憲　吳闓生編　民國二年(1913)鉛印本　一册

330000－1716－0002448　普史 0539/02448
史部/傳記類/總傳之屬/斷代
南吳舊話録二十四卷補遺一卷附録一卷　(清)李延昰口授　(清)李尚絅補撰　(清)李漢徵引釋　(清)蔣烈編　民國四年(1915)鉛印本　六册

330000－1716－0002449　普史 0541/02449
史部/傳記類/别傳之屬/事狀
容菴弟子記四卷　沈祖憲　吳闓生編　民國二年(1913)鉛印本　一册

330000－1716－0002451　普史 0543/02451
史部/傳記類/總傳之屬/姓名
歷代名人姓氏全編三十二卷　民國有正書局石印本　二十四册

330000－1716－0002464　普史 0557/02464
史部/傳記類/别傳之屬/事狀
寸草廬贈言不分卷　(清)張嘉禄輯　民國二十三年(1934)影印本　二册

330000－1716－0002469　普史 0563/02469
史部/政書類/儀制之屬/典禮
文廟續通考一卷　孫樹義輯　民國二十三年(1934)上海中華書局鉛印本　一册

330000－1716－0002474　普史 0575/02474
史部/傳記類/别傳之屬/事狀
郭節母廖太夫人清芬録不分卷　郭兆霖輯　民國鉛印本　四册

330000－1716－0002483　普史 0577/02483
史部/傳記類/别傳之屬/年譜
博野尹太夫人年譜一卷　(清)尹會一編　民國五年(1916)天津嚴氏石印本　田紹謙題簽並記　一册

330000－1716－0002500　普史 0596/02500
史部/傳記類/别傳之屬/事狀
文烈士焕章先生哀思録不分卷　文烈士追悼委員會輯　民國十八年(1929)鉛印本　二册

330000－1716－0002506　普史 0602/02506
史部/史抄類
史記菁華録六卷　(清)姚祖恩輯評　民國上海商務印書館鉛印本　施煃題記　三册

330000－1716－0002507　普史 0603/02507
史部/史抄類
史記菁華録六卷　(清)姚祖恩輯評　民國上海商務印書館鉛印本　施佶圈點句讀　三册

330000－1716－0002508　普史 0604/02508
史部/史抄類
史記菁華録六卷　(清)姚祖恩輯評　民國上海商務印書館鉛印本　三册

330000－1716－0002511　普史 0609/02511
史部/雜史類/斷代之屬
庚子西狩叢談五卷附年譜一卷　吳永口述　劉治襄筆記　民國三十二年(1943)苕溪漁隱鉛印本　一册

330000－1716－0002512　普史 0610/02512

史部/傳記類/總傳之屬/仕宦

百歲敘譜六卷 (清)丁文策 (清)陳師錫 (清)沈九如輯 民國十一年(1922)上海中華書局鉛印本 六册

330000－1716－0002513 普史 0611/02513

史部/傳記類/總傳之屬/仕宦

百歲敘譜六卷 (清)丁文策 (清)陳師錫 (清)沈九如輯 民國二十五年(1936)上海中華書局鉛印本 六册

330000－1716－0002526 普史 0626/02526

子部/小說家類/雜事之屬

隨園軼事六卷附録一卷 (清)蔣敦復撰 民國元年(1912)上海國學扶輪社石印本 一册

330000－1716－0002530 普史 0628/02530

史部/史抄類

分段詳注評點史記菁華録六卷 (清)姚祖恩輯 王有宗評注 民國十四年(1925)上海鑫記書社石印本 一册

330000－1716－0002531 普史 0631/02531

史部/史評類/史論之屬

分類清代人物論十四卷清代世系表一卷 費恕皆撰 民國五年(1916)上海沅益書社石印本 六册

330000－1716－0002532 普史 0632/02532

史部/史評類/史論之屬

史通削繁四卷 (清)紀昀撰 民國十四年(1925)上海文化書局石印本 四册

330000－1716－0002534 普史 0634/02534

史部/史評類/史論之屬

讀通鑑論十六卷附宋論十五卷 (清)王夫之撰 民國上海商務印書館鉛印本 十册

330000－1716－0002536 普史 0636/02536

史部/史抄類

史鑑節要便讀四卷 (清)鮑東里編 **補編一卷** 上海鑄記書局輯 **通鑑輯要箋注一卷** (清)杜詔撰 民國十二年(1923)上海鑄記書局石印本 四册

330000－1716－0002537 普史 0637/02537

史部/史抄類

史鑑節要便讀四卷 (清)鮑東里編 **補編一卷** 上海鑄記書局輯 **通鑑輯要箋注一卷** (清)杜詔撰 民國十二年(1923)上海鑄記書局石印本 四册

330000－1716－0002538 普史 0638/02538

史部/雜史類/斷代之屬

言文對照國語評注讀本二卷 秦同培輯 民國十三年(1924)上海世界書局石印本 二册

330000－1716－0002540 普史 0641/02540

史部/雜史類/斷代之屬

戰國策詳注三十三卷 郭希汾輯注 民國十八年(1929)上海文明書局鉛印本 沈演跋 六册

330000－1716－0002543 普史 0650/02543

史部/雜史類/斷代之屬

國語二十一卷 (三國吳)韋昭解 **校刊明道本韋氏解國語札記一卷** (清)黄丕烈撰 **戰國策三十三卷** (漢)高誘注 **重刻剡川姚氏本戰國策札記三卷** (清)黄丕烈撰 民國元年(1912)上海鴻寶齋石印本 八册

330000－1716－0002544 普史 0651/02544

史部/傳記類/總傳之屬/家乘

南海譚氏兩世國史傳稿不分卷 譚祖任輯 民國十七年(1928)鉛印本 一册

330000－1716－0002545 普史 0643/02545

史部/雜史類/斷代之屬

言文對照國策評注讀本二卷 秦同培輯 民國十三年(1924)上海世界書局石印本 二册

330000－1716－0002546 普史 0644/02546

史部/雜史類/斷代之屬

言文對照國策評注讀本二卷 秦同培輯 民國十八年(1929)上海世界書局石印本 二册

330000－1716－0002547 普史 0645/02547

史部/雜史類/斷代之屬

言文對照國策評注讀本二卷 秦同培輯 民國十三年(1924)上海世界書局石印本 二册

330000－1716－0002549 普史 0646/02549

史部/紀傳類/正史之屬
言文對照史記評注讀本三卷　秦同培輯　民國十三年(1924)上海世界書局石印本　三册

330000－1716－0002550　普史0647/02550
史部/紀傳類/正史之屬
言文對照史記評注讀本三卷　秦同培輯　民國十三年(1924)上海世界書局石印本　三册

330000－1716－0002551　普史0648/02551
史部/紀傳類/正史之屬
言文對照漢書評注讀本二卷　秦同培輯　民國十三年(1924)上海世界書局石印本　二册

330000－1716－0002552　普史0649/02552
史部/紀傳類/正史之屬
言文對照漢書評注讀本二卷　秦同培輯　民國十三年(1924)上海世界書局石印本　二册

330000－1716－0002557　普史0658/02557
史部/傳記類/别傳之屬/事狀
孔子聖蹟考證約録不分卷　陳崇一編　民國影印本　一册

330000－1716－0002563　普史0688/02563
史部/傳記類/總傳之屬/釋道
蓮宗九祖傳畧一卷　(清)悟開編　民國十二年(1923)刻本　一册

330000－1716－0002569　普史0679/02569
史部/傳記類/總傳之屬/仕宦
舊聞隨筆四卷　姚永樸撰　民國八年(1919)鉛印本　一册

330000－1716－0002572　普史0665/02572
子部/宗教類/佛教之屬
隋天台智者大師别傳一卷　(隋)釋灌頂撰　**輯注四卷**　(宋)釋曇照注　釋興慈輯　民國十九年(1930)上海法藏寺刻本　一册

330000－1716－0002573　普史0667/02573
子部/宗教類/佛教之屬
南嶽單傳記一卷　(清)釋弘儲表　民國二十四年(1935)南嶽福嚴寺影印本　一册

330000－1716－0002574　普史0668/02574
子部/藝術類/書畫之屬/畫録
海鹽畫史一卷　朱端纂　民國二十五年(1936)幽芳簃鉛印本　一册

330000－1716－0002578　普史0672/02578
史部/傳記類/别傳之屬/墓誌
明遺老騰衝指揮僉事李鍾英先生碑文一卷　李根源輯　民國二年(1913)京師京華印書局鉛印本　一册

330000－1716－0002581　普史0678/02581
史部/傳記類/總傳之屬/釋道
高僧傳初集節要二卷二集節要二卷三集節要二卷　梅光羲編　民國十五年(1926)上海商務印書館鉛印本　童鼎璜題簽　三册

330000－1716－0002585　普史0701/02585
史部/傳記類/别傳之屬/事狀
良鄉公[王承穀]榮哀録一卷　王修輯　民國二十一年(1932)鉛印本　一册

330000－1716－0002588　普史0708/02588
史部/史評類/史論之屬
史鑑指南二卷　(清)杜紫綸撰　民國上海碧梧山莊石印本　二册

330000－1716－0002591　普史0709/02591
史部/史評類/史論之屬
評選船山史論二卷　林紓撰　民國六年(1917)上海商務印書館鉛印本　二册

330000－1716－0002592　普史0714/02592
子部/小説家類/雜事之屬
南亭筆記十六卷　(清)李伯元撰　民國十五年(1926)上海大東書局石印本　四册

330000－1716－0002598　普史0722/02598
類叢部/叢書類/自著之屬
曾文正公五種　廣文書局編輯所編輯　民國十三年(1924)上海世界書局石印本　一册　存一種

330000－1716－0002599　普史0723/02599
類叢部/叢書類/自著之屬
曾文正公五種　廣文書局編輯所編輯　民國十七年(1928)上海世界書局石印本　一册

存一種

330000－1716－0002600　普史 0724/02600
史部/傳記類/別傳之屬/事狀
陶勤肅公［模］行述一卷　（清）陶葆廉（清）陶保霖撰　**陶勤肅公墓銘一卷**　（清）陳豪撰　民國鉛印本　一冊

330000－1716－0002618　普史 0749/02618
史部/政書類/儀制之屬
上海祀孔譜不分卷　范本榮輯　民國十四年（1925）刻本　一冊

330000－1716－0002632　普史 0764/02632
史部/政書類/儀制之屬/典禮
祭祀冠服制一卷　政事堂禮制館編　民國三年（1914）政事堂禮制館鉛印本　一冊

330000－1716－0002637　普史 0769/02637
史部/政書類/邦交之屬
上海租界問題三卷　王揖唐撰　民國上海聚珍倣宋印書局鉛印本　一冊

330000－1716－0002639　普史 0771/02639
史部/政書類/邦交之屬
皇華紀程一卷　（清）吳大澂撰　民國十九年（1930）張厚琬鉛印本　一冊

330000－1716－0002658　普史 0791/02658
新學/兵制/陸軍
日本陸軍動員計畫令一卷　民國訓練總監編輯局鉛印本　一冊

330000－1716－0002659　普史 0792/02659
新學/兵制/陸軍
陸軍動員計畫令附録一卷　軍學編輯局編　民國軍學編輯局鉛印本　一冊

330000－1716－0002660　普史 0793/02660
新學/兵制/陸軍
師動員計畫令示例一卷附表一卷　軍學編輯局編　民國軍學編輯局鉛印本暨石印本　一冊

330000－1716－0002661　普史 0794/02661
新學/兵制/陸軍
動員計畫不分卷　陸海軍大元帥鑒定　民國訓練總監編輯局鉛印本　一冊

330000－1716－0002662　普史 0795/02662
新學/兵制/陸軍
動員計畫不分卷　民國陸軍大學校鉛印本　黄任題簽　一冊

330000－1716－0002663　普史 0796/02663
史部/政書類/軍政之屬/邊政
兵屯熱察綏計劃不分卷　趙伯屏擬　民國北平文嵐簃鉛印本　一冊

330000－1716－0002671　普史 0804/02671
新學/政治法律
日本警察法概要一卷　民國鉛印本　一冊

330000－1716－0002675　普史 0808/02675
新學/兵制/陸軍
歐洲列強兵役之研究三卷　民國石印本　三冊

330000－1716－0002676　普史 0809/02676
新學/兵制/陸軍
歐洲列強兵役之研究三卷　民國石印本　三冊

330000－1716－0002677　普史 0810/02677
新學/兵制/陸軍
德國徵兵區司令部勤務指針不分卷　民國石印本　一冊

330000－1716－0002678　普史 0811/02678
新學/兵制/陸軍
德國徵兵區司令部勤務指針不分卷　民國石印本　一冊

330000－1716－0002679　普史 0812/02679
新學/兵制/陸軍
德國徵兵區司令部勤務指針不分卷　民國石印本　一冊

330000－1716－0002680　普史 0813/02680
新學/兵制/陸軍
德國徵兵法大要不分卷　民國石印本　一冊

330000－1716－0002681　普史 0815/02681

新學/兵制/陸軍
法國徵兵局組織令不分卷　民國石印本　一册

330000－1716－0002682　普史 0814/02682
新學/兵制/陸軍
德國徵兵法大要不分卷　民國石印本　一册

330000－1716－0002683　普史 0816/02683
新學/兵制/陸軍
法國徵兵局組織令不分卷　民國石印本　一册

330000－1716－0002684　普史 0817/02684
史部/政書類/公牘檔冊之屬
山西村政彙編十二卷　閻錫山輯　民國十七年(1928)山西村政處鉛印本　六册

330000－1716－0002685　普史 0818/02685
新學/兵制
給與改良説明書一卷　民國石印本　一册

330000－1716－0002686　普史 0819/02686
新學/兵制/陸軍
陸軍第二被服廠暫行規程不分卷　汪時璟撰　民國十一年(1922)鉛印本　一册

330000－1716－0002687　普史 0820/02687
新學/政治法律/制度
經理改良説明書一卷　民國石印本　一册

330000－1716－0002688　普史 0821/02688
新學/兵制/陸軍
參戰軍訓練處訂定給與規則一卷　民國石印本　一册

330000－1716－0002690　普史 0823/02690
史部/政書類/公牘檔冊之屬
北京醫學專門學校章程一卷　民國鉛印本　一册

330000－1716－0002691　普史 0824/02691
史部/政書類/公牘檔冊之屬
北洋巡警學堂重訂現行章程一卷　民國石印本　一册

330000－1716－0002701　普史 0835/02701
史部/政書類/邦計之屬
魏頌唐偶存稿三卷　魏頌唐撰　民國十六年(1927)鉛印本　一册　存一卷(浙江財政最近狀況)

330000－1716－0002702　普史 0836/02702
史部/政書類/邦計之屬
江蘇兵災善後平議一卷　季新益撰　民國十三年(1924)鉛印本　一册

330000－1716－0002727　普史 0860/02727
史部/政書類/邦交之屬
外交文牘　外交部編　民國外交部鉛印本　二册　存一種

330000－1716－0002728　普史 0861/02728
史部/政書類/邦交之屬
外交部第一次一覽表不分卷　王福疆等撰　民國四年(1915)總務廳統計科鉛印本　一册

330000－1716－0002729　普史 0790/02729
史部/政書類/儀制之屬
江蘇編訂禮制會喪禮草案三卷喪服草案五卷　姚文枬撰　民國二十一年(1932)鉛印本　二册

330000－1716－0002730　普史 0863/02730
史部/政書類/儀制之屬
江蘇編訂禮制會喪禮草案三卷喪服草案五卷　姚文枬撰　民國二十一年(1932)鉛印本　二册

330000－1716－0002762　普史 0896/02762
史部/詔令奏議類/奏議之屬
張灊園書廣雅相國奏議一卷附函電一卷　(清)張之洞撰　(清)張曾疇書　民國石印本暨鉛印本　一册

330000－1716－0002763　普史 0897/02763
史部/詔令奏議類/奏議之屬
張灊園書廣雅相國奏議一卷附函電一卷　(清)張之洞撰　(清)張曾疇書　民國石印本暨鉛印本　一册

330000－1716－0002764　普史 0899/02764
史部/傳記類/科舉録之屬/總録

海鹽士林録六卷　(清)朱組莘編　朱鏖元等續編　民國二十一年(1932)海鹽朱氏十三古印齋鉛印本　三冊

330000－1716－0002776　普史 0910/02776
史部/政書類/邦計之屬
魏頌唐偶存稿三卷　魏頌唐撰　民國鉛印本　一冊　存一卷(浙江財政最近狀況)

330000－1716－0002784　普史 0918/02784
史部/政書類/公牘檔冊之屬
浙江省議會民國十四年常年會文牘四卷　浙江省議會編　民國十四年(1925)鉛印本　一冊

330000－1716－0002786　普史 0920/02786
史部/詔令奏議類/奏議之屬
張文襄公謝摺四卷　(清)張之洞撰　許同莘編　民國九年(1920)鉛印本　一冊

330000－1716－0002791　古越 0469/02791
集部/別集類
見齋文稿一卷詩稿一卷受川公牘一卷　秦錫圭撰　民國十七年(1928)鉛印本　三冊

330000－1716－0002792　普史 0928/02792
史部/政書類/邦計之屬/貿易
調查中國在越商務及僑務報告書二卷　蘇希洵撰　民國鉛印本　一冊

330000－1716－0002793　普史 0929/02793
史部/政書類/公牘檔冊之屬
浙江省議會民國十四年常年會文牘四卷　浙江省議會編　民國十四年(1925)鉛印本　一冊

330000－1716－0002800　普史 0936/02800
史部/政書類/公牘檔冊之屬
重修八社埂閘收支徵信録不分卷　葉振聲等撰　民國十四年(1925)嵊縣協華昌豐號石印本　一冊

330000－1716－0002802　普史 0938/02802
史部/詔令奏議類/奏議之屬
二二五五疏二卷　錢恂撰　民國七年(1918)上海聚珍仿宋印書局鉛印本　二冊

330000－1716－0002818　普史 0954/02818
史部/傳記類/職官録之屬/總録
外交部職員録不分卷　外交部總務司文書科編　民國二十四年(1935)外交部總務司文書科鉛印本　一冊

330000－1716－0002821　普史 0957/02821
史部/政書類/軍政之屬/邊政
兵屯熱察綏計劃不分卷　趙伯屏擬　民國北平文嵐簃鉛印本　一冊

330000－1716－0002822　普史 0958/02822
新學/政治法律/制度
分類詳解民國現行公文程式大全十卷附大總統頒布公文程式一卷　上海廣益書局編輯　民國十一年(1922)上海廣益書局石印本　六冊

330000－1716－0002823　普史 0959/02823
史部/政書類/律令之屬/刑制
中華民國現行新刑律詳解二卷附編一卷　民國七年(1918)上海法政學社石印本　六冊

330000－1716－0002824　普史 0960/02824
史部/傳記類/職官録之屬
知事幕僚模範行政全書六卷　吳再蘇編輯　民國十五年(1926)上海世界書局鉛印本　六冊

330000－1716－0002855　普史 1000/02855
史部/地理類/雜志之屬
施州考古録二卷　鄭永禧撰　民國七年(1918)鉛印本　一冊

330000－1716－0002856　普史 1001/02856
史部/地理類/雜志之屬
施州考古録二卷　鄭永禧撰　民國七年(1918)鉛印本　一冊

330000－1716－0002857　普史 1004/02857
史部/地理類/山川之屬/山志
天台山方外志三十卷　(明)釋傳燈撰　民國十一年(1922)上海集雲軒鉛印本　八冊

330000－1716－0002859　普史 1002/02859
史部/地理類/雜志之屬

施州考古録二卷　鄭永禧撰　民國七年(1918)鉛印本　一冊

330000－1716－0002861　普史1003/02861
史部/地理類/雜志之屬
施州考古録二卷　鄭永禧撰　民國七年(1918)鉛印本　一冊

330000－1716－0002865　普史1009/02865
史部/地理類/專志之屬/祠墓
岳忠武王初瘞志不分卷　民國二十四年(1935)西湖岳王廟產保管委員會鉛印本　一冊

330000－1716－0002866　普史1011/02866
類叢部/叢書類/自著之屬
晨風廬叢刊十八種　周慶雲撰　民國吳興周氏夢坡室刻本　一冊　存一種

330000－1716－0002867　普史1012/02867
類叢部/叢書類/自著之屬
木硯齋叢書　童振藻撰　民國鉛印本　一冊　存一種

330000－1716－0002869　普史1014/02869
史部/地理類/方志之屬/郡縣志
竹林八圩志十二卷首一卷　祝廷錫纂　民國二十一年(1932)石印本　四冊

330000－1716－0002872　普史1019/02872
史部/地理類/方志之屬/郡縣志
[民國]定海縣志十六卷首一卷　陳訓正　馬瀛纂修　施阜　顏聖介　張紀隆測繪　民國十三年(1924)旅滬同鄉會鉛印本　六冊

330000－1716－0002873　普史1020/02873
史部/地理類/方志之屬/郡縣志
[民國]平陽縣志九十八卷首一卷　王理孚修　符璋纂　張翥等測繪　民國十四年至十五年(1925－1926)刻本　三十一冊

330000－1716－0002874　普史1023/02874
史部/地理類/雜志之屬
雲間雜識二卷　(明)李紹文撰　民國二十五年(1936)上海縣修志局鉛印本　一冊

330000－1716－0002875　普史1024/02875
史部/地理類/雜志之屬
吳郡通典備稿十卷　吳昌綬撰　民國十七年(1928)雲在山房鉛印本　一冊

330000－1716－0002879　普史1028/02879
史部/地理類/方志之屬/郡縣志
民國上海縣志二十卷　吳馨等修　姚文枏等纂　民國二十五年(1936)鉛印本　六冊

330000－1716－0002881　普史1030/02881
史部/地理類/方志之屬/郡縣志
[民國]六合縣續志稿十八卷首一卷　汪昇遠等纂修　民國九年(1920)石印本　六冊

330000－1716－0002910　普史1067普集0293普集0295/02910　史部/地理類/方志之屬/郡縣志
[民國]松夏志十二卷附上湖文鈔二卷首一卷松陵文略二卷首一卷　連光樞纂　民國二十年(1931)枕湖樓鉛印本　六冊

330000－1716－0002919　普史1078/02919
史部/地理類/方志之屬/郡縣志
[光緒]杭州府志一百七十八卷首八卷　(清)陳璚等修　(清)王棻等纂　屈映光續修　陸懋勳續纂　齊耀珊重修　吳慶坻重纂　民國十一年(1922)鉛印本　八十冊

330000－1716－0002920　普史1079/02920
史部/地理類/方志之屬/郡縣志
[光緒]杭州府志一百七十八卷首八卷　(清)陳璚等修　(清)王棻等纂　屈映光續修　陸懋勳續纂　齊耀珊重修　吳慶坻重纂　民國十一年(1922)鉛印本　八十冊

330000－1716－0002927　普史1106/02927
史部/地理類/山川之屬/山志
雞足山志補四卷　趙藩　李根源輯　民國二年(1913)京師鉛印本　一冊

330000－1716－0002928　普史1107/02928
史部/地理類/遊記之屬/紀行
天台方巖游記一卷　錢文選撰　民國二十四年(1935)鉛印本　一冊

330000－1716－0002930　普史 1087/02930
史部/地理類/遊記之屬/紀勝
五嶽遊記一卷附中州古迹雜著一卷　張肇崧撰　民國十年(1921)北京商務印字館鉛印本　張國元題記　一册

330000－1716－0002932　普史 1088/02932
史部/地理類/遊記之屬/紀勝
五嶽遊記一卷附中州古迹雜著一卷　張肇崧撰　民國十年(1921)北京商務印字館鉛印本　一册

330000－1716－0002937　普史 1094/02937
史部/地理類/遊記之屬
石步山人游記三種四卷　許同莘撰　民國十七年(1928)上海簡素堂鉛印本　一册　存一種

330000－1716－0002938　普史 1095/02938
史部/地理類/遊記之屬/紀勝
天目山遊記一卷詩一卷　錢文選撰　民國二十三年(1934)鉛印本　一册

330000－1716－0002939　普史 1096/02939
史部/地理類/專志之屬/宮殿
圓明園攷一卷　程演生輯　民國十七年(1928)上海中華書局鉛印本　一册

330000－1716－0002944　普史 1101/02944
史部/地理類/遊記之屬/紀行
東游隨筆一卷　朱鴻儒撰　民國石印本　一册

330000－1716－0002961　普史 1123/02961
史部/地理類/水利之屬
淮系年表全編不分卷　武同舉纂繪　民國十八年(1929)鉛印本暨影印本　四册

330000－1716－0002966　普史 1129/02966
史部/地理類/山川之屬/水志
蕭山湘湖志八卷外編一卷續志一卷　周易藻編　民國十六年(1927)周氏鉛印本　五册

330000－1716－0002967　普史 1131/02967
史部/地理類/山川之屬/水志
蕭山湘湖志八卷外編一卷續志一卷　周易藻編　民國十六年(1927)周氏鉛印本　五册

330000－1716－0002971　普史 1138/02971
史部/地理類/山川之屬/水志
水經注四十卷首一卷　(北魏)酈道元撰　民國元年(1912)鄂官書處刻本　十二册

330000－1716－0002999　普史 1189/02999
史部/地理類/遊記之屬/紀行
金華洞天行紀一卷　(宋)方鳳撰　(明)張燧輯　**金華游録注一卷**　(清)徐沁撰　**金華洞人物古蹟記一卷**　(宋)謝翱撰　民國二十三年(1934)金華何炳松鉛印本　一册

330000－1716－0003005　普史 1194/03005
史部/目録類/總録之屬/官修
四庫全書總目未收書目索引四卷　陳乃乾編　民國十五年(1926)上海大東書局鉛印本　三册

330000－1716－0003006　普史 1195/03006
史部/目録類/總録之屬/官修
四庫全書總目未收書目索引四卷　陳乃乾編　民國十五年(1926)上海大東書局鉛印本　三册

330000－1716－0003019　普史 1208/03019
史部/地理類/遊記之屬/紀勝
粵東筆記十六卷附羊城八景全圖一卷　(清)李調元輯　民國四年(1915)上海會文堂石印本　二册

330000－1716－0003021　普史 1212/03021
史部/地理類/總志之屬/通代
灰畫集二十卷　(清)李培輯　民國訓練總監編輯局鉛印本　十册

330000－1716－0003025　普史 1217/03025
史部/地理類/山川之屬/水志
沙湖志一卷　任桐輯　民國十五年(1926)油印本　一册

330000－1716－0003026　普史 1220/03026
史部/目録類/通論之屬/掌故瑣記
書舶庸譚四卷　董康撰　民國十九年(1930)上海大東書局影印本　三册

330000－1716－0003027　普史 1221/03027
類叢部/叢書類/自著之屬
永豐鄉人稿四種　羅振玉撰　民國鉛印本　二册　存一種

330000－1716－0003032　普史 1229/03032
史部/目録類/總録之屬/官修
無錫縣立圖書館善本書目二卷　秦毓鈞編　民國十八年(1929)無錫縣立圖書館鉛印本　一册

330000－1716－0003033　普史 1230/03033
史部/目録類/總録之屬/彙刻
續彙刻書目十卷閏集一卷　羅振玉撰　民國三年(1914)連平范氏雙魚室刻本　十册　缺一卷(閏集)

330000－1716－0003034　普史 1231/03034
史部/目録類/總録之屬/官修
無錫縣立圖書館書目十六卷　嚴毓芬編　民國十五年(1926)無錫縣立圖書館鉛印本　五册

330000－1716－0003035　普史 1232/03035
史部/目録類/總録之屬/官修
浙江圖書館保存類書目四卷附録一卷觀覽類書目四卷補遺一卷附録一卷補編二卷　浙江圖書館編　民國四年(1915)浙江圖書館鉛印本　一册　存五卷(一至四、附録)

330000－1716－0003036　普史 1233 普史 1234/03036　史部/目録類/總録之屬/官修
浙江圖書館保存類書目四卷附録一卷觀覽類書目四卷補遺一卷附録一卷補編二卷　浙江圖書館編　民國四年(1915)浙江圖書館鉛印本　六册　缺五卷(一至四、附録)

330000－1716－0003037　普史 1235/03037
史部/目録類/總録之屬/官修
管溪圖書館圖書目録一卷　用賓編輯　民國刻本　綏竹題簽　一册

330000－1716－0003039　普史 1237/03039
史部/目録類/專録之屬
補鈔文瀾閣四庫闕簡記録不分卷　張宗祥撰　民國十五年(1926)刻本　一册

330000－1716－0003046　地獻 1640/03046
史部/地理類/水利之屬
山會蕭塘閘水利會章程一卷　民國鉛印本　一册

330000－1716－0003054　普史 1259/03054
史部/目録類/總録之屬/官修
欽定四庫全書總目二百卷首一卷　(清)紀昀等撰　**四庫未收書目提要五卷**　(清)阮元撰　**四庫全書總目未收書目索引四卷**　陳乃乾編纂　**四庫全書書目表四卷**　(清)李滋然編　**清代禁燬書目四種四卷**　(清)姚覲元輯　民國十九年(1930)上海大東書局石印本暨鉛印本　四十四册

330000－1716－0003060　普史 1266/03060
史部/目録類/總録之屬/官修
壬子文瀾閣所存書目五卷　錢恂編　民國元年(1912)浙江圖書館刻本　四册

330000－1716－0003061　普史 1267/03061
史部/目録類/總録之屬/私撰
詒莊樓書目八卷　王修藏並撰　民國十九年(1930)長興王修鉛印本　四册

330000－1716－0003068　普史 1275/03068
史部/金石類/錢幣之屬/雜著
咸豐大錢攷一卷　張絅伯編　民國上海銀行週報社鉛印本　一册

330000－1716－0003069　普史 1276/03069
史部/地理類/遊記之屬/紀行
甲子稽古旅行記一卷　侯鴻鑑撰　民國十三年(1924)鉛印本　一册

330000－1716－0003071　普史 1283/03071
史部/目録類/通論之屬/義例
校讎新義十卷　杜定友撰　民國二十年(1931)上海中華書局鉛印本　二册

330000－1716－0003079　普史 1293/03079
史部/目録類/總録之屬/私撰
東海藏書樓書目五卷　徐允中藏並編　民國九年(1920)武林印書館鉛印本　二册　存四

卷(一至四)

330000－1716－0003088　普史1303/03088
史部/目録類/總録之屬/官修
南京市立圖書館圖書目録不分卷　歐陽瑞驊編　民國二十三年(1934)鉛印本　四册

330000－1716－0003090　普史1304 普史1305 普史1306/03090　史部/目録類/總録之屬/官修
浙江圖書館保存類書目四卷附録一卷觀覽類書目四卷補遺一卷附録一卷補編二卷　浙江圖書館編　民國四年(1915)浙江圖書館鉛印本　七册

330000－1716－0003093　普史1312/03093
史部/目録類/總録之屬/官修
江蘇第一圖書館覆校善本書目四卷　胡宗武　曹掾梁編　民國七年(1918)南京江蘇第一圖書館鉛印本　四册

330000－1716－0003103　普史1330/03103
史部/目録類/總録之屬/私撰
鄞范氏天一閣書目内編十卷　馮貞羣編　民國二十六年至二十九年(1937－1940)寧波重修天一閣委員會鉛印本　三册　存七卷(一至七)

330000－1716－0003104　普史1334/03104
史部/目録類/總録之屬/官修
壬子文瀾閣所存書目五卷　錢恂編　民國元年(1912)浙江圖書館刻本　四册

330000－1716－0003112　普史1342/03112
史部/目録類/總録之屬/私撰
郘亭知見傳本書目十六卷　(清)莫友芝撰　民國二十年(1931)上海掃葉山房石印本　八册

330000－1716－0003113　普史1344/03113
史部/目録類/總録之屬/私撰
揚州吴氏測海樓藏書目録七卷　吳引孫藏　富晉書社編　民國二十年(1931)北平富晉書社石印本　四册

330000－1716－0003120　普史1354/03120
史部/金石類/金之屬/圖像
西清古鑑四十卷錢録十六卷　(清)梁詩正　(清)蔣溥等纂修　民國十五年(1926)上海雲華居廬石印本　二十四册

330000－1716－0003121　普史1355/03121
史部/目録類/專録之屬
清代進書表録存一卷　錢恂撰　民國八年(1919)聚珍倣宋印書局鉛印本　二册

330000－1716－0003130　善附0250－2/03130　類叢部/叢書類/自著之屬
時行軒書稿十七種　陳慶均撰　稿本　二十册

330000－1716－0003134　普史1376/03134
史部/傳記類/總傳之屬
金石學録續補二卷附録一卷拾遺一卷　褚德彝撰　民國八年(1919)餘杭褚氏石畫樓鉛印本　一册

330000－1716－0003165　普史1425/03165
史部/雜史類/斷代之屬
言文對照國語評注讀本二卷　秦同培輯　民國上海世界書局石印本　二册

330000－1716－0003166　普史1426/03166
史部/紀傳類/正史之屬
言文對照漢書評注讀本二卷　秦同培輯　民國十三年(1924)上海世界書局石印本　一册　存一卷(二)

330000－1716－0003171　普史1431/03171
史部/地理類/遊記之屬/紀行
陜豫蘇浙閩桂粵七省遊記一卷　盧雲青撰　民國二十五年(1936)鉛印本　一册

330000－1716－0003174　普史1434/03174
史部/史評類/詠史之屬
清史百詠一卷　李鈞鰲撰　民國二十四年(1935)鴻泥樓鉛印本　一册

330000－1716－0003187　普子0007/03187
子部/醫家類/養生之屬/導引、氣功
因是子靜坐法不分卷附録不分卷　蔣維喬撰　民國上海商務印書館鉛印本　一册

330000－1716－0003188　普子 0010 普子 0499 普子 1200/03188　類叢部/叢書類/自著之屬

潤德堂叢書　袁樹珊撰　民國江都袁氏潤德堂刻本　五冊　存三種

330000－1716－0003189　普子 0012/03189　子部/醫家類/養生之屬/導引、氣功

因是子靜坐法不分卷附録不分卷　蔣維喬撰　民國二十二年(1933)上海商務印書館鉛印本　一冊

330000－1716－0003190　普子 0008/03190　子部/醫家類/養生之屬/導引、氣功

因是子靜坐法續編不分卷　蔣維喬撰　民國二十七年(1938)上海商務印書館鉛印本　一冊

330000－1716－0003192　普子 0014/03192　類叢部/叢書類/彙編之屬

漢石樓叢書　民國鉛印本　一冊　存一種

330000－1716－0003199　普子 0023/03199　子部/醫家類/醫案之屬

增補重編葉天士醫案四卷　(清)葉桂撰　陸士諤輯　民國十九年(1930)上海世界書局石印本　二冊

330000－1716－0003225　普子 0068/03225　子部/醫家類/方書之屬/歷代方書

古今名醫萬方類編三十二卷　曹繩彥輯　民國八年(1919)上海大東書局石印本　八冊

330000－1716－0003229　普子 0058/03229　子部/醫家類/兒科之屬/通論

錢氏兒科案疏二卷書後一卷　(宋)錢乙撰　(宋)閻孝忠輯　(清)張壽頤疏　民國二十年(1931)上海大東書局鉛印本　二冊

330000－1716－0003231　普子 0061/03231　子部/醫家類/溫病之屬

溫病條辨六卷首一卷　(清)吳瑭撰　民國元年(1912)上海會文堂石印本　四冊

330000－1716－0003232　普子 0059/03232　子部/醫家類/外科之屬

秘本瘍科選粹八卷　(明)陳文治撰　(清)徐大椿批點　民國四年(1915)上海新中華書社石印本　八冊

330000－1716－0003235　普子 0064/03235　子部/醫家類/醫理之屬/病源病機

重刊巢氏諸病源候總論五十卷　(隋)巢元方等撰　民國七年(1918)上海千頃堂石印本　八冊

330000－1716－0003236　普子 0065/03236　子部/醫家類/綜合之屬/通論

醫學指南四卷　(清)劉仕廉纂輯　民國益新書局石印本　四冊

330000－1716－0003238　普子 0067/03238　子部/醫家類/方書之屬/歷代方書

孫真人備急千金要方三十卷　(唐)孫思邈撰　(清)張璐衍義　民國四年(1915)江左書林石印本　十六冊

330000－1716－0003239　普子 0069/03239　子部/醫家類/類編之屬

南雅堂醫書全集(陳修園醫書)七十種　(清)陳念祖等撰　民國石印本　二十四冊　存五十三種

330000－1716－0003241　普子 0070/03241　子部/醫家類/類編之屬

潛齋醫學叢書八種　(清)王士雄編　民國元年(1912)上海李鍾玨鉛印本　四冊

330000－1716－0003246　普子 0078/03246　子部/醫家類/養生之屬/導引、氣功

因是子靜坐法不分卷附録不分卷　蔣維喬撰　民國五年(1916)上海商務印書館鉛印本　一冊

330000－1716－0003247　普子 0079/03247　子部/醫家類/綜合之屬

學術研究報告一卷　金寶善述　民國鉛印本　一冊

330000－1716－0003252　普子 0084/03252　子部/醫家類/喉科口齒之屬/白喉

洞主仙師白喉治法忌表抉微一卷　(清)耐修

子録並注　民國三年(1914)刻本　一册

330000－1716－0003258　普子0093/03258
子部/醫家類/養生之屬/導引、氣功
默悟尋源解論參同契養病法四卷　張廷棟撰　民國九年(1920)張氏刻本　四册

330000－1716－0003278　普子0121/03278
子部/醫家類/方書之屬/成方藥目
達仁堂藥目不分卷　樂達仁撰　民國二年(1913)京都達仁堂刻本　一册

330000－1716－0003281　普子0128/03281
子部/儒家類/儒家之屬
荀子集解二十卷　(唐)楊倞注　王先謙集解　民國上海掃葉山房石印本　七册

330000－1716－0003285　普子0135/03285
子部/醫家類/本草之屬/歷代綜合本草
本草綱目五十二卷附圖三卷瀕湖脈學一卷奇經八脈考一卷脈訣考證一卷　(明)李時珍撰　**本草萬方鍼線八卷**　(清)蔡烈先輯　**本草綱目拾遺十卷**　(清)趙學敏輯　民國元年(1912)上海鴻寶齋石印本　二十四册

330000－1716－0003286　普子0137/03286
子部/醫家類/方書之屬/歷代方書
經驗良方大全十卷首一卷　(清)黄伯垂撰　(清)王士雄續編　民國十年(1921)上海文明書局石印本　十册

330000－1716－0003287　普子0138/03287
子部/醫家類/兒科之屬
幼科三種十卷　民國三年(1914)上海會文堂書局石印本　四册　存二種

330000－1716－0003288　普子0139/03288
子部/醫家類/外科之屬/通論
秘授外科百効全書六卷　(明)龔居中編　民國九年(1920)上海進化書局石印本　四册

330000－1716－0003290　普子0141/03290
子部/醫家類/方書之屬/單方驗方
增廣驗方新編十六卷　(清)鮑相璈輯　(清)張紹棠增輯　**痧症全書三卷**　(清)王凱輯　**咽喉秘集二卷**　(清)海山仙館輯　民國上海廣益書局石印本　八册

330000－1716－0003291　普子0142/03291
子部/醫家類/綜合之屬/通論
管窺一得一卷　杜鍾駿撰　民國北京商務印字館鉛印本　一册

330000－1716－0003292　普子0143/03292
子部/醫家類/方書之屬/歷代方書
集驗簡易良方四卷　(清)德豐輯　(清)莫樹蕃校訂　民國九年(1920)上海進化書局石印本　一册

330000－1716－0003293　普子0144/03293
子部/醫家類/本草之屬/歷代綜合本草
本草綱目五十二卷附圖三卷瀕湖脈學一卷奇經八脈考一卷脈訣考證一卷　(明)李時珍撰　**本草萬方鍼線八卷**　(清)蔡烈先輯　**本草綱目拾遺十卷**　(清)趙學敏輯　民國五年(1916)上海鴻寶齋書局石印本　十二册

330000－1716－0003294　普子0145/03294
子部/醫家類/類編之屬
南雅堂醫書全集(陳修園醫書)四十種　(清)陳念祖等撰　民國上海久敬齋書局石印本　二十四册

330000－1716－0003296　普子0147/03296
子部/醫家類/本草之屬/本草藥性
雷公炮製藥性解六卷　(清)李中梓輯　民國上海育文書局石印本　一册

330000－1716－0003297　普子0148/03297
子部/醫家類/方書之屬/單方驗方
三版增補單方大全十二卷　廣文書局編輯所編　民國十七年(1928)上海世界書局石印本　一册

330000－1716－0003298　普子0149/03298
子部/醫家類/外科之屬/外科方
鮮溪外治方選二卷　陸晉笙輯　民國七年(1918)石印本　二册

330000－1716－0003318　地獻1984－5/03318　類叢部/叢書類/彙編之屬
復性書院叢刊二十七種　馬浮編　民國二十

九年至三十七年(1940－1948)復性書院刻本暨鉛印本　二十三冊　存十六種

330000－1716－0003320　普子 0204/03320
子部/雜著類/雜説之屬
東山布衣自警齋語一卷　(清)夏崇德撰　民國山陰周氏微尚室鉛印本　一冊

330000－1716－0003321　普子 0205/03321
子部/雜著類/雜説之屬
東山布衣自警齋語一卷　(清)夏崇德撰　民國山陰周氏微尚室鉛印本　一冊

330000－1716－0003322　普子 0206/03322
子部/雜著類/雜説之屬
東山布衣自警齋語一卷　(清)夏崇德撰　民國山陰周氏微尚室鉛印本　一冊

330000－1716－0003332　普子 0217/03332
子部/醫家類/婦科之屬/通論
婦科不謝方一卷附怡怡書屋婦科醫案一卷　周岐隱(周利川)纂録　民國二十年(1931)甬北寧波印刷公司鉛印本　一冊

330000－1716－0003363　普子 0265/03363
類叢部/叢書類/彙編之屬
漢石樓叢書　民國天津文嵐簃鉛印本　趙守禮題記　一冊　存一種

330000－1716－0003364　普子 0266/03364
子部/醫家類/養生之屬/導引、氣功
因是子静坐法續編不分卷　蔣維喬撰　民國十一年(1922)上海商務印書館鉛印本　一冊

330000－1716－0003369　集補 1067/03369
集部/總集類/選集之屬/通代
初級古文選本四編二卷　陸基編輯　民國二年(1913)中國圖書公司鉛印本　丁之蕃題記　一冊

330000－1716－0003417　普子 0655/03417
子部/兵家類/兵法之屬
趙注孫子四卷　(明)趙本學解引類　民國三年(1914)北京武學官書局鉛印本　四冊

330000－1716－0003460　普子 0439/03460
子部/儒家類/儒學之屬/禮教/鑑戒
人道大義録不分卷　夏震武撰　夏成吉輯注　民國靈峰精舍鉛印本　一冊

330000－1716－0003461　普子 0440/03461
子部/儒家類/儒學之屬/性理
楊園菁華録四卷　(清)張履祥撰　(清)沈志本纂　民國二十四年(1935)楊園學社鉛印本　一冊

330000－1716－0003465　普子 0444/03465
子部/宗教類/佛教之屬/總録
公民修養叢書　劉仁航編　民國十年(1921)上海公民書局鉛印本　二冊　存一種

330000－1716－0003489　普子 0491/03489
子部/醫家類/類編之屬
包氏叢書□□種　包識生撰　民國上海神州醫藥書報社鉛印本　一冊

330000－1716－0003490　普子 0495/03490
子部/兵家類/兵法之屬
趙注孫子不分卷　(明)趙本學解引類　民國三年(1914)都門書局鉛印本　四冊

330000－1716－0003491　普子 0496/03491
子部/雜著類/雜説之屬
東山布衣自警齋語一卷　(清)夏崇德撰　民國山陰周氏微尚室鉛印本　一冊

330000－1716－0003494　普子 0500/03494
類叢部/叢書類/自著之屬
潤德堂叢書　袁樹珊撰　民國江都袁氏潤德堂刻本　二冊　存一種

330000－1716－0003514　普子 0531/03514
子部/農家農學類/園藝之屬/總志
植物名實圖考三十八卷長編二十二卷　(清)吳其濬撰　民國八年(1919)山西官書局刻本　六十冊

330000－1716－0003543　普子 0617/03543
經部/孝經類/傳説之屬
孝行經圖不分卷　王震編　民國上海孤兒院影印本　一冊

330000－1716－0003544　普子 0619/03544
經部/孝經類/傳説之屬
孝行經圖不分卷　王震編　民國上海孤兒院影印本　一冊

330000－1716－0003546　普子 0618/03546
經部/孝經類/傳説之屬
孝行經圖不分卷　王震編　民國上海孤兒院影印本　一冊

330000－1716－0003557　普子 0613/03557
子部/儒家類/儒學之屬/蒙學
會文堂精校重增繪圖幼學故事瓊林四卷首一卷　(清)程登吉撰　(清)鄒聖脈增補　蔡郕續增　(清)謝梅林　(清)鄒可庭參訂　民國十九年(1930)上海會文堂新記書局石印本　四冊

330000－1716－0003558　普子 0614/03558
子部/雜著類/雜説之屬
家庭寶筏不分卷　別樵居士(關絅之)編纂　民國上海中華書局鉛印本　一冊

330000－1716－0003559　普子 0615/03559
類叢部/叢書類/彙編之屬
進德叢書八種　丁福保編　民國上海醫學書局鉛印本　一冊　存一種

330000－1716－0003560　普子 0616/03560
經部/孝經類/傳説之屬
孝行經圖不分卷　王震編　民國上海孤兒院影印本　一冊

330000－1716－0003583　普子 0683/03583
子部/醫家類/養生之屬
延壽新法一卷　伍廷芳撰　民國四年(1915)上海商務印書館鉛印本　一冊

330000－1716－0003590　普子 0693/03590
子部/儒家類/儒學之屬/經濟
説苑二十卷　(漢)劉向撰　民國鉛印本　四冊

330000－1716－0003593　普子 0694/03593
子部/道家類
莊子因六卷　(清)林雲銘評述　民國二年(1913)上海千頃堂書局石印本　四冊

330000－1716－0003595　普子 0698/03595
子部/儒家類/儒學之屬/禮教/女範
宋若昭女論語一卷　(唐)宋若昭撰　民國二十六年(1937)鉛印本　一冊

330000－1716－0003596　普子 0697/03596
子部/儒家類/儒學之屬/性理
近思録集注十四卷考訂朱子世家一卷　(清)江永撰　**校勘記一卷**　(清)王炳撰　民國上海文瑞樓石印本　一冊

330000－1716－0003598　普子 0700/03598
子部/醫家類/類編之屬
馮氏錦囊秘録四種　(清)馮兆張纂輯　民國上海千頃堂書局石印本　二十冊　存三種

330000－1716－0003608　新補 0478/03608
新學/學校
教育不分卷　衢縣縣教育會編輯　民國十二年(1923)油印本　一冊

330000－1716－0003609　普子 0715/03609
子部/儒家類/儒學之屬/禮教
了凡訓子書一卷　(明)袁黄撰　民國北平中央刻經院鉛印本　一冊

330000－1716－0003610　集補 2261/03610
集部/別集類
知稼軒詩六卷　張元奇撰　民國二年(1913)鉛印本　一冊

330000－1716－0003611　集補 3456－4/03611　集部/詩文評類/詩評之屬
隨園詩話十六卷補遺十卷　(清)袁枚撰　民國石印本　二冊　存九卷(六至十四)

330000－1716－0003613　普子 0716/03613
子部/儒家類/儒學之屬/禮教/鑑戒
八德須知初集八卷二集八卷三集八卷四集八卷　蔡振紳輯　**白話本二卷**　蔡振紳輯　陳覺民演　民國上海明善書局石印本　二十六冊

330000－1716－0003616　普子 0720/03616

子部/儒家類/儒學之屬/性理
儒門語要六卷 (清)倪元坦撰 民國十三年(1924)上海大通書局石印本 三冊

330000－1716－0003617 普子0721/03617
子部/儒家類/儒家之屬
孔氏家語十卷 (三國魏)王肅注 民國五年(1916)石印本 五冊

330000－1716－0003622 集補2286/03622
集部/別集類/清別集
張文襄公駢文箋二卷 (清)張之洞撰 (清)郭中廣箋 民國六年(1917)上海國學昌明社鉛印本 二冊

330000－1716－0003624 集補2262/03624
集部/別集類/清別集
子固齋詩存一卷 (清)田維翰撰 **癯仙遺詩一卷** (清)田維壽撰 民國四年(1915)田文烈石印本 一冊

330000－1716－0003626 普子0729/03626
新學/動植物學
活物學二卷 民國上海時務報館石印本 一冊

330000－1716－0003628 集補2264/03628
集部/別集類/清別集
可山詩集四卷附集三卷 (清)錢鎔撰 民國十七年(1928)鉛印本 一冊

330000－1716－0003641 普經0955/03641
經部/群經總義類/文字音義之屬
經傳釋詞十卷 (清)王引之撰 **經傳釋詞補一卷再補一卷** (清)孫經世撰 民國十七年(1928)成都書局刻本 四冊

330000－1716－0003650 普子0751/03650
子部/醫家類/醫話醫論之屬
景景醫話一卷醫談録舊一卷 陸晋笙撰 民國五年(1916)鉛印本 一冊

330000－1716－0003652 普子0753/03652
子部/醫家類/兒科之屬/通論
保嬰要言八卷首一卷 王德森編 民國十五年(1926)四明樂善堂刻本 趙學南題記 一冊

330000－1716－0003660 普子0758/03660
類叢部/叢書類/自著之屬
楊仁山居士遺著十三種 (清)楊文會撰 民國南京金陵刻經處刻本 一冊 存四種

330000－1716－0003700 普子0791/03700
子部/藝術類/篆刻之屬/印論
治印雜說不分卷 王世纂 民國六年(1917)鉛印本 一冊

330000－1716－0003709 普子0794/03709
子部/兵家類/操練之屬
國術大全不分卷 中央技擊學會編 民國十八年(1929)上海拳術研究會石印本 四冊

330000－1716－0003710 普子0796/03710
子部/儒家類/儒學之屬/禮教
堊室録感一卷 (清)李顒撰 民國二年(1913)朱啟濂、朱啟瀾刻本 一冊

330000－1716－0003713 普叢0213－2/03713 類叢部/叢書類/彙編之屬
抱經堂叢書十六種 (清)盧文弨編 民國十二年(1923)北京直隸書局據清乾隆至嘉慶盧氏刻本影印本 六冊 存一種

330000－1716－0003715 普子0799/03715
子部/農家農學類/園藝之屬/花卉
秘傳花鏡六卷 (清)陳淏子撰 民國三年(1914)上海鶴記書局石印本 六冊

330000－1716－0003716 普子0800/03716
集部/小說類/長篇之屬
第一才子書十六卷一百二十回 (明)羅本撰 (清)金人瑞 (清)毛宗崗評 民國四年(1915)上海廣益書局鉛印本 十六冊

330000－1716－0003727 普子0813/03727
子部/雜著類/雜纂之屬
弭兵古義四卷 王式通撰 民國十八年(1929)北平北海圖書館鉛印本 一冊

330000－1716－0003728 集補2280/03728
集部/別集類/清別集

澹如軒詩鈔一卷詞鈔一卷　(清)惲炳孫撰　民國十一年(1922)上海聚珍仿宋印書局鉛印本　一冊

330000－1716－0003729　普子 0808/03729
子部/術數類/命書相書之屬
滴天髓一卷　(明)劉基注　(清)任鐵樵增注　民國九年(1920)財政部印刷局鉛印本　高檀如題記　一冊

330000－1716－0003732　集補 2281/03732
集部/別集類
訒菴詩鈔一卷　彭敦毅撰　民國十二年(1923)鉛印本　一冊

330000－1716－0003739　普子 0819/03739
集部/小說類/長篇之屬
增像全圖三國志演義第一才子書八卷一百二十回　(明)羅本撰　(清)毛宗崗評　民國石印本　陳留紫題記　四冊　存四卷(五至八)

330000－1716－0003740　普子 0821/03740
子部/雜著類/雜纂之屬
平等閣筆記二卷　狄葆賢撰　民國二年(1913)上海有正書局鉛印本　二冊

330000－1716－0003741　集補 2284/03741
集部/別集類
把芬廬存稿初編一卷續編一卷三編一卷　陳夔龍撰　民國二十八年至三十年(1939－1941)鉛印本　一冊　存一卷(初編)

330000－1716－0003742　普子 0822/03742
子部/雜著類/雜說之屬
分甘餘話四卷　(清)王士禛撰　民國五年(1916)上海掃葉山房石印本　一冊

330000－1716－0003747　普子 0829/03747
子部/藝術類/書畫之屬/畫譜
萃新畫譜不分卷　(清)朱偁等繪　民國石印本　一冊

330000－1716－0003748　普子 0824/03748
子部/藝術類/遊藝之屬/棋弈
新桃花泉三卷　民國上海有正書局石印本　三冊

330000－1716－0003750　普子 0830/03750
子部/藝術類/書畫之屬/畫譜
南宗山水畫稿四卷　劉愔繪　民國十四年(1925)上海中華新教育社石印本　二冊

330000－1716－0003752　普子 0826/03752
子部/藝術類/書畫之屬/畫譜
古今名人畫稿初集不分卷二集不分卷三集不分卷　劉海屏輯　民國三年(1914)上海錦章圖書局石印本　六冊

330000－1716－0003753　經補 1180/03753
經部/小學類/文字之屬/字書/字典
鴻寶齋攷正字彙二卷　(清)陳淏子撰　鴻寶齋主人輯　民國九年(1920)上海鴻寶書局石印本　一冊

330000－1716－0003754　普子 0831/03754
子部/藝術類/遊藝之屬/棋弈
奕萃官子不分卷　(清)卞文恒撰　民國二年(1913)上海千頃堂石印本　一冊

330000－1716－0003755　普子 0832/03755
子部/藝術類/遊藝之屬/棋弈
桃花泉弈譜二卷　(清)范世勳撰　民國上海千頃堂石印本　二冊

330000－1716－0003756　普子 0833/03756
子部/藝術類/遊藝之屬/棋弈
桃花泉弈譜二卷　(清)范世勳撰　民國上海千頃堂石印本　二冊

330000－1716－0003759　普子 0834/03759
子部/藝術類/遊藝之屬/聯語
最新楹聯叢話十九卷　雷瑨輯　民國七年(1918)上海掃葉山房石印本　四冊

330000－1716－0003760　普子 0837/03760
子部/藝術類/遊藝之屬/聯語
最新楹聯叢話十九卷　雷瑨輯　民國十七年(1928)上海掃葉山房石印本　四冊

330000－1716－0003761　普子 0836/03761
子部/天文曆算類/曆法之屬
星命萬年書一卷附星命須知一卷　唐疇校正　民國石印本　二冊

330000－1716－0003762　普子 0838/03762
類叢部/類書類/專類之屬
古今楹聯類纂十二卷附慶弔雜件備覽二卷　雲后編輯　民國十七年(1928)上海會文堂新記書局石印本　十册

330000－1716－0003763　普子 0839/03763
子部/藝術類/書畫之屬/畫法畫品
名家秘傳花鳥畫訣二卷　潘衎輯　李湛　潘濤校閲　民國十六年(1927)上海中華新教育社石印本　二册

330000－1716－0003765　普子 0840/03765
子部/藝術類/篆刻之屬/印論
篆刻鍼度八卷　(清)陳克恕撰　民國七年(1918)上海朝記書莊石印本　二册

330000－1716－0003766　普子 0841/03766
子部/藝術類/書畫之屬/畫法畫品
歷朝名人畫法津梁八卷　王仲芬　汪聲遠編輯　民國十三年(1924)上海廣雅書局石印本　八册

330000－1716－0003767　普子 0842/03767
子部/藝術類/遊藝之屬/聯語
楹聯録存七卷　(清)俞樾撰　民國二十年(1931)上海掃葉山房石印本　二册

330000－1716－0003776　普子 0846/03776
類叢部/類書類/通類之屬
增補事類統編九十三卷首一卷　(清)黄葆真增輯　民國十一年(1922)上海積山書局石印本　十二册

330000－1716－0003777　普子 0848/03777
類叢部/類書類/通類之屬
增補事類統編九十三卷首一卷　(清)黄葆真增輯　民國十九年(1930)上海錦章圖書局石印本　十二册

330000－1716－0003779　普子 0850/03779
子部/小說家類/異聞之屬
勸戒録節鈔一卷　(清)梁恭辰撰　周祖琛選録　民國二十四年(1935)中央刻經院鉛印本　一册

330000－1716－0003780　普子 0851/03780
子部/儒家類/儒學之屬/俗訓
平旦鐘聲二卷　(清)好德書齋編録　民國上海醫學書局鉛印本　一册

330000－1716－0003782　普子 0853/03782
子部/雜著類
玉歷至寶鈔勸世一卷附經驗神效良方一卷　王子達重編　民國上海宏大善書局石印本　一册

330000－1716－0003786　普子 0854/03786
子部/雜著類
玉歷至寶鈔勸世一卷附經驗神效良方一卷　王子達重編　民國上海宏大善書局石印本　一册

330000－1716－0003788　普子 0852/03788
子部/儒家類/儒學之屬/俗訓
戒淫格言挽世舟一卷附病忌要覽一卷　民國上海宏大善書局石印本　一册

330000－1716－0003790　普子 0855/03790
子部/雜著類
玉歷至寶鈔勸世一卷附經驗神效良方一卷　王子達重編　民國上海文華書局石印本　一册

330000－1716－0003794　普子 0858/03794
子部/藝術類/書畫之屬/總論
寒松閣談藝瑣録六卷　(清)張鳴珂撰　民國十二年(1923)上海文明書局鉛印本　一册

330000－1716－0003802　普子 0867/03802
子部/藝術類/遊藝之屬/博戲
牙牌靈數八種　民國石印本　一册

330000－1716－0003803　經補 1200/03803
經部/易類/傳說之屬
周易易解十卷周易示兒録三卷周易說餘一卷　(清)沈紹勳撰　民國二十年(1931)鉛印本　一册　缺十卷(一至十)

330000－1716－0003806　普子 0869/03806
子部/醫家類/醫經之屬/内經
素問靈樞類纂約注三卷　(清)汪昂輯注　民

國上海商務印書館鉛印本　三冊

330000－1716－0003807　普子 0870/03807
子部/醫家類/傷寒金匱之屬/傷寒論
傷寒指掌四卷　(清)吴貞撰　民國七年(1918)上海鴻寶齋書局石印本　四冊

330000－1716－0003810　普子 0871 普子 0872 普子 0873/03810　新學/兵制
軍官學堂教科書□□種　民國石印本　三冊　存三種

330000－1716－0003812　普子 0876/03812
子部/儒家類/儒學之屬/蒙學
新增繪圖幼學故事瓊林四卷首一卷　(清)程登吉撰　(清)鄒聖脈增補　民國上海江東茂記書局石印本　五冊

330000－1716－0003814　普子 0875/03814
子部/儒家類/儒學之屬/蒙學
精校重增繪圖幼學故事瓊林四卷首一卷　(清)程登吉撰　(清)鄒聖脈增補　蔡郕續增　(清)謝梅林　(清)鄒可庭參訂　民國十五年(1926)上海會文堂書局石印本　四冊

330000－1716－0003835　普子 0892/03835
新學/政治法律/政治
救亡論不分卷　汪鳳瀛撰　民國石印本　一冊

330000－1716－0003879　普子 0977/03879
子部/藝術類/書畫之屬/畫譜
芥子園五集五卷　黄克明撰　民國五年(1916)上海江東書局石印本　四冊

330000－1716－0003919　普子 0925/03919
子部/儒家類/儒學之屬/經濟
變法經緯公例論二卷　(清)張鶴齡撰　民國二年(1913)刻本　二冊

330000－1716－0003920　普子 0926/03920
子部/儒家類/儒學之屬/經濟
變法經緯公例論二卷　(清)張鶴齡撰　民國二年(1913)刻本　二冊

330000－1716－0003927　普子 0929/03927
子部/雜著類/雜說之屬
倪言四卷　陳訓正撰　民國十八年(1929)鉛印本　□泉題記　一冊

330000－1716－0003928　普子 0930/03928
子部/雜著類/雜說之屬
嬰寧什箸　陳訓正撰　民國十八年(1929)鉛印本　一冊　存一種

330000－1716－0003943　普子 0983/03943
子部/術數類/相宅相墓之屬
沈氏玄空學六卷　(清)沈紹勳撰　江志伊編　王則先補編　民國二十二年(1933)杭州新新文記印刷公司鉛印本　六冊

330000－1716－0003949　普子 0985/03949
類叢部/叢書類/自著之屬
譚瀏陽全集六種附續編一卷　(清)譚嗣同撰　民國上海文明書局鉛印本　一冊　存一種

330000－1716－0003950　普子 0986/03950
類叢部/叢書類/自著之屬
譚瀏陽全集六種附續編一卷　(清)譚嗣同撰　民國上海文明書局鉛印本　一冊　存一種

330000－1716－0003951　集補 2289/03951
集部/别集類
安樂鄉人詩四卷詩續一卷後詩一卷藥夢詞二卷詞續一卷後詞一卷　金兆蕃撰　民國二十年至二十八年(1931－1939)刻本　一冊

330000－1716－0003952　普子 0987/03952
子部/雜著類/雜說之屬
樱窗雜記四卷　汪兆鏞撰　民國三十二年(1943)鉛印本　一冊

330000－1716－0003963　集補 2292/03963
集部/總集類/氏族之屬
徐季和先生喬梓遺稿三種　沈秉璜等輯　民國鉛印本　一冊　存一種

330000－1716－0003968　集補 2295/03968
集部/别集類/清别集
翁松禪手札十集　(清)翁同龢撰　民國六年(1917)上海有正書局石印本　二冊　存二集(九至十)

330000－1716－0003971　普子 1002/03971
子部/醫家類
中華國民樂天修養館叢書　民國上海商務印書館鉛印本　二冊　存一種

330000－1716－0003973　集補 2296/03973
集部/别集類
悲華經舍詩存五卷　洪允祥撰　民國二十二年(1933)慈谿洪氏慎思軒鉛印本　一冊

330000－1716－0003974　普子 1003/03974
子部/醫家類/養生之屬
袁了凡先生静坐要訣不分卷　(明)袁黄撰　民國十八年(1929)鉛印本　一冊

330000－1716－0003975　集補 2297/03975
集部/别集類/清别集
僑園詩文集四卷　(清)姚麟撰　民國二十五年(1936)鉛印本　一冊

330000－1716－0003978　普子 1009/03978
子部/天文曆算類/算書之屬
澹寧齋算稿四種　王積沂撰　民國二十四年至二十五年(1935－1936)平湖綺春書莊石印本　四冊

330000－1716－0003981　地獻 1926/03981
集部/别集類
函雅廬文稿三卷詩稿一卷　余重耀撰　民國鉛印本　二冊

330000－1716－0003983　集補 2299/03983
集部/别集類
北溟詩藁二卷補遺一卷　江起鯤撰　民國二十二年(1933)寧波鈞和公司鉛印本　一冊

330000－1716－0003999　普子 1033－1/03999　子部/術數類/命書相書之屬
精選命理約言五卷附録一卷　(清)陳素庵撰　韋大可選輯　民國二十二年(1933)上海大眾書局鉛印本　二冊

330000－1716－0004000　普子 1033－2/04000　子部/術數類/命書相書之屬
精選命理約言五卷附録一卷　(清)陳素庵撰　韋大可選輯　民國二十二年(1933)上海大眾書局鉛印本　二冊

330000－1716－0004012　普子 1049/04012
子部/藝術類/書畫之屬/書法書品
行書備要一卷　童式規書　民國十七年(1928)上海商務印書館石印本　一冊

330000－1716－0004014　集補 2306/04014
集部/别集類
谷園詩鈔二卷　許正衡撰　民國十五年(1926)許爾馨鉛印本　一冊

330000－1716－0004016　集補 2307/04016
集部/别集類
莪怨室吟草四卷首一卷　楊令茀撰　民國十六年(1927)鉛印本　一冊

330000－1716－0004017　普子 1054/04017
子部/術數類/命書相書之屬
星命證古録一卷　謝䌹廬撰　民國十三年(1924)止止居鉛印本　一冊

330000－1716－0004020　普子 1052/04020
子部/術數類/陰陽五行之屬
奇門闡易初集四卷二集二卷　韋汝霖撰　民國十六年(1927)、二十一年(1932)龍眠張氏中央刻經院鉛印本　六冊

330000－1716－0004031　普子 1062/04031
子部/術數類/命書相書之屬
滴天髓闡微四卷　(明)劉基注　(清)任鐵樵增注　民國二十二年(1933)影印本　四冊

330000－1716－0004032　子補 3099－1/04032　子部/藝術類/音樂之屬/總論
中國音樂指南三卷　沈寄人撰　民國十三年(1924)上海世界書局石印本　一冊

330000－1716－0004033　集補 2311/04033
集部/戲劇類/雜劇之屬
繪圖影戲大觀二卷　陶寒翠撰　民國十三年(1924)上海世界書局石印本　一冊　存一卷(下)

330000－1716－0004034　子補 3099－2/04034　子部/藝術類/音樂之屬/總論

中國音樂指南三卷 沈寄人撰 民國十三年(1924)上海世界書局石印本 一冊

330000－1716－0004035 普子 1063 普子 1245 普子 1583 普子 1584/04035 子部/術數類/相宅相墓之屬
地理大成五種 (清)葉泰輯 民國上海九經書局石印本 八冊 存四種

330000－1716－0004037 普子 1073/04037 子部/兵家類/兵法之屬
戰術學筆記三卷 民國四年(1915)混成模范團輜重連石印本 一冊

330000－1716－0004038 普子 1068 普子 1069 普子 1070 普子 1071/04038 子部/兵家類/兵法之屬
應用戰法 賀忠良編 民國北京武學官書局鉛印本 五冊 存四種

330000－1716－0004039 普子 1067/04039 子部/兵家類/兵法之屬
支隊圖上戰術一卷附録一卷 民國鉛印本 一冊

330000－1716－0004045 普子 1074/04045 子部/兵家類/兵法之屬
戰略學不分卷 民國鉛印本 一冊

330000－1716－0004046 普叢 0354－1/04046 類叢部/叢書類/自著之屬
惜抱軒全集七種 (清)姚鼐撰 民國三年(1914)上海會文堂書局石印本 八冊

330000－1716－0004047 子補 2662/04047 子部/宗教類/其他宗教之屬/基督教
正道啟蒙一卷 民國鉛印本 一冊

330000－1716－0004049 普子 1077/04049 子部/儒家類/儒學之屬/禮教/家訓
治家格言釋義一卷 (清)朱用純撰 民國上海求古齋石印本 一冊

330000－1716－0004050 普子 1079/04050 子部/藝術類/篆刻之屬/印譜
潛泉印叢 吳隱輯 民國西泠印社鈐印本 八冊 存一種

330000－1716－0004055 普子 1081/04055 子部/藝術類/書畫之屬/畫法畫品
山水入門十章 胡錫銓撰 民國九年(1920)上海商務印書館石印本 一冊

330000－1716－0004056 集補 2315/04056 集部/別集類/清別集
梅村詩集箋注十八卷 (清)吳偉業撰 (清)吳翌鳳箋注 民國中華圖書館石印本 陳業理題記 八冊

330000－1716－0004064 集補 2323/04064 集部/別集類
餟鴻詩草三卷 何耀撰 民國二十二年(1933)上海大文印刷所鉛印本 倪皋封題記 一冊

330000－1716－0004069 集補 2324/04069 集部/別集類/清別集
瓶廬叢稿十卷 (清)翁同龢撰 民國二十四年(1935)上海商務印書館據手稿本影印本 十冊

330000－1716－0004072 普叢 0173－1/04072 類叢部/叢書類/彙編之屬
宋人小説二十八種 涵芬樓編 民國上海商務印書館鉛印本 九冊 存六種

330000－1716－0004075 普子 1104/04075 子部/藝術類/書畫之屬
經頤淵金石詩書畫合集三種 經亨頤撰 民國二十五年(1936)上海中華書局影印本暨鉛印本 三冊

330000－1716－0004078 普子 1105/04078 子部/藝術類/書畫之屬/法帖
青珊瑚館遺墨不分卷 陳浦 周保珊書 民國十五年(1926)石印本暨鉛印本 一冊

330000－1716－0004081 普子 1108/04081 子部/藝術類/遊藝之屬/棋弈
左泉彙選 民國上海文瑞樓石印本 一冊 存一種

330000－1716－0004085　普子 1126/04085
子部/藝術類/篆刻之屬/印論
續三十五舉一卷　(清)黄子高撰　民國十八年(1929)商務印書館石印本　一册

330000－1716－0004089　普子 1110/04089
子部/藝術類/遊藝之屬/棋弈
圍棋叢編一卷　(清)周東侯譜　民國五年(1916)石印本　思允題簽　一册

330000－1716－0004091　普子 1115/04091
子部/藝術類/書畫之屬/畫譜
分類畫範自習畫譜大全三集二十四卷　馬駘繪　民國十七年(1928)上海世界書局石印本　二十四册

330000－1716－0004094　普子 1118/04094
子部/藝術類/書畫之屬/法帖
唐拓柳書金剛經一卷　(唐)柳公權書　民國十四年(1925)上海有正書局石印本　四册

330000－1716－0004096　普子 1119/04096
子部/藝術類/書畫之屬/畫譜
分類畫範自習畫譜大全樣本不分卷　馬駘繪　民國十七年(1928)上海世界書局石印本　一册

330000－1716－0004099　普子 1123/04099
子部/藝術類/書畫之屬/書法書品
間架結構摘要九十二法一卷　(清)李象寅撰　民國石印本　一册

330000－1716－0004113　子補 3100/04113
子部/藝術類/音樂之屬/樂譜
養正軒琵琶譜三卷附録一卷　沈瀚編注　民國十八年(1929)南滙養正軒鉛印本　三册

330000－1716－0004114　子補 3101/04114
子部/藝術類/書畫之屬/法帖
篆文四書四種七卷　民國五年(1916)上海古今圖書局影印本　六册

330000－1716－0004117　集補 2326/04117
集部/曲類/曲選之屬
新輯特別改良最新時調離集一卷　民國石印本　一册

330000－1716－0004119　經補 1212/04119
經部/小學類/音韻之屬
字音會集不分卷　江學海撰　民國石印本　一册

330000－1716－0004122　普子 1148/04122
子部/兵家類/武術技巧之屬
太極拳體用全書第一集一卷　楊澄甫撰　民國二十三年(1934)上海鉛印本　一册

330000－1716－0004139　普子 2025－2/04139　子部/藝術類/篆刻之屬/印譜
寒月齋主印存不分卷　張寒月(張政)篆　民國鈐印本　一册

330000－1716－0004140　普子 1170/04140
子部/術數類/陰陽五行之屬
推背圖説不分卷　題(唐)袁天罡撰　(唐)李淳風注　民國上海中國印書局石印本　一册

330000－1716－0004141　普子 1172/04141
集部/小説類/長篇之屬
再錦袍不分卷　民國廣東廣益書局石印本　一册

330000－1716－0004148　普子 1174/04148
子部/藝術類/遊藝之屬/雜藝
七巧八分圖十六卷補遺一卷　(清)錢芸吉撰　(清)王念慈編繪　民國九年(1920)上海商務印書館石印本　六册

330000－1716－0004159　經補 1214－1/04159　經部/小學類/文字之屬/字書/字典
錦章圖書局孜正字彙二卷　(清)陳淏子撰　民國上海錦章圖書局石印本　一册

330000－1716－0004161　集補 2333/04161
集部/别集類/清别集
蓬萊山樵詩鈔一卷　(清)秦大士撰　**附茹荼唫一卷**　(清)秦象曾撰　**吟秋遺稿一卷**　(清)秦宗臣撰　民國十五年(1926)瓶花吟社鉛印本　一册

330000－1716－0004163　經補 1214－2/04163　經部/小學類/文字之屬/字書/字典
錦章圖書局孜正字彙二卷　(清)陳淏子撰

民國上海錦章圖書局石印本　一冊

330000－1716－0004165　經補 1214－3/04165　經部/小學類/文字之屬/字書/字典

錦章圖書局玫正字彙二卷　（清）陳淏子撰　民國上海錦章圖書局石印本　一冊

330000－1716－0004169　經補 1214－4/04169　經部/小學類/文字之屬/字書/字典

校正玫正字彙二卷　（清）陳淏子撰　民國上海鴻章書局石印本　一冊

330000－1716－0004173　經補 1214－5/04173　經部/小學類/文字之屬/字書/字典

校正玫正字彙二卷　（清）陳淏子撰　民國上海鑄記書局石印本　一冊

330000－1716－0004178　經補 1214－6/04178　經部/小學類/文字之屬/字書/字典

共和書局玫正字彙二卷　（清）陳淏子撰　民國共和書局石印本　一冊

330000－1716－0004191　經補 1214－9/04191　經部/小學類/文字之屬/字書/字典

玫正字彙二卷　（清）陳淏子撰　民國石印本　一冊

330000－1716－0004196　經補 1214－10/04196　經部/小學類/文字之屬/字書/字典

玫正字彙二卷　（清）陳淏子撰　民國石印本　一冊

330000－1716－0004199　集補 1258/04199　集部/别集類

杭州雜詩一卷續一卷　王守恂撰　民國鉛印本　二冊

330000－1716－0004202　集補 2334/04202　類叢部/叢書類/自著之屬

吳梅先生全集　吳梅撰　民國三十一年至三十二年（1942－1943）貴陽文通書局鉛印本　一冊　存一種

330000－1716－0004208　經補 1214－11/04208　經部/小學類/文字之屬/字書/字典

玫正字彙二卷　（清）陳淏子撰　民國石印本　一冊

330000－1716－0004209　經補 1214－12/04209　經部/小學類/文字之屬/字書/字典

玫正字彙二卷　（清）陳淏子撰　民國石印本　一冊

330000－1716－0004210　經補 1214－13/04210　經部/小學類/文字之屬/字書/字典

校正玫正字彙二卷　（清）陳淏子撰　民國石印本　一冊

330000－1716－0004211　集補 2338/04211　集部/别集類

禪靈老人文集二卷　周樹昌撰　民國十四年（1925）石印本　一冊

330000－1716－0004213　經補 1214－14/04213　經部/小學類/文字之屬/字書/字典

玫正字彙二卷　（清）陳淏子撰　民國石印本　一冊

330000－1716－0004221　經補 1214－15/04221　經部/小學類/文字之屬/字書/字典

鴻寶齋玫正字彙二卷　（清）陳淏子撰　鴻寶齋主人輯　民國元年（1912）上海鴻寶書局石印本　一冊

330000－1716－0004224　經補 1214－16/04224　經部/小學類/文字之屬/字書/字典

鴻寶齋玫正字彙二卷　（清）陳淏子撰　鴻寶齋主人輯　民國元年（1912）上海鴻寶書局石印本　一冊

330000－1716－0004226　經補 1214－17/04226　經部/小學類/文字之屬/字書/字典

鴻寶齋玫正字彙二卷　（清）陳淏子撰　鴻寶齋主人輯　民國九年（1920）上海鴻寶書局石印本　一冊

330000－1716－0004227　經補 1214－18/04227　經部/小學類/文字之屬/字書/字典

鴻寶齋玫正字彙二卷　（清）陳淏子撰　鴻寶齋主人輯　民國九年（1920）上海鴻寶書局石印本　一冊

330000－1716－0004228　經補 1214－19/04228　經部/小學類/文字之屬/字書/字典

鴻寶齋攷正字彙二卷　(清)陳淏子撰　鴻寶齋主人輯　民國九年(1920)上海鴻寶書局石印本　一册

330000－1716－0004229　普子 1233/04229　子部/術數類/相宅相墓之屬

重刊人子須知資孝地理心學統宗八卷首一卷　(明)徐善繼　(明)徐善述撰　民國上海廣益書局石印本　八册

330000－1716－0004230　普叢 0383/04230　類叢部/叢書類/郡邑之屬

敬鄉樓叢書三十八種　黄羣編　民國十七年至二十四年(1928－1935)永嘉黄氏鉛印本　一册　存第四輯一種

330000－1716－0004231　經補 1214－20/04231　經部/小學類/文字之屬/字書/字典

攷正字彙二卷　(清)陳淏子撰　民國三年(1914)上海會文堂石印本　一册

330000－1716－0004233　經補 1214－21/04233　經部/小學類/文字之屬/字書/字典

攷正字彙二卷　(清)陳淏子撰　民國三年(1914)上海會文堂石印本　一册

330000－1716－0004235　經補 1214－22/04235　經部/小學類/文字之屬/字書/字典

攷正字彙二卷　(清)陳淏子撰　民國三年(1914)上海會文堂石印本　一册

330000－1716－0004236　普子 1244/04236　子部/術數類/命書相書之屬

命理窮通寶鑑攔江網二卷首一卷附增補月談賦一卷　(清)余春臺編　民國上海廣益書局石印本　二册

330000－1716－0004238　子補 1270/04238　史部/傳記類/總傳之屬/釋道

敕建天台山萬年禪寺同戒録一卷　民國七年(1918)萬年寺刻本　一册

330000－1716－0004243　集補 0680/04243　集部/詩文評類/文法之屬/函牘格式

寫信必讀十卷　(清)唐芸洲撰　民國二年(1913)上海會文堂書局石印本　五册　缺二卷(四、七)

330000－1716－0004244　普子 1241/04244　子部/藝術類/書畫之屬

中國繪畫上的六法論一卷　劉海粟撰　民國二十一年(1932)中華書局鉛印本　韻康題記　一册

330000－1716－0004245　經補 1219/04245　經部/小學類/訓詁之屬/爾雅

爾雅釋例五卷　(清)陳玉澍撰　民國十年(1921)南京高等師範學校鉛印本　一册

330000－1716－0004247　普子 1240/04247　子部/術數類/命書相書之屬

鬼谷算命術一卷　(三國蜀)諸葛亮注釋　民國十年(1921)上海國粹保存會石印本　一册

330000－1716－0004248　普子 1246/04248　子部/天文曆算類/曆法之屬

新制萬年曆一卷　馮伯揆編輯　民國十年(1921)上海國粹保存會石印本　一册

330000－1716－0004250　普子 1247/04250　子部/術數類/命書相書之屬

冰鑑七卷　王大炘纂　民國上海聚珍倣宋印書局鉛印本　一册

330000－1716－0004260　經補 1222/04260　經部/易類/傳說之屬

學易筆談四卷　杭辛齋撰　民國八年(1919)上海研幾學社鉛印本　二册

330000－1716－0004263　普子 1255/04263　子部/兵家類/兵法之屬

孫子淺說十三篇　蔣方震　劉邦驥撰　民國四年(1915)鉛印本　一册

330000－1716－0004273　普子 1269/04273　新學/雜著

哲學叢書初集四種五卷　(日本)桑木嚴翼　(日本)元良勇次郎　(日本)岸本能武太撰　王國維　樊炳清譯　民國教育世界社石印本　八册

330000－1716－0004275　普子 1270/04275
新學/工藝/工學
工學精華二卷　陸基編輯　鄒登泰校訂　民國四年(1915)上海商務印書館鉛印本　二册

330000－1716－0004278　普子 1273 普子 1713/04278　子部/叢編
子書百家(百子全書)　(清)崇文書局編　民國上海掃葉山房石印本　八册　存二種

330000－1716－0004280　普子 1275/04280
子部/儒家類/儒家之屬
曾子家語六卷　(清)曾國荃輯　民國碧梧山莊影印本　六册

330000－1716－0004281　集補 2346/04281
集部/總集類/酬唱之屬
六朝民肖影題辭不分卷　李鏡燧編　民國二十二年(1933)李氏鉛印本　一册

330000－1716－0004282　集補 2345/04282
集部/總集類/酬唱之屬
松竹聯吟一卷　丁憚諳　金子薪撰　民國八年(1919)鉛印本　一册

330000－1716－0004285　普子 1274/04285
子部/道家類
莊子集釋十卷　(清)郭慶藩輯　民國上海掃葉山房石印本　十册

330000－1716－0004287　集補 2347/04287
集部/總集類/酬唱之屬
松鶴山莊詩文楹聯彙存一卷　莊珣輯　民國鉛印本　一册

330000－1716－0004294　普子 1278/04294
子部/醫家類/婦科之屬/產科
達生編一卷　(清)亟齋居士撰　(清)汪家駒增訂　民國十五年(1926)上海宏大善書局石印本　一册

330000－1716－0004295　普子 1284/04295
子部/醫家類/養生之屬
養生保命録一卷　民國上海中華書局鉛印本　一册

330000－1716－0004297　集補 2349－1/04297　集部/總集類/酬唱之屬
陸放翁生日詩輯一卷　錢繩武輯　民國二十二年(1933)鉛印本　一册

330000－1716－0004299　普子 1282/04299
子部/醫家類/喉科口齒之屬/白喉
白喉治法忌表抉微一卷經驗救急諸方一卷　(清)耐修老人輯　民國中國圖書公司和記石印本　一册

330000－1716－0004302　普子 1279/04302
子部/醫家類/婦科之屬/產科
達生編一卷　(清)亟齋居士撰　(清)汪家駒增訂　民國上海宏大善書局石印本　一册

330000－1716－0004303　普子 1288/04303
子部/藝術類/遊藝之屬/聯語
琴園楹聯一卷　任桐擬　民國油印本　一册

330000－1716－0004304　普子 1291/04304
子部/藝術類/篆刻之屬/印論
篆法指南二集　(清)楊沂孫書　民國上海求古齋書局影印本　二册

330000－1716－0004306　集補 2349－2/04306　集部/總集類/酬唱之屬
陸放翁生日詩輯一卷　錢繩武輯　民國二十二年(1933)鉛印本　一册

330000－1716－0004309　普子 1283/04309
子部/醫家類/喉科口齒之屬/白喉
白喉治法忌表抉微一卷經驗救急諸方一卷
(清)耐修老人輯　民國中國圖書公司和記石印本　一册

330000－1716－0004312　集補 2349－3/04312　集部/總集類/酬唱之屬
陸放翁生日詩輯一卷　錢繩武輯　民國二十二年(1933)鉛印本　一册

330000－1716－0004314　集補 2350/04314
集部/總集類/題詠之屬
慶圃徵文録七卷　□□輯　民國四年(1915)鉛印本　一册

330000－1716－0004315　普子 1297/04315
子部/雜著類/雜纂之屬
平等閣筆記六卷　狄葆賢撰　民國上海有正書局鉛印本　四册　存四卷(一至四)

330000－1716－0004316　普子 1296/04316
子部/藝術類/書畫之屬/畫譜
近世一百名家畫集四卷　錢病鶴編　民國十年(1921)上海大東書局石印本　二册

330000－1716－0004319　普子 1298/04319
子部/藝術類/書畫之屬/畫譜
王念慈先生山水畫譜初集不分卷二集不分卷　王屺繪　民國十二年(1923)上海香雪樓石印本　四册

330000－1716－0004322　普子 1300/04322
子部/宗教類/佛教之屬
金剛經演義注解一卷　(清)諸廣成撰　民國二十三年(1934)退思草堂鉛印本　一册

330000－1716－0004323　集補 2349－4/04323　集部/總集類/酬唱之屬
陸放翁生日詩輯一卷　錢繩武輯　民國二十二年(1933)鉛印本　一册

330000－1716－0004325　集補 2349－5/04325　集部/總集類/酬唱之屬
陸放翁生日詩輯一卷　錢繩武輯　民國二十二年(1933)鉛印本　一册

330000－1716－0004327　集補 2349－6/04327　集部/總集類/酬唱之屬
陸放翁生日詩輯一卷　錢繩武輯　民國二十二年(1933)鉛印本　一册

330000－1716－0004329　集補 2349－7/04329　集部/總集類/酬唱之屬
陸放翁生日詩輯一卷　錢繩武輯　民國二十二年(1933)鉛印本　一册

330000－1716－0004331　普子 1305/04331
子部/宗教類/佛教之屬/經
彌羅真經不分卷　民國溫州文林齋鉛印本　一册

330000－1716－0004338　普子 1309/04338
類叢部/類書類/通類之屬
增補事類統編九十三卷首一卷　(清)黄葆真增輯　民國四年(1915)上海文盛書局石印本　十二册

330000－1716－0004341　普子 1316/04341
子部/雜著類/雜説之屬
家談百則一卷　民國揚州鵝頸灣寶林閣石印本　一册

330000－1716－0004342　普子 1317/04342
子部/宗教類/佛教之屬/諸宗
龍舒淨土文十一卷附龍舒直音一卷　(宋)王日休撰　**佛説阿彌陀經一卷**　(後秦)釋鳩摩羅什譯　民國十五年(1926)鉛印本　一册

330000－1716－0004343　普子 1318/04343
子部/宗教類/佛教之屬/諸宗
淨土輯要三卷附録一卷　潘慧純　邵慧圓輯述　民國十九年(1930)上海佛教淨業社鉛印本　一册

330000－1716－0004345　集補 2354/04345
集部/總集類/酬唱之屬
漫社三集二卷補遺一卷　孫雄編　民國十二年(1923)鉛印本　潛廬題記　二册

330000－1716－0004354　普子 1323/04354
子部/宗教類/道教之屬
太乙北極真經十二卷　民國二十二年(1933)濟南道院鉛印本　一册

330000－1716－0004363　普子 1360/04363
子部/宗教類/道教之屬/雜著
天圖經一卷　民國元年(1912)紹興友文齋刻本　一册

330000－1716－0004365　普子 1330/04365
子部/宗教類/道教之屬/經文
明聖經一卷　民國十七年(1928)紹興石印本　一册

330000－1716－0004369　普子 1331/04369
子部/宗教類/道教之屬
關帝明聖真經一卷附應驗靈籤一卷　民國上

海宏大善書局石印本　一册

330000－1716－0004370　普子 1333/04370
子部/宗教類/道教之屬
三大聖經不分卷　民國浙江杭州迦音社鉛印本　一册

330000－1716－0004371　普子 1334/04371
子部/宗教類/道教之屬
文武二帝救劫真經不分卷　民國上海宏大善書局石印本　一册

330000－1716－0004372　普子 1335/04372
子部/宗教類/道教之屬
三聖經靈驗圖注不分卷　民國上海宏大善書局石印本　一册

330000－1716－0004373　普子 1336/04373
子部/宗教類/道教之屬
三聖經靈驗圖注不分卷　病忌要覽一卷　王景山撰　民國八年(1919)上海宏大善書局石印本　一册

330000－1716－0004374　普子 1339/04374
子部/宗教類/道教之屬/經文
明聖經一卷　民國十七年(1928)紹興石印本　一册

330000－1716－0004375　普子 1338/04375
子部/宗教類/道教之屬
三聖經靈驗圖注不分卷　民國十七年(1928)上海鴻寶齋書局石印本　一册

330000－1716－0004378　普子 1342/04378
子部/宗教類/道教之屬/雜著
西山先生答客問一卷　西山先生口授　民國鉛印本　一册

330000－1716－0004379　普子 1363/04379
史部/傳記類/日記之屬
正元日記一卷(清光緒四年二月十五日至民國三年十月十八日)　段正元撰　民國北京道德學社鉛印本　一册

330000－1716－0004380　普子 1343/04380
類叢部/叢書類/自著之屬
耕心齋文稿□□種　聶其杰撰　民國鉛印本　一册　存一種

330000－1716－0004382　普子 1362/04382
子部/宗教類/道教之屬/雜著
救饑本論一卷　恢元居士述　民國二十二年(1933)遂生靈道學社刻本　吳雲起題記　一册

330000－1716－0004384　普子 1346/04384
子部/雜著類/雜纂之屬
增智囊補二十八卷　(明)馮夢龍輯　民國四年(1915)上海文盛書局石印本　四册

330000－1716－0004385　普子 1348/04385
子部/小說家類/諧謔之屬
繪圖留學生現形記一卷　通俗小說社編輯　民國十三年(1924)上海世界書局石印本　一册

330000－1716－0004386　普子 1349/04386
子部/小說家類/雜事之屬
音釋坐花誌果八卷　(清)汪道鼎撰　(清)鶩峰樵者音釋　民國上海昌文書局石印本　二册

330000－1716－0004387　普子 1347/04387
子部/小說家類/雜事之屬
紀文達公筆記類編二十卷　(清)紀昀撰　萬鈞重編　民國中央刻經院鉛印本　一册

330000－1716－0004391　普子 1350/04391
子部/小說家類/瑣語之屬
西青散記四卷　(清)史震林撰　民國古今書室石印本　四册

330000－1716－0004392　普子 1352/04392
子部/宗教類/道教之屬
道藏盤山語録養真全集合刻三卷　民國七年(1918)吳玉順刻本　一册

330000－1716－0004393　普子 1354/04393
子部/雜著類/雜說之屬
欲海回狂集三卷内典字義譯注一卷　(清)周思仁(周夢顏)撰　民國紹興越鐸印刷所鉛印本　一册

330000－1716－0004394　普子 1355/04394　子部/雜著類/雜説之屬

欲海回狂集三卷内典字義譯注一卷　(清)周思仁(周夢顏)撰　民國紹興越鐸印刷所鉛印本　一册

330000－1716－0004395　普子 1356/04395　子部/雜著類/雜説之屬

欲海回狂集三卷内典字義譯注一卷　(清)周思仁(周夢顏)撰　民國紹興越鐸印刷所鉛印本　一册

330000－1716－0004396　普子 1357/04396　子部/雜著類/雜説之屬

欲海回狂集三卷内典字義譯注一卷　(清)周思仁(周夢顏)撰　民國紹興越鐸印刷所鉛印本　一册

330000－1716－0004397　普子 1353/04397　類叢部/類書類/通類之屬

子史精華一百六十卷　(清)吳士玉　(清)吳襄等輯　民國上海中華圖書館石印本　八册

330000－1716－0004400　普子 1364/04400　集部/小説類/長篇之屬

洞冥記全圖一卷　(清)吕惟一輯　民國十九年(1930)雲南石印本　一册

330000－1716－0004406　集補 2360－1/04406　集部/總集類/酬唱之屬

陸放翁生日詩輯一卷　錢繩武輯　民國二十二年(1933)鉛印本　一册

330000－1716－0004409　集補 2360－2/04409　集部/總集類/酬唱之屬

陸放翁生日詩輯一卷　錢繩武輯　民國二十二年(1933)鉛印本　一册

330000－1716－0004411　集補 2360－3/04411　集部/總集類/酬唱之屬

陸放翁生日詩輯一卷　錢繩武輯　民國二十二年(1933)鉛印本　一册

330000－1716－0004412　集補 2360－4/04412　集部/總集類/酬唱之屬

陸放翁生日詩輯一卷　錢繩武輯　民國二十二年(1933)鉛印本　一册

330000－1716－0004414　集補 2360－5/04414　集部/總集類/酬唱之屬

陸放翁生日詩輯一卷　錢繩武輯　民國二十二年(1933)鉛印本　一册

330000－1716－0004417　集補 2361－1/04417　集部/總集類/題詠之屬

琳瑯集不分卷　民國十四年(1925)鉛印本　一册

330000－1716－0004418　集補 2361－2/04418　集部/總集類/題詠之屬

琳瑯集不分卷　民國十四年(1925)鉛印本　一册

330000－1716－0004419　集補 2361－3/04419　集部/總集類/題詠之屬

琳瑯集不分卷　民國十四年(1925)鉛印本　一册

330000－1716－0004420　子補 3102/04420　子部/藝術類/遊藝之屬/詩鐘

聊社詩鐘一卷即席詩鐘一卷　聊社編　民國二十一年(1932)鉛印本　一册

330000－1716－0004421　普子 1379/04421　子部/宗教類/道教之屬/道藏

道藏續編第一集二十三種　(清)閔一得編　民國上海醫學書局鉛印本　四册

330000－1716－0004423　普子 1384/04423　子部/雜著類/雜説之屬

弢園隨筆一卷　(清)史念祖撰　民國六年(1917)周肇祥刻本　一册

330000－1716－0004436　普子 1392 普子 1394 普子 1490 普子 1666 普子 1772 普子 1823/04436　子部/宗教類/佛教之屬

佛學叢書□□種　丁福保輯　民國上海醫學書局鉛印本暨影印本　李佛心、顧超題記　六册　存六種

330000－1716－0004445　經補 1228/04445　經部/春秋左傳類/文字音義之屬

春秋左傳音義白話注解六卷　費恕皆編　民國二十二年(1933)上海群學書社石印本　六冊

330000－1716－0004447　集補 3247－94/04447　集部/小說類/短篇之屬
詳注聊齋志異圖詠十六卷　(清)蒲松齡撰　(清)呂湛恩注　民國石印本　一冊　存二卷(五至六)

330000－1716－0004450　普子 1400/04450　子部/宗教類/佛教之屬/諸宗
往生極樂録一卷　丑先難編輯　民國十六年(1927)長沙坡子街善書流通處刻本　一冊

330000－1716－0004457　普叢 0104－10/04457　類叢部/叢書類/彙編之屬
四部備要三百一種　中華書局編　民國二十五年(1936)上海中華書局鉛印本　三十三冊　存六種

330000－1716－0004460　集補 2372/04460　集部/總集類/選集之屬/通代
鍾伯敬先生訂補千家詩圖注二卷　(明)鍾惺訂補　民國石印本　一冊

330000－1716－0004463　普子 1405/04463　子部/宗教類/佛教之屬
大乘本生心地觀經懺法八卷附悔行法一卷　周會禪輯　民國二十一年(1932)鉛印本　二冊

330000－1716－0004464　經補 1235－2/04464　經部/詩類/三家詩之屬
韓詩外傳十卷　(漢)韓嬰撰　民國上海文瑞樓石印本　一冊　存五卷(一至五)

330000－1716－0004466　經補 0870－3/04466　經部/小學類/文字之屬/字書/訓蒙
文字蒙求四卷　(清)王筠撰　民國上海文瑞樓石印本　一冊

330000－1716－0004468　集補 2373/04468　集部/別集類/清別集
衷聖齋詩集二卷文集一卷　(清)劉光第撰　**楊叔嶠詩集二卷文集一卷**　(清)楊銳撰　民國三年(1914)成都昌福公司鉛印劉楊合刻本　一冊　缺二卷(衷聖齋文集、楊叔嶠文集)

330000－1716－0004489　普子 1432/04489　子部/小說家類/異聞之屬
閱微草堂筆記二十四卷　(清)紀昀撰　民國上海廣益書局石印本　四冊

330000－1716－0004491　普子 1433/04491　子部/雜著類/雜說之屬
欲海回狂集三卷內典字義譯注一卷　(清)周思仁(周夢顏)撰　民國紹興越鐸印刷所鉛印本　一冊

330000－1716－0004493　普子 1434/04493　子部/雜著類/雜說之屬
欲海回狂集三卷內典字義譯注一卷　(清)周思仁(周夢顏)撰　民國紹興越鐸印刷所鉛印本　一冊

330000－1716－0004494　普子 1435/04494　子部/小說家類
顧氏明朝四十家小說四十種　(明)顧元慶輯　民國四年(1915)振寰書局石印本　八冊

330000－1716－0004499　普子 1440/04499　集部/小說類/長篇之屬
繡像神州光復志演義十五卷一百二十回　王雪菴編　民國元年(1912)上海神州圖書局石印本　十六冊

330000－1716－0004500　經補 1235－1/04500　經部/詩類/三家詩之屬
韓詩外傳十卷　(漢)韓嬰撰　(清)周廷寀校注　**校注拾遺一卷**　(清)周宗杬撰　**補逸一卷**　(清)趙懷玉輯　民國六年(1917)上海商務印書館鉛印本　四冊

330000－1716－0004502　普子 1437/04502　類叢部/叢書類/彙編之屬
古佚小說叢刊初集三種　陳乃乾輯　民國十七年(1928)海寧陳氏慎初堂鉛印本　一冊　存一種

330000－1716－0004504　普子 1441/04504　子部/宗教類/道教之屬

生天地母救劫寶經一卷　民國柯鎮墨香齋刻本　一冊

330000－1716－0004506　經補1236/04506　經部/春秋左傳類/傳說之屬

左傳擷華二卷　林紓評選　民國二十四年(1935)上海商務印書館鉛印本　一冊

330000－1716－0004509　經補1237－1/04509　經部/禮記類/傳說之屬

禮記節本不分卷　民國山會師範學堂石印本　一冊

330000－1716－0004516　經補1235－3/04516　經部/詩類/三家詩之屬

韓詩外傳十卷　(漢)韓嬰撰　(清)周廷寀校注　**校注拾遺一卷**　(清)周宗杬撰　**補逸一卷**　(清)趙懷玉輯　民國六年(1917)上海商務印書館鉛印本　三冊　缺二卷(一至二)

330000－1716－0004517　經補1237－2/04517　經部/禮記類/傳說之屬

禮記節本不分卷　民國山會師範學堂石印本　一冊

330000－1716－0004523　集補2375/04523　集部/總集類/選集之屬/斷代

紅梵精舍女弟子集三卷　顧憲融選　民國十七年(1928)鉛印本　一冊

330000－1716－0004531　普子1478/04531　子部/宗教類/佛教之屬

康藏佛教與西康諾那呼圖克圖應化事略不分卷　羅傑等撰　丁右僧等增纂　民國二十三年(1934)南京仁德印刷所鉛印本暨石印本　一冊

330000－1716－0004536　經補1242/04536　經部/小學類/文字之屬/說文/專著

說文古籀補補十四卷補遺一卷附録一卷　丁佛言撰　民國十九年(1930)北平富晉書社石印本　四冊

330000－1716－0004537　集補0092－1/04537　集部/小說類/長篇之屬

老殘遊記四卷二十章　(清)劉鶚撰　民國石印本　一冊　存一卷(四)

330000－1716－0004538　普子1480/04538　子部/宗教類/佛教之屬/諸宗

印光法師嘉言録不分卷　李圓淨編　民國十八年(1929)上海大中書局鉛印本　一冊

330000－1716－0004548　集補0092－2/04548　集部/小說類/長篇之屬

繪圖老殘新遊記四卷十六章　楊塵因撰　民國十三年(1924)上海世界書局石印本　一冊　存一卷(四)

330000－1716－0004549　普子1471/04549　子部/雜著類/雜編之屬

安士全書四種　(清)周夢顔撰　民國十一年(1922)上海佛學推行社鉛印本　四冊

330000－1716－0004552　普子1472/04552　子部/雜著類/雜編之屬

安士全書四種　(清)周夢顔撰　民國八年(1919)上海佛學推行社鉛印本　四冊

330000－1716－0004554　集補2376－1/04554　集部/總集類/酬唱之屬

弄璋酬唱録一卷　朱澗南輯　民國二十五年(1936)鉛印本　一冊

330000－1716－0004555　集補2376－2/04555　集部/總集類/酬唱之屬

弄璋酬唱録一卷　朱澗南輯　民國二十五年(1936)鉛印本　一冊

330000－1716－0004557　普子1473/04557　子部/雜著類/雜編之屬

安士全書四種　(清)周夢顔撰　民國十一年(1922)上海佛學推行社鉛印本　四冊

330000－1716－0004559　普子1476/04559　子部/宗教類/佛教之屬/大藏

影印宋磧砂藏經六千三百六十二卷附首冊二卷　影印宋版藏經會輯　民國二十五年(1936)上海影印宋版藏經會鉛印本　二冊　存二卷(首冊一至二)

330000－1716－0004563　新補0018－5/

04563　子部/雜著類/雜纂之屬
日用快覽不分卷　世界書局編　民國十三年(1924)上海世界書局石印本　一册

330000－1716－0004565　普子 1483/04565
子部/宗教類/佛教之屬/諸宗
淨土生無生論注一卷　(明)釋傳燈撰　(明)釋正寂注　民國十三年(1924)杭州刻經處刻本　一册

330000－1716－0004567　普子 1482/04567
子部/宗教類/佛教之屬
法一禪師示居士參禪要語一卷附録一卷　劉大心輯　民國十年(1921)杭州武林印書館鉛印本　一册

330000－1716－0004574　集補 2379/04574
集部/詞類/總集之屬
詞品甲一卷乙一卷　歐陽漸輯　民國二十二年(1933)、三十一年(1942)支那内學院刻本　二册

330000－1716－0004576　普子 1488/04576
子部/宗教類/佛教之屬/經疏
普門品旁解一卷附觀世音菩薩靈感紀一卷　何子培輯注　民國二十三年(1934)上海佛學書局鉛印本　一册

330000－1716－0004579　集補 2378－1/04579　集部/别集類/清别集
誃臺賸草一卷　(清)李之芬撰　(清)李濤編輯　民國山陰李氏石印本　鐵廬題簽　一册

330000－1716－0004581　普子 1491/04581
子部/宗教類/佛教之屬
佛學叢書□□種　丁福保輯　民國上海醫學書局鉛印本暨影印本　釋慧度題簽並題記　一册　存一種

330000－1716－0004582　普子 1494/04582
子部/宗教類/佛教之屬/經
達摩多羅禪經四卷　(晉)釋佛陀跋陀羅譯　民國十年(1921)金陵刻經處刻本　一册

330000－1716－0004589　普子 1495/04589
子部/宗教類/佛教之屬/經疏
藥師經旁解一卷附録一卷　(唐)釋玄奘譯　何子培輯注　民國上海佛學書局鉛印本　一册

330000－1716－0004592　普子 1496/04592
子部/宗教類/佛教之屬/經
般若波羅蜜多心經一卷　民國北京中華印刷局鉛印本　一册

330000－1716－0004596　集補 2378－2/04596　集部/别集類/清别集
誃臺賸草一卷　(清)李之芬撰　(清)李濤編輯　民國山陰李氏石印本　一册

330000－1716－0004597　普子 1500/04597
子部/宗教類/佛教之屬/經
大悲心陀羅尼一卷　民國十三年(1924)周毓英抄本　一册

330000－1716－0004598　集補 2378－3/04598　集部/别集類/清别集
誃臺賸草一卷　(清)李之芬撰　(清)李濤編輯　民國山陰李氏石印本　一册

330000－1716－0004605　集補 2386/04605
集部/總集類/選集之屬/通代
童蒙養正詩選三卷附作者姓氏小傳三卷　(清)王錫元輯　王揖唐補輯　民國二十年(1931)合肥王氏刻本　一册

330000－1716－0004607　普子 1507/04607
子部/宗教類/道教之屬/戒律
文昌帝君陰騭文注證不分卷　(清)潘成雲輯　民國十四年(1925)佛學推行社鉛印本　一册

330000－1716－0004608　集補 2387/04608
集部/總集類/酬唱之屬
牛角唱和集一卷　錢崇威輯　民國二十年(1931)鉛印本　一册

330000－1716－0004613　集補 2393/04613
集部/别集類
天放樓文言十一卷附録一卷　金天羽撰　民國十六年(1927)蘇州文新印刷公司鉛印本　二册

330000－1716－0004624　集補2392/04624　集部/别集類

享帚録八卷前後漢書儒林傳搜遺一卷　秦錫田撰　民國二十年(1931)鉛印本　三册　缺一卷(三)

330000－1716－0004627　普子1525/04627　子部/宗教類/道教之屬

治本鐵鏡二卷　上虞籥雲樓編　民國上虞籥雲樓鉛印本　一册

330000－1716－0004628　集補2390/04628　集部/别集類

浣花集四卷　羅華撰　民國二十一年(1932)鉛印本　一册

330000－1716－0004630　普子1526/04630　子部/宗教類/道教之屬

進德研修講義不分卷　張乾妙撰　民國四年(1915)世界紅卍字會東南代主會鉛印本　一册

330000－1716－0004632　集補2394－1/04632　集部/别集類

寄傲盦遺集三卷　黄壽曾撰　民國鉛印本　一册

330000－1716－0004633　普子1527/04633　子部/宗教類/道教之屬

進德研修講義不分卷　張乾妙撰　民國四年(1915)世界紅卍字會東南代主會鉛印本　一册

330000－1716－0004634　普子1551/04634　子部/藝術類/書畫之屬/畫法畫品

松壺畫憶二卷　(清)錢杜撰　民國上海有正書局石印本　一册

330000－1716－0004637　普子1530/04637　子部/雜著類/雜説之屬

大同貞諦不分卷　段正元撰　民國北平道德學社鉛印本　三册

330000－1716－0004639　集補2435/04639　新學/學校

言文對照新撰小學論説精華四卷　陸樹勳編　陸保璿修正　徐正培評譯　民國二十一年(1932)上海廣益書局石印本　一册　存一卷(四)

330000－1716－0004643　普子1529/04643　子部/雜著類/雜説之屬

黄中通理二卷　段正元撰　民國十二年(1923)北京道德學社印刷所鉛印本　二册

330000－1716－0004647　集補2416－1/04647　集部/别集類

珠巖齋文初編九卷　王宇高撰　民國二十五年(1936)鉛印本　一册　存五卷(一至五)

330000－1716－0004649　集補2416－2/04649　集部/别集類

珠巖齋文初編九卷　王宇高撰　民國二十五年(1936)鉛印本　募梅精舍題記　一册　存五卷(一至五)

330000－1716－0004651　集補2399－1/04651　集部/别集類

庸謹堂詩鈔二卷　唐風撰　民國十七年(1928)鉛印本　一册

330000－1716－0004654　集補2399－2/04654　集部/别集類

庸謹堂詩鈔二卷　唐風撰　民國十七年(1928)鉛印本　一册

330000－1716－0004655　普子1538/04655　子部/雜著類/雜説之屬

欲海回狂集三卷内典字義譯注一卷　(清)周思仁(周夢顔)撰　民國紹興越鐸印刷所鉛印本　一册

330000－1716－0004656　普子1539/04656　子部/雜著類/雜説之屬

欲海回狂集三卷内典字義譯注一卷　(清)周思仁(周夢顔)撰　民國紹興越鐸印刷所鉛印本　一册

330000－1716－0004657　普子1540/04657　子部/宗教類/佛教之屬

渡世慈航二卷　民國上海宏大善書局石印本　二册

330000－1716－0004658　集補 2399－3/04658　集部/别集類

庸謹堂詩鈔二卷　唐風撰　民國十七年(1928)鉛印本　一册

330000－1716－0004659　普子 1541/04659　集部/小説類/長篇之屬

繪圖岳飛全傳六卷五十二回　通俗小説社編輯　民國十五年(1926)上海世界書局石印本　六册

330000－1716－0004660　集補 2399－4/04660　集部/别集類

庸謹堂詩鈔二卷　唐風撰　民國十七年(1928)鉛印本　一册

330000－1716－0004663　普子 1543/04663　史部/史抄類

三國志握華二卷　莊適輯　民國十四年(1925)上海商務印書館鉛印本　二册

330000－1716－0004665　普子 1542/04665　集部/小説類/長篇之屬

繪圖九尾龜八卷一百九十二回　民國六年(1917)上海交通圖書館石印本　八册

330000－1716－0004666　集補 2400/04666　集部/總集類/題詠之屬

養痾謝事圖題詞一卷　雷以豐輯　民國八年(1919)叢蘭館鉛印本　一册

330000－1716－0004667　集補 2401/04667　集部/總集類/郡邑之屬

滬瀆同聲集不分卷　郁葆青輯　陳詩選　民國二十二年(1933)鉛印本　一册

330000－1716－0004668　集補 2402/04668　集部/總集類/選集之屬/斷代

近人詩録續編二卷　雷瑨輯　民國四年(1915)上海掃葉山房石印本　二册

330000－1716－0004670　普集 1213－3/04670　集部/總集類/選集之屬/斷代

名家選定音注詩文讀本　上海文明書局編　民國十七年(1928)上海文明書局鉛印本　一册　存一種

330000－1716－0004671　集補 2403/04671　集部/總集類/選集之屬/通代

歷代平民詩集四卷　張任政輯　民國二十五年(1936)上海商務印書館鉛印本　一册

330000－1716－0004672　集補 1550－1/04672　集部/總集類/酬唱之屬

鷗隱廬七十壽詩彙編一卷　趙卓卿等撰　民國十二年(1923)石印本　一册

330000－1716－0004675　集補 2404/04675　集部/别集類/清别集

璇璣碎錦春吟回文合刻　(清)李暘撰　民國十二年(1923)上海掃葉山房石印本　二册

330000－1716－0004677　集補 2405－1/04677　集部/總集類/選集之屬/通代

美人千態詩一卷詞一卷　雷瑨輯　民國三年(1914)上海掃葉山房石印本　二册

330000－1716－0004678　普子 1550/04678　子部/藝術類/書畫之屬/畫譜

百尺樓叢畫八卷　汪鑅繪　民國十一年(1922)朝記書莊石印本　八册

330000－1716－0004679　普子 1549/04679　子部/藝術類/書畫之屬/畫譜

停雲閣叢畫八卷　停雲閣主人輯　民國十二年(1923)上海商餘協會石印本　八册

330000－1716－0004685　集補 2405－2/04685　集部/總集類/選集之屬/通代

美人千態詩一卷詞一卷　雷瑨輯　民國九年(1920)上海掃葉山房石印本　二册

330000－1716－0004686　普集 0147－2/04686　集部/小説類

繪圖小小説庫第三集八種　世界書局編輯部輯　民國十四年(1925)上海世界書局石印本　二册　存二種

330000－1716－0004687　集補 2405－3/04687　集部/總集類/選集之屬/通代

美人千態詩一卷詞一卷　雷瑨輯　民國十一年(1922)上海掃葉山房石印本　謝濂題記　一册

330000－1716－0004693　集補 2394－2/04693　集部/别集類

寄傲龕遺集三卷　黄壽曾撰　民國鉛印本　一册

330000－1716－0004698　集補 2406/04698　集部/總集類/選集之屬/斷代

唐人白話詩選一卷　胡懷琛輯　民國十年(1921)上海崇新書局石印本　一册

330000－1716－0004701　集補 3457－2/04701　集部/詩文評類/詩評之屬

隨園詩話十六卷補遺十卷　(清)袁枚撰　民國石印本　一册　存七卷(十至十六)

330000－1716－0004705　集補 2407－1/04705　集部/總集類/題詠之屬

深山讀書圖題詠集不分卷　錢季寅編　民國十九年(1930)鉛印本　一册

330000－1716－0004707　普子 1576/04707　子部/小説家類/雜事之屬

秦淮廣紀三卷　繆荃孫撰　民國十三年(1924)上海商務印書館鉛印本　四册

330000－1716－0004708　普子 1577/04708　子部/雜著類/雜説之屬

欲海回狂集三卷内典字義譯注一卷　(清)周思仁(周夢顔)撰　民國紹興越鐸印刷所鉛印本　一册

330000－1716－0004709　集補 2407－2/04709　集部/總集類/題詠之屬

深山讀書圖題詠集不分卷　錢季寅編　民國十九年(1930)鉛印本　一册

330000－1716－0004711　集補 1221－1/04711　集部/總集類/選集之屬/通代

增補重訂千家詩注解二卷　(宋)謝枋得選　(清)王相注　**新鐫五言千家詩箋注二卷**　(清)王相選注　**附笠翁對韻二卷詩品詳注一卷**　民國四年(1915)上海會文堂書局石印本　二册

330000－1716－0004712　集補 2407－3/04712　集部/總集類/題詠之屬

深山讀書圖題詠二集不分卷　錢季寅編　民國二十年(1931)四明錢氏問菊軒鉛印本　一册

330000－1716－0004713　集補 2412/04713　集部/總集類/題詠之屬

敬渠公六十還山又讀書圖題詠册一卷　馬斯臧輯　民國鉛印本　一册

330000－1716－0004714　普子 1579/04714　子部/儒家類/儒學之屬/經濟

政理古微一卷　林損撰　民國鉛印本　一册

330000－1716－0004715　集補 1221－2/04715　集部/總集類/選集之屬/通代

增補重訂千家詩注解二卷　(宋)謝枋得選　(清)王相注　**新鐫五言千家詩箋注二卷**　(清)王相選注　**附笠翁對韻二卷詩品詳注一卷**　民國四年(1915)上海會文堂書局石印本　二册

330000－1716－0004718　集補 2408/04718　集部/總集類/題詠之屬

幽叢小憩圖題詠集九卷補編一卷　高天樓輯　民國二十五年(1936)鉛印本　一册

330000－1716－0004719　普子 1582/04719　子部/術數類/命書相書之屬

滴天髓新注一卷篇前一卷附録一卷　水繞花堤館主注　民國水繞花堤館鉛印本　一册

330000－1716－0004720　集補 1221－3/04720　集部/總集類/選集之屬/通代

增補重訂千家詩注解二卷　(宋)謝枋得選　(清)王相注　**新鐫五言千家詩箋注二卷**　(清)王相選注　**附笠翁對韻二卷詩品詳注一卷**　民國九年(1920)上海大成書局石印本　二册

330000－1716－0004721　集補 1221－4/04721　集部/總集類/選集之屬/通代

增補重訂千家詩注解二卷　(宋)謝枋得選　(清)王相注　**新鐫五言千家詩箋注二卷**　(清)王相選注　**附笠翁對韻二卷詩品詳注一卷**　民國上海廣益書局石印本　一册　缺二

卷(一至二)

330000－1716－0004722　集補 1221－5/04722　集部/總集類/選集之屬/通代

增補重訂千家詩注解二卷　(宋)謝枋得選　(清)王相注　**新鐫五言千家詩箋注二卷**　(清)王相選注　**附笠翁對韻二卷詩品詳注一卷**　民國四年(1915)上海會文堂書局石印本(笠翁對韻二卷、詩品詳註一卷補配民國三年上海江東書局石印本)　二册　缺一卷(下)

330000－1716－0004723　集補 2414/04723　集部/總集類/彙編之屬

滄宗五卷　胡維銓編　民國二十二年(1933)上海佛學書局鉛印本　一册

330000－1716－0004724　集補 1221－6/04724　集部/總集類/選集之屬/通代

增補重訂千家詩注解二卷　(宋)謝枋得選　(清)王相注　**新鐫五言千家詩箋注二卷**　(清)王相選注　**附笠翁對韻二卷詩品詳注一卷**　民國四年(1915)上海會文堂書局石印本　一册　存三卷(一、新鐫五言千家詩箋注一至二)

330000－1716－0004725　普子 1585/04725　子部/術數類/命書相書之屬

命理探原八卷補遺一卷　袁阜撰　民國八年(1919)石印本　四册

330000－1716－0004728　集補 1221－7/04728　集部/總集類/選集之屬/通代

增補重訂千家詩注解二卷　(宋)謝枋得選　(清)王相注　**新鐫五言千家詩箋注二卷**　(清)王相選注　**附笠翁對韻二卷詩品詳注一卷**　民國四年(1915)上海會文堂書局石印本　二册　缺二卷(一至二)

330000－1716－0004729　集補 2413/04729　集部/詞類/總集之屬

納鳳詞唱和集一卷　汪福田　方鳳撰　民國鉛印本　一册

330000－1716－0004730　集補 2410－1/04730　集部/總集類/酬唱之屬

息影草廬主六十壽言集不分卷附息影草廬吟賸一卷　陳鴻烈撰　民國四年(1915)鉛印本　一册

330000－1716－0004731　集補 1255/04731　集部/總集類/選集之屬/通代

增補重訂千家詩注解一卷　(宋)謝枋得選　(清)王相注　民國上海昌文書局石印本　一册

330000－1716－0004733　集補 1221－9/04733　集部/總集類/選集之屬/通代

增補重訂千家詩注解二卷　(宋)謝枋得選　(清)王相注　**新鐫五言千家詩箋注二卷**　(清)王相選注　**附笠翁對韻二卷詩品詳注一卷**　民國八年(1919)上海鍊石書局石印本　一册　缺二卷(一至二)

330000－1716－0004734　普子 1586/04734　子部/術數類/命書相書之屬

增訂命理探原八卷　袁阜纂述　民國十六年(1927)上海文化書局石印本　四册

330000－1716－0004737　集補 2411/04737　史部/傳記類/別傳之屬/事狀

薛封翁[恩溥]哀輓錄一卷　民國鉛印本　一册

330000－1716－0004739　普子 1594/04739　子部/兵家類/兵法之屬

評注七子兵略七卷　(清)陳玖撰　(清)陳廷傑　(清)陳廷傅訂正　(清)仲忠　(清)嚴廷諫校　民國六年(1917)鴻文齋石印本　四册

330000－1716－0004740　普子 1592/04740　子部/兵家類/武術技巧之屬

拳經四卷　大聲圖書局輯　民國七年(1918)上海大聲圖書局石印本　二册

330000－1716－0004741　普子 1593/04741　子部/兵家類/武術技巧之屬

少林拳術精義一卷　(北魏)釋達摩撰　(唐)釋般剌密諦譯　**服氣圖說一卷**　民國十年(1921)上海大聲圖書局石印本　一册

330000－1716－0004742　集補 2418/04742　集部/總集類/尺牘之屬

歷代名人書札二卷　吳曾祺輯　民國上海商務印書館鉛印本　一冊　存一卷(一)

330000－1716－0004743　集補 2420/04743　集部/别集類

負暄山館六十紀事詩鈔一卷　黄棣華撰　民國香港永發印務有限公司鉛印本　一冊

330000－1716－0004745　普子 1596/04745　集部/小説類/長篇之屬

繪圖增像第五才子書水滸全傳七十回引首一回　(元)施耐庵撰　(清)金人瑞評釋　民國鉛印本　十冊

330000－1716－0004747　集補 2410－2/04747　集部/總集類/酬唱之屬

息影草廬主六十壽言集不分卷附息影草廬吟賸一卷　陳鴻烈撰　民國四年(1915)鉛印本　一冊

330000－1716－0004748　普子 1598/04748　集部/小説類/短篇之屬

我佛山人筆記四種四卷　(清)吳研人撰　民國四年(1915)瑞華書局石印本　四冊

330000－1716－0004749　集補 2410－3/04749　集部/總集類/酬唱之屬

息影草廬主六十壽言集不分卷附息影草廬吟賸一卷　陳鴻烈撰　民國四年(1915)鉛印本　一冊

330000－1716－0004750　集補 2410－4/04750　集部/總集類/酬唱之屬

息影草廬主六十壽言集不分卷附息影草廬吟賸一卷　陳鴻烈撰　民國四年(1915)鉛印本　一冊

330000－1716－0004751　集補 1256/04751　集部/總集類/選集之屬/通代

增補重訂千家詩注解二卷　(宋)謝枋得選　(清)王相注　**新鐫五言千家詩箋注二卷**　(清)王相選注　民國二十七年(1938)上海掃葉山房石印本　一冊　存二卷(一至二)

330000－1716－0004752　集補 2410－5/04752　集部/總集類/酬唱之屬

息影草廬主六十壽言集不分卷附息影草廬吟賸一卷　陳鴻烈撰　民國四年(1915)鉛印本　一冊

330000－1716－0004753　集補 2419/04753　集部/别集類

瞿園詩草不分卷　袁祖光撰　民國三年(1914)武昌鉛印本　一冊

330000－1716－0004755　地獻 1931－1/04755　集部/别集類/清别集

悔廬遺集二卷　(清)經元智撰　民國二年(1913)鉛印本　二冊

330000－1716－0004757　普子 1600/04757　子部/雜著類/雜纂之屬

兩般秋雨盦隨筆八卷　(清)梁紹壬撰　民國四年(1915)掃葉山房石印本　四冊

330000－1716－0004758　普子 1603/04758　子部/雜著類/雜説之屬

印雪軒隨筆四卷　(清)俞鴻漸撰　民國元年(1912)上海掃葉山房石印本　四冊

330000－1716－0004760　集補 2421/04760　集部/别集類

染雪庵遺稿五卷　朱兆蓉撰　陳栩編　民國六年(1917)中華圖書館石印本　一冊

330000－1716－0004762　集補 2422/04762　集部/别集類

勞謙室詩集一卷　胡遠濬撰　民國二十一年(1932)鉛印本　一冊

330000－1716－0004763　普子 1604/04763　子部/小説家類/異聞之屬

詳注閱微草堂筆記二十四卷　(清)紀昀撰　謝璿詳注　民國十一年(1922)上海會文堂書局石印本　十冊

330000－1716－0004764　普子 1606/04764　子部/雜著類/雜説之屬

欲海回狂集三卷内典字義譯注一卷　(清)周思仁(周夢顔)撰　民國紹興越鐸印刷所鉛印

本　一册

330000－1716－0004765　普子 1605/04765
集部/小說類/長篇之屬
新刊繡像評講濟公傳十二卷一百二十回繡像評演接續後部濟公傳十二卷一百二十回再續濟公傳四卷四十回　郭廣瑞撰　民國上海廣益書局石印本　十四册

330000－1716－0004768　普子 1608/04768
類叢部/類書類/通類之屬
宋人小說類編四卷　廣益書局編輯部輯　民國九年(1920)上海廣益書局石印本　二册

330000－1716－0004769　普子 1611/04769
集部/小說類/長篇之屬
增補齊省堂全圖儒林外史六卷六十回　(清)吴敬梓撰　民國十九年(1930)上海海左書局、沈鶴記書局石印本　六册

330000－1716－0004770　集補 2436－1/04770　集部/戲劇類/雜劇之屬
增像第六才子書五卷首一卷　(元)王德信(元)關漢卿撰　(清)金人瑞評　民國八年(1919)上海天寶書局石印本　一册

330000－1716－0004773　集補 2426/04773
集部/别集類
劫餘集十三卷　賴偉英撰　民國十九年(1930)鉛印本　二册

330000－1716－0004775　集補 2423/04775
集部/别集類
流霞書屋遺集四卷首一卷　鄒銓撰　民國二年(1913)上海國光書局鉛印本　一册

330000－1716－0004778　集補 2427/04778
集部/戲劇類/雜劇之屬
繪圖影戲大觀二卷　陶寒翠撰　民國十三年(1924)上海世界書局石印本　一册　存一卷(上)

330000－1716－0004779　普子 1620/04779
集部/小說類/長篇之屬
繪圖花月痕六卷五十二回　(清)眠鶴主人(魏秀仁)編次　民國上海廣益書局石印本　六册

330000－1716－0004781　普子 1621/04781
子部/藝術類/書畫之屬/畫譜
飛影閣叢畫不分卷　周慕橋繪　民國十二年(1923)集成書局石印本　八册

330000－1716－0004783　集補 2436－2/04783　集部/戲劇類/雜劇之屬
增像第六才子書五卷首一卷　(元)王德信(元)關漢卿撰　(清)金人瑞評　民國元年(1912)石印本　三册　缺三卷(三至五)

330000－1716－0004784　集補 2425/04784
集部/别集類/清别集
越縵堂集十卷　(清)李慈銘撰　民國影印本　六册

330000－1716－0004786　集補 2428/04786
集部/曲類/曲藝之屬
時調新曲初集一卷二集一卷三集一卷四集一卷　野鶴道人編　民國十一年(1922)上海文益書局石印本　一册

330000－1716－0004788　集補 2429/04788
集部/戲劇類/雜劇之屬
新式標點增批繪圖西廂記八卷　王大錯標點　**唐六如先生文韻一卷**　(明)祝允明評定(清)念菴居士輯　**西廂文一卷**　(元)王德信(元)關漢卿撰　民國二十三年(1934)上海漢文淵書肆石印本　一册

330000－1716－0004791　普子 1625/04791
子部/雜著類/雜纂之屬
平等閣筆記六卷　狄葆賢撰　民國上海有正書局鉛印本　五册

330000－1716－0004793　集補 2436－3/04793　集部/戲劇類/雜劇之屬
增像第六才子書五卷首一卷　(元)王德信(元)關漢卿撰　(清)金人瑞評　民國十一年(1922)上海共和書局石印本　一册

330000－1716－0004795　集補 2436－6/04795　集部/戲劇類/雜劇之屬
增像第六才子書五卷首一卷　(元)王德信

(元)關漢卿撰　(清)金人瑞評　民國八年(1919)上海天寶書局石印本　一册

330000－1716－0004798　普子 1630/04798　子部/術數類/命書相書之屬
星占抉古録一卷　謝覞廬撰　民國十四年(1925)止止居鉛印本　一册

330000－1716－0004799　史補 0916/04799　類叢部/類書類/專類之屬
年華録四卷　(清)全祖望撰　民國十八年(1929)上海商務印書館鉛印本　二册

330000－1716－0004802　集補 2436－5/04802　集部/戲劇類/雜劇之屬
增像第六才子書五卷首一卷　(元)王德信　(元)關漢卿撰　(清)金人瑞評　民國十一年(1922)石印本　一册

330000－1716－0004811　普子 1648/04811　子部/宗教類/佛教之屬/經
妙法蓮華經七卷　(後秦)釋鳩摩羅什譯　民國三年(1914)三寶經房刻本　三册

330000－1716－0004814　史補 0919/04814　史部/編年類/斷代之屬
御撰資治通鑑綱目三編六卷　(清)張廷玉等撰　民國上海富強齋石印本　一册　缺二卷(五至六)

330000－1716－0004815　史補 0921/04815　史部/編年類/通代之屬
增評加批歷史綱鑑補三十九卷首一卷　(明)王世貞　(明)袁黄纂　民國三年(1914)上海鴻寶書局石印本　一册　存二卷(一、首)

330000－1716－0004825　集補 2438/04825　集部/詩文評類/文法之屬/函牘格式
言文對照初等新尺牘不分卷　黄克宗編　民國十六年(1927)上海世界書局石印本　二册

330000－1716－0004828　新補 0115－3/04828　新學/學校
[高等小學校春季始業]共和國教科書新地理六册不分卷　莊俞編　民國上海商務印書館鉛印本　二册　存二册(一至二)

330000－1716－0004829　普子 1654/04829　子部/宗教類/佛教之屬/經疏
萬緣金剛般若波羅蜜經集注一卷感應圖說一卷　增德編　民國十九年(1930)北平中央刻經院鉛印本　一册

330000－1716－0004830　集補 2440/04830　集部/總集類/尺牘之屬
商業普通白話尺牘四卷　袁壽世編　民國九年(1920)上海寶德書局石印本　四册

330000－1716－0004832　集補 0495/04832　集部/詩文評類/文法之屬/函牘格式
童子尺牘不分卷　胡寄塵編　民國四年(1915)上海廣益書局石印本　二册

330000－1716－0004833　集補 2439/04833　集部/總集類/尺牘之屬
改良商務應用尺牘二卷　顔觀侯撰　江星橋繕寫　民國啟新學社石印本　一册　存一卷(一)

330000－1716－0004834　集補 2437/04834　集部/總集類/尺牘之屬
言文對照商業新尺牘二卷　世界書局編輯所編輯　民國十九年(1930)上海世界書局石印本　二册

330000－1716－0004835　普子 1656/04835　子部/宗教類/佛教之屬/經
妙法蓮華經觀世音菩薩普門品一卷　(後秦)釋鳩摩羅什譯　民國雍和宫大悲法會鉛印本　一册

330000－1716－0004836　集補 2441/04836　集部/總集類/尺牘之屬
普通新尺牘大全□□卷　錦華書局編　民國錦華書局石印本　一册　存一卷(三)

330000－1716－0004838　普子 1658/04838　子部/宗教類/佛教之屬/經
地藏菩薩本願經利益存亡品一卷　(唐)釋實叉難陀譯　**地藏靈感録一卷**　李圓淨録　民國十九年(1930)杭州長興印刷所鉛印本　一册

330000－1716－0004839　集補 2442/04839
集部/詩文評類/文法之屬/函牘格式
新撰詳注分類尺牘大全不分卷最新應酬實用文件不分卷　袁韜壺編　民國十一年(1922)上海會文堂書局石印本　十二冊

330000－1716－0004842　集補 2443/04842
集部/總集類/尺牘之屬
共和新尺牘四卷　孔憲彭撰　民國上海會文堂書局石印本　四冊

330000－1716－0004843　集補 0667/04843
集部/總集類/尺牘之屬
共和適用文明自由新尺牘四卷　錦章書局編　民國四年(1915)上海錦章圖書局石印本　四冊

330000－1716－0004844　集補 0387－3/04844　集部/詩文評類/文法之屬/函牘格式
詳注通用尺牘六卷附録二卷　中華書局編輯　民國四年(1915)上海中華書局鉛印本　四冊

330000－1716－0004845　集補 2444/04845
集部/總集類/尺牘之屬
少年適用分類新體尺牘八卷　廣益書局編輯部編　民國上海廣益書局石印本　六冊　缺二卷(三、八)

330000－1716－0004846　集補 1411－5/04846　集部/詩文評類/文法之屬/函牘格式
寫信必讀十卷　(清)唐芸洲撰　民國上海廣益書局石印本　五冊　缺一卷(九)

330000－1716－0004847　普子 1659/04847
子部/宗教類/佛教之屬/經
地藏菩薩本願經見聞利益品一卷　(唐)釋實叉難陀譯　民國十九年(1930)上海佛學書局石印本　一冊

330000－1716－0004848　普子 1660/04848
子部/宗教類/佛教之屬/經
地藏菩薩本願經見聞利益品一卷　(唐)釋實叉難陀譯　民國十九年(1930)上海佛學書局石印本　一冊

330000－1716－0004849　集補 0682/04849
集部/詩文評類/文法之屬/函牘格式
唐著寫信必讀二卷　(清)唐芸洲撰　**新撰生意必讀一卷**　民國六年(1917)上海文益書局石印本　一冊　缺一卷(下)

330000－1716－0004851　普子 1661/04851
子部/宗教類/佛教之屬
大桒真宗聖像一卷　童之風繪　民國石印本　一冊

330000－1716－0004857　普子 1665/04857
子部/宗教類/佛教之屬/經
佛説阿彌陀經一卷　(後秦)釋鳩摩羅什譯　民國上海佛學書局鉛印本　一冊

330000－1716－0004860　史補 0924/04860
史部/傳記類/總傳之屬/忠孝
浙江孝節録初集二卷　張大庚　王昌杰編　民國二十四年(1935)上海明善書局鉛印本　三冊

330000－1716－0004861　普子 1667/04861
子部/宗教類/佛教之屬/諸宗
淨土五經六卷　釋印光輯　民國二十二年(1933)蘇州弘化社鉛印本　一冊

330000－1716－0004863　普子 1670/04863
子部/宗教類/佛教之屬
金剛經心印會參二卷　(後秦)釋鳩摩羅什譯　程鵬輯録　民國十七年(1928)鉛印本　一冊

330000－1716－0004864　普子 1671/04864
子部/宗教類/佛教之屬
金剛經心印會參二卷　(後秦)釋鳩摩羅什譯　程鵬輯録　民國十七年(1928)鉛印本　一冊

330000－1716－0004870　普子 1675/04870
子部/宗教類/佛教之屬/經疏
佛説八大人覺經疏一卷　(清)釋續法集　民國十二年(1923)杭州刻經處刻本　一冊

330000－1716－0004875　史補 0929/04875
史部/傳記類/别傳之屬/事狀

陳烈女不朽録六卷　壽孝天編　民國十四年(1925)浙紹寓滬穎川氏石印本　四册

330000－1716－0004878　普子1677/04878
子部/宗教類/佛教之屬/經疏
般若波羅蜜多心經白話淺解一卷集解一卷　(唐)釋玄奘譯　駱印雄解　民國二十二年(1933)鉛印本　一册

330000－1716－0004882　普子1678/04882
子部/宗教類/佛教之屬/經疏
般若波羅蜜多心經白話淺解一卷集解一卷　(唐)釋玄奘譯　駱印雄解　民國二十二年(1933)鉛印本　一册

330000－1716－0004884　普子1684/04884
子部/宗教類/道教之屬/經文
明聖經一卷　民國十一年(1922)杭州明明印刷所石印本　一册

330000－1716－0004889　普子1679/04889
子部/宗教類/佛教之屬/經
大方廣佛華嚴經梵行品一卷大方廣佛華嚴經淨行品一卷　玄根居士書　民國石印本　一册

330000－1716－0004893　新補0270/04893
新學/學校
高等小學國文精華八卷　民國上海會文堂書局石印本　三册　存六卷(一至六)

330000－1716－0004894　普子1688/04894
子部/宗教類/佛教之屬/經咒
瑜伽燄口施食要集一卷　(清)釋德基删輯　(清)釋印宗增補儀觀　民國十三年(1924)浙杭昭慶慧空經房刻本　一册

330000－1716－0004897　史補0160/04897
史部/政書類/公牘檔册之屬
江蘇都督程雪樓先生書牘二卷　汪德軒編　民國鉛印本　一册　存一卷(一)

330000－1716－0004900　普子1712/04900
子部/雜著類
玉歷至寶鈔傳一卷附經驗神效良方一卷　王子達重編　民國上海鴻寶齋書局石印本　一册

330000－1716－0004901　集補2447/04901
集部/總集類/尺牘之屬
新撰學生尺牘不分卷　商務印書館編譯所編纂　民國十一年(1922)上海商務印書館石印本　二册

330000－1716－0004903　經補1256/04903
經部/書類/傳説之屬
寄傲山房塾課纂輯御案書經備旨七卷　(清)鄒聖脈纂輯　(清)鄒庭猷編次　民國上海大成書局石印本　一册　存二卷(六至七)

330000－1716－0004904　新補0106－2/04904　新學/學校
高等論説指南四卷　沈慧撰　民國七年(1918)上海廣益書局石印本　三册　缺一卷(二)

330000－1716－0004905　集補2448/04905
集部/詩文評類/文法之屬/函牘格式
最新詳注分類尺牘大全不分卷　袁韜壺編　民國上海會文堂新記書局石印本　一册　存一册(三)

330000－1716－0004906　普子1695/04906
子部/雜著類/雜考之屬
評點百二十子二十六卷補遺十三卷　(明)歸有光輯　(明)文震孟訂　民國十一年(1922)上海會文堂書局石印本　四十册

330000－1716－0004907　普子1696 普子1897 普子1898/04907　子部/宗教類/佛教之屬/諸宗
禪髓録三卷贅録三卷末一卷集證三卷　無心居士選輯　民國十三年至十四年(1924－1925)存誠廬鉛印本　三册

330000－1716－0004908　集補2450－124/04908　集部/小説類/長篇之屬
第一才子書六十卷一百二十回首一卷　(明)羅本撰　(清)金人瑞　(清)毛宗崗評　民國石印本　三册　存十二卷(一至十二)

330000－1716－0004910　集補2449/04910

集部/小說類/長篇之屬

第一才子書十六卷一百二十回　（明）羅本撰　（清）金人瑞　（清）毛宗崗評　民國九年（1920）上海天寶書局石印本　八册

330000－1716－0004912　普子 1697/04912
子部/宗教類/佛教之屬/諸宗

徑中徑擮要二卷首一卷　釋本忠輯　民國四年（1915）鼓山刻本　李佛心題記　一册

330000－1716－0004914　普子 1699/04914
子部/宗教類/佛教之屬/諸宗

六凡苦樂直説一卷　民國六年（1917）鼓山刻本　李佛心題記　一册

330000－1716－0004916　普子 1700/04916
子部/宗教類/佛教之屬/諸宗

印光法師文鈔四卷附録一卷　釋聖量撰　民國十六年（1927）浙江印刷公司鉛印本　四册

330000－1716－0004917　普類 0098－2/04917　類叢部/類書類

韻海大全角山樓類腋不分卷　（清）姚培謙原本　（清）趙克宜增輯　民國上海文瑞樓石印本　六册

330000－1716－0004918　普子 1701/04918
子部/宗教類/佛教之屬/諸宗

印光法師文鈔四卷附録一卷　釋聖量撰　民國十八年（1929）上海大中書局鉛印本　四册

330000－1716－0004920　子補 4128/04920
子部/藝術類/書畫之屬/畫譜

海上名人畫譜六卷　民國石印本　一册　存一卷（六）

330000－1716－0004929　普子 1710/04929
子部/雜著類/雜考之屬

古書疑義舉例七卷　（清）俞樾撰　民國上海古書流通處影印本　三册

330000－1716－0004930　普子 1711/04930
子部/雜著類

玉歷至寶鈔勸世一卷附經驗神效良方一卷　王子達重編　民國上海文華書局石印本　一册

330000－1716－0004931　史補 0942－1/04931　史部/傳記類/别傳之屬/事狀

吴興周夢坡先生訃告一卷年譜一卷墓表一卷墓誌銘一卷畫史一卷　周延礽輯　民國二十三年（1934）影印本暨鉛印本　一册　存一卷（年譜）

330000－1716－0004932　史補 0939/04932
史部/地理類/專志之屬/祠墓

會稽山大禹陵廟攷略不分卷　賀揚靈輯　民國二十四年（1935）鉛印本　一册

330000－1716－0004936　子補 4130－1/04936　子部/藝術類/遊藝之屬/聯語

宋詞集聯一卷　程柏堂撰　民國二十三年（1934）鎮江江南印書館影印本　一册

330000－1716－0004942　史補 0962－1/04942　史部/地理類/專志之屬/寺觀

倉帝廟志一卷附臥龍山倉帝廟立石記一卷　（清）劉正誼編　**續倉帝廟志不分卷**　陳艮仙　周毅修輯　民國二十五年（1936）鉛印本　一册

330000－1716－0004943　普子 1716/04943
史部/雜史類/斷代之屬

東華瑣録一卷　沈宗畸撰　朱滌秋編　民國十七年（1928）北洋廣告公司圖書部鉛印本　陳書璣、田紹謙題記　一册

330000－1716－0004945　史補 0942－2/04945　史部/傳記類/别傳之屬/事狀

吴興周夢坡先生訃告一卷年譜一卷墓表一卷墓誌銘一卷畫史一卷　周延礽輯　民國二十三年（1934）影印本暨鉛印本　一册　存一卷（年譜）

330000－1716－0004946　子補 4130－2/04946　子部/藝術類/遊藝之屬/聯語

宋詞集聯一卷　程柏堂撰　民國二十三年（1934）鎮江江南印書館影印本　一册

330000－1716－0004947　史補 0942－3/04947　史部/傳記類/别傳之屬/事狀

吴興周夢坡先生訃告一卷年譜一卷墓表一卷

墓誌銘一卷畫史一卷 周延礽輯 民國二十三年(1934)影印本暨鉛印本 一冊 存一卷(年譜)

330000－1716－0004948 子補 4130－3/04948 子部/藝術類/遊藝之屬/聯語
宋詞集聯一卷 程柏堂撰 民國二十三年(1934)鎮江江南印書館影印本 一冊

330000－1716－0004949 普子 1718/04949 子部/藝術類/書畫之屬/畫法畫品
名家秘傳山水畫訣三卷 潘衍輯 李湛 潘濤校閲 民國十五年(1926)上海中華新教育社石印本 二冊

330000－1716－0004952 普子 1719/04952 子部/藝術類/書畫之屬/畫譜
芥子園畫譜八集四卷 月波輯 民國十五年(1926)上海大德書局石印本 四冊

330000－1716－0004953 普子 1721/04953 子部/藝術類/篆刻之屬/印論
繆篆分韻五卷補一卷 (清)桂馥輯 民國四年(1915)蘇州振新書社石印本 四冊

330000－1716－0004958 史補 0938/04958 史部/地理類/方志之屬/郡縣志
嘉慶山陰縣志三十卷首一卷 (清)徐元梅修 (清)朱文翰等纂 民國二十五年(1936)紹興縣修志委員會鉛印本 七冊

330000－1716－0004961 史補 0962－2/04961 史部/地理類/專志之屬/寺觀
倉帝廟志一卷附臥龍山倉帝廟立石記一卷 (清)劉正誼編 **續倉帝廟志不分卷** 陳艮仙 周毅修輯 民國二十五年(1936)鉛印本 一冊

330000－1716－0004962 普子 1725/04962 子部/術數類/雜術之屬
中國預言七種 (清)金人瑞評 民國二十七年(1938)華夏哲理闡微社鉛印本 一冊

330000－1716－0004965 史補 0962－3/04965 史部/地理類/專志之屬/寺觀
倉帝廟志一卷附臥龍山倉帝廟立石記一卷 (清)劉正誼編 **續倉帝廟志不分卷** 陳艮仙 周毅修輯 民國二十五年(1936)鉛印本 一冊

330000－1716－0004966 史補 0962－4/04966 史部/地理類/專志之屬/寺觀
倉帝廟志一卷附臥龍山倉帝廟立石記一卷 (清)劉正誼編 **續倉帝廟志不分卷** 陳艮仙 周毅修輯 民國二十五年(1936)鉛印本 一冊

330000－1716－0004968 史補 0962－5/04968 史部/地理類/專志之屬/寺觀
倉帝廟志一卷附臥龍山倉帝廟立石記一卷 (清)劉正誼編 **續倉帝廟志不分卷** 陳艮仙 周毅修輯 民國二十五年(1936)鉛印本 二冊

330000－1716－0004986 普子 1738/04986 子部/宗教類/佛教之屬
夢醒録一卷 佛教同仁會撰 王一亭繪 吳昌碩簽跋 民國上海明明印刷有限公司石印本 一冊

330000－1716－0004993 子補 0744－1/04993 子部/宗教類/佛教之屬
佛學叢書□□種 民國上海商務印書館鉛印本 六冊 存四種

330000－1716－0004995 普子 1745/04995 子部/宗教類/佛教之屬
大事須知一卷 孫傳柷纂 民國九年(1920)金陵刻經處刻本 一冊

330000－1716－0004997 普子 1747/04997 子部/宗教類/佛教之屬
方等八經八卷 民國上海佛學推行社鉛印本 一冊

330000－1716－0004998 普子 1743/04998 子部/宗教類/佛教之屬
勸發菩提心文一卷 (清)釋實賢撰 民國刻本 一冊

330000－1716－0005000 普子 1748/05000 子部/宗教類/佛教之屬/諸宗

淨土五經六卷　釋印光輯　民國二十二年(1933)蘇州弘化社鉛印本　一冊

330000－1716－0005003　普子 1749/05003
子部/宗教類/佛教之屬/經
佛説彌勒石佛尊經一卷彌勒下生經一卷　民國元年(1912)杭州梓潤堂刻本　一冊

330000－1716－0005004　普子 1750/05004
子部/宗教類/佛教之屬/經疏
普賢行願品别行疏鈔擷一卷附摘華嚴纂靈記一卷　釋幻修編　民國十二年(1923)杭州刻經處刻本　一冊

330000－1716－0005009　普子 1761/05009
子部/宗教類/佛教之屬/經咒
日誦經咒簡易科儀不分卷　民國江蘇監獄感化會鉛印本　一冊

330000－1716－0005010　普子 1752/05010
子部/宗教類/佛教之屬/經疏
心經文句一卷　(明)宋濂撰　**心經注解一卷**　(清)朱珪撰　**持誦觀世音心經併聖號靈感録一卷**　民國鉛印本　一冊

330000－1716－0005011　史補 0953/05011
史部/傳記類/總傳之屬/儒林
東魯雜記不分卷　陳崇一撰　民國三十三年(1944)紹興華芳印務局石印本　二冊

330000－1716－0005013　史補 0955/05013
史部/史抄類
廿四史約編八卷首一卷　(清)鄭元慶述　民國十四年(1925)上海錦章圖書局石印本　八冊

330000－1716－0005016　普子 1754/05016
子部/宗教類/佛教之屬
金輪普化新編不分卷　民國十七年(1928)北京金科流通處鉛印本　一冊

330000－1716－0005018　普子 1753/05018
子部/宗教類/道教之屬
重鐫清靜經圖注一卷附大乘金剛經論語一卷　民國十一年(1922)浙江杭州同道善書局鉛印本　一冊

330000－1716－0005019　史補 0957/05019
史部/傳記類/總傳之屬/仕宦
貳臣傳十二卷逆臣傳四卷　(清)蔣千之編輯　民國上海六藝書局石印本　二冊　存十二卷(一至十二)

330000－1716－0005020　普子 1756/05020
子部/宗教類/道教之屬
靈犀第一集　民國浙江紹興濟渚廣濟壇鉛印本　一冊

330000－1716－0005025　普子 1755/05025
子部/儒家類/儒學之屬/禮教/女範
金科輯要閨範篇三卷　都劫司　武昌侯輯　顯祿侯定　民國十八年(1929)北京金科流通處鉛印本　一冊

330000－1716－0005029　普子 1762/05029
子部/宗教類/佛教之屬/論
佛法要論一卷　釋印光鑒定　馮寶瑛編　民國十五年(1926)紹興大雲佛學社鉛印本　一冊

330000－1716－0005030　普子 1763/05030
子部/宗教類/佛教之屬/經
妙法蓮華經觀世音菩薩普門品一卷　(後秦)釋鳩摩羅什譯　民國石印本　一冊

330000－1716－0005032　普子 1766/05032
子部/宗教類/佛教之屬/經
佛説無量壽經二卷　(三國魏)康僧鎧譯　民國上海佛學書局鉛印本　一冊

330000－1716－0005039　普子 1770/05039
子部/叢編
子彙二十四種　(明)周子義等輯　民國二十六年(1937)上海商務印書館據明萬曆刻本影印本　十二冊

330000－1716－0005043　普子 1771/05043
子部/宗教類/佛教之屬
佛教初學課本注一卷　(清)楊文會撰　民國元年(1912)鼓山湧泉禪寺刻本　李佛心題記　一冊

330000－1716－0005049　史補 0963/05049

史部/史評類/史論之屬
中國文化史三卷 柳詒徵編 民國國立中央大學東南印刷公司鉛印本 三册

330000－1716－0005052 普子 1785/05052
子部/宗教類/佛教之屬
大橤真宗聖像一卷 童之風繪 民國石印本 一册

330000－1716－0005055 普子 1788/05055
子部/宗教類/佛教之屬/諸宗
生西指掌一卷 釋緣至撰 民國三十六年(1947)鉛印本 一册

330000－1716－0005057 普子 1777/05057
子部/宗教類/佛教之屬
大悲咒音義補一卷附國書大悲咒一卷 唐風撰 民國二十年(1931)鉛印本 一册

330000－1716－0005058 普子 1789/05058
子部/宗教類/佛教之屬
三義堂三菴寶鑑不分卷 民國十四年(1925)石印本 一册

330000－1716－0005060 普子 1775/05060
子部/宗教類/佛教之屬
仿辭典式改編翻譯名義集新編一卷附通檢一卷 (宋)釋法雲原本 丁福保編 民國上海醫學書局鉛印佛學叢書本 童鼎璜題簽並題記 一册

330000－1716－0005061 普子 1790/05061
子部/宗教類/道教之屬
淞滬演經録不分卷 周悟坦撰 民國三十五年(1946)世界紅卍字會上海市分會鉛印本 一册

330000－1716－0005062 普子 1778/05062
子部/宗教類/佛教之屬
大悲咒音義補一卷附國書大悲咒一卷 唐風撰 民國二十年(1931)鉛印本 一册

330000－1716－0005063 普子 1779/05063
子部/宗教類/佛教之屬
大悲咒音義補一卷附國書大悲咒一卷 唐風撰 民國二十年(1931)鉛印本 一册

330000－1716－0005065 普子 1780/05065
子部/宗教類/佛教之屬
大悲咒音義補一卷附國書大悲咒一卷 唐風撰 民國二十年(1931)鉛印本 一册

330000－1716－0005066 普子 1781/05066
子部/宗教類/佛教之屬
大悲咒音義補一卷附國書大悲咒一卷 唐風撰 民國二十年(1931)鉛印本 一册

330000－1716－0005069 普子 1793/05069
子部/宗教類/佛教之屬
觀世音菩薩本迹感應頌四卷首一卷 許止淨述 **金剛經功德頌一卷** 許止淨述 劉契淨注 民國十五年(1926)上海中華書局鉛印本 二册

330000－1716－0005075 普子 1791/05075
子部/宗教類/佛教之屬
淨土决疑論質疑一卷大乘止觀述記判天台三止觀配合宗門三關質疑一卷 民國刻本 李文許題記 一册

330000－1716－0005078 普子 1798/05078
子部/宗教類/佛教之屬
壽康寶鑑一卷 釋印光增訂 民國十六年(1927)浙江印刷公司鉛印本 李文許題記 一册

330000－1716－0005085 普子 1801/05085
子部/宗教類/佛教之屬
歷史感應統紀四卷首一卷 許止淨編纂 民國十八年(1929)鉛印本 四册

330000－1716－0005089 普子 1802/05089
子部/宗教類/佛教之屬
歷史感應統紀四卷首一卷 許止淨編纂 民國十八年(1929)鉛印本 四册

330000－1716－0005090 普子 1803/05090
史部/金石類
竹園陶說一卷古玉考一卷 劉子芬撰 民國十四年(1925)石印本 一册

330000－1716－0005093 普子 1808/05093
子部/宗教類/佛教之屬

梁皇懺隨聞録十卷首一卷　釋諦閑講　釋寶靜輯　民國中央刻經院鉛印本　四册

330000－1716－0005094　普子 1807/05094
子部/宗教類/佛教之屬
觀世音菩薩靈異紀二卷　萬鈞編　民國十五年(1926)北京中央刻經院鉛印本　施贊題記一册

330000－1716－0005101　普子 1814/05101
子部/宗教類/佛教之屬/經咒
日誦經咒簡易科儀不分卷　民國江蘇監獄感化會鉛印本　一册

330000－1716－0005103　普子 1815/05103
子部/宗教類/佛教之屬/諸宗
淨土清鐘二卷　潘守廉纂　民國十三年(1924)大公報館鉛印本　二册

330000－1716－0005109　史補 0972－1/05109　類叢部/叢書類/自著之屬
得天廬存稿二種　壽鵬飛撰　民國三十年(1941)鉛印本　一册　存一種

330000－1716－0005114　史補 0972－2/05114　類叢部/叢書類/自著之屬
得天廬存稿二種　壽鵬飛撰　民國三十年(1941)鉛印本　一册　存一種

330000－1716－0005115　史補 0972－3/05115　類叢部/叢書類/自著之屬
得天廬存稿二種　壽鵬飛撰　民國三十年(1941)鉛印本　一册　存一種

330000－1716－0005116　史補 0974/05116
子部/術數類/相宅相墓之屬
地理學新義二卷　俞仁宇編輯　民國二十四年(1935)餘姚普文明書局鉛印本　一册

330000－1716－0005118　普子 1825/05118
子部/宗教類/佛教之屬/諸宗
大乘止觀法門宗圓記十二卷　(宋)釋了然述　民國石印本　十二册

330000－1716－0005121　普子 1822/05121
子部/宗教類/佛教之屬/經疏
心經文句一卷　(明)宋濂撰　**心經注解一卷**　(清)朱珪撰　**持誦觀世音心經併聖號靈感録一卷**　民國鉛印本　一册

330000－1716－0005140　子補 0835/05140
子部/宗教類/佛教之屬/經
妙法蓮華經七卷　(後秦)釋鳩摩羅什譯　民國上海佛學書局鉛印本　二册

330000－1716－0005160　普子 1848/05160
集部/小説類/長篇之屬
繪圖劍俠飛仙傳六卷四十回　民國二年(1913)上海萃英書局石印本　六册

330000－1716－0005161　子補 3114/05161
子部/天文曆算類/曆法之屬
御纂歷代三元甲子編年一卷附御定萬年書三卷　(清)欽天監撰　民國十年(1921)合川會善堂慈善會刻本　二册

330000－1716－0005162　普子 1849/05162
集部/小説類/長篇之屬
繡像征東全傳四卷四十二回　民國六年(1917)上海共和書局石印本　四册

330000－1716－0005164　普子 1851/05164
集部/小説類/長篇之屬
繪圖草木春秋四卷三十二回　(清)江洪撰　民國六年(1917)上海萃英書局石印本　四册

330000－1716－0005165　普子 1852/05165
子部/儒家類/儒學之屬/性理
泰和會語一卷附録一卷　馬一浮撰　民國鉛印本　一册

330000－1716－0005166　普子 1853/05166
子部/儒家類/儒學之屬/性理
泰和會語一卷附録一卷　馬一浮撰　民國鉛印本　一册

330000－1716－0005168　地獻 1525－3/05168　子部/儒家類/儒學之屬/性理
泰和會語一卷宜山會語一卷附玄義諸書舉略一卷　馬一浮撰　民國鉛印本　一册　缺一卷(泰和會語)

330000－1716－0005169　地獻 1525－4/05169　子部/儒家類/儒學之屬/性理

泰和會語一卷宜山會語一卷附玄義諸書舉略一卷　馬一浮撰　民國鉛印本　一册　缺一卷(泰和會語)

330000－1716－0005171　普子 1855/05171　集部/小說類/長篇之屬

新刊全續彭公案八卷八十一回首一卷　(清)貪夢道人撰　民國石印本　四册

330000－1716－0005173　史補 0991/05173　史部/地理類/方志之屬/郡縣志

[民國]海寧州志稿四十一卷首一卷末一卷附志餘一卷藝文志補遺一卷　(清)李圭修　(清)許傳霈纂　劉蔚仁續修　朱錫恩續纂　民國十一年(1922)鉛印本　十册　存十二卷(二、十二至十六、二十八至三十三)

330000－1716－0005175　普子 1857/05175　子部/術數類/雜術之屬

新刻合併十八飛星策天紫微斗數全集六卷　(宋)陳摶撰　民國上洋江左書林刻本　六册

330000－1716－0005177　史補 0993－1/05177　史部/史評類/史論之屬

訂續讀史論略二卷　唐邦治撰　民國十八年(1929)上海大東書局鉛印本　一册

330000－1716－0005179　普子 1860/05179　子部/宗教類/佛教之屬

金剛般若波羅蜜經一卷般若波羅蜜多心經一卷　(後秦)釋鳩摩羅什譯　陳炳華書　民國石印本　一册

330000－1716－0005180　史補 0993－2/05180　史部/史評類/史論之屬

訂續讀史論略二卷　唐邦治撰　民國十八年(1929)上海大東書局鉛印本　一册

330000－1716－0005182　普子 1861/05182　子部/宗教類/道教之屬/戒律

陰騭文圖證一卷　(清)費丹旭繪　(清)許光清集證　民國石印本　二册

330000－1716－0005185　普子 1866/05185　子部/小說家類/雜事之屬

世說新語六卷　(南朝宋)劉義慶撰　(南朝梁)劉孝標注　民國六年(1917)商務印書館鉛印本　六册

330000－1716－0005186　普子 1864/05186　子部/雜著類/雜說之屬

欲海回狂集三卷內典字義譯注一卷　(清)周思仁(周夢顏)撰　民國紹興越鐸印刷所鉛印本　一册

330000－1716－0005187　普子 1865/05187　子部/雜著類/雜說之屬

欲海回狂集三卷內典字義譯注一卷　(清)周思仁(周夢顏)撰　民國紹興越鐸印刷所鉛印本　一册

330000－1716－0005188　普子 1863/05188　子部/雜著類/雜說之屬

欲海回狂集三卷內典字義譯注一卷　(清)周思仁(周夢顏)撰　民國紹興越鐸印刷所鉛印本　一册

330000－1716－0005189　普子 1868/05189　子部/宗教類/道教之屬/雜著

種梅心法二卷　(清)楊臥雲注　民國九年(1920)上海貫通藥廠石印本　一册

330000－1716－0005190　普子 1869/05190　子部/醫家類/養生之屬

吳真人授門人李詁坐法五養秘訣一卷　(清)吳淑度撰　民國十九年(1930)北京張奎齡天華館鉛印本　一册

330000－1716－0005193　普子 1870/05193　子部/宗教類/道教之屬

修道真言一卷　(宋)玉蟾子輯　民國八年(1919)石印本　一册

330000－1716－0005194　普子 1871/05194　子部/宗教類/道教之屬/戒律

太上寶筏圖說八卷　(清)黃正元撰　民國七年(1918)上海宏大善書局石印本(卷五至六補配清光緒十八年上海鴻文局石印本)　八册

330000－1716－0005200　史補 0996/05200
史部/史評類/考訂之屬
讀兩漢書記一卷　馬敘倫撰　民國十九年(1930)上海商務印書館鉛印本　一冊

330000－1716－0005206　普子 1876/05206
子部/小說家類/雜事之屬
世說新語六卷　(南朝宋)劉義慶撰　(南朝梁)劉孝標注　民國上海廣益書局石印本　二冊

330000－1716－0005207　子補 3118/05207
新學/學校
省立紹中各科講義不分卷　謝壽豐輯　民國二十三年(1934)油印本　一冊

330000－1716－0005212　普子 1882/05212
子部/宗教類/佛教之屬
禪門日誦一卷附佛祖心燈一卷　民國十二年(1923)杭州昭慶慧空經房刻本　一冊

330000－1716－0005213　普子 1883/05213
子部/宗教類/佛教之屬
禪門日誦一卷附佛祖心燈一卷　民國八年(1919)杭州昭慶慧空經房刻本　一冊

330000－1716－0005225　子補 3113/05225
子部/天文曆算類/曆法之屬
歷代三元甲子編年一卷附新纂萬年書一卷星命須知一卷　(清)欽天監撰　民國上海鴻章書局鉛印本　四冊

330000－1716－0005227　史補 0997/05227
史部/金石類/石之屬/通考
校碑隨筆六卷續二卷　方若撰　民國十二年(1923)華璋書局石印本　六冊

330000－1716－0005228　普子 1890 普子 1891/05228　集部/總集類/酬唱之屬
霜杰集四卷　金兆棪輯　民國十六年(1927)上海商務印書館鉛印本　二冊

330000－1716－0005229　普子 1903/05229
子部/宗教類/佛教之屬
觀世音菩薩靈異紀二卷　萬鈞編　民國二十一年(1932)北平中央刻經院鉛印本　一冊

330000－1716－0005237　普子 1896/05237
子部/宗教類/佛教之屬
大方廣佛華嚴經樣本一卷影印南本大般涅槃經樣本一卷　民國上海佛學書局鉛印本暨影印本　一冊

330000－1716－0005239　史補 0998/05239
史部/傳記類/日記之屬
曾文正公日記二卷(清道光二十一年正月至同治十年)　(清)曾國藩撰　(清)王啟原編　民國上海世界書局石印本　一冊

330000－1716－0005240　普子 1904/05240
子部/宗教類/佛教之屬
緇林警策一卷　懺庵居士編輯　民國二十五年(1936)上海商務印書館鉛印本　一冊

330000－1716－0005243　普子 1905/05243
子部/宗教類/佛教之屬
金剛般若波羅蜜經一卷　(後秦)釋鳩摩羅什譯　**般若波羅蜜多心經一卷**　(唐)釋玄奘譯　**佛說無量壽經二卷**　(三國魏)康僧鎧譯　**佛說阿彌陀經一卷**　(後秦)釋鳩摩羅什譯　**佛說觀無量壽佛經一卷**　(南朝宋)釋畺良耶舍譯　**大方廣佛華嚴經入不思議解脱境界普賢行願品一卷**　(唐)釋般若譯　民國鉛印本　一冊

330000－1716－0005244　普子 1909 普子 1908 普子 1910/05244　子部/宗教類/佛教之屬/總録
竹窗隨筆一卷二筆一卷三筆一卷　(明)釋袾宏撰　民國上海商務印書館影印本　三冊

330000－1716－0005245　史補 0999/05245
史部/傳記類/日記之屬
求闕齋日記類鈔二卷　(清)曾國藩撰　(清)王啟原編　民國四年(1915)鉛印本　一冊

330000－1716－0005246　普子 1906/05246
史部/傳記類/別傳之屬/事狀
金粟如來記一卷附録一卷　周嵩堯撰　民國二十七年(1938)揚州漢文印務局石印本　一冊

330000－1716－0005248　普子 1907/05248 史部/傳記類/別傳之屬/事狀
金粟如來記一卷附録一卷　周嵩堯撰　民國二十七年(1938)揚州漢文印務局石印本　一冊

330000－1716－0005249　史補 1003/05249 史部/地理類/山川之屬/水志
西湖風景圖考一卷　民國七年(1918)西湖鑫記書局石印本　一冊

330000－1716－0005251　史補 1002－1/05251　史部/地理類/遊記之屬/紀勝
天目山遊記一卷　郝國璽撰　民國二十一年(1932)上海商務印書館鉛印本　一冊

330000－1716－0005252　普子 1911/05252 子部/宗教類/佛教之屬
感化叢刊□□種　萬鈞編　民國無錫萬氏鉛印本　一冊　存一種

330000－1716－0005253　史補 1002－2/05253　史部/地理類/遊記之屬/紀勝
天目山遊記一卷　郝國璽撰　民國二十一年(1932)上海商務印書館鉛印本　一冊

330000－1716－0005254　史補 1004/05254 史部/地理類/遊記之屬/紀勝
西湖指南一卷附西湖名景全圖一卷　西湖閑閑居士撰　民國六年(1917)西湖鑫記圖書社石印本　二冊

330000－1716－0005255　史補 1005/05255 史部/地理類/遊記之屬/紀勝
北京指南十卷首一卷　中華圖書館編輯部編　民國五年(1916)中華圖書館鉛印本　一冊

330000－1716－0005256　普子 1913/05256 子部/宗教類/佛教之屬
佛學叢書□□種　丁福保輯　民國上海醫學書局鉛印本暨影印本　一冊　存一種

330000－1716－0005257　子補 3122－1/05257　子部/天文曆算類/曆法之屬
新刻增補時憲臺曆袖裏璇璣星命須知一卷附星命萬年曆一卷　民國天利書局石印本　一冊

330000－1716－0005258　普子 1912/05258 子部/宗教類/佛教之屬
佛教問答一卷答放生或問一卷釋尊紀略一卷　海屍道人編纂　民國佛學研究會鉛印本　張烈題記　一冊

330000－1716－0005259　普子 1914/05259 子部/宗教類/佛教之屬
佛學叢書□□種　丁福保輯　民國上海醫學書局鉛印本暨影印本　一冊　存一種

330000－1716－0005261　普子 1915/05261 子部/宗教類/佛教之屬
初機淨業指南一卷　黄慶瀾撰　民國十一年(1922)上海佛學推行社鉛印本　一冊

330000－1716－0005262　子補 3122－2/05262　子部/天文曆算類/曆法之屬
新攷訂正民國適用增廣時憲臺曆袖裏璇璣星命須知一卷附訂正萬年書一卷　民國十八年(1929)石印本　二冊

330000－1716－0005263　普子 1917/05263 子部/宗教類/佛教之屬
觀音大士救劫眞言不分卷　民國上海翼化堂石印本　一冊

330000－1716－0005264　子補 3109－1/05264　子部/天文曆算類/曆法之屬
中華民國五大族陰陽合編新萬年曆通書一卷附星命須知一卷　徐鶴齡編　民國元年(1912)上海有益齋石印本　二冊

330000－1716－0005266　普子 1916/05266 子部/宗教類/佛教之屬/經疏
大佛頂如來密因修證了義諸菩薩萬行首楞嚴經會歸評注十卷　(□)釋清本集注補正　(清)廉兆綸評解　民國十四年(1925)上海中華書局鉛印本　四冊

330000－1716－0005267　普子 1919/05267 子部/宗教類/佛教之屬/諸宗
增評龍舒淨土文十卷首一卷末一卷　(宋)王日休撰　(清)逸名氏評　民國十四年(1925)

鉛印本　一册

330000－1716－0005269　子補 3122－3/05269　子部/天文曆算類/曆法之屬

新鐫增補時憲臺曆袖裏璇璣星命須知一卷附欽定萬年書一卷　民國二十二年(1933)石印本　一册

330000－1716－0005272　普子 1918/05272　子部/宗教類/佛教之屬/諸宗

淨土三要述義一卷附録一卷　駱印雄述　民國十六年(1927)鉛印本　一册

330000－1716－0005273　普子 1943/05273　子部/藝術類/書畫之屬

十竹齋書畫譜八卷　(明)胡正言摹　民國上海江東書局彩色套印本　一册　存一卷(八)

330000－1716－0005283　子補 3111/05283　子部/天文曆算類/曆法之屬

新鐫增補時憲臺曆袖裏璇璣星命須知一卷附欽定萬年書一卷　民國四年(1915)上海共和書局石印本　一册

330000－1716－0005285　普子 1948/05285　子部/農家農學類

民國二十二年河北省棉產概況一卷　王又民編　民國油印本暨石印本　一册

330000－1716－0005286　子補 3122－4/05286　子部/天文曆算類/曆法之屬

新刻增補時憲臺曆袖裏璇璣星命須知一卷附萬年曆一卷　民國二十二年(1933)石印本　一册

330000－1716－0005287　子補 3109－2/05287　子部/天文曆算類/曆法之屬

中華民國五大族陽陰合編新萬年曆通書一卷附星命須知一卷欽定萬年書一卷　徐鶴齡編　民國二年(1913)上海有益齋石印本　一册

330000－1716－0005290　普子 1952/05290　子部/宗教類/佛教之屬

晉譯大方廣佛華嚴經偈頌集句百聯一卷華嚴經讀誦研習入門次第一卷　釋弘一輯　民國十九年(1930)石印本　仲森題記　一册

330000－1716－0005294　普子 1953/05294　子部/藝術類/遊藝之屬/棋弈

血淚篇十局一卷　(清)黄龍士　(清)徐星友撰　民國石印本　一册

330000－1716－0005295　子補 3122－5/05295　子部/天文曆算類/曆法之屬

新刻增補時憲臺曆袖裏璇璣星命須知一卷附星命萬年曆一卷　民國天利書局石印本　一册

330000－1716－0005296　子補 3122－6/05296　子部/天文曆算類/曆法之屬

新攷訂正民國適用增廣時憲臺曆袖裏璇璣星命須知一卷附訂正萬年書一卷　民國石印本　一册　存一卷(訂正萬年書)

330000－1716－0005301　普子 1956/05301　子部/宗教類/佛教之屬

金剛般若波羅蜜經一卷　(後秦)釋鳩摩羅什譯　(清)溫以爂書　民國影印本　一册

330000－1716－0005303　普子 1957/05303　子部/宗教類/佛教之屬/經

藥師瑠璃光如來本願功德經一卷　(唐)釋玄奘譯　李叔同書　民國三十一年(1942)傳耕莘影印本　一册

330000－1716－0005304　史補 1013/05304　史部/地理類/遊記之屬/紀行

金華洞天行紀一卷　(宋)方鳳撰　(明)張燧輯　**金華游録注一卷**　(清)徐沁撰　**金華洞人物古蹟記一卷**　(宋)謝翱撰　民國二十三年(1934)金華何炳松鉛印本　一册

330000－1716－0005305　普叢 0234－2/05305　類叢部/叢書類/自著之屬

廣雅堂四種　(清)張之洞撰　民國南皮張氏刻本　二册　存二種

330000－1716－0005307　子補 3122－7/05307　子部/天文曆算類/曆法之屬

新鐫增補時憲臺曆袖裏璇璣星命須知一卷附欽定萬年書一卷　民國四年(1915)上海共和書局石印本　一册

330000－1716－0005308　子補 3122－8/05308　子部/天文曆算類/曆法之屬

星命須知一卷附萬年書一卷　(西域)北馬魯丁撰　民國二十五年(1936)上海千頃堂書局石印本　一冊

330000－1716－0005310　子補 3121/05310　子部/天文曆算類/曆法之屬

壬子歲通書大成不分卷　民國二年(1913)廣州十八甫石經堂書局石印本　一冊

330000－1716－0005315　普子 1964/05315　子部/宗教類/佛教之屬/經

楞嚴正脈疏摘科會經不分卷　張圓成撰　民國十年(1921)上海商務印書館鉛印本　一冊

330000－1716－0005316　普子 1966/05316　子部/藝術類/書畫之屬/總論

寒松閣談藝瑣録六卷　(清)張鳴珂撰　民國十三年(1924)上海文明書局鉛印本　一冊

330000－1716－0005318　普子 1967/05318　子部/藝術類/書畫之屬/總論

寒松閣談藝瑣録六卷　(清)張鳴珂撰　民國上海文明書局鉛印本　一冊

330000－1716－0005320　普子 1965/05320　子部/宗教類/佛教之屬

金剛般若波羅蜜經一卷　田潛書　民國十年(1921)刻本　一冊

330000－1716－0005323　子補 3122－9/05323　子部/天文曆算類/曆法之屬

新刻增補時憲臺曆袖裏璇璣星命須知一卷附校正萬年書一卷　民國石印本　一冊

330000－1716－0005326　子補 3122－10/05326　子部/天文曆算類/曆法之屬

星命須知一卷附萬年書一卷　(西域)北馬魯丁撰　民國上海千頃堂書局石印本　一冊

330000－1716－0005327　子補 3122－11/05327　子部/天文曆算類/曆法之屬

新攷訂正民國適用增廣時憲臺曆袖裏璇璣星命須知一卷附訂正萬年書一卷　民國石印本　一冊

330000－1716－0005331　史補 1016/05331　史部/地理類/遊記之屬/紀行

游杭紀略二卷補編一卷　楊祚昌輯　民國十一年(1922)杭州文元堂書莊鉛印本　一冊

330000－1716－0005332　地獻 3664/05332　子部/藝術類/篆刻之屬/印譜

小蘭亭室印摹不分卷　民國鈐印本　田紹謙題記　一冊

330000－1716－0005341　普叢 0104－9/05341　類叢部/叢書類/彙編之屬

四部叢刊　張元濟等編　民國上海商務印書館影印本　七冊　存六種

330000－1716－0005351　普子 1922/05351　子部/雜著類/雜考之屬

日知録校記一卷目次校記一卷　黄侃撰　民國二十二年(1933)國立中央大學出版組鉛印本　一冊

330000－1716－0005352　縣資 0020－32/05352　史部/傳記類/日記之屬

祁忠敏公日記十五卷(明崇禎四年至弘光元年)　(明)祁彪佳撰　**祁忠敏公年譜一卷**　(明)王思任撰　(清)梁廷枏　(清)龔沅補編　民國二十六年(1937)紹興縣修志委員會鉛印本　六冊

330000－1716－0005353　普子 1923/05353　史部/目録類/專録之屬

中日繪畫第三次聯合展覽會出品目録二卷　民國十三年(1924)鉛印本　一冊

330000－1716－0005357　新補 499－3/05357　新學/政治法律/律例

萬國公法四卷　(美國)惠頓選　民國四明茹古書局鉛印本　一冊　存一卷(一)

330000－1716－0005363　普子 1928/05363　子部/宗教類/佛教之屬

玉泉尋夢圖記一卷　吴兆元撰　民國十四年(1925)石印本　一冊

330000－1716－0005364　普子 1929/05364　子部/宗教類/佛教之屬/經疏

佛説優婆塞五戒相經箋要一卷補釋一卷 （南朝宋）釋求那跋摩譯 （明）釋智旭箋要 釋曇昉校并補釋 **新集受三歸五戒八戒法式一卷** 釋曇昉集 民國十六年（1927）上海美成印刷所鉛印本 一冊

330000－1716－0005366 普子 1930/05366 子部/宗教類/佛教之屬/諸宗
龍舒淨土文十卷附一卷 （宋）王日休撰 民國十六年（1927）無錫萬氏鉛印本 一冊

330000－1716－0005367 史補 1021/05367 史部/傳記類/别傳之屬/年譜
庸謹堂歲華紀感再續一卷 唐風撰 民國二十四年（1935）鉛印本 一冊

330000－1716－0005368 普子 1932/05368 子部/宗教類/佛教之屬/經
佛説大慈大悲救生經一卷 民國石印本 一冊

330000－1716－0005369 普子 1933/05369 子部/宗教類/佛教之屬/經
千光眼觀自在菩薩秘密法經一卷 （唐）釋蘇嚩羅譯 民國中央刻經院鉛印本 一冊

330000－1716－0005370 普子 1934/05370 子部/宗教類/佛教之屬
觀世音經一卷 （後秦）釋鳩摩羅什譯 民國中央刻經院鉛印本 一冊

330000－1716－0005371 普子 1931/05371 子部/宗教類/佛教之屬/諸宗
龍舒淨土文十卷附一卷 （宋）王日休撰 民國十六年（1927）無錫萬氏鉛印本 一冊

330000－1716－0005372 普子 1935/05372 子部/宗教類/佛教之屬/經
佛頂尊勝陀羅尼經一卷 （唐）釋波利譯 民國十七年（1928）中央刻經院鉛印本 一冊

330000－1716－0005373 史補 1025－1/05373 史部/目録類/專録之屬
參加倫敦中國藝術國際展覽會出品目録四卷 倫敦中國藝術國際展覽會籌備委員會編 民國二十四年（1935）鉛印本 一冊

330000－1716－0005374 普子 1936/05374 子部/宗教類/佛教之屬/經
地藏菩薩本願經三卷 （唐）釋實叉難陀譯 **附佛説盂蘭盆經一卷** （晉）釋竺法護譯 民國十五年（1926）中央刻經院鉛印本 一冊

330000－1716－0005375 普子 1938/05375 子部/宗教類/道教之屬
呂祖全書三十二卷續編一卷 （清）劉體恕輯 民國十年（1921）上海大成書局石印本 八冊

330000－1716－0005376 普子 1937/05376 子部/宗教類/佛教之屬
觀音心經真解一卷 （清）覺真子注解 民國六年（1917）羊城明星堂書局刻本 一冊

330000－1716－0005377 史補 1025－2/05377 史部/目録類/專録之屬
參加倫敦中國藝術國際展覽會出品目録四卷 倫敦中國藝術國際展覽會籌備委員會編 民國二十四年（1935）鉛印本 一冊

330000－1716－0005382 普子 1940/05382 子部/兵家類/武術技巧之屬
五行連環拳譜合璧二卷 李存義口述 杜之堂編録 民國鉛印本 一冊

330000－1716－0005384 史補 1022－1/05384 史部/地理類/專志之屬/祠墓
岳忠武王初瘞志不分卷 民國二十四年（1935）西湖岳王廟産保管委員會鉛印本 一冊

330000－1716－0005385 史補 1022－2/05385 史部/地理類/專志之屬/祠墓
岳忠武王初瘞志不分卷 民國二十四年（1935）西湖岳王廟産保管委員會鉛印本 一冊

330000－1716－0005387 普集 0004/05387 集部/總集類/選集之屬/斷代
清閨秀正始再續集初編三卷 單士釐輯 民國歸安錢氏鉛印本 四冊

330000－1716－0005388 普集 0005/05388

集部/總集類/選集之屬/斷代
清閨秀正始再續集初編三卷 單士釐輯 民國歸安錢氏鉛印本 四冊

330000－1716－0005395 史補 1027/05395
史部/傳記類/別傳之屬/年譜
劉文成公[基]年譜稿二卷 劉燿東編 民國二十八年(1939)南田山啓後亭鉛印本 守璞老人畏翁跋 一冊

330000－1716－0005396 普叢 0387/05396
類叢部/叢書類/彙編之屬
金陵大學中國文化研究所叢刊 金陵大學中國文化研究所編 民國金陵大學中國文化研究所刻本、鉛印本暨影印本 一冊 存一種

330000－1716－0005413 集補 1400/05413
集部/詩文評類/文法之屬/函牘格式
增廣唐著寫信必讀十卷 (清)唐芸洲撰 民國石印本 三冊 存八卷(二至九)

330000－1716－0005415 子補 3119/05415
子部/術數類/命書相書之屬
秘本相面全書一卷 競智圖書館編 民國十九年(1930)競智圖書館石印本 一冊

330000－1716－0005416 新補 0111－3/05416 新學/學校
[高等小學校秋季始業]共和國教科書新理科六冊不分卷 杜亞泉 凌昌煥 杜就田編 民國上海商務印書館鉛印本 章恒年題記 四冊 存四冊(一至三、五)

330000－1716－0005418 子補 2377/05418
子部/醫家類/方書之屬
和濟藥局膏丸説明書一卷 曹炳章輯 民國三年(1914)紹城和濟藥局鉛印本 一冊

330000－1716－0005420 地獻 2024/05420
子部/宗教類/佛教之屬/經
妙法蓮華經安樂行品一卷提婆達多品一卷觀世音菩薩普門品一卷常不輕菩薩品一卷 釋破戒優婆塞圓照書 民國二十六年(1937)抄本 一冊

330000－1716－0005422 集補 2455/05422
集部/詩文評類/文法之屬/函牘格式
分類句解各界尺牘寶庫不分卷 王大錯編撰 民國十五年(1926)上海大成書局石印本 金尚富題記 十四冊

330000－1716－0005442 地獻 1824－15/05442 集部/總集類/選集之屬/通代
言文對照古文觀止十二卷 (清)吳乘權 (清)吳大職輯 廣益書局編譯 民國十四年(1925)上海廣益書局石印本 二冊 存二卷(一、四)

330000－1716－0005443 集補 2457/05443
集部/總集類/課藝之屬
全國學校國文成績大觀上編四十四卷 畢公天輯 民國十年(1921)上海國學書局鉛印本 七冊 缺一卷(一)

330000－1716－0005450 子補 3123/05450
集部/詩文評類/文評之屬
中等新論説文範四卷 蔡郕撰 邵希雍評校 民國上海會文堂石印本 陳鼎新題記 四冊

330000－1716－0005454 普集 0038/05454
集部/總集類/選集之屬/斷代
清閨秀正始再續集初編三卷 單士釐輯 民國歸安錢氏鉛印本 四冊

330000－1716－0005462 集補 2460/05462
集部/總集類/尺牘之屬
新撰學生尺牘不分卷 商務印書館編譯所編纂 民國十一年(1922)上海商務印書館石印本 一冊

330000－1716－0005465 集補 2462/05465
集部/詩文評類/文法之屬/函牘格式
言文對照普通新尺牘十八卷附録一卷 世界書局編輯所編輯 民國十三年(1924)上海世界書局石印本 劉堂林題記 六冊

330000－1716－0005467 集補 2461/05467
集部/總集類/尺牘之屬
共和國民普通應用尺牘不分卷 陳竺菴編輯 民國二年(1913)上海守培書局石印本

二册

330000－1716－0005476　新補 0163－1/05476　新學/學校

新時代國文大觀甲編初集一卷二集一卷乙編初集二卷二集二卷　廣文書局編輯所編輯　民國十一年(1922)上海世界書局石印本　三册　存三卷(甲編二集、乙編二集一至二)

330000－1716－0005477　集補 2458/05477　集部/總集類/尺牘之屬

古今名人尺牘彙編不分卷　張滄然撰　民國鉛印本　一册

330000－1716－0005478　集補 2459/05478　集部/總集類/尺牘之屬

音注分類交際尺牘大全不分卷　王有珩編輯　民國上海大東書局石印本　十五册

330000－1716－0005485　史補 1038/05485　史部/史抄類

史鑑節要便讀七卷　(清)鮑東里撰　民國三年(1914)上海文盛書局石印本　一册

330000－1716－0005492　史補 1129－3/05492　史部/雜史類/斷代之屬

痛史二十一種附九種　樂天居士輯　民國六年(1917)上海商務印書館鉛印本　二册　存二種

330000－1716－0005495　史補 1129－4/05495　史部/雜史類/斷代之屬

痛史二十一種附九種　樂天居士輯　民國六年(1917)上海商務印書館鉛印本　一册　存一種

330000－1716－0005497　史補 1041/05497　史部/紀事本末類/斷代之屬

清史紀事本末八十卷　黃鴻壽輯　民國四年(1915)上海文明書局石印本　七册　缺十一卷(二十至三十)

330000－1716－0005498　史補 1040/05498　史部/傳記類/日記之屬

湘綺樓日記不分卷(清同治八年正月至民國五年七月)　王闓運撰　民國十六年(1927)上海商務印書館鉛印本　三十一册

330000－1716－0005499　普類 0101－3/05499　類叢部/類書類/專類之屬

格言叢輯二十集　郁慕俠等輯　民國上海格言叢輯社鉛印本　一册　存三集(一至三)

330000－1716－0005501　普類 0101－2/05501　類叢部/類書類/專類之屬

格言叢輯二十集　郁慕俠等輯　民國上海格言叢輯社鉛印本　四册　存十九集(二至二十)

330000－1716－0005507　史補 1046/05507　史部/雜史類/斷代之屬

戰國策補注三十三卷　吳曾祺撰　民國二十七年(1938)上海商務印書館鉛印本　三册　缺七卷(一至七)

330000－1716－0005509　史補 1047/05509　史部/史抄類

戰國策白話句解不分卷　民國上海進化書局石印本　二册

330000－1716－0005530　普集 0071/05530　集部/别集類/明别集

玄蓋副草二十卷目録二卷　(明)吳稼竳撰　民國五年(1916)吳氏雍睦堂影印本　五册

330000－1716－0005531　普集 0072/05531　集部/總集類/尺牘之屬

古今尺牘大觀上編不分卷　姚漢章　張相纂輯　民國六年(1917)上海中華書局鉛印本　十册　缺二册(三至四)

330000－1716－0005534　普集 0073/05534　集部/總集類/選集之屬/通代

評校音注古文辭類纂七十四卷　(清)姚鼐輯　王文濡校注　民國十二年(1923)上海中華書局鉛印本　十三册　缺十四卷(十九至二十二、五十九至六十三、七十至七十四)

330000－1716－0005536　史補 1048/05536　史部/雜史類/斷代之屬

國語二十一卷　(三國吳)韋昭解　**校刊明道本韋氏解國語札記一卷**　(清)黃丕烈撰　民

國石印本　一冊　存九卷（七至十五）

330000－1716－0005538　子補 3127/05538
子部/藝術類/書畫之屬/書法書品
缶廬近墨第二集不分卷　吴昌碩書並繪　丁仁編輯　民國十三年（1924）上海西泠印社影印本　二冊

330000－1716－0005539　普集 0076/05539
集部/總集類/選集之屬/斷代
太平天國文鈔一卷詩鈔一卷聯語鈔一卷附録三卷　羅邕　沈祖基輯　民國二十三年（1934）上海商務印書館鉛印本　一冊

330000－1716－0005540　普集 0077/05540
集部/總集類/選集之屬/通代
高僧山居詩一卷　懺庵居士編輯　民國二十三年（1934）上海商務印書館鉛印本　一冊

330000－1716－0005542　史補 1053－1/05542　史部/傳記類/别傳之屬/事狀
歐司愛哈同先生像贊不分卷　羅迦陵輯　民國十五年（1926）石印本暨鉛印本　一冊

330000－1716－0005543　史補 1053－2/05543　史部/傳記類/别傳之屬/事狀
歐司愛哈同先生像贊不分卷　羅迦陵輯　民國十五年（1926）石印本暨鉛印本　一冊

330000－1716－0005545　普集 0074/05545
集部/總集類/選集之屬/通代
古文辭類纂七十四卷　（清）姚鼐纂輯　民國上海文瑞樓石印本　十五冊　缺五卷（四十至四十四）

330000－1716－0005546　子補 3126/05546
子部/藝術類/遊藝之屬/聯語
石鼓集聯不分卷　（清）王同集　民國十四年（1925）商務印書館石印本　問松道人題記　二冊

330000－1716－0005547　史補 1052/05547
史部/金石類/甲骨之屬/文字
殷虚文字存真第一集考釋一卷　關百益選拓　許敬參考釋　民國二十二年（1933）河南博物館影印本　一冊

330000－1716－0005550　普集 0080/05550
集部/詞類/類編之屬
彊村叢書一百七十八種　朱祖謀輯並撰校記　民國六年（1917）歸安朱氏刻十一年（1922）校補印本　十一冊　存四十五種

330000－1716－0005553　史補 1055/05553
史部/目録類/總録之屬
西泠印社書目四卷（第二十期）　西泠印社編　民國十二年（1923）上海西泠印社鉛印本　一冊

330000－1716－0005555　普集 0084/05555
類叢部/叢書類/彙編之屬
求恕齋叢書三十一種　劉承幹編　民國吴興劉氏嘉業堂刻本　十一冊　存一種

330000－1716－0005557　普集 0081/05557
類叢部/叢書類/彙編之屬
百尺樓叢書五種　陳去病編　民國鉛印本　一冊　存二種

330000－1716－0005565　史補 1061－1/05565　類叢部/叢書類/自著之屬
得天廬存稿二種　壽鵬飛撰　民國三十年（1941）鉛印本　一冊　存一種

330000－1716－0005567　集補 2466/05567
集部/别集類
觀水游山集一卷　丁輔之撰　民國二十六年（1937）石印本　一冊

330000－1716－0005569　史補 1059/05569
史部/地理類/專志之屬/祠墓
越祠紀略一卷　曾厚章編　民國十二年（1923）鉛印本　一冊

330000－1716－0005572　史補 1061－2/05572　類叢部/叢書類/自著之屬
得天廬存稿二種　壽鵬飛撰　民國三十年（1941）鉛印本　一冊　存一種

330000－1716－0005575　史補 1062/05575
史部/地理類/遊記之屬/紀勝
天目山游記一卷詩一卷和詩一卷金華北山游記一卷　錢文選撰　民國二十四年（1935）浙

江正楷印書局鉛印本　一册

330000－1716－0005578　史補 1063/05578　史部/地理類/專志之屬/書院

敷文書院志略不分卷附録一卷　魏頌唐輯　民國二十四年(1935)浙江財務學校鉛印本　一册

330000－1716－0005579　史補 1070/05579　集部/别集類/唐五代别集

樊諫議集七家注六種　(唐)樊宗師撰　樊鎮輯　民國十三年(1924)山陰樊氏綿桐書屋刻本　湯侯題記　二册　存二種

330000－1716－0005580　史補 1066/05580　史部/地理類/山川之屬/山志

西天目祖山志八卷首一卷末一卷補遺一卷　(明)釋廣賓撰　(清)釋際界增訂　民國十五年(1926)鉛印本　二册

330000－1716－0005583　史補 1067－1/05583　史部/地理類/山川之屬/山志

紫蓬山志一卷　(清)李恩綬原輯　釋三惺續補　民國二十年(1931)合肥紫蓬山房鉛印本　一册

330000－1716－0005586　史補 1067－2/05586　史部/地理類/山川之屬/山志

紫蓬山志一卷　(清)李恩綬原輯　釋三惺續補　民國二十年(1931)合肥紫蓬山房鉛印本　一册

330000－1716－0005591　子補 1250/05591　子部/宗教類/佛教之屬/經

佛説阿彌陀經一卷　(後秦)釋鳩摩羅什譯　民國二十六年(1937)石印本　一册

330000－1716－0005593　史補 1064－1/05593　類叢部/叢書類/自著之屬

得天廬存稿二種　壽鵬飛撰　民國三十年(1941)鉛印本　一册　存一種

330000－1716－0005596　史補 1064－2/05596　類叢部/叢書類/自著之屬

得天廬存稿二種　壽鵬飛撰　民國三十年(1941)鉛印本　一册　存一種

330000－1716－0005597　史補 1064－3/05597　類叢部/叢書類/自著之屬

得天廬存稿二種　壽鵬飛撰　民國三十年(1941)鉛印本　一册　存一種

330000－1716－0005598　普集 0102 普集 1643/05598　集部/總集類/氏族之屬

秦氏三府君集　秦毓鈞輯　民國十八年(1929)味經堂木活字印本　三册

330000－1716－0005599　史補 1064－4/05599　類叢部/叢書類/自著之屬

得天廬存稿二種　壽鵬飛撰　民國三十年(1941)鉛印本　一册　存一種

330000－1716－0005600　史補 1064－5/05600　類叢部/叢書類/自著之屬

得天廬存稿二種　壽鵬飛撰　民國三十年(1941)鉛印本　一册　存一種

330000－1716－0005607　史補 1075/05607　史部/史抄類

前漢書精華録四卷後漢書精華録二卷　(清)高嵣撰　民國上海鴻寶齋書局石印本　三册　缺三卷(一至三)

330000－1716－0005610　普集 0107/05610　集部/别集類/唐五代别集

樊川詩集四卷補遺一卷外集一卷别集一卷　(唐)杜牧撰　(清)馮集梧注　民國上海掃葉山房石印本　四册

330000－1716－0005611　普集 0109/05611　集部/詩文評類/詩評之屬

帶經堂詩話三十卷首一卷　(清)王士禛撰　(清)張宗柟輯　民國上海掃葉山房石印本　十册

330000－1716－0005612　普集 0106/05612　集部/總集類/選集之屬/斷代

注釋唐詩三百首六卷　(清)蘅塘退士(孫洙)編　民國上海商務印書館鉛印本　二册

330000－1716－0005616　普集 0111/05616　集部/總集類/尺牘之屬

普通分類尺牘大全四卷最新社會應用指南二

卷　周退盦撰　畢公天鑒定　嘯傲校訂　民國七年(1918)上海文瑞樓書莊石印本　八册

330000－1716－0005618　普集 0112/05618
集部/總集類/尺牘之屬
詳注分類尺牘集成六卷　山陰道上人撰　民國十七年(1928)上海會文堂新記書局石印本　六册

330000－1716－0005619　普集 0113/05619
集部/詩文評類/文評之屬
文心雕龍十卷　(南朝梁)劉勰撰　(清)黄叔琳注　(清)紀昀評　民國四年(1915)掃葉山房石印本　四册

330000－1716－0005621　普集 0117/05621
集部/别集類
雪嚼香吟一卷　羅傳珍撰　民國二十六年(1937)鉛印本　一册

330000－1716－0005624　史補 1088/05624
史部/紀傳類/正史之屬
史記探源八卷　崔適撰　民國十三年(1924)國立北京大學出版部鉛印本　二册

330000－1716－0005625　普叢 0125－2/05625　類叢部/叢書類/彙編之屬
説庫一百七十種　王文濡編　民國石印本　六册　存十九種

330000－1716－0005626　普集 0119/05626
集部/别集類/清别集
曝書亭集詩注二十二卷　(清)朱彝尊撰　(清)楊謙注　**朱竹垞先生年譜一卷**　(清)楊謙撰　民國木石居石印本　十册

330000－1716－0005627　普集 0114/05627
集部/詩文評類/文評之屬
文心雕龍十卷　(南朝梁)劉勰撰　(清)黄叔琳注　(清)紀昀評　民國鉛印本　四册

330000－1716－0005628　子補 3136－1/05628　子部/儒家類/儒學之屬/俗訓
格言聯璧不分卷　(清)金纓輯　民國三年(1914)紹興刻本　一册

330000－1716－0005629　子補 3136－2/05629　子部/儒家類/儒學之屬/俗訓
格言聯璧不分卷　(清)金纓輯　民國三年(1914)紹興刻本　一册

330000－1716－0005630　普集 0121/05630
集部/别集類/唐五代别集
山曉閣選唐大家柳柳州全集四卷　(唐)柳宗元撰　(清)孫琮評　民國八年(1919)上海廣益書局石印本　四册

330000－1716－0005631　史補 1129－2/05631　史部/雜史類/斷代之屬
痛史二十一種附九種　樂天居士輯　民國上海商務印書館鉛印本　六册　存五種

330000－1716－0005633　普集 0115/05633
集部/詩文評類/文評之屬
文心雕龍十卷　(南朝梁)劉勰撰　(清)黄叔琳注　(清)紀昀評　民國十三年(1924)上海啟新書局石印本　四册

330000－1716－0005634　集補 0053－5/05634　集部/小説類/長篇之屬
增像全圖西漢演義四卷一百回　(明)甄偉撰　民國石印本　一册　存二卷(三至四)

330000－1716－0005635　史補 1089/05635
史部/地理類/遊記之屬/紀勝
青城指南不分卷　青城常道藏室編　民國二十八年(1939)青城古常道觀刻本　一册

330000－1716－0005636　普集 0123/05636
類叢部/叢書類/自著之屬
梨洲遺著彙刊二十七種續補三種　(清)黄宗羲撰　薛鳳昌編次　民國八年(1919)上海掃葉山房鉛印本(南雷文定三集卷三原缺)　二十册

330000－1716－0005638　普集 0124/05638
集部/詞類/詞譜之屬
白香詞譜箋四卷　(清)舒夢蘭輯　(清)謝朝徵箋　**學宋齋詞韻一卷**　(清)吴烺等輯　民國八年(1919)上海文明書局石印本　四册

330000－1716－0005644　普集 0128/05644

集部/詞類/詞譜之屬

詞律二十卷 (清)萬樹輯 **詞律拾遺八卷** (清)徐本立纂 **詞律補遺一卷韻目一卷詞人姓氏録一卷** (清)杜文瀾編 民國德記書局石印本 十二册

330000－1716－0005649 普叢 0289－2/05649 類叢部/叢書類/自著之屬

曾文正公家書六種彙刊 (清)曾國藩撰 民國十九年(1930)上海掃葉山房影印本 八册 存一種

330000－1716－0005650 普集 0129/05650 集部/別集類/明別集

疑雲集四卷 (明)王彦泓撰 民國七年(1918)上海國學維持社石印本 二册

330000－1716－0005656 普集 0133/05656 集部/別集類/宋別集

岳忠武王文集八卷首一卷末一卷 (宋)岳飛撰 (清)黄邦寧纂修 民國元年(1912)上海江左書林石印本 四册

330000－1716－0005657 普集 0134/05657 集部/別集類/唐五代別集

諸大名家評點評注柳柳州全集六卷 (唐)柳宗元撰 民國十六年(1927)上海普益書局石印本 六册

330000－1716－0005661 普集 0137/05661 集部/詩文評類/詩評之屬

歷代詩話二十七種五十七卷考索一卷 (清)何文焕輯 民國石印本 十六册

330000－1716－0005662 普集 0136/05662 集部/詩文評類/詩評之屬

歷代詩話續編二十九種 丁福保訂 民國五年(1916)無錫丁氏鉛印本 二十四册

330000－1716－0005663 普集 0139/05663 集部/別集類/清別集

陳檢討四六二十卷 (清)陳維崧撰 (清)程師恭注 民國上海文瑞樓石印本 八册

330000－1716－0005666 普集 0140/05666 集部/總集類/選集之屬/斷代

宋代五十六家詩集六卷 (清)坐春書塾編 民國石印本 六册

330000－1716－0005669 史補 1083/05669 史部/地理類/山川之屬/水志

蕭山湘湖志八卷外編一卷續志一卷 周易藻編 民國十六年(1927)周氏鉛印本 二册 存四卷(五至七、續志)

330000－1716－0005670 普集 0142 普集 0143 普集 0144/05670 集部/總集類/尺牘之屬

古今尺牘大觀上編不分卷 姚漢章 張相纂輯 **古今尺牘大觀中編不分卷** 姚漢章 何實睿纂輯 **古今尺牘大觀下編不分卷** 鍾毓龍 朱用賓纂輯 民國二十四年(1935)上海中華書局鉛印本 四十册

330000－1716－0005673 史補 1085/05673 史部/地理類/方志之屬/郡縣志

[乾隆]烏青鎮志十二卷 (清)董世寧纂 民國七年(1918)鉛印本 二册

330000－1716－0005674 普集 0146/05674 集部/別集類/清別集

望溪先生文集十八卷集外文十卷集外文補遺二卷 (清)方苞撰 **方望溪先生年譜一卷附録一卷** (清)蘇惇元輯 民國上海中華圖書館石印本 八册

330000－1716－0005677 普叢 0049－3/05677 類叢部/叢書類/自著之屬

張季子九録附一種 張謇撰 張怡祖編 民國二十四年(1935)上海中華書局鉛印本 二十六册 存九種

330000－1716－0005678 史補 1087/05678 史部/地理類/山川之屬/水志

西湖新志補遺六卷 胡祥翰輯 民國十二年(1923)鉛印本 子讓題記 一册

330000－1716－0005680 普集 0151/05680 集部/別集類/清別集

李竹君詩鈔一卷 (清)李承湛撰 民國三年(1914)上海宏大紙號石印本 一册

330000－1716－0005681　史補 1086/05681
史部/地理類/方志之屬/通志
［民國］黑龍江通志綱要二卷　金梁纂修　民國十四年(1925)鉛印本　二冊

330000－1716－0005682　普集 0150/05682
集部/別集類/清別集
長真閣集七卷詩餘一卷　(清)席佩蘭撰　民國二年(1913)掃葉山房石印本　二冊

330000－1716－0005683　普集 0152/05683
類叢部/叢書類/自著之屬
太一遺書七種續刊五種　甯調元撰　民國四年(1915)鉛印本　三冊　存九種

330000－1716－0005689　普集 0154/05689
集部/詩文評類/詩評之屬
學詩初步三卷　張廷華　吳玉編　民國十三年(1924)上海文明書局鉛印本　一冊

330000－1716－0005690　史補 1095/05690
史部/地理類/山川之屬/山志
冶父山志六卷首一卷　陳詩重編　民國二十五年(1936)木活字印本　皖雅簃題記　一冊

330000－1716－0005693　普集 0155/05693
集部/詩文評類/文法之屬/文法
作文初步四卷　江山淵編　民國四年(1915)上海文明書局鉛印本　一冊

330000－1716－0005694　普集 0156/05694
集部/總集類/尺牘之屬
簡明詳解百行商業尺牘不分卷　沙楷堂等編輯　民國十五年(1926)上海世界書局石印本　六冊

330000－1716－0005695　普集 0157/05695
集部/曲類/散曲之屬
曲雅一卷論曲絕句一卷　盧前録　民國二十年(1931)上海開明書店影印本　一冊

330000－1716－0005696　普集 0159/05696
集部/總集類/選集之屬/通代
昭明選詩集五卷　(清)孫人龍輯　民國二十年(1931)上海掃葉山房石印本　四冊

330000－1716－0005697　普集 0158/05697
集部/總集類/選集之屬/通代
古文辭類纂選本十卷　(清)姚鼐纂輯　林紓評　民國十五年(1926)上海商務印書館鉛印本　十冊

330000－1716－0005698　普集 0160/05698
集部/總集類/選集之屬/通代
評選古詩源十四卷　(清)沈德潛輯　民國上海文瑞樓石印本　四冊

330000－1716－0005701　普集 0161 普集 0828/05701　集部/別集類/唐五代別集
白香山詩長慶集二十卷後集十七卷別集一卷補遺二卷　(唐)白居易撰　(清)汪立名編訂　**白香山年譜一卷**　(清)汪立名撰　**白香山年譜舊本一卷**　(宋)陳振孫撰　民國十三年(1924)上海光霽書局石印本　十二冊

330000－1716－0005702　普集 0162/05702
集部/別集類/唐五代別集
李長吉詩集四卷外集一卷　(唐)李賀撰　(清)吳汝綸評注　民國十一年(1922)上海鴻章書局石印本　四冊

330000－1716－0005705　普集 0163/05705
類叢部/叢書類/彙編之屬
四部備要三百一種　中華書局編　民國二十五年(1936)上海中華書局鉛印本　二冊　存一種

330000－1716－0005721　史補 1105/05721
史部/地理類/山川之屬/山志
泰山小史一卷附録一卷　(明)蕭協中撰　趙新儒校注　民國二十一年(1932)泰山趙氏鉛印本　一冊

330000－1716－0005722　史補 1113/05722
史部/地理類/專志之屬/寺觀
靈峰寺志九卷首一卷　吳清修　葉向陽　王華纂　民國二十四年(1935)浙江正楷印書局鉛印本　一冊

330000－1716－0005723　普集 0176/05723
集部/別集類

適廬詩存一卷附三國宮詞一卷　陳翰撰　民國十九年(1930)鉛印本　一冊

330000－1716－0005729　史補 1109－1/05729　史部/地理類/水利之屬
麻溪改壩為橋始末記四卷首一卷　王念祖纂　民國八年(1919)蕺社鉛印本　二冊

330000－1716－0005731　史補 1109－2/05731　史部/地理類/水利之屬
麻溪改壩為橋始末記四卷首一卷　王念祖纂　民國八年(1919)蕺社鉛印本　二冊

330000－1716－0005733　史補 1109－3/05733　史部/地理類/水利之屬
麻溪改壩為橋始末記四卷首一卷　王念祖纂　民國八年(1919)蕺社鉛印本　二冊

330000－1716－0005734　史補 1107/05734　史部/地理類/山川之屬/山志
峨眉山志八卷首一卷　(清)蔣超編　釋印光修　民國二十三年(1934)蘇州弘化社鉛印本　二冊

330000－1716－0005735　史補 1108/05735　史部/地理類/山川之屬/山志
九華山志八卷首一卷　釋德森編輯　民國二十七年(1938)蘇州弘化社鉛印本　二冊

330000－1716－0005736　史補 1109－4/05736　史部/地理類/水利之屬
麻溪改壩為橋始末記四卷首一卷　王念祖纂　民國八年(1919)蕺社鉛印本　二冊

330000－1716－0005739　普集 0185/05739　集部/別集類/清別集
一樹梅花老屋詩三卷　(清)姚濟撰　(清)張文虎刪定　民國七年(1918)姚氏松韻草堂鉛印本　一冊

330000－1716－0005741　史補 1106/05741　史部/地理類/山川之屬/山志
清涼山志八卷首一卷　(明)釋鎮澄修　釋印光增訂　民國二十二年(1933)蘇州弘化社鉛印本　二冊　存八卷(一至八)

330000－1716－0005744　史補 1133/05744　史部/目錄類/總錄之屬/私撰
蟫隱廬書目不分卷　羅振常編　民國上海蟫隱廬石印本　一冊

330000－1716－0005748　史補 1111/05748　史部/地理類/專志之屬/寺觀
七塔寺志八卷　陳寥士纂　民國二十六年(1937)鉛印本　一冊

330000－1716－0005751　經補 1325/05751　子部/雜著類/雜考之屬
古書校讀法一卷　胡韞玉編　民國十四年(1925)上海國民大學鉛印本　一冊

330000－1716－0005758　史補 1115/05758　史部/地理類/山川之屬/山志
普陀洛迦新志十二卷首一卷　許止淨述　王亨彥輯　民國二十年(1931)鉛印本　三冊　缺三卷(三至五)

330000－1716－0005760　新補 0490－8/05760　新學/雜著
新輯繪圖洋務日用雜字一卷　民國石印本　一冊

330000－1716－0005761　史補 1116/05761　史部/傳記類/別傳之屬/年譜
宋岳鄂王[飛]年譜六卷首一卷末一卷　錢汝雯編　**宋岳鄂王文集三卷**　(宋)岳飛撰　錢汝雯編　民國十三年(1924)鉛印本　六冊

330000－1716－0005764　集補 2465/05764　史部/傳記類/別傳之屬/年譜
止叟年譜一卷永憶錄二卷　韓國鈞撰　民國三十年(1941)上海百宋鑄字印刷局鉛印本　一冊

330000－1716－0005771　地獻 1404－9/05771　史部/傳記類/別傳之屬/年譜
淄川蒲明經[松齡]年徵一卷　唐風撰　民國二十二年(1933)鉛印本　一冊

330000－1716－0005777　史補 1121/05777　史部/目錄類/總錄之屬/彙刻
大成書局圖書目錄一卷　大成書局編　民國

十五年(1926)上海大成書局石印本　一册

330000－1716－0005778　普集 0212/05778
史部/傳記類/别傳之屬
翰齋訃告哀啟不分卷　沈光照等撰　民國二十三年(1934)石印本暨鉛印本　一册

330000－1716－0005779　史補 1123/05779
史部/雜史類/斷代之屬
國語詳注二十一卷　沈鎔輯注　民國二十年(1931)上海文明書局鉛印本　三册　缺三卷(一至三)

330000－1716－0005781　史補 1122/05781
史部/目録類/專録之屬
書目答問標注不分卷　(清)張之洞撰　民國十八年(1929)上海自强書局石印本　一册

330000－1716－0005783　史補 1119/05783
史部/目録類/總録之屬/彙刻
漢文淵書肆書目一卷　漢文淵書肆編　民國十八年(1929)上海漢文淵書肆石印本　一册

330000－1716－0005784　史補 1117－1/05784　史部/地理類/山川之屬/山志
普陀洛迦新志十二卷首一卷　許止淨述　王亨彦輯　民國二十三年(1934)鉛印本　二册

330000－1716－0005785　史補 1117－2/05785　史部/地理類/山川之屬/山志
普陀洛迦新志十二卷首一卷　許止淨述　王亨彦輯　民國二十三年(1934)鉛印本　二册

330000－1716－0005786　史補 1120/05786
史部/目録類
新書目録不分卷　大東書局編　民國上海大東書局石印本　一册

330000－1716－0005787　子補 0640－1/05787　子部/天文曆算類/曆法之屬
星命須知一卷附訂正萬年書一卷　民國蔣春記書局石印本　一册

330000－1716－0005790　普集 0218/05790
集部/總集類/選集之屬/通代
經史百家簡編二卷　(清)曾國藩纂　民國上海商務印書館鉛印本　二册

330000－1716－0005791　普集 0219/05791
集部/别集類/明别集
霜猨集校訂補注一卷　(明)周同谷撰　孟森注　民國五年(1916)上海商務印書館鉛印本　一册

330000－1716－0005792　普集 0221/05792
集部/總集類/選集之屬/通代
古文四象四卷　(清)曾國藩輯　民國七年(1918)上海有正書局鉛印本　四册

330000－1716－0005793　普集 0220/05793
集部/總集類/尺牘之屬
國民適用普通白話新尺牘六卷　蘇佛笑撰　民國六年(1917)上海鴻寶齋書局石印本　六册

330000－1716－0005794　普集 0222/05794
集部/總集類/選集之屬/通代
評選四六法海八卷　(清)蔣士銓評選　民國上海文瑞樓石印本　八册

330000－1716－0005796　普集 0223/05796
集部/詞類/類編之屬
詞學全書四種　(清)查培繼鑒定　民國木石居石印本　六册

330000－1716－0005797　普集 0224/05797
集部/詩文評類/文法之屬
初學駢體文範四卷　賀群上編　民國十九年(1930)上海廣益書局鉛印本　四册

330000－1716－0005798　史補 1126/05798
史部/雜史類/斷代之屬
戰國策補注三十三卷　吴曾祺撰　民國二十七年(1938)上海商務印書館鉛印本　四册

330000－1716－0005799　普集 0225/05799
集部/詞類/别集之屬
湘綺樓詞鈔一卷詞選前編一卷續編一卷本編一卷　王闓運撰　民國八年(1919)上海震亞圖書局石印本　二册

330000－1716－0005800　普集 0217/05800

類叢部/叢書類/彙編之屬

百尺樓叢書五種 陳去病編 民國鉛印本 八册 存一種

330000－1716－0005801 普集 0226/05801 集部/别集類

水竹邨人集十二卷 徐世昌撰 民國九年(1920)石印本 六册

330000－1716－0005802 史補 1127－1/05802 史部/傳記類/總傳之屬/儒林

明儒學案六十二卷 (清)黄宗羲撰 民國五年(1916)上海文瑞樓石印本 十六册

330000－1716－0005803 史補 1127－2/05803 史部/傳記類/總傳之屬/儒林

明儒學案六十二卷 (清)黄宗羲撰 民國五年(1916)上海文瑞樓石印本 八册 存二十八卷(三十五至六十二)

330000－1716－0005804 普集 0227/05804 集部/總集類/選集之屬/通代

評注唐宋八家古文三十卷 (唐)韓愈等撰 (清)沈德潛評點 雷瑨注釋 民國九年(1920)上海掃葉山房石印本 十二册

330000－1716－0005806 普集 0229/05806 集部/别集類/宋别集

王臨川全集二十四卷 (宋)王安石撰 民國七年(1918)上海掃葉山房石印本 十一册 缺二卷(二十一至二十二)

330000－1716－0005807 子補 3144/05807 子部/雜著類/雜考之屬

古今僞書考一卷 (清)姚際恒撰 民國十一年(1922)上海萬國圖書公司鉛印本 一册

330000－1716－0005808 普集 0230 普集 1257/05808 集部/别集類/清别集

帶經堂集七種九十二卷 (清)王士禛撰 (清)程哲編 民國十年(1921)上海錦文堂石印本 六册 存五種

330000－1716－0005810 普集 0232/05810 集部/别集類/宋别集

施注蘇詩四十二卷目録二卷 (宋)蘇軾撰 (宋)施元之 (宋)顧禧注 (清)顧嗣立 (清)邵長蘅 (清)宋至删補 **蘇詩續補遺二卷** (清)馮景補注 **王注正譌一卷** (清)邵長蘅撰 **東坡先生年譜一卷** (宋)王宗稷編 民國上海文瑞樓影印本 施煃批 二十四册

330000－1716－0005814 子補 3143/05814 子部/儒家類/儒學之屬

古今格言四卷 江畲經編纂 民國上海商務印書館鉛印本 一册

330000－1716－0005815 史補 1136－1/05815 史部/史抄類

史記菁華録六卷 (清)姚祖恩輯評 民國上海鴻寶齋書局石印本 六册

330000－1716－0005818 史補 1137/05818 史部/地理類/遊記之屬/紀行

游杭紀略二卷首一卷補編一卷 楊祚昌輯 民國十一年(1922)杭州文元堂書莊鉛印本 一册 缺一卷(首)

330000－1716－0005819 史補 1136－2/05819 史部/史抄類

分段詳注評點史記菁華録六卷 (清)姚祖恩輯 王有宗評注 民國十四年(1925)上海鑫記書社石印本 六册

330000－1716－0005820 史補 1136－3/05820 史部/史抄類

史記菁華録六卷 (清)姚祖恩輯評 民國十八年(1929)掃葉山房石印本 六册

330000－1716－0005828 子補 3145－1/05828 子部/天文曆算類/曆法之屬

校正萬年書一卷附星命須知一卷 民國石印本 一册

330000－1716－0005831 普集 0243/05831 集部/别集類

海藏樓詩九卷 鄭孝胥撰 民國武昌影印本 四册

330000－1716－0005832 子補 3146－1/05832 子部/天文曆算類/曆法之屬

中西對照百廿年陰陽日曆不分卷　香港統一圖書局編輯　民國十三年(1924)香港統一圖書局石印本　一册　存一册(下)

330000－1716－0005833　子補 3145－2/05833　子部/天文曆算類/曆法之屬

校正萬年書一卷附星命須知一卷　民國上海錦章圖書局石印本　一册

330000－1716－0005836　普集 0245/05836　新學/學校

新時代學生文範不分卷　民國上海世界書局石印本　一册

330000－1716－0005838　子補 3146－2/05838　子部/天文曆算類/曆法之屬

中西對照百廿年陰陽日曆不分卷　香港統一圖書局編輯　民國十三年(1924)香港統一圖書局石印本　一册　存一册(下)

330000－1716－0005839　普集 0246/05839　集部/别集類

南枝集一卷　(越南)阮尚贊撰　民國成孚印刷局鉛印本　一册

330000－1716－0005840　子補 3145－3/05840　子部/天文曆算類/曆法之屬

新刻增補時憲臺曆袖裏璇璣星命須知一卷附星命萬年曆一卷　民國天利書局石印本　一册

330000－1716－0005841　普集 0249/05841　子部/雜著類

遣愁集十四卷　(清)張貴勝纂輯　民國十六年(1927)上海商務印書館鉛印本　四册　存七卷(四至六、九至十、十三至十四)

330000－1716－0005842　普集 0250/05842　集部/别集類/宋别集

王臨川全集二十四卷　(宋)王安石撰　民國十二年(1923)上海掃葉山房石印本　十册　缺五卷(十一至十五)

330000－1716－0005844　普集 0252/05844　集部/别集類

樊山集外八卷　樊增祥撰　民國三年(1914)上海廣益書局石印本　五册　存六卷(三至八)

330000－1716－0005846　普集 0254/05846　集部/詩文評類/文評之屬

文心雕龍十卷　(南朝梁)劉勰撰　(清)黄叔琳注　(清)紀昀評　民國十三年(1924)上海會文堂書局石印本　四册

330000－1716－0005847　子補 3145－4/05847　子部/天文曆算類/曆法之屬

星命萬年曆一卷附星命須知一卷　民國上海大成書局石印本　一册

330000－1716－0005848　史補 1130/05848　史部/雜史類/斷代之屬

揚州十日記一卷　(清)王秀楚記　民國鉛印本　一册

330000－1716－0005849　普集 0255/05849　集部/别集類/清别集

漁洋山人精華録箋注十二卷補一卷附録一卷年譜一卷　(清)王士禛撰　(清)金榮箋注　(清)徐淮纂輯　民國十年(1921)上海有正書局石印本　三册　缺七卷(二至三、六至十)

330000－1716－0005853　子補 3145－5/05853　子部/天文曆算類/曆法之屬

萬年曆一卷附星命須知一卷　民國十八年(1929)上海劉德記書局石印本　一册

330000－1716－0005854　普集 0256/05854　集部/别集類

何含芬女士遺稿一卷　何含芬撰　民國鉛印本　一册

330000－1716－0005855　子補 3145－6/05855　子部/天文曆算類/曆法之屬

訂正萬年書一卷附星命須知一卷　唐疇撰　民國石印本　一册

330000－1716－0005856　子補 3145－7/05856　子部/天文曆算類/曆法之屬

星命萬年曆一卷附星命須知一卷　民國上海校經山房石印本　一册

330000－1716－0005857　史補 1131/05857　史部/政書類/公牘檔冊之屬

樊山公牘四卷　樊增祥撰　民國十三年(1924)上海錦章圖書局石印本　一冊

330000－1716－0005860　子補 3145－8/05860　子部/天文曆算類/曆法之屬

星命萬年曆一卷附星命須知一卷　民國上海校經山房石印本　一冊

330000－1716－0005861　集補 0012－5/05861　集部/曲類/彈詞之屬

繡像全圖再生緣全傳二十卷八十回　(清)陳端生撰　民國石印本　五冊　存十卷(五至十、十七至二十)

330000－1716－0005864　集補 1408/05864　集部/曲類/曲藝之屬

新編京調入門□□卷　民國上海京東書局石印本　一冊　存一卷(乙集)

330000－1716－0005865　普集 0260/05865　集部/總集類/尺牘之屬

歷代名人小簡二卷　吳曾祺輯　民國上海商務印書館鉛印本　一冊

330000－1716－0005875　史補 1139－1/05875　史部/目録類/總録之屬/官修

集成書局新舊書目一卷　民國石印本　一冊

330000－1716－0005879　史補 1139－2/05879　史部/目録類/總録之屬/私撰

中國書店書目一卷　中國書店編　民國二十四年(1935)上海中國書店石印本　一冊

330000－1716－0005882　史補 1141/05882　史部/編年類/通代之屬

增定妥注鑑略離句讀本三卷首一卷　(明)李廷機撰　(明)張瑞圖校正　(清)鄒聖脈原訂　民國石印本　一冊

330000－1716－0005883　子補 0569－22/05883　經部/小學類/文字之屬/字書/訓蒙

繪圖龍文鞭影初集二卷　(明)蕭良有撰　(明)楊臣諍增訂　(明)來集之音注　**二集二卷**　(清)李暉吉　(清)徐瓚輯　民國上洋普新石印局石印本　四冊

330000－1716－0005885　子補 0569－23/05885　經部/小學類/文字之屬/字書/訓蒙

繪圖龍文鞭影初集二卷　(明)蕭良有撰　(明)楊臣諍增訂　(明)來集之音注　**二集二卷**　(清)李暉吉　(清)徐瓚輯　民國上洋普新石印局石印本　四冊

330000－1716－0005889　史補 1142/05889　史部/傳記類/總傳之屬/斷代

清史列傳八十卷　中華書局編　民國十七年(1928)上海中華書局鉛印本　八冊　存八卷(七十三至八十)

330000－1716－0005890　史補 1144/05890　史部/地理類/遊記之屬

徐霞客遊記大觀十二卷　(明)徐弘祖撰　(清)李寄輯　民國十三年(1924)上海掃葉山房石印本　十一冊　缺一卷(五)

330000－1716－0005895　子補 0569－21/05895　經部/小學類/文字之屬/字書/訓蒙

龍文鞭影初集四卷　(明)蕭良有撰　(明)楊臣諍增訂　(清)李恩綬校補　**二集二卷**　(清)李暉吉　(清)徐瓚輯　民國八年(1919)上海錦章圖書局石印本　四冊

330000－1716－0005905　子補 0876/05905　子部/宗教類/佛教之屬

勸戒便講四卷　齋心道人編　民國上海國光書局鉛印本　二冊　存二卷(三至四)

330000－1716－0005912　子補 0569－18/05912　經部/小學類/文字之屬/字書/訓蒙

龍文鞭影初集二卷　(明)蕭良有撰　(明)楊臣諍增訂　(明)來集之音注　**二集二卷**　(清)李暉吉　(清)徐瓚輯　民國石印本　四冊

330000－1716－0005917　子補 0569－14/05917　經部/小學類/文字之屬/字書/訓蒙

龍文鞭影初集四卷　(明)蕭良有撰　(明)楊臣諍增訂　(清)李恩綬校補　**二集二卷**　(清)李暉吉　(清)徐瓚輯　民國石印本　二

冊　存三卷(三至四、二集二)

330000－1716－0005918　普集 0296/05918 集部/總集類/酬唱之屬

庸庵尚書重賦鹿鳴集録不分卷　陳夔龍輯　民國上海中華書局鉛印本　四冊

330000－1716－0005919　普集 0297/05919 集部/總集類/氏族之屬

郁氏三世吟稿三種三卷　郁屏翰　郁葆青　郁元英撰　民國十七年(1928)鉛印本　一冊

330000－1716－0005920　普集 0292 普集 0294/05920　史部/地理類/方志之屬/郡縣志

[民國]松夏志十二卷附上湖文鈔二卷首一卷松陵文略二卷首一卷　連光樞纂　民國二十年(1931)枕湖樓鉛印本　二冊　缺十二卷(一至十二)

330000－1716－0005921　子補 0569－13/05921　經部/小學類/文字之屬/字書/訓蒙

繪圖龍文鞭影初集二卷　(明)蕭良有撰　(明)楊臣諍增訂　(明)來集之音注　**二集二卷**　(清)李暉吉　(清)徐瓚輯　民國上洋普新石印局石印本　四冊

330000－1716－0005926　子補 3142－1/05926　子部/雜著類/雜説之屬

勸告國民愛國一卷　民國鉛印本　一冊

330000－1716－0005931　普集 0304/05931 集部/總集類/酬唱之屬

漁樵耕讀攝影贈言一卷　林經輯　民國九年(1920)上海商務印書館鉛印本　一冊

330000－1716－0005935　普集 0305/05935 史部/傳記類/別傳之屬/事狀

屈公哀輓録一卷屈太夫人哀輓録一卷　屈映光撰　民國鉛印本　二冊

330000－1716－0005938　普集 0307/05938 史部/傳記類/別傳之屬/墓誌

海鹽朱節母生壙銘并題詠一卷　朱立成輯　民國朱墨石印本　一冊

330000－1716－0005940　普集 0306 普集 0309 普集 0310/05940　史部/傳記類/別傳之屬/事狀

張以柏封翁暨德配王太夫人七秩雙慶壽言一卷張封翁以柏公榮哀録一卷暄初先生六十壽言一卷附家傳一卷家訓一卷　張載陽輯　民國新昌張九如堂鉛印本　五冊

330000－1716－0005941　子補 4070－17/05941　子部/醫家類/本草之屬/歷代綜合本草

本草綱目五十二卷附圖二卷　(明)李時珍撰　民國石印本　二冊　存八卷(四至十、圖二)

330000－1716－0005944　史補 1155/05944 史部/目録類/書志之屬/提要

讀書敏求記四卷　(清)錢曾撰　民國掃葉山房石印本　一冊　存一卷(四)

330000－1716－0005946　史補 1363－6/05946　史部/目録類/總録之屬/官修

欽定四庫全書簡明目録二十卷　(清)紀昀等撰　**四庫未收書目提要五卷**　(清)阮元撰　民國八年(1919)上海掃葉山房石印本　四冊

330000－1716－0005949　史補 1170/05949 史部/目録類/專録之屬

譯書經眼録八卷　顧燮光輯　民國二十四年(1935)會稽顧氏金佳石好樓石印本　二冊

330000－1716－0005951　史補 1169/05951 史部/編年類/通代之屬

歷代史鑑易知録八卷　守拙居士編　民國九年(1920)上海昌明書局石印本　七冊　缺一卷(三)

330000－1716－0005957　子補 3142－2/05957　子部/雜著類/雜説之屬

勸告國民愛國一卷　民國鉛印本　一冊

330000－1716－0005958　普集 0327/05958 集部/別集類/清別集

閻古古全集六卷　(清)閻爾梅撰　張相文重編　民國十一年(1922)北京中國地學會鉛印本　六冊

330000－1716－0005960　普集 0328 普集 0771/05960　集部/別集類
匏園詩集三十六卷　來裕恂撰　民國十三年(1924)鉛印本　十二册

330000－1716－0005961　集補 1721/05961　集部/小說類/長篇之屬
繪圖加批西遊記八卷一百回　(明)吳承恩撰　**繡像後西遊記六卷四十回**　民國石印本　一册　存二卷(七、後西遊記六)

330000－1716－0005965　史補 1174/05965　史部/地理類/遊記之屬/紀行
環遊紀略不分卷　(英國)培志撰　(英國)瑞思義　(清)許家惺譯　民國七年(1918)上海廣學會鉛印本　一册

330000－1716－0005971　普集 1774/05971　集部/總集類/選集之屬/斷代
注釋唐詩易讀六卷　民國中華書局鉛印本　一册　存三卷(一至三)

330000－1716－0005972　集補 2470－1/05972　史部/地理類/遊記之屬/紀行
東歸隨筆一卷　曾仲鳴撰　民國二十年(1931)美成印刷公司鉛印本　一册

330000－1716－0005974　集補 2470－2/05974　史部/地理類/遊記之屬/紀行
東歸隨筆一卷　曾仲鳴撰　民國二十年(1931)美成印刷公司鉛印本　一册

330000－1716－0005978　普集 0332/05978　史部/政書類/邦計之屬
施氏義莊贍族規條一卷　施肇曾等撰　民國六年(1917)財政部印刷局鉛印本　一册

330000－1716－0005980　史補 1175/05980　史部/金石類/金之屬/圖像
西清古鑑四十卷錢録十六卷　(清)梁詩正　(清)蔣溥等纂修　民國十五年(1926)上海雲華居廬石印本　九册　存二十八卷(一至二、五至六、二十四至二十五、三十至三十五，錢録一至十六)

330000－1716－0005985　集補 0024－5/05985　集部/小說類/長篇之屬
繡像續小五義一百二十回　(清)石玉崑撰　民國鉛印本　四册　存八十回(四十一至一百二十)

330000－1716－0005991　史補 1180/05991　史部/史評類/史論之屬
評選船山史論二卷　林紓撰　民國四年(1915)上海商務印書館鉛印本　二册

330000－1716－0005995　史補 1181/05995　史部/史評類/史學之屬
文史通義九卷校讐通義四卷　(清)章學誠撰　民國上海會文堂書局石印本　八册

330000－1716－0005998　史補 1184/05998　史部/史評類/史論之屬
最新史事論十二卷　雷瑨輯　民國六年(1917)上海埽葉山房石印本　六册

330000－1716－0005999　史補 1183/05999　史部/編年類/通代之屬
自修讀本廣注綱鑑總論四卷　薛振聲注　民國二十一年(1932)上海廣益書局石印本　四册

330000－1716－0006003　經補 1323/06003　經部/小學類/文字之屬/字書/字體
隸字彙十卷　(清)項懷述編録　民國八年(1919)上海埽葉山房石印本　四册

330000－1716－0006005　普集 0364/06005　集部/別集類/唐五代別集
河東先生集四十五卷外集二卷外集補遺一卷龍城録二卷附録二卷集傳一卷　(唐)柳宗元撰　(宋)廖瑩中注　**廖藥洲事輯一卷**　羅振常撰　民國十二年(1923)蟫隱廬據宋世綵堂本影印本　十册　缺二十四卷(一至二十四)

330000－1716－0006006　新補 0018－6/06006　子部/雜著類/雜纂之屬
日用快覽不分卷　世界書局編　民國十四年(1925)上海世界書局石印本　一册

330000－1716－0006010　史補 1188/06010　子部/宗教類/其他宗教之屬/基督教

基督教恤孤院報告第十期不分卷　寧波高橋恤孤院編　民國十年(1921)鉛印本　一册

330000－1716－0006019　新補 0621/06019　史部/政書類/律令之屬
最新區街村自治法不分卷　胡行之編述　民國十七年(1928)上海新學會社鉛印本　一册

330000－1716－0006025　史補 1190/06025　史部/史抄類
前漢書精華録四卷後漢書精華録二卷　(清)高嵣撰　民國石印本　六册

330000－1716－0006026　史補 1195/06026　史部/史抄類
二十四史輯要六十四卷附二十四史總目一卷二十四史四庫提要一卷　趙華基編　民國上海中華書局鉛印本　二册　存五卷(六十至六十四)

330000－1716－0006027　史補 1196/06027　史部/史評類/史論之屬
讀通鑑論十六卷附宋論十五卷　(清)王夫之撰　民國三年(1914)上海會文堂書局石印本　七册　存二十三卷(一、十至十六,宋論一至十五)

330000－1716－0006028　史補 1191/06028　史部/史抄類
前漢書精華録四卷後漢書精華録二卷　(清)高嵣撰　民國九年(1920)上海鴻寶齋書局石印本　三册　存三卷(一至三)

330000－1716－0006030　史補 1192/06030　史部/金石類/金之屬/文字
積古齋鐘鼎彝器款識十卷　(清)阮元撰　民國上海中華圖書館影印本　四册　存七卷(四至十)

330000－1716－0006032　集補 2471/06032　集部/小説類/長篇之屬
歷代神仙通鑑三集二十二卷附圖一卷　(清)徐衜述　(清)李理　(清)王太素贊　(清)程毓奇續　民國三年(1914)上海江東書局石印本　十八册　缺六卷(六至十一)

330000－1716－0006035　普叢 0287－3/06035　類叢部/叢書類/自著之屬
曾文正公全集十六種　(清)曾國藩撰　民國十一年(1922)上海中華圖書館鉛印本　十一册　存二種

330000－1716－0006036　普集 0372/06036　集部/總集類/選集之屬/斷代
清代名人手札甲集六卷附小傳　吴長瑛輯　民國十五年(1926)華南印書社影印本　六册

330000－1716－0006037　集補 0012－4/06037　集部/曲類/彈詞之屬
繡像全圖再生緣全傳二十卷八十回　(清)陳端生撰　民國石印本　二册　存二卷(四、十七)

330000－1716－0006039　史補 1197/06039　史部/史評類/考訂之屬
校史偶得不分卷　陳寶熼撰　民國鉛印本　一册

330000－1716－0006041　普叢 0100－2/06041　類叢部/叢書類/彙編之屬
别下齋叢書二十七種　(清)蔣光煦編　民國武林竹簡齋據清道光海昌蔣氏刻本影印本　二册　存一種

330000－1716－0006044　史補 1198－1/06044　史部/史抄類
史記菁華録六卷　(清)姚祖恩輯評　民國上海商務印書館鉛印本　一册

330000－1716－0006048　史補 1198－2/06048　史部/史抄類
評點詳注史記菁華録六卷　(清)姚祖恩輯　王有宗評注　民國十四年(1925)上海鑫記書社石印本　五册　缺一卷(一)

330000－1716－0006051　普集 0380/06051　集部/别集類/清别集
柔橋文鈔十六卷　(清)王棻撰　民國三年(1914)上海國光書局鉛印本　八册

330000－1716－0006055　普集 0382 普集 0383/06055　集部/總集類/選集之屬/斷代

國學叢選十八集　高燮等編　民國國學商兑會鉛印本　二册　存四集(一至二、十五至十六)

330000－1716－0006056　地獻 1959－3/06056　集部/曲類/寶卷之屬
新刻説唱金鳳寶卷二卷　民國六年(1917)上海文益書局、紹興聚元堂書局、杭州聚元堂書局石印本　一册

330000－1716－0006057　地獻 1959－2/06057　集部/曲類/寶卷之屬
新刻説唱金鳳寶卷二卷　民國六年(1917)上海文益書局、紹興聚元堂書局、杭州聚元堂書局石印本　二册

330000－1716－0006059　新補 0523/06059　新學/議論/論政
富國策三卷　通正齋生譯述　民國鉛印本　一册　存一卷(一)

330000－1716－0006060　子補 0856/06060　子部/宗教類/道教之屬
文昌聰明神咒注解一卷　民國上海宏大善書局石印本　一册

330000－1716－0006061　普集 0387/06061　集部/別集類
寄傲龕遺集三卷　黄壽曾撰　民國十九年(1930)鉛印本　一册

330000－1716－0006065　普集 0388/06065　集部/別集類
延秋室詩稿一卷　嚴廷楨撰　民國八年(1919)西泠印社影印本　一册

330000－1716－0006067　地獻 1472/06067　集部/別集類/元別集
東維子文集三十卷附録一卷　(元)楊維楨撰　民國上海商務印書館影印四部叢刊本　童鼎璜、羅點題記　六册

330000－1716－0006068　普集 0395/06068　集部/別集類
敉廬吟草二卷　朱允中撰　民國二十三年(1934)鉛印本　一册

330000－1716－0006069　普集 0393/06069　集部/總集類/酬唱之屬
篔谷公篔管課子圖題辭一卷　孫家驥輯　民國二十三年(1934)鉛印本　唐風跋　一册

330000－1716－0006070　普集 0392/06070　集部/總集類/酬唱之屬
栩園倡和集不分卷　陳栩編　民國七年(1918)交通圖書館石印本　二册

330000－1716－0006076　普集 0396/06076　集部/總集類/選集之屬/通代
聖嘆批才子古文歷朝九卷大家十七卷　(清)金人瑞批　(清)王之績評注　民國三年(1914)江左書林石印本　六册

330000－1716－0006077　普集 0402/06077　集部/總集類/郡邑之屬
姚江詩録八卷　謝寶書編　民國鉛印本　三册　存五卷(三至四、六至八)

330000－1716－0006088　普集 0406/06088　集部/別集類/清別集
緑滿廬文集一卷春宵偶話一卷緑滿廬詩集一卷　(清)陳之翰撰　民國鉛印本　一册

330000－1716－0006094　普集 0413/06094　集部/詞類/詞話之屬
聽秋聲館詞話二十卷　(清)丁紹儀撰　民國影印本　二册　存十卷(六至十五)

330000－1716－0006114　新補 0634/06114　新學/議論/通論
國民淺訓一卷　梁啟超撰　民國五年(1916)上海商務印書館鉛印本　一册

330000－1716－0006123　史補 1212/06123　新學/雜著
繪圖國民模範不分卷　陳知祥輯　民國十二年(1923)上海世界書局石印本　四册

330000－1716－0006124　史補 1213/06124　史部/傳記類/別傳之屬/事狀
胡翊齋先生[祖澤]遺思録一卷　胡劍吟輯　民國二十三年(1934)鉛印本暨石印本　一册

330000－1716－0006128　子補 3150－1/06128　子部/雜著類/雜說之屬

勸告國民愛國一卷　民國寧波宏久印刷局鉛印本　一冊

330000－1716－0006130　子補 3150－2/06130　子部/雜著類/雜說之屬

勸告國民愛國一卷　民國寧波宏久印刷局鉛印本　一冊

330000－1716－0006133　新補 0630/06133　新學/雜著

歐美禮俗新編一卷　凌啟鴻撰　民國元年(1912)上海國華書局鉛印本　一冊

330000－1716－0006135　新補 0622－1/06135　新學/雜著/雜記

新時代忠告一卷　民國周董克鉛印本　一冊

330000－1716－0006137　新補 0627/06137　新學/雜著/雜記

救國一卷　雷鳴遠輯　民國四年(1915)上海文明書局鉛印本　一冊

330000－1716－0006138　地獻 1947/06138　子部/宗教類/其他宗教之屬/基督教

中華公教進行會甯波區男子部紹興分會施行細則一卷　中華公教進行會甯波區男子部紹興分會編　民國二十四年(1935)鉛印本　一冊

330000－1716－0006140　新補 0622－2/06140　新學/雜著/雜記

新時代忠告一卷　民國鉛印本　一冊

330000－1716－0006141　新補 0622－3/06141　新學/雜著/雜記

新時代忠告一卷　民國鉛印本　一冊

330000－1716－0006143　史補 1217/06143　史部/傳記類/職官録之屬/總録

浙江省政府職員録不分卷　浙江省政府秘書處編　民國二十四年(1935)浙江省政府鉛印本　一冊

330000－1716－0006144　新補 0622－4/06144　新學/雜著/雜記

新時代忠告一卷　民國鉛印本　一冊

330000－1716－0006146　史補 1219/06146　史部/史評類/史論之屬

讀通鑑論十六卷附宋論十五卷　(清)王夫之撰　民國三年(1914)上海會文堂書局石印本　五冊　存八卷(二至九)

330000－1716－0006148　新補 0640/06148　史部/政書類/律令之屬

最新區街村自治法不分卷　胡行之編述　民國十七年(1928)上海新學會社鉛印本　一冊

330000－1716－0006149　史補 1218－1/06149　新學/學校

私塾改良捷訣一卷　商務印書館編譯所編　民國五年(1916)上海商務印書館鉛印本　一冊

330000－1716－0006150　史補 1218－2/06150　新學/學校

私塾改良捷訣一卷　商務印書館編譯所編　民國五年(1916)上海商務印書館鉛印本　一冊

330000－1716－0006151　新補 0638－1/06151　史部/傳記類/職官録之屬/總録

國立中央研究院職員録一卷　民國二十三年(1934)鉛印本　一冊

330000－1716－0006153　新補 0638－2/06153　史部/傳記類/職官録之屬/總録

國立中央研究院職員録一卷　民國二十四年(1935)鉛印本　一冊

330000－1716－0006154　新補 0624/06154　新學/政治法律/政治

日本在中國之勢力一卷　(美國)柏來士撰　民國六年(1917)鉛印本　一冊

330000－1716－0006159　普集 0444/06159　集部/別集類

畸園第三次手定詩稿十七種三十二卷　陳通聲撰　民國十一年(1922)影印本　二十五冊

330000－1716－0006160　新補 0623/06160
新學/政治法律/政治
理想之民國一卷　（美國）馬奈特撰　（英國）季理斐譯　民國九年（1920）上海廣學會鉛印本　一册

330000－1716－0006161　新補 0639/06161
史部/政書類/公牘檔冊之屬
全浙教育會第九屆聯合會報告書一卷　浙江省教育會編　民國十年（1921）鉛印本　一册

330000－1716－0006162　新補 0636/06162
史部/傳記類/職官録之屬/總録
江西省銀行職員録一卷　民國鉛印本　一册

330000－1716－0006163　新補 0629/06163
新學/政治法律
通州新育嬰堂第壹次改良章程一卷　通州新育嬰堂編　民國通州翰墨林書局鉛印本　一册

330000－1716－0006172　新補 0632－1/06172　新學/學校
稽東第一校徵信録一卷　章鴻桀等編　民國鉛印本　一册

330000－1716－0006173　新補 0631/06173
新學/政治法律
立法院組織法一卷立法院議員選舉法一卷　籌備立法院事務局輯　民國三年（1914）鉛印本　一册

330000－1716－0006174　普集 0453/06174
集部/總集類/郡邑之屬
續甬上耆舊詩一百二十卷首一卷　（清）全祖望輯選　民國四明文獻社鉛印本　二十四册

330000－1716－0006175　新補 0632－2/06175　新學/學校
稽東第一校徵信録一卷　章鴻桀等編　民國鉛印本　一册

330000－1716－0006177　普集 0451/06177
集部/詩文評類/詩評之屬
石遺室詩話三十二卷　陳衍撰　民國十八年（1929）上海商務印書館鉛印本　四册

330000－1716－0006191　史補 1234/06191
史部/地理類/水利之屬
籌款疏河稟稿批示彙刊不分卷　王雨金輯　民國十四年（1925）石印本　一册

330000－1716－0006193　史補 1222/06193
史部/目録類/專録之屬
浙杭西湖慧空經房書本價目表一卷梵本價目表一卷　浙杭西湖慧空經房編　民國二十二年（1933）刻本　一册

330000－1716－0006196　史補 1235－1/06196　史部/目録類/專録之屬
續藏經目録不分卷　（日本）中野達慧編　民國十一年（1922）商務印書館鉛印本　一册

330000－1716－0006198　史補 1235－2/06198　史部/目録類/專録之屬
續藏經目録不分卷　（日本）中野達慧編　民國十一年（1922）商務印書館鉛印本　一册

330000－1716－0006199　新補 0620/06199
史部/政書類/公牘檔冊之屬
中華民國自由黨章程一卷　民國鉛印本　一册

330000－1716－0006213　史補 1236/06213
史部/傳記類/總傳之屬
關岳合祀序贊一卷　吳鴻昌撰　民國七年（1918）石印本　一册

330000－1716－0006219　史補 1237/06219
史部/地理類/專志之屬/祠墓
建修萬季野先生祠墓捐冊一卷　建修萬季野先生祠墓事務所輯　民國二十五年（1936）寧波鈞和公司鉛印本　一册

330000－1716－0006220　史補 1238－1/06220　史部/地理類/專志之屬/祠墓
建修萬季野先生祠墓紀念刊一卷徵信録一卷　建修萬季野先生祠墓事務所輯　民國二十六年（1937）寧波建修萬季野先生祠墓事務所鉛印本　一册

330000－1716－0006223　史補 1238－2/06223　史部/地理類/專志之屬/祠墓

建修萬季野先生祠墓紀念刊一卷徵信録一卷 建修萬季野先生祠墓事務所輯 民國二十六年(1937)寧波建修萬季野先生祠墓事務所鉛印本 一冊

330000－1716－0006225 普叢 0400/06225 類叢部/叢書類/彙編之屬
適園叢書七十四種 張鈞衡編 民國二年至六年(1913－1917)烏程張氏刻本(唐大詔令集卷十四至二十四、八十七至九十八原缺) 一冊 存一種

330000－1716－0006230 新補 0641/06230 新學/學校
中國中古文學史講義一卷 劉師培編 民國九年(1920)北京大學出版部鉛印本 一冊

330000－1716－0006237 子補 3806/06237 子部/藝術類/書畫之屬/法帖
草訣百韻歌一卷 (晉)王羲之書 民國上海尚古山房石印本 一冊

330000－1716－0006239 普集 0498 普集 0499 普集 0501/06239 集部/别集類
畏廬文集一卷續集一卷三集一卷詩存二卷論文一卷瑣記一卷 林紓撰 民國二十三年(1934)上海商務印書館鉛印本 三冊 存四卷(文集、三集、詩存一至二)

330000－1716－0006241 普集 0503/06241 集部/别集類/唐五代别集
新刊五百家注音辯昌黎先生文集四十卷序傳碑記一卷外集十卷 (唐)韓愈撰 (宋)魏仲舉輯注 **韓文類譜十卷** (宋)吕大防撰 (宋)魏仲舉輯 **晦庵朱侍講先生韓文考異十卷** (宋)朱熹撰 民國上海商務印書館影印本 四十冊

330000－1716－0006242 普集 0544/06242 集部/别集類/唐五代别集
李太白文集三十六卷 (唐)李白撰 (清)王琦輯注 民國三年(1914)掃葉山房石印本 二十四冊

330000－1716－0006243 普集 0500/06243 集部/别集類
畏廬文集一卷續集一卷三集一卷詩存二卷論文一卷瑣記一卷 林紓撰 民國十三年(1924)上海商務印書館鉛印本 一冊 存一卷(三集)

330000－1716－0006245 史補 1226/06245 史部/史評類/史學之屬
史學研究法一卷 姚永樸撰 民國三年(1914)京師京華印書局鉛印本 一冊

330000－1716－0006246 普集 0502/06246 集部/别集類
畏廬文集一卷續集一卷三集一卷詩存二卷論文一卷瑣記一卷 林紓撰 民國十二年(1923)上海商務印書館鉛印本 一冊 存一卷(續集)

330000－1716－0006247 普集 0505/06247 類叢部/叢書類/自著之屬
舜水遺書四種附録一卷 (明)朱之瑜撰 民國二年(1913)山陰湯壽潛鉛印本 十二冊

330000－1716－0006250 地獻 1949/06250 史部/政書類/公牘檔冊之屬
紹興縣民國十一年度縣地方歲出入預算書一卷 紹興縣議會編 民國十一年(1922)鉛印本 一冊

330000－1716－0006252 史補 1227/06252 史部/政書類/邦計之屬
魏頌唐偶存稿三卷 魏頌唐撰 民國鉛印本 一冊 存一卷(浙江經濟調查一覽)

330000－1716－0006255 子補 3152/06255 子部/宗教類/佛教之屬/經疏
阿彌陀經白話解釋二卷附修行方法一卷 釋印光鑒定 黄智海演述 **蓮池大師西方發願文簡注一卷** 釋印光鑒定 李圓淨編述 民國十九年(1930)上海大中書局鉛印本 一冊

330000－1716－0006257 史補 1228/06257 史部/目録類/專録之屬
鶴廬鑒藏名人尺牘小傳目録一卷 丁輔之輯 民國石印本 一冊

330000－1716－0006258　普集 0513/06258
史部/傳記類/别傳之屬/年譜
且頑七十歲自敘不分卷　李鍾玨撰　**勸善要言一卷**　(清)世祖福臨撰　**潛齋簡效方一卷**　(清)王士雄輯　**救急良方一卷**　(清)潘志裘輯　民國中華書局鉛印本　六冊

330000－1716－0006261　子補 4125/06261
子部/雜著類/雜說之屬
正學啟蒙三字頌三卷　江謙述　民國鉛印本　一冊

330000－1716－0006265　普集 0520/06265
集部/别集類/唐五代别集
昌黎先生集四十卷外集十卷遺文一卷　(唐)韓愈撰　(唐)李漢編　**朱子校昌黎先生集傳一卷**　(宋)朱熹撰　民國九年(1920)上海商務印書館鉛印本　十冊

330000－1716－0006269　史補 1240/06269
史部/目録類/總録之屬/私撰
上海文瑞樓書目二卷　浦鑑庭編　民國十一年(1922)上海文瑞樓書莊石印本　一冊

330000－1716－0006271　普集 0521/06271
類叢部/叢書類/自著之屬
莊大久先生遺著(武進莊大久先生遺著)　(清)莊有可撰　民國十九年(1930)鉛印本　一冊　存一種

330000－1716－0006279　普集 0524/06279
類叢部/叢書類/自著之屬
舜水遺書四種附録一卷　(明)朱之瑜撰　民國二年(1913)山陰湯壽潛鉛印本　十二冊

330000－1716－0006282　普集 0525/06282
類叢部/叢書類/自著之屬
舜水遺書四種附録一卷　(明)朱之瑜撰　民國二年(1913)山陰湯壽潛鉛印本　十二冊

330000－1716－0006284　史補 1243/06284
史部/目録類/總録之屬/私撰
惟謙廬所藏古書目録一卷　民國抄本　一冊

330000－1716－0006286　史補 1241/06286
史部/目録類
商務印書館四部叢刊單行本目録一卷　商務印書館編　民國十四年(1925)商務印書館鉛印本　一冊

330000－1716－0006287　史補 1244/06287
史部/目録類/總録之屬/私撰
富晉書社書目一卷　富晉書社編　民國鉛印本　一冊

330000－1716－0006295　普集 0543/06295
集部/别集類/清别集
曝書亭集二十三卷詞七卷附録一卷　(清)朱彝尊撰　民國四年(1915)中華圖書館石印本　十二冊

330000－1716－0006298　普集 0545/06298
集部/别集類/清别集
曝書亭集詩注二十二卷　(清)朱彝尊撰　(清)楊謙注　**朱竹垞先生年譜一卷**　(清)楊謙撰　民國木石居石印本　十冊

330000－1716－0006299　普集 0546/06299
集部/總集類/選集之屬/斷代
太平天國文鈔一卷詩鈔一卷聯語鈔一卷附録三卷　羅邕　沈祖基輯　民國二十三年(1934)上海商務印書館鉛印本　二冊

330000－1716－0006300　普集 0548/06300
集部/詞類/總集之屬
花間集十卷　(五代)趙崇祚輯　民國十九年(1930)上海掃葉山房石印本　二冊

330000－1716－0006301　普集 0547/06301
集部/别集類/清别集
帶經堂集七種九十二卷　(清)王士禛撰　(清)程哲編　民國十年(1921)上海錦文堂石印本　二十四冊

330000－1716－0006303　普集 0549/06303
集部/詩文評類/詩評之屬
帶經堂詩話三十卷首一卷　(清)王士禛撰　(清)張宗柟輯　民國上海掃葉山房石印本　十冊

330000－1716－0006306　普集 0551/06306
集部/别集類/唐五代别集

杜詩鏡銓二十卷附諸家論杜一卷杜工部年譜一卷　(清)楊倫輯　**讀書堂杜工部文集注解二卷**　(清)張溍撰　民國三年(1914)上海著易堂書局石印本　八冊

330000－1716－0006318　集補 2060/06318
集部/曲類/彈詞之屬
彈詞小說賈鳧西鼓詞一卷　(清)賈鳧西撰　**老圓一卷**　(清)俞樾撰　民國十四年(1925)西湖悅圃鉛印本　一冊

330000－1716－0006322　普集 0560/06322
集部/别集類/清别集
曝書亭集詩注二十二卷　(清)朱彝尊撰　(清)楊謙注　**朱竹垞先生年譜一卷**　(清)楊謙撰　民國木石居石印本　十冊

330000－1716－0006323　普集 0561/06323
集部/别集類/清别集
曝書亭集二十三卷詞七卷附録一卷　(清)朱彝尊撰　民國四年(1915)中華圖書館石印本　四冊　缺二十三卷(一至二十三)

330000－1716－0006325　普集 0563/06325
類叢部/叢書類/郡邑之屬
湖北先正遺書七十二種七百二十七卷　盧靖編　民國十二年(1923)沔陽盧氏慎始基齋影印本　十四冊　存三種

330000－1716－0006326　普集 0564/06326
集部/總集類/尺牘之屬
歷代名人小簡二卷　吳曾祺輯　民國三年(1914)上海商務印書館鉛印本　一冊

330000－1716－0006327　普集 0565/06327
集部/别集類/清别集
水雲樓詞二卷爐餘稿一卷　(清)蔣春霖撰　民國上海有正書局鉛印本　一冊

330000－1716－0006329　普集 0566/06329
集部/别集類/清别集
水雲樓詞二卷爐餘稿一卷　(清)蔣春霖撰　民國上海有正書局鉛印本　一冊

330000－1716－0006330　普集 0567/06330
集部/詞類/總集之屬
和清真詞二卷　(宋)楊澤民　(宋)方千里撰　民國十七年(1928)上海商務印書館鉛印本　一冊

330000－1716－0006334　普集 0572 普集 1652 普集 1672/06334　類叢部/叢書類/郡邑之屬
義烏先哲遺書五種　黃侗編　民國二十二年至二十四年(1933－1935)義烏黃氏鉛印本　三冊　存二種

330000－1716－0006336　普集 0573/06336
集部/别集類
畏廬文集一卷續集一卷三集一卷詩存二卷論文一卷瑣記一卷　林紓撰　民國三年(1914)上海商務印書館鉛印本　一冊　存一卷(文集)

330000－1716－0006340　普集 0574/06340
集部/别集類
畏廬文集一卷續集一卷三集一卷詩存二卷論文一卷瑣記一卷　林紓撰　民國二年(1913)上海商務印書館鉛印本　沈鈞業題記　一冊　存一卷(文集)

330000－1716－0006343　普集 0578/06343
集部/總集類/題詠之屬
松聲琴韻集不分卷　方濟川輯　民國三十七年(1948)鉛印本　一冊

330000－1716－0006345　普集 0580/06345
集部/總集類/郡邑之屬
姚江詩録八卷　謝寶書編　民國二十年(1931)中華書局鉛印本　六冊

330000－1716－0006346　普集 0577/06346
集部/别集類
感逝叢刊四種　唐風撰　民國十九年(1930)紹興印刷局鉛印本　一冊

330000－1716－0006348　普集 0581/06348
子部/宗教類/佛教之屬/諸宗
印光法師文鈔二卷附録一卷　釋聖量撰　民國九年(1920)上海商務印書館鉛印本　二冊

330000－1716－0006349　普集 0582/06349

子部/宗教類/佛教之屬/諸宗
印光法師文鈔二卷附録一卷 釋聖量撰 民國九年(1920)上海商務印書館鉛印本 二冊

330000－1716－0006358 普集 0589/06358
集部/總集類/選集之屬/斷代
江湖夜雨集九卷 吳貞懿輯 民國八年(1919)鉛印本 三冊 缺二卷(一至二)

330000－1716－0006361 普集 0590/06361
集部/别集類/清别集
名山藏副本初集二卷贈言集一卷 (清)齊周華撰 民國九年(1920)杭州武林印書館鉛印本 二冊

330000－1716－0006363 史補 1269/06363
史部/史抄類
史記精華八卷 中華書局編 民國十二年(1923)上海中華書局鉛印本 二冊

330000－1716－0006367 普集 0597/06367
集部/總集類/選集之屬/通代
玉臺新詠十卷 (南朝陳)徐陵編 (清)吳兆宜注 (清)程琰刪補 民國四年(1915)上海掃葉山房石印本 六冊

330000－1716－0006368 普集 0596/06368
集部/别集類/明别集
玄蓋副草二十卷目録二卷 (明)吳稼竳撰 民國五年(1916)吳氏雍睦堂影印本 六冊

330000－1716－0006372 普集 0598/06372
類叢部/叢書類/自著之屬
梨洲遺著彙刊二十七種續補三種 (清)黃宗羲撰 薛鳳昌編次 民國八年(1919)上海掃葉山房鉛印本(南雷文定三集卷三原缺) 八冊

330000－1716－0006379 子補 3924/06379
子部/藝術類/書畫之屬/畫譜
南宗山水畫稿四卷 劉愔繪 潘衎編訂 民國十四年(1925)上海中華新教育社石印本 一冊 存二卷(三至四)

330000－1716－0006386 普集 0609/06386
類叢部/叢書類/自著之屬
隨園全集三十八種 (清)袁枚撰 民國七年(1918)上海文明書局石印本 六十四冊

330000－1716－0006387 子補 1043/06387
子部/儒家類/儒學之屬
儒門日誦一卷習字摹楷一卷溫公經訓一卷 民國宏大善書局石印本 一冊

330000－1716－0006390 普集 0592/06390
類叢部/叢書類/家集之屬
諸暨馮氏叢刻五種四十四卷 馮振音編 民國六年(1917)鉛印本 一冊 存一種

330000－1716－0006395 史補 1260/06395
史部/編年類/通代之屬
歷代史鑑易知録八卷 守拙居士編 民國九年(1920)上海昌明書局石印本 八冊

330000－1716－0006397 普集 0617/06397
集部/别集類
長勿勿齋詩集五卷 王葆楨撰 民國五年(1916)杭垣鉛印本 王葆楨題記 二冊

330000－1716－0006408 普集 0625/06408
子部/宗教類/道教之屬/雜著
滄縣志悟堂理道全集八卷 范清谷撰 民國二十年(1931)鉛印本 一冊

330000－1716－0006413 史補 1261/06413
史部/雜史類/斷代之屬
國語詳注二十一卷 沈鎔輯注 民國上海文明書局鉛印本 一冊 存三卷(一至三)

330000－1716－0006418 史補 1262－1/06418 史部/史抄類
分段詳注評點史記菁華録六卷 (清)姚祖恩輯 王有宗評注 民國十四年(1925)上海鑫記書社石印本 六冊

330000－1716－0006419 子補 1257/06419
子部/雜著類/雜纂之屬
爾雅解題及其讀法一卷 陳邦懷撰 **爾雅草木蟲魚鳥獸釋例一卷** 王國維撰 **非斯的人生天職論述評一卷續一卷** 梁啟超撰 民國油印本 一冊

330000－1716－0006422　史補 1262－2/06422　史部/史抄類

史記菁華録六卷　(清)姚祖恩輯評　民國上海商務印書館鉛印本　三冊

330000－1716－0006423　史補 1262－3/06423　史部/史抄類

史記菁華録六卷　(清)姚祖恩輯評　民國上海商務印書館鉛印本　二冊　存四卷(三至六)

330000－1716－0006430　史補 1266/06430　史部/紀傳類/正史之屬

史記論文一百三十卷　(清)吳見思評點　民國十九年(1930)上海廣益書局鉛印本　耀□題記　十六冊

330000－1716－0006454　地獻 1588/06454　子部/宗教類/佛教之屬

醒世鐘四卷　民國二年(1913)浙紹文茂山房刻本　四冊

330000－1716－0006462　史補 1285/06462　史部/金石類/總志之屬

清儀閣所藏古器物文十卷　(清)張廷濟輯　民國十四年(1925)上海商務印書館影印本　十冊

330000－1716－0006469　普集 0684/06469　類叢部/叢書類/自著之屬

惜抱軒全集七種　(清)姚鼐撰　民國上海會文堂書局石印本　八冊

330000－1716－0006470　史補 1276/06470　史部/金石類/總志之屬/文字

金石叢書四卷　黄賓虹編撰　胡維銓增輯　民國十六年(1927)抄本　三冊　缺一卷(一)

330000－1716－0006472　普集 0686/06472　集部/總集類/選集之屬/通代

續古文觀止八卷　王文濡選輯　姚文譔等評注　民國十三年(1924)上海文明書局鉛印本　四冊

330000－1716－0006474　普集 0687/06474　集部/總集類/選集之屬/斷代

近代詩鈔不分卷　陳衍輯　民國十二年(1923)上海商務印書館鉛印本　二十四冊

330000－1716－0006475　子補 3158/06475　子部/藝術類/書畫之屬/書法書品

邵息盦先生小楷一卷　邵松年書　民國六年(1917)影印本　一冊

330000－1716－0006485　普集 0698/06485　集部/別集類

張季子詩録十卷　張謇撰　民國五年(1916)文藝雜志社石印本　二冊

330000－1716－0006487　普集 0699/06487　類叢部/叢書類/彙編之屬

四部叢刊　張元濟等編　民國上海商務印書館影印本　四冊　存一種

330000－1716－0006490　普集 0697/06490　集部/別集類/唐五代別集

白香山詩長慶集二十卷後集十七卷別集一卷補遺二卷　(唐)白居易撰　(清)汪立名編訂　**白香山年譜一卷**　(清)汪立名撰　**白香山年譜舊本一卷**　(宋)陳振孫撰　民國十三年(1924)上海光霽書局石印本　十二冊

330000－1716－0006494　普集 0703/06494　集部/總集類/選集之屬/斷代

清朝駢體正宗評本十二卷　(清)曾燠輯　(清)姚燮評　民國上海文瑞樓石印本　四冊

330000－1716－0006499　普集 0706/06499　集部/總集類/選集之屬/通代

宛鄰書屋古詩録十二卷　(清)張琦輯　民國五年(1916)掃葉山房石印本　四冊

330000－1716－0006501　普集 0705/06501　集部/別集類/唐五代別集

玉谿生詩詳注六卷首一卷　(唐)李商隱撰　(清)馮浩注　民國三年(1914)中華圖書館石印本　八冊

330000－1716－0006503　普集 0709/06503　類叢部/叢書類/自著之屬

太一遺書七種續刊五種　甯調元撰　民國四年(1915)鉛印本　一冊　存三種

330000－1716－0006504　普集 0711/06504
集部/別集類
樊樊山全集□□種　樊增祥撰　民國十五年(1926)上海廣益書局鉛印本　六册　存一種

330000－1716－0006506　普集 0710/06506
集部/別集類
樊山集二十四卷續集三十二卷批判十五卷公牘三卷二家詞鈔五卷二家詠古詩一卷二家試帖二卷　樊增祥撰　民國十二年(1923)上海廣益書局石印本　二十四册

330000－1716－0006507　普集 0688/06507
集部/總集類/選集之屬/通代
全上古三代秦漢三國六朝文七百四十六卷　(清)嚴可均輯　民國十九年(1930)影印本(韻編全文姓氏卷一至五原缺)　五十册　缺一百八十三卷(全晉文一至九十一、一百四至一百二十六、一百三十八至一百六十七,全宋文一至十二、二十六至五十二)

330000－1716－0006508　普集 0712/06508
集部/別集類
樊山文鈔四卷詩鈔六卷　樊增祥撰　民國元年(1912)玲碧書屋石印本　十册

330000－1716－0006509　普集 0713/06509
集部/別集類/清別集
海鷗館詩存不分卷　(清)黄齊棠撰　民國鉛印本　五册

330000－1716－0006511　普集 0714/06511
集部/別集類/宋別集
林和靖先生詩集四卷附録一卷　(宋)林逋撰　**校語一卷**　邵裴子撰　民國二十四年(1935)上海商務印書館鉛印本　一册

330000－1716－0006512　普集 0716/06512
集部/別集類/唐五代別集
注釋評點韓昌黎文全集十卷年譜一卷　(唐)韓愈撰　湯壽銘增訂　蔣箸超評注　民國十三年(1924)上海會文堂書局鉛印本　十册

330000－1716－0006513　子補 3154/06513
子部/藝術類/遊藝之屬/聯語
商卜文集聯一卷詩一卷　丁仁撰　民國十七年(1928)石印本　一册

330000－1716－0006514　史補 1282/06514
史部/金石類
非儒非俠齋金石叢著十種　顧燮光撰　民國會稽顧氏金佳石好樓石印本暨鉛印本　一册　存一種

330000－1716－0006517　史補 1283/06517
史部/金石類/金之屬
金文續編十四卷附録一卷采用秦器銘文一卷檢字一卷　容庚撰集　民國二十四年(1935)上海商務印書館石印本　二册

330000－1716－0006521　普集 0708/06521
集部/總集類/選集之屬/通代
古文辭類纂七十五卷附録一卷　(清)姚鼐纂輯　**續古文辭類纂三十四卷**　王先謙輯　民國上海會文堂書局石印本　十二册　缺三十四卷(續古文辭類纂一至三十四)

330000－1716－0006524　普集 0720/06524
集部/別集類/清別集
菊隱廬詩録二卷　(清)唐恭安撰　民國十三年(1924)瓶花齋鉛印本　一册

330000－1716－0006528　普集 0722/06528
集部/總集類/選集之屬/斷代
三子游草不分卷　高夔等撰　民國四年(1915)鉛印本　一册

330000－1716－0006531　普集 0723/06531
集部/總集類/選集之屬/斷代
三子游草不分卷　高夔等撰　民國四年(1915)鉛印本　一册

330000－1716－0006537　地獻 1984－7/06537　類叢部/叢書類/彙編之屬
復性書院叢刊二十七種　馬浮編　民國二十九年至三十七年(1940－1948)復性書院刻本暨鉛印本　三册　存二種

330000－1716－0006541　史補 1288/06541
史部/史評類/史論之屬
國史概論四卷　葛陛綸輯　民國十二年

(1923)上海會文堂石印本　六册

330000－1716－0006544　普集 0746/06544
集部/别集類/清别集
小綠天庵遺詩二卷六舟山野紀事詩一卷　(清)釋達受撰　民國九年(1920)海寧姚氏古樸山房鉛印本　一册

330000－1716－0006545　史補 1290/06545
史部/政書類/律令之屬/判牘
樊山判牘四卷　樊增祥撰　民國上海錦章圖書局石印本　一册

330000－1716－0006576　史補 1300/06576
史部/職官類/官箴之屬
將吏法言八卷　徐世昌撰　民國八年(1919)静遠堂鉛印本　四册

330000－1716－0006589　集補 1293/06589
集部/曲類/寶卷之屬
雙恩寶卷二卷　民國石印本　二册　存一卷(二)

330000－1716－0006590　史補 1301/06590
史部/金石類
山陰吴氏遯盦金石叢書(遯盦金石叢書)十五種　吴隱輯　民國三年至十年(1914－1921)山陰吴氏西泠印社木活字印本　九册　存一種

330000－1716－0006602　史補 1302/06602
史部/傳記類/雜傳之屬
戬壽堂百卅合慶壽言不分卷　姬覺彌編　民國十二年(1923)上海愛儷園鉛印本　八册

330000－1716－0006613　普集 0767/06613
集部/别集類
蓼坡詩存十二卷　周慶雲撰　民國刻本　三册　缺三卷(四至六)

330000－1716－0006616　經補 1319/06616
經部/四書類/孟子之屬/傳説
孟子文評不分卷　(清)趙承謨評點　民國五年(1916)上海交通圖書館石印本　四册

330000－1716－0006622　經補 1320/06622
經部/四書類/總義之屬/傳説
言文對照廣注四書讀本　世界書局編輯所編輯　民國十八年(1929)上海世界書局石印本　十四册

330000－1716－0006625　子補 3159/06625
子部/儒家類/儒學之屬/禮教/女範
繪圖女四書白話解四卷　沈朱坤編譯　民國七年(1918)上海會文堂書局石印本　四册

330000－1716－0006627　經補 0324－2/06627　經部/四書類/總義之屬
四書説約一卷　(清)赤水明圓光月老人撰　民國上海宏大善書局石印本　一册

330000－1716－0006628　經補 0324－3/06628　經部/四書類/總義之屬
四書説約一卷　(清)赤水明圓光月老人撰　民國上海宏大善書局石印本　一册

330000－1716－0006630　經補 0324－4/06630　經部/四書類/總義之屬
四書説約一卷　(清)赤水明圓光月老人撰　民國上海宏大善書局石印本　一册

330000－1716－0006633　普集 0784/06633
集部/别集類/清别集
翁松禪手札十集　(清)翁同龢撰　民國十五年(1926)上海有正書局石印本　十册

330000－1716－0006636　史補 1305－1/06636　史部/地理類/方志之屬/通志
[民國]浙江新志三卷　姜卿雲編　民國二十五年(1936)杭州正中書局鉛印本　一册　存一卷(下)

330000－1716－0006637　史補 1305－2/06637　史部/地理類/方志之屬/通志
[民國]浙江新志三卷　姜卿雲編　民國二十五年(1936)杭州正中書局鉛印本　一册　存一卷(下)

330000－1716－0006645　史補 1309/06645
史部/傳記類/總傳之屬/姓名
歷代名人姓氏全編三十二卷　民國有正書局石印本　十二册　存十四卷(十九至三十二)

330000－1716－0006663　普集 0804/06663
集部/別集類/明別集
陶元暉中丞遺集二卷首一卷附録一卷跋一卷　(明)陶朗先撰　民國九年(1920)上海聚珍倣宋印書局鉛印本　二册

330000－1716－0006664　普集 0805/06664
集部/別集類/明別集
陶元暉中丞遺集二卷首一卷附録一卷跋一卷　(明)陶朗先撰　民國九年(1920)上海聚珍倣宋印書局鉛印本　二册

330000－1716－0006669　普集 0806/06669
集部/別集類/清別集
紫竹山房遺稿一卷　(清)朱承勳撰　(清)朱文治重録　民國二十二年(1933)上海中華書局鉛印本　朱允中題記　一册

330000－1716－0006678　經補 0394－1/06678　經部/四書類/總義之屬/傳説
四書集注十九卷　(宋)朱熹撰　民國上海天寶書局石印本　一册　存一種

330000－1716－0006682　普集 0817/06682
集部/別集類
蠲戲齋詩編年集八卷避寇集一卷芳杜詞賸一卷　馬浮撰　**蠲戲齋詩前集二卷**　馬浮撰　張立民　楊蔭林輯録　民國二十九年(1940)、三十六年(1947)刻本　六册

330000－1716－0006683　集補 1406－3/06683　集部/總集類/選集之屬/通代
歷代詩文評注讀本　王文濡編　民國上海文明書局鉛印本　十三册　存六種

330000－1716－0006684　普集 0823/06684
集部/別集類/清別集
張文襄公詩集四卷　(清)張之洞撰　民國六年(1917)上海集益書局石印本　四册

330000－1716－0006687　普集 0824/06687
集部/詩文評類/詩評之屬
滄浪詩話注五卷　(宋)嚴羽撰　(清)胡鑑注　民國六年(1917)上海朝記書莊石印本　三册

330000－1716－0006688　史補 1322/06688
史部/目録類/總録之屬/私撰
杭州抱經堂舊書録目不分卷　杭州抱經堂書局編　民國十四年(1925)杭州抱經堂書局石印本　一册

330000－1716－0006689　普集 0827/06689
集部/總集類/選集之屬/通代
漢魏六朝文綜四卷續鈔一卷　(清)凌德編次　民國八年(1919)上海掃葉山房石印本　四册

330000－1716－0006690　普集 0845/06690
集部/別集類/漢魏六朝別集
陶淵明文集十卷　(晉)陶潛撰　民國二年(1913)上海著易堂書局石印本　四册

330000－1716－0006691　史補 1323/06691
史部/目録類/總録之屬/私撰
千頃堂書局圖書目録不分卷　千頃堂書局編　民國二十一年(1932)上海千頃堂書局石印本　一册

330000－1716－0006692　普集 0830/06692
集部/總集類/選集之屬/通代
歷代詩文評注讀本　王文濡編　民國上海文明書局鉛印本　三册　存一種

330000－1716－0006693　集補 1406－5/06693　集部/總集類/選集之屬/通代
歷代詩文評注讀本　王文濡編　民國上海文明書局鉛印本　四册　存一種

330000－1716－0006694　史補 1326/06694
史部/史抄類
史記菁華録六卷　(清)姚祖恩輯評　民國四年(1915)上海鴻寶齋石印本　一册　存二卷(一至二)

330000－1716－0006695　普集 0832/06695
集部/別集類/唐五代別集
王子安集注二十卷首一卷末一卷　(唐)王勃撰　(清)蔣清翊注　民國上海鑄記書局石印本　六册　存十卷(一至九、首)

330000－1716－0006696　普集 0833/06696

集部/總集類/選集之屬/通代
瀛奎律髓刊誤四十九卷 （元）方回輯 （清）紀昀批點 民國十一年（1922）上海掃葉山房石印本 八冊

330000－1716－0006697 普集 0834/06697
集部/詞類/總集之屬
絶妙近詞二卷 （清）顧貞觀 （清）納蘭成德選 民國十五年（1926）上海大東書局石印本 二冊

330000－1716－0006701 史補 1325－2/06701 史部/政書類/律令之屬/判牘
樊山判牘續集四卷 樊增祥撰 民國十三年（1924）上海掃葉山房石印本 一冊

330000－1716－0006702 普集 0835/06702
集部/別集類/唐五代別集
韓文起十二卷 （唐）韓愈撰 （清）林雲銘評注 民國四年（1915）上海會文堂書局石印本 六冊

330000－1716－0006703 普集 0837/06703
集部/別集類/清別集
孟塗前集十卷後集二十二卷文集十卷駢體文集二卷 （清）劉開撰 民國四年（1915）掃葉山房石印本 八冊 缺一卷（後集八）

330000－1716－0006706 史補 1324/06706
史部/目録類/總録之屬/私撰
大華書店書目不分卷 大華書店編 民國二十四年（1935）蘇州大華書店石印本 一冊

330000－1716－0006707 普集 0842/06707
集部/詩文評類/文法之屬/文法
作文初步四卷 江山淵編 民國八年（1919）上海文明書局鉛印本 二冊

330000－1716－0006709 普集 0840/06709
集部/總集類/選集之屬/斷代
清朝駢體正宗評本十二卷 （清）曾燠輯 （清）姚燮評 民國上海文瑞樓石印本 四冊

330000－1716－0006710 普集 0841/06710
集部/曲類/曲選之屬
元曲別裁集二卷 盧前編 民國十七年（1928）上海開明書店鉛印本 一冊

330000－1716－0006712 史補 1319/06712
史部/政書類/公牘檔冊之屬
黎副總統政書三十四卷 黎元洪撰 易國幹等編 民國四年（1915）上海古今圖書局石印本 二十四冊

330000－1716－0006713 新補 0489/06713
新學/雜著
新輯繪圖洋務日用雜字一卷 民國石印本 一冊

330000－1716－0006714 普集 0846/06714
集部/總集類/選集之屬/斷代
清代閨秀詩鈔八卷 紅梅閣主人輯 清暉樓主人續輯 民國十一年（1922）上海中華新教育社石印本 四冊

330000－1716－0006715 集補 2484/06715
集部/詞類/詞譜之屬
白香詞譜一卷晚翠軒詞韻一卷 （清）舒夢蘭輯 民國十一年（1922）上海朝記書莊鉛印本 劍心題跋 四冊

330000－1716－0006716 普集 0848/06716
集部/詩文評類/詩評之屬
靜志居詩話二十四卷 （清）朱彝尊撰 （清）姚祖恩輯 民國二年（1913）上海文瑞樓石印本 十冊

330000－1716－0006723 普集 1947－2/06723 集部/戲劇類/總集之屬/傳奇
十二家評點李笠翁十種曲 （清）李漁編 民國七年（1918）上海朝記書莊石印本 五冊 存五種

330000－1716－0006725 普集 0855/06725
集部/總集類/彙編之屬
康南海梁任公文集合刻不分卷 朱振新編 民國三年（1914）上海共和編譯局石印本 七冊

330000－1716－0006726 普集 0856/06726
集部/別集類/唐五代別集
重刊五百家注音辯昌黎先生文集四十卷

(唐)韓愈撰　民國上海文瑞樓石印本　十一冊　存三十七卷(一至三十七)

330000－1716－0006728　集補 2486/06728
集部/詞類/詞韻之屬
詞林正韻三卷發凡一卷　(清)戈載撰　民國二十三年(1934)掃葉山房石印本　童鼎璜題記　四冊

330000－1716－0006732　集補 2487/06732
集部/曲類/曲選之屬
繪圖綴白裘十二集四十八卷　(清)玩花主人輯　(清)錢德蒼增輯　民國四年(1915)上海富華圖書館石印本　十二冊

330000－1716－0006740　普集 0867/06740
集部/別集類
三借廬詩賸二卷駢文賸一卷詞賸一卷尺牘一卷　鄒弢撰　民國三年(1914)上海文瑞樓鉛印本　一冊　缺二卷(詩賸上、下)

330000－1716－0006741　集補 2483/06741
集部/詞類/總集之屬
天籟軒詞譜五卷詞韻一卷　葉申薌輯　民國三年(1914)掃葉山房石印本　六冊

330000－1716－0006743　集補 2488/06743
集部/詞類/總集之屬
升菴先生樂府四卷附録一卷　(明)楊慎撰　**黄夫人樂府四卷**　(明)黄峨撰　**升菴先生年譜一卷**　(清)黄蘭波　(清)黄緣芳編　**諸家評紀二卷**　(清)黄蘭波　(清)黄緣芳輯　民國二十九年(1940)上海中華書局鉛印本　黄緣芳題記　二冊

330000－1716－0006755　集補 0010－33/06755　集部/戲劇類/雜劇之屬
繡像繪圖第六才子書□□卷　(元)王德信　(元)關漢卿撰　(清)金人瑞評　民國上海進步書局石印本　一冊　存三卷(一至三)

330000－1716－0006756　集補 2492/06756
集部/總集類/選集之屬/通代
言文對照古文評注讀本十二卷　(清)過珙　(清)黄越評選　民國上海世界書局石印本　九冊　存九卷(二至五、七至九、十一至十二)

330000－1716－0006762　集補 0010－30/06762　集部/戲劇類/雜劇之屬
增批繪像第六才子書八卷　(元)王德信　(元)關漢卿撰　(清)金人瑞評　**六才子西廂文一卷**　**唐六如先生文韻一卷**　(明)祝允明評定　(明)念庵居士輯　民國二年(1913)上海掃葉山房石印本　三冊　存六卷(一至二、七至八,西廂文,唐六如先生文韻)

330000－1716－0006770　子補 2663/06770
子部/宗教類/其他宗教之屬/基督教
告解粗談一卷　民國元年(1912)甬江七苦堂鉛印本　一冊

330000－1716－0006771　普史 1677/06771
史部/紀傳類/正史之屬
二十四史附考證　民國上海涵芬樓據清乾隆武英殿刻本影印本　十六冊　存一種

330000－1716－0006775　集補 2494－1/06775　集部/戲劇類/傳奇之屬
繡像繪圖燕子箋傳奇二卷四十二齣　(明)阮大鋮撰　民國上海進步書局石印本　二冊

330000－1716－0006776　集補 2495/06776
集部/別集類/宋別集
朱淑真斷腸詩集十卷補遺一卷後集七卷斷腸詞一卷　(宋)朱淑真撰　(宋)鄭元佐注　民國中華圖書館石印本　二冊

330000－1716－0006778　集補 2494－2/06778　集部/戲劇類/傳奇之屬
繡像繪圖燕子箋傳奇二卷四十二齣　(明)阮大鋮撰　民國上海進步書局石印本　二冊

330000－1716－0006779　集補 2496－1/06779　集部/曲類/曲韻曲譜曲律之屬
遏雲閣曲譜不分卷　(清)王錫純輯　(清)李秀雲拍正　民國八年(1919)上海著易堂書局鉛印本　五冊

330000－1716－0006780　集補 2496－2/06780　集部/別集類/清別集
二曲集二十八卷　(清)李顒撰　民國上海文

瑞樓石印本　一冊　存六卷(一至六)

330000－1716－0006781　集補 2497/06781
集部/別集類/清別集
陳檢討四六二十卷　(清)陳維崧撰　(清)程師恭注　民國上海文瑞樓、鴻章書局石印本　四冊

330000－1716－0006786　集補 2499/06786
集部/總集類/選集之屬/通代
古文辭類纂七十五卷附録一卷　(清)姚鼐纂輯　**續古文辭類纂三十四卷**　王先謙輯　民國上海會文堂書局石印本　八冊　存三十四卷(續古文辭類纂一至三十四)

330000－1716－0006806　普集 0909/06806
集部/別集類/宋別集
陳龍川書牘一卷　(宋)陳亮撰　民國三年(1914)上海商務印書館鉛印本　二冊

330000－1716－0006812　普集 0910/06812
集部/別集類/清別集
惜抱軒尺牘八卷　(清)姚鼐撰　民國七年(1918)上海商務印書館鉛印本　二冊

330000－1716－0006813　普集 0911/06813
集部/詩文評類/詩評之屬
石遺室詩話十三卷　陳衍撰　民國上海廣益書局石印本　四冊

330000－1716－0006814　普集 0912/06814
集部/總集類/尺牘之屬
尺牘蘭言五卷　(清)黄容　(清)王維翰選評　民國六年(1917)上海有正書局鉛印本　一冊

330000－1716－0006816　普集 0913/06816
集部/總集類/選集之屬/通代
六朝文絜四卷　(清)許槤輯並評　民國據清道光五年(1825)海昌許氏享金寶石齋刻本影印本　二冊

330000－1716－0006822　普集 0921/06822
集部/總集類/尺牘之屬
影印名人手札真蹟大全十二種　劉再蘇搜集　民國十四年(1925)上海世界書局影印本　六冊

330000－1716－0006823　普集 0920/06823
集部/別集類
飲冰室全集四十八卷　梁啟超撰　民國五年(1916)上海中華書局鉛印本　三十八冊　缺十卷(一至五、八至十二)

330000－1716－0006824　普集 0918/06824
集部/別集類/清別集
徐烈婦詩鈔二卷　(清)吳宗愛撰　(清)俞樾　(清)王崇炳編集　**同心梔子圖續編一卷**　(清)應瑩撰　民國石印本　一冊

330000－1716－0006825　普集 0922/06825
集部/總集類/氏族之屬
三蘇全集　(清)弓翊清等編　民國上海掃葉山房石印本　二十冊　缺六十三卷(東坡集一至六十三)

330000－1716－0006827　普集 0919/06827
集部/總集類/彙編之屬
章譚合鈔二種　章炳麟　(清)譚嗣同撰　民國上海中華圖書館石印本　五冊　存一種

330000－1716－0006828　普集 0926/06828
集部/戲劇類/傳奇之屬
繪圖燕子箋記四卷四十二齣　(明)阮大鋮撰　(清)雪韻堂批點　民國石印本　二冊

330000－1716－0006830　集補 0093/06830
集部/小說類/長篇之屬
新編繪圖荒山劍俠傳三集□□卷□□回　民國石印本　一冊　存一卷(二)

330000－1716－0006833　普集 0928/06833
集部/詞類/詞譜之屬
攷正白香詞譜三卷附録一卷　陳小蝶編　**增訂晚翠軒詞韻一卷**　陳祖耀校正　民國七年(1918)春草軒鉛印本暨石印本　四冊

330000－1716－0006835　普集 0929/06835
集部/詞類/別集之屬
珠玉詞一卷補遺一卷　(宋)晏殊撰　林大椿編校　**珠玉詞校記一卷**　林大椿撰　民國二十三年(1934)上海商務印書館鉛印本　一冊

330000－1716－0006836　普集 0930/06836　集部/總集類/選集之屬/通代

涵芬樓古今文鈔簡編四十卷首一卷　吳曾祺輯　民國五年(1916)上海商務印書館鉛印本　三十三册　缺八卷(一至二、十二至十三、十七、二十三、三十九至四十)

330000－1716－0006841　普集 0931/06841　類叢部/叢書類

真賞樓叢刻　蔣國榜編　民國十年(1921)江寧蔣氏真賞樓鉛印本　一册　存二種

330000－1716－0006847　普集 0935/06847　集部/別集類

散原精舍詩二卷續集三卷　陳三立撰　民國十一年(1922)上海商務印書館鉛印本　二册　存二卷(一至二)

330000－1716－0006856　集補 2515－1/06856　集部/詞類/別集之屬

曼陀羅寱詞一卷　沈曾植撰　民國十三年(1924)上海商務印書館鉛印本　一册

330000－1716－0006859　集補 2515－2/06859　集部/詞類/別集之屬

曼陀羅寱詞一卷　沈曾植撰　民國十三年(1924)上海商務印書館鉛印本　一册

330000－1716－0006861　集補 2515－3/06861　集部/詞類/別集之屬

曼陀羅寱詞一卷　沈曾植撰　民國十三年(1924)上海商務印書館鉛印本　一册

330000－1716－0006863　集補 2515－4/06863　集部/詞類/別集之屬

曼陀羅寱詞一卷　沈曾植撰　民國十四年(1925)上海商務印書館鉛印本　一册

330000－1716－0006868　集補 2515－5/06868　集部/詞類/別集之屬

曼陀羅寱詞一卷　沈曾植撰　民國十四年(1925)上海商務印書館鉛印本　童鼎璜題記　一册

330000－1716－0006872　普集 0951/06872　集部/總集類/酬唱之屬

黃華集一卷　高燮編　民國十三年(1924)閑閑山莊鉛印本　一册

330000－1716－0006879　普集 0956/06879　集部/別集類/清別集

蓬萊山樵詩鈔一卷　(清)秦大士撰　**附茹茶唫一卷**　(清)秦象曾撰　**吟秋遺稿一卷**　(清)秦宗臣撰　民國十五年(1926)瓶花吟社鉛印本　一册

330000－1716－0006881　普集 0955/06881　集部/總集類/酬唱之屬

兩京同游草一卷　高燮等撰　民國上海聚珍倣宋印書局鉛印本　一册

330000－1716－0006884　普集 0959/06884　集部/別集類

刪亭文集二卷續集二卷　周同愈撰　民國二十四年(1935)無錫周氏鉛印本　一册

330000－1716－0006890　集補 2519－1/06890　集部/詞類/別集之屬

八百里湖荷花漁唱二卷八百里荷花館題畫詞一卷　袁天庚撰　民國二十三年(1934)鉛印本　童鼎璜題記　二册

330000－1716－0006892　集補 2519－2/06892　集部/詞類/別集之屬

八百里湖荷花漁唱二卷八百里荷花館題畫詞一卷　袁天庚撰　民國二十三年(1934)鉛印本　童鼎璜題記　二册

330000－1716－0006896　普集 0970/06896　集部/別集類

山青雲白軒詩草二卷　傅宛撰　民國十一年(1922)鉛印本　二册

330000－1716－0006897　集補 2519－3/06897　集部/詞類/別集之屬

八百里湖荷花漁唱二卷八百里荷花館題畫詞一卷　袁天庚撰　民國二十三年(1934)鉛印本　二册

330000－1716－0006898　集補 2519－4/06898　集部/詞類/別集之屬

八百里湖荷花漁唱二卷八百里荷花館題畫詞

一卷　袁天庚撰　民國二十三年(1934)鉛印本　二冊

330000－1716－0006912　集補 2521－1/06912　集部/別集類
梅窗風雪稿一卷　任淑雲撰　民國十七年(1928)鉛印本　一冊

330000－1716－0006918　集補 2521－2/06918　集部/別集類
梅窗風雪稿一卷　任淑雲撰　民國十七年(1928)鉛印本　一冊

330000－1716－0006919　集補 2523－1/06919　集部/別集類/清別集
愧廬文鈔二卷詩鈔一卷聯稿一卷　(清)胡鍾生撰　蔡元培選　民國三年(1914)上海越社鉛印本　一冊

330000－1716－0006920　集補 2523－2/06920　集部/別集類/清別集
愧廬文鈔二卷詩鈔一卷聯稿一卷　(清)胡鍾生撰　蔡元培選　民國三年(1914)上海越社鉛印本　一冊

330000－1716－0006922　集補 2521－3/06922　集部/別集類
梅窗風雪稿一卷　任淑雲撰　民國十七年(1928)鉛印本　一冊

330000－1716－0006924　集補 2521－4/06924　集部/別集類
梅窗風雪稿一卷　任淑雲撰　民國十七年(1928)鉛印本　一冊

330000－1716－0006933　集補 2529－1/06933　集部/別集類
俠龕詩存一卷　陳中嶽撰　民國十五年(1926)鉛印本　一冊

330000－1716－0006936　集補 2529－2/06936　集部/別集類
俠龕詩存一卷　陳中嶽撰　民國十五年(1926)鉛印本　一冊

330000－1716－0006937　普集 0995/06937　集部/詞類/別集之屬
納蘭詞五卷補遺一卷　(清)納蘭成德撰　民國上海有正書局石印本　一冊

330000－1716－0006946　普集 0996/06946　集部/詞類/總集之屬
近人詞録二卷　雷瑨輯　民國四年(1915)上海掃葉山房石印本　一冊

330000－1716－0006947　普集 0997/06947　集部/詞類/總集之屬
全唐詞選二卷　民國元年(1912)上海掃葉山房石印本　二冊

330000－1716－0006949　普集 0999/06949　子部/雜著類/雜編之屬
日用酬世大觀　世界書局編輯所編　民國十八年(1929)上海世界書局石印本　三冊

330000－1716－0006950　普集 1000/06950　集部/別集類/漢魏六朝別集
庾子山集十六卷　(北周)庾信撰　(清)倪璠注釋　**庾集總釋一卷庾子山年譜一卷**　(清)倪璠撰　民國十四年(1925)埽葉山房石印本　十一冊

330000－1716－0006951　普集 1001/06951　集部/總集類/尺牘之屬
分類箋注文辭大尺牘二十六卷　(明)鍾惺纂輯　(明)馮夢龍訂釋　(清)王鼎增輯　民國十年(1921)上海求古齋鉛印本　十六冊

330000－1716－0006952　集補 2533－1/06952　集部/別集類/清別集
求志齋遺墨一卷　(清)王餘慶撰　民國十四年(1925)鉛印本　曾壽昌跋　一冊

330000－1716－0006954　集補 2533－2/06954　集部/別集類/清別集
求志齋遺墨一卷　(清)王餘慶撰　民國十四年(1925)鉛印本　一冊

330000－1716－0006955　集補 2533－3/06955　集部/別集類/清別集
求志齋遺墨一卷　(清)王餘慶撰　民國十四年(1925)鉛印本　一冊

330000－1716－0006956　集補 2533－4/06956　集部/別集類/清別集

求志齋遺墨一卷　(清)王餘慶撰　民國十四年(1925)鉛印本　一冊

330000－1716－0006958　集補 2537－1/06958　集部/別集類

望虹樓遺箸三卷　陶熙孫撰　民國二十四年(1935)鉛印本　一冊

330000－1716－0006959　普集 1006/06959　集部/別集類/明別集

返生香一卷附集一卷　(明)葉小鸞撰　民國據清光緒二十二年(1896)羊城夢龕刻本影印本　三冊

330000－1716－0006960　普集 1003/06960　集部/總集類/尺牘之屬

唐宋十大家尺牘十四卷　文明書局輯　民國十一年(1922)上海文明書局石印本　十二冊

330000－1716－0006961　集補 2537－2/06961　集部/別集類

望虹樓遺箸三卷　陶熙孫撰　民國二十四年(1935)鉛印本　一冊

330000－1716－0006963　普集 1007/06963　集部/別集類/唐五代別集

杜詩詳注二十五卷首一卷附編二卷　(清)仇兆鰲輯注　民國四年(1915)上海掃葉山房石印本　二十四冊　缺四卷(二至三、十一、二十一)

330000－1716－0006964　集補 2535/06964　集部/別集類

冰雪寮詩鈔二卷　釋淡雲撰　民國十九年(1930)鉛印本　一冊

330000－1716－0006965　集補 2540/06965　集部/別集類

敉廬吟草二卷　朱允中撰　民國二十三年(1934)鉛印本　一冊

330000－1716－0006968　集補 2537－3/06968　集部/別集類

望虹樓遺箸三卷　陶熙孫撰　民國二十四年(1935)鉛印本　一冊

330000－1716－0006969　普集 1010/06969　集部/詞類/詞話之屬

詞辨二卷介存齋論詞雜箸一卷　(清)周濟編　民國八年(1919)上海掃葉山房石印本　一冊

330000－1716－0006970　集補 2537－4/06970　集部/別集類

望虹樓遺箸三卷　陶熙孫撰　民國二十四年(1935)鉛印本　一冊

330000－1716－0006971　集補 2537－5/06971　集部/別集類

望虹樓遺箸三卷　陶熙孫撰　民國二十四年(1935)鉛印本　一冊

330000－1716－0006972　集補 2537－6/06972　集部/別集類

望虹樓遺箸三卷　陶熙孫撰　民國二十四年(1935)鉛印本　一冊

330000－1716－0006973　集補 2538/06973　集部/別集類

汲修齋詩存二卷　鮑元輝撰　民國十九年(1930)鉛印本　一冊

330000－1716－0006974　普集 1004 普集 1224 普集 1225/06974　集部/總集類/尺牘之屬

古今尺牘大觀上編不分卷　姚漢章　張相纂輯　**古今尺牘大觀中編不分卷**　姚漢章　何實睿纂輯　**古今尺牘大觀下編不分卷**　鍾毓龍　朱用賓纂輯　民國十二年(1923)上海中華書局鉛印本　四十冊

330000－1716－0006984　普集 1019/06984　集部/詩文評類/詩評之屬

隨園詩話十六卷補遺十卷　(清)袁枚撰　民國三年(1914)上海鴻寶齋書局石印本　一冊　缺六卷(補遺五至十)

330000－1716－0006988　普集 1020/06988　集部/別集類/宋別集

王荆文公詩五十卷補遺一卷　(宋)王安石撰

(宋)李壁箋注　民國十七年(1928)上海受古書店影印本　十五冊　缺四卷(十至十三)

330000－1716－0006990　普集 1024/06990　集部/别集類
海藏樓詩一卷　鄭孝胥撰　民國十三年(1924)上海掃葉山房石印本　一冊

330000－1716－0006993　普集 1022/06993　集部/别集類/唐五代别集
韓文起十二卷　(唐)韓愈撰　(清)林雲銘評注　民國四年(1915)上海會文堂書局石印本　六冊

330000－1716－0006994　集補 2549/06994　集部/總集類/尺牘之屬
歷代名人書札注釋四卷　許國英撰　民國上海商務印書館鉛印本　一冊　存一卷(一)

330000－1716－0006997　集補 2546－1/06997　集部/别集類
竹平安館詩鈔二卷附詞一卷　阮堉撰　民國十九年(1930)杭州鉛印本　一冊

330000－1716－0006999　普集 1028/06999　集部/别集類/宋别集
音注王介甫文一卷　(宋)王安石撰　沈伯經音注　民國十二年(1923)上海文明書局石印本　一冊

330000－1716－0007000　普集 1029/07000　集部/總集類/選集之屬/斷代
才調集十卷　(五代)韋縠輯　民國三年(1914)上海掃葉山房石印本　四冊

330000－1716－0007001　普集 1032/07001　集部/楚辭類
楚辭易讀四卷附楚懷襄二王在位事蹟考一卷　(清)林雲銘論述　民國六年(1917)中華圖書館石印本　四冊

330000－1716－0007002　普集 1031/07002　集部/别集類/清别集
讀書樓詩集六卷　(清)吳應奎撰　民國五年(1916)安吉吳氏雍睦堂影印本　二冊

330000－1716－0007003　集補 2546－2/07003　集部/别集類
竹平安館詩鈔二卷附詞一卷　阮堉撰　民國十九年(1930)杭州鉛印本　一冊

330000－1716－0007004　普集 1033/07004　集部/總集類/選集之屬/斷代
近人詩録二卷續編二卷　雷瑨輯　民國四年(1915)、六年(1917)上海掃葉山房石印本　二冊

330000－1716－0007006　普集 1038/07006　類叢部/叢書類/彙編之屬
百尺樓叢書五種　陳去病編　民國鉛印本　二冊　存二種

330000－1716－0007008　普集 1030/07008　集部/詩文評類/詩評之屬
然脂餘韻六卷　王蘊章輯　民國七年(1918)上海商務印書館鉛印本　三冊

330000－1716－0007009　新補 0202－4/07009　子部/天文曆算類/曆法之屬
日用寶鑑二卷　共和編譯局編輯部編　民國四年(1915)上海共和編譯局石印本　二冊

330000－1716－0007010　普集 1037/07010　集部/别集類
散原精舍詩二卷續集三卷　陳三立撰　民國十一年(1922)上海商務印書館鉛印本　四冊

330000－1716－0007011　新補 0661/07011　新學/雜著/叢編
日用萬事全書二十四編　新華編輯所編　民國十五年(1926)上海新華書局鉛印本　六冊

330000－1716－0007012　普集 1041/07012　集部/别集類/明别集
楊忠愍公全集四卷首一卷　(明)楊繼盛撰　民國十年(1921)古越積善堂石印本　一冊

330000－1716－0007014　集補 2546－3/07014　集部/别集類
竹平安館詩鈔二卷附詞一卷　阮堉撰　民國十九年(1930)杭州鉛印本　一冊

330000－1716－0007015　集補 2548－1/07015　集部/總集類/尺牘之屬

緇林尺牘一卷　(清)道古編集　民國二十三年(1934)上海商務印書館鉛印本　一册

330000－1716－0007017　集補 2546－4/07017　集部/别集類

竹平安館詩鈔二卷附詞一卷　阮堉撰　民國十九年(1930)杭州鉛印本　一册

330000－1716－0007019　集補 2546－5/07019　集部/别集類

竹平安館詩鈔二卷附詞一卷　阮堉撰　民國十九年(1930)杭州鉛印本　一册

330000－1716－0007020　集補 2548－2/07020　集部/總集類/尺牘之屬

緇林尺牘一卷　(清)道古編集　民國二十三年(1934)上海商務印書館鉛印本　一册

330000－1716－0007023　普集 1333－2/07023　集部/總集類/選集之屬/通代

十八家詩鈔二十八卷首一卷　(清)曾國藩輯　民國四年(1915)鉛印本　十四册　存二十二卷(一至十五、十七、十九、二十一至二十三、二十七至二十八)

330000－1716－0007027　史補 1330－1/07027　史部/傳記類/别傳之屬

楊忠愍公傳家寶書三卷　(明)楊繼盛撰　民國九年(1920)上海宏大善書局石印本　一册

330000－1716－0007029　集補 2547/07029　集部/詞類/類編之屬

宋詞五種　林大椿編　民國十七年(1928)上海商務印書館鉛印本　一册　存一種

330000－1716－0007031　集補 2550－1/07031　集部/總集類/選集之屬/通代

廣注古今體詩自修讀本二卷附淺説一卷　張廷華編輯　民國十年(1921)上海世界書局石印本　二册

330000－1716－0007032　史補 1330－2/07032　史部/傳記類/别傳之屬

楊忠愍公傳家寶書三卷　(明)楊繼盛撰　民國九年(1920)上海宏大善書局石印本　一册

330000－1716－0007037　史補 1319－3/07037　史部/政書類/公牘檔册之屬

黎副總統書牘二卷二集二卷三集二卷　黎元洪撰　民國元年(1912)新中國圖書局鉛印本　二册　存二卷(一至二)

330000－1716－0007038　經補 1506/07038　經部/小學類/文字之屬/字書/字典

鴻寶齋攷正字彙二卷　(清)陳淏子撰　鴻寶齋主人輯　民國石印本　一册

330000－1716－0007040　普集 1056/07040　集部/别集類/清别集

北戍草一卷附龍江紀事一卷　(清)張光藻撰　民國十九年(1930)廣德錢文選鉛印本　一册

330000－1716－0007041　普集 1058/07041　集部/總集類/酬唱之屬

倚劍讀書圖唱和集一卷　(清)蔣瘦石輯　民國十一年(1922)鉛印本　一册

330000－1716－0007042　普集 1057/07042　集部/别集類/漢魏六朝别集

徐孝穆全集六卷　(南朝陳)徐陵撰　(清)吳兆宜箋注　**備考一卷**　(清)徐文炳撰　民國十四年(1925)上海錦章圖書局石印本　四册

330000－1716－0007044　子補 3944/07044　子部/宗教類/佛教之屬

影印二時課誦二卷　民國石印本　一册

330000－1716－0007046　普集 1060/07046　集部/總集類/酬唱之屬

寵兒編三卷五十自述一卷　陸鍾渭編　民國杭州浙江彙商印刷公司鉛印本　一册

330000－1716－0007047　集補 2550－2/07047　集部/總集類/選集之屬/通代

廣注古今體詩自修讀本二卷附淺説一卷　張廷華編輯　民國十年(1921)上海世界書局石印本　二册

330000－1716－0007051　集補 2550－3/

07051　集部/總集類/選集之屬/通代

廣注古今體詩自修讀本二卷附淺說一卷　張廷華編輯　民國十三年(1924)上海世界書局石印本　二冊

330000－1716－0007054　集補 2550－4/07054　集部/總集類/選集之屬/通代

廣注古今體詩自修讀本二卷附淺說一卷　張廷華編輯　民國十年(1921)上海世界書局石印本　二冊

330000－1716－0007056　集補 2550－5/07056　集部/總集類/選集之屬/通代

廣注古今體詩自修讀本二卷附淺說一卷　張廷華編輯　民國十年(1921)上海世界書局石印本　二冊

330000－1716－0007062　集補 2550－6/07062　集部/總集類/選集之屬/通代

廣注古今體詩自修讀本二卷附淺說一卷　張廷華編輯　民國十年(1921)上海世界書局石印本　二冊

330000－1716－0007070　普集 1075/07070　集部/別集類

畏廬詩存二卷　林紓撰　民國十五年(1926)上海商務印書館鉛印本　一冊

330000－1716－0007075　集補 2555－1/07075　集部/戲劇類/雜劇之屬

桃谿雪二卷二十齣　(清)黃燮清撰　(清)李光溥評文　民國十二年(1923)永康五彩石印局石印本　一冊

330000－1716－0007077　集補 2555－2/07077　集部/戲劇類/雜劇之屬

桃谿雪二卷二十齣　(清)黃燮清撰　(清)李光溥評文　民國十二年(1923)永康五彩石印局石印本　一冊

330000－1716－0007083　新補 0660/07083　新學/雜著

事務摘録七卷　民國抄本　七冊

330000－1716－0007086　集補 2559/07086　集部/戲劇類/傳奇之屬

長生殿二卷五十齣　(清)洪昇填詞　民國十九年(1930)上海掃葉山房石印本　一冊

330000－1716－0007088　集補 2560/07088　集部/戲劇類/雜劇之屬

桃谿雪二卷二十齣　(清)黃燮清撰　(清)李光溥評文　民國十二年(1923)永康五彩石印局石印本　一冊

330000－1716－0007089　子補 3166－1/07089　子部/藝術類/書畫之屬/法帖

草字彙十二卷附補　(清)石梁集　民國上海文匯書局石印本　六冊

330000－1716－0007090　普集 1087/07090　類叢部/叢書類/家集之屬

昆陵周氏家集　周茲萌等輯　民國十七年(1928)鉛印本　四冊

330000－1716－0007092　普集 1086/07092　集部/別集類

龐檗子遺集二卷　龐樹柏撰　民國六年(1917)王蘊章等鉛印本　一冊

330000－1716－0007093　集補 2556－1/07093　集部/曲類/曲選之屬

元曲別裁集二卷　盧前編　民國十七年(1928)上海開明書店鉛印本　六一老人題記　一冊

330000－1716－0007095　普集 1089/07095　集部/總集類/彙編之屬

明季三孝廉集　羅振玉輯　民國八年(1919)羅氏鉛印本　一冊　存一種

330000－1716－0007097　集補 2556－2/07097　集部/曲類/曲選之屬

元曲別裁集二卷　盧前編　民國十七年(1928)上海開明書店鉛印本　一冊

330000－1716－0007099　子補 3166－2/07099　子部/藝術類/書畫之屬/法帖

草字彙十二卷附補　(清)石梁集　民國十二年(1923)東華書局石印本　六冊

330000－1716－0007101　普集 1088/07101

子部/藝術類/書畫之屬/法帖

莊繁詩女士書陶淵明詩四卷 莊閑書 民國六年(1917)上海商務印書館影印本 二冊

330000－1716－0007102 子補 3166－3/07102 子部/藝術類/書畫之屬/法帖

草字彙十二卷附補 (清)石梁集 民國上海會文堂書局石印本 四冊 缺二卷(戌、亥)

330000－1716－0007103 普集 1094/07103 集部/別集類

厚莊詩文續集文六卷文外二卷詩四卷 劉紹寬撰 民國二十六年(1937)鉛印本 田紹謙題記 六冊

330000－1716－0007107 普集 1098/07107 集部/別集類

嗚堅白齋詩存十二卷補遺一卷 沈汝瑾撰 民國十年(1921)刻本 四冊

330000－1716－0007109 集補 2557/07109 集部/別集類/清別集

曾文正公文集三卷詩集三卷 (清)曾國藩撰 民國十一年(1922)上海中華圖書館鉛印本 二冊 缺二卷(二至三)

330000－1716－0007121 普集 1105/07121 子部/藝術類/書畫之屬/畫法畫品

翏碪課讀圖一卷 (清)陳鑅繪 (清)王錫振輯 (清)孫衣言等題跋 民國六年(1917)上海神州國光社石印本 一冊

330000－1716－0007126 普集 1106/07126 集部/別集類

靈峰先生集十一卷 夏震武撰 民國五年(1916)劉子民、何紹韓鉛印本 二冊

330000－1716－0007132 普集 1115/07132 集部/總集類/選集之屬/斷代

合訂天台三聖二和詩集不分卷 (唐)釋寒山 (唐)釋豐干 (唐)釋拾得撰 (明)釋梵琦 (明)釋濟岳和 民國二十年(1931)上海法藏寺刻本 一冊

330000－1716－0007149 集補 0088－2/07149 集部/小說類/長篇之屬

新出八劍七俠大鬧三門街演義前傳四卷六十回十六義平蠻後傳四卷六十回 民國石印本 二冊 存二卷(十六義平蠻後傳一、四)

330000－1716－0007157 集補 2579/07157 集部/總集類/郡邑之屬

姚江詩錄八卷 謝寶書編 民國二十年(1931)中華書局鉛印本 六冊

330000－1716－0007159 集補 2565/07159 集部/別集類

闕箴齋詩賸四卷 陶壽煌撰 民國十六年(1927)北京慈祥工廠鉛印本 一冊

330000－1716－0007164 集補 2569－1/07164 集部/別集類

春生詩草一卷 王聿鑫撰 民國四年(1915)杭州鉛印本 一冊

330000－1716－0007166 普集 1130/07166 集部/別集類/宋別集

趙清獻公集十卷目録二卷 (宋)趙抃撰 民國八年(1919)衢縣公祠刻本 四冊

330000－1716－0007167 集補 2569－2/07167 集部/別集類

春生詩草一卷 王聿鑫撰 民國四年(1915)杭州鉛印本 一冊

330000－1716－0007169 集補 2569－3/07169 集部/別集類

春生詩草一卷 王聿鑫撰 民國四年(1915)杭州鉛印本 一冊

330000－1716－0007174 集補 2570/07174 集部/別集類

質野簃叢稿一卷 鮑元輝撰 民國鉛印本 一冊

330000－1716－0007176 集補 2571－1/07176 類叢部/叢書類/彙編之屬

爰居閣叢書 梁鴻志輯 民國二十三年(1934)鉛印本 一冊 存一種

330000－1716－0007178 集補 2571－2/07178 類叢部/叢書類/彙編之屬

爰居閣叢書　梁鴻志輯　民國二十三年(1934)鉛印本　一冊　存一種

330000－1716－0007186　普集1142/07186　集部/總集類/題詠之屬
南通孫氏念薆堂題詠集四卷　孫雄編　民國二十一年(1932)孫氏鉛印本　一冊

330000－1716－0007187　普集1141/07187　集部/别集類/清别集
緣督軒遺稿一卷　(清)王敬銘撰　**王書衡先生文稿一卷**　王式通撰　民國四年(1915)上海商務報館鉛印本　一冊

330000－1716－0007188　普集1143/07188　集部/總集類/氏族之屬
晚香集五卷　周瑞玉輯　民國十七年(1928)鉛印本　一冊

330000－1716－0007189　集補2572－1/07189　集部/别集類
夢楯紐室詩存二卷　李文紘撰　民國二十二年(1933)鉛印本　一冊

330000－1716－0007191　普集1145/07191　集部/總集類/酬唱之屬
虎林銷夏集一卷　沈鈞輯　民國三年(1914)杭城興業印書局鉛印本　一冊

330000－1716－0007192　集補2572－2/07192　集部/别集類
夢楯紐室詩存二卷　李文紘撰　民國二十二年(1933)鉛印本　一冊

330000－1716－0007196　集補2572－3/07196　集部/别集類
夢楯紐室詩存二卷　李文紘撰　民國二十二年(1933)鉛印本　一冊

330000－1716－0007200　集補2572－4/07200　集部/别集類
夢楯紐室詩存二卷　李文紘撰　民國二十二年(1933)鉛印本　一冊

330000－1716－0007203　普集1150/07203　集部/别集類
杭州雜詩一卷續一卷　王守恂撰　民國鉛印本　一冊　存一卷(續)

330000－1716－0007209　地獻1990/07209　類叢部/叢書類/家集之屬
顧氏家集十種　顧燮光編　民國十八年(1929)會稽顧氏金佳石好樓鉛印本暨石印本　二冊　存一種

330000－1716－0007211　普集1155普集1414/07211　集部/别集類
獨醒居文稿二卷志稿三卷譜稿一卷乘稿二卷　連光樞撰　民國上虞連氏枕湖樓鉛印本　三冊

330000－1716－0007216　集補2594－1/07216　集部/别集類
岵葊遺稿三卷　金永撰　民國二十八年(1939)鉛印本　一冊

330000－1716－0007217　普集1156/07217　集部/别集類
獨醒居文稿二卷志稿三卷譜稿一卷乘稿二卷　連光樞撰　民國上虞連氏枕湖樓鉛印本　三冊

330000－1716－0007219　集補2594－2/07219　集部/别集類
岵葊遺稿三卷　金永撰　民國二十八年(1939)鉛印本　一冊

330000－1716－0007220　集補2594－3/07220　集部/别集類
岵葊遺稿三卷　金永撰　民國二十八年(1939)鉛印本　一冊

330000－1716－0007222　集補2594－4/07222　集部/别集類
岵葊遺稿三卷　金永撰　民國二十八年(1939)鉛印本　一冊

330000－1716－0007223　集補2594－5/07223　集部/别集類
岵葊遺稿三卷　金永撰　民國二十八年(1939)鉛印本　□□題跋　一冊

330000－1716－0007225　集補 2581/07225　新學/學校
國文講義稿不分卷　民國油印本　十七册

330000－1716－0007226　普集 1164/07226　集部/別集類/清別集
汪穰卿遺著八卷　(清)汪康年撰　汪詒年輯　**汪穰卿先生年譜一卷**　汪詒年撰　民國九年(1920)錢塘汪詒年鉛印本　杜亞泉題記並批注　四册

330000－1716－0007231　普集 1166/07231　集部/別集類
享帚録八卷前後漢書儒林傳搜遺一卷　秦錫田撰　民國二十年(1931)鉛印本　四册

330000－1716－0007232　集補 2582/07232　子部/儒家類/儒學之屬
國學津逮不分卷　凌栫編　民國油印本　一册

330000－1716－0007234　集補 2583/07234　集部/別集類
翰芳詩草一卷　任翰芳撰　民國十七年(1928)鉛印本　一册

330000－1716－0007236　集補 2584/07236　集部/別集類
梅窗風雪稿一卷　任淑雲撰　民國十七年(1928)鉛印本　陳騷題簽　一册

330000－1716－0007247　普集 1172/07247　集部/別集類/明別集
楊忠愍公全集四卷首一卷　(明)楊繼盛撰　民國十年(1921)古越積善堂石印本　一册

330000－1716－0007249　普集 1173/07249　集部/別集類/明別集
楊忠愍公全集四卷首一卷　(明)楊繼盛撰　民國十年(1921)古越積善堂石印本　一册

330000－1716－0007251　普集 1174/07251　集部/別集類/明別集
楊忠愍公全集四卷首一卷　(明)楊繼盛撰　民國十年(1921)古越積善堂石印本　一册

330000－1716－0007252　普集 1175/07252　集部/別集類/明別集
楊忠愍公全集四卷首一卷　(明)楊繼盛撰　民國十年(1921)古越積善堂石印本　一册

330000－1716－0007253　普集 1176/07253　集部/別集類/明別集
楊忠愍公全集四卷首一卷　(明)楊繼盛撰　民國十年(1921)古越積善堂石印本　一册

330000－1716－0007254　普集 1177/07254　集部/別集類/明別集
楊忠愍公全集四卷首一卷　(明)楊繼盛撰　民國十年(1921)古越積善堂石印本　一册

330000－1716－0007255　普集 1178/07255　集部/別集類/明別集
楊忠愍公集四卷　(明)楊繼盛撰　民國九年(1920)紹興積善堂章氏石印本　一册

330000－1716－0007256　集補 2592－1/07256　集部/別集類
轉蓬集一卷　陳中嶽撰　民國二十一年(1932)天津大公報館鉛印本　童鼎璜題記　一册

330000－1716－0007257　集補 2591/07257　集部/別集類
稽隱文存一卷附課兒淺説一卷　鮑元輝撰　民國十三年(1924)鉛印本　一册

330000－1716－0007260　集補 2592－2/07260　集部/別集類
轉蓬集一卷　陳中嶽撰　民國二十一年(1932)天津大公報館鉛印本　一册

330000－1716－0007261　集補 2595－1/07261　集部/總集類/選集之屬/斷代
樓幼靜張穆生詩詞合稿四卷　樓巍　張敬熙撰　民國二十一年(1932)鉛印本　張敬熙題記　一册

330000－1716－0007263　集補 2592－3/07263　集部/別集類
轉蓬集一卷　陳中嶽撰　民國二十一年(1932)天津大公報館鉛印本　一册

330000－1716－0007264　集補 2593/07264　集部/別集類/清別集

自恥軒詩存一卷　(清)杜承沂撰　民國二十一年(1932)鹽城鼎新印務局鉛印本　一冊

330000－1716－0007265　集補 2590/07265　集部/別集類

汲修齋詩存二卷　鮑元輝撰　民國十九年(1930)鉛印本　浣冰題記　一冊

330000－1716－0007266　普集 1179/07266　集部/總集類/酬唱之屬

江上題襟集一卷　嚴廷楨輯　民國八年(1919)石印本　一冊

330000－1716－0007269　集補 2595－2/07269　集部/總集類/選集之屬/斷代

樓幼靜張穆生詩詞合稿四卷　樓巍　張敬熙撰　民國二十一年(1932)鉛印本　一冊

330000－1716－0007270　集補 2595－3/07270　集部/總集類/選集之屬/斷代

樓幼靜張穆生詩詞合稿四卷　樓巍　張敬熙撰　民國二十一年(1932)鉛印本　一冊

330000－1716－0007271　普集 1182/07271　集部/別集類/宋別集

橫浦先生文集二十卷　(宋)張九成撰　(宋)朗曄編　**無垢先生橫浦心傳録三卷橫浦日新一卷**　(宋)于恕編　**施先生孟子發題一卷**　(宋)施操德撰　**橫浦先生家傳一卷**　(宋)張榕撰　民國十四年(1925)海鹽張氏據明萬曆刻本影印本　杜亞泉題記　八冊

330000－1716－0007274　集補 2597－1/07274　集部/別集類/清別集

曉霞軒詩詞焚餘集一卷　(清)梁壽賢撰　民國八年(1919)鉛印本　一冊

330000－1716－0007279　集補 2600/07279　集部/別集類

敉廬吟草二卷　朱允中撰　民國二十三年(1934)鉛印本　一冊

330000－1716－0007280　集補 2597－2/07280　集部/別集類/清別集

曉霞軒詩詞焚餘集一卷　(清)梁壽賢撰　民國八年(1919)鉛印本　一冊

330000－1716－0007294　集補 2604/07294　集部/別集類

守梅山房詩稿四卷首一卷附録一卷補遺一卷　傅振海撰　民國十四年(1925)鉛印本　二冊

330000－1716－0007295　集補 2601/07295　集部/總集類/尺牘之屬

歷代名人小簡二卷　吳曾祺輯　民國上海商務印書館鉛印本　一冊　存一卷(上)

330000－1716－0007307　普集 1203/07307　集部/總集類/選集之屬/通代

八代詩精華録箋注四卷　丁福保編　民國四年(1915)上海文明書局鉛印本　二冊

330000－1716－0007321　普集 1214/07321　集部/總集類/選集之屬/通代

經史百家簡編二卷　(清)曾國藩纂　民國二年(1913)上海商務印書館鉛印本　二冊

330000－1716－0007323　子補 3176/07323　子部/醫家類/外科之屬/癰疽、疔瘡

疔瘡緊要秘方不分卷　(清)盧眞人輯　民國十二年(1923)寧波華陞印局鉛印本　一冊

330000－1716－0007324　普叢 0277/07324　類叢部/叢書類/自著之屬

隨園四十三種　(清)袁枚撰　民國十年(1921)上海著易堂書局鉛印本　四十六冊　存三十九種

330000－1716－0007326　普集 1218/07326　集部/總集類/選集之屬/通代

古文辭類纂評注七十四卷　(清)姚鼐纂輯　沈伯經等評注　民國四年(1915)上海文明書局鉛印本　十六冊

330000－1716－0007327　子補 3179/07327　子部/醫家類/兒科之屬/通論

保赤要言五卷首一卷　王德森編　民國八年(1919)刻本　一冊

330000－1716－0007328　普集 1211/07328
集部/詩文評類/文評之屬
曾南豐文評注讀本一卷　（宋）曾鞏撰　王有珩評注　民國十三年（1924）上海大東書局石印本　一册

330000－1716－0007329　普集 1219/07329
集部/詩文評類/詩評之屬
詩法易簡録十四卷録餘緒論一卷　（清）李鍈撰　民國六年（1917）味經書屋鉛印本　二册

330000－1716－0007330　普集 1220/07330
集部/别集類/唐五代别集
杜詩精華一卷　中華書局編　民國二十年（1931）上海中華書局鉛印本　一册

330000－1716－0007332　集補 1421/07332
集部/别集類/清别集
瓶廬詩鈔四卷詞鈔一卷文鈔一卷　（清）翁同龢撰　翁永孫輯　民國元年（1912）常熟開文社鉛印本　一册　缺三卷（一至三）

330000－1716－0007336　普集 1221/07336
集部/别集類/宋别集
六一居士文集五卷外集録二卷　（宋）歐陽修撰　民國二年（1913）上海會文堂書局石印本　三册　存四卷（一、三至四，外集録二）

330000－1716－0007339　子補 3183/07339
子部/醫家類/類編之屬
國醫百家□□種　裘慶元輯　民國六年至九年（1917－1920）紹興醫藥學報社鉛印本　一册　存一種

330000－1716－0007346　普叢 0265/07346
類叢部/叢書類/自著之屬
王煙客先生集五種附三種　（清）王時敏撰　鄒登泰輯　民國五年（1916）蘇州振新書社鉛印本　六册

330000－1716－0007348　普子 2061－3/07348　子部/藝術類/書畫之屬/畫譜
新新百美圖不分卷續集不分卷　沈伯塵繪　民國二年（1913）上海國學書室石印本　姚天鵬題記　二册

330000－1716－0007353　普集 1241/07353
子部/雜著類/雜說之屬
分甘餘話四卷　（清）王士禛撰　民國元年（1912）上海掃葉山房石印本　一册

330000－1716－0007354　普集 1244/07354
集部/别集類/唐五代别集
唐陸宣公集二十二卷　（唐）陸贄撰　民國六年（1917）上海會文堂書局石印本　四册

330000－1716－0007356　普集 1242/07356
集部/詩文評類/詩評之屬
冷禪室詩話一卷　海納川撰　民國上海文瑞樓石印本　田紹謙觀款　一册

330000－1716－0007357　普集 1243/07357
集部/别集類/清别集
春在堂尺牘六卷　（清）俞樾撰　民國八年（1919）上海益新書局石印本　二册

330000－1716－0007359　經補 1516/07359
經部/四書類/論語之屬/傳說
增訂二論詳解四卷　（清）劉忠輯　民國上海鑄記書莊石印本　一册

330000－1716－0007360　普集 1245/07360
集部/總集類/郡邑之屬
滬瀆同聲集不分卷　郁葆青輯　陳詩選　民國二十二年（1933）鉛印本　一册

330000－1716－0007364　普集 1256/07364
集部/總集類/選集之屬/斷代
遺民詩十六卷　（清）卓爾堪輯　**近青堂詩一卷**　（清）卓爾堪撰　民國有正書局據清康熙刻本影印本　八册

330000－1716－0007365　經補 1514/07365
經部/四書類/孟子之屬/傳說
孟子文法讀本七卷　高步瀛集解　吳闓生評點　民國十一年（1922）北京直隸書局鉛印本　二册

330000－1716－0007368　史補 1340/07368
史部/政書類/公牘檔册之屬
貴州省財政沿革利弊說明書不分卷　民國鉛印本　四册

330000－1716－0007373　普集 1213－1/07373　集部/總集類/選集之屬/斷代

名家選定音注詩文讀本　上海文明書局編　民國上海文明書局鉛印本暨石印本　二十五冊　存二十三種

330000－1716－0007393　集補 2609/07393　集部/別集類

感逝叢刊四種　唐風撰　民國十九年(1930)紹興印刷局鉛印本　一冊　存三種

330000－1716－0007394　集補 2625－1/07394　集部/別集類

偁山遺集四卷　章錫光撰　民國十一年(1922)會稽章氏琴鶴軒刻本　一冊

330000－1716－0007398　集補 2625－2/07398　集部/別集類

偁山遺集四卷　章錫光撰　民國十一年(1922)會稽章氏琴鶴軒刻本　一冊

330000－1716－0007399　集補 2625－3/07399　集部/別集類

偁山遺集四卷　章錫光撰　民國十一年(1922)會稽章氏琴鶴軒刻本　一冊

330000－1716－0007400　地獻 1239－8/07400　集部/別集類/清別集

實齋文集八卷外集二卷　(清)章學誠撰　民國鉛印禹域叢書本　胡文達跋　四冊

330000－1716－0007401　集補 2625－4/07401　集部/別集類

偁山遺集四卷　章錫光撰　民國十一年(1922)會稽章氏琴鶴軒刻本　一冊

330000－1716－0007402　集補 2617－1/07402　集部/總集類/題詠之屬

千窆入祠徵求詩文啟不分卷　民國二十二年(1933)石印本暨鉛印本　一冊

330000－1716－0007403　史補 1343/07403　史部/傳記類/別傳之屬/事狀

徐母郝太夫人褒揚徵文録不分卷　徐國樑輯　民國石印本　五冊

330000－1716－0007404　集補 2625－5/07404　集部/別集類

偁山遺集四卷　章錫光撰　民國十一年(1922)會稽章氏琴鶴軒刻本　一冊

330000－1716－0007405　集補 2617－2/07405　集部/總集類/題詠之屬

伯華先生像贊不分卷　民國石印本暨鉛印本　一冊

330000－1716－0007419　集補 2620/07419　集部/總集類/選集之屬/通代

明清六才子文六卷　進步書局編輯所編輯　民國四年(1915)上海文明書局石印本　四冊

330000－1716－0007428　子補 1808－2/07428　子部/醫家類/方書之屬/單方驗方

增評醫方集解二十三卷增補本草備要八卷附湯頭歌訣一卷　(清)汪昂撰　民國元年(1912)上海同文書局石印本　四冊　缺十三卷(十至十四、本草備要一至八)

330000－1716－0007430　子補 0275/07430　子部/醫家類/醫話醫論之屬

醫門法律六卷尚論篇四卷首一卷後篇四卷寓意草一卷　(清)喻昌撰　民國元年(1912)上海江東書局石印本　二冊　存七卷(三至四，尚論篇一至四、首)

330000－1716－0007431　集補 1658/07431　集部/小說類/長篇之屬

繪圖封神演義八卷一百回　(明)許仲琳撰　(明)鍾惺評　民國九年(1920)上海共和書局石印本　四冊　存四卷(一至四)

330000－1716－0007432　子補 0126－13/07432　子部/醫家類/婦科之屬/產科

達生編三卷　(清)亟齋居士撰　民國抄本　一冊

330000－1716－0007433　集補 2450－89/07433　集部/小說類/長篇之屬

增像全圖三國演義十六卷一百二十回首一卷　(明)羅本撰　(清)毛宗崗評　民國石印本　三冊　存十卷(三至十、十五至十六)

330000－1716－0007434　史補 1338/07434
史部/史評類/史論之屬
清代史論十六卷　蔡郕撰　民國上海會文堂書局石印本　七册

330000－1716－0007435　集補 2622/07435
集部/曲類/彈詞之屬
繪圖筆生花十六卷三十二回　（清）邱心如撰　民國石印本　十四册　存十四卷（三至十六）

330000－1716－0007437　集補 2847－1/07437　集部/詩文評類/文法之屬/函牘格式
新撰詳注分類尺牘大成不分卷　周蓮第編　民國六年（1917）上海鴻寶齋書局石印本　十册

330000－1716－0007438　集補 1206－7/07438　集部/總集類/選集之屬/通代
古文析義初編六卷二編八卷　（清）林雲銘評注　民國上海大成書局石印本　二册　存二卷（二編七至八）

330000－1716－0007441　集補 2621/07441
集部/小說類/長篇之屬
全圖貍貓换太子演義八卷八十回　民國十二年（1923）上海大同書局石印本　三册　存三卷（一、三、五）

330000－1716－0007442　普集 1291/07442
集部/總集類/酬唱之屬
璧水春長集一卷附補録　陳夔龍輯　民國二十二年（1933）鉛印本　一册

330000－1716－0007444　普集 1289/07444
集部/總集類/氏族之屬
郁氏三世吟稿三種三卷　郁屏翰　郁葆青　郁元英撰　民國十七年（1928）鉛印本　一册

330000－1716－0007445　普集 1292/07445
集部/別集類/清別集
文木山房集四卷　（清）吳敬梓撰　**春華小草一卷靚粧詞鈔一卷**　（清）吳烺撰　**吳敬梓年譜一卷**　胡適撰　民國二十六年（1937）上海亞東圖書館鉛印本　二册

330000－1716－0007446　普集 1290/07446
集部/別集類
夢石未定稿二卷　談文灴撰　民國二十五年（1936）鉛印本　一册

330000－1716－0007455　子補 3170/07455
子部/醫家類/方書之屬/單方驗方
便易經驗集一卷　（清）毛世洪輯　（清）汪瑜增訂　民國十年（1921）上海宏大善書局石印本　一册

330000－1716－0007458　集補 2628/07458
集部/小說類/長篇之屬
燕山外史注釋八卷　（清）陳球撰　（清）傅聲谷輯注　民國五年（1916）上海會文堂石印本　一册

330000－1716－0007461　集補 2627/07461
集部/曲類/彈詞之屬
繪圖安邦志八卷　民國十七年（1928）上海大一統圖書局石印本　一册　存一卷（一）

330000－1716－0007462　普集 1306/07462
集部/別集類/清別集
黝曜室詩存一卷　（清）陳鼎撰　民國十七年（1928）鉛印本　一册

330000－1716－0007465　集補 2629/07465
集部/總集類/尺牘之屬
影印名人手札真蹟大全十二種　劉再蘇搜集　民國十四年（1925）上海世界書局影印本　二册　存三種

330000－1716－0007466　普集 1307/07466
集部/總集類/酬唱之屬
兩京同游草一卷　高燮等撰　民國上海聚珍倣宋印書局鉛印本　一册

330000－1716－0007467　子補 3169/07467
子部/小說家類/異聞之屬
詳注閱微草堂筆記二十四卷　（清）紀昀撰　謝璿詳注　民國十一年（1922）上海會文堂書局石印本　二册　存五卷（四至八）

330000－1716－0007469　集補 0006－36/07469　集部/小說類/長篇之屬

繪圖說唐征西全傳六卷九十回　民國上海大觀書局石印本　二冊　存二卷(五至六)

330000－1716－0007470　集補 1696/07470　集部/小説類/長篇之屬

增像全圖加批西遊記八卷一百回　(明)吴承恩撰　(清)陳士斌詮解　民國上海天寶書局石印本　四冊　存四卷(一至四)

330000－1716－0007471　普集 1309/07471　集部/别集類

清道人遺集二卷佚稿一卷攟遺一卷附録一卷　李瑞清撰　民國二十八年(1939)臨川李健鉛印本　三冊

330000－1716－0007472　集補 2630/07472　集部/小説類/長篇之屬

繪圖女中丈夫四卷　民國石印本　一冊

330000－1716－0007474　集補 3247－76/07474　集部/小説類/短篇之屬

聊齋志異評注十六卷　(清)蒲松齡撰　(清)王士禛評　(清)但明倫新評　(清)吕湛恩注　民國上海商務書館石印本　一冊　存二卷(十一至十二)

330000－1716－0007476　普集 1311/07476　集部/總集類/選集之屬/通代

天下才子必讀書十五卷末一卷　(清)金人瑞選評　民國上海有正書局鉛印本　六冊

330000－1716－0007482　普集 1316/07482　集部/别集類/清别集

四槐寄廬類稿八卷　(清)孫鼎烈撰　民國二十三年(1934)鉛印本　二冊

330000－1716－0007484　集補 1411－8/07484　集部/詩文評類/文法之屬/函牘格式

寫信必讀十卷　(清)唐芸洲撰　民國石印本　二冊　存四卷(五至六、九至十)

330000－1716－0007485　普集 1317/07485　集部/别集類

微尚齋雜文六卷　汪兆鏞撰　民國三十一年(1942)汪氏鉛印本　張雲史、汪希文題記　一冊

330000－1716－0007488　集補 2634/07488　集部/小説類/長篇之屬

歷史小説關公演義一卷二十四回　競智編輯部編　民國十八年(1929)競智圖書館石印本　一冊

330000－1716－0007489　普集 1318/07489　集部/别集類

微尚齋雜文六卷　汪兆鏞撰　民國三十一年(1942)汪氏鉛印本　汪希文題記　一冊

330000－1716－0007495　史補 1337/07495　史部/金石類/石之屬/通考

校碑隨筆六卷續二卷　方若撰　民國十二年(1923)華璋書局石印本　五冊　缺一卷(四)

330000－1716－0007496　集補 2635/07496　集部/小説類/長篇之屬

增像全圖西漢演義四卷一百回　(明)甄偉撰　民國三年(1914)上海共和書局石印本　一冊

330000－1716－0007498　普集 1329/07498　集部/總集類/彙編之屬

章譚合鈔二種　章炳麟　(清)譚嗣同撰　民國上海中華圖書館石印本　五冊　存一種

330000－1716－0007500　集補 2632/07500　集部/小説類/長篇之屬

説唐羅通掃北全傳四卷十五回　民國十五年(1926)上海沈鶴記書局石印本　一冊　存二卷(三至四)

330000－1716－0007501　普集 1330/07501　集部/總集類/選集之屬/通代

古今詩選五十卷　(清)王士禛選　民國上海掃葉山房石印本　十冊

330000－1716－0007502　地獻 1953/07502　類叢部/叢書類/自著之屬

舜水遺書四種附録一卷　(明)朱之瑜撰　民國二年(1913)山陰湯壽潛鉛印本　十二冊

330000－1716－0007503　普集 1331/07503　集部/總集類/選集之屬/通代

漢魏六朝百三名家集一百十八卷　(明)張溥

輯　民國六年(1917)上海掃葉山房石印本　四十二册　存九十一種

330000－1716－0007504　集補 2633/07504　集部/小説類/長篇之屬

增補齊省堂全圖儒林外史六卷六十回　(清)吴敬梓撰　民國十七年(1928)上海海左書局、沈鶴記書局石印本　永康題記　二册　存二卷(一至二)

330000－1716－0007505　地獻 1712－7/07505　集部/别集類/明别集

楊忠愍公全集四卷首一卷　(明)楊繼盛撰　民國十年(1921)古越積善堂石印本　一册

330000－1716－0007506　普集 1332/07506　集部/總集類/郡邑之屬

梓鄉叢録四卷　秦錫田輯　民國秦錫田鉛印本　二册

330000－1716－0007507　集補 2450－119/07507　集部/小説類/長篇之屬

繡像後三國演義東晉六卷西晉四卷　(清)陳氏尺蠖齋評釋　民國錦章圖書局石印本　一册　存一卷(一)

330000－1716－0007508　地獻 1712－8/07508　集部/别集類/明别集

楊忠愍公全集四卷首一卷　(明)楊繼盛撰　民國十年(1921)古越積善堂石印本　一册

330000－1716－0007510　地獻 1712－9/07510　集部/别集類/明别集

楊忠愍公全集四卷首一卷　(明)楊繼盛撰　民國十年(1921)古越積善堂石印本　一册

330000－1716－0007511　地獻 1712－10/07511　集部/别集類/明别集

楊忠愍公全集四卷首一卷　(明)楊繼盛撰　民國十年(1921)古越積善堂石印本　一册

330000－1716－0007512　地獻 1712－11/07512　集部/别集類/明别集

楊忠愍公全集四卷首一卷　(明)楊繼盛撰　民國十年(1921)古越積善堂石印本　一册

330000－1716－0007513　子補 3167－1/07513　子部/雜著類

聖賢菩薩生日一卷　民國石印本　一册

330000－1716－0007514　地獻 1712－12/07514　集部/别集類/明别集

楊忠愍公全集四卷首一卷　(明)楊繼盛撰　民國十年(1921)古越積善堂石印本　一册

330000－1716－0007515　子補 3167－2/07515　子部/雜著類

聖賢菩薩生日一卷　民國石印本　一册

330000－1716－0007517　普集 1333－1/07517　集部/總集類/選集之屬/通代

圈點詳注十八家詩鈔二十八卷　(清)曾國藩撰　陳存悔等注　民國上海崇新書局鉛印本　十二册　存二十六卷(一至二十六)

330000－1716－0007520　普集 1334/07520　類叢部/叢書類/自著之屬

諸葛武侯全集五種二十卷　(三國蜀)諸葛亮撰　(清)張澍輯　民國七年(1918)上海中原書局石印本　六册

330000－1716－0007521　普集 1339/07521　類叢部/叢書類/彙編之屬

四部叢刊　張元濟等編　民國上海商務印書館影印本　二册　存一種

330000－1716－0007523　普集 1341/07523　集部/總集類/選集之屬/斷代

清朝駢體正宗評本十二卷　(清)曾燠輯　(清)姚燮評　民國上海文瑞樓石印本　四册

330000－1716－0007525　普集 1336/07525　集部/别集類

雪嚼香吟一卷　羅傳珍撰　民國二十六年(1937)鉛印本　一册

330000－1716－0007526　普集 1335/07526　集部/總集類/酬唱之屬

同心集二卷　湯汝和編　**斗西詩草一卷**　(清)蘇咸熙撰　民國六年(1917)、八年(1919)靈川湯氏刻本　一册

330000－1716－0007528　普集 1343/07528
集部/總集類/選集之屬/通代
漢魏六朝名家集初刻四十種　丁福保輯　民國四年(1915)上海掃葉山房石印本　三十一冊

330000－1716－0007530　普集 1345/07530
集部/詞類/總集之屬
絕妙好詞箋七卷　(宋)周密輯　(清)查為仁　(清)厲鶚箋　**續鈔二卷**　(清)余集輯　(清)徐楙補録　民國上海掃葉山房石印本　四冊

330000－1716－0007532　普集 1346/07532
類叢部/叢書類/自著之屬
分類廣注曾文正公五種八卷　(清)曾國藩撰　民國上海世界書局石印本　四冊　存四卷(家書一至三、家訓)

330000－1716－0007536　普集 1348/07536
子部/儒家類/儒學之屬/禮教/家訓
澄懷園語四卷　(清)張廷玉撰　民國上海文瑞樓石印本　施佶題記　四冊

330000－1716－0007550　經補 1312/07550
經部/小學類/文字之屬/字書/字典
新式白話字典一卷　吳綺緣編　民國十一年(1922)上海教育圖書館石印本　一冊

330000－1716－0007559　經補 0912－21/07559　類叢部/類書類/專類之屬
詩韻合璧五卷　(清)許時庚輯　**虛字韻藪一卷**　(清)潘維城輯　民國上海錦章圖書局石印本　四冊　缺一卷(一)

330000－1716－0007562　經補 1313/07562
經部/小學類/文字之屬/字書/字典
最新繪圖學生新字典十二卷　朱孝怡　陸保璿編輯　民國十三年(1924)上海廣益書局石印本　一冊　存六卷(七至十二)

330000－1716－0007566　經補 1314－1/07566　經部/小學類/文字之屬/字書/字典
新式學生字典十二卷　吳研蘅主編　民國十七年(1928)上海中華書局鉛印本　一冊

330000－1716－0007582　子補 0569－17/07582　經部/小學類/文字之屬/字書/訓蒙
龍文鞭影初集二卷　(明)蕭良有撰　(明)楊臣諍增訂　(明)來集之音注　**二集二卷**　(清)李暉吉　(清)徐瓚輯　民國上洋普新石印局石印本　二冊

330000－1716－0007587　集補 2648/07587
集部/詩文評類/文法之屬/文法
作文初步四卷　江山淵編　民國四年(1915)上海文明書局鉛印本　一冊

330000－1716－0007594　經補 1352/07594
經部/小學類/文字之屬/字書/字體
六書分類十二卷首一卷　(清)傅世垚輯　民國十年(1921)上海鴻寶齋石印本　二十四冊

330000－1716－0007599　經補 0912－20/07599　類叢部/類書類/專類之屬
詩韻合璧五卷　(清)許時庚輯　**虛字韻藪一卷**　(清)潘維城輯　民國十三年(1924)上海錦章圖書局石印本　五冊

330000－1716－0007602　史補 1345－3/07602　史部/目録類/專録之屬
浙杭西湖慧空經房書本價目表一卷梵本價目表一卷　浙杭西湖慧空經房編　民國二十二年(1933)刻本　一冊

330000－1716－0007604　子補 2676/07604
子部/宗教類/其他宗教之屬/基督教
默想寶鑑六卷　民國三年(1914)北京救世堂鉛印本　一冊　存一卷(一)

330000－1716－0007606　普集 1391/07606
集部/別集類
一山文存十二卷　章梫撰　民國七年(1918)吳興劉氏嘉業堂刻本　四冊

330000－1716－0007610　普集 1396/07610
集部/別集類
寄傲盦遺集三卷　黃壽曾撰　民國十九年(1930)鉛印本　一冊

330000－1716－0007620　子補 2671/07620
子部/宗教類/其他宗教之屬/基督教

要理解畧四卷　民國二十一年(1932)鉛印本　一冊

330000－1716－0007627　子補 2490/07627
子部/宗教類/其他宗教之屬/基督教
聖教聖歌一卷　民國二十四年(1935)鉛印本　一冊

330000－1716－0007634　普集 1413/07634
集部/詞類/別集之屬
霜紅詞一卷　胡士瑩撰　民國二十年(1931)揚州刻本　一冊

330000－1716－0007637　普集 1417/07637
集部/總集類/酬唱之屬
黃華集一卷　高燮編　民國十三年(1924)閑閑山莊鉛印本　一冊

330000－1716－0007642　普集 1422/07642
集部/別集類
寄傲盦遺集三卷　黃壽曾撰　民國十九年(1930)鉛印本　一冊

330000－1716－0007643　普集 1418/07643
史部/地理類/雜志之屬
乍浦竹枝詞一卷　(清)林中麒撰　民國二十二年(1933)高氏華雲閣鉛印本　一冊

330000－1716－0007644　普集 1419/07644
集部/別集類/清別集
薌莚詩鈔二卷　(清)閭邱德堅撰　朱惟公輯　民國十七年(1928)朱氏上海鉛印本　一冊

330000－1716－0007645　普集 1421/07645
集部/別集類/清別集
緣督軒遺稿一卷　(清)王敬銘撰　**王書衡先生文稿一卷**　王式通撰　民國四年(1915)上海商務報館鉛印本　一冊

330000－1716－0007650　普集 0147－1/07650　集部/小說類
繪圖小小說庫第三集八種　世界書局編輯部輯　民國十四年(1925)上海世界書局石印本　三冊　存三種

330000－1716－0007653　普集 1423/07653
集部/別集類
春暉堂遺稿一卷附首烏延壽丹制法一卷　陸龍撰　民國二十年(1931)上海朱氏鉛印本　一冊

330000－1716－0007656　集補 2653/07656
集部/曲類/彈詞之屬
繡像中外緣九龍陣□□卷　民國石印本　一冊　存一卷(八)

330000－1716－0007660　集補 2654/07660
集部/曲類/彈詞之屬
新增繡像玉連環四卷四十回　(清)朱素仙撰　民國上海書局石印本　四冊

330000－1716－0007663　普集 1430/07663
集部/別集類
蒿盦類稿　馮煦撰　民國鉛印本　一冊　存一種

330000－1716－0007664　集補 2655/07664
集部/小說類/長篇之屬
繪圖三公奇案二卷　(清)藍鼎元撰　(清)曠敏本評　民國鉛印本　一冊

330000－1716－0007667　地獻 1904－15/07667　經部/小學類/音韻之屬/韻書
增補同音字類標韻二卷續編一卷外編一卷　(清)石韞玉增輯　民國紹興育新書局石印本　一冊

330000－1716－0007670　地獻 1904－14/07670　經部/小學類/音韻之屬/韻書
增補同音字類標韻二卷續編一卷外編一卷　(清)石韞玉增輯　民國紹興育新書局石印本　一冊

330000－1716－0007673　地獻 1904－16/07673　經部/小學類/音韻之屬/韻書
增補同音字類標韻二卷續編一卷外編一卷　(清)石韞玉增輯　民國十六年(1927)紹興育新書局石印本　穎川氏題記　一冊

330000－1716－0007679　地獻 1904－19/07679　經部/小學類/音韻之屬/韻書
增補同音字類標韻二卷續編一卷外編一卷

(清)石韞玉增輯　民國十六年(1927)紹興育新書局石印本　三冊

330000－1716－0007686　子補 3191/07686
子部/醫家類/婦科之屬/通論
女科指掌五卷　(清)葉其蓁編輯　民國石印本　二冊　存三卷(二至四)

330000－1716－0007687　地獻 1904－26/07687　經部/小學類/音韻之屬/韻書
增補同音字類標韻二卷續編一卷外編一卷
(清)石韞玉增輯　民國二十四年(1935)紹興育新書局石印本　三冊

330000－1716－0007689　普集 1446/07689
集部/總集類/選集之屬/斷代
樓幼靜張穆生詩詞合稿四卷　樓巍　張敬熙撰　民國二十一年(1932)鉛印本　一冊

330000－1716－0007691　地獻 1904－25/07691　經部/小學類/音韻之屬/韻書
增補同音字類標韻二卷續編一卷外編一卷
(清)石韞玉增輯　民國二十四年(1935)紹興育新書局石印本　三冊

330000－1716－0007692　地獻 1904－23/07692　經部/小學類/音韻之屬/韻書
增補同音字類標韻二卷續編一卷外編一卷
(清)石韞玉增輯　民國二十四年(1935)紹興育新書局石印本　三冊

330000－1716－0007695　地獻 1904－24/07695　經部/小學類/音韻之屬/韻書
增補同音字類標韻二卷續編一卷外編一卷
(清)石韞玉增輯　民國二十四年(1935)紹興育新書局石印本　三冊

330000－1716－0007696　地獻 1904－2/07696　經部/小學類/音韻之屬/韻書
增補同音字類標韻二卷續編一卷外編一卷
(清)石韞玉增輯　民國六年(1917)紹興育新書局石印本　一冊

330000－1716－0007698　地獻 1904－21/07698　經部/小學類/音韻之屬/韻書
增補同音字類標韻二卷續編一卷外編一卷
(清)石韞玉增輯　民國二十四年(1935)紹興育新書局石印本　三冊

330000－1716－0007700　地獻 1904－22/07700　經部/小學類/音韻之屬/韻書
增補同音字類標韻二卷續編一卷外編一卷
(清)石韞玉增輯　民國二十四年(1935)紹興育新書局石印本　三冊

330000－1716－0007701　地獻 1904－4/07701　經部/小學類/音韻之屬/韻書
增補同音字類標韻二卷續編一卷外編一卷
(清)石韞玉增輯　民國六年(1917)紹興育新書局石印本　一冊

330000－1716－0007702　地獻 1904－20/07702　經部/小學類/音韻之屬/韻書
增補同音字類標韻二卷續編一卷外編一卷
(清)石韞玉增輯　民國二十四年(1935)紹興育新書局石印本　三冊

330000－1716－0007704　地獻 1904－3/07704　經部/小學類/音韻之屬/韻書
增補同音字類標韻二卷續編一卷外編一卷
(清)石韞玉增輯　民國石印本　一冊

330000－1716－0007705　地獻 1904－27/07705　經部/小學類/音韻之屬/韻書
增補同音字類標韻二卷續編一卷外編一卷
(清)石韞玉增輯　民國二十四年(1935)紹興育新書局石印本　三冊

330000－1716－0007709　地獻 1904－5/07709　經部/小學類/音韻之屬/韻書
增補同音字類標韻二卷續編一卷外編一卷
(清)石韞玉增輯　民國六年(1917)紹興育新書局石印本　一冊

330000－1716－0007710　集補 2651/07710
集部/曲類/彈詞之屬
新刻秘本雲中落綉鞋九卷九回　民國文元書莊石印本　一冊

330000－1716－0007712　子補 3189/07712
子部/醫家類/兒科之屬
幼科三種　民國石印本　一冊　存一種

330000－1716－0007713　新補 0475/07713　新學/醫學
飲食須知不分卷　民國石印本　一冊

330000－1716－0007719　普叢 0287－1/07719　類叢部/叢書類/自著之屬
曾文正公全集十六種　(清)曾國藩撰　民國九年(1920)上海中華書局鉛印本　五十六冊　存十種

330000－1716－0007722　地獻 1904－11/07722　經部/小學類/音韻之屬/韻書
增補同音字類標韻二卷續編一卷外編一卷　(清)石韞玉增輯　民國十六年(1927)紹興育新書局石印本　一冊

330000－1716－0007726　地獻 1904－12/07726　經部/小學類/音韻之屬/韻書
增補同音字類標韻二卷續編一卷外編一卷　(清)石韞玉增輯　民國十六年(1927)紹興育新書局石印本　一冊

330000－1716－0007729　地獻 1904－17/07729　經部/小學類/音韻之屬/韻書
增補同音字類標韻二卷續編一卷外編一卷　(清)石韞玉增輯　民國紹興育新書局石印本　二冊　缺一卷(一)

330000－1716－0007730　普集 1465/07730　集部/別集類/清別集
梅村詩集箋注十八卷　(清)吳偉業撰　(清)吳翌鳳箋注　民國中華圖書館石印本　八冊

330000－1716－0007731　普集 1466/07731　集部/別集類/清別集
漁洋山人精華録箋注十二卷補一卷附録一卷年譜一卷　(清)王士禛撰　(清)金榮箋注　(清)徐淮纂輯　民國影印本　十二冊

330000－1716－0007732　經補 0912－30/07732　經部/小學類/音韻之屬/韻書
詩韻全璧五卷　(清)汪慕杜輯　(清)湯文潞　(清)惜陰主人續輯　民國石印本　一冊　存一卷(三)

330000－1716－0007733　普集 1467/07733　集部/總集類/選集之屬/斷代
感舊集十六卷　(清)王士禛選　(清)盧見曾補傳　民國八年(1919)上海有正書局石印本　八冊

330000－1716－0007734　普集 1468/07734　集部/總集類/選集之屬/斷代
感舊集十六卷　(清)王士禛選　(清)盧見曾補傳　民國八年(1919)上海有正書局石印本　八冊

330000－1716－0007737　經補 0229－2/07737　經部/四書類/總義之屬/傳說
四書合講十九卷　(宋)朱熹集注　民國上海著易堂書局鉛印本　一冊　存二卷(大學、中庸)

330000－1716－0007740　集補 2671/07740　集部/別集類/清別集
煙霞萬古樓文集六卷　(清)王曇撰　民國六年(1917)上海掃葉山房石印本　三冊

330000－1716－0007741　普集 1471/07741　集部/別集類/唐五代別集
李長吉集四卷外卷一卷　(唐)李賀撰　(明)黃淳耀評　(清)黎簡批點　民國六年(1917)上海會文堂書局石印本　二冊

330000－1716－0007743　普集 1473/07743　集部/總集類/酬唱之屬
西崑酬唱集二卷　(宋)楊億輯　民國元年(1912)上海掃葉山房石印本　一冊

330000－1716－0007744　普集 1474/07744　集部/別集類/明別集
疑雨集四卷　(明)王彦泓撰　民國元年(1912)上海掃葉山房石印本　二冊

330000－1716－0007745　普集 1477/07745　集部/別集類/清別集
金聖歎全集八卷　(清)金人瑞撰　民國上海錦文堂石印本　沈家楷題記　八冊

330000－1716－0007746　普集 1475/07746　集部/別集類/清別集
曾文正公文集三卷詩集一卷　(清)曾國藩撰

民國十年(1921)掃葉山房石印本　四冊

330000－1716－0007756　普集1478/07756
集部/别集類/清别集
曾文正公尺牘四卷　(清)曾國藩撰　民國十五年(1926)上海商務印書館鉛印本　四冊

330000－1716－0007758　經補1449/07758
經部/小學類/文字之屬/字書/通論
字義類例不分卷　陳獨秀撰　民國十四年(1925)上海亞東圖書館石印本　一冊

330000－1716－0007759　經補1446/07759
經部/小學類/文字之屬/字書
字學舉隅不分卷　(清)黄本驥　(清)龍光甸　(清)龍啟瑞輯　民國四年(1915)江東書局石印本　一冊

330000－1716－0007764　經補1447/07764
經部/小學類/文字之屬/字書/訓蒙
校正音義正草四千字文一卷　民國浙紹墨潤堂石印本　一冊

330000－1716－0007767　經補1450/07767
經部/小學類/文字之屬/字書/通論
文字通詮八卷　楊譽龍編　民國十四年(1925)上海中華書局石印本　四冊

330000－1716－0007770　經補1451/07770
經部/小學類/文字之屬/字書
虚字折中四卷　吴熙纂　民國十四年(1925)上海古今圖書店鉛印本　一冊

330000－1716－0007772　普集1490/07772
史部/傳記類/别傳之屬
鏡臺餘韻不分卷　王俟編　民國二十二年(1933)鉛印本　一冊

330000－1716－0007773　經補1452－1/07773　經部/小學類/訓詁之屬/字詁
言文一貫虚字使用法不分卷　周善培撰　民國四年(1915)上海商務印書館鉛印本　四冊

330000－1716－0007775　經補1452－2/07775　經部/小學類/訓詁之屬/字詁
言文一貫虚字使用法不分卷　周善培撰　民國三年(1914)上海商務印書館鉛印本　四冊

330000－1716－0007781　普集1494/07781
集部/别集類/清别集
先訓導公遺著一卷　(清)阮慶棟撰　阮紹昌輯　民國十七年(1928)阮性純鉛印本　一冊

330000－1716－0007787　普集1499/07787
集部/總集類/氏族之屬
延芳集六卷　翁仰眉輯　民國五年(1916)慈東環水書樓鉛印本　一冊

330000－1716－0007788　普集1502/07788
集部/别集類/清别集
煙霞萬古樓詩殘稿一卷　(清)王曇撰　民國上海有正書局鉛印本　一冊

330000－1716－0007793　普集1506/07793
集部/别集類
省盦癸甲稿一卷　游洪範撰　民國鉛印本　游洪範題記　一冊

330000－1716－0007796　集補2658/07796
集部/詩文評類/詩評之屬
陳石遺先生談藝録一卷　陳衍撰　民國二十年(1931)上海中華書局鉛印本　一冊

330000－1716－0007797　集補2659－1/07797　子部/宗教類/佛教之屬
韓文公論佛骨表糾謬一卷　郭振墉纂　民國二十年(1931)清閬山館鉛印本　一冊

330000－1716－0007799　普集1529/07799
類叢部/叢書類/自著之屬
散溪遺書八種　蔡克猷撰　民國十年(1921)劉邦元等鉛印本　一冊　存一種

330000－1716－0007801　集補2659－2/07801　子部/宗教類/佛教之屬
韓文公論佛骨表糾謬一卷　郭振墉纂　民國二十年(1931)清閬山館鉛印本　一冊

330000－1716－0007805　普集1531/07805
集部/别集類/清别集
晚翠軒集一卷　(清)林旭撰　**崦樓遺藳二卷**　(清)沈鵲應撰　民國鉛印本　一冊

330000－1716－0007806　集補 2660/07806　集部/詩文評類/文評之屬

韓文研究法一卷柳文研究法一卷　林紓撰　民國十三年(1924)上海商務印書館鉛印本　一冊

330000－1716－0007807　地獻 2113/07807　集部/別集類

魚雁尺牘一卷　民國抄本　一冊

330000－1716－0007808　集補 2661/07808　集部/詩文評類/文法之屬/文法

作文初步四卷　江山淵編　民國四年(1915)上海文明書局鉛印本　一冊

330000－1716－0007809　集補 2664/07809　集部/別集類/清別集

蓮西詩集四卷　(清)王維珍撰　民國十四年(1925)文學書局石印本　四冊

330000－1716－0007811　集補 2663/07811　集部/別集類/清別集

梅崖居士文集四卷　(清)朱仕琇撰　葆光室主校勘　民國四年(1915)上海國學維持社鉛印本　二冊

330000－1716－0007812　集補 2665－1/07812　集部/別集類/清別集

李竹君詩鈔一卷　(清)李承湛撰　民國三年(1914)上海宏大紙號石印本　一冊

330000－1716－0007813　集補 2665－2/07813　集部/別集類/清別集

李竹君詩鈔一卷　(清)李承湛撰　民國三年(1914)上海宏大紙號石印本　一冊

330000－1716－0007814　集補 2662－1/07814　集部/別集類/清別集

篤素堂文集四卷集抄三卷　(清)張英撰　民國文瑞樓石印本　一冊　存四卷(一至四)

330000－1716－0007815　普叢 0234－1/07815　類叢部/叢書類/自著之屬

廣雅堂四種　(清)張之洞撰　民國南皮張氏刻本　一冊　存一種

330000－1716－0007819　集補 2662－2/07819　集部/別集類/清別集

篤素堂文集四卷集抄三卷　(清)張英撰　民國文瑞樓石印本　一冊　存四卷(一至四)

330000－1716－0007820　集補 2667/07820　集部/別集類/清別集

溪上草堂文稿八卷首一卷　(清)駱晉祺撰　魏東編　民國十年(1921)魏東鉛印本　二冊

330000－1716－0007821　普集 1518/07821　集部/別集類/宋別集

東坡先生和陶淵明詩四卷　(宋)蘇軾撰　民國十一年(1922)黃藝錫等京師刻本　二冊

330000－1716－0007828　普集 1521/07828　集部/詞類/總集之屬

南唐二主詞彙箋一卷　(五代)李璟　(五代)李煜撰　唐圭璋輯　民國三十七年(1948)正中書局鉛印本　一冊

330000－1716－0007834　普集 1522/07834　集部/別集類

養靜軒詩草四卷　丁錫綸撰　民國鉛印本　一冊

330000－1716－0007836　集補 2678/07836　集部/總集類/郡邑之屬

潯溪詩徵四十卷補遺一卷詞徵二卷　周慶雲輯　民國六年(1917)周氏夢坡室刻本　一冊　存二卷(詞徵一至二)

330000－1716－0007841　集補 2684/07841　集部/詞類/類編之屬

鶯音集二種　孫德謙輯　民國七年(1918)元和孫氏四益宧鉛印本　二冊

330000－1716－0007842　集補 2681－1/07842　集部/別集類

綠天簃詩集一卷詞集一卷　張汝釗撰　民國十四年(1925)鉛印本　一冊

330000－1716－0007843　集補 2679/07843　集部/詞類/別集之屬

半櫻詞二卷　林鵾翔撰　民國十六年(1927)鉛印本　一冊

330000－1716－0007844　集補 2681－2/07844　集部/別集類

綠天簃詩集一卷詞集一卷　張汝釗撰　民國十四年(1925)鉛印本　一册

330000－1716－0007853　集補 2688－1/07853　集部/詞類/別集之屬

遐菴詞甲稿一卷　葉恭綽撰　民國三十二年(1943)鉛印本　一册

330000－1716－0007854　集補 2688－2/07854　集部/詞類/別集之屬

遐菴詞甲稿一卷　葉恭綽撰　民國三十二年(1943)鉛印本　一册

330000－1716－0007856　集補 2689/07856　集部/詞類/別集之屬

慮尊詞一卷然脂詞一卷　陳夔撰　民國十一年(1922)鉛印本　一册

330000－1716－0007870　集補 2692/07870　集部/詞類/總集之屬

銷魂詞一卷　畢振達輯　民國三年(1914)上海夏星雜誌社鉛印本　一册

330000－1716－0007871　普集 1546/07871　集部/別集類/唐五代別集

香籢集發微一卷附韓承旨年譜一卷　震鈞撰　民國十三年(1924)上海掃葉山房石印本　一册

330000－1716－0007876　普集 1548/07876　類叢部/叢書類/自著之屬

清都散客二種　(明)趙南星撰　盧前校訂　民國二十五年(1936)上海中華書局鉛印本　一册

330000－1716－0007878　普集 1550/07878　集部/總集類/選集之屬/斷代

現代十大家詩鈔　進步書局編　民國四年(1915)文明書局、中華書局石印本　四册

330000－1716－0007880　普集 1551/07880　集部/別集類/清別集

天真閣外集六卷　(清)孫原湘撰　民國三年(1914)上海掃葉山房石印本　張敬熙題簽　二册

330000－1716－0007881　普集 1552/07881　集部/別集類

樊山滑稽詩文初集一卷附滑稽小說琴樓夢一卷　樊增祥撰　民國二年(1913)上海廣益書局鉛印本　一册

330000－1716－0007883　普集 1553/07883　集部/別集類

樊山文鈔四卷詩鈔六卷　樊增祥撰　民國元年(1912)上海廣益書局石印本　十册

330000－1716－0007884　普集 1554/07884　集部/別集類/清別集

讀書樓詩集六卷　(清)吳應奎撰　民國五年(1916)安吉吳氏雍睦堂影印本　二册

330000－1716－0007885　普集 1555/07885　集部/別集類/明別集

天目山齋歲編二十八卷　(明)吳維嶽撰　民國四年(1915)吳氏雍睦堂影印本　二册

330000－1716－0007887　普集 1558/07887　集部/別集類/清別集

壯悔堂文集十卷首一卷遺稿一卷四憶堂詩集六卷　(清)侯方域撰　(清)賈開宗等評點　民國上海彪蒙書室石印本　四册

330000－1716－0007888　普集 1557－1/07888　集部/總集類/酬唱之屬

鷗隱廬七十壽詩彙編一卷　趙卓卿等撰　民國十二年(1923)石印本　一册

330000－1716－0007889　普集 1557－2/07889　集部/總集類/酬唱之屬

鷗隱廬七十壽詩彙編一卷　趙卓卿等撰　民國十二年(1923)石印本　一册

330000－1716－0007891　集補 2702－1/07891　集部/詞類/別集之屬

鹹酸橋屋詞一卷附庸謹堂歲華紀感一卷　唐風撰　民國十三年至十五年(1924－1926)鉛印本　一册

330000－1716－0007893　普集 1561/07893

集部/别集類/唐五代别集

李長吉集四卷外卷一卷 (唐)李賀撰 (明)黄淳耀評 (清)黎簡批點 民國六年(1917)上海會文堂書局石印本 二册

330000-1716-0007894 集補 2694-1/07894 集部/詞類/别集之屬

碧春詞一卷亟鏡簃詞一卷 徐鋆撰 民國二十年(1931)鉛印本 一册

330000-1716-0007895 普集 1559/07895 集部/總集類/選集之屬/通代

歷代詩文評注讀本 王文濡編 民國上海文明書局鉛印本 二册 存一種

330000-1716-0007898 集補 2702-2/07898 集部/詞類/别集之屬

鹹酸橋屋詞一卷附庸謹堂歲華紀感一卷 唐風撰 民國十三年至十五年(1924-1926)鉛印本 唐風校並記 一册

330000-1716-0007900 集補 2702-3/07900 集部/詞類/别集之屬

鹹酸橋屋詞一卷附庸謹堂歲華紀感一卷 唐風撰 民國十三年至十五年(1924-1926)鉛印本 一册

330000-1716-0007901 古越 0799/07901 史部/政書類/公牘檔册之屬

福建省銀行三週年紀念刊一卷 福建省銀行編輯委員會編 民國二十七年(1938)福建省銀行鉛印本 一册

330000-1716-0007903 普集 1549/07903 集部/詞類/總集之屬

絶妙好詞箋七卷 (宋)周密輯 (清)查為仁 (清)厲鶚箋 **續鈔二卷** (清)余集輯 (清)徐楙補録 民國上海掃葉山房石印本 四册

330000-1716-0007904 集補 2702-4/07904 集部/詞類/别集之屬

鹹酸橋屋詞一卷附庸謹堂歲華紀感一卷 唐風撰 民國十三年至十五年(1924-1926)鉛印本 唐風校並記 一册

330000-1716-0007908 普集 1566/07908 集部/别集類/清别集

攖甯齋詩草一卷 (清)劉肇均撰 民國四年(1915)石印本 一册

330000-1716-0007911 普集 1568/07911 集部/總集類/酬唱之屬

圭塘倡和詩一卷 袁克文編 民國石印本 一册

330000-1716-0007913 集補 2694-2/07913 集部/詞類/别集之屬

碧春詞一卷亟鏡簃詞一卷 徐鋆撰 民國二十年(1931)鉛印本 一册

330000-1716-0007915 普集 1567/07915 集部/總集類/酬唱之屬

圭塘倡和詩一卷 袁克文編 民國石印本 一册

330000-1716-0007916 集補 2694-3/07916 集部/詞類/别集之屬

碧春詞一卷亟鏡簃詞一卷 徐鋆撰 民國二十年(1931)鉛印本 一册

330000-1716-0007918 普集 1573/07918 集部/詩文評類/詩評之屬

觀塵因室詩話一卷 陳景寔撰 民國二十五年(1936)陳惠羣鉛印本 一册

330000-1716-0007919 集補 2698/07919 集部/詞類/别集之屬

雙辛夷樓詞一卷 (清)李宗禕撰 **花影吹笙室詞一卷** (清)李慎溶撰 民國九年(1920)鉛印本 一册

330000-1716-0007920 普集 1572/07920 集部/總集類/題詠之屬

詩學因緣一卷 張□技輯 民國三年(1914)石印本 一册

330000-1716-0007922 普集 1574/07922 集部/詞類/别集之屬

觀塵因室詞曲合鈔一卷聯語一卷 陳景寔撰 民國二十六年(1937)大中華印書局鉛印本 一册

330000－1716－0007923　集補 2699/07923
集部/詞類/別集之屬
擊缶詞一卷　甘大昕撰　民國三十四年(1945)水周堂木活字印本　一册

330000－1716－0007924　普集 1575/07924
集部/别集類/清别集
新淦公遺稿三卷附録一卷　(清)章定瑜撰　章乃羹輯　民國鉛印本　一册

330000－1716－0007937　經補 1439－1/07937　經部/小學類/文字之屬/字書/訓蒙
養蒙針度五卷　(清)潘子聲撰　民國十年(1921)上海廣益書局石印本　一册

330000－1716－0007941　經補 1439－2/07941　經部/小學類/文字之屬/字書/訓蒙
養蒙針度二卷　(清)潘子聲撰　民國十六年(1927)上海錦章圖書局石印本　一册

330000－1716－0007942　普集 1586/07942
集部/别集類
果園遺詩二卷　郭恩孚撰　民國八年(1919)濰縣博文石印局石印本　丁錫綸題記　一册

330000－1716－0007944　史補 1597－1/07944　史部/傳記類/總傳之屬/姓名
增補百家姓考略二卷　(清)王相撰　(清)徐士業增補　民國上海校經山房石印本　一册
存一卷(二)

330000－1716－0007947　經補 1444/07947
經部/小學類/文字之屬/字書/訓蒙
千字文一卷　民國紹興育新書局石印本　一册

330000－1716－0007950　史補 1598/07950
史部/傳記類/總傳之屬/姓名
增廣百家姓一卷　民國石印本　一册

330000－1716－0007952　子補 3195/07952
子部/儒家類/儒學之屬/蒙學
重訂繪圖詳注日記故事一卷　民國蔣春記書局石印本　一册

330000－1716－0007958　子補 3196/07958
子部/藝術類/書畫之屬/法帖
篆文百家姓詩品不分卷　民國抄本　一册

330000－1716－0007960　子補 4146/07960
子部/儒家類/儒學之屬/俗訓
繪圖男女四十八孝二卷　(清)費隱子新編　民國明善書局石印本　一册

330000－1716－0007963　集補 2710/07963
集部/别集類
宋教仁先生文集不分卷　宋教仁撰　民國二年(1913)政新書局石印本　一册

330000－1716－0007965　經補 1000－139/07965　經部/小學類/文字之屬/字書/字典
增篆字典十二集三十六卷檢字一卷等韻一卷補遺一卷備考一卷　(清)張玉書等纂修　民國六年(1917)上海鴻寶齋書局石印本　四册
存二十九卷(子集一至三、丑集一至三、寅集一至三、卯集一至三、辰集一至三、巳集一至三、午集一至三、酉集一至三、戌集一至三,檢字,等韻)

330000－1716－0007967　子補 3194/07967
子部/儒家類/儒學之屬/蒙學
繪圖注釋神童詩不分卷　孫志翔書　民國上海劉德記書局石印本　一册

330000－1716－0007969　普集 1605/07969
集部/别集類
菫廬詩稿一卷　陳煥撰　民國二十年(1931)鉛印本　陳煥題記　一册

330000－1716－0007970　集補 3451－1/07970　集部/詩文評類
文學津梁十二種　周鍾游編　民國五年(1916)上海有正書局石印本　八册

330000－1716－0007971　普集 1610/07971
集部/别集類
誦芬堂文稿八編　錢文選撰　民國鉛印本　二册　存一種

330000－1716－0007972　集補 2711/07972
集部/别集類
南華小住山房詩草一卷　謝乃壬撰　民國二

十三年(1934)鉛印本　一冊

330000－1716－0007973　子補 3198/07973
子部/儒家類/儒學之屬/蒙學
增訂三字經一卷　(宋)王應麟撰　劉松齡增訂　劉警凡增注　民國二十八年(1939)私立吳興縐校同學會鉛印本　一冊

330000－1716－0007974　經補 1000－161/07974　經部/小學類/文字之屬/字書/字典
康熙字典十二集三十六卷總目一卷檢字一卷辨似一卷等韻一卷補遺一卷備考一卷　(清)張玉書等纂修　民國二年(1913)上海錦章書局石印本　六冊

330000－1716－0007976　子補 3193/07976
子部/儒家類/儒學之屬/蒙學
繪圖大字酒詩二卷　民國石印本　一冊

330000－1716－0007978　子補 3199/07978
子部/雜著類/雜考之屬
古書疑義舉例七卷　(清)俞樾撰　民國上海古書流通處影印本　三冊

330000－1716－0007979　經補 1311－2/07979　經部/小學類/文字之屬/字書/字典
新字典十二卷拾遺一卷檢字一卷附録一卷勘誤一卷補編一卷　陸爾奎等編纂　民國元年(1912)上海商務印書館鉛印本　二冊　存四卷(檢字、附録、勘誤、補編)

330000－1716－0007990　集補 2714－4/07990　集部/總集類/選集之屬/通代
古文筆法二十卷　(清)李扶九編集　民國上海錦章圖書局石印本(卷四至七補配清末石印本)　四冊

330000－1716－0007991　普集 1613/07991
集部/戲劇類/雜劇之屬
增像第六才子書五卷首一卷　(元)王德信　(元)關漢卿撰　(清)金人瑞評　民國元年(1912)石印本　一冊

330000－1716－0007992　子補 3200/07992
子部/儒家類/儒學之屬/蒙學
養蒙初基不分卷　民國石印本　一冊

330000－1716－0007993　地獻 1935－3/07993　經部/小學類/訓詁之屬/字詁
新鐫智燈難字二卷　(清)范寅撰　民國浙紹墨潤堂石印本　一冊

330000－1716－0007994　普集 1614/07994
集部/詞類/類編之屬
宋詞五種　林大椿編　民國十七年(1928)上海商務印書館鉛印本　袁永濃題記　一冊　存一種

330000－1716－0007995　經補 1443/07995
新學/雜著
新增中西日用雜字一卷　民國石印本　章明記題簽　一冊

330000－1716－0007996　經補 1442/07996
子部/儒家類/儒學之屬/蒙學
繪圖精校益幼雜字一卷　民國八年(1919)上海廣記書局石印本　一冊

330000－1716－0008001　普集 1617/08001
集部/別集類
靈璞閣詩二卷附孫言草一卷　張惠衣撰　民國三十三年(1944)鉛印本　一冊

330000－1716－0008002　集補 2719－1/08002　集部/別集類
聽香讀畫軒文鈔一卷詩鈔一卷詞鈔一卷聯語彙録一卷　馬逸臣撰　孫葆英輯　民國二十八年(1939)鉛印本　一冊

330000－1716－0008003　普集 1620/08003
集部/詩文評類/詩評之屬
批本隨園詩話十六卷補遺十卷附録一卷　冒廣生撰　民國五年(1916)中國圖書公司和記鉛印本　二冊

330000－1716－0008004　集補 2719－2/08004　集部/別集類
聽香讀畫軒文鈔一卷詩鈔一卷詞鈔一卷聯語彙録一卷　馬逸臣撰　孫葆英輯　民國二十八年(1939)鉛印本　一冊

330000－1716－0008005　普集 1618/08005
子部/藝術類/遊藝之屬/聯語

西湖楹聯四卷 民國十年(1921)杭州德記書局石印本 一冊

330000－1716－0008008 普集 1619/08008 集部/詞類/詞話之屬
詞謔四卷 (明)□□撰 盧前校 民國二十五年(1936)中華書局鉛印本 一冊

330000－1716－0008010 普集 1624/08010 集部/詩文評類/文評之屬
新體廣注文心雕龍十卷 (南朝梁)劉勰撰 (清)黄叔琳注 (清)紀昀評 民國十七年(1928)上海大一統圖書局石印本 四冊

330000－1716－0008011 集補 1407－2/08011 集部/總集類/選集之屬/斷代
近代文評注讀本三卷 王文濡評選 沈鎔等注釋 民國十八年(1929)上海文明書局鉛印本 三冊

330000－1716－0008013 普集 1623/08013 集部/别集類/明别集
疑雨集注四卷 (明)王彦泓撰 丁國鈞注 民國四年(1915)上海掃葉山房石印本 四冊

330000－1716－0008015 集補 2721/08015 集部/别集類
市陰叢稿一卷 薛元燕撰 民國二十四年(1935)鉛印本 薛元燕跋 一冊

330000－1716－0008016 普集 1630/08016 集部/詞類/總集之屬
長興詞存六卷 溫訇輯 民國十五年(1926)鉛印本 二冊

330000－1716－0008018 經補 1441－1/08018 經部/四書類/中庸之屬/傳說
中庸章句二卷 (宋)朱熹撰 民國石印本 一冊 存一卷(一)

330000－1716－0008021 普叢 0343－3/08021 類叢部/叢書類/彙編之屬
寶顏堂秘笈二百二十八種 (明)陳繼儒編 民國十一年(1922)上海文明書局石印本 八冊 存四十一種

330000－1716－0008022 經補 1441－2/08022 經部/四書類/中庸之屬/傳說
中庸章句二卷 (宋)朱熹撰 民國浙紹墨潤堂石印本 一冊

330000－1716－0008025 集補 2722/08025 集部/别集類
俟廬文集續編八卷詩艸初集四卷續集四卷 陳錦文撰 陳傑編 民國十八年(1929)上海宏大書局石印本 三冊

330000－1716－0008026 經補 0931－6/08026 子部/儒家類/儒學之屬/蒙學
便蒙四書 (宋)朱熹撰 民國石印本 一冊 存一種

330000－1716－0008030 集補 2716/08030 集部/别集類/清别集
印雪軒詩鈔十六卷 (清)俞鴻漸撰 民國六年(1917)上海掃葉山房石印本 四冊

330000－1716－0008031 普集 1841/08031 集部/總集類/彙編之屬
當代八家文鈔 胡君復輯 民國十六年(1927)上海商務印書館鉛印本 七冊 存四種

330000－1716－0008032 集補 3451－2/08032 集部/詩文評類
文學津梁十二種 周鍾游編 民國七年(1918)上海有正書局石印本 八冊

330000－1716－0008034 地獻 1426－24/08034 子部/儒家類/儒學之屬/蒙學
便蒙四書 (宋)朱熹撰 民國浙紹墨潤堂石印本 二冊 存二種

330000－1716－0008035 普集 1641/08035 類叢部/叢書類/家集之屬
天蘇閣叢刊十五種 徐新六輯 民國三年(1914)、十二年(1923)杭縣徐氏鉛印本 一冊 存四種

330000－1716－0008037 地獻 1426－25/08037 子部/儒家類/儒學之屬/蒙學
便蒙四書 (宋)朱熹撰 民國浙紹大同書局

石印本　一册　存一種

330000－1716－0008038　經補 1455/08038　經部/小學類/文字之屬/字書/訓蒙
繪圖識字實在易不分卷　施崇恩編　民國十二年(1923)上海彪蒙書室石印本　十二册

330000－1716－0008039　經補 0931－7/08039　子部/儒家類/儒學之屬/蒙學
便蒙四書　(宋)朱熹撰　民國石印本　一册　存一種

330000－1716－0008041　集補 2712－1/08041　集部/總集類
研白齋論文集不分卷　何子培等撰　民國二十年(1931)鉛印本　一册

330000－1716－0008043　子補 3201/08043　子部/儒家類/儒學之屬/禮教/女範
校正女兒經一卷　民國浙紹大同書局石印本　一册

330000－1716－0008044　子補 3202/08044　子部/儒家類/儒學之屬/禮教/女範
繪圖改良女兒經一卷　民國石印本　一册

330000－1716－0008045　集補 2712－2/08045　集部/總集類
研白齋論文集不分卷　何子培等撰　民國二十年(1931)鉛印本　一册

330000－1716－0008046　地獻 1939－1/08046　集部/總集類/選集之屬/斷代
唐詩便蒙二卷　民國浙紹奎照樓石印本　二册

330000－1716－0008048　子補 3203－1/08048　子部/儒家類/儒學之屬/蒙學
三百千神合璧一卷　民國上海劉德記書局石印本　一册

330000－1716－0008049　普集 1649/08049　集部/別集類
不匱室詩鈔四卷　胡漢民撰　民國二十年(1931)登雲閣鉛印本　一册

330000－1716－0008051　普集 1648/08051　集部/總集類/酬唱之屬
同林倡和一卷　(清)趙信輯　(清)梁詩正書　民國石印本　一册

330000－1716－0008053　史補 1599－1/08053　史部/傳記類/總傳之屬/姓名
繪圖百家姓一卷　民國石印本　一册

330000－1716－0008054　子補 3203－2/08054　子部/儒家類/儒學之屬/蒙學
三字經注解備要一卷　(清)賀興思撰　民國十一年(1922)上海錦章圖書局石印本　一册

330000－1716－0008055　史補 1599－2/08055　史部/傳記類/總傳之屬/姓名
百家姓一卷　民國浙紹墨潤堂石印本　一册

330000－1716－0008057　普集 1655/08057　集部/詞類/別集之屬
曼陀羅寱詞一卷　沈曾植撰　民國十三年(1924)上海商務印書館鉛印本　一册

330000－1716－0008058　史補 1599－3/08058　史部/傳記類/總傳之屬/姓名
百家姓一卷　民國石印本　一册

330000－1716－0008060　史補 1599－4/08060　史部/傳記類/總傳之屬/姓名
繪圖注釋百家姓一卷　民國上海江東茂記書局石印本　一册

330000－1716－0008062　普集 1657/08062　集部/別集類
愛餘室文集一卷詩集一卷詞集一卷別集一卷　莫永貞撰　民國二十三年(1934)上海中華書局鉛印本　一册

330000－1716－0008063　子補 3203－3/08063　子部/儒家類/儒學之屬/蒙學
三字經一卷　民國浙紹墨潤堂石印本　一册

330000－1716－0008064　普集 1646/08064　集部/總集類/選集之屬/通代
評注古文讀本一集一卷補攷一卷　倪羲抱編輯　民國五年(1916)上海國學昌明印書社鉛印本　一册

330000－1716－0008065　子補 3203－4/08065　子部/儒家類/儒學之屬/蒙學

三字經注解備要一卷　（清）賀興思撰　民國十三年（1924）上海宏大善書局石印本　一冊

330000－1716－0008072　子補 3203－6/08072　子部/儒家類/儒學之屬/蒙學

三字經白話注解一卷　民國石印本　一冊

330000－1716－0008073　經補 1445/08073　經部/孝經類/正文之屬

孝經一卷　民國三十五年（1946）大心凡夫抄本　一冊

330000－1716－0008074　普集 1663/08074　集部/詞類/別集之屬

味辛詞二卷　顧隨撰　民國十七年（1928）鉛印本　一冊

330000－1716－0008075　普集 1664/08075　集部/詞類/別集之屬

半櫻詞二卷　林鵾翔撰　民國十六年（1927）鉛印本　一冊

330000－1716－0008076　子補 3204－1/08076　子部/儒家類/儒學之屬/蒙學

繪圖注釋神童詩不分卷　孫志翔書　民國上海劉德記書局石印本　一冊

330000－1716－0008077　普集 1665/08077　集部/別集類

龐檗子遺集二卷　龐樹柏撰　民國六年（1917）王蘊章等鉛印本　一冊

330000－1716－0008079　子補 3204－2/08079　子部/藝術類/書畫之屬/書法書品

真草隸篆四體神童詩一卷　丁寶銓書　民國上海昌文書局石印本　一冊

330000－1716－0008081　子補 3207/08081　子部/儒家類/儒學之屬/蒙學

新鐫圖注唐詩便讀二卷　（清）王相選注　民國四年（1915）上海天機書局石印本　一冊

330000－1716－0008083　普集 1670/08083　集部/別集類

觀塵因室詩鈔十二卷　陳景寔撰　民國二十六年（1937）安徽大中華印書局鉛印本　一冊

330000－1716－0008084　子補 3205/08084　子部/儒家類/儒學之屬/蒙學

蒙學修身學堂日記故事一卷　民國上海萃英書局石印本　一冊

330000－1716－0008086　普集 1669/08086　集部/別集類

觀復堂詩集八卷　蔡寶善撰　民國鉛印本　二冊

330000－1716－0008087　子補 3206/08087　集部/總集類/選集之屬/通代

改良鍾伯敬先生訂補千家詩圖注一卷　（明）鍾惺訂補　民國上海劉德記書局石印本　一冊

330000－1716－0008088　地獻 1939－2/08088　集部/總集類/選集之屬/斷代

唐詩便蒙二卷　民國紹興墨潤堂書莊石印本　一冊　存一卷（下）

330000－1716－0008091　新補 0490－9/08091　新學/雜著

新輯繪圖洋務日用雜字一卷　民國石印本　一冊

330000－1716－0008092　集補 1221－8/08092　集部/總集類/選集之屬/通代

增補重訂千家詩注解二卷　（宋）謝枋得選（清）王相注　**新鐫五言千家詩箋注二卷**（清）王相選注　**附笠翁對韻二卷詩品詳注一卷**　民國石印本　一冊　存四卷（二、笠翁對韻一至二、詩品詳注）

330000－1716－0008095　集補 2724/08095　集部/小說類/長篇之屬

繪圖俠女情仇記十六回　通俗小說社編輯　民國十三年（1924）上海世界書局石印本　一冊

330000－1716－0008097　普集 1675－1/08097　集部/別集類

簫心劍氣樓詩存一卷詩餘附存一卷　孫肇圻

撰　民國十九年(1930)鉛印本　一冊

330000－1716－0008098　普集 1675－2/08098　集部/别集類

簫心劍氣樓詩存一卷詩餘附存一卷　孫肇圻撰　民國十九年(1930)鉛印本　一冊

330000－1716－0008099　集補 2725/08099　集部/總集類/選集之屬/通代

歷代詩文評注讀本　王文濡編　民國上海文明書局鉛印本　四冊　存一種

330000－1716－0008102　史補 0775－1/08102　史部/政書類/律令之屬/判牘

十大名家判牘十卷　平襟亞編　秋痕樓主評　民國十五年(1926)上海東亞書局鉛印本　九冊　存九種

330000－1716－0008105　地獻 2114/08105　集部/總集類/尺牘之屬

閲書餘興一卷　沈寶楨輯　稿本　一冊

330000－1716－0008107　普集 1681/08107　集部/詞類/詞譜之屬

白香詞譜一卷晚翠軒詞韻一卷　(清)舒夢蘭輯　民國元年(1912)振始堂石印本　二冊

330000－1716－0008111　普集 1682/08111　集部/别集類/宋别集

山谷内集詩注二十卷外集詩注十七卷别集詩注二卷　(宋)黄庭堅撰　(宋)任淵　(宋)史容　(宋)史季溫注　民國據清光緒二十一年至二十六年(1895－1900)義寧陳氏刻宣統二年(1910)印本影印本　十六冊

330000－1716－0008119　集補 1581/08119　集部/詩文評類/詩評之屬

梅村詩話一卷　(清)吳偉業撰　民國上海中華圖書館石印本　一冊

330000－1716－0008126　集補 1659/08126　集部/小説類/長篇之屬

繡像封神演義□□卷一百回　(明)許仲琳撰　(明)鍾惺評　民國石印本　二冊　存二卷(二至三)

330000－1716－0008127　集補 2726/08127　集部/總集類/選集之屬/通代

廣注駢文自修讀本四卷首一卷　張廷華編輯　民國十三年(1924)上海世界書局石印本　二冊

330000－1716－0008128　集補 2727/08128　集部/總集類/選集之屬/通代

廣注書翰文自修讀本四卷首一卷　陸翔評選　鄒志鶴注釋　民國十年(1921)上海世界書局石印本　一冊

330000－1716－0008131　集補 2728/08131　集部/總集類/選集之屬/通代

廣注紀事文自修讀本四卷首一卷　陸翔評選　鄒志鶴注釋　民國十年(1921)上海世界書局石印本　二冊

330000－1716－0008134　地獻 1629－4/08134　史部/地理類/專志之屬/寺觀

紹興開元寺供奉古佛藏經事蹟彙誌不分卷　民國二十五年(1936)鉛印本　一冊

330000－1716－0008135　集補 3247－74/08135　集部/小説類/短篇之屬

詳注聊齋志異圖詠十六卷　(清)蒲松齡撰　(清)呂湛恩注　民國上海錦章圖書局石印本　一冊　存一卷(一)

330000－1716－0008138　子補 4144/08138　子部/藝術類/書畫之屬/法帖

草字彙十二卷附補　(清)石梁集　民國十二年(1923)東華書局石印本　六冊

330000－1716－0008139　新補 0189－1/08139　新學/學校

新體廣注論説文自修讀本四卷首一卷　陸翔評選　鄒志鶴注釋　民國十年(1921)上海世界書局石印本　二冊

330000－1716－0008140　集補 2731/08140　集部/總集類/選集之屬/斷代

新文精華五卷　陸翔輯　民國九年(1920)上海世界書局石印本　四冊

330000－1716－0008141　子補 3216/08141

子部/儒家類/儒學之屬/禮教/家訓

豫誠堂家訓注釋一卷　孫咸榮注　民國十四年(1925)寧波華陞局鉛印本　一冊

330000－1716－0008142　集補 2745/08142

集部/詩文評類/詩評之屬

詩詞趣話四卷　葛煦存編　民國八年(1919)上海會文堂書局石印本　二冊　存二卷(一至二)

330000－1716－0008143　經補 0891－5/08143　經部/小學類/訓詁之屬/字詁

新鐫智燈難字二卷　(清)范寅撰　民國石印本　一冊

330000－1716－0008144　子補 3211/08144

子部/儒家類/儒學之屬

古今格言四卷　江畬經編纂　民國七年(1918)上海商務印書館鉛印本　四冊

330000－1716－0008145　經補 1311－4/08145　經部/小學類/文字之屬/字書/字典

新字典十二卷拾遺一卷檢字一卷附録一卷勘誤一卷補編一卷　陸爾奎等編纂　民國元年(1912)上海商務印書館鉛印本　五冊　缺二卷(勘誤、補編)

330000－1716－0008146　子補 1354－2/08146　子部/儒家類/儒學之屬

古今格言四卷　江畬經編纂　民國十年(1921)上海商務印書館鉛印本　四冊

330000－1716－0008147　普集 1704/08147

集部/總集類/選集之屬/通代

歷代詩文評注讀本　王文濡編　民國上海文明書局鉛印本　一冊　存一種

330000－1716－0008148　普集 1703/08148

史部/目録類/總録之屬/私撰

郘亭知見傳本書目十六卷　(清)莫友芝撰　民國鉛印本　四冊

330000－1716－0008149　集補 2732－2/08149　集部/詞類/類編之屬

宋詞五種　林大椿編　民國十七年(1928)上海商務印書館鉛印本　一冊　存一種

330000－1716－0008150　經補 1311－5/08150　經部/小學類/文字之屬/字書/字典

新字典十二卷拾遺一卷檢字一卷附録一卷勘誤一卷補編一卷　陸爾奎等編纂　民國元年(1912)上海商務印書館鉛印本　六冊

330000－1716－0008151　子補 3105－2/08151　子部/醫家類/婦科之屬/產科

達生編二卷　(清)亟齋居士撰　民國上海會文堂石印本　一冊

330000－1716－0008152　普集 1705/08152

子部/小說家類/諧謔之屬

笑話新談不分卷　李節齋輯　民國元年(1912)上海文益書局石印本　二冊

330000－1716－0008153　集補 2733－1/08153　集部/詩文評類/詩評之屬

古今詩學大全六卷　世界書局編輯所編輯　民國十五年(1926)上海世界書局石印本　十三冊

330000－1716－0008157　集補 1927/08157

集部/别集類/唐五代别集

唐女郎魚玄機詩一卷　(唐)魚玄機撰　民國中華書局鉛印本　一冊

330000－1716－0008158　子補 3212/08158

子部/儒家類/儒學之屬/俗訓

格言合璧不分卷　(清)金纓輯　民國八年(1919)上海宏大善書總發行所石印本　一冊

330000－1716－0008162　子補 3105－1/08162　子部/醫家類/婦科之屬/產科

達生全編二卷　(清)亟齋居士撰　民國十一年(1922)上海尚古山房石印本　一冊

330000－1716－0008163　子補 3213/08163

子部/儒家類/儒學之屬/俗訓

格言合璧不分卷　(清)金纓輯　民國八年(1919)上海宏大善書總發行所石印本　一冊

330000－1716－0008164　普集 1713/08164

史部/目録類/書志之屬/題跋

黃顧遺書六種十六卷　王大隆輯　民國二十二年至二十九年(1933－1940)秀水王氏學禮

齋刻本　一册　存一種

330000－1716－0008165　子補 3215/08165
子部/儒家類/儒學之屬/禮教/家訓
澄懷園語四卷　(清)張廷玉撰　民國上海文瑞樓石印本　一册

330000－1716－0008166　集補 2734－1/08166　集部/詞類/總集之屬
秘本蘇黄詞鈔二卷　(宋)蘇軾　(宋)黄庭堅撰　民國上海中華圖書館石印本　一册　存一卷(山谷詞鈔)

330000－1716－0008168　集補 2734－2/08168　集部/詞類/總集之屬
秘本蘇黄詞鈔二卷　(宋)蘇軾　(宋)黄庭堅撰　民國上海中華圖書館石印本　一册　存二卷(山谷詞鈔)

330000－1716－0008169　集補 2732－1/08169　集部/詞類/類編之屬
宋詞五種　林大椿編　民國十七年(1928)上海商務印書館鉛印本　一册　存一種

330000－1716－0008170　集補 2732－3/08170　集部/詞類/類編之屬
宋詞五種　林大椿編　民國十七年(1928)上海商務印書館鉛印本　一册　存一種

330000－1716－0008172　集補 2737/08172
集部/詞類/類編之屬
詞學全書四種　(清)查培繼鑒定　民國木石居石印本　四册

330000－1716－0008173　集補 2736/08173
集部/詞類/類編之屬
詞學全書四種　(清)查培繼鑒定　民國木石居石印本　五册　缺二卷(填詞圖譜三至四)

330000－1716－0008174　子補 3214－1/08174　子部/儒家類/儒學之屬/禮教/家訓
治家格言類證一卷　(清)曹顯偉輯　民國十二年(1923)紹城縣華商石印本　一册

330000－1716－0008177　子補 1014－3/08177　子部/儒家類/儒學之屬/禮教/家訓
治家格言一卷　(清)朱用純撰　民國上海求古齋書帖社石印本　一册

330000－1716－0008181　集補 2735/08181
集部/詞類/詞話之屬
詞話叢鈔十種　況周頤輯　王文濡校閲　民國十年(1921)上海大東書局石印本　四册

330000－1716－0008184　子補 3214－2/08184　子部/儒家類/儒學之屬/禮教/家訓
繪圖增注朱伯廬先生治家格言文一卷　(清)朱用純撰　民國三友實業社石印本　一册

330000－1716－0008185　古越 0005 古越 0006/08185　經部/易類/傳説之屬
周易易解十卷周易示兒録三卷周易説餘一卷　(清)沈紹勳撰　民國二十年(1931)鉛印本　六册

330000－1716－0008188　集補 1542－1/08188　集部/詞類/詞話之屬
無師自通填詞百法二卷　顧憲融編纂　民國上海崇新書局鉛印本　二册

330000－1716－0008192　經補 1509/08192
經部/小學類/音韻之屬
新增韻對屑玉詳注二卷　(清)歐達徹纂輯　(清)李天淇詳注　民國二十三年(1934)上海掃葉山房石印本　二册

330000－1716－0008194　新補 0405－7/08194　新學/學校
國文講義一卷　民國油印本　一册

330000－1716－0008196　經補 1375/08196
經部/小學類/文字之屬/説文/專著
説文匡鄦不分卷　石廣權撰　民國二十二年(1933)上海商務印書館石印本　一册

330000－1716－0008208　集補 2740/08208
集部/詩文評類/文法之屬
中華青年進步尺牘四卷　岑仰之編輯　民國五年(1916)沈鶴記書莊石印本　四册

330000－1716－0008209　集補 2743/08209
集部/詩文評類/文法之屬/函牘格式

最新詳注分類尺牘大全不分卷　袁韜壺編　民國二十四年(1935)上海會文堂新記書局石印本　四冊

330000－1716－0008215　集補 2744/08215　集部/總集類

當代駢文類纂十卷　李定彝編　**續編二卷**　包延輝編　民國九年(1920)上海國華書局鉛印本　五冊　存六卷(七至十、續編一至二)

330000－1716－0008218　集補 2741－1/08218　集部/總集類/尺牘之屬

歷代名人小簡續編二卷　吳曾祺輯　民國三年(1914)上海商務印書館鉛印本　二冊

330000－1716－0008221　集補 2741－2/08221　集部/總集類/尺牘之屬

歷代名人小簡續編二卷　吳曾祺輯　民國六年(1917)上海商務印書館鉛印本　二冊

330000－1716－0008225　集補 2741－3/08225　集部/總集類/尺牘之屬

歷代名人小簡續編二卷　吳曾祺輯　民國九年(1920)上海商務印書館鉛印本　二冊

330000－1716－0008226　集補 2741－4/08226　集部/總集類/尺牘之屬

歷代名人小簡續編二卷　吳曾祺輯　民國四年(1915)上海商務印書館鉛印本　二冊

330000－1716－0008228　集補 2741－5/08228　集部/總集類/尺牘之屬

歷代名人小簡續編二卷　吳曾祺輯　民國三年(1914)上海商務印書館鉛印本　二冊

330000－1716－0008229　集補 2730/08229　集部/詩文評類/詩評之屬

詳注圈點詩學全書四卷　(清)袁枚撰　民國十四年(1925)上海華美書局石印本　四冊

330000－1716－0008230　集補 2741－6/08230　集部/總集類/尺牘之屬

歷代名人小簡續編二卷　吳曾祺輯　民國二十四年(1935)上海商務印書館鉛印本　二冊

330000－1716－0008232　集補 2741－7/08232　集部/總集類/尺牘之屬

歷代名人小簡續編二卷　吳曾祺輯　民國十七年(1928)上海商務印書館鉛印本　二冊

330000－1716－0008239　集補 2741－8/08239　集部/總集類/尺牘之屬

歷代名人小簡續編二卷　吳曾祺輯　民國十四年(1925)上海商務印書館鉛印本　二冊

330000－1716－0008242　集補 2746/08242　集部/詩文評類/詩評之屬

隨園詩話十六卷補遺十卷　(清)袁枚撰　謝璿箋注　民國十六年(1927)上海會文堂書局石印本　十冊

330000－1716－0008246　集補 2741－10/08246　集部/總集類/尺牘之屬

歷代名人小簡續編二卷　吳曾祺輯　民國上海商務印書館鉛印本　一冊

330000－1716－0008247　普叢 0104－8/08247　類叢部/叢書類/彙編之屬

四部叢刊　張元濟等編　民國上海商務印書館影印本　十六冊　存二種

330000－1716－0008251　子補 3220/08251　子部/小說家類/雜事之屬

耐冷譚十六卷　(清)宋咸熙撰　民國三年(1914)掃葉山房石印本　四冊

330000－1716－0008255　集補 2748/08255　集部/詩文評類/詩評之屬

帶經堂詩話三十卷首一卷　(清)王士禛撰　(清)張宗柟輯　民國上海掃葉山房石印本　十冊

330000－1716－0008256　史補 1354－1/08256　集部/別集類/明別集

霜猨集校訂補注一卷　(明)周同谷撰　孟森注　民國五年(1916)上海商務印書館鉛印本　一冊

330000－1716－0008258　集補 2749－1/08258　集部/別集類/清別集

晚香詩稿不分卷　(清)韓潮撰　民國鉛印本　一冊

330000－1716－0008259　史補 1354－2/08259　集部/別集類/明别集

霜猨集校訂補注一卷　（明）周同谷撰　孟森注　民國五年（1916）上海商務印書館鉛印本　一册

330000－1716－0008265　集補 2752/08265　集部/别集類/明别集

王文成公全書三十八卷　（明）王守仁撰　民國二年（1913）上海中華圖書館影印本　十二册

330000－1716－0008266　集補 2754/08266　集部/别集類/明别集

明張文忠公詩集六卷文集十一卷　（明）張居正撰　民國十一年（1922）上海掃葉山房石印本　四册

330000－1716－0008271　集補 2756/08271　集部/别集類

樊山集七言艷詩鈔十卷　樊增祥撰　民國十一年（1922）上海廣益書局鉛印本　四册

330000－1716－0008276　集補 2753/08276　集部/總集類/尺牘之屬

歷代名人書札二卷續編二卷　吳曾祺輯　民國五年至六年（1916－1917）上海商務印書館鉛印本　六册

330000－1716－0008277　集補 2749－2/08277　集部/别集類/清别集

晚香詩稿不分卷　（清）韓潮撰　民國鉛印本　一册

330000－1716－0008282　集補 2755/08282　集部/别集類

樊山文鈔四卷詩鈔六卷　樊增祥撰　民國元年（1912）上海廣益書局石印本　童鼎璜題記　十册

330000－1716－0008296　集補 2763/08296　類叢部/叢書類/家集之屬

潛江曠氏叢書　民國十八年（1929）鉛印本　一册　存一種

330000－1716－0008297　普叢 0391/08297　類叢部/叢書類/自著之屬

太一遺書七種續刊五種　甯調元撰　民國四年（1915）鉛印本　一册　存三種

330000－1716－0008310　子補 3218/08310　子部/醫家類/溫病之屬/瘟疫

秋瘟證治要略不分卷　曹炳章撰　民國七年（1918）紹興和濟藥局鉛印本　一册

330000－1716－0008311　集補 2762/08311　集部/别集類

蠖齋文一卷詩三卷續一卷詩話三卷　陳寶燠撰　民國鉛印本　二册

330000－1716－0008314　集補 2760/08314　集部/别集類

友古堂詩集二卷　李經鈺撰　民國十二年（1923）鉛印本　一册

330000－1716－0008317　子補 3222－1/08317　子部/藝術類/遊藝之屬/聯語

影印名人楹聯真蹟大全不分卷附屏條堂幅不分卷　劉再蘇搜集　民國十四年（1925）上海世界書局影印本　六册

330000－1716－0008319　集補 2759/08319　集部/别集類

從心回溯草一卷天涯游草一卷　朱劍芝撰

東游紀略一卷　朱景彝撰　民國二十六年（1937）鉛印本　一册

330000－1716－0008320　子補 3222－2/08320　子部/藝術類/遊藝之屬/聯語

影印名人楹聯真蹟大全不分卷附屏條堂幅不分卷　劉再蘇搜集　民國十四年（1925）上海世界書局影印本　六册

330000－1716－0008321　經補 1479－1/08321　經部/四書類/大學之屬/傳説

大學述義一卷　陳全三撰　民國二十二年（1933）大成印書社鉛印本　一册

330000－1716－0008323　經補 1311－6/08323　經部/小學類/文字之屬/字書/字典

中華新字典初編十二卷續編十二卷檢字一卷　王文濡等編纂　民國三年（1914）廣益書

局、中華圖書館石印本　六冊

330000－1716－0008325　經補 1479－2/08325　經部/四書類/大學之屬/傳說

大學述義一卷　陳全三撰　民國二十二年(1933)大成印書社鉛印本　朱光燾題記　一冊

330000－1716－0008327　集補 2757/08327　集部/別集類/宋別集

真山民詩集一卷　(宋)真山民撰　民國油印本　李師頤題記　一冊

330000－1716－0008331　普叢 0212－2/08331　類叢部/叢書類/自著之屬

皮錫瑞先生遺著　(清)皮錫瑞撰　民國十六年(1927)上海商務印書館影印本　一冊　存一種

330000－1716－0008335　集補 2761－1/08335　集部/別集類

嵩淈詩集二卷　章寶銓撰　民國八年(1919)石印本　一冊

330000－1716－0008338　經補 1481/08338　經部/小學類/文字之屬/字書/字典

新體學生大字典十二卷　秦同培輯　民國石印本　一冊　存二卷(一至二)

330000－1716－0008340　集補 2761－2/08340　集部/別集類

嵩淈詩集二卷　章寶銓撰　民國八年(1919)石印本　一冊

330000－1716－0008342　集補 2761－3/08342　集部/別集類

嵩淈詩集二卷　章寶銓撰　民國八年(1919)石印本　一冊

330000－1716－0008343　普叢 0212－1/08343　類叢部/叢書類/自著之屬

皮錫瑞先生遺著　(清)皮錫瑞撰　民國十二年(1923)上海商務印書館影印本　六冊　存二種

330000－1716－0008349　子補 3221/08349　子部/雜著類/雜考之屬

古書疑義舉例七卷　(清)俞樾撰　民國上海古書流通處影印本　三冊

330000－1716－0008357　子補 0750－1/08357　子部/宗教類/道教之屬

身世金丹一卷　(清)讀我書屋輯　民國石印本　一冊

330000－1716－0008361　經補 1469/08361　經部/詩類/文字音義之屬

毛詩正韻四卷毛詩韻例一卷　丁以此撰　民國十三年(1924)日照丁氏留餘堂刻二十年(1931)山東省立圖書館印本　屈萬里題記　二冊

330000－1716－0008366　集補 2765/08366　集部/別集類/宋別集

趙清獻公集十卷目録二卷　(宋)趙抃撰　民國八年(1919)衢縣公祠刻本　四冊

330000－1716－0008378　集補 1489－1/08378　集部/別集類/清別集

陸善泉先生遺稿十卷　(清)陸善泉撰　民國石印本　穎川氏題記　四冊

330000－1716－0008381　集補 2769/08381　集部/別集類

慕巢詩稿一卷　陳甸丞撰　民國二十四年(1935)鉛印本　一冊

330000－1716－0008383　集補 2772－1/08383　集部/別集類

辛夷廬吟稿五卷　李啟沅撰　民國十七年(1928)鉛印本　一冊

330000－1716－0008385　集補 2770/08385　集部/別集類

醉靈軒文存三卷　陳蘧撰　民國十七年(1928)鉛印本　一冊

330000－1716－0008387　集補 2772－2/08387　集部/別集類

辛夷廬吟稿五卷　李啟沅撰　民國十七年(1928)鉛印本　一冊

330000－1716－0008395　經補 1471/08395
經部/小學類/音韻之屬/古今韻説
音韻學通論八卷　馬宗霍撰　民國二十年(1931)上海商務印書館鉛印本　三册

330000－1716－0008406　普集 2019/08406
集部/别集類/明别集
六如居士全集六種　(明)唐寅撰　民國石印本　一册

330000－1716－0008407　普叢 0414/08407
類叢部/叢書類/彙編之屬
京師大學堂講義二編　京師大學堂輯　民國鉛印本　童鼎璜題記　一册　存一種

330000－1716－0008410　地獻 1404－10/08410　史部/傳記類/别傳之屬/年譜
淄川蒲明經[松齡]年徵一卷　唐風撰　民國二十二年(1933)鉛印本　唐風題記　一册

330000－1716－0008423　集補 1413－1/08423　集部/别集類
祖武雜詩初稿三卷　徐祖武撰　民國二十二年(1933)鉛印本　二册　缺一卷(三)

330000－1716－0008428　史補 1356/08428
史部/史評類
二十年來我國政局概觀一卷　民國油印本　一册

330000－1716－0008455　地獻 2026－2/08455　集部/總集類/郡邑之屬
螭陽詩課四卷　螭陽詩學社輯　民國鉛印本　四册

330000－1716－0008472　地獻 2026－1/08472　集部/總集類/郡邑之屬
螭陽詩學社周年紀念一卷螭陽詩課一卷　螭陽詩學社輯　民國油印本、鉛印本　一册

330000－1716－0008477　地獻 2111/08477
集部/别集類
寄白吟草一卷附淮水閒鷗吟稿一卷　魯樹恒撰　稿本　一册

330000－1716－0008493　子補 4135－2/08493　子部/藝術類/書畫之屬/法帖
篆文論語二卷　(清)吴大澂書　民國八年(1919)蘇州振新書社影印本　二册

330000－1716－0008495　經補 1278－4/08495　經部/四書類/論語之屬/傳説
論語話解十卷　(清)陳濬撰　民國十五年(1926)上海商務印書館鉛印本　三册　缺二卷(六至七)

330000－1716－0008499　普叢 0421/08499
類叢部/叢書類/自著之屬
玄嬰什箸　陳訓正撰　民國三十年(1941)鉛印本　一册　存一種

330000－1716－0008500　經補 1388/08500
經部/四書類/孟子之屬/傳説
孟子文評不分卷　(清)趙承謨評點　民國上海交通圖書館石印本　四册

330000－1716－0008501　經補 1288/08501
經部/四書類
四書白文　民國商務印書館鉛印本　三册　存一種

330000－1716－0008502　新補 0385/08502
新學/交涉/交涉
鐵艦合同一卷　民國石印本　一册

330000－1716－0008506　集補 2779/08506
集部/别集類
陳烈士勒生遺集五卷　陳子範撰　民國六年(1917)南社鉛印本　病婕題記　一册

330000－1716－0008509　集補 2778/08509
集部/别集類
陳仲權先生遺著一卷　陳以義撰　**倚雲樓唱和集一卷**　程雲修撰　**陳仲權烈士紀念集一卷**　陳乃和　陳乃斌輯　民國二十五年(1936)鉛印本　一册

330000－1716－0008510　集補 2776/08510
集部/别集類
蝶魂詩鈔第二集一卷　趙敵文撰　民國二十三年(1934)南昌博文印務局鉛印本　一册

330000－1716－0008514　集補 2775/08514
集部/别集類
筠莊集古今體詩一卷詩餘一卷　鮑潛撰　民國三十五年(1946)鮑氏鉛印本　一册

330000－1716－0008516　集補 2783/08516
集部/總集類/選集之屬
遯廬詩選一卷遯廬壬戌詩草一卷　何煦編
上海愛華製藥會社各種經驗靈藥説明書一卷附經理各種良藥説明書一卷　愛華製藥會社編　民國十二年(1923)上海明德書局石印本　一册

330000－1716－0008517　集補 2786－1/08517　集部/别集類/清别集
依舊草堂遺稿二卷　(清)費丹旭撰　(清)汪鉽編　民國十八年(1929)鉛印本　一册

330000－1716－0008518　集補 2786－2/08518　集部/别集類/清别集
依舊草堂遺稿二卷　(清)費丹旭撰　(清)汪鉽編　民國十八年(1929)鉛印本　一册

330000－1716－0008521　集補 2777/08521
集部/别集類/清别集
武林失守雜感詩百首一卷申江避寇雜感詩百首一卷　(清)陳春曉撰　民國三十二年(1943)鉛印本　一册

330000－1716－0008524　集補 2787/08524
集部/别集類/宋别集
黄衲集二卷　(宋)黄庭堅撰　錢智修編　民國二十六年(1937)上海開明書店鉛印本　寒竹題記　一册

330000－1716－0008525　集補 2780/08525
集部/總集類/選集之屬/斷代
唐詩白話解讀本六卷首一卷　徐增撰　民國八年(1919)石印本　二册　缺四卷(三至六)

330000－1716－0008529　集補 2784/08529
集部/總集類/題詠之屬
敬渠公六十還山又讀書圖題詠册一卷　馬斯臧輯　民國鉛印本　一册

330000－1716－0008530　集補 2788/08530
集部/别集類/宋别集
黄太史精華録六卷　(宋)黄庭堅撰　(宋)任淵選　民國十九年(1930)上海商務印書館鉛印本　一册

330000－1716－0008531　集補 2781/08531
集部/别集類/清别集
北戍草一卷附龍江紀事一卷　(清)張光藻撰　民國十九年(1930)廣德錢文選鉛印本　一册

330000－1716－0008533　經補 1486/08533
經部/四書類/總義之屬/傳説
言文對照廣注四書讀本　世界書局編輯所編輯　民國二十年(1931)上海世界書局石印本　三册　存一種

330000－1716－0008536　集補 2790/08536
集部/别集類
課花吟館詩鈔初集一卷二集一卷　周祥麟撰　**和韻附録一卷**　朱劼丞等撰　民國十七年(1928)鉛印本　一册

330000－1716－0008538　集補 2791/08538
集部/别集類
倚劍吟草一卷　孟彦倫撰　民國三年(1914)鉛印本　仲廉題記　一册

330000－1716－0008543　史補 1359/08543
史部/地理類/輿圖之屬/郡縣
修訂浙江全省輿圖並水陸道里記不分卷　(清)宗源瀚等纂　民國四年(1915)杭州武林印書館石印本　十五册

330000－1716－0008552　史補 1360/08552
史部/地理類/輿圖之屬/郡縣
修訂浙江全省輿圖並水陸道里記不分卷　(清)宗源瀚等纂　民國四年(1915)杭州武林印書館石印本　一册　存舊溫州府、舊處州府一册

330000－1716－0008562　子補 0850－1/08562　子部/宗教類/道教之屬
文昌帝君功過格□□卷　民國十年(1921)上海宏大善書局石印本　一册　存二卷(一至

二）

330000－1716－0008572　集補 0095/08572　集部/小說類/長篇之屬

繡像神州光復志演義十五卷一百二十回　王雪菴編　民國上海神州圖書局石印本　三冊　存三卷（八、十、十二）

330000－1716－0008588　集補 0094/08588　集部/小說類/長篇之屬

繡像韓湘子全傳四卷三十回　（明）楊爾曾編　民國石印本　一冊　存一卷（一）

330000－1716－0008592　子補 3792－3/08592　子部/醫家類/方書之屬/成方藥目

丸散膏丹全集不分卷　民國松江余天成堂刻本　一冊

330000－1716－0008601　子補 1294/08601　子部/道家類

闡道要言一卷　（清）中和山人撰　（清）一了山人鑒定　（清）歸本子録　民國鉛印本　一冊

330000－1716－0008608　史補 1358－1/08608　史部/傳記類/總傳之屬/忠孝

女二十四孝圖說并詩不分卷　潘守廉編　民國二十五年（1936）上海三友實業社有限公司石印本　一冊

330000－1716－0008613　史補 1358－2/08613　史部/傳記類/總傳之屬/忠孝

女二十四孝圖說并詩不分卷　潘守廉編　民國二十五年（1936）上海三友實業社有限公司石印本　一冊

330000－1716－0008617　地獻 1824－96/08617　集部/總集類/選集之屬/通代

增批古文觀止十二卷　（清）吳乘權　（清）吳大職輯　民國元年（1912）紹興墨潤堂石印本　二冊

330000－1716－0008618　經補 1173/08618　經部/四書類/大學之屬/傳說

大學古本質言一卷　（清）劉沅撰　民國八年（1919）杭州明德慈善社鉛印本　一冊

330000－1716－0008620　地獻 1824－95/08620　集部/總集類/選集之屬/通代

增批古文觀止十二卷　（清）吳乘權　（清）吳大職輯　民國元年（1912）紹興墨潤堂石印本　二冊

330000－1716－0008639　經補 1150/08639　經部/小學類/文字之屬/字書/訓蒙

千字文訓纂一卷附札記一卷　唐風撰　民國二十二年（1933）鉛印本　一冊

330000－1716－0008643　經補 1151/08643　經部/小學類/文字之屬/字書/訓蒙

千字文訓纂一卷附札記一卷　唐風撰　民國二十二年（1933）鉛印本　孝敠題記　一冊

330000－1716－0008644　經補 1152/08644　經部/小學類/文字之屬/字書/訓蒙

千字文訓纂一卷附札記一卷　唐風撰　民國二十二年（1933）鉛印本　一冊

330000－1716－0008645　子補 4135－1/08645　子部/藝術類/書畫之屬/法帖

篆文論語二卷　（清）吳大澂書　民國八年（1919）蘇州振新書社影印本　四冊

330000－1716－0008646　經補 1349－1/08646　經部/小學類/文字之屬/字書/字體

六書通十卷首一卷　（清）閔齊伋撰　（清）畢弘述篆訂　民國七年（1918）上海鴻文書局石印本　一冊

330000－1716－0008647　經補 1153/08647　經部/小學類/文字之屬/字書/訓蒙

千字文訓纂一卷附札記一卷　唐風撰　民國二十二年（1933）鉛印本　一冊

330000－1716－0008648　經補 1154/08648　經部/小學類/文字之屬/字書/訓蒙

千字文訓纂一卷附札記一卷　唐風撰　民國二十二年（1933）鉛印本　一冊

330000－1716－0008649　經補 1155/08649　經部/小學類/文字之屬/字書/訓蒙

千字文訓纂一卷附札記一卷　唐風撰　民國二十二年（1933）鉛印本　一冊

330000－1716－0008651　經補 1278－5/08651　經部/四書類/論語之屬/傳說

論語話解十卷　(清)陳濬撰　民國二十二年(1933)上海商務印書館鉛印本　四册

330000－1716－0008652　經補 1156/08652　經部/小學類/文字之屬/字書/訓蒙

千字文訓纂一卷附札記一卷　唐風撰　民國二十二年(1933)鉛印本　一册

330000－1716－0008653　經補 1157/08653　經部/小學類/文字之屬/字書/訓蒙

千字文訓纂一卷附札記一卷　唐風撰　民國二十二年(1933)鉛印本　一册

330000－1716－0008654　子補 4136/08654　子部/藝術類/書畫之屬/法帖

草字彙十二卷附補　(清)石梁集　民國石印本　二册　存四卷(九至十二)

330000－1716－0008656　經補 1350－1/08656　經部/小學類/文字之屬/字書/字體

六書通十卷　(清)閔齊伋撰　(清)畢弘述篆訂　民國上海鴻寶齋石印本　五册

330000－1716－0008658　經補 1351/08658　經部/小學類/文字之屬/字書/字典

行草大字典十二集　民國上海有正書局石印本　六册

330000－1716－0008660　經補 1349－3/08660　經部/小學類/文字之屬/字書/字體

六書通十卷　(清)閔齊伋撰　(清)畢弘述篆訂　民國十七年(1928)上海鴻寶齋書局石印本　五册

330000－1716－0008662　經補 1350－2/08662　經部/小學類/文字之屬/字書/字體

六書通十卷首一卷　(清)閔齊伋撰　(清)畢弘述篆訂　民國七年(1918)上海鴻文書局石印本　四册　缺二卷(九至十)

330000－1716－0008670　子補 4137/08670　子部/藝術類/書畫之屬/法帖

篆文孝經一卷　(清)吳大澂書　民國二年(1913)蘇州振新書社影印本　素藏居士、滌凡題記　一册

330000－1716－0008675　經補 1349－4/08675　經部/小學類/文字之屬/字書/字體

六書通十卷　(清)閔齊伋撰　(清)畢弘述篆訂　民國十七年(1928)上海鴻寶齋書局石印本　五册

330000－1716－0008677　經補 1350－5/08677　經部/小學類/文字之屬/字書/字體

六書通十卷首一卷　(清)閔齊伋撰　(清)畢弘述篆訂　民國七年(1918)上海鴻文書局石印本　張儁題記　五册

330000－1716－0008683　集補 2256－1/08683　集部/總集類/郡邑之屬

鹿山吟社第三集一卷　商寶慈編　民國二十年(1931)鉛印本　一册

330000－1716－0008687　集補 2256－2/08687　集部/總集類/郡邑之屬

鹿山吟社第三集一卷　商寶慈編　民國二十年(1931)鉛印本　一册

330000－1716－0008691　集補 2255/08691　集部/總集類/酬唱之屬

漁樵耕讀攝影贈言一卷　林經輯　民國九年(1920)上海商務印書館鉛印本　一册

330000－1716－0008692　經補 1175/08692　經部/小學類/文字之屬/說文/專著

說文解字研究法不分卷　馬敘倫撰　民國十八年(1929)上海商務印書館石印本　一册

330000－1716－0008710　集補 0096/08710　集部/小說類/長篇之屬

繪圖歷朝通俗演義十一種　蔡東帆輯　民國上海會文堂新記書局石印本　一册　存一種

330000－1716－0008728　子補 0858－4/08728　子部/宗教類/佛教之屬

戒殺放生靈異紀一卷　民國鉛印本　一册

330000－1716－0008749　集補 2433/08749　集部/別集類

畏廬文集一卷續集一卷三集一卷詩存二卷論

文一卷瑣記一卷　林紓撰　民國五年(1916)上海商務印書館鉛印本　一冊　存一卷(續集)

330000－1716－0008771　地獻 0036－12/08771　集部/别集類

小沖言事三卷　黄壽袞撰　民國鉛印本　三冊

330000－1716－0008775　地獻 0036－10/08775　集部/别集類

小沖言事三卷　黄壽袞撰　民國鉛印本　二冊

330000－1716－0008780　地獻 0036－11/08780　集部/别集類

小沖言事三卷　黄壽袞撰　民國鉛印本　黄之森題記　三冊

330000－1716－0008804　經補 1041－2/08804　經部/春秋左傳類/傳說之屬

評點春秋綱目左傳句解彙雋六卷　(清)韓菼重訂　民國上海掃葉山房石印本　甘元度題記　六冊

330000－1716－0008806　經補 1344－31/08806　經部/春秋左傳類/傳說之屬

評點春秋綱目左傳句解彙雋六卷　(清)韓菼重訂　民國五年(1916)上海章福記書局石印本　六冊

330000－1716－0008813　集補 2803/08813　集部/總集類/酬唱之屬

魚城驪唱集二卷　余鼎臣等撰　民國九年(1920)武昌鉛印本　一冊

330000－1716－0008819　集補 2804/08819　集部/總集類/氏族之屬

度予亭三逸遺集三卷首一卷外編一卷　(明)張文郁　(清)張元聲　(清)張亨梧撰　張燮編　民國二十八年(1939)天台久記印刷社鉛印本　一冊

330000－1716－0008830　集補 0097/08830　集部/小說類/長篇之屬

繪圖真真活神仙四卷二十回　(清)天花藏舉編　民國石印本　二冊　存二卷(二、四)

330000－1716－0008861　地獻 3411/08861　史部/目録類/總録之屬/私撰

陳子英先生藏書目録一卷　民國抄本　一冊

330000－1716－0008868　史補 0908－5/08868　史部/金石類/金之屬/文字

歷代鐘鼎彝器欵識法帖二十卷　(宋)薛尚功撰　民國石印本　五冊

330000－1716－0008873　史補 0908－6/08873　史部/金石類/金之屬/文字

歷代鐘鼎彝器欵識法帖二十卷　(宋)薛尚功撰　民國江左書林石印本　四冊　存十五卷(一至十五)

330000－1716－0008878　集補 2793/08878　集部/别集類/明别集

石田先生詩集八卷文集一卷　(明)沈周撰

石田先生事畧一卷　(清)錢謙益輯　民國四年(1915)上海同文圖書館、樂善堂書局石印本　七冊　缺一卷(八)

330000－1716－0008881　集補 2795－2/08881　集部/别集類/清别集

音注小倉山房尺牘八卷　(清)袁枚撰　(清)胡光斗箋釋　民國十五年(1926)上海掃葉山房石印本　四冊

330000－1716－0008884　集補 2795－3/08884　集部/别集類/清别集

新式標點白話詳注小倉山房尺牘八卷　(清)袁枚撰　許家恩點注　民國十七年(1928)上海羣學社書局石印本　四冊

330000－1716－0008893　地獻 0952/08893　集部/别集類/清别集

音注小倉山房尺牘八卷　(清)袁枚撰　(清)胡光斗箋釋　民國元年(1912)上海會文堂石印本　四冊

330000－1716－0008896　集補 2794－1/08896　集部/别集類/清别集

音注小倉山房尺牘八卷　(清)袁枚撰　(清)胡光斗箋釋　民國元年(1912)上海會文堂石

印本　一册

330000－1716－0008902　集補 2794－2/08902　集部/别集類/清别集

音注小倉山房尺牘八卷　（清）袁枚撰　（清）胡光斗箋釋　民國八年（1919）上海錦章書局石印本　四册

330000－1716－0008904　集補 2796/08904　集部/總集類/尺牘之屬

分類箋注文辭大尺牘二十六卷　（明）鍾惺纂輯　（明）馮夢龍訂釋　（清）王鼎增輯　民國十年（1921）上海求古齋鉛印本　十六册

330000－1716－0008906　集補 2794－3/08906　集部/别集類/清别集

音注小倉山房尺牘八卷　（清）袁枚撰　（清）胡光斗箋釋　民國十四年（1925）上海文益書局石印本　一册

330000－1716－0008910　集補 2794－4/08910　集部/别集類/清别集

音注小倉山房尺牘八卷　（清）袁枚撰　（清）胡光斗箋釋　民國元年（1912）上海會文堂石印本　一册

330000－1716－0008916　集補 2799/08916　集部/總集類/選集之屬/通代

評注唐宋八家古文三十卷　（唐）韓愈等撰　（清）沈德潛評點　雷瑨注釋　民國九年（1920）上海掃葉山房石印本　十二册

330000－1716－0008922　史補 0776/08922　史部/政書類/公牘檔册之屬

本公司丁卯年股東常會第十九年度報告概要一卷　民國十六年（1927）鉛印本　一册

330000－1716－0008928　經補 1401－1/08928　經部/小學類/文字之屬/字書/字體

六書通十卷　（清）閔齊伋撰　（清）畢弘述篆訂　民國上海鴻寶齋石印本　五册

330000－1716－0008932　經補 1401－2/08932　經部/小學類/文字之屬/字書/字體

六書通十卷　（清）閔齊伋撰　（清）畢弘述篆訂　民國上海鴻寶齋石印本　四册　存八卷（三至十）

330000－1716－0008933　集補 2794－6/08933　集部/别集類/清别集

音注小倉山房尺牘八卷　（清）袁枚撰　（清）胡光斗箋釋　民國元年（1912）上海詠記書莊石印本　四册

330000－1716－0008936　集補 2794－7/08936　集部/别集類/清别集

增廣詳注言文對照小倉山房尺牘四卷　（清）袁枚撰　（清）吴猶龍編輯　民國十八年（1929）上海中西書局石印本　四册

330000－1716－0008942　集補 2794－8/08942　集部/别集類/清别集

音注小倉山房尺牘八卷　（清）袁枚撰　（清）胡光斗箋釋　民國四年（1915）上海文元書局石印本　四册

330000－1716－0008945　集補 2794－9/08945　集部/别集類/清别集

音注小倉山房尺牘八卷　（清）袁枚撰　（清）胡光斗箋釋　民國上海文益書局石印本　四册

330000－1716－0008963　地獻 1824－31/08963　集部/總集類/選集之屬/通代

增批古文觀止十二卷　（清）吴乘權　（清）吴大職輯　民國章福記書局石印本　五册　存十卷（三至十二）

330000－1716－0008975　集補 0008－64/08975　集部/小説類/長篇之屬

東周列國全志八卷一百八回　（清）蔡奡評點　民國上海錦章書局石印本　二册　存五卷（一至四、八）

330000－1716－0008980　經補 0890－2/08980　經部/孝經類/傳説之屬

孝經白話解説一卷　朱領中撰　民國石印本　一册

330000－1716－0008984　古越 0470/08984　集部/别集類

達廬詩録四卷　馮善徵撰　民國十六年

(1927)鉛印本　馮翰飛題記　一册

330000－1716－0008987　古越0471/08987　集部/總集類/氏族之屬

友于集三種三卷　秦錫田編　民國十七年(1928)鉛印本　呂揚忠題記　一册

330000－1716－0008990　集補2809/08990　集部/小説類/長篇之屬

繡像緑牡丹全傳六卷六十四回　民國石印本　二册　存二卷(三至四)

330000－1716－0008998　普叢0286－1/08998　類叢部/叢書類/自著之屬

曾文正公四種　(清)曾國藩撰　民國上海著易堂書局石印本　八册

330000－1716－0009001　普叢0289－1/09001　類叢部/叢書類/自著之屬

曾文正公家書六種彙刊　(清)曾國藩撰　民國十五年(1926)掃葉山房石印本　十六册

330000－1716－0009006　古越0479/09006　集部/總集類/酬唱之屬

蘡薁軒主人詠懷引玉集不分卷　張樹筠編　民國十八年(1929)鉛印本　一册

330000－1716－0009011　新補0202－5/09011　子部/天文曆算類/曆法之屬

日用寶鑑二卷　共和編譯局編輯部編　民國上海共和編譯局石印本　一册　存一卷(下)

330000－1716－0009012　普叢0286－2/09012　類叢部/叢書類/自著之屬

曾文正公四種　(清)曾國藩撰　民國上海著易堂書局石印本　八册

330000－1716－0009017　子補4142/09017　子部/藝術類/書畫之屬/法帖

草字彙十二卷附補　(清)石梁集　民國六年(1917)上海涵芬樓影印本　六册

330000－1716－0009020　子補4140－1/09020　子部/藝術類/書畫之屬/法帖

篆文孝經一卷　(清)吳大澂書　民國五年(1916)蘇州振新書社影印本　一册

330000－1716－0009024　子補4140－2/09024　子部/藝術類/書畫之屬/法帖

篆文孝經一卷　(清)吳大澂書　民國八年(1919)蘇州振新書社影印本　一册

330000－1716－0009026　經補1000－159/09026　經部/小學類/文字之屬/字書/字典

康熙字典十二集三十六卷總目一卷檢字一卷辨似一卷等韻一卷補遺一卷備考一卷　(清)張玉書等纂修　民國六年(1917)上海廣益書局石印本　六册

330000－1716－0009027　子補4070－24/09027　子部/醫家類/本草之屬/歷代綜合本草

本草綱目五十二卷附圖三卷瀕湖脈學一卷奇經八脈考一卷脈訣考證一卷　(明)李時珍撰　**本草萬方鍼線八卷**　(清)蔡烈先輯　**本草綱目拾遺十卷**　(清)趙學敏輯　民國元年(1912)上海鴻寶齋石印本　九册　存二十五卷(一至二、十三至十六、二十六至三十、五十一至五十二,圖二至三;本草萬方鍼線一至五;本草綱目拾遺一至五)

330000－1716－0009029　集補2451/09029　集部/總集類/尺牘之屬

廣注分類四六大尺牘二十卷　(清)王虎榜輯　周覲光　吳稷箋注　**中華民國官稱商榷表一卷官秩尺牘駢體新類腋一卷**　(清)王鼎輯　民國上海碧梧山莊石印本　二十一册

330000－1716－0009034　經補1000－160/09034　經部/小學類/文字之屬/字書/字典

康熙字典十二集三十六卷總目一卷檢字一卷辨似一卷等韻一卷補遺一卷備考一卷　(清)張玉書等纂修　民國六年(1917)上海廣益書局石印本　五册　缺五卷(亥集上中下、補遺、備考)

330000－1716－0009039　經補1000－140/09039　經部/小學類/文字之屬/字書/字典

康熙字典十二集三十六卷總目一卷檢字一卷辨似一卷等韻一卷補遺一卷備考一卷　(清)張玉書等纂修　民國二年(1913)上海鴻文恆

記書局石印本　一冊　存十八卷(子集上中下、丑集上中下、寅集上中下、卯集上中下、辰集上中下,檢字,辨似,等韻)

330000－1716－0009042　經補 1000－162/09042　經部/小學類/文字之屬/字書/字典

康熙字典十二集三十六卷總目一卷檢字一卷辨似一卷等韻一卷補遺一卷備考一卷　(清)張玉書等纂修　民國十五年(1926)上海錦章圖書局石印本　一冊　存七卷(子集上中下、總目、檢字、辨似、等韻)

330000－1716－0009056　集補 2819/09056　集部/别集類/清别集

蓺鞠軒詩草二卷　(清)范榮棣撰　**附採蓮集詩草一卷**　(清)周月英撰　民國元年(1912)鉛印本　一冊

330000－1716－0009058　集補 1411－1/09058　集部/詩文評類/文法之屬/函牘格式

寫信必讀十卷　(清)唐芸洲撰　民國十三年(1924)上海天寶書局石印本　一冊

330000－1716－0009062　經補 1392/09062　經部/小學類/音韻之屬

說音一卷　江謙撰　民國二十五年(1936)上海中華書局鉛印本　一冊

330000－1716－0009063　集補 2821/09063　集部/總集類/選集之屬/通代

廣注古今體詩自修讀本二卷附淺說一卷　張廷華編輯　民國十年(1921)上海世界書局石印本　二冊

330000－1716－0009066　經補 1393/09066　經部/小學類/文字之屬/字書/通論

六書淺說一卷　胡韞玉撰　民國十三年(1924)上海國學研究社鉛印本　一冊

330000－1716－0009067　集補 2820/09067　集部/總集類/尺牘之屬

歷代名人書札注釋四卷　許國英撰　民國十七年(1928)上海商務印書館鉛印本　四冊

330000－1716－0009070　集補 2822/09070　集部/總集類/尺牘之屬

分類往還女子模範尺牘正編二卷續編二卷　劉再蘇等編　民國十五年(1926)上海世界書局石印本　四冊

330000－1716－0009071　集補 2432－2/09071　集部/别集類/清别集

花月尺牘四卷　(清)徐枕亞撰　(清)東訥注　民國六年(1917)上海小說叢報社鉛印本　二冊

330000－1716－0009073　普叢 0291－2/09073　類叢部/叢書類/自著之屬

曾文正公四種　(清)曾國藩撰　民國上海鑄記書局石印本　六冊

330000－1716－0009074　集補 2432－3/09074　集部/别集類/清别集

花月尺牘四卷　(清)徐枕亞撰　(清)東訥注　民國六年(1917)上海小說叢報社鉛印本　二冊

330000－1716－0009076　普叢 0291－1/09076　類叢部/叢書類/自著之屬

曾文正公四種　(清)曾國藩撰　民國四年(1915)上海鑄記書局石印本　六冊

330000－1716－0009077　集補 1411－7/09077　集部/詩文評類/文法之屬/函牘格式

寫信必讀十卷　(清)唐芸洲撰　民國八年(1919)上海文益書局石印本　宋泰慶題記　六冊

330000－1716－0009079　集補 2823/09079　經部/小學類/文字之屬/字書/字體

真草尺牘合璧二卷附攷正同音字彙一卷　(清)王久徵書　民國五年(1916)上海文益書局石印本　二冊

330000－1716－0009082　集補 2828/09082　集部/總集類/尺牘之屬

普通分類民國新尺牘六卷　袁韜壺編　民國五年(1916)上海民興社石印本　一冊

330000－1716－0009083　集補 2824/09083　集部/總集類/尺牘之屬

啟蒙白話商賈尺牘二卷　民國上海廣益書局

石印本　一冊

330000－1716－0009084　集補 2829－1/09084　集部/總集類/尺牘之屬
廣注普通尺牘大全一卷　世界書局編輯所編輯　民國二十年(1931)上海世界書局石印本　一冊

330000－1716－0009088　集補 2830/09088　集部/詩文評類/文法之屬/函牘格式
詳注中華高等學生尺牘二卷　中華書局編　民國三十年(1941)上海中華書局石印本　一冊

330000－1716－0009090　集補 2826/09090　集部/詩文評類/文法之屬/函牘格式
書信文百法二卷　費雙園撰　劉鐵冷評注　民國上海崇文書局鉛印本　一冊

330000－1716－0009091　集補 0461－1/09091　集部/總集類/尺牘之屬
分類詳注簡明新尺牘六卷　袁韜壺編　民國十五年(1926)上海羣學書社石印本　六冊

330000－1716－0009093　地獻 2026－3/09093　集部/總集類/郡邑之屬
蠙陽詩學社月刊二卷　蠙陽詩學社輯　民國油印本　二冊

330000－1716－0009094　集補 1609－4/09094　集部/詩文評類/文法之屬/函牘格式
言文對照唐著寫信必讀不分卷　舒屋山人編　民國十六年(1927)上海大北書局石印本　一冊

330000－1716－0009095　地獻 1992/09095　史部/金石類
非儒非俠齋金石叢著十種　顧燮光撰　民國會稽顧氏金佳石好樓石印本暨鉛印本　二冊　存一種

330000－1716－0009096　子補 0861/09096　子部/宗教類/道教之屬
三聖經寶訓一卷　民國石印本　一冊

330000－1716－0009097　普叢 0292－2/09097　類叢部/叢書類/自著之屬
分類廣注曾文正公五種八卷　(清)曾國藩撰　民國十一年(1922)上海世界書局石印本　六冊

330000－1716－0009099　集補 1609－9/09099　集部/詩文評類/文法之屬/函牘格式
寫信必讀十卷　(清)唐芸洲撰　民國上海萃英書局石印本　一冊

330000－1716－0009101　普叢 0292－1/09101　類叢部/叢書類/自著之屬
分類廣注曾文正公五種八卷　(清)曾國藩撰　民國十七年(1928)上海世界書局石印本　六冊

330000－1716－0009102　普叢 0292－3/09102　類叢部/叢書類/自著之屬
分類廣注曾文正公五種八卷　(清)曾國藩撰　民國十九年(1930)上海世界書局石印本　六冊

330000－1716－0009108　集補 2827－1/09108　集部/總集類/尺牘之屬
言文對照尺牘句解初集一卷二集一卷　世界書局編輯所編輯　民國十六年(1927)上海世界書局石印本　一冊

330000－1716－0009112　集補 2827－2/09112　集部/總集類/尺牘之屬
增廣尺牘句解初集二卷二集二卷附增補音郡音義百家姓一卷　少溪氏編次　民國三年(1914)上海時新書局石印本　一冊

330000－1716－0009116　經補 0021－2/09116　經部/小學類/文字之屬/字書/字典
攷正玉堂字彙四卷　(清)知足子編　民國四年(1915)上海錦章圖書局石印本　四冊

330000－1716－0009120　集補 0013－15/09120　集部/小說類/長篇之屬
繪圖前笑中緣金如意全傳四卷二十二回　民國石印本　一冊　存一卷(四)

330000－1716－0009121　史補 1366/09121　史部/編年類/斷代之屬

清代外交史綱二十三章不分卷　民國抄本　一册

330000－1716－0009129　集補2831/09129　集部/總集類/尺牘之屬
影印名人手札真蹟大全十二種　劉再蘇搜集　民國十四年(1925)上海世界書局影印本　六册

330000－1716－0009142　集補2833/09142　集部/總集類/尺牘之屬
唐宋十大家尺牘十四卷　文明書局輯　民國十八年(1929)上海文明書局石印本　十二册

330000－1716－0009144　集補2834/09144　集部/總集類/尺牘之屬
十大名家家書十卷　平襟亞編　秋痕樓主評　民國十四年(1925)上海共和書局鉛印本　十册

330000－1716－0009145　古越0543/09145　史部/政書類/公牘檔册之屬
紹興縣小學教育基金委員會紀念録不分卷　民國十三年(1924)、十五年(1926)鉛印本　孫子松題記　二册

330000－1716－0009146　集補1299－1/09146　集部/曲類/寶卷之屬
紅羅寶卷一卷　民國二年(1913)上海文益書局石印本　一册

330000－1716－0009147　集補2835/09147　集部/總集類/尺牘之屬
清代名人書牘八卷　琴石山人輯　民國十三年(1924)上海會文堂書局石印本　四册

330000－1716－0009148　新補0680/09148　集部/總集類/選集之屬/斷代
當代百家酬世文庫二十六卷　劉再蘇編輯　民國十七年(1928)上海世界書局石印本　十六册

330000－1716－0009161　子補3230/09161　子部/藝術類/遊藝之屬/聯語
樨園楹聯録一卷　童煜撰　民國十五年(1926)務本石印局石印本　一册

330000－1716－0009163　集補2836－1/09163　集部/總集類/酬唱之屬
壯游詩存一卷　胡子松輯　民國五年(1916)胡子松鉛印本　一册

330000－1716－0009165　集補2836－2/09165　集部/總集類/酬唱之屬
壯游詩存一卷　胡子松輯　民國五年(1916)胡子松鉛印本　裘欽庶題記　一册

330000－1716－0009168　集補2836－3/09168　集部/總集類/酬唱之屬
壯游詩存一卷　胡子松輯　民國五年(1916)胡子松鉛印本　一册

330000－1716－0009177　集補2840/09177　集部/别集類
偶山遺集四卷　章錫光撰　民國十一年(1922)會稽章氏琴鶴軒刻本　一册

330000－1716－0009205　地獻1824－66/09205　集部/總集類/選集之屬/通代
古文觀止十二卷　(清)吳乘權　(清)吳大職輯　民國七年(1918)上海天寶書局石印本　二册　存四卷(一至二、五至六)

330000－1716－0009206　集補0804/09206　集部/楚辭類
楚辭十七卷首一卷　(漢)劉向集　(漢)王逸章句　(明)朱燮元　(明)朱一龍校刻　民國上海會文堂書局石印本　四册

330000－1716－0009209　地獻1824－38/09209　集部/總集類/選集之屬/通代
古文觀止十二卷　(清)吳乘權　(清)吳大職輯　民國上海商務印書館鉛印本　五册　存十卷(一至四、七至十二)

330000－1716－0009215　地獻1824－39/09215　集部/總集類/選集之屬/通代
古文觀止十二卷　(清)吳乘權　(清)吳大職輯　民國鉛印本　二册　存四卷(三至四、十一至十二)

330000－1716－0009217　集補2845/09217　集部/别集類/清别集

鴻雪樓詩選初集四卷外集一卷名媛詩話八卷 (清)沈善寶撰　民國十三年(1924)沈敏元鉛印本　四冊

330000－1716－0009218　集補 2846/09218　集部/詩文評類/文法之屬/函牘格式
詳注通用尺牘六卷附録二卷　中華書局編輯　民國十六年(1927)上海中華書局鉛印本　四冊

330000－1716－0009219　地獻 1497－29/09219　史部/傳記類/別傳之屬/年譜
庸謹堂歲華紀感再續一卷　唐風撰　民國二十四年(1935)鉛印本　一冊

330000－1716－0009221　集補 0462－1/09221　集部/詩文評類/文法之屬/函牘格式
新撰句解分類尺牘正軌八卷　賀群上編　民國九年(1920)上海錦章圖書局石印本　八冊

330000－1716－0009222　集補 1411－2/09222　集部/詩文評類/文法之屬/函牘格式
寫信必讀十卷　(清)唐芸洲撰　民國上海鴻寶齋石印本　一冊

330000－1716－0009224　集補 2848/09224　集部/詩文評類/文法之屬/函牘格式
詳注通用尺牘六卷附録二卷　中華書局編輯　民國二十年(1931)上海中華書局鉛印本　四冊

330000－1716－0009232　集補 2851－1/09232　集部/總集類/尺牘之屬
最新八行手札不分卷　施崇恩編　民國十八年(1929)上海廣益書局石印本　一冊

330000－1716－0009233　集補 2851－2/09233　集部/總集類/尺牘之屬
最新八行手札不分卷　施崇恩編　民國十年(1921)上海廣益書局石印本　一冊

330000－1716－0009238　集補 2850/09238　集部/總集類/尺牘之屬
歷代尺牘精華八卷　民國上海有正書局鉛印本　四冊

330000－1716－0009239　集補 2849/09239　集部/總集類/尺牘之屬
音注分類交際尺牘大全不分卷　王有珩編輯　民國十四年(1925)上海大東書局石印本　十六冊

330000－1716－0009242　集補 2855－1/09242　集部/別集類/明別集
六如居士箋啟一卷　(明)唐寅撰　(清)金人瑞評　民國九年(1920)虞山襟霞閣鉛印本　一冊

330000－1716－0009245　集補 2853/09245　集部/總集類/尺牘之屬
名人問答小簡二卷　上海進化書局編輯　民國十一年(1922)上海進化書局石印本　二冊

330000－1716－0009246　集補 2855－2/09246　集部/別集類/明別集
六如居士箋啟一卷　(明)唐寅撰　(清)金人瑞評　民國九年(1920)虞山襟霞閣鉛印本　一冊

330000－1716－0009247　集補 2854/09247　集部/別集類/宋別集
山谷尺牘一卷　(宋)黃庭堅撰　(明)袁宏道等評點　民國上海中華圖書館石印本　一冊

330000－1716－0009256　集補 2857/09256　集部/別集類
潛子祝壽文字一卷　高毓浵撰　張志潛評　民國二十三年(1934)鉛印本　一冊

330000－1716－0009259　集補 2858/09259　集部/別集類
栩園近稿六卷　陳栩撰　民國漢文書局鉛印本　阿儂題記　一冊

330000－1716－0009262　集補 2859/09262　集部/別集類
湖上家書六卷　陳栩撰　民國二十三年(1934)鉛印本　一冊

330000－1716－0009263　史補 1370/09263　史部/地理類/遊記之屬/紀勝
蔣叔南游記第一集不分卷　蔣希召撰　民國

十年(1921)鉛印本　一冊

330000－1716－0009264　史補 0482－2/09264　集部/詩文評類/文法之屬/函牘格式

士商實用最新公牘全書六卷　廣文書局編輯所編　民國十四年(1925)上海世界書局石印本　二冊

330000－1716－0009266　集補 2860/09266　集部/總集類/尺牘之屬

分類詳注新酬世尺牘大全六卷　王蕤甫編輯　民國十八年(1929)上海廣益書局石印本　六冊

330000－1716－0009272　史補 0791－1/09272　史部/編年類/通代之屬

尺木堂綱鑑易知録九十二卷明鑑易知録十五卷　(清)吳乘權　(清)周之炯　(清)周之燦輯　民國十八年(1929)上海錦章圖書局石印本　八冊　存三十六卷(一至二十六、四十五至五十四)

330000－1716－0009281　陶 0001/09281　集部/詩文評類/詩評之屬

詩家正法眼藏一卷　劉子芬撰　民國二十三年(1934)鉛印本　一冊

330000－1716－0009285　陶 0009/09285　集部/總集類/選集之屬/通代

古唐詩合解十二卷古詩合解四卷　(清)王堯衢注　民國上海會文堂書局石印本　八冊

330000－1716－0009286　史補 1371－1/09286　史部/政書類/公牘檔冊之屬

浙江教育計畫商榷書一卷　何紹韓撰　民國五年(1916)浙江省教育會鉛印本　一冊

330000－1716－0009289　史補 1371－2/09289　史部/政書類/公牘檔冊之屬

全浙教育會第十一届聯合會報告書不分卷　浙江省教育會編　民國十三年(1924)鉛印本　一冊

330000－1716－0009294　史補 1371－3/09294　史部/政書類/公牘檔冊之屬

全浙教育會第十二届聯合會報告書不分卷　浙江省教育會編　民國十四年(1925)鉛印本　一冊

330000－1716－0009296　集補 2872/09296　集部/總集類/郡邑之屬

越中詩徵不分卷　詞隱蟫莽編輯　民國二十年(1931)抄本　一冊

330000－1716－0009311　陶 0013/09311　集部/别集類/宋别集

六一居士文集五卷外集録二卷　(宋)歐陽修撰　民國二年(1913)上海會文堂書局石印本　六冊

330000－1716－0009312　陶 0015/09312　集部/總集類/彙編之屬

澹宗五卷　胡維銓編　民國二十二年(1933)上海佛學書局鉛印本　一冊

330000－1716－0009313　陶 0014/09313　集部/别集類/清别集

霜紅龕集四十卷　(清)傅山撰　(清)張廷鑑　(清)張廷銓拾遺　(清)劉飛補輯　民國七年(1918)晉省晉新書社鉛印本　八冊

330000－1716－0009315　陶 0016/09315　集部/别集類/漢魏六朝别集

曹集銓評十卷逸文一卷　(三國魏)曹植撰　(清)丁晏纂　**魏陳思王年譜一卷**　(清)丁晏編　民國十五年(1926)上海掃葉山房影印本　五冊

330000－1716－0009317　集補 1056－5/09317　集部/總集類/選集之屬/通代

重訂古文釋義新編八卷　(清)余誠評注　民國三年(1914)上海鴻寶齋石印本　一冊　存一卷(一)

330000－1716－0009319　普叢 0428/09319　類叢部/叢書類/自著之屬

晨風廬叢刊十八種　周慶雲撰　民國吳興周氏夢坡室刻本　一冊　存一種

330000－1716－0009320　集補 2879/09320　集部/總集類/題詠之屬

遊仙詩一卷　張鴻　錢蓴孫　楊無恙撰　民

國二十二年(1933)刻本　一册

330000－1716－0009322　陶0019/09322　集部/别集類/清别集
香屑集十八卷首一卷末一卷　(清)黄之雋撰　(清)陳邦直注　民國二年(1913)上海掃葉山房石印本　四册

330000－1716－0009325　陶0017/09325　集部/詞類/總集之屬
全唐詞選二卷　民國八年(1919)上海掃葉山房石印本　二册

330000－1716－0009330　陶0021/09330　集部/别集類
浮雲集一卷　魏蘭撰　民國石印本　一册

330000－1716－0009331　陶0022/09331　集部/詩文評類/詩評之屬
詩法入門四卷首一卷　(清)游藝輯　民國九年(1920)上海會文堂書局石印本　二册

330000－1716－0009333　陶0023/09333　集部/詩文評類/詩評之屬
學詩指南二卷　顧亭鑑纂輯　民國五年(1916)詩學齋石印本　二册

330000－1716－0009339　陶0026/09339　集部/曲類/寶卷之屬
孟姜仙女寶卷一卷　民國石印本　一册

330000－1716－0009340　陶0027/09340　集部/詞類/類編之屬
詞學全書四種　(清)查培繼鑒定　民國木石居石印本　六册

330000－1716－0009342　陶0029/09342　集部/詞類/詞譜之屬
攷正白香詞譜三卷附録一卷　陳小蝶編　**增訂晚翠軒詞韻一卷**　陳祖耀校正　民國七年(1918)春草軒鉛印本暨石印本　四册

330000－1716－0009343　陶0028/09343　集部/總集類/選集之屬/斷代
唐詩三百首二卷　(清)孫洙編　民國上海廣益書局石印本　二册

330000－1716－0009344　陶0030/09344　集部/别集類/唐五代别集
杜詩詳注二十五卷首一卷附編二卷　(清)仇兆鰲輯注　民國十七年(1928)上海掃葉山房石印本　二十八册

330000－1716－0009347　陶0031/09347　集部/總集類/彙編之屬
禺生四唱　劉成禺輯　民國二十三年(1934)鉛印本　劉成禺題記　一册　存二種

330000－1716－0009352　子補1149/09352　子部/雜著類/雜説之屬
正學啟蒙三字頌不分卷　江謙述　民國鉛印本　一册

330000－1716－0009362　集補2882/09362　集部/總集類/酬唱之屬
篔谷公篔簹課子圖題辭一卷　孫家驥輯　民國二十三年(1934)鉛印本　一册

330000－1716－0009363　地獻1824－94/09363　集部/總集類/選集之屬/通代
古文觀止十二卷　(清)吴乘權　(清)吴大職輯　民國三年(1914)上海普新書局石印本　六册

330000－1716－0009365　子補3258－1/09365　子部/儒家類/儒學之屬/蒙學
新增繪圖幼學故事瓊林四卷首一卷　(清)程登吉撰　(清)鄒聖脈增補　民國廣州昌華石印局石印本　一册

330000－1716－0009367　子補1146/09367　子部/術數類/占卜之屬
命學發微不分卷二集不分卷　鄧毓林撰　民國十一年(1922)鉛印本　一册

330000－1716－0009374　陶0046/09374　集部/小説類/長篇之屬
琴樓夢小説一卷　樊增祥撰　民國三年(1914)大共和日報石印本　一册

330000－1716－0009378　集補2883/09378　集部/别集類
梁巨川先生遺筆一卷　梁濟撰　民國八年

(1919)影印本　一冊

330000－1716－0009379　陶0047/09379　集部/詞類/總集之屬

詞品甲一卷乙一卷　歐陽漸輯　民國二十二年(1933)、三十一年(1942)南京支那内學院刻本　一冊　存一卷(甲)

330000－1716－0009385　陶0051/09385　集部/總集類/酬唱之屬

行營唱和集一卷　劉文藻輯　民國鉛印本　一冊

330000－1716－0009396　集補2891/09396　集部/總集類/尺牘之屬

蘇黃詩詞小簡二卷　民國石印本　二冊

330000－1716－0009399　陶0061/09399　集部/别集類/明别集

山海漫談五卷　(明)任環撰　民國十二年(1923)山西長治公欵局刻本　趙丕廉題記　二冊

330000－1716－0009401　古越0587/09401　集部/别集類

洞仙秋唱一卷　唐風撰　民國二十年(1931)紹興印刷局鉛印本　一冊

330000－1716－0009403　陶0063/09403　集部/别集類

睫闇詩鈔十卷　裴景福撰　民國七年(1918)金保權石印本　四冊

330000－1716－0009405　新補0600/09405　新學/議論/論政

不忍雜誌彙編初集六卷二集六卷　康有為撰　民國三年(1914)上海書局石印本　五冊　存五卷(二集一至五)

330000－1716－0009407　經補1413/09407　經部/小學類/文字之屬/字書/字典

康熙字典十二集三十六卷總目一卷檢字一卷辨似一卷等韻一卷補遺一卷備考一卷　(清)張玉書等纂修　民國石印本　一冊　存五卷(亥集上中下、補遺、備考)

330000－1716－0009410　子補1747－1/09410　子部/儒家類/儒學之屬

誦讀範本五卷　林玉儒編　民國二十五年(1936)杭州國學善書館鉛印本　五冊

330000－1716－0009411　子補1747－2/09411　子部/儒家類/儒學之屬

誦讀範本五卷　林玉儒編　民國二十五年(1936)杭州國學善書館鉛印本　五冊

330000－1716－0009412　子補3255/09412　子部/藝術類/書畫之屬/畫譜

雲溪山館畫稿不分卷　民國四年(1915)上海同文書局石印本　二冊

330000－1716－0009420　普叢0003/09420　類叢部/叢書類/彙編之屬

古今逸史五十五種二百二十七卷　(明)吳琯輯　民國二十六年(1937)上海商務印書館據明刻本影印本　五十四冊　存五十四種

330000－1716－0009423　集補2890/09423　集部/總集類/氏族之屬

錢氏三世遺稿五卷　民國二十五年(1936)鉛印本　一冊

330000－1716－0009425　陶0078/09425　集部/小說類/長篇之屬

玉麒麟□□卷　民國五年(1916)紹興思義堂刻本　一冊　存一卷(三)

330000－1716－0009436　集補1852－2/09436　集部/别集類/清别集

百美新詠四卷　(清)袁枚撰　民國十四年(1925)上海錫記書局石印本　四冊

330000－1716－0009440　集補2898/09440　史部/地理類/遊記之屬/紀勝

黃山吟一卷　徐鍌撰　民國二十五年(1936)鉛印本　一冊

330000－1716－0009442　集補2899/09442　集部/别集類/元别集

蘭雪集二卷附録一卷　(元)張玉孃撰　**後附録一卷**　(明)王詔撰　民國上海有正書局鉛印本　一冊

330000－1716－0009444　集補 2901/09444　集部/總集類
重譜花燭唱和詩不分卷　樓艮選輯　民國十八年(1929)鉛印本　二冊

330000－1716－0009451　集補 1414－1/09451　集部/别集類
新美人百詠二卷　趙廷玉撰　民國十年(1921)上海掃葉山房石印本　二冊

330000－1716－0009452　集補 2903/09452　集部/别集類/明别集
六如居士集外艷詩四卷　(明)唐寅撰　民國九年(1920)上海襟霞閣影印本　一冊

330000－1716－0009454　集補 1414－2/09454　集部/别集類
新美人百詠二卷　趙廷玉撰　民國十年(1921)上海掃葉山房石印本　一冊

330000－1716－0009456　集補 2902－1/09456　集部/别集類
百美人詩一卷　滕冰魂撰　民國十年(1921)紹興一誠堂書局鉛印本　一冊

330000－1716－0009457　集補 2904－1/09457　集部/别集類/清别集
天真閣外集六卷　(清)孫原湘撰　民國十四年(1925)上海掃葉山房石印本　二冊

330000－1716－0009458　陶 0086/09458　類叢部/叢書類/自著之屬
桂林梁先生遺書六種　梁濟撰　民國京華印書局鉛印本　四冊

330000－1716－0009459　集補 2904－2/09459　集部/别集類/清别集
天真閣外集六卷　(清)孫原湘撰　民國十四年(1925)上海掃葉山房石印本　二冊

330000－1716－0009461　集補 2904－3/09461　集部/别集類/清别集
天真閣外集六卷　(清)孫原湘撰　民國十一年(1922)上海掃葉山房石印本　二冊

330000－1716－0009462　集補 2902－2/09462　集部/别集類
百美人詩一卷　滕冰魂撰　民國十年(1921)紹興一誠堂書局鉛印本　一冊

330000－1716－0009463　陶 0089/09463　集部/别集類/清别集
泰山石堂老人文集不分卷　(清)釋元玉撰　民國二十一年(1932)泰山書屋鉛印本　一冊

330000－1716－0009464　集補 2897/09464　集部/别集類
人間集一卷　陸竹天撰　民國鉛印本　一冊

330000－1716－0009466　集補 2905－1/09466　集部/别集類/清别集
長真閣集七卷詩餘一卷　(清)席佩蘭撰　民國二年(1913)掃葉山房石印本　二冊

330000－1716－0009467　集補 2904－4/09467　集部/别集類/清别集
天真閣外集六卷　(清)孫原湘撰　民國五年(1916)上海掃葉山房石印本　二冊

330000－1716－0009468　集補 2905－2/09468　集部/别集類/清别集
長真閣集七卷詩餘一卷　(清)席佩蘭撰　民國四年(1915)掃葉山房石印本　天棲題記　二冊

330000－1716－0009469　集補 2905－3/09469　集部/别集類/清别集
長真閣集七卷詩餘一卷　(清)席佩蘭撰　民國四年(1915)掃葉山房石印本　一冊

330000－1716－0009471　集補 2905－4/09471　集部/别集類/清别集
長真閣集七卷詩餘一卷　(清)席佩蘭撰　民國九年(1920)掃葉山房石印本　二冊

330000－1716－0009472　集補 2906/09472　集部/别集類/唐五代别集
河東先生書牘二卷　(唐)柳宗元撰　民國四年(1915)上海圖書局石印本　一冊

330000－1716－0009473　集補 2904－5/09473　集部/别集類/清别集

天真閣外集六卷　(清)孫原湘撰　民國十四年(1925)上海掃葉山房石印本　二册

330000－1716－0009475　集補 2907－1/09475　集部/别集類/宋别集

范文正公書牘不分卷　(宋)范仲淹撰　民國十三年(1924)上海商務印書館鉛印本　二册

330000－1716－0009476　陶 0093/09476　集部/别集類

陶令詩零五卷　陶在東撰　民國石印本　一册

330000－1716－0009477　陶 0092/09477　集部/别集類

陶令詩零五卷　陶在東撰　民國石印本　一册

330000－1716－0009478　集補 2907－2/09478　集部/别集類/宋别集

范文正公書牘不分卷　(宋)范仲淹撰　民國三年(1914)上海商務印書館鉛印本　二册

330000－1716－0009479　子補 3254/09479　子部/藝術類/遊藝之屬/聯語

最新分類楹聯大成八卷最新壽文類一卷　周蓮第編　民國十二年(1923)上海然黎閣書莊石印本　六册

330000－1716－0009481　史補 1375/09481　史部/金石類/金之屬/文字

歷代鐘鼎彝器欵識二十卷　(宋)薛尚功撰　民國二十三年(1934)上海鑄記書局石印本　五册

330000－1716－0009485　集補 2908/09485　集部/别集類/宋别集

司馬溫公書牘不分卷　(宋)司馬光撰　民國十年(1921)上海商務印書館鉛印本　二册

330000－1716－0009486　陶 0096/09486　史部/地理類/雜志之屬

園林春色一卷　任桐撰　民國十七年(1928)鉛印本　一册

330000－1716－0009491　集補 2909/09491　集部/别集類/宋别集

曾南豐尺牘不分卷　(宋)曾鞏撰　民國十年(1921)上海商務印書館鉛印本　一册

330000－1716－0009492　陶 0094/09492　集部/别集類/漢魏六朝别集

龐士元集一卷　(漢)龐統撰　民國鉛印本　一册

330000－1716－0009494　集補 2910/09494　集部/别集類/宋别集

歐陽文忠公尺牘四卷　(宋)歐陽修撰　(清)彭期編訂　民國五年(1916)上海商務印書館鉛印本　四册

330000－1716－0009499　普叢 0008/09499　類叢部/叢書類/彙編之屬

涵芬樓秘笈五十一種　孫毓修等輯　民國五年至十五年(1916－1926)上海商務印書館影印本暨鉛印本　七十一册　存四十五種

330000－1716－0009504　子補 3253/09504　子部/藝術類/書畫之屬/畫譜

分類畫範自習畫譜大全三集二十四卷　馬駘繪　民國上海世界書局石印本　九册　存九卷(百卉草蟲畫法一、百花寫生畫譜一至二、花鳥畫譜一至二、山水畫訣一至二、詩情畫意畫譜一至二)

330000－1716－0009507　子補 3252/09507　子部/藝術類/書畫之屬/畫譜

當代名畫大觀正集六卷續集六卷　王屺編　民國十四年(1925)上海碧梧山莊影印本　八册　存八卷(一至四,續集一至二、四至五)

330000－1716－0009510　集補 1064－2/09510　集部/總集類/選集之屬/斷代

天花亂墜八卷二集八卷三集八卷　寅半生輯　民國石印本　四册　存八卷(一至八)

330000－1716－0009519　陶 0121/09519　集部/别集類/清别集

半農先生詩集三卷附年譜一卷　(清)譚樹青撰　民國三十七年(1948)鉛印本　一册

330000－1716－0009520　普叢 0343－2/

09520　類叢部/叢書類/彙編之屬

寶顏堂秘笈二百二十八種　(明)陳繼儒編　民國十一年(1922)上海文明書局石印本　三十二册　存一百七十二種

330000－1716－0009522　陶0120/09522　類叢部/叢書類

真賞樓叢刻　蔣國榜編　民國十年(1921)江寧蔣氏真賞樓鉛印本　一册　存二種

330000－1716－0009537　子補3256－1/09537　子部/兵家類/兵法之屬

讀史兵略綴言一卷　蔣廷黻撰　民國鉛印本　一册

330000－1716－0009538　子補3256－2/09538　子部/兵家類/兵法之屬

讀史兵略綴言一卷　蔣廷黻撰　民國鉛印本　一册

330000－1716－0009541　陶0141/09541　集部/總集類/選集之屬/通代

咏物詩選八卷　(清)俞琰輯　民國九年(1920)上海進化書局石印本　六册

330000－1716－0009550　陶0135/09550　集部/曲類/彈詞之屬

繪圖續再生緣十六卷十六回　民國上海錦章圖書局石印本　八册

330000－1716－0009551　陶0138/09551　集部/别集類/漢魏六朝别集

陶靖節集六卷　(晉)陶潛撰　民國七年(1918)上海中華書局影印本　二册

330000－1716－0009552　陶0136/09552　集部/曲類/彈詞之屬

綉像錦上花八卷二十四回　民國四年(1915)上海共和書局石印本　八册

330000－1716－0009554　陶0139/09554　集部/曲類/曲選之屬

元曲别裁集二卷　盧前編　民國十七年(1928)上海開明書店鉛印本　一册

330000－1716－0009556　陶0142/09556　集部/總集類/選集之屬/斷代

唐人白話詩選一卷　胡懷琛輯　民國十年(1921)上海崇新書局石印本　一册

330000－1716－0009558　陶0140/09558　類叢部/叢書類/彙編之屬

四部叢刊　張元濟等編　民國上海商務印書館影印本　雪侯題記並批　三册　存二種

330000－1716－0009559　陶0143/09559　類叢部/叢書類/自著之屬

止園叢書第一集五種第二集四種　尹昌衡撰　民國七年(1918)南京商務印書館、上海中華書局鉛印本　盧洪生題記　七册　存五種

330000－1716－0009562　陶0144/09562　集部/總集類/選集之屬/通代

言文對照古文讀本十四卷　許家恩選譯　民國十三年(1924)上海羣學社鉛印本　十四册

330000－1716－0009577　陶0155/09577　集部/曲類/彈詞之屬

繪圖筆生花十六卷三十二回　(清)邱心如撰　民國石印本　十六册

330000－1716－0009579　陶0156/09579　集部/總集類/氏族之屬

雲和魏氏詩集五種九卷　(清)魏精　(清)魏文瀛撰　魏蘭輯　民國四年(1915)杭州明強印刷局鉛印本　一册

330000－1716－0009582　陶0157/09582　集部/曲類/彈詞之屬

繡像全圖再生緣全傳二十卷八十回　(清)陳端生撰　民國上海錦章圖書局石印本　十册

330000－1716－0009605　經補0394－2/09605　經部/四書類/總義之屬/傳說

銅版四書集注　(宋)朱熹集注　民國三年(1914)上海天寶書局石印本　四册　存二種

330000－1716－0009614　經補0400－3/09614　經部/四書類/總義之屬/傳說

四書集注十九卷　(宋)朱熹撰　民國六年(1917)上海會文堂書局石印本　一册　存一種

330000－1716－0009615　子補 3268－1/09615　子部/醫家類/婦科之屬/産科

達生編三卷附録一卷保赤編一卷　(清)亟齋居士撰　民國五年(1916)浙杭三槐堂鉛印本　二冊

330000－1716－0009616　地獻 1382－3/09616　類叢部/叢書類/彙編之屬

仰視千七百二十九鶴齋叢書四集三十一種　(清)趙之謙編　民國十八年(1929)紹興墨潤堂書苑據清光緒六年(1880)會稽趙氏刻本影印本　七冊　存九種

330000－1716－0009625　子補 3268－2/09625　子部/醫家類/婦科之屬/産科

達生編三卷附録一卷保赤編一卷　(清)亟齋居士撰　民國五年(1916)浙杭三槐堂鉛印本　二冊

330000－1716－0009626　經補 1278－3/09626　經部/四書類/論語之屬/傳説

論語話解十卷　(清)陳濬撰　民國五年(1916)上海商務印書館鉛印本　三冊　缺二卷(四至五)

330000－1716－0009629　子補 3268－3/09629　子部/醫家類/婦科之屬/産科

達生編三卷附録一卷補遺一卷急救良方一卷　(清)亟齋居士撰　民國十年(1921)杭州光華印局鉛印本　一冊

330000－1716－0009632　子補 3268－4/09632　子部/醫家類/婦科之屬/産科

達生編三卷附録一卷補遺一卷急救良方一卷　(清)亟齋居士撰　民國十年(1921)杭州光華印局鉛印本　一冊

330000－1716－0009634　子補 3268－5/09634　子部/醫家類/婦科之屬/産科

達生編三卷　(清)亟齋居士撰　民國七年(1918)紹興印刷局鉛印本　一冊

330000－1716－0009635　集補 0474/09635　集部/詩文評類/文法之屬/函牘格式

最新詳注分類尺牘全書十二冊不分卷　袁韜壺編　民國十三年(1924)上海羣學書社石印本　十一冊　缺一冊(二)

330000－1716－0009636　集補 0466/09636　集部/總集類/尺牘之屬

分類詳注文學尺牘大全集二十卷　(明)鍾惺纂輯　(明)馮夢龍訂釋　民國十年(1921)上海求古齋鉛印本　十五冊　缺一卷(十一)

330000－1716－0009637　子補 3263/09637　子部/儒家類/儒學之屬/蒙學

繪圖精校益幼雜字一卷　民國八年(1919)上海廣記書局石印本　一冊

330000－1716－0009638　陶 0181/09638　子部/藝術類/書畫之屬

經頤淵金石詩書畫合集三種　經亨頤撰　民國二十五年(1936)上海中華書局影印本暨鉛印本　一冊

330000－1716－0009640　集補 2917－1/09640　集部/總集類/氏族之屬

伏舍傳唫集四卷　何鏞等撰　民國二十五年(1936)會稽壽氏鉛印本　一冊

330000－1716－0009641　經補 1520/09641　經部/四書類/總義之屬/傳説

新式標點四書白話注解十九卷　琴石山人注解　民國上海會文堂書局石印本　一冊　存二卷(論語三至四)

330000－1716－0009649　集補 2917－2/09649　集部/總集類/氏族之屬

伏舍傳唫集四卷　何鏞等撰　民國二十五年(1936)會稽壽氏鉛印本　一冊

330000－1716－0009651　集補 2917－3/09651　集部/總集類/氏族之屬

伏舍傳唫集四卷　何鏞等撰　民國二十五年(1936)會稽壽氏鉛印本　一冊

330000－1716－0009652　集補 2917－4/09652　集部/總集類/氏族之屬

伏舍傳唫集四卷　何鏞等撰　民國二十五年(1936)會稽壽氏鉛印本　一冊

330000－1716－0009654　集補 2917－5/09654　集部/總集類/氏族之屬

伏舍傳唫集四卷　何鏞等撰　民國二十五年(1936)會稽壽氏鉛印本　一册

330000－1716－0009655　集補 2917－6/09655　集部/總集類/氏族之屬

伏舍傳唫集四卷　何鏞等撰　民國二十五年(1936)會稽壽氏鉛印本　一册

330000－1716－0009657　集補 2917－7/09657　集部/總集類/氏族之屬

伏舍傳唫集四卷　何鏞等撰　民國二十五年(1936)會稽壽氏鉛印本　一册

330000－1716－0009658　集補 2917－8/09658　集部/總集類/氏族之屬

伏舍傳唫集四卷　何鏞等撰　民國二十五年(1936)會稽壽氏鉛印本　一册

330000－1716－0009659　集補 2917－9/09659　集部/總集類/氏族之屬

伏舍傳唫集四卷　何鏞等撰　民國二十五年(1936)會稽壽氏鉛印本　一册

330000－1716－0009660　集補 2917－10/09660　集部/總集類/氏族之屬

伏舍傳唫集四卷　何鏞等撰　民國二十五年(1936)會稽壽氏鉛印本　一册

330000－1716－0009661　集補 2917－11/09661　集部/總集類/氏族之屬

伏舍傳唫集四卷　何鏞等撰　民國二十五年(1936)會稽壽氏鉛印本　一册

330000－1716－0009663　集補 2917－12/09663　集部/總集類/氏族之屬

伏舍傳唫集四卷　何鏞等撰　民國二十五年(1936)會稽壽氏鉛印本　一册

330000－1716－0009665　集補 2917－13/09665　集部/總集類/氏族之屬

伏舍傳唫集四卷　何鏞等撰　民國二十五年(1936)會稽壽氏鉛印本　一册

330000－1716－0009667　集補 2917－14/09667　集部/總集類/氏族之屬

伏舍傳唫集四卷　何鏞等撰　民國二十五年(1936)會稽壽氏鉛印本　一册

330000－1716－0009668　集補 2917－15/09668　集部/總集類/氏族之屬

伏舍傳唫集四卷　何鏞等撰　民國二十五年(1936)會稽壽氏鉛印本　一册

330000－1716－0009669　集補 2917－16/09669　集部/總集類/氏族之屬

伏舍傳唫集四卷　何鏞等撰　民國二十五年(1936)會稽壽氏鉛印本　壽樓續題記　一册

330000－1716－0009678　普叢 0011/09678　類叢部/叢書類/彙編之屬

選印宛委別藏四十種　故宫博物院編　民國二十四年(1935)上海商務印書館影印本　一百五十册

330000－1716－0009679　普叢 0416/09679　類叢部/叢書類/彙編之屬

涉聞梓舊二十五種　(清)蔣光煦輯　民國十三年(1924)上海商務印書館影印清海昌蔣氏刻本(陳後山集校卷一原缺)　十九册　存二十三種

330000－1716－0009680　普叢 0180－1/09680　類叢部/叢書類/彙編之屬

涵芬樓秘笈五十一種　孫毓修等輯　民國五年至十五年(1916－1926)上海商務印書館影印本暨鉛印本　十五册　存十種

330000－1716－0009681　新補 0026－2/09681　集部/總集類/選集之屬/通代

論説大觀六十二卷　中華書局編　民國上海中華書局鉛印本　二册　存四卷(五至六、二十至二十一)

330000－1716－0009682　新補 0679/09682　新學/雜著/叢編

日用萬全新書十二卷三十輯　廣益書局編輯部編　民國十年(1921)上海廣益書局石印本　十二册

330000－1716－0009683　陶 0199/09683　類

叢部/叢書類/彙編之屬
顏李叢書三十二種　徐世昌等輯　民國十二年(1923)四存學會鉛印本　三十二冊

330000－1716－0009688　集補 2920－2/09688　集部/曲類/彈詞之屬
繪圖天雨花二十卷六十回　民國十一年(1922)上海廣雅書局、啟新書局石印本　九冊　存九卷(一至四、十至十一、十三至十四、十六)

330000－1716－0009690　子補 0405/09690　子部/醫家類/婦科之屬
衍慶編□□卷　(清)莊大椿述　民國鉛印本　一冊

330000－1716－0009692　子補 3271/09692　子部/雜著類/雜說之屬
六研齋筆記四卷二筆四卷三筆四卷　(明)李日華撰　民國上海有正書局影印本(筆記卷三至四、二筆卷一至二原缺)　二冊　存二卷(二、三筆四)

330000－1716－0009698　集補 2922/09698　集部/戲劇類/雜劇之屬
隨園戲墨四卷　(清)袁枚編　民國十年(1921)上海益新書社石印本　二冊　存二卷(一至二)

330000－1716－0009703　普叢 0015/09703　類叢部/叢書類/彙編之屬
拜經樓叢書三十種　(清)吳騫原編　上海博古齋增編　民國十一年(1922)上海博古齋影印本　四十八冊

330000－1716－0009704　子補 3269－1/09704　子部/儒家類/儒學之屬/蒙學
精校重增繪圖幼學故事瓊林四卷首一卷　(清)程登吉撰　(清)鄒聖脈增補　蔡郕續增　(清)謝梅林　(清)鄒可庭參訂　民國二十七年(1938)上海會文堂新記書局石印本　四冊

330000－1716－0009705　普叢 0422－2/09705　類叢部/叢書類/彙編之屬
滑稽新叢書　海客輯　民國上海廣益書局鉛印本　一冊　存五種

330000－1716－0009706　子補 3267/09706　子部/小說家類/諧謔之屬
繪圖諧鐸十二卷　(清)沈起鳳撰　民國石印本　二冊　存六卷(四至九)

330000－1716－0009708　史補 1382/09708　史部/傳記類/總傳之屬/列女
巾幗鬚眉傳四卷　潔華女士編輯　民國九年(1920)上海會文堂書局石印本　三冊　缺一卷(二)

330000－1716－0009709　子補 3274/09709　子部/小說家類/雜事之屬
漁磯漫鈔十卷　(清)雷琳　(清)汪琇瑩　(清)莫劍光輯　民國埽葉山房石印本　二冊　存五卷(六至十)

330000－1716－0009711　子補 3269－2/09711　子部/儒家類/儒學之屬/蒙學
精校重增繪圖幼學故事瓊林四卷首一卷　(清)程登吉撰　(清)鄒聖脈增補　蔡郕續增　(清)謝梅林　(清)鄒可庭參訂　民國上海會文堂新記書局石印本　三冊　存三卷(二至四)

330000－1716－0009712　子補 3269－3/09712　子部/儒家類/儒學之屬/蒙學
精校重增繪圖幼學故事瓊林四卷首一卷　(清)程登吉撰　(清)鄒聖脈增補　蔡郕續增　(清)謝梅林　(清)鄒可庭參訂　民國上海會文堂新記書局石印本　一冊　存一卷(四)

330000－1716－0009713　子補 3272/09713　子部/小說家類/異聞之屬
太平廣記五百卷　(宋)李昉等撰　民國上海埽葉山房石印本　一冊　存十四卷(一百三十三至一百四十六)

330000－1716－0009714　子補 0080－8/09714　子部/儒家類/儒學之屬/蒙學
精校重增繪圖幼學故事瓊林四卷首一卷　(清)程登吉撰　(清)鄒聖脈增補　蔡郕續增

（清）謝梅林 （清）鄒可庭參訂 民國上海會文堂新記書局石印本 四冊

330000－1716－0009715 子補 2484/09715
子部/宗教類/其他宗教之屬/基督教
聖教聖歌一卷 民國二十四年(1935)鉛印本 一冊

330000－1716－0009716 子補 3275/09716
子部/雜著類/雜說之屬
池北偶談二十六卷 （清）王士禛撰 民國鉛印本 二冊 存九卷(六至十、二十三至二十六)

330000－1716－0009718 子補 3266/09718
子部/雜著類/雜說之屬
梵天廬叢録三十七卷 柴萼撰 民國上海中華書局石印本 一冊 存二卷(一至二)

330000－1716－0009719 普類 0067/09719
類叢部/類書類/通類之屬
增補事類統編九十三卷首一卷 （清）黄葆真增輯 民國十九年(1930)上海掃葉山房石印本 十冊 存七十九卷(一至二十七、四十三至九十三,首)

330000－1716－0009720 集補 2924/09720
子部/小說家類/異聞之屬
夜譚隨録十二卷 （清）和邦額撰 民國石印本 一冊 存七卷(六至十二)

330000－1716－0009722 普叢 0020/09722
子部/叢編
清代筆記叢刊四十一種 文明書局編 民國上海文明書局石印本 一百六十冊

330000－1716－0009723 子補 3265/09723
子部/小說家類
中國寓言四卷 沈德鴻編纂 民國十五年(1926)上海商務印書館鉛印本 一冊

330000－1716－0009724 集補 2925/09724
集部/小說類/短篇之屬
我佛山人筆記四種四卷 （清）吳研人撰 民國石印本 二冊 存二卷(三至四)

330000－1716－0009725 子補 3298/09725
子部/小說家類/雜事之屬
凝香樓奩艷叢話四卷 无悶女士撰 民國元年(1912)上海中華圖書館石印本 二冊

330000－1716－0009728 子補 3264/09728
子部/小說家類/雜事之屬
金壺七墨六種 （清）黄鈞宰撰 民國上海掃葉山房石印本 一冊

330000－1716－0009729 子補 4139/09729
子部/藝術類/書畫之屬/法帖
篆文孝經一卷 （清）吳大澂書 民國六年(1917)蘇州振新書社影印本 一冊

330000－1716－0009730 集補 2946－1/09730 集部/别集類/明别集
疑雨集注四卷 （明）王彥泓撰 丁國鈞注 民國上海掃葉山房石印本 四冊

330000－1716－0009733 子補 4141/09733
子部/藝術類/書畫之屬/法帖
篆文論語二卷 （清）吳大澂書 民國蘇州振新書社影印本 一冊 存一卷(二)

330000－1716－0009735 史補 0847－2/09735 史部/傳記類/總傳之屬/技藝
墨林今話十八卷 （清）蔣寶齡撰 **續編一卷** （清）蔣茝生撰 民國九年(1920)上海掃葉山房石印本 二冊 缺六卷(七至十二)

330000－1716－0009738 子補 3300－1/09738 子部/藝術類/書畫之屬
習字秘訣一卷 王虛洲 蔣湘帆 蔣和編輯 民國九年(1920)上海廣文書局石印本 一冊

330000－1716－0009742 子補 3300－2/09742 子部/藝術類/書畫之屬
習字秘訣一卷 王虛洲 蔣湘帆 蔣和編輯 民國十二年(1923)上海世界書局石印本 一冊

330000－1716－0009746 普叢 0033－1/09746 類叢部/叢書類/郡邑之屬
四明叢書一百六十七種 張壽鏞編 民國四

明張氏約園刻本(安晚堂詩集卷一至五原缺) 二百六十九冊　存一百三種

330000－1716－0009762　集補 1781－2/09762　集部/小說類/長篇之屬
增評加批金玉緣圖說一百二十卷首一卷 (清)曹霑　(清)高鶚撰　(清)蝶薌仙史評訂　民國石印本　一冊　存八卷(九十九至一百六)

330000－1716－0009764　經補 1485/09764　經部/小學類/文字之屬/字書/字典
正草隸篆四體大字典十二集二十四卷部首檢查表一卷難字檢查表一卷　陳龢祥等編　**文字源流攷一卷**　王大錯纂述　**正草隸篆名人楹聯大觀四卷**　民國上海掃葉山房石印本　十二冊　存十三卷(丑一至二、寅一、巳一至二、午一至二、酉一至二、戌一至二、亥二,名人楹聯大觀一)

330000－1716－0009769　集補 2942/09769　集部/小說類/長篇之屬
兒女英雄傳十二卷四十回續編四卷三十二回 (清)文康撰　民國十二年(1923)上海啟新書局鉛印本　七冊　存七卷(一至四、六至八)

330000－1716－0009772　普叢 0047/09772　類叢部/叢書類/自著之屬
楊仁山居士遺著十三種 (清)楊文會撰　民國八年(1919)金陵刻經處刻本　十冊

330000－1716－0009773　集補 2943/09773　集部/小說類/長篇之屬
足本大字繡像大八義四卷五十六回續四卷四十四回　民國上海廣益書局石印本　七冊　存六卷(二至四,續一、三至四)

330000－1716－0009776　集補 0246/09776　集部/別集類/唐五代別集
山曉閣選唐大家柳柳州全集四卷 (唐)柳宗元撰　(清)孫琮評　民國十四年(1925)上海廣益書局石印本　四冊

330000－1716－0009781　經補 0291/09781　經部/小學類/文字之屬/字書/字典
新字典十二卷拾遺一卷檢字一卷附録一卷勘誤一卷補編一卷　陸爾奎等編纂　民國上海商務印書館鉛印本　二冊　存六卷(十至十二、檢字、附録、勘誤)

330000－1716－0009783　經補 1462/09783　經部/孝經類/傳說之屬
孝行經圖不分卷　王震編　民國上海孤兒院影印本　一冊

330000－1716－0009785　新補 0496/09785　集部/詩文評類/文法之屬
各界日用模範文件大全不分卷　劉再蘇編輯　民國上海世界書局石印本　八冊

330000－1716－0009786　新補 0293/09786　新學/兵制/陸軍
步兵發槍問答一卷　民國四年(1915)北京武學書局石印本　一冊

330000－1716－0009787　新補 0649－1/09787　新學/理學
天演論二卷 (英國)赫胥黎撰　嚴復譯　民國十二年(1923)上海商務印書館鉛印本　一冊

330000－1716－0009788　新補 0649－2/09788　新學/理學
天演論二卷 (英國)赫胥黎撰　嚴復譯　民國十五年(1926)上海商務印書館鉛印本　孝焱題記　一冊

330000－1716－0009789　子補 3303/09789　子部/雜著類/雜考之屬
東塾讀書記二十五卷 (清)陳澧撰　民國十七年(1928)掃葉山房石印本(卷十三至十四、十七至二十、二十二至二十五原缺)　六冊　存十三卷(一至十二、十五)

330000－1716－0009790　普叢 0049－1/09790　類叢部/叢書類/自著之屬
張季子九録附一種　張謇撰　張怡祖編　民國二十年(1931)上海中華書局鉛印本　二十九冊　存九種

330000－1716－0009791　子補 4145/09791　子部/兵家類/兵法之屬

讀史兵略綴言一卷　蔣廷黻撰　民國京華書局鉛印本　一册

330000－1716－0009792　普叢 0340－3/09792　類叢部/叢書類/彙編之屬

四部精華一百二十五種　陸翔選輯　民國上海世界書局石印本　十册　存三十一種

330000－1716－0009793　地獻 1817/09793　史部/政書類/公牘檔册之屬

紹興恤嫠會第一次徵信録一卷第二次徵信録一卷　民國八年(1919)鉛印本　一册

330000－1716－0009796　普叢 0051/09796　類叢部/叢書類/彙編之屬

景印元明善本叢書十種　商務印書館編　民國二十六年至二十九年(1937－1940)上海商務印書館影印本　四十二册　存二種

330000－1716－0009797　普叢 0050/09797　類叢部/叢書類/彙編之屬

佚存叢書六帙十七種　(日本)林衡編　民國十三年(1924)上海商務印書館據日本寬政至文化刻本影印本　二十五册　存十六種

330000－1716－0009798　普叢 0340－4/09798　類叢部/叢書類/彙編之屬

四部精華一百二十五種　陸翔選輯　民國上海世界書局石印本　六册　存二十一種

330000－1716－0009800　集補 2945/09800　集部/别集類

夢槠紐室詩存二卷　李文紖撰　民國二十二年(1933)鉛印本　一册

330000－1716－0009804　普叢 0053/09804　類叢部/叢書類/彙編之屬

寶彝室集刊八種　朱景彝編　民國十四年(1925)杭州朱氏鉛印本　五册

330000－1716－0009805　普叢 0064/09805　類叢部/叢書類/自著之屬

章氏叢書(章太炎先生所著書)十四種　章炳麟撰　民國十三年(1924)上海古書流通處影印本　二十册

330000－1716－0009808　子補 3307－1/09808　子部/醫家類/婦科之屬/産科

胎産集要三卷附幼科摘要一卷　(清)黄惕齋輯　民國二十二年(1933)浙紹廣文印書館鉛印本　一册

330000－1716－0009809　子補 3307－2/09809　子部/醫家類/婦科之屬/産科

胎産集要三卷附幼科摘要一卷　(清)黄惕齋輯　民國二十二年(1933)浙紹廣文印書館鉛印本　一册

330000－1716－0009810　子補 3307－3/09810　子部/醫家類/婦科之屬/産科

胎産集要三卷附幼科摘要一卷　(清)黄惕齋輯　民國二十二年(1933)浙紹廣文印書館鉛印本　一册

330000－1716－0009811　普叢 0055/09811　類叢部/叢書類/彙編之屬

景印元明善本叢書十種　商務印書館編　民國二十六年至二十九年(1937－1940)上海商務印書館影印本　四十册　存一種

330000－1716－0009814　普叢 0063/09814　子部/儒家類/儒學之屬/蒙學

德育叢書十種　民國上海掃葉山房石印本　八册　存五種

330000－1716－0009818　子補 3306/09818　子部/醫家類/方書之屬/成方藥目

葉種德堂丸散膏丹説明書不分卷　葉鴻年編　民國四年(1915)葉種德堂鉛印本　一册

330000－1716－0009820　普叢 0062/09820　類叢部/叢書類/彙編之屬

古今文藝叢書十集　何藻編　民國二年至四年(1913－1915)上海廣益書局鉛印本　十二册　存三十一種

330000－1716－0009821　子補 3108/09821　子部/醫家類/婦科之屬/産科

胎産集要三卷附幼科摘要一卷放生文一卷勸孝篇一卷　(清)亟齋居士編　(清)黄惕齋輯

民國鉛印本　湘農題記　一冊

330000－1716－0009822　普叢 0065/09822 類叢部/叢書類/彙編之屬

涵芬樓秘笈五十一種　孫毓修等輯　民國五年至十五年(1916－1926)上海商務印書館影印本暨鉛印本　八冊　存五種

330000－1716－0009823　子補 3107－5/09823　子部/醫家類/婦科之屬/產科

達生編三卷　(清)亟齋居士撰　民國三友實業社石印本　一冊

330000－1716－0009828　子補 3304－1/09828　子部/醫家類/外科之屬

癲狗咬方一卷　韓覺廬輯　**刺疔捷法一卷**　(清)張鏡蓉撰　民國紹興弘文印刷局石印本　一冊

330000－1716－0009830　子補 3304－2/09830　子部/醫家類/外科之屬

癲狗咬方一卷　韓覺廬輯　**刺疔捷法一卷**　(清)張鏡蓉撰　民國紹興弘文印刷局石印本　一冊

330000－1716－0009835　地獻 1984－1/09835　類叢部/叢書類/彙編之屬

復性書院叢刊二十七種　馬浮編　民國二十九年至三十七年(1940－1948)復性書院刻本暨鉛印本　三冊　存一種

330000－1716－0009837　普集 1718/09837 集部/别集類

金閶紀事一卷　柳遂撰　**和金閶紀事一卷**　陸明桓撰　民國十一年(1922)吴江柳氏刻本　一冊

330000－1716－0009838　地獻 1824－97/09838　集部/總集類/選集之屬/通代

古文觀止十二卷　(清)吴乘權　(清)吴大職輯　民國鉛印本　一冊　存二卷(十一至十二)

330000－1716－0009839　普集 1716/09839 類叢部/叢書類/彙編之屬

南江邵氏叢刊　民國刻本　一冊　存一種

330000－1716－0009840　地獻 1984－3/09840　類叢部/叢書類/彙編之屬

復性書院叢刊二十七種　馬浮編　民國二十九年至三十七年(1940－1948)復性書院刻本暨鉛印本　六冊　存一種

330000－1716－0009843　地獻 1984－4/09843　類叢部/叢書類/彙編之屬

復性書院叢刊二十七種　馬浮編　民國二十九年至三十七年(1940－1948)復性書院刻本暨鉛印本　二十三冊　存七種

330000－1716－0009851　子補 3308/09851 子部/宗教類/佛教之屬

金剛經解義二卷附心經解義一卷　(清)徐槐廷撰　民國二十五年(1936)世界佛教居士林鉛印本　一冊

330000－1716－0009852　普叢 0067/09852 類叢部/叢書類/彙編之屬

古學彙刊第一集三十四種第二集二十七種　鄧實等編　民國元年至三年(1912－1914)上海國粹學報社鉛印本　三十二冊

330000－1716－0009856　地獻 3700/09856 集部/别集類

蠲戲齋詩編年集八卷避寇集一卷芳杜詞賸一卷　馬浮撰　**蠲戲齋詩前集二卷**　馬浮撰　張立民　楊蔭林輯録　民國二十九年(1940)、三十六年(1947)刻本　六冊

330000－1716－0009859　地獻 1984－2/09859　類叢部/叢書類/彙編之屬

復性書院叢刊二十七種　馬浮編　民國二十九年至三十七年(1940－1948)復性書院刻本暨鉛印本　七冊　存一種

330000－1716－0009860　普史 1447/09860 史部/目録類/總録之屬/私撰

千頃堂書目三十二卷　(清)黄虞稷撰　民國影印本　十六冊

330000－1716－0009864　子補 3287－1/09864　子部/藝術類/遊藝之屬/聯語

楹聯叢話十二卷續話四卷巧對録二卷　(清)

梁章鉅輯　民國四年(1915)上海會文堂書局石印本(巧對録卷一至二補配民國六年上海廣益書局石印本)　三冊　缺四卷(續話一至四)

330000－1716－0009867　子補 3287－2/09867　子部/藝術類/遊藝之屬/聯語
楹聯叢話十二卷續話四卷巧對録二卷　(清)梁章鉅輯　民國四年(1915)上海會文堂書局石印本　六冊

330000－1716－0009868　子補 0864/09868　子部/宗教類/道教之屬
太上感應篇要義釋略一卷　民國鉛印本　一冊

330000－1716－0009869　子補 3287－3/09869　子部/藝術類/遊藝之屬/聯語
楹聯叢話十二卷續話四卷巧對録二卷　(清)梁章鉅輯　民國四年(1915)上海會文堂書局石印本　四冊　缺八卷(一至八)

330000－1716－0009872　子補 1758/09872　子部/儒家類/儒學之屬/蒙學
繪圖音注五彩方字教授法一卷　民國上海會文堂書局石印本　一冊

330000－1716－0009873　子補 3289－1/09873　子部/藝術類/遊藝之屬/聯語
精選楹聯新編二卷　(清)俞樾撰　民國二年(1913)上海萃英書莊石印本　二冊

330000－1716－0009875　子補 1759/09875　子部/小說家類/異聞之屬
十姊妹閨房趣史不分卷　陸雲蘭撰　民國十五年(1926)上海世界書局石印本　一冊

330000－1716－0009876　地獻 0819/09876　類叢部/叢書類/彙編之屬
四部備要三百一種　中華書局編　民國二十五年(1936)上海中華書局鉛印本　二十六冊　存一種

330000－1716－0009877　子補 3290－1/09877　子部/藝術類/遊藝之屬/聯語
西湖楹聯四卷　民國四年(1915)西湖鑫記書社石印本　一冊

330000－1716－0009879　子補 3290－2/09879　子部/藝術類/遊藝之屬/聯語
西湖楹聯四卷　民國四年(1915)西湖鑫記書社石印本　一冊

330000－1716－0009880　子補 3292/09880　子部/藝術類/遊藝之屬/聯語
分類中華楹聯大全四卷　大一統書局編輯　民國十七年(1928)上海大一統書局石印本　一冊

330000－1716－0009892　子補 3296/09892　子部/藝術類/遊藝之屬/聯語
楹聯三話二卷　(清)梁章鉅輯　民國九年(1920)上海商務印書館鉛印本　二冊

330000－1716－0009895　子補 3297/09895　子部/藝術類/遊藝之屬/聯語
楹聯四話六卷　(清)梁恭辰輯　民國九年(1920)上海商務印書館鉛印本　二冊

330000－1716－0009901　地獻 0822/09901　史部/目録類/總録之屬/官修
紹興縣立圖書館通常類書目不分卷　紹興縣立圖書館編　民國二十三年(1934)鉛印本　一冊

330000－1716－0009903　子補 3288－1/09903　子部/藝術類/遊藝之屬/聯語
新增共和楹聯新譜二卷　民國十八年(1929)上海昌文書局石印本　一冊

330000－1716－0009906　子補 3288－2/09906　子部/藝術類/遊藝之屬/聯語
新增共和楹聯新譜二卷　民國六年(1917)上海章福記書局石印本　一冊

330000－1716－0009907　普史 1449/09907　史部/目録類/專録之屬
中國地方志綜録不分卷　朱士嘉撰　民國二十四年(1935)上海商務印書館石印本　三冊

330000－1716－0009909　普史 1448/09909　史部/目録類/專録之屬

中國地方志綜録不分卷　朱士嘉撰　民國二十六年(1937)上海商務印書館石印本　三册

330000－1716－0009910　子補 3290－3/09910　子部/藝術類/遊藝之屬/聯語

西湖楹聯六卷　黄俊輯　民國九年(1920)復初齋書局石印本　一册

330000－1716－0009913　子補 3290－4/09913　子部/藝術類/遊藝之屬/聯語

西湖楹聯六卷　黄俊輯　民國復初齋書局石印本　一册

330000－1716－0009915　子補 3291/09915　子部/藝術類/遊藝之屬/聯語

楹聯録存三卷附録一卷　(清)俞樾撰　民國三年(1914)尚古山房石印本　二册

330000－1716－0009921　普叢 0074/09921　類叢部/叢書類/彙編之屬

涉聞梓舊二十五種　(清)蔣光煦輯　民國影印清海昌蔣氏刻本　二十四册

330000－1716－0009925　普叢 0424/09925　史部/傳記類

杏蔭堂彙刻三種　許浩基撰　民國二十一年(1932)吴興許氏杏蔭堂刻本　一册　存一種

330000－1716－0009931　地獻 0820/09931　史部/地理類/方志之屬/郡縣志

[民國]紹興縣志資料第一輯不分卷　紹興縣修志委員會輯　民國二十六年至二十八年(1937－1939)紹興縣修志委員會鉛印本　十六册

330000－1716－0009932　地獻 2112/09932　子部/雜著類/雜纂之屬

消遣雜識不分卷　董氏撰　民國抄本　一册

330000－1716－0009935　普史 1450/09935　史部/地理類/方志之屬/通志

[民國]浙江新志三卷　姜卿雲編　民國二十五年(1936)杭州正中書局鉛印本　二册

330000－1716－0009939　普叢 0427－1/09939　類叢部/叢書類/家集之屬

三代殘編　袁之球輯　民國六年(1917)鉛印本　一册

330000－1716－0009940　集補 0166/09940　集部/小説類/長篇之屬

最新海上繁華夢四卷四十回　(清)驚夢癡仙撰　民國上海文理軒書莊石印本　一册　存一卷(三)

330000－1716－0009941　史補 1399/09941　史部/傳記類/别傳之屬/事狀

吴興周夢坡先生哀思録不分卷　周延礽輯　民國二十四年(1935)鉛印本　二册

330000－1716－0009942　普叢 0427－2/09942　類叢部/叢書類/家集之屬

三代殘編　袁之球輯　民國六年(1917)鉛印本　一册

330000－1716－0009943　史補 1400/09943　史部/傳記類/總傳之屬

中華列聖紀一卷　徐相任撰　民國十九年(1930)中華書局鉛印本　一册

330000－1716－0009946　地獻 0208/09946　史部/地理類/方志之屬/郡縣志

乾隆紹興府志校記不分卷　(清)李慈銘撰　民國十八年(1929)鉛印本　一册

330000－1716－0009949　地獻 0527/09949　史部/地理類/方志之屬/郡縣志

假定紹興縣志採訪類目及編纂大意不分卷　紹興縣修志委員會輯　民國二十四年(1935)鉛印本　一册

330000－1716－0009957　集補 2950－1/09957　集部/總集類/尺牘之屬

歷代名人書札二卷　吴曾祺輯　民國八年(1919)上海商務印書館鉛印本　二册

330000－1716－0009959　新補 0018－1/09959　子部/雜著類/雜纂之屬

日用快覽不分卷　世界書局編　民國十三年(1924)上海世界書局石印本　一册

330000－1716－0009962　集補 2952－1/

09962　集部/總集類/尺牘之屬
歷代名人書札續編二卷　吳曾祺輯　民國十六年(1927)上海商務印書館鉛印本　四册

330000－1716－0009969　集補2975/09969　集部/别集類/宋别集
王介甫尺牘二卷　(宋)王安石撰　民國六年(1917)上海商務印書館鉛印本　二册

330000－1716－0009974　集補2951/09974　集部/總集類/尺牘之屬
歷代名人書札注釋四卷　許國英撰　民國十五年(1926)上海商務印書館鉛印本　三册　缺一卷(一)

330000－1716－0009978　普子1981/09978　子部/藝術類/遊藝之屬/聯語
名人楹帖大觀三卷　褚德彝編　民國三年(1914)上海神州國光社影印本　二册

330000－1716－0009980　子補3311/09980　集部/總集類/尺牘之屬
交際大全九章　世界書局編輯所編輯　民國十九年(1930)上海世界書局石印本　一册

330000－1716－0009983　集補2952－2/09983　集部/總集類/尺牘之屬
歷代名人書札續編二卷　吳曾祺輯　民國上海商務印書館鉛印本　四册

330000－1716－0009988　集補2952－3/09988　集部/總集類/尺牘之屬
歷代名人書札續編二卷　吳曾祺輯　民國十四年(1925)上海商務印書館鉛印本　四册

330000－1716－0009989　集補2954/09989　集部/别集類/宋别集
王介甫尺牘二卷　(宋)王安石撰　民國二十四年(1935)上海商務印書館鉛印本　二册

330000－1716－0009991　集補2952－4/09991　集部/總集類/尺牘之屬
歷代名人書札續編二卷　吳曾祺輯　民國十四年(1925)上海商務印書館鉛印本　四册

330000－1716－0009993　集補2955/09993　集部/别集類/明别集
六如居士尺牘四卷　(明)唐寅撰　民國八年(1919)光霽草廬石印本　四册

330000－1716－0009995　集補2956/09995　集部/總集類/尺牘之屬
評注蘇黄尺牘合纂五卷　(清)黄始輯　謝璿增輯並加注　民國十五年(1926)上海會文堂書局鉛印本　四册

330000－1716－0010004　集補2957/10004　集部/總集類/尺牘之屬
蘇長公尺牘三卷黄山谷尺牘二卷　(清)黄始箋輯　民國四年(1915)富華圖書館石印本　四册

330000－1716－0010008　集補2958/10008　集部/别集類/宋别集
黄山谷書牘一卷　(宋)黄庭堅撰　民國三年(1914)上海商務印書館鉛印本　二册

330000－1716－0010009　集補2959－1/10009　集部/别集類/宋别集
吕東萊書牘一卷　(宋)吕祖謙撰　民國二年(1913)上海商務印書館鉛印本　二册

330000－1716－0010010　集補2959－2/10010　集部/别集類/宋别集
吕東萊書牘一卷　(宋)吕祖謙撰　民國四年(1915)上海商務印書館鉛印本　二册

330000－1716－0010011　集補2959－3/10011　集部/别集類/宋别集
吕東萊書牘一卷　(宋)吕祖謙撰　民國二十五年(1936)上海商務印書館鉛印本　一册

330000－1716－0010012　集補2960/10012　集部/總集類/尺牘之屬
唐宋十大家尺牘十四卷　文明書局輯　民國上海文明書局石印本　二册　存一種

330000－1716－0010013　集補2961－1/10013　集部/别集類/明别集
六如居士尺牘四卷　(明)唐寅撰　民國八年(1919)光霽草廬石印本　四册

330000－1716－0010014　集補 2961－2/10014　集部/别集類/明别集

六如居士尺牘四卷　(明)唐寅撰　民國八年(1919)光霽草廬石印本　四册

330000－1716－0010015　集補 2961－3/10015　集部/别集類/明别集

六如居士尺牘四卷　(明)唐寅撰　民國八年(1919)光霽草廬石印本　陳國鉤題簽　一册

330000－1716－0010016　集補 2962/10016　集部/總集類/尺牘之屬

明清十大家尺牘　文明書局輯　民國十五年(1926)上海文明書局石印本　二册　存四種

330000－1716－0010018　集補 2964－1/10018　集部/總集類/尺牘之屬

眉公才子尺牘四卷　(明)陳繼儒輯　(清)沈錫侯增訂　**聖嘆才子尺牘四卷**　(清)金人瑞鑒定　(清)金雍撰　民國七年(1918)上海碧梧山莊石印本　四册

330000－1716－0010019　集補 2964－2/10019　集部/總集類/尺牘之屬

眉公才子尺牘四卷　(明)陳繼儒輯　(清)沈錫侯增訂　**聖嘆才子尺牘四卷**　(清)金人瑞鑒定　(清)金雍撰　民國上海碧梧山莊石印本　一册

330000－1716－0010020　集補 2966/10020　集部/總集類/尺牘之屬

眉公才子尺牘四卷　(明)陳繼儒輯　(清)沈錫侯增訂　**聖嘆才子尺牘四卷**　(清)金人瑞鑒定　(清)金雍撰　民國七年(1918)上海碧梧山莊石印本　四册

330000－1716－0010021　集補 2965/10021　集部/總集類/尺牘之屬

蘇長公尺牘三卷黄山谷尺牘二卷　(清)黄始箋輯　民國四年(1915)上海文益書局石印本　四册

330000－1716－0010029　集補 2967－1/10029　集部/别集類/清别集

新體廣注小倉山房尺牘八卷　(清)袁枚撰　(清)胡光斗箋釋　(清)徐楨增注　民國八年(1919)上海廣文書局石印本　四册

330000－1716－0010030　集補 2967－2/10030　集部/别集類/清别集

新體廣注小倉山房尺牘八卷　(清)袁枚撰　(清)胡光斗箋釋　(清)徐楨增注　民國八年(1919)上海廣文書局石印本　四册

330000－1716－0010031　集補 2967－3/10031　集部/别集類/清别集

新體廣注小倉山房尺牘八卷　(清)袁枚撰　(清)胡光斗箋釋　(清)徐楨增注　民國八年(1919)上海廣文書局石印本　四册

330000－1716－0010032　集補 2967－4/10032　集部/别集類/清别集

新體廣注小倉山房尺牘八卷　(清)袁枚撰　(清)胡光斗箋釋　(清)徐楨增注　民國十六年(1927)上海世界書局石印本　四册

330000－1716－0010033　集補 2967－5/10033　集部/别集類/清别集

新體廣注小倉山房尺牘八卷　(清)袁枚撰　(清)胡光斗箋釋　(清)徐楨增注　民國十三年(1924)上海世界書局石印本　炳鈞題記　四册

330000－1716－0010034　集補 2967－6/10034　集部/别集類/清别集

新體廣注小倉山房尺牘八卷　(清)袁枚撰　(清)胡光斗箋釋　(清)徐楨增注　民國上海廣文書局石印本　三册　存六卷(一至六)

330000－1716－0010035　集補 2968/10035　集部/别集類/清别集

惜抱軒尺牘四卷補編二卷　(清)姚鼐撰　民國石印本　一册

330000－1716－0010036　集補 2967－7/10036　集部/别集類/清别集

新體廣注小倉山房尺牘八卷　(清)袁枚撰　(清)胡光斗箋釋　(清)徐楨增注　民國上海廣文書局石印本　三册　缺二卷(七至八)

330000－1716－0010037　集補 2967－8/

10037　集部/別集類/清別集

新體廣注小倉山房尺牘八卷　(清)袁枚撰　(清)胡光斗箋釋　(清)徐楨增注　民國十八年(1929)上海世界書局石印本　二冊　存四卷(五至八)

330000－1716－0010038　集補 2967－9/10038　集部/別集類/清別集

新體廣注小倉山房尺牘八卷　(清)袁枚撰　(清)胡光斗箋釋　(清)徐楨增注　民國十四年(1925)上海世界書局石印本　二冊　缺四卷(三至六)

330000－1716－0010039　集補 2969－1/10039　集部/別集類/清別集

春在堂尺牘六卷　(清)俞樾撰　民國元年(1912)上海文瑞樓石印本　二冊

330000－1716－0010040　集補 2969－2/10040　集部/別集類/清別集

春在堂尺牘六卷　(清)俞樾撰　民國八年(1919)上海益新書局石印本　二冊

330000－1716－0010041　集補 2970/10041　集部/別集類/清別集

音注左文襄公家書二卷　(清)左宗棠撰　周治音注　民國十四年(1925)上海大東書局石印本　二冊

330000－1716－0010044　經補 1279－1/10044　經部/春秋左傳類/傳說之屬

增批輯注東萊博議四卷　(宋)呂祖謙撰　劉鍾英輯注　民國十三年(1924)上海啟新書局石印本　四冊

330000－1716－0010045　普叢 0431/10045　集部/總集類/選集之屬/斷代

隨園女弟子詩選六卷　(清)袁枚輯　民國八年(1919)上海掃葉山房石印本　一冊　存一種

330000－1716－0010046　集補 1058－15/10046　集部/總集類/選集之屬/通代

文選六十卷　(南朝梁)蕭統輯　(唐)李善注　**文選考異十卷**　(清)胡克家撰　民國上海錦章圖書局石印本　十六冊

330000－1716－0010047　子補 3313/10047　子部/小說家類/異聞之屬

右台仙館筆記十六卷　(清)俞樾撰　民國十三年(1924)上海朝記書莊、蘇州振新書社石印本　八冊

330000－1716－0010048　集補 2974/10048　集部/小說類/長篇之屬

繪圖明史演義十卷一百回　江蔭香輯　民國二十二年(1933)上海中央圖書公司石印本　九冊　缺一卷(一)

330000－1716－0010049　史補 1415/10049　史部/目録類/總録之屬/私撰

北平富晉書社新舊書籍碑帖書畫目録六卷補遺一卷　王富晉編　民國十八年(1929)北平富晉書社石印本　二冊

330000－1716－0010050　集補 2973/10050　集部/小說類/長篇之屬

繡像繪圖宋岳武穆公全傳八卷八十回　(清)錢彩撰　袁韜壺增批　民國石印本　五冊　存五卷(三至五、七至八)

330000－1716－0010052　史補 1401/10052　史部/金石類/璽印之屬

玉篆樓印學叢書　民國二十一年(1932)西泠印社石印本　一冊　存一種

330000－1716－0010054　集補 2976/10054　集部/別集類/清別集

音注小倉山房尺牘八卷　(清)袁枚撰　(清)胡光斗箋釋　民國元年(1912)上海會文堂石印本　世明題記　一冊

330000－1716－0010056　經補 1496/10056　經部/四書類/大學之屬/傳說

大學備忘録一卷附録一卷　李捨幻輯　民國三十二年(1943)餘姚陽明印刷所石印本　一冊

330000－1716－0010057　子補 3312/10057　子部/藝術類/遊藝之屬/聯語

影印名人楹聯真蹟大全不分卷附屏條堂幅不

分卷　劉再蘇搜集　民國十四年(1925)上海世界書局影印本　四册

330000－1716－0010058　集補 2979/10058　集部/別集類/唐五代別集
注釋評點韓昌黎文全集十卷年譜一卷　(唐)韓愈撰　湯壽銘增訂　蔣箸超評注　民國十三年(1924)上海會文堂書局鉛印本　二册　存二卷(二至三)

330000－1716－0010059　集補 1069－6/10059　集部/總集類/選集之屬/斷代
注釋唐詩三百首六卷　(清)蘅塘退士(孫洙)編　民國石印本　一册

330000－1716－0010061　普子 1980/10061　類叢部/類書類/通類之屬
古今圖書集成考證二十四卷　(清)蔣廷錫(清)陳夢雷等輯　民國二十三年(1934)中華書局影印本　八册

330000－1716－0010063　史補 1412/10063　史部/目録類/版本之屬/書影
重印聚珍倣宋版五開大本四部備要樣本不分卷　中華書局編　民國上海中華書局鉛印本　一册

330000－1716－0010064　集補 1069－8/10064　集部/總集類/選集之屬/斷代
注釋唐詩三百首六卷　(清)蘅塘退士(孫洙)編　民國上海鴻寶齋書局石印本　一册　存一卷(二)

330000－1716－0010065　史補 1414/10065　史部/目録類/總録之屬/私撰
修綆堂書目第二期不分卷　修綆堂書店編　民國二十二年(1933)北平修綆堂書店鉛印本　一册

330000－1716－0010066　史補 1413－1/10066　史部/目録類/總録之屬/彙刻
四部叢刊目録一卷　上海商務印書館編　民國上海商務印書館鉛印本暨影印本　一册

330000－1716－0010068　集補 1069－5/10068　集部/總集類/選集之屬/斷代
繪圖唐詩三百首四卷　(清)蘅塘退士(孫洙)編　民國上海簡青齋書局石印本　一册　存一卷(四)

330000－1716－0010070　集補 1206－3/10070　集部/總集類/選集之屬/通代
古文析義初編六卷二編八卷　(清)林雲銘評注　民國元年(1912)上海文瑞樓石印本　八册　存八卷(一至六、二編七至八)

330000－1716－0010071　史補 1319－2/10071　史部/政書類/公牘檔冊之屬
黎副總統政書三十四卷　黎元洪撰　易國幹等編　民國四年(1915)上海古今圖書局石印本　二十一册　存二十九卷(四至三十二)

330000－1716－0010073　集補 2980/10073　集部/小説類
新編綉像施公洞庭傳二十卷　民國石印本　一册　存一卷(已集二)

330000－1716－0010076　地獻 0834/10076　史部/地理類/方志之屬/郡縣志
[民國]嵊陽志四卷　張拯滋編輯　民國九年(1920)鉛印本　一册

330000－1716－0010079　集補 2984/10079　集部/曲類/彈詞之屬
二本玉蜻蜓三搜法花庵一卷　民國上海益民書局石印本　一册

330000－1716－0010080　集補 2982－1/10080　集部/小説類/長篇之屬
繡像續小五義六卷一百二十四回　(清)石玉崑撰　民國石印本　一册　存一卷(三)

330000－1716－0010083　集補 2985/10083　集部/戲劇類
京調大觀不分卷　許志豪編　民國上海世界書局石印本　一册

330000－1716－0010086　經補 1000－86/10086　經部/小學類/文字之屬/字書/字典
康熙字典十二集三十六卷總目一卷檢字一卷辨似一卷等韻一卷補遺一卷備考一卷　(清)張玉書等纂修　民國六年(1917)上海廣益書

局石印本　五冊　缺五卷(亥集上中下、補遺、備考)

330000－1716－0010092　地獻 3303/10092　子部/醫家類

萬氏家傳幼科發揮□□卷　民國抄本　一冊　存一卷(下)

330000－1716－0010094　子補 3322/10094　子部/道家類

莊子雪三卷　(清)陸樹芝輯注　民國四年(1915)上海千頃堂石印本　四冊　缺一卷(下)

330000－1716－0010095　地獻 0837/10095　史部/地理類/遊記之屬/紀勝

蘿菴遊賞小志一卷　(清)李慈銘撰　民國抄本　一冊

330000－1716－0010096　子補 3323/10096　子部/法家類

韓非子二十卷　識誤三卷　(清)顧廣圻撰　民國三年(1914)上海掃葉山房石印本　一冊　存四卷(一至四)

330000－1716－0010097　普集 1728/10097　集部/小說類/長篇之屬

繪圖革命黨演義三卷二十六回　吳公雄編　民國十一年(1922)上海世界書局石印本　二冊　缺一卷(一)

330000－1716－0010114　子補 3319/10114　子部/雜著類/雜編之屬

家庭實用圖書集成不分卷　廣文書局編輯所編　民國八年(1919)上海廣文書局鉛印本暨石印本　三冊　存三冊(六編一,十編二、六)

330000－1716－0010119　史補 0908－8/10119　史部/金石類/金之屬/文字

積古齋鐘鼎彝器款識十卷　(清)阮元撰　民國上海中華圖書館影印本　五冊　缺一卷(五)

330000－1716－0010120　縣資 00086/10120　史部/政書類/公牘檔冊之屬

原稿分類存録目録一卷　紹興縣修志委員會輯　民國二十四年(1935)抄本　一冊

330000－1716－0010122　史補 0908－9/10122　史部/金石類/金之屬/文字

積古齋鐘鼎彝器款識十卷　(清)阮元撰　民國上海中華圖書館影印本　二冊　存三卷(一、七至八)

330000－1716－0010123　普類 0218－2/10123　類叢部/類書類/專類之屬

古今楹聯類纂十二卷附慶弔雜件備覽二卷　雲后編輯　民國十年(1921)上海會文堂書局石印本　十冊

330000－1716－0010125　子補 3316/10125　子部/儒家類/儒學之屬/蒙學

小學千家詩人生必讀二卷　(清)余晦齋集　民國上海宏大善書局石印本　一冊

330000－1716－0010126　子補 3318/10126　子部/醫家類/眼科之屬

秘本眼科捷徑一卷　(清)□□輯　民國石印本　一冊

330000－1716－0010127　普類 0218－1/10127　類叢部/類書類/專類之屬

古今楹聯類纂十二卷附慶弔雜件備覽二卷　雲后編輯　民國二十二年(1933)上海會文堂新記書局石印本　十冊

330000－1716－0010129　集補 1283－4/10129　集部/曲類/寶卷之屬

何文秀寶卷二卷　民國上海惜陰書局石印本　一冊

330000－1716－0010131　集補 1773/10131　集部/小說類/長篇之屬

增評加批金玉緣圖說一百二十卷首一卷　(清)曹霑　(清)高鶚撰　(清)蝶薌仙史評訂　民國石印本　九冊　存六十九卷(一至四、十七至二十四、五十七至一百十三)

330000－1716－0010133　地獻 1965－1/10133　類叢部/叢書類/彙編之屬

復性書院叢刊二十七種　馬浮編　民國二十九年至三十七年(1940－1948)復性書院刻本

暨鉛印本　十一册　存六種

330000－1716－0010135　地獻 0846/10135　集部/别集類

綠杉野屋詩稿一卷　周毅修撰　稿本　一册

330000－1716－0010136　普類 0218－3/10136　類叢部/類書類/專類之屬

古今楹聯類纂十二卷附慶弔雜件備覽二卷　雲后編輯　民國二十一年(1932)上海會文堂新記書局石印本　五册　存八卷(一至四、七至八,附慶弔雜件備覽一至二)

330000－1716－0010138　地獻 0839/10138　子部/藝術類/篆刻之屬/印譜

趙撝叔印譜初集不分卷二集不分卷　(清)趙之謙篆刻　吳隱輯　民國六年(1917)西泠印社鈐印本　八册

330000－1716－0010140　經補 1311－3/10140　經部/小學類/文字之屬/字書/字典

中華新字典初編十二卷續編十二卷檢字一卷　王文濡等編纂　民國石印本　二册　存五卷(初編子集、丑集、午集、未集、申集)

330000－1716－0010146　集補 1069－9/10146　集部/總集類/選集之屬/斷代

唐詩三百首注疏六卷　(清)孫洙編　(清)章燮注　民國上海鴻寶齋書局石印本　三册　存三卷(一至三)

330000－1716－0010147　地獻 0842/10147　史部/地理類/方志之屬/郡縣志

[嘉泰]會稽志二十卷　(宋)沈作賓修　(宋)施宿等纂　民國十五年(1926)據清嘉慶十三年(1808)采鞠軒刻本影印本　九册

330000－1716－0010148　經補 1436/10148　經部/叢編

十三經讀本　唐文治輯　民國三年(1914)上海育文書局石印本　四册　存一種

330000－1716－0010149　地獻 0843/10149　史部/傳記類/日記之屬

祁忠敏公日記十五卷(明崇禎四年至弘光元年)　(明)祁彪佳撰　**祁忠敏公年譜一卷**　(明)王思任撰　(清)梁廷枏　(清)龔沅補編　民國二十六年(1937)紹興縣修志委員會鉛印本　六册

330000－1716－0010157　地獻 0840/10157　史部/地理類/方志之屬/郡縣志

[萬曆]會稽縣志十六卷　(明)楊維新修　(明)張元忭　(明)徐渭纂　民國抄本　五册

330000－1716－0010158　史補 1413－2/10158　史部/目録類/總録之屬/彙刻

四部叢刊目録一卷　上海商務印書館編　民國上海商務印書館鉛印本暨影印本　一册

330000－1716－0010159　子補 3340/10159　子部/醫家類/方書之屬/單方驗方

經驗良方一卷　徐友丞撰　成裘氏摘録　民國嵊縣協華昌豐號鉛印本　一册

330000－1716－0010160　地獻 1824－90/10160　集部/總集類/選集之屬/通代

古文觀止十二卷　(清)吳乘權　(清)吳大職輯　民國十三年(1924)上海昌文書局石印本　張毓梅題簽　六册

330000－1716－0010162　史補 1416/10162　史部/目録類/總録之屬/私撰

會文堂書局圖書目録一卷　上海會文堂書局編　民國十一年(1922)上海會文堂書局石印本　一册

330000－1716－0010164　子補 3333/10164　子部/術數類

秘本諸葛神數一卷　(三國蜀)諸葛亮撰　**關帝聖籤一卷**　民國九年(1920)上海世界書局石印本　一册

330000－1716－0010165　集補 0699/10165　集部/别集類/唐五代别集

唐柳先生集四十五卷外集二卷龍城録二卷附録二卷傳一卷　(唐)柳宗元撰　(宋)蘇軾評論　(宋)童宗說音注　(宋)潘緯音義　(明)孫月峰評點　民國十四年(1925)上海會文堂書局影印本　七册　存二十三卷(四至二十六)

330000－1716－0010167　史補 1417/10167
史部/目録類/總録之屬/私撰
千頃堂書局圖書目録不分卷　千頃堂書局編　民國十八年(1929)上海千頃堂書局石印本　一册

330000－1716－0010168　子補 2323－4/10168　子部/術數類/陰陽五行之屬
增廣玉匣記通書二卷　(清)朱説霖重校　民國十七年(1928)上海文昌書局石印本　一册

330000－1716－0010171　子補 3334/10171
子部/藝術類/遊藝之屬/博戲
牙牌靈數八種　民國石印本　一册

330000－1716－0010172　子補 3343/10172
子部/醫家類/綜合之屬/通論
顧氏醫鏡十六卷　(清)顧靖遠撰　民國十三年(1924)上海掃葉山房石印本　四册　存十一卷(四至七、十至十六)

330000－1716－0010173　子補 3335/10173
子部/術數類/命書相書之屬
命理探原八卷補遺一卷　袁阜撰　民國石印本　三册　缺二卷(一至二)

330000－1716－0010174　子補 3336/10174
子部/宗教類/道教之屬/眾術
實驗靈奇符咒研究法不分卷　余哲夫撰　民國十三年(1924)東亞新記書局鉛印本　一册

330000－1716－0010176　子補 1111/10176
子部/叢編
子書百家(百子全書)　(清)崇文書局編　民國八年(1919)上海掃葉山房石印本　八册　存十五種

330000－1716－0010177　子補 3325/10177
子部/醫家類/綜合之屬/通論
瀛經堂醫宗必讀十卷　(清)李中梓撰　民國上海會文堂書局石印本　一册　存五卷(一至五)

330000－1716－0010178　子補 3327/10178
新學/醫學
飲食大全不分卷　民國石印本　一册

330000－1716－0010179　地獻 1824－69/10179　集部/總集類/選集之屬/通代
增批古文觀止十二卷　(清)吴乘權　(清)吴大職輯　民國七年(1918)上海鑄記書局石印本　五册　存十卷(一至十)

330000－1716－0010180　地獻 0848/10180
史部/目録類/書志之屬/提要
四部叢刊書録一卷　上海商務印書館編　民國十一年(1922)上海商務印書館鉛印本　一册

330000－1716－0010181　子補 3337/10181
子部/雜著類/雜考之屬
評點百二十子二十六卷補遺十三卷　(明)歸有光輯　(明)文震孟訂　民國上海會文堂書局石印本　八册　缺十九卷(一至十九)

330000－1716－0010183　子補 3329/10183
子部/醫家類/方書之屬/單方驗方
經驗良方二卷　次留編輯　民國上海大中國印書館石印本　一册

330000－1716－0010184　地獻 0849/10184
類叢部/叢書類/彙編之屬
四部叢刊　張元濟等編　民國上海商務印書館影印本　二册　存二種

330000－1716－0010188　子補 3344/10188
子部/醫家類/醫經之屬/内經
素問靈樞類纂約注三卷　(清)汪昂輯注　民國二十年(1931)上海千頃堂書局石印本　一册

330000－1716－0010191　地獻 0850/10191
類叢部/叢書類/彙編之屬
四部備要三百一種　中華書局編　民國二十五年(1936)上海中華書局鉛印本　六册　存一種

330000－1716－0010192　子補 3328/10192
子部/醫家類/喉科口齒之屬/喉痧
增訂喉痧證治要畧附白喉不分卷　曹炳章撰　民國紹城和濟藥局鉛印本　一册

330000－1716－0010195　子補 3330/10195

子部/醫家類/方書之屬/歷代方書

孫真人海上仙方一卷 (唐)孫思邈撰 民國十五年(1926)杭州同道益善書局鉛印本 一册

330000－1716－0010199 子補3342－6/10199 子部/醫家類/綜合之屬/通論

古吴童氏重校醫宗必讀十卷 (清)李中梓撰 民國上海大中國印書館石印本 三册 存六卷(三至八)

330000－1716－0010200 子補3332/10200 子部/術數類/陰陽五行之屬

東京秘本推背圖説一卷附録一卷 (唐)袁天罡 (唐)李淳風撰 民國石印本 一册 存一卷(推背圖説)

330000－1716－0010201 子補3350/10201 子部/雜著類/雜纂之屬

改良嶺南即事一卷 民國廣州麟書閣鉛印本 一册

330000－1716－0010202 子補3342－7/10202 子部/醫家類/綜合之屬/通論

詳校醫宗必讀十卷 (清)李中梓撰 民國上海鑄記書局石印本 三册 存六卷(一至四、九至十)

330000－1716－0010205 普集1727/10205 集部/戲劇類/總集之屬/傳奇

十二家評點李笠翁十種曲 (清)李漁編 民國七年(1918)上海朝記書莊石印本 十册

330000－1716－0010206 子補3351/10206 子部/醫家類/養生之屬

男女交合秘要新論一卷 (美國)法烏羅撰 憂亞子譯 **附增訂花柳指迷一卷** (美國)嘉約翰輯譯 (清)林應祥筆述 民國石印本 一册

330000－1716－0010216 子補0080－26/10216 子部/儒家類/儒學之屬/蒙學

言文對照幼學故事瓊林三十三卷 (清)程登吉撰 (清)鄒聖脈增補 民國十五年(1926)上海成章書局石印本 一册

330000－1716－0010218 地獻0852/10218 史部/傳記類/日記之屬

沈鈞業日記不分卷(民國十七年一月二十三日至一九五〇年二月十六日) 沈鈞業撰 稿本 六十二册

330000－1716－0010221 地獻1948/10221 子部/醫家類/方書之屬/成方藥目

震元堂丸散一卷 震元堂主人輯 民國二十二年(1933)紹興震元堂石印本 一册

330000－1716－0010222 地獻1002－2/10222 集部/總集類/郡邑之屬

嶀陽第三集不分卷第四集不分卷 嶀陽詩學社輯 民國八年(1919)、九年(1920)鉛印本 二册

330000－1716－0010225 集補0387－2/10225 集部/詩文評類/文法之屬/函牘格式

詳注通用尺牘六卷附録二卷 中華書局編輯 民國四年(1915)上海中華書局鉛印本 四册

330000－1716－0010226 集補0462－2/10226 集部/詩文評類/文法之屬/函牘格式

新撰句解分類尺牘正軌八卷 賀群上編 民國十四年(1925)上海錦章圖書局石印本 六册 缺二卷(六至七)

330000－1716－0010228 集補0007－25/10228 集部/小説類/長篇之屬

評注圖像水滸傳三十五卷七十回首一卷 (元)施耐庵撰 (清)金人瑞評 民國鉛印本 十一册 缺四卷(四至七)

330000－1716－0010229 經補1541/10229 經部/小學類/文字之屬/説文

説文提要一卷 (清)陳建侯撰 民國四年(1915)掃葉山房石印本 一册

330000－1716－0010232 集補0007－37/10232 集部/小説類/長篇之屬

繪圖增像第五才子書水滸全傳十二卷七十回首一卷 (元)施耐庵撰 (清)金人瑞評釋 民國上海文瑞樓石印本 一册 存一卷(七)

330000－1716－0010233　子補 3355/10233
子部/宗教類/佛教之屬
善惡鑑不分卷　楊鈞鈺等輯　民國十三年(1924)上海善書流通處石印本　一冊

330000－1716－0010234　經補 1499/10234
經部/小學類/文字之屬/說文
說文通檢十四卷首一卷末一卷　(清)黎永椿編　民國六年(1917)上海掃葉山房石印本　一冊　存八卷(一至七、首)

330000－1716－0010237　經補 1429/10237
經部/春秋左傳類/傳說之屬
春秋左傳杜注三十卷　(清)姚培謙學　民國中華書局鉛印本　章燿成題記　二冊　存七卷(四至七、二十八至三十)

330000－1716－0010238　集補 0007－26/10238　集部/小說類/長篇之屬
評注圖像水滸傳十二卷七十回首一卷　(元)施耐庵撰　(清)金人瑞評　民國會文堂新記書局石印本　四冊　存四卷(五至六、十至十一)

330000－1716－0010241　經補 1430－1/10241　經部/詩類/傳說之屬
詩經集傳八卷　(宋)朱熹撰　民國六年(1917)上海共和書局石印本　三冊　存七卷(一至四、六至八)

330000－1716－0010243　經補 1430－2/10243　經部/詩類/傳說之屬
詩經集傳八卷　(宋)朱熹撰　民國八年(1919)上海鴻寶書局石印本　三冊　存六卷(一至四、六至七)

330000－1716－0010244　經補 1430－3/10244　經部/詩類/傳說之屬
詩經集傳八卷　(宋)朱熹撰　民國七年(1918)上海天寶書局石印本　一冊　存二卷(一至二)

330000－1716－0010247　集補 2997/10247
集部/總集類/郡邑之屬
青浦三家百首詩三卷　方仁後　葉行百　沈其光撰　民國七年(1918)鉛印本　一冊

330000－1716－0010248　子補 3457－3/10248　子部/宗教類/佛教之屬/經咒
白衣大士神咒一卷　民國中央刻經院鉛印本一冊

330000－1716－0010255　經補 1344－20/10255　經部/春秋左傳類/傳說之屬
春秋左繡三十卷首一卷　(晉)杜預撰　(唐)陸德明音釋　(宋)林堯叟附注　(清)馮李驊增訂　(清)馮李驊　(清)陸浩評輯　民國二十六年(1937)中原書局石印本　五冊　存十三卷(一至二、六至十三、二十九至三十,首)

330000－1716－0010256　子補 3366/10256
子部/藝術類/書畫之屬
時髦百美圖一卷　美術書畫社編繪　民國十一年(1922)上海世界書局鉛印本暨石印本　二冊

330000－1716－0010259　子補 3363/10259
子部/藝術類/書畫之屬/總論
中國文人畫之研究不分卷　(日本)大邨西崖述　陳衡恪譯　民國二十年(1931)上海中華書局鉛印本　一冊

330000－1716－0010263　集補 3405－1/10263　集部/總集類/選集之屬/通代
增補重訂千家詩注解二卷　(宋)謝枋得選　(清)王相注　**新鐫五言千家詩箋注二卷**　(清)王相選注　**附笠翁對韻二卷詩品詳注一卷**　民國石印本　朱□澤題簽並記　二冊

330000－1716－0010270　子補 3369/10270
子部/宗教類/佛教之屬/經疏
心經大悲咒白衣咒靈感録一卷　孫緯才輯　民國十四年(1925)上海孫緯才父子醫院鉛印本　一冊

330000－1716－0010272　地獻 3660/10272
子部/藝術類/篆刻之屬/印譜
竹汀青廬印存不分卷　姚□輯　民國鈐印本八冊

330000－1716－0010273　普叢 0126－2/

10273　子部/小説家類
筆記小説大觀二百二十二種　進步書局輯　民國上海進步書局石印本　十七冊　存九種

330000－1716－0010274　古越 0593/10274
類叢部/叢書類/彙編之屬
唐代叢書(唐人説薈)　(清)陳世熙(一題王文誥)輯　民國石印本　一冊　存十四種

330000－1716－0010276　子補 3356/10276
子部/術數類/占候之屬
巧連數一卷　民國二十年(1931)安東誠文信書局鉛印本　一冊

330000－1716－0010277　子補 3359/10277
子部/雜著類
王漁洋筆記八卷　(清)王士禛撰　民國上海廣益書局石印本　二冊　存四卷(一至二、四至五)

330000－1716－0010279　子補 3357/10279
子部/術數類/命書相書之屬
命理四種　樂吾氏編輯　民國二十四年(1935)上海乾乾書社鉛印本　二冊　存二種

330000－1716－0010281　地獻 3662/10281
子部/藝術類/篆刻之屬/印譜
一瓢集印不分卷　楊天青輯　民國鈐拓剪貼本　一冊

330000－1716－0010291　經補 1000－80/10291　經部/小學類/文字之屬/字書/字典
康熙字典十二集三十六卷總目一卷檢字一卷辨似一卷等韻一卷補遺一卷備考一卷　(清)張玉書等纂修　民國石印本　樊紡軒題記　二冊　存十四卷(寅集上中下、卯集上中下、辰集上中下、亥集上中下,補遺,備考)

330000－1716－0010292　子補 1275－7/10292　子部/小説家類/瑣語之屬
夜雨秋燈録初集四卷續集四卷三集四卷　(清)宣鼎撰　民國十五年(1926)上海大一統書局石印本　五冊　缺二卷(續集三至四)

330000－1716－0010293　地獻 1612－97/10293　集部/別集類/清別集
言文對照分類詳注雪鴻軒尺牘四卷　(清)龔萼撰　許家恩譯　民國上海羣學書社石印本　三冊　缺一卷(四)

330000－1716－0010296　子補 3371－1/10296　子部/藝術類/音樂之屬/樂譜
琵琶譜三卷　(清)王君錫傳譜　(清)華文彬編　民國十三年(1924)觀文社石印本　二冊　缺一卷(二)

330000－1716－0010298　地獻 3661/10298
子部/藝術類/篆刻之屬/印譜
眇視生印存一卷　民國鈐印本　一冊

330000－1716－0010300　經補 1428/10300
經部/四書類/總義之屬/文字音義
注音字母四書白話句解十九卷　周覲光　吳穀民演譯　民國上海求古齋石印本　一冊　存一卷(孟子二)

330000－1716－0010304　子補 3371－2/10304　子部/藝術類/音樂之屬/樂譜
琵琶譜三卷　(清)王君錫傳譜　(清)華文彬編　民國十三年(1924)觀文社石印本　一冊　存一卷(一)

330000－1716－0010305　經補 0465/10305
經部/四書類/總義之屬/傳説
新式標點四書白話注解十九卷　琴石山人注解　民國二十一年(1932)上海會文堂新記書局石印本　三冊

330000－1716－0010306　子補 3373/10306
子部/藝術類/遊藝之屬/聯語
楹聯叢話十二卷續話四卷　(清)梁章鉅輯　民國上海商務印書館鉛印本　一冊　存三卷(一至三)

330000－1716－0010308　地獻 1426－3/10308　子部/儒家類/儒學之屬/蒙學
便蒙四書　(宋)朱熹撰　民國浙紹墨潤堂鉛印本　一冊　存一種

330000－1716－0010309　子補 3371－3/10309　子部/藝術類/音樂之屬/樂譜
琵琶譜三卷　(清)王君錫傳譜　民國上海千

頊堂刻本　三冊

330000－1716－0010310　經補 1391/10310
經部/四書類/總義之屬/傳説
精校四書讀本十九卷　民國震東學社石印本　陸崇高觀款　三冊　存七卷(孟子集注一至七)

330000－1716－0010311　子補 3374/10311
子部/藝術類/遊藝之屬/聯語
民國最新楹聯彙海四卷　孫寄傖編輯　民國八年(1919)上海文益書局石印本　二冊　存二卷(一、四)

330000－1716－0010312　經補 1389－1/10312　經部/四書類/孟子之屬/傳説
孟子要略五卷　(宋)朱熹撰　(清)劉傳瑩輯　(清)曾國藩按　民國十一年(1922)上海中華圖書館鉛印本　一冊

330000－1716－0010313　經補 0402－2/10313　經部/四書類/總義之屬/傳説
四書集注十九卷　(宋)朱熹撰　民國十六年(1927)上海昌文書局石印本　五冊　缺三卷(孟子一至三)

330000－1716－0010314　善附 0175－2/10314　集部/别集類/清别集
存吾春軒集十卷　(清)周大樞撰　民國周毅修抄本　一冊　存二卷(九至十)

330000－1716－0010315　經補 1389－2/10315　經部/四書類/孟子之屬/傳説
孟子要略五卷　(宋)朱熹撰　(清)劉傳瑩輯　(清)曾國藩按　民國四年(1915)鉛印本　一冊

330000－1716－0010316　子補 3380/10316
子部/雜著類/雜纂之屬
新編評點古今情史類纂二十四卷　劍痕撰並評點　民國新小説書社石印本　一冊　存十二卷(十三至二十四)

330000－1716－0010317　地獻 1426－2/10317　子部/儒家類/儒學之屬/蒙學
便蒙四書　(宋)朱熹撰　民國浙紹墨潤堂鉛印本　四冊　存二種

330000－1716－0010319　集補 2999/10319
集部/詩文評類/文法之屬/函牘格式
尺牘函海不分卷　(清)王鼎輯撰　民國九年(1920)大成圖書局石印本　二冊

330000－1716－0010321　經補 0400－2/10321　經部/四書類/總義之屬/傳説
四書集注十九卷　(宋)朱熹撰　民國三年(1914)上海廣益書局石印本　四冊　存二種

330000－1716－0010322　經補 1427－1/10322　經部/四書類/總義之屬/傳説
四書讀本十九卷　(宋)朱熹集注　民國十三年(1924)石印本　一冊　存三卷(孟子一至三)

330000－1716－0010323　經補 1390/10323
經部/四書類/總義之屬/傳説
最新四書論讀本六卷附五經論目録一卷　朱錦章輯　民國四年(1915)上海煥文書局石印本　五冊　缺一卷(二)

330000－1716－0010324　經補 1427－2/10324　經部/四書類/總義之屬/傳説
言文對照廣注四書讀本　世界書局編輯所編輯　民國十五年(1926)上海世界書局石印本　一冊　存一種

330000－1716－0010325　陶 0209/10325　集部/别集類
闕箴齋詩賸四卷　陶壽煌撰　民國十六年(1927)北京慈祥工廠鉛印本　李彝政題記　一冊

330000－1716－0010326　集補 3000/10326
集部/别集類
張嗇菴先生九録録十卷首一卷補遺一卷　張謇撰　(清)顧公毅編　民國三十六年(1947)南通翰墨林印書局鉛印本　三冊　存九卷(三至十、補遺)

330000－1716－0010327　經補 1427－3/10327　經部/四書類/孟子之屬/傳説
增補蘇批孟子二卷　(宋)蘇洵撰　(清)趙大

浣增補　**孟子年譜一卷**　民國石印本　一冊　存一卷(下孟)

330000－1716－0010328　子補 3375/10328
子部/藝術類/遊藝之屬/聯語
共和新楹聯類編八卷　會文堂主人編　民國三年(1914)上海會文堂石印本　三冊　存六卷(一至六)

330000－1716－0010330　經補 0397/10330
經部/四書類/總義之屬/傳說
四書集注十九卷　(宋)朱熹撰　民國上海普通書局石印本　三冊　存二種

330000－1716－0010333　地獻 0858/10333
子部/儒家類/儒學之屬/俗訓
格言合璧不分卷　(清)金纓輯　民國八年(1919)上海宏大善書總發行所石印本　一冊

330000－1716－0010334　地獻 0861/10334
史部/傳記類/總傳之屬/郡邑
龍山詩巢志略四卷　錢繩武輯　民國二十二年(1933)鉛印本　一冊

330000－1716－0010338　集補 3005/10338
集部/別集類
肯堂遺稿一卷　查璠撰　**旭初遺稿一卷**　金大昇撰　民國十四年(1925)鉛印本　一冊

330000－1716－0010346　地獻 0860/10346
集部/別集類/清別集
湘麋閣遺詩四卷　(清)陶方琦撰　民國二十五年(1936)周毅修抄本　一冊

330000－1716－0010348　地獻 3670/10348
子部/藝術類/篆刻之屬/印譜
印譜不分卷　民國鈐印本　一冊

330000－1716－0010350　子補 3376/10350
子部/藝術類/遊藝之屬/聯語
邵子擊壤集摘聯六卷　(清)邵同珩輯　佩聲編輯社編　民國十一年(1922)茹古齋書局石印本　一冊

330000－1716－0010354　子補 3377/10354
子部/藝術類/遊藝之屬/聯語
共和新輓聯分類合璧五卷　民國石印本　一冊　存二卷(一至二)

330000－1716－0010358　子補 3378/10358
子部/藝術類/遊藝之屬/聯語
蘭軒雜聯續集一卷　孫霽周撰　民國二十一年(1932)三益山房石印本　一冊

330000－1716－0010359　集補 3009/10359
集部/詞類/別集之屬
遐菴詞甲稿一卷　葉恭綽撰　民國三十二年(1943)鉛印本　一冊

330000－1716－0010365　子補 3379/10365
子部/藝術類/遊藝之屬/聯語
楹聯録存三卷附録一卷　(清)俞樾撰　民國石印本　一冊　缺二卷(一至二)

330000－1716－0010373　集補 3085/10373
集部/戲劇類/雜劇之屬
戲學大觀一卷　中華圖書館編輯　民國六年(1917)上海中華圖書館石印本　一冊

330000－1716－0010395　史補 1441/10395
史部/史評類/史學之屬
文史通義八卷校讐通義三卷　(清)章學誠撰　民國十三年(1924)東陸書局石印本　六冊

330000－1716－0010396　史補 1427－2/10396　史部/傳記類/別傳之屬/事狀
吳興周夢坡先生訃告一卷年譜一卷墓表一卷墓誌銘一卷畫史一卷　周延礽輯　民國二十三年(1934)影印本暨鉛印本　四冊

330000－1716－0010397　普類 0214/10397
類叢部/類書類/專類之屬
分類分韻小佩文韻府六卷　趙暄撰　民國十二年(1923)上海碧梧山莊石印本　二冊　缺二卷(四至五)

330000－1716－0010400　史補 1427－1/10400　史部/傳記類/別傳之屬/事狀
吳興周夢坡先生訃告一卷年譜一卷墓表一卷墓誌銘一卷畫史一卷　周延礽輯　民國二十三年(1934)影印本暨鉛印本　四冊

330000－1716－0010401　子補 3400/10401
子部/藝術類/書畫之屬/畫録
病鶴叢書四卷　錢病鶴繪　民國石印本　一冊　存一卷(一)

330000－1716－0010405　史補 1428/10405
史部/傳記類/别傳之屬/事狀
常熟汪鳳書先生訃告不分卷　汪希孫等輯　民國二十三年(1934)石印本　三冊

330000－1716－0010406　集補 1856/10406
集部/别集類/清别集
戴南山集十四卷　(清)戴名世撰　民國新文化書社鉛印本　一冊　存七卷(一至七)

330000－1716－0010407　集補 0077/10407
集部/小説類/長篇之屬
宋朝歷史趙匡胤演義初集四卷二集四卷三集四卷四集四卷五集四卷六集四卷　民國上海大觀書局石印本　十九冊　存十九卷(一、三,二集一至三,三集一、三至四,四集一至三,五集一至四,六集一至四)

330000－1716－0010410　史補 1423－1/10410　史部/傳記類/别傳之屬/事狀
陸公壽言彙編二卷　朱潤南輯　民國影印本暨鉛印本　二冊

330000－1716－0010412　史補 1423－2/10412　史部/傳記類/别傳之屬/事狀
陸公壽言彙編二卷　朱潤南輯　民國影印本暨鉛印本　二冊

330000－1716－0010413　地獻 1951－2/10413　史部/傳記類/别傳之屬/事狀
紹興孫母王太夫人訃告不分卷　孫家坎等輯　民國二十年(1931)石印本　一冊

330000－1716－0010414　史補 1424/10414
史部/傳記類/别傳之屬/事狀
杭州王母鄭太夫人訃告不分卷　(清)王念孫等輯　民國二十一年(1932)石印本暨鉛印本　一冊

330000－1716－0010417　地獻 1951－1/10417　史部/傳記類/别傳之屬/事狀
胡壽母全太夫人訃告不分卷　胡慈清等輯　民國十九年(1930)石印本　一冊

330000－1716－0010418　史補 1429/10418
史部/金石類/金之屬/文字
歷代鐘鼎彝器欵識二十卷　(宋)薛尚功撰　民國古書流通處影印本　四冊

330000－1716－0010419　集補 3026/10419
集部/詩文評類/文法之屬/函牘格式
最新民國商務普通音義注解尺牘二卷　袁蔚山編輯　民國上洋海左書局石印本　胡錫源題簽　二冊

330000－1716－0010420　集補 2937－2/10420　集部/總集類/選集之屬/斷代
重訂唐詩别裁集二十卷　(清)沈德潛輯　民國抄本　一冊　存六卷(十五至二十)

330000－1716－0010421　集補 3083/10421
集部/總集類/選集之屬/通代
曹謝二家詩鈔不分卷　(三國魏)曹植　(南朝宋)謝靈運撰　民國俞大可抄本　一冊

330000－1716－0010424　子補 3401－1/10424　子部/儒家類/儒學之屬/蒙學
精校重增繪圖幼學故事瓊林四卷首一卷　(清)程登吉撰　(清)鄒聖脈增補　蔡郕續增　(清)謝梅林　(清)鄒可庭參訂　民國二十二年(1933)上海會文堂新記書局石印本　三冊　缺一卷(二)

330000－1716－0010427　子補 0080－17/10427　子部/儒家類/儒學之屬/蒙學
精校重增繪圖幼學故事瓊林四卷首一卷　(清)程登吉撰　(清)鄒聖脈增補　蔡郕續增　(清)謝梅林　(清)鄒可庭參訂　民國二十四年(1935)上海會文堂新記書局石印本　四冊

330000－1716－0010429　子補 3402/10429
子部/醫家類/傷寒金匱之屬/傷寒論
注解傷寒論十卷圖解運氣圖一卷　(漢)張機述　(漢)王叔和撰次　(金)成無己注解　**傷寒明理論四卷**　(金)成無己撰　民國上海廣

雅書局、啟新書局石印本　一冊　存三卷(一至二、圖解運氣圖)

330000－1716－0010430　子補 3401－2/10430　子部/儒家類/儒學之屬/蒙學

精校重增繪圖幼學故事瓊林四卷首一卷　(清)程登吉撰　(清)鄒聖脈增補　蔡郕續增　(清)謝梅林　(清)鄒可庭參訂　民國二十一年(1932)上海會文堂新記書局石印本　二冊　缺二卷(二至三)

330000－1716－0010435　集補 3150/10435　集部/別集類/唐五代別集

白香山詩長慶集二十卷後集十七卷別集一卷補遺二卷　(唐)白居易撰　(清)汪立名編訂　**白香山年譜一卷**　(清)汪立名撰　**白香山年譜舊本一卷**　(宋)陳振孫撰　民國十三年(1924)石印本　十二冊

330000－1716－0010436　史補 1425/10436　史部/傳記類/別傳之屬/事狀

上海徐母張太夫人訃告不分卷　徐鎮藩等輯　民國二十一年(1932)影印本暨鉛印本　一冊

330000－1716－0010438　史補 1426－1/10438　史部/傳記類/別傳之屬/事狀

清故奉政大夫同知銜候選按察司經歷附貢生作亭孫君[鵬振]暨德配陶宜人孝節雙褒合傳一卷附紀孝子節婦遺迹一卷　孫壽鵬　孫斯久輯　民國二十三年(1934)石印本暨鉛印本　一冊

330000－1716－0010441　史補 1426－2/10441　史部/傳記類/別傳之屬/事狀

清故奉政大夫同知銜候選按察司經歷附貢生作亭孫君[鵬振]暨德配陶宜人孝節雙褒合傳一卷附紀孝子節婦遺迹一卷　孫壽鵬　孫斯久輯　民國二十三年(1934)石印本暨鉛印本　一冊

330000－1716－0010456　集補 1069－7/10456　集部/總集類/選集之屬/斷代

唐詩三百首注疏六卷　(清)孫洙編　(清)章燮注　民國石印本　一冊　存一卷(五)

330000－1716－0010457　子補 3560－1/10457　子部/宗教類/佛教之屬/經咒

白衣神咒靈驗紀不分卷　民國二十五年(1936)北平中央刻經院鉛印本　一冊

330000－1716－0010458　子補 0080－50/10458　子部/儒家類/儒學之屬/蒙學

精校重增繪圖幼學故事瓊林四卷首一卷　(清)程登吉撰　(清)鄒聖脈增補　蔡郕續增　(清)謝梅林　(清)鄒可庭參訂　民國十五年(1926)上海會文堂書局石印本　四冊

330000－1716－0010460　子補 0080－16/10460　子部/儒家類/儒學之屬/蒙學

精校重增繪圖幼學故事瓊林四卷首一卷　(清)程登吉撰　(清)鄒聖脈增補　蔡郕續增　(清)謝梅林　(清)鄒可庭參訂　民國二十四年(1935)上海會文堂新記書局石印本　四冊

330000－1716－0010461　子補 2800/10461　子部/道家類

黃庭道德經注合刻四種十一卷　民國二十年(1931)上海掃葉山房石印本　三冊

330000－1716－0010462　子補 0080－18/10462　子部/儒家類/儒學之屬/蒙學

精校重增繪圖幼學故事瓊林四卷首一卷　(清)程登吉撰　(清)鄒聖脈增補　蔡郕續增　(清)謝梅林　(清)鄒可庭參訂　民國十四年(1925)上海會文堂書局石印本　四冊

330000－1716－0010466　子補 0080－14/10466　子部/儒家類/儒學之屬/蒙學

精校重增繪圖幼學故事瓊林四卷首一卷　(清)程登吉撰　(清)鄒聖脈增補　蔡郕續增　(清)謝梅林　(清)鄒可庭參訂　民國十五年(1926)上海會文堂書局石印本　四冊

330000－1716－0010468　子補 3674－2/10468　類叢部/叢書類/彙編之屬

少年叢書　民國十年(1921)上海中華書局鉛印本　一冊　存一種

330000－1716－0010469　子補 3401－4/

10469　子部/儒家類/儒學之屬/蒙學

精校重增繪圖幼學故事瓊林四卷首一卷　(清)程登吉撰　(清)鄒聖脈增補　蔡郕續增　(清)謝梅林　(清)鄒可庭參訂　民國十七年(1928)上海會文堂書局石印本　三冊　缺一卷(二)

330000－1716－0010479　子補 3130－1/10479　子部/宗教類/佛教之屬

歷史感應統紀四卷首一卷　許止淨編纂　民國十八年(1929)鉛印本　三冊　缺一卷(二)

330000－1716－0010483　子補 3401－5/10483　子部/儒家類/儒學之屬/蒙學

精校重增繪圖幼學故事瓊林四卷首一卷　(清)程登吉撰　(清)鄒聖脈增補　蔡郕續增　(清)謝梅林　(清)鄒可庭參訂　民國上海會文堂書局石印本　四冊

330000－1716－0010485　史補 0640/10485　史部/目録類

邃雅齋方志目一卷　民國二十四年(1935)北平琉璃廠鉛印本　一冊

330000－1716－0010488　地獻 1416－7/10488　經部/小學類/文字之屬/字書/訓蒙

繪圖九千字文一卷　民國浙紹奎照樓石印本　張昌題記　一冊

330000－1716－0010489　子補 0080－13/10489　子部/儒家類/儒學之屬/蒙學

重增繪圖幼學故事瓊林四卷首一卷　(清)程登吉撰　(清)鄒聖脈增補　蔡郕續增　(清)謝梅林　(清)鄒可庭參訂　民國上海會文堂書局石印本　四冊

330000－1716－0010491　子補 0080－27/10491　子部/儒家類/儒學之屬/蒙學

新增繪圖幼學故事瓊林四卷首一卷　(清)程登吉撰　(清)鄒聖脈增補　民國上海廣益書局石印本　四冊

330000－1716－0010495　地獻 1636－3/10495　子部/宗教類

三教心法三卷　(清)光月老人輯　民國十四年(1925)浙江紹興同善社暨各事務所鉛印本　一冊

330000－1716－0010498　地獻 1824－81/10498　集部/總集類/選集之屬/通代

古文觀止十二卷　(清)吴乘權　(清)吴大職輯　民國三年(1914)上海鴻寶齋石印本　五冊　缺二卷(九至十)

330000－1716－0010501　經補 1371/10501　經部/春秋總義類/傳說之屬

菁穛胡傳提要不分卷　(宋)胡安國撰　民國抄本　一冊

330000－1716－0010502　子補 3401－6/10502　子部/儒家類/儒學之屬/蒙學

新式標點言文對照幼學故事瓊林四卷首一卷　(清)程登吉撰　(清)鄒聖脈增補　民國上海廣益書局石印本　四冊

330000－1716－0010505　經補 1372/10505　經部/小學類/訓詁之屬/譯語

欽定清漢對音字式一卷　(清)福隆安等撰　民國抄本　一冊

330000－1716－0010506　子補 0080－11/10506　子部/儒家類/儒學之屬/蒙學

重增繪圖幼學故事瓊林四卷首一卷　(清)程登吉撰　(清)鄒聖脈增補　費有容續增　民國十六年(1927)上海中原書局石印本　五冊

330000－1716－0010509　子補 3392/10509　子部/兵家類

虎鈐經必要一卷　吴佩孚編　民國九年(1920)鉛印本　一冊

330000－1716－0010510　地獻 0868/10510　集部/曲類/彈詞之屬

平湖調五種五卷　民國抄本　二冊

330000－1716－0010514　子補 0080－28/10514　子部/儒家類/儒學之屬/蒙學

新增繪圖幼學故事瓊林四卷首一卷　(清)程登吉撰　(清)鄒聖脈增補　民國上海昌文書局石印本　二冊　存二卷(二至三)

330000－1716－0010515　經補 1344－47/10515　經部/春秋左傳類/傳說之屬

批點春秋左傳綱目句解彙雋六卷　(清)韓菼重訂　民國石印本　四册　存四卷(二至三、五至六)

330000－1716－0010518　經補 0843/10518　經部/小學類/音韻之屬

國音講義不分卷　民國油印本　一册

330000－1716－0010521　地獻 1505－4/10521　史部/傳記類/别傳之屬/事狀

承歡初録一卷　孫家驥等撰　孫國幹等輯　民國二十四年(1935)鉛印本　一册

330000－1716－0010522　子補 0080－25/10522　子部/儒家類/儒學之屬/蒙學

新增幼學瓊林白話注解四卷　(清)程登吉撰　(清)鄒聖脈增補　民國上海羣學書社石印本　一册　存二卷(一至二)

330000－1716－0010523　子補 3002/10523　子部/醫家類/類編之屬

六醴齋醫書十種　(清)程永培輯　民國上海千頃堂石印本　四册　存一種

330000－1716－0010526　地獻 1403－5/10526　史部/傳記類/别傳之屬/事狀

阮建章先生哀挽録一卷　孫家驥　潘文源輯　民國十五年(1926)鉛印本　一册

330000－1716－0010532　地獻 0870/10532　子部/醫家類/方書之屬/單方驗方

下方寺傷科秘方一卷　民國會稽漁渡董氏木活字印本　一册

330000－1716－0010540　經補 1342－3/10540　經部/春秋左傳類/傳說之屬

春秋左傳五十卷　(晉)杜預　(宋)林堯叟注釋　(唐)陸德明音義　民國二十二年(1933)上海商務印書館鉛印本　二册　存八卷(九至十二、四十七至五十)

330000－1716－0010541　子補 0713－8/10541　子部/術數類/陰陽五行之屬

增廣玉匣記通書二卷　(清)朱說霖重校　民國石印本　二册

330000－1716－0010542　普子 1985/10542　新學/化學

化學雜誌一卷　民國鉛印剪貼本　一册

330000－1716－0010545　地獻 1824－73/10545　集部/總集類/選集之屬/通代

古文觀止十二卷　(清)吳乘權　(清)吳大職輯　民國石印本　二册　存四卷(三至四、七至八)

330000－1716－0010551　集補 3028/10551　集部/總集類/選集之屬/通代

歷代詩文評注讀本　王文濡編　民國上海文明書局鉛印本　一册　存一種

330000－1716－0010553　史補 0791－4/10553　史部/編年類/通代之屬

尺木堂綱鑑易知録二十卷明鑑易知録四卷附明紀福唐桂三王本末一卷　(清)吳乘權　(清)周之炯　(清)周之燦輯　民國十二年(1923)上海鑄記書局石印本　八册　缺十一卷(一至十一)

330000－1716－0010556　子補 3404/10556　集部/小說類/長篇之屬

上下古今談四卷二十回　吳敬恒撰　民國十一年(1922)上海文明書局鉛印本　二册　存二卷(三至四)

330000－1716－0010557　史補 1455/10557　史部/政書類/公牘檔册之屬

浙江省立公眾運動場附設通俗圖書館第一週年報告不分卷　浙江省立公眾運動場附設通俗圖書館編　民國鉛印本　一册

330000－1716－0010563　地獻 0873/10563　集部/總集類/題詠之屬

詠物詩一卷　民國抄本　一册

330000－1716－0010565　集補 3032/10565　集部/詩文評類/文法之屬/函牘格式

分類句解各界尺牘寶庫不分卷　王大錯編撰　民國十五年(1926)上海大成書局石印本　二册

330000－1716－0010567　子補 3547/10567
子部/農家農學類/園藝之屬/花卉
蘭蕙小史三卷附一卷　吳恩元編輯　唐駝校訂　民國十二年(1923)吳恩元、唐駝鉛印本　三冊

330000－1716－0010568　集補 3030/10568
集部/别集類/唐五代别集
韓文起十二卷　(唐)韓愈撰　(清)林雲銘評注　民國四年(1915)上海會文堂書局石印本　六冊

330000－1716－0010569　集補 3033/10569
集部/總集類/尺牘之屬
共和新尺牘四卷　孔憲彭撰　民國七年(1918)上海會文堂石印本　一冊

330000－1716－0010570　普叢 0350－2/10570　類叢部/叢書類/自著之屬
章氏叢書十三種　章炳麟撰　民國六年至八年(1917－1919)浙江圖書館刻本　三冊　存一種

330000－1716－0010572　集補 3031/10572
集部/别集類/漢魏六朝别集
庾子山集十六卷　(北周)庾信撰　(清)倪璠注釋　**庾集總釋一卷庾子山年譜一卷**　(清)倪璠撰　民國十四年(1925)掃葉山房石印本　七冊　存七卷(一至二、四至六、十四、十六)

330000－1716－0010574　集補 0465/10574
集部/詩文評類/文法之屬/函牘格式
最新詳注分類尺牘全書十二冊不分卷　袁韜壺編　民國八年(1919)上海羣學書社石印本　四冊　存四冊(四、六、十一至十二)

330000－1716－0010577　地獻 0874/10577
經部/孝經類/專著之屬
孝經講話一卷附導論一卷　胡維銓撰　民國三十一年(1942)稿本　一冊

330000－1716－0010579　集補 3034/10579
新學/學校
[高等小學校秋季始業]共和國教科書新歷史六冊不分卷　傅運森編　民國上海商務印書館鉛印本　一冊　存一冊(五)

330000－1716－0010581　地獻 1939－4/10581　集部/總集類/選集之屬/斷代
唐詩便蒙二卷　民國浙紹大同書局石印本　一冊　存一卷(下)

330000－1716－0010584　地獻 0875/10584
子部/儒家類/儒學之屬
下學記四卷　宋澄撰　民國三十一年至三十四年(1942－1945)稿本　宋沅批　二冊

330000－1716－0010589　子補 0713－6/10589　子部/術數類/陰陽五行之屬
增廣玉匣記通書六卷　(清)朱說霖重校　民國石印本　二冊

330000－1716－0010590　集補 2450－37/10590　集部/小說類/長篇之屬
第一才子書一百二十回　(明)羅本撰　(清)金人瑞　(清)毛宗崗評　民國四年(1915)上海中新書局鉛印本　十二冊

330000－1716－0010591　子補 3250/10591
子部/宗教類/佛教之屬
重訂西方公據不分卷經驗良方不分卷九品蓮臺圖不分卷　(清)彭紹升輯　民國十九年(1930)蘇州弘化社鉛印本　丁顯祥題記　一冊

330000－1716－0010592　子補 3246/10592
子部/術數類/雜術之屬
中國預言七種　(清)金人瑞評　民國鉛印本　一冊　存六種

330000－1716－0010593　集補 3130/10593
集部/小說類/長篇之屬
繡像綠牡丹全傳六卷六十四回　民國十四年(1925)上海沈鶴記書局石印本　五冊　缺一卷(二)

330000－1716－0010596　新補 0029－4/10596　新學/學校
[高等小學校秋季始業]共和國教科書新國文六冊不分卷　樊炳清　莊俞編　民國上海商

務印書館鉛印本　三册　存三册(一至二、六)

330000－1716－0010599　集補3035/10599　集部/詩文評類/文法之屬/函牘格式

最新詳注商業日用尺牘四卷　倜陽散人編　民國八年(1919)上海會文堂書局石印本　一册　缺一卷(四)

330000－1716－0010602　集補0791－6/10602　集部/詩文評類/文法之屬/函牘格式

最新詳注分類尺牘大全不分卷　袁韜壺編　民國上海會文堂新記書局石印本　三册　存三册(一至二、四)

330000－1716－0010603　新補0535/10603　新學/學校

自修適用日語漢譯讀本二卷　葛祖蘭撰　民國八年(1919)鉛印本　一册　存一卷(二)

330000－1716－0010605　集補3126/10605　集部/小説類/長篇之屬

足本大字新紅樓夢六卷四十八回　民國上海廣益書局石印本　二册　存二卷(五至六)

330000－1716－0010609　集補2987/10609　集部/小説類/長篇之屬

繪圖彭公案正集四卷一百回二集四卷八十回三集四卷八十回四集四卷八十一回　(清)貪夢道人撰　民國四年(1915)上海天寶書局石印本　八册　存八卷(一至四、三集一至四)

330000－1716－0010611　集補3127/10611　集部/小説類/長篇之屬

繪圖施公案前傳八卷九十八回後傳六卷一百回三傳四卷五十回四傳四卷五十回五傳四卷四十回六傳四卷四十回七傳四卷四十回八傳四卷四十回九傳四卷四十回全續四卷四十回　民國石印本　六册　存十二卷(四傳一至二、七傳一至四、八傳一至四、全續一至二)

330000－1716－0010614　集補3128－1/10614　集部/小説類/長篇之屬

新輯繪圖彭公案初集四卷一百回二集四卷八十回三集四卷八十回四集四卷八十一回　(清)貪夢道人撰　民國上海共和書局石印本　八册　存八卷(二至四,二集二,三集一至二、四,四集一)

330000－1716－0010620　集補3128－2/10620　集部/小説類/長篇之屬

新輯繪圖彭公案初集四卷一百回二集四卷八十回三集四卷八十回四集四卷八十一回　(清)貪夢道人撰　民國上海共和書局石印本　一册　存二卷(二集三至四)

330000－1716－0010621　經補1370/10621　經部/易類/傳説之屬

易經來注圖解十五卷首一卷末一卷　(明)來知德撰　民國石印本　一册　存一卷(末)

330000－1716－0010622　普集1733/10622　集部/戲劇類/雜劇之屬

增批繪像第六才子書八卷　(元)王德信(元)關漢卿撰　(清)金人瑞評　**六才子西厢文一卷　唐六如先生文韻一卷**　(明)祝允明評定　(明)念庵居士輯　民國十七年(1928)上海掃葉山房石印本　五册

330000－1716－0010623　集補3128－3/10623　集部/小説類/長篇之屬

新輯繪圖彭公案初集四卷一百回二集四卷八十回三集四卷八十回四集四卷八十一回　(清)貪夢道人撰　民國上海共和書局石印本　三册　存六卷(三至四、二集三至四、四集三至四)

330000－1716－0010624　集補3125/10624　集部/曲類/彈詞之屬

繡像繪圖筆生花十六卷三十二回　(清)邱心如撰　民國上海進步書局石印本　三册　存六卷(一至二、十一至十四)

330000－1716－0010626　經補0418－2/10626　經部/四書類/總義之屬/傳説

四書集注十九卷　(宋)朱熹撰　民國上海大經鑄字印刷所鉛印本　五册　存二種

330000－1716－0010627　新補0305/10627　集部/詩文評類/文法之屬/函牘格式

新華廣注商業信庫六卷 吳寄塵編 民國十四年(1925)上海新華書局石印本 二册 存二卷(一、六)

330000－1716－0010629 集補 3128－4/10629 集部/小說類/長篇之屬

新輯繪圖彭公案正集四卷一百回續集四卷八十回三集四卷八十回四集四卷八十一回 (清)貪夢道人撰 民國上海共和書局石印本 二册 存二卷(續集二、四)

330000－1716－0010630 子補 3239/10630 子部/宗教類/佛教之屬/經疏

大方廣佛華嚴經入不思議解脱境界普賢行願品一卷 (唐)釋般若譯 民國十八年(1929)上海功德林佛經流通處石印本 一册

330000－1716－0010631 子補 3243/10631 子部/宗教類/佛教之屬/經疏

大方廣佛華嚴經入不思議解脱境界普賢行願品一卷 (唐)釋般若譯 民國二十五年(1936)上海道德書局影印本 一册

330000－1716－0010632 普集 1735/10632 集部/戲劇類/傳奇之屬

桃花扇二卷四十齣 (清)孔尚任撰 民國十七年(1928)上海掃葉山房石印本 四册

330000－1716－0010633 子補 3240/10633 子部/宗教類/佛教之屬/經咒

大懺釋義不分卷 單更新撰 民國鉛印本 董思敬題記 一册

330000－1716－0010634 集補 3036/10634 集部/總集類/尺牘之屬

最新商務尺牘教科書正集二卷續集二卷 周天鵬編 民國二年(1913)石印本 一册 存一卷(續集一)

330000－1716－0010635 新補 0688/10635 新學/議論/通論

政治大同一卷永久和平一卷大德必得一卷 民國北平道德學社鉛印本 三册

330000－1716－0010637 集補 3112/10637 集部/小說類/長篇之屬

新輯繪圖彭公案正集四卷一百回續集四卷八十回三集四卷八十回四集四卷八十一回 (清)貪夢道人撰 民國上海共和書局石印本 五册 存十二卷(一至二、續集一至四、三集一至四、四集三至四)

330000－1716－0010638 子補 3241/10638 子部/宗教類/佛教之屬/經

大方廣佛華嚴經淨行品一卷 (唐)釋實叉難陀譯 民國八年(1919)北京刻經處刻本 一册

330000－1716－0010640 子補 3242/10640 子部/宗教類/佛教之屬/經疏

大佛頂如來密因修證了義諸菩薩萬行首楞嚴經五重玄義一卷 民國鉛印本 錢啟明題簽 一册

330000－1716－0010642 集補 3128－5/10642 集部/小說類/長篇之屬

新輯繪圖彭公案正集四卷一百回續集四卷八十回三集四卷八十回四集四卷八十一回 (清)貪夢道人撰 民國石印本 八册 存八卷(二,續集一至二、四,三集一、四,四集三至四)

330000－1716－0010643 集補 3037/10643 集部/總集類/尺牘之屬

少年適用分類新體尺牘八卷 廣益書局編輯部編 民國上海廣益書局石印本 二册 存二卷(三、八)

330000－1716－0010651 經補 1344－30/10651 經部/春秋左傳類/傳說之屬

評點春秋綱目左傳句解彙雋六卷 (清)韓菼重訂 民國五年(1916)上海章福記書局石印本 六册

330000－1716－0010656 普集 1741/10656 集部/戲劇類/傳奇之屬

桃花扇二卷四十齣 (清)孔尚任撰 民國六年(1917)上海掃葉山房石印本 二册

330000－1716－0010663 集補 3042/10663 子部/宗教類/其他宗教之屬

衆喜粗言五卷 （清）陳衆喜撰 民國刻本 一册 存一卷（三）

330000－1716－0010665 史補 0632/10665 史部/政書類/律令之屬

大總統命令一卷 民國紹興禹域新聞社鉛印本 一册

330000－1716－0010667 集補 3129－1/10667 集部/小說類/長篇之屬

新輯繪圖彭公案正集四卷一百回續集四卷八十回三集四卷八十回四集四卷八十一回 （清）貪夢道人撰 民國石印本 二册 存二卷（三至四）

330000－1716－0010668 子補 3245/10668 子部/儒家類/儒學之屬

聖學一卷 （清）顔□□撰 民國油印本 一册

330000－1716－0010670 集補 3129－2/10670 集部/小說類/長篇之屬

新輯繪圖彭公案正集四卷一百回續集四卷八十回三集四卷八十回四集四卷八十一回 （清）貪夢道人撰 民國石印本 四册 存四卷（續集二，三集二、四，四集二）

330000－1716－0010672 集補 3038/10672 集部/詩文評類/文法之屬/函牘格式

新撰普通尺牘二卷詳解一卷 商務印書館編譯所編纂 民國上海商務印書館鉛印本 三册

330000－1716－0010674 史補 1453/10674 史部/傳記類/總傳之屬/郡邑

涇陽故舊記不分卷 于右任撰 民國鉛印本 一册

330000－1716－0010676 集補 3129－3/10676 集部/小說類/長篇之屬

新輯繪圖彭公案初集四卷一百回二集四卷八十回三集四卷八十回四集四卷八十一回 （清）貪夢道人撰 民國石印本 一册 存一卷（四集四）

330000－1716－0010677 集補 0426－4/10677 集部/詩文評類/文法之屬/函牘格式

言文對照學生新尺牘二卷附録一卷 世界書局編輯所編輯 民國上海世界書局石印本 二册

330000－1716－0010681 地獻 1427－4/10681 集部/詩文評類/文法之屬

初學論說文範四卷 邵伯棠撰 民國六年（1917）上海會文堂書局石印本 三册 存三卷（二至四）

330000－1716－0010686 經補 0771/10686 經部/易類/易占之屬

易隱八卷首一卷 （明）曹九錫輯 （明）曹璿演 民國上海文瑞樓石印本 指迷氏題記 四册

330000－1716－0010689 地獻 1917－1/10689 集部/小說類/長篇之屬

精訂綱鑑廿四史通俗衍義六卷四十四回 （清）呂撫撰 民國石印本 一册 存一卷（六）

330000－1716－0010692 地獻 0878/10692 集部/曲類/曲藝之屬

越戲大觀十二集 筱小鳳彩撰 民國二十年（1931）仁和翔書莊石印本 潘氏題記 二册 存二集（丑、未）

330000－1716－0010693 集補 3110/10693 集部/別集類/清別集

分類詳注言文對照秋水軒尺牘四卷 （清）許思湄撰 王后哲注 民國上海大陸圖書公司石印本 一册 存二卷（一至二）

330000－1716－0010696 普集 1743/10696 集部/戲劇類/傳奇之屬

桃花扇傳奇二卷四十齣 （清）孔尚任撰 民國上海錦章圖書局石印本 一册 存一卷（上）

330000－1716－0010699 新補 0538/10699 新學/報章

報章論說不分卷 趙厚莊輯 民國鉛印剪貼本 一册

330000－1716－0010700　普史 1664/10700　史部/紀傳類/正史之屬

二十一史　民國十九年(1930)上海錦章書局影印本　二十册　存一種

330000－1716－0010701　經補 1273－5/10701　經部/四書類/總義之屬/傳說

四書集注十九卷　(宋)朱熹撰　民國五年(1916)常州晉升山房刻本　一册　存一種

330000－1716－0010704　子補 3558/10704　子部/藝術類/遊藝之屬/博戲

牙牌靈數八種　民國石印本　一册

330000－1716－0010707　集補 0686/10707　集部/詩文評類/文法之屬/函牘格式

寫信必讀十卷　(清)唐芸洲撰　民國上海大成書局石印本　三册　存三卷(二至三、六)

330000－1716－0010709　子補 0713－4/10709　子部/術數類/陰陽五行之屬

增廣玉匣記通書二卷　(清)朱說霖重校　民國上海龍文書局石印本　彭誠省題記　二册

330000－1716－0010712　史補 0593/10712　史部/傳記類/別傳之屬/事狀

上海方凝穌女士哀輓録不分卷　民國鉛印本　一册

330000－1716－0010716　子補 3284/10716　子部/天文曆算類/曆法之屬

戊子年曆書不分卷　民國石印本　一册

330000－1716－0010717　集補 3111/10717　集部/小說類/長篇之屬

新輯繪圖彭公案初集四卷一百回二集四卷八十回三集四卷八十回四集四卷八十一回　(清)貪夢道人撰　民國上海錦章圖書局石印本　二册　存二卷(二集三至四)

330000－1716－0010723　子補 3559/10723　子部/術數類/雜術之屬

新刻萬法歸宗五卷　(唐)李淳風撰　(唐)袁天罡補　民國上海普通書局石印本　三册　缺一卷(四)

330000－1716－0010724　集補 3040－2/10724　集部/詩文評類/文法之屬/函牘格式

最新應用女子尺牘教科書二卷　杜芝庭撰　民國十三年(1924)上海會文堂書局石印本　二册

330000－1716－0010729　地獻 0880/10729　集部/別集類/清別集

稷山獅弦集不分卷　(清)陶濬宣撰　民國油印本　一册

330000－1716－0010734　集補 3115－1/10734　集部/總集類/氏族之屬

伏舍傳唫集四卷　何鏞等撰　民國二十五年(1936)會稽壽氏鉛印本　一册

330000－1716－0010736　集補 3124－1/10736　集部/小說類/長篇之屬

新輯繪圖彭公案正集四卷一百回續集四卷八十回三集四卷八十回四集四卷八十一回　(清)貪夢道人撰　民國石印本　三册　存三卷(四、四集三至四)

330000－1716－0010739　集補 2185/10739　集部/總集類/選集之屬/通代

古文辭類纂十五卷　(清)姚鼐纂輯　**續古文辭類纂十卷**　王先謙輯　民國上海錦章圖書局石印本　十四册

330000－1716－0010740　集補 3115－2/10740　集部/總集類/氏族之屬

伏舍傳唫集四卷　何鏞等撰　民國二十五年(1936)會稽壽氏鉛印本　一册

330000－1716－0010744　集補 3115－3/10744　集部/總集類/氏族之屬

伏舍傳唫集四卷　何鏞等撰　民國二十五年(1936)會稽壽氏鉛印本　一册

330000－1716－0010745　集補 3124－3/10745　集部/小說類/長篇之屬

新輯繪圖彭公案正集四卷一百回續集四卷八十回三集四卷八十回四集四卷八十一回　(清)貪夢道人撰　民國石印本　一册　存一卷(續集二)

330000－1716－0010746　集補 3115－4/10746　集部/總集類/氏族之屬
伏舍傳唫集四卷　何鏞等撰　民國二十五年(1936)會稽壽氏鉛印本　一册

330000－1716－0010747　陶 0211/10747　史部/地理類/專志之屬/古跡
大善寺塔歷史的考據一卷　陶冶公記　稿本　一册

330000－1716－0010748　集補 3040－3/10748　集部/總集類/尺牘之屬
言文對照高級小學生尺牘二卷　沈斐成編輯　民國十九年(1930)上海大東書局石印本　二册

330000－1716－0010749　集補 3115－5/10749　集部/總集類/氏族之屬
伏舍傳唫集四卷　何鏞等撰　民國二十五年(1936)會稽壽氏鉛印本　一册

330000－1716－0010752　集補 3115－6/10752　集部/總集類/氏族之屬
伏舍傳唫集四卷　何鏞等撰　民國二十五年(1936)會稽壽氏鉛印本　一册

330000－1716－0010754　集補 3115－7/10754　集部/總集類/氏族之屬
伏舍傳唫集四卷　何鏞等撰　民國二十五年(1936)會稽壽氏鉛印本　一册

330000－1716－0010756　集補 3115－8/10756　集部/總集類/氏族之屬
伏舍傳唫集四卷　何鏞等撰　民國二十五年(1936)會稽壽氏鉛印本　一册

330000－1716－0010757　集補 3115－9/10757　集部/總集類/氏族之屬
伏舍傳唫集四卷　何鏞等撰　民國二十五年(1936)會稽壽氏鉛印本　一册

330000－1716－0010764　集補 0488/10764　集部/詩文評類/文法之屬/函牘格式
新體營業尺牘四卷　董潤身撰　民國十三年(1924)上海文益書局石印本　四册

330000－1716－0010769　地獻 0885/10769　史部/政書類/公牘檔冊之屬
舊山陰田畝科則一卷　民國抄本　金芥峰題記　一册

330000－1716－0010772　地獻 0886/10772　史部/傳記類/總傳之屬/郡邑
龍山詩巢志略四卷　錢繩武輯　民國二十二年(1933)稿本　一册

330000－1716－0010774　子補 0039－2/10774　子部/藝術類/書畫之屬/畫譜
唐六如畫譜□□卷　(明)唐寅繪　民國石印本　一册　存一卷(四)

330000－1716－0010775　集補 2934/10775　集部/小說類/短篇之屬
最新社會小說和尚現形記十回續編十回　民國石印本　一册　存八回(續編一至八)

330000－1716－0010777　新補 0685/10777　集部/詩文評類/文法之屬
言文對照女子作文新範不分卷　張侶俠編輯　民國上海世界書局石印本　一册

330000－1716－0010779　集補 3114－1/10779　集部/總集類/選集之屬/通代
明清八大家文鈔八卷　進步書局編輯所編輯　民國上海進步書局石印本　一册　存一卷(歸震川文鈔)

330000－1716－0010781　子補 3280/10781　子部/藝術類/書畫之屬/法帖
呂晚邨先生家書真蹟四卷　(清)呂留良撰　民國石印本　一册　存二卷(一至二)

330000－1716－0010783　集補 3040－4/10783　集部/詩文評類/文法之屬/函牘格式
最新應用女子尺牘教科書二卷　杜芝庭撰　民國七年(1918)上海會文堂書局石印本　一册　存一卷(二)

330000－1716－0010786　集補 0452－3/10786　集部/總集類/尺牘之屬
最新分類文明尺牘四卷　民國石印本　一册

330000－1716－0010787　子補 2323－2/10787　子部/術數類/陰陽五行之屬
增廣玉匣記通書二卷　(清)朱說霖重校　民國石印本　裘鳴皋題記　二冊

330000－1716－0010788　集補 3114－2/10788　集部/總集類/選集之屬/通代
明清八大家文鈔八卷　進步書局編輯所編輯　民國上海進步書局石印本　一冊　存一卷(歸震川文鈔)

330000－1716－0010789　新補 0537/10789　新學/學校
江蘇各校國文成績精華六卷　鄒登泰評選　民國四年(1915)上海掃葉山房、蘇州振新書社鉛印本　五冊　缺一卷(三)

330000－1716－0010790　集補 3040－5/10790　集部/總集類/尺牘之屬
普通適用通俗白話尺牘二卷　民國五年(1916)上海錦章圖書局石印本　二冊

330000－1716－0010791　史補 1384/10791　史部/目録類/專録之屬
佛學書目提要一卷　醫學書局編　民國上海醫學書局鉛印本　一冊

330000－1716－0010792　史補 1383/10792　史部/目録類/版本之屬/書影
文瑞樓書局七大預約樣本不分卷　上海文瑞樓輯　民國上海文瑞樓石印本　一冊

330000－1716－0010794　新補 0614/10794　新學/雜著/瑣録
中西文合璧表一卷　民國石印本　一冊

330000－1716－0010795　新補 0288/10795　新學/學校
國文講義一卷　莫善誠編　民國石印本　諸賢明題簽　一冊

330000－1716－0010796　子補 3382/10796　子部/術數類/雜術之屬
新刻萬法歸宗五卷　(唐)李淳風撰　(唐)袁天罡補　民國十年(1921)上海大成書局石印本　三冊

330000－1716－0010797　子補 3413－1/10797　子部/術數類/命書相書之屬
音義評注淵海子平五卷　(宋)徐升編　民國石印本　一冊　存一卷(三)

330000－1716－0010798　史補 1385－2/10798　史部/目録類/版本之屬/書影
掃葉山房發售五大預約樣本不分卷　掃葉山房編　民國上海掃葉山房石印本　一冊

330000－1716－0010799　史補 1385－1/10799　史部/目録類/版本之屬/書影
掃葉山房發售兩大預約樣本不分卷　掃葉山房編　民國上海掃葉山房石印本　一冊

330000－1716－0010802　史補 1385－3/10802　史部/目録類/版本之屬/書影
掃葉山房發售十大預約樣本不分卷　掃葉山房編　民國上海掃葉山房石印本　一冊

330000－1716－0010805　普史 1462/10805　史部/目録類
上海中華書局四部備要說明書一卷　中華書局編　民國十六年(1927)上海中華書局鉛印本　一冊

330000－1716－0010807　史補 1387－1/10807　史部/目録類/版本之屬/書影
百衲本二十四史樣本一卷　上海商務印書館編　民國十九年(1930)上海商務印書館鉛印本暨影印本　一冊

330000－1716－0010808　集補 2941/10808　集部/詩文評類/文法之屬
尺牘幼學七卷　王藝撰　民國十二年(1923)上海古今圖書店石印本　三冊　存四卷(四至七)

330000－1716－0010813　史補 1386/10813　史部/目録類/版本之屬/書影
百衲本二十四史跋文樣張一卷　上海商務印書館編　民國二十四年(1935)上海商務印書館鉛印本暨影印本　一冊

330000－1716－0010814　史補 1388/10814　史部/傳記類/總傳之屬/斷代

清史列傳樣本不分卷 中華書局編 民國上海中華書局鉛印本 一册

330000 – 1716 – 0010815 集補 3117/10815 集部/小説類/長篇之屬

流落荒島記一卷三十九回 (英國)梅益盛譯 哈志道述 民國六年(1917)上海廣學會鉛印本 一册

330000 – 1716 – 0010816 史補 1389 – 1/10816 史部/目録類/版本之屬/書影

重印正統道藏樣本不分卷 商務印書館編 民國上海商務印書館石印本暨鉛印本 一册

330000 – 1716 – 0010818 史補 1387 – 2/10818 史部/目録類/版本之屬/書影

百衲本二十四史樣本一卷 上海商務印書館編 民國十九年(1930)上海商務印書館鉛印本暨影印本 一册

330000 – 1716 – 0010819 史補 1390 – 1/10819 史部/目録類/總録之屬/彙刻

四部叢刊續編目録一卷 上海商務印書館編 民國二十三年(1934)上海商務印書館鉛印本 一册

330000 – 1716 – 0010820 史補 1390 – 2/10820 史部/目録類/總録之屬/彙刻

四部叢刊續編目録一卷 上海商務印書館編 民國二十三年(1934)上海商務印書館鉛印本 一册

330000 – 1716 – 0010821 史補 1390 – 3/10821 史部/目録類/總録之屬/彙刻

四部叢刊續編目録一卷 上海商務印書館編 民國二十三年(1934)上海商務印書館鉛印本 一册

330000 – 1716 – 0010822 史補 1390 – 4/10822 史部/目録類/總録之屬/彙刻

四部叢刊續編目録一卷 上海商務印書館編 民國二十三年(1934)上海商務印書館鉛印本 一册

330000 – 1716 – 0010823 集補 3116/10823 集部/小説類/長篇之屬

玉淚痕駢體小説一卷 張厂喆撰 民國三年(1914)上海怡安書局鉛印本 一册

330000 – 1716 – 0010824 子補 3294 – 1/10824 子部/小説家類/異聞之屬

江湖異聞四卷 謝畯喜編 民國上海會文堂書局石印本 一册 存二卷(一至二)

330000 – 1716 – 0010825 史補 1389 – 2/10825 史部/目録類/版本之屬/書影

重印正統道藏樣本不分卷 商務印書館編 民國上海商務印書館石印本暨鉛印本 一册

330000 – 1716 – 0010826 子補 3294 – 2/10826 子部/小説家類/異聞之屬

江湖異聞四卷 謝畯喜編 民國上海會文堂書局石印本 二册 存二卷(一至二)

330000 – 1716 – 0010828 普子 1986/10828 子部/儒家類/儒學之屬/蒙學

繪圖幼學白話句解四卷 施錫軒撰 民國十年(1921)上海廣雅書局石印本 一册

330000 – 1716 – 0010829 新補 0539/10829 新學/政治法律/刑法

中華民國暫行新刑律二卷 民國法政學社石印本 六册

330000 – 1716 – 0010830 集補 3044/10830 新學/學校

國文□□卷 民國石印本 一册 存一卷(二)

330000 – 1716 – 0010832 普史 1464/10832 史部/目録類/總録之屬/私撰

來薰閣書目不分卷 陳杭編 民國北平琉璃廠來薰閣鉛印本 一册 存第六期上編

330000 – 1716 – 0010833 集補 3229/10833 集部/小説類/長篇之屬

足本大字義妖全傳前集六卷後集二卷 民國十七年(1928)上海受古書店石印本 三册 存三卷(一至二、六)

330000 – 1716 – 0010838 子補 3421 – 1/10838 子部/宗教類/佛教之屬/經疏

心經口氣增注一卷　(清)徐慎注　民國鉛印本　一册

330000－1716－0010839　子補 3421－2/10839　子部/宗教類/佛教之屬/經疏
心經口氣增注一卷　(清)徐慎注　民國鉛印本　一册

330000－1716－0010842　子補 3295/10842　子部/天文曆算類/曆法之屬
新鐫增補時憲臺曆袖裏璇璣星命須知一卷三元甲子年攷一卷三元甲子萬年書三卷續三元甲子萬年書一卷家庭適用新帖式全書一卷中西對照百二十年國曆全書二卷氣候表一卷　鍾之模輯　民國十三年(1924)香港統一圖書局石印本　三册　存三卷(星命須知、新帖式全書、國曆全書一)

330000－1716－0010845　子補 0080－3/10845　子部/儒家類/儒學之屬/蒙學
新增繪圖幼學故事瓊林四卷首一卷　(清)程登吉撰　(清)鄒聖脈增補　民國石印本　三册

330000－1716－0010846　子補 3293/10846　子部/天文曆算類/曆法之屬
萬年曆不分卷　民國廣州石經堂書局、東雅公司石印本　一册

330000－1716－0010847　史補 1392/10847　史部/目録類/專録之屬
影印宋藏遺珍敘目一卷　民國二十五年(1936)影印本暨鉛印本　一册

330000－1716－0010849　史補 1393/10849　史部/目録類/總録之屬/私撰
樂善堂精刻銅版縮印書目一卷　樂善堂主人編　民國三十四年(1945)上海樂善堂鉛印本　一册

330000－1716－0010850　子補 3383/10850　子部/術數類/命書相書之屬
新刊合併官板音義評注淵海子平五卷　(宋)徐升編　民國石印本　三册

330000－1716－0010851　地獻 0890/10851　子部/宗教類/道教之屬
養真集二卷　(清)養真子撰　(清)王士端注　民國九年(1920)紹興同善分社鉛印本　一册

330000－1716－0010853　集補 3015/10853　集部/總集類/尺牘之屬
普通應用白話尺牘初編九卷附一卷　民國元年(1912)上海普學書社石印本　倪乃武題記　一册

330000－1716－0010855　史補 1394/10855　史部/目録類/版本之屬/書影
重印聚珍倣宋版五開大本四部備要樣本不分卷　中華書局編　民國上海中華書局鉛印本　一册

330000－1716－0010856　普叢 0374/10856　類叢部/叢書類/彙編之屬
國學叢書　民國民立中學鉛印本　一册　存一種

330000－1716－0010861　子補 3385－1/10861　子部/宗教類/道教之屬
太上感應篇引證句解一卷　(清)崔嘉勳注　民國十年(1921)上海宏大善書局石印本　一册

330000－1716－0010862　子補 0080－21/10862　子部/儒家類/儒學之屬/蒙學
新增繪圖幼學故事瓊林四卷首一卷　(清)程登吉撰　(清)鄒聖脈增補　民國上海昌文書局石印本　三册

330000－1716－0010863　子補 3557/10863　子部/天文曆算類/曆法之屬
丁丑年星度月表不分卷　民國二十六年(1937)鉛印本　一册

330000－1716－0010864　普子 1987/10864　子部/宗教類/佛教之屬
大方廣佛華嚴經樣本一卷影印南本大般涅槃經樣本一卷　民國上海佛學書局鉛印本暨影印本　一册

330000－1716－0010866　子補 0592－1/

10866　子部/天文曆算類/算書之屬

無師自通書算大全不分卷　洪子良　居映園編纂　民國二十年(1931)上海中原書局石印本　八册

330000－1716－0010868　普子 1988/10868　子部/宗教類/佛教之屬

居士參禪提要一卷附録一卷　太心居士輯　民國十一年(1922)武林印書館鉛印本　一册

330000－1716－0010869　子補 0080－31/10869　子部/儒家類/儒學之屬/蒙學

新增繪圖幼學故事瓊林四卷首一卷　(清)程登吉撰　(清)鄒聖脈增補　民國二年(1913)上海天寶書局石印本　四册　缺一卷(二)

330000－1716－0010870　普史 1466/10870　史部/目録類/專録之屬

印譜知見傳本書目一卷補遺一卷　王敦化編　民國二十九年(1940)山東聚文齋書店鉛印本　一册

330000－1716－0010871　普類 0095－6/10871　類叢部/類書類/通類之屬

增補萬寶全書二十卷續編六卷　民國元年(1912)上海天機書局石印本　七册　缺三卷(續編四至六)

330000－1716－0010875　普子 1989/10875　子部/儒家類/儒學之屬/禮教/家訓

朱柏廬先生治家格言(朱子家訓)一卷　(清)朱用純撰　民國二十四年(1935)三友實業社石印本　一册

330000－1716－0010878　子補 3457－5/10878　子部/宗教類/佛教之屬/經咒

白衣大士神咒一卷　民國北京中央刻經院鉛印本　一册

330000－1716－0010882　地獻 1824－87/10882　集部/總集類/選集之屬/通代

增批古文觀止十二卷　(清)吴乘權　(清)吴大職輯　民國鑄記書局石印本　陶維善題記　四册　存七卷(三至四、六至八、十一至十二)

330000－1716－0010884　地獻 0926－3/10884　集部/曲類/寶卷之屬

梁山伯寶卷二卷　民國十三年(1924)上海文益書局石印本　一册　存二卷(上)

330000－1716－0010889　集補 2847－2/10889　集部/詩文評類/文法之屬/函牘格式

新撰詳注分類尺牘大成不分卷　周蓮第編　民國石印本　六册

330000－1716－0010892　子補 3417/10892　子部/雜著類/雜説之屬

東山布衣自警齋語一卷　(清)夏崇德撰　民國山陰周氏微尚室鉛印本　一册

330000－1716－0010894　經補 0433－1/10894　經部/四書類/總義之屬/傳説

四書集注十九卷　(宋)朱熹撰　民國五年(1916)上海鴻寶書局石印本　五册　存二種

330000－1716－0010896　地獻 0891/10896　集部/戲劇類

越劇新戲考不分卷　林筱寶編　民國三十二年(1943)上海益民書局鉛印本　一册

330000－1716－0010901　地獻 1612－30/10901　集部/别集類/清别集

新體廣注秋水軒尺牘二卷　(清)許思湄撰　陸翔注　**新體廣注雪鴻軒尺牘二卷**　(清)龔萼撰　朱詩隱　徐慎幾注　民國十年(1921)、十四年(1925)上海世界書局石印本　三册

330000－1716－0010902　集補 0099/10902　集部/小説類/長篇之屬

歡喜奇觀六卷二十四回　民國石印本　一册　存一卷(五)

330000－1716－0010904　子補 0080－49/10904　子部/儒家類/儒學之屬/蒙學

新增繪圖幼學故事瓊林四卷首一卷　(清)程登吉撰　(清)鄒聖脈增補　民國四年(1915)上海會文堂書局石印本　二册

330000－1716－0010906　子補 3420－1/10906　集部/小説類/長篇之屬

洞冥記十卷三十八回　(清)呂惟一輯　民國鉛印本　三册　存六卷(一至二、七至十)

330000－1716－0010909　子補 3563/10909　子部/宗教類/佛教之屬/經疏

妙法蓮華經通義二十卷　(明)釋德清述　民國上海佛學書局影印本　三册　存十二卷(九至二十)

330000－1716－0010910　子補 0080－33/10910　子部/儒家類/儒學之屬/蒙學

新增繪圖幼學瓊林四卷首一卷　(清)程登吉撰　(清)鄒聖脈增補　民國上海大成書局石印本　三册　存三卷(一、三至四)

330000－1716－0010913　子補 2485/10913　子部/宗教類/其他宗教之屬/基督教

聖教聖歌一卷　民國二十四年(1935)鉛印本　一册

330000－1716－0010914　集補 2182/10914　集部/總集類/選集之屬/斷代

清人絶句選一卷　陳友琴編　民國二十四年(1935)上海開明書店鉛印本　一册

330000－1716－0010915　子補 0080－39/10915　子部/儒家類/儒學之屬/蒙學

新增繪圖幼學故事瓊林四卷首一卷　(清)程登吉撰　(清)鄒聖脈增補　民國蛟川文選樓石印本　周麗生題記　一册　存一卷(首)

330000－1716－0010919　子補 3418/10919　子部/宗教類/道教之屬/雜著

心傳韻語五卷　(清)何謙撰　民國上海宏大善書局石印本　一册　存一卷(五)

330000－1716－0010920　新補 0294－2/10920　新學/雜著

情書指南二卷　趙素珠撰　民國十年(1921)上海世界書局石印本　一册

330000－1716－0010922　子補 3419/10922　子部/宗教類/佛教之屬

安樂妙寶一卷　金弘恕編輯　民國二十八年(1939)上海佛學書局鉛印本　一册

330000－1716－0010929　子補 3567－1/10929　子部/藝術類/書畫之屬/法帖

屈原賦二十五篇不分卷　(清)張百熙等書　民國上海同文書局石印本　一册

330000－1716－0010930　普類 0114－2/10930　類叢部/類書類/通類之屬

新增應酬彙選五卷　(清)陸九如纂輯　民國上海廣益書局石印本　四册

330000－1716－0010944　子補 3568/10944　子部/儒家類/儒學之屬/蒙學

看圖識字一卷　民國石印本　陸崇峻題簽　一册

330000－1716－0010945　地獻 0894/10945　集部/總集類/選集之屬/斷代

清人小詩精粹一卷　民國抄本　一册

330000－1716－0010947　子補 3434/10947　子部/術數類/命書相書之屬

新刊合併官板音義評注淵海子平五卷　(宋)徐升編　民國石印本　一册

330000－1716－0010948　集補 1082－2/10948　集部/詩文評類/文法之屬/函牘格式

最新分類尺牘大觀不分卷　進步書局編　民國十二年(1923)上海文明書局石印本　十二册

330000－1716－0010953　新補 0409/10953　史部/政書類/律令之屬

浙江新法令□□卷　民國元年(1912)紹興公報社鉛印本　三册　存三卷(一至三)

330000－1716－0010960　地獻 0896/10960　集部/總集類/選集之屬/通代

詩鈔一卷　民國抄本　一册

330000－1716－0010961　集補 3053/10961　集部/小説類/長篇之屬

繡像洪秀全演義十集三十二卷一百七十四回　黄世仲撰　民國石印本　二册　存三卷(三集二、四集一至二)

330000－1716－0010965　地獻 0897/10965

子部/宗教類/佛教之屬

梅華頭陀集□□卷 釋西歸撰 民國餘姚胡維銓抄本 一冊 存二卷(一至二)

330000－1716－0010968 子補 3569/10968
子部/藝術類/書畫之屬/法帖

閑邪公家傳一卷 (元)周馳撰 (元)趙孟頫書 李子龢臨 民國石印本 一冊

330000－1716－0010969 地獻 0898/10969
史部/政書類/公牘檔冊之屬

紹興私立同仁小學校戲業收捐所收支報告冊一卷 陳祥金撰 民國二十年(1931)鉛印本 一冊

330000－1716－0010972 地獻 0899/10972
史部/政書類/公牘檔冊之屬

紹興縣區鄉鎮閭鄰戶數一覽一卷 民國抄本 一冊

330000－1716－0010978 普子 1990/10978
子部/醫家類/類編之屬

仲景全書五種 (漢)張機等撰 民國五年(1916)上海千頃堂石印本 八冊

330000－1716－0010979 普子 1991/10979
子部/醫家類/類編之屬

張仲景醫學全書五種 (漢)張機等撰 民國十八年(1929)上海中一書局石印本 八冊

330000－1716－0010981 普子 1992/10981
子部/儒家類/儒學之屬/蒙學

重增繪圖幼學故事瓊林四卷首一卷 (清)程登吉撰 (清)鄒聖脈增補 蔡郕續增 (清)謝梅林 (清)鄒可庭參訂 民國上海會文堂書局石印本 二冊 存二卷(三至四)

330000－1716－0010983 子補 3571/10983
子部/宗教類/佛教之屬

佛學大辭典不分卷通檢一卷疇隱居士自訂年譜一卷 丁福保撰 民國上海醫學書局鉛印本 一冊 存一卷(疇隱居士自訂年譜)

330000－1716－0010984 子補 3572/10984
子部/宗教類/佛教之屬/經

佛說無量壽經二卷 (三國魏)康僧鎧譯 民國石印本 一冊 存一卷(一)

330000－1716－0010986 普子 1993/10986
子部/儒家類/儒學之屬/蒙學

重增繪圖幼學故事瓊林四卷首一卷 (清)程登吉撰 (清)鄒聖脈增補 蔡郕續增 (清)謝梅林 (清)鄒可庭參訂 民國上海會文堂書局石印本 二冊 存二卷(二、四)

330000－1716－0010988 普子 1994/10988
子部/儒家類/儒學之屬/蒙學

重增繪圖幼學故事瓊林四卷首一卷 (清)程登吉撰 (清)鄒聖脈增補 蔡郕續增 (清)謝梅林 (清)鄒可庭參訂 民國上海會文堂書局石印本 二冊 存二卷(三至四)

330000－1716－0010989 普子 1995/10989
子部/儒家類/儒學之屬/蒙學

重增繪圖幼學故事瓊林四卷首一卷 (清)程登吉撰 (清)鄒聖脈增補 蔡郕續增 (清)謝梅林 (清)鄒可庭參訂 民國上海會文堂書局石印本 一冊 存一卷(二)

330000－1716－0010996 子補 0250/10996
子部/醫家類/綜合之屬

京都同仁堂樂家老藥鋪丸散膏丹價目一卷 同仁堂編 民國鉛印本 一冊

330000－1716－0011006 集補 3281/11006
集部/小說類/長篇之屬

新刻繪圖玉夔龍全傳八卷五十七回 民國上海文益書局石印本 四冊 存四卷(一、三至四、八)

330000－1716－0011007 集補 3280/11007
集部/小說類/長篇之屬

綉像第十才子駐春園四卷二十四回 民國石印本 二冊 存二卷(二、四)

330000－1716－0011011 集補 0197－3/11011 集部/曲類/彈詞之屬

新刻秦雪梅三元記全部十二卷 民國石印本 四冊

330000－1716－0011013 地獻 0901/11013
子部/術數類/相宅相墓之屬

山洋指迷原本四卷　(明)周景一撰　(清)張九儀增注　民國石印本　二册　存二卷(二、四)

330000－1716－0011020　普集 1750/11020　集部/總集類/選集之屬/斷代
唐詩白話解讀本六卷首一卷　徐增撰　民國八年(1919)石印本　三册　存三卷(三、五至六)

330000－1716－0011026　集補 3051/11026　集部/小說類/長篇之屬
繪圖平金川四卷三十二回　(清)張小山撰　民國二年(1913)上海錦章圖書局石印本　三册　存三卷(一至三)

330000－1716－0011030　地獻 1715－14/11030　史部/傳記類/别傳之屬/事狀
顯考清封奉直大夫懋渭府君訃告不分卷　秦福亭等輯　民國元年(1912)石印本暨鉛印本　一册

330000－1716－0011032　子補 0821/11032　子部/宗教類/道教之屬/戒律
陰騭文注證一卷　新安同善堂注證　民國上海宏大善書局石印本　一册

330000－1716－0011033　地獻 1378－4/11033　子部/工藝類/日用器物之屬/服飾
仿單一卷　民國浙紹墨潤堂石印本　一册

330000－1716－0011037　地獻 1378－3/11037　子部/工藝類/日用器物之屬/服飾
仿單一卷　民國三年(1914)紹興育新書局石印本　一册

330000－1716－0011038　史補 1463/11038　史部/傳記類/别傳之屬/事狀
葛母奚太夫人訃告及哀啟録不分卷　葛鳳岐　葛鳳岡輯　民國十二年(1923)石印本　一册

330000－1716－0011044　史補 1458/11044　史部/傳記類/别傳之屬/事狀
吴錦堂訃告不分卷　吴啟範輯　民國二十年(1931)石印本　一册

330000－1716－0011057　史補 1459/11057　史部/傳記類/别傳之屬/事狀
諦公老法師訃告不分卷　釋寶靜等輯　民國二十一年(1932)石印本暨鉛印本　一册

330000－1716－0011058　子補 3427/11058　子部/術數類/占卜之屬
卜筮正宗十四卷　(清)王維德撰　民國石印本　一册　存一卷(四)

330000－1716－0011062　子補 0770－31/11062　子部/宗教類/道教之屬
關帝明聖真經一卷附感應靈籤一卷　民國上海天寶印刷局石印本　一册

330000－1716－0011075　子補 4047/11075　子部/藝術類/遊藝之屬/博戲
牙牌靈數八種　民國石印本　一册　存七種

330000－1716－0011078　史補 1460/11078　史部/傳記類/别傳之屬/事狀
許太夫人訃告不分卷　民國影印本　一册

330000－1716－0011080　地獻 2028/11080　子部/藝術類/書畫之屬
畫苑新語一卷　鄭午昌編　田紹謙録　稿本　一册

330000－1716－0011087　集補 2645－4/11087　集部/小說類/短篇之屬
繪圖今古奇觀二卷四十回　(明)抱甕老人輯　民國石印本　一册　存一卷(二)

330000－1716－0011090　集補 3056/11090　集部/小說類/長篇之屬
新編俠女紅蝴蝶全傳九集四卷十六回　民國九年(1920)上海江東茂記書局石印本　一册　存一卷(一)

330000－1716－0011093　新補 0596/11093　新學/格致總
典禮不分卷　民國石印本　一册

330000－1716－0011096　集補 0206－1/11096　集部/總集類/尺牘之屬
新編分類尺牘大全十四卷　文明書局編輯

民國二十年(1931)上海文明書局石印本　十一册　存十一卷(一至二、四至九、十一至十二、十四)

330000－1716－0011097　新補 0684/11097
新學/工藝/雜工
明密碼電報書不分卷　商務印書館編譯所編輯　民國十四年(1925)上海商務印書館鉛印本暨石印本　一册

330000－1716－0011098　集補 0043－1/11098　集部/曲類/彈詞之屬
新編玉鴛鴦五集二十卷二十回　民國石印本　二册　存二卷(四至五)

330000－1716－0011101　地獻 0900/11101
集部/別集類
胡維銓稿本目録四種四卷　胡維銓撰　稿本　三册

330000－1716－0011102　經補 1418/11102
經部/小學類/訓詁之屬/字詁
助字辨略五卷　(清)劉淇撰　民國金粟齋石印本　二册　存二卷(一、五)

330000－1716－0011105　集補 0013－14/11105　集部/小說類/長篇之屬
繪圖前笑中緣金如意全傳四卷二十二回　民國石印本　四册

330000－1716－0011108　地獻 1586/11108
史部/傳記類/別傳之屬
清國學生兵部員外郎銜二品封典會稽董竟吾先生[金鑑]五十九歲生日徵詩文啟一卷　薛炳等撰　民國六年(1917)鉛印本　一册

330000－1716－0011113　地獻 1587/11113
類叢部/叢書類/自著之屬
茹經堂叢書　唐文治撰　民國鉛印本　一册　存一種

330000－1716－0011117　地獻 1239－10/11117　集部/總集類/郡邑之屬
禹域叢書三種十二卷　禹域新聞社輯　民國鉛印本　一册　存一種

330000－1716－0011119　地獻 2110/11119
史部/政書類/律令之屬
刑案襍録一卷　民國抄本　一册

330000－1716－0011121　集補 0019－11/11121　集部/小說類/長篇之屬
繡像五虎平西珍珠旗演義狄青前傳□□卷□□回　民國石印本　一册　存四卷(一至四)

330000－1716－0011129　新補 0490－10/11129　新學/雜著
新輯繪圖洋務日用雜字一卷　普通書局編　民國上海普通書局石印本　一册

330000－1716－0011131　新補 0460－2/11131　新學/史志/臣民傳記
萬國人物備考不分卷　余天民撰　民國杭州學稼社石印本　五册

330000－1716－0011132　史補 0573/11132
史部/政書類/律令之屬
現行法令大意一卷　王錫霖編　民國江蘇警察傳習所鉛印本　一册

330000－1716－0011136　地獻 0915/11136
子部/儒家類/儒學之屬/俗訓
格言合璧不分卷　(清)金纓輯　民國八年(1919)上海宏大善書總發行所石印本　一册

330000－1716－0011139　子補 3618/11139
子部/醫家類/養生之屬
吴真人授門人李詁坐法五養秘訣一卷　(清)吴淑度撰　民國上海宏大善書局石印本　一册

330000－1716－0011144　地獻 1824－34/11144　集部/總集類/選集之屬/通代
古文觀止十二卷　(清)吴乘權　(清)吴大職輯　民國五年(1916)上海錦章圖書局石印本　五册　缺二卷(五至六)

330000－1716－0011145　地獻 0917/11145
子部/宗教類/佛教之屬
中華佛教總會紹興分部章程一卷　民國元年(1912)鉛印本　一册

330000－1716－0011146　集補 2450－65/11146　集部/小說類/長篇之屬
第一才子書六十卷一百二十回首一卷　（明）羅本撰　（清）金人瑞　（清）毛宗崗評　民國同文書局鉛印本　一册　存四卷（二十五至二十八）

330000－1716－0011149　子補 3619/11149　子部/雜著類/雜說之屬
勸世格言一卷附靈驗救饑方一卷　民國五年（1916）上海宏大善書局石印本　一册

330000－1716－0011153　地獻 0918/11153　集部/總集類/氏族之屬
伏舍傳唫集四卷　何鏞等撰　民國二十五年（1936）會稽壽氏鉛印本　一册

330000－1716－0011154　子補 4046/11154　子部/術數類/陰陽五行之屬
董公選要覽一卷附録一卷　（明）董潛撰　民國八年（1919）上海萃英書局石印本　一册

330000－1716－0011156　子補 0563－3/11156　子部/宗教類/道教之屬/戒律
太上寶筏圖說八卷　（清）黄正元撰　民國十二年（1923）上海善書流通處石印本　七册　缺一卷（信）

330000－1716－0011157　地獻 1917－2/11157　集部/小說類/長篇之屬
精訂綱鑑廿四史通俗衍義六卷四十四回　（清）呂撫撰　民國石印本　一册　存一卷（二）

330000－1716－0011158　新補 0349－8/11158　新學/雜著
交際錦囊不分卷　教育圖書館編輯　民國十年（1921）上海教育圖書館石印本　一册

330000－1716－0011160　子補 2356－2/11160　子部/醫家類/養生之屬
養生保命録一卷　民國二十三年（1934）上海三友實業社石印本　一册

330000－1716－0011161　子補 0081－111/11161　子部/儒家類/儒學之屬/蒙學
精校重增繪圖幼學故事瓊林四卷首一卷　（清）程登吉撰　（清）鄒聖脈增補　蔡郕續增　（清）謝梅林　（清）鄒可庭參訂　民國上海會文堂書局石印本　一册

330000－1716－0011166　子補 3616－2/11166　子部/儒家類/儒學之屬/俗訓
益世良歌一卷　金南池等編　民國十三年（1924）上海善書流通處鉛印本　一册

330000－1716－0011168　新補 0550－2/11168　新學/幼學
國民字課圖說不分卷　壽潛廬編輯　民國石印本　三册

330000－1716－0011169　新補 0551－1/11169　新學/學校
南洋公學新國文四卷　唐文治鑒定　民國三年（1914）蘇州振新書社鉛印本　四册

330000－1716－0011171　子補 0732－11/11171　子部/宗教類/佛教之屬
看破世界一卷　（清）周祖道輯　民國上海宏大善書局石印本　一册

330000－1716－0011173　子補 3457－2/11173　子部/宗教類/佛教之屬/經咒
白衣大士神咒一卷　民國北京中央刻經院鉛印本　一册

330000－1716－0011176　集補 3067/11176　集部/小說類/長篇之屬
忠孝節義二度梅全傳四卷四十回　（清）惜陰堂主人撰　民國石印本　一册　存一卷（二）

330000－1716－0011182　史補 1379－1/11182　史部/傳記類/別傳之屬/事狀
亡室周孺人事畧一卷　民國十四年（1925）石印本　一册

330000－1716－0011184　子補 3621/11184　子部/術數類/相宅相墓之屬
陽宅愛眾篇四卷　（清）張覺正撰　民國上海掃葉山房石印本　一册

330000－1716－0011185　地獻 0919/11185

子部/術數類/相宅相墓之屬
鑑水稽山不分卷 民國九年(1920)倬然抄本 一冊

330000－1716－0011187 地獻 1612－6/11187 集部/别集類/清别集
新輯秋水軒尺牘二卷 (清)許思湄撰 (清)婁世瑞注 (清)寄虹軒主人輯 **管注合刻雪鴻軒尺牘二卷** (清)龔萼撰 (清)管斯駿重訂 民國元年(1912)、三年(1914)上海會文堂石印本 二冊

330000－1716－0011188 子補 2337/11188
子部/宗教類/佛教之屬
護牛寶鑑三卷 (清)李淳加墨 (清)徐謙吟評 民國中央刻經院佛經善書局鉛印本 一冊

330000－1716－0011189 集補 3282/11189
集部/别集類/清别集
錢牧齋先生尺牘三卷 (清)錢謙益撰 民國中華圖書館影印本 三冊

330000－1716－0011190 集補 0491/11190
集部/别集類/宋别集
蘇東坡尺牘四卷 (宋)蘇軾撰 民國六年(1917)上海商務印書館鉛印本 四冊

330000－1716－0011193 地獻 1446－3/11193 子部/儒家類/儒學之屬/禮教/鑑戒
八德須知初集八卷二集八卷三集八卷四集八卷 蔡振紳輯 **白話本二卷** 蔡振紳輯 陳覺民演 民國上海明善書局石印本 三冊 存六卷(二集一至二、五至八)

330000－1716－0011195 集補 1609－3/11195 集部/詩文評類/文法之屬/函牘格式
言文對照廣注寫信必讀不分卷 (清)唐芸洲撰 民國上海世界書局石印本 一冊

330000－1716－0011197 子補 3679/11197
子部/術數類
新鐫曆法便覽象吉備要通書大全二十九卷 (清)魏鑑撰 民國上海廣益書局石印本 十二冊

330000－1716－0011199 地獻 2034/11199
子部/雜著類/雜考之屬
雜誌不分卷 稿本 一冊

330000－1716－0011200 新補 0548/11200
集部/總集類/選集之屬/斷代
當代百家酬世文庫二十六卷 劉再蘇編輯 民國十四年(1925)上海世界書局石印本 十六冊

330000－1716－0011201 子補 4098/11201
子部/宗教類/佛教之屬
醒世言不分卷 民國八年(1919)上海宏大紙號石印本 一冊

330000－1716－0011204 子補 1007－2/11204 子部/雜著類/雜説之屬
八字歌一卷 民國上海宏大善書局石印本 一冊

330000－1716－0011206 地獻 0922－1/11206 史部/史評類/史學之屬
文史通義九卷校讐通義四卷 (清)章學誠撰 民國十四年(1925)上海會文堂書局石印本 五冊 存八卷(一至二、四、七至八,校讐通義一至三)

330000－1716－0011208 集補 2829－2/11208 子部/雜著類/雜編之屬
日用酬世大觀 世界書局編輯所編 民國十六年(1927)上海世界書局石印本 一冊 存一種

330000－1716－0011209 史補 0520/11209
史部/傳記類/别傳之屬/事狀
費君仲深[樹蔚]家傳不分卷 費福熊等編 民國蘇州觀前街東來紙號鉛印本 一冊

330000－1716－0011217 地獻 0924/11217
子部/術數類/相宅相墓之屬
山洋指迷原本四卷 (明)周景一撰 (清)張九儀增注 民國石印本 一冊

330000－1716－0011228 子補 3473/11228
子部/術數類/命書相書之屬
新刊合併官板音義評注淵海子平二卷 (宋)

徐升編　民國石印本　一册

330000－1716－0011240　史補 1431/11240
史部/政書類/律令之屬
大清法政彙編三十七卷　民國上海政學社鉛印本　二十九册　缺七卷(大清現行刑律二十五至三十一)

330000－1716－0011242　集補 3066/11242
集部/總集類/尺牘之屬
分類廣注交際尺牘大觀不分卷　劉再蘇編輯　民國二十年(1931)上海世界書局石印本　孟月珍題記　一册　存一册(十二)

330000－1716－0011243　集補 1301/11243
集部/小説類/長篇之屬
繪圖新編洪秀全演義十集三十二卷一百七十四回　汪繼川編　民國上海萃英書局石印本　八册　存八卷(五集四,六集一至二,七集二、四,九集一至二、四)

330000－1716－0011246　普子 1999/11246
子部/術數類/相宅相墓之屬
沈氏玄空學六卷　(清)沈紹勳撰　江志伊編　王則先補編　民國二十二年(1933)杭州新新文記印刷公司鉛印本　四册　存四卷(一、三至五)

330000－1716－0011249　子補 3467/11249
子部/宗教類/其他宗教之屬/基督教
福音直解一卷　蕭慕光編　民國十五年(1926)湖南聖經學校鉛印本　一册

330000－1716－0011250　普子 1998/11250
子部/小説家類/異聞之屬
螢窗異草初編四卷二編四卷三編四卷四編四卷　(清)長白浩歌子撰　(清)隨園老人續評　(清)柳橋居士重訂　民國石印本　暘笙氏題簽　一册　存二卷(三編一至二)

330000－1716－0011255　新補 0543/11255
新學/學校
字母拼音課本一卷　馮女教士撰　民國十五年(1926)鉛印本　吳大衛題記　一册

330000－1716－0011257　集補 3144/11257
集部/總集類/尺牘之屬
歷代名人書札二卷　吳曾祺輯　民國上海商務印書館鉛印本　一册　存一卷(一)

330000－1716－0011272　新補 0593/11272
史部/政書類/邦計之屬
船政議略不分卷　民國石印本　一册

330000－1716－0011281　集補 3072/11281
集部/小説類/長篇之屬
繪圖雙鳳奇緣十卷八十回　民國錦章圖書局石印本　四册

330000－1716－0011286　地獻 0926/11286
集部/曲類/寶卷之屬
梁山伯寶卷二卷　民國十三年(1924)上海文益書局石印本　一册

330000－1716－0011287　子補 3622/11287
子部/藝術類/遊藝之屬
西法看洋秘訣一卷　民國五年(1916)上海文益書局石印本　一册

330000－1716－0011288　地獻 0933/11288
子部/小説家類/瑣語之屬
繪圖音釋坐花志果二卷　(清)汪道鼎撰　(清)鷲峰樵者音釋　民國上海科學編譯書局石印本　一册　存一卷(一)

330000－1716－0011289　經補 1303/11289
經部/小學類/文字之屬/字書
古籀文彙編不分卷　(清)馬德璋輯　民國石印本　一册

330000－1716－0011296　子補 1096－1/11296　子部/藝術類/書畫之屬/法帖
名人尺牘墨寶第一集六卷第二集六卷第三集六卷　文明書局輯　民國二年至四年(1913－1915)上海文明書局影印本　二册　存二卷(二集三至四)

330000－1716－0011300　集補 3148/11300
集部/總集類/選集之屬/斷代
宗聖學報十年紀念詩録一卷　宗聖學報社編　民國鉛印本　一册

330000－1716－0011301　新補 0161－2/11301　新學/雜著

新體白話信二卷　楊平編纂　民國石印本　一冊　存一卷(二)

330000－1716－0011303　集補 0007－1/11303　集部/小說類/長篇之屬

後水滸蕩平四大寇傳六卷四十九回　(明)陳忱撰　民國石印本　一冊　存一卷(五)

330000－1716－0011313　集補 0006－2/11313　集部/小說類/長篇之屬

繡像征東全傳四卷四十二回　民國石印本　一冊　存一卷(二)

330000－1716－0011316　集補 1294/11316　集部/曲類/寶卷之屬

新編倭袍寶卷□□卷　民國石印本　一冊　存一卷(下)

330000－1716－0011320　善附 0247/11320　史部/金石類/陶之屬

古墓甎文葺契不分卷　唐風輯　民國二十四年(1935)稿本　一冊

330000－1716－0011328　經補 0229－3/11328　經部/四書類/總義之屬/傳說

四書合講十九卷　(宋)朱熹集注　民國茹古齋鉛印本　一冊　存一種

330000－1716－0011329　新補 0547/11329　新學/議論

中學適用論說規程二卷　錢通鵬撰　民國十年(1921)上海進化書局鉛印本　二冊

330000－1716－0011331　史補 1454/11331　史部/傳記類/別傳之屬/事狀

宋侍郎胡忠佑公事跡録一卷　程鳳山輯　民國二十一年(1932)上海新華書局鉛印本　一冊

330000－1716－0011333　地獻 2030/11333　史部/政書類/公牘檔冊之屬

隨購隨録不分卷　稿本　一冊

330000－1716－0011336　史補 1462/11336　史部/傳記類/別傳之屬/事狀

賢孝徵文録前集不分卷後集不分卷　毛羽豐輯　民國十六年(1927)餘姚毛濟美堂鉛印本　一冊

330000－1716－0011339　子補 3476/11339　子部/宗教類/其他宗教之屬/基督教

福音初學一卷　(□□)義士敦編輯　民國上海中國基督聖教書會鉛印本　一冊

330000－1716－0011340　新補 0546/11340　集部/小說類

繪圖童話大觀二集三種　陳和祥編　民國十四年(1925)上海世界書局石印本　一冊　存一種

330000－1716－0011341　集補 1609－6/11341　集部/詩文評類/文法之屬/函牘格式

言文對照新時代寫信必讀不分卷　王紀銘編輯　民國二十四年(1935)上海廣益書局石印本　一冊

330000－1716－0011342　子補 3475/11342　子部/天文曆算類/曆法之屬

陰陽合曆通書一卷　民國石印本　陳氏題簽並記　一冊

330000－1716－0011345　地獻 0937/11345　子部/宗教類/道教之屬

奇驗明聖經感應三聖經合刊不分卷　民國紹城廣文印書館鉛印本　一冊

330000－1716－0011346　新補 0265/11346　新學/學校

初學論說發蒙四卷　民國上海會文堂書局石印本　四冊

330000－1716－0011348　集補 1411－4/11348　集部/詩文評類/文法之屬/函牘格式

寫信必讀十卷　(清)唐芸洲撰　民國石印本　二冊　存四卷(三至六)

330000－1716－0011349　集補 3080/11349　集部/總集類/選集之屬/通代

古文筆法二十卷　(清)李扶九編集　民國三年(1914)上海章福記書局石印本　二冊

330000－1716－0011350　地獻 0938/11350　新學/算學/數學

繪圖算法指掌一卷　民國浙紹越州書局石印本　一冊

330000－1716－0011351　子補 3480/11351　子部/宗教類/道教之屬

關帝明聖經一卷附關帝靈籤一卷　民國上海善書流通處石印本　一冊

330000－1716－0011352　新補 0193－1/11352　新學/學校

和文讀本入門二卷　商務印書館編譯所編　民國九年(1920)上海商務印書館鉛印本　馬世燧題記　一冊

330000－1716－0011356　集補 1609－5/11356　集部/詩文評類/文法之屬/函牘格式

言文對照廣注寫信必讀不分卷　(清)唐芸洲撰　**言文對照尺牘句解初集一卷二集一卷**　民國十七年(1928)、十八年(1929)上海世界書局石印本　一冊

330000－1716－0011357　善附 0248/11357　史部/金石類/石之屬/通考

北魏神瑞興光盧奴兩石搨圸越城元人二刻不分卷　唐風輯　民國二十三年(1934)稿本　一冊

330000－1716－0011359　地獻 0940/11359　子部/宗教類/道教之屬/經文

明聖經一卷　民國八年(1919)紹興育新書局石印本　一冊

330000－1716－0011361　地獻 1404－11/11361　史部/傳記類/別傳之屬/年譜

淄川蒲明經[松齡]年徵一卷　唐風撰　民國二十二年(1933)鉛印本　一冊

330000－1716－0011367　子補 3479/11367　子部/天文曆算類/曆法之屬

中華民國拾五年丙寅長房洪潮和曾孫堂麟書曆　民國十四年(1925)泉州長房繼成堂曆書館石印本　一冊

330000－1716－0011370　子補 3575/11370　子部/宗教類/道教之屬

募建崇道院宇啟一卷　道青撰　民國鉛印本　一冊

330000－1716－0011374　集補 3079/11374　集部/總集類/尺牘之屬

商業新尺牘二卷　民國上海會文堂石印本　二冊

330000－1716－0011375　集補 3078/11375　集部/詩文評類/文法之屬/函牘格式

言文對照初等新尺牘不分卷　黃克宗編　民國十九年(1930)上海世界書局石印本　一冊

330000－1716－0011378　集補 3097/11378　集部/總集類/尺牘之屬

共和新尺牘四卷　孔憲彭撰　民國二年(1913)上海會文堂石印本　三冊　存三卷(一至三)

330000－1716－0011383　集補 3098/11383　集部/總集類/尺牘之屬

分類廣注交際尺牘大觀不分卷　劉再蘇編輯　民國上海世界書局石印本　十冊　存十冊(一至四、六至十、十二)

330000－1716－0011384　集補 3099/11384　經部/小學類/文字之屬/字書/字體

真草尺牘合璧二卷附攷正同音字彙一卷　(清)王久徵書　民國五年(1916)上海文益書局石印本　二冊

330000－1716－0011385　集補 3100－1/11385　集部/詩文評類/文法之屬/函牘格式

言文對照女子新尺牘二卷　廣文書局編輯所編輯　民國十三年(1924)上海世界書局石印本　二冊

330000－1716－0011386　集補 3100－2/11386　集部/總集類/尺牘之屬

新撰女子尺牘二卷　商務印書館編譯所編　民國上海商務印書館石印本　二冊

330000－1716－0011389　集補 3101/11389　集部/別集類/宋別集

東坡尺牘不分卷　(宋)蘇軾撰　民國上海中

華圖書館石印本　二册

330000－1716－0011394　普叢 0363/11394
類叢部/叢書類/彙編之屬
士禮居黃氏叢書　(清)黃丕烈輯　民國石印本　三册　存一種

330000－1716－0011397　子補 3440/11397
子部/宗教類/其他宗教之屬/基督教
要理問答四卷　民國二十四年(1935)甬北七苦堂印書館鉛印本　一册

330000－1716－0011400　地獻 0943/11400
經部/小學類/音韻之屬/韻書
增補同音字類標韻二卷續編一卷外編一卷　(清)石韞玉增輯　民國浙紹中華書局石印本　一册　存二卷(續編、外編)

330000－1716－0011402　新補 0100/11402
新學/學校
最新女子初等小學國文教科書八册不分卷　何琪編　民國二年(1913)上海會文學社石印本　童寶英題記　二册　存二册(一、三)

330000－1716－0011404　地獻 0948/11404
子部/宗教類/道教之屬/雜著
邱祖語録一卷　(元)邱處機撰　**長春祖師傳一卷**　(清)莊騫撰　民國浙江蕭山合義和善書局石印本　一册

330000－1716－0011405　經補 0776－1/11405　經部/小學類/文字之屬/字書/訓蒙
澄衷蒙學堂字課圖說四卷檢字一卷類字一卷　(清)劉樹屏編　(清)吴子城繪圖　民國七年(1918)上海石竹山房石印本　八册

330000－1716－0011410　新補 0643/11410
新學/學校
新式高等小學地理教科書六册不分卷　呂思勉編　民國十年(1921)上海中華書局鉛印本　一册　存一册(五)

330000－1716－0011413　集補 3146/11413
集部/詩文評類/文法之屬/函牘格式
文言對照商學尺牘大觀八卷　郁炳焜撰　民國十四年(1925)上海錦章圖書局石印本　七册　存七卷(一、三至八)

330000－1716－0011414　子補 3595/11414
子部/術數類/相宅相墓之屬
王氏地理書　王邈達撰　民國三十六年(1947)六百金文齋鉛印本　一册　存一種

330000－1716－0011415　地獻 0946/11415
子部/宗教類/道教之屬/經文
關聖帝君奇驗明聖經一卷　民國二十四年(1935)紹興陳壽光石印本　松廬主人題簽　一册

330000－1716－0011421　子補 3596/11421
子部/小說家類
古今筆記精華録二十四卷　古今圖書局編譯部編纂　民國三年(1914)上海古今圖書局石印本　五册　存六卷(一、十二、十四、十六至十八)

330000－1716－0011424　集補 3145/11424
集部/詩文評類/文法之屬/函牘格式
新撰詳注分類尺牘大成不分卷　周蓮第編　民國十五年(1926)上海鴻寶齋書局石印本　四册

330000－1716－0011431　子補 3459－1/11431　子部/宗教類/其他宗教之屬/基督教
週年瞻禮不分卷　民國二十三年(1934)鉛印本　一册

330000－1716－0011433　子補 0538－2/11433　子部/儒家類/儒學之屬/蒙學
中華故事不分卷　潘武　屠元禮編　民國八年(1919)上海中華書局石印本　三册　存三册(一、五、九)

330000－1716－0011434　子補 3459－3/11434　子部/宗教類/其他宗教之屬/基督教
週年瞻禮不分卷　民國二十三年(1934)鉛印本　一册

330000－1716－0011435　子補 3459－2/11435　子部/宗教類/其他宗教之屬/基督教
週年瞻禮不分卷　民國二十三年(1934)鉛印本　一册

330000－1716－0011436　地獻 1904－18/11436　經部/小學類/音韻之屬/韻書

增補同音字類標韻二卷續編一卷外編一卷　(清)石韞玉增輯　民國十六年(1927)紹興育新書局石印本　三冊

330000－1716－0011439　子補 0080－29/11439　子部/儒家類/儒學之屬/蒙學

新增繪圖幼學故事瓊林四卷首一卷　(清)程登吉撰　(清)鄒聖脈增補　民國上海尚古山房石印本　四冊　缺一卷(四)

330000－1716－0011440　子補 1008/11440　子部/道家類

道書二十三種　(清)劉一明撰　民國鉛印本　一冊　存二種

330000－1716－0011442　集補 0012－21/11442　集部/曲類/彈詞之屬

繡像全圖再生緣全傳二十卷八十回　(清)陳端生撰　民國上海錦章圖書局石印本　六冊　存十一卷(三至四、六至八、十一至十二、十五至十八)

330000－1716－0011455　子補 3082/11455　子部/藝術類/書畫之屬/畫譜

蘭竹畫譜二卷　(清)陳東橋繪　民國十七年(1928)上海錦文堂石印本　四冊

330000－1716－0011466　子補 3518/11466　子部/宗教類/佛教之屬/經

新頒中外普度皇經全部一卷附録一卷　民國十九年(1930)上海明善書局石印本　一冊

330000－1716－0011467　子補 3519/11467　子部/宗教類/佛教之屬/論

大乘起信論一卷　(南朝梁)釋真諦　(唐)釋實叉難陀譯　徐文霨　黄士復編纂　民國十年(1921)上海商務印書館鉛印本　一冊

330000－1716－0011468　子補 3593/11468　子部/宗教類/佛教之屬

佛學叢書□□種　丁福保輯　民國上海醫學書局鉛印本暨影印本　一冊　存一種

330000－1716－0011472　地獻 0951/11472　集部/別集類/清別集

音注小倉山房尺牘八卷　(清)袁枚撰　(清)胡光斗箋釋　民國三年(1914)上海鴻寶書局石印本　二冊　存四卷(一至二、五至六)

330000－1716－0011473　經補 1304/11473　經部/小學類/文字之屬/字書/字典

中華萬字典不分卷　民國中華書局鉛印本　一冊

330000－1716－0011475　子補 3594/11475　子部/宗教類/道教之屬/經文

關聖帝君奇驗明聖經一卷　民國二十五年(1936)紹興陳壽光石印本　一冊

330000－1716－0011476　史補 0156/11476　史部/金石類/璽印之屬/文字

清代玉璽譜一卷　民國十九年(1930)上海會文堂新記書局影印本　一冊

330000－1716－0011479　地獻 0953/11479　集部/別集類/清別集

音注小倉山房尺牘八卷　(清)袁枚撰　(清)胡光斗箋釋　民國十九年(1930)上海掃葉山房石印本　二冊　存四卷(一至二、七至八)

330000－1716－0011482　地獻 0954/11482　集部/別集類/清別集

新體廣注小倉山房尺牘八卷　(清)袁枚撰　(清)胡光斗箋釋　(清)徐楨增注　民國十二年(1923)上海世界書局石印本　四冊

330000－1716－0011483　經補 1306/11483　經部/小學類/文字之屬/字書/字典

中華新玉堂字彙四卷　民國元年(1912)上海江東書局石印本　一冊　存三卷(一至三)

330000－1716－0011484　子補 3457－4/11484　子部/宗教類/佛教之屬/經咒

白衣大士神咒一卷　民國北京中央刻經院鉛印本　一冊

330000－1716－0011488　地獻 0955/11488　子部/儒家類/儒學之屬/性理

泰和會語一卷宜山會語一卷附玄義諸書舉略一卷　馬一浮撰　民國二十七年(1938)鉛印

本　一册

330000－1716－0011491　子補 0080－40/11491　子部/儒家類/儒學之屬/蒙學

新增繪圖幼學故事瓊林四卷首一卷　(清)程登吉撰　(清)鄒聖脈增補　民國石印本　一册　存二卷(三至四)

330000－1716－0011492　集補 2450－64/11492　集部/小説類/長篇之屬

第一才子書六十卷一百二十回首一卷　(明)羅本撰　(清)金人瑞　(清)毛宗崗評　民國同文書局鉛印本　七册　存二十八卷(十七至二十、二十五至三十二、四十一至四十八、五十三至六十)

330000－1716－0011493　地獻 0956/11493　子部/儒家類/儒學之屬/性理

泰和會語一卷附録一卷　馬一浮撰　民國二十七年(1938)鉛印本　王子餘題簽並記　一册

330000－1716－0011494　新補 0079－1/11494　新學/議論/通論

政治大同一卷永久和平一卷大德必得一卷　民國北平道德學社鉛印本　三册

330000－1716－0011495　地獻 0957/11495　子部/儒家類/儒學之屬/性理

泰和會語一卷附録一卷　馬一浮撰　民國二十七年(1938)鉛印本　一册

330000－1716－0011497　地獻 0958/11497　子部/儒家類/儒學之屬/性理

泰和會語一卷附録一卷　馬一浮撰　民國二十七年(1938)鉛印本　一册

330000－1716－0011498　子補 3521－1/11498　子部/宗教類/佛教之屬

壽康寶鑑一卷　釋印光增訂　民國十六年(1927)浙江印刷公司鉛印本　一册

330000－1716－0011499　地獻 0959/11499　子部/儒家類/儒學之屬/性理

泰和會語一卷附録一卷　馬一浮撰　民國二十七年(1938)鉛印本　一册

330000－1716－0011500　子補 3521－2/11500　子部/宗教類/佛教之屬

壽康寶鑑一卷　釋印光增訂　民國十六年(1927)浙江印刷公司鉛印本　一册

330000－1716－0011502　地獻 0960/11502　子部/儒家類/儒學之屬/性理

泰和會語一卷附録一卷　馬一浮撰　民國二十七年(1938)鉛印本　一册

330000－1716－0011506　子補 1017/11506　子部/雜著類/雜纂之屬

重訂醒閨編一卷　(清)廖免驕編　民國上海宏大善書局石印本　一册

330000－1716－0011516　子補 3587/11516　子部/雜著類/雜説之屬

勸告國民愛國一卷　民國鉛印本　一册

330000－1716－0011517　子補 0080－4/11517　子部/儒家類/儒學之屬/蒙學

蛟川文選樓精校新增繪圖幼學故事瓊林四卷首一卷　(清)程登吉撰　(清)鄒聖脈增補　民國寧波蛟川文選樓石印本　五册

330000－1716－0011519　新補 0591－5/11519　子部/天文曆算類/算書之屬

最新全圖小學簡明珠算課本一卷　民國劉德記書局石印本　一册

330000－1716－0011523　子補 0080－2/11523　子部/儒家類/儒學之屬/蒙學

蛟川文選樓精校新增繪圖幼學故事瓊林四卷首一卷　(清)程登吉撰　(清)鄒聖脈增補　民國浙紹奎照樓石印本　五册

330000－1716－0011525　集補 0012－7/11525　集部/曲類/彈詞之屬

繪圖續再生緣十六卷十六回　民國石印本　四册　存八卷(五至八、十一至十二、十五至十六)

330000－1716－0011526　子補 0080－34/11526　子部/儒家類/儒學之屬/蒙學

上海文瑞樓重校新增繪圖幼學故事瓊林四卷首一卷　(清)程登吉撰　(清)鄒聖脈增補

民國上海文瑞樓石印本　三冊　存三卷(一、四,首)

330000－1716－0011531　子補 3451/11531
子部/術數類/雜術之屬
新刻萬法歸宗五卷　(唐)李淳風撰　(唐)袁天罡補　民國石印本　二冊　存二卷(一、五)

330000－1716－0011545　集補 3153/11545
集部/別集類/明別集
歸震川先生尺牘二卷　(明)歸有光撰　民國中華圖書館石印本　二冊

330000－1716－0011547　集補 3142/11547
集部/別集類/明別集
史忠正尺牘一卷　(明)史可法撰　民國六年(1917)上海商務印書館鉛印本　一冊

330000－1716－0011548　集補 1477/11548
集部/總集類/酬唱之屬
梁園社詩選□□卷　范痦評選　民國二十四年(1935)石印本　一冊　存一卷(一)

330000－1716－0011550　集補 3058/11550
集部/戲劇類/雜劇之屬
繪圖京調□□種　民國石印本　一冊　存五種

330000－1716－0011553　集補 3059/11553
集部/別集類
新苑雜誌□□卷　剡溪一中子撰　稿本　一冊　存一卷(二)

330000－1716－0011554　子補 3592/11554
子部/藝術類/書畫之屬/法帖
呂晚邨先生家書真蹟四卷　(清)呂留良撰　民國石印本　二冊

330000－1716－0011559　集補 0031－3/11559　集部/曲類/彈詞之屬
繪圖孝義真蹟珠塔緣四卷二十四回　(清)馬如飛撰　民國石印本　二冊　存二卷(一至二)

330000－1716－0011560　子補 1018/11560
子部/儒家類/儒學之屬/禮教/家訓
先正格言一卷　民國上海宏大善書局石印本　一冊

330000－1716－0011561　子補 0809－2/11561　子部/宗教類/佛教之屬/經
地藏菩薩本願經三卷　(唐)釋實叉難陀譯　民國二十七年(1938)石印本　一冊

330000－1716－0011567　子補 3583/11567
子部/術數類/命書相書之屬
演禽三世相法不分卷　民國石印本　一冊

330000－1716－0011571　子補 0809－1/11571　子部/宗教類/佛教之屬/經
地藏菩薩本願經三卷　(唐)釋實叉難陀譯　民國三十七年(1948)國光印書局石印本　一冊

330000－1716－0011572　集補 0467/11572
集部/總集類/尺牘之屬
分類詳注文學尺牘大全集二十卷　(明)鍾惺纂輯　(明)馮夢龍訂釋　民國十年(1921)上海求古齋鉛印本　十六冊

330000－1716－0011573　集補 3064/11573
集部/曲類/曲藝之屬
時調山歌□□集　民國石印本　一冊　存三集(樵、漁、秋)

330000－1716－0011576　子補 2689/11576
子部/醫家類/方書之屬/成方藥目
丸散膏丹説明書不分卷　葉種德堂編　民國葉種德堂鉛印本　一冊

330000－1716－0011577　集補 0468/11577
集部/總集類/尺牘之屬
分類詳注文學尺牘大全集二十卷　(明)鍾惺纂輯　(明)馮夢龍訂釋　民國十年(1921)上海求古齋鉛印本　十六冊

330000－1716－0011578　子補 0167/11578
子部/醫家類/綜合之屬
漢口慈善會中西醫院徵信録不分卷　漢口慈善會輯　民國漢口慈善會孤兒院鉛印本　一冊

330000－1716－0011579　子補 3456/11579
子部/術數類/命書相書之屬
新刊校正增釋合併麻衣先生神相編四卷　(明)陸位崇編　民國四年(1915)上海書局石印本　三冊

330000－1716－0011581　集補 0469/11581
集部/總集類/尺牘之屬
分類詳注文學尺牘大全集二十卷　(明)鍾惺纂輯　(明)馮夢龍訂釋　民國十三年(1924)上海求古齋鉛印本　十六冊

330000－1716－0011584　子補 3504/11584
子部/宗教類/佛教之屬
壽康寶鑑一卷　釋印光增訂　民國上海佛學書局鉛印本　一冊

330000－1716－0011585　集補 0470/11585
集部/總集類/尺牘之屬
分類詳注文學尺牘大全集二十卷　(明)鍾惺纂輯　(明)馮夢龍訂釋　民國十年(1921)上海求古齋鉛印本　十六冊

330000－1716－0011586　新補 0653/11586
新學/理學/理學
中等教育倫理學二卷　(日本)元良勇次郎撰　麥鼎華譯　民國鉛印本　一冊

330000－1716－0011591　地獻 0967/11591
集部/別集類/清別集
增注秋水軒尺牘二卷　(清)許思湄撰　(清)婁世瑞注　(清)寄虹軒主人輯　民國元年(1912)上海煥文書局石印本　二冊

330000－1716－0011592　集補 0471/11592
集部/總集類/尺牘之屬
分類詳注文學尺牘大全集二十卷　(明)鍾惺纂輯　(明)馮夢龍訂釋　民國十年(1921)上海求古齋鉛印本　十六冊

330000－1716－0011593　子補 3457－6/11593　子部/宗教類/佛教之屬/經咒
白衣大士神咒一卷　民國北京中央刻經院鉛印本　一冊

330000－1716－0011594　子補 3457－1/11594　子部/宗教類/佛教之屬/經咒
白衣大士神咒一卷　民國北京中央刻經院鉛印本　一冊

330000－1716－0011595　地獻 0968－1/11595　集部/別集類/清別集
新體廣注秋水軒尺牘二卷　(清)許思湄撰　陸翔注　民國十四年(1925)上海世界書局石印本　二冊

330000－1716－0011597　新補 0553/11597
新學/學校
中華高等小學算術教科書四冊不分卷　趙秉良編　民國元年(1912)上海中華書局鉛印本　一冊　存一冊(一)

330000－1716－0011603　集補 3105－2/11603　子部/宗教類/佛教之屬/諸宗
印光法師文鈔七卷附録一卷　釋聖量撰　民國鉛印本　一冊　存一卷(一)

330000－1716－0011604　集補 3136/11604
集部/小説類/長篇之屬
繪圖第一情書聽月樓全傳四卷二十回　民國石印本　二冊　存二卷(一、四)

330000－1716－0011605　子補 3503/11605
子部/宗教類/佛教之屬/總録
一念成佛法要二卷　陳海超撰　民國二十年(1931)上海商務印書館鉛印本　一冊　存一卷(二)

330000－1716－0011606　集補 1381/11606
集部/總集類/酬唱之屬
徐虞于喁集三卷　徐翿　虞和欽撰　民國鉛印本　一冊

330000－1716－0011607　子補 3502/11607
子部/宗教類/佛教之屬
佛學叢書□□種　丁福保輯　民國上海醫學書局鉛印本暨影印本　一冊　存一種

330000－1716－0011611　新補 0104－2/11611　新學/雜著/叢編
日用萬全新書十二卷三十輯　廣益書局編輯部編　民國十年(1921)上海廣益書局石印本

十二册

330000－1716－0011618　普叢 0362－3/11618　類叢部/叢書類/自著之屬

船山遺書六十六種附一種　(清)王夫之撰　民國石印本　一册　存一種

330000－1716－0011619　子補 0867/11619　子部/宗教類/道教之屬

三聖經啟蒙讀本一卷　民國石印本　一册

330000－1716－0011620　地獻 1751－1/11620　子部/雜著類/雜纂之屬

勝蓮華室漫録一卷附録一卷　駱季和撰　民國二十四年(1935)紹興凌霄社鉛印本　一册

330000－1716－0011621　集補 3106/11621　集部/别集類/清别集

劉石庵手札一卷　(清)劉墉撰並書　民國十年(1921)上海有正書局影印本　一册

330000－1716－0011623　子補 3500/11623　子部/宗教類/其他宗教之屬/基督教

啟示録講義三卷首一卷　(美國)賽冀斯撰　李叔表等譯意　楊熙少述詞　民國七年(1918)上海美華書館鉛印本　一册　缺二卷(二至三)

330000－1716－0011624　地獻 0971/11624　集部/别集類/清别集

新體廣注秋水軒尺牘二卷　(清)許思湄撰　陸翔注　民國二十年(1931)上海世界書局石印本　一册

330000－1716－0011625　史補 1474/11625　史部/目録類/版本之屬/書影

竹簡齋二十四史樣本不分卷　中華書局編　民國十一年(1922)中華書局鉛印本暨影印本　一册

330000－1716－0011627　子補 0906－1/11627　子部/宗教類/佛教之屬

觀世音菩薩本迹感應頌四卷首一卷　許止淨述　**金剛經功德頌一卷**　許止淨述　劉契淨注　民國十五年(1926)上海中華書局鉛印本　二册

330000－1716－0011628　史補 1473/11628　史部/目録類

影印翁文恭公日記樣本不分卷　商務印書館編　民國上海商務印書館鉛印本　一册

330000－1716－0011633　普子 2001/11633　子部/宗教類/道教之屬

文昌帝君醒世救劫廣行陰騭文不分卷附延生育子戒殺放生詩　民國二十年(1931)上海宏大善書局石印本　一册

330000－1716－0011636　地獻 0972/11636　集部/别集類/清别集

新體廣注秋水軒尺牘二卷　(清)許思湄撰　陸翔注　民國上海廣文書局石印本　二册

330000－1716－0011637　地獻 0973/11637　集部/别集類/清别集

新體廣注雪鴻軒尺牘二卷　(清)龔萼撰　朱詩隱　徐慎幾注　民國上海廣文書局石印本　一册　存一卷(一)

330000－1716－0011640　子補 3493/11640　子部/宗教類/佛教之屬/諸宗

淨土清鐘二卷　潘守廉纂　民國十三年(1924)大公報館鉛印本　一册　缺一卷(上)

330000－1716－0011641　地獻 0975/11641　集部/别集類/清别集

言文對照分類詳解雪鴻軒尺牘四卷　(清)龔萼撰　許家恩譯　民國上海羣學書社石印本　二册　存二卷(一至二)

330000－1716－0011642　經補 1344－34/11642　經部/春秋左傳類/傳說之屬

評點春秋綱目左傳句解彙雋六卷　(清)韓菼重訂　民國九年(1920)上海天寶書局石印本　二册

330000－1716－0011644　子補 0796/11644　子部/宗教類/佛教之屬

西歸捷要不分卷　民國世界佛教居士林鉛印本　一册

330000－1716－0011649　新補 0657－1/11649　新學/議論/通論

政治大同一卷永久和平一卷大德必得一卷　民國北平道德學社鉛印本　三冊

330000－1716－0011650　新補 0079－3/11650　新學/議論/通論

政治大同一卷永久和平一卷大德必得一卷　民國北平道德學社鉛印本　三冊

330000－1716－0011653　集補 3105－1/11653　子部/宗教類/佛教之屬/諸宗

印光法師文鈔四卷附録一卷　釋聖量撰　民國十七年(1928)浙江印刷公司鉛印本　一冊　缺三卷(一至三)

330000－1716－0011655　集補 3105－3/11655　子部/宗教類/佛教之屬/諸宗

印光法師文鈔七卷附録一卷　釋聖量撰　民國上海商務印書館鉛印本　一冊　缺四卷(一至四)

330000－1716－0011656　集補 3105－4/11656　子部/宗教類/佛教之屬/諸宗

印光法師文鈔初編一卷續編一卷　釋聖量撰　民國鉛印本　一冊　缺一卷(續編)

330000－1716－0011658　集補 3105－5/11658　子部/宗教類/佛教之屬/諸宗

印光法師文鈔續編二卷　釋聖量撰　民國鉛印本　一冊　存一卷(一)

330000－1716－0011663　地獻 0978/11663　集部/别集類/清别集

海鷗館詩存不分卷　(清)黄霽棠撰　民國鉛印本　一冊

330000－1716－0011664　地獻 0979/11664　子部/宗教類/道教之屬/經文

關聖帝君奇驗明聖經一卷　民國二十四年(1935)紹興陳壽光石印本　一冊

330000－1716－0011665　地獻 0980/11665　子部/宗教類/道教之屬/經文

關聖帝君奇驗明聖經一卷　民國二十四年(1935)紹興陳壽光石印本　一冊

330000－1716－0011666　地獻 0981/11666　子部/宗教類/道教之屬/經文

關聖帝君奇驗明聖經一卷　民國二十一年(1932)紹興陳壽光石印本　一冊

330000－1716－0011667　子補 3498/11667　子部/醫家類/方書之屬/成方藥目

丸散膏丹說明書不分卷　葉種德堂編　民國葉種德堂鉛印本　一冊

330000－1716－0011668　史補 1432－3/11668　史部/地理類/外紀之屬

分類萬國時務策海大成□□卷　(清)韓茂棠編輯　民國石印本　二十七冊　存六十四卷(一至六十四)

330000－1716－0011670　地獻 1320－17/11670　史部/傳記類/别傳之屬/事狀

會稽施仲魯先生暨德配程淑人六十徵言事略一卷　施贇等輯　民國十五年(1926)刻朱印本　一冊

330000－1716－0011671　地獻 0982/11671　子部/宗教類/道教之屬/經文

關聖帝君奇驗明聖經一卷　民國二十一年(1932)紹興陳壽光石印本　一冊

330000－1716－0011672　地獻 0983/11672　子部/宗教類/道教之屬/經文

關聖帝君奇驗明聖經一卷　民國二十二年(1933)紹興陳壽光石印本　一冊

330000－1716－0011673　子補 3499/11673　子部/兵家類/操練之屬

太極拳使用法不分卷　楊澄甫撰　民國國術館油印本　一冊

330000－1716－0011674　集補 3107/11674　集部/别集類

貝葉樓吟稿一卷　大醒撰　民國鉛印本　一冊

330000－1716－0011675　子補 3497/11675　子部/宗教類/道教之屬

三元教典一卷　高天君撰　民國九年(1920)杭州同道善書鉛石印刷局鉛印本　一冊

330000－1716－0011678　集補 3455/11678
集部/總集類/選集之屬/斷代
隨園女弟子詩選六卷　(清)袁枚輯　民國十七年(1928)鑄記書局石印本　一冊　存三卷(一至三)

330000－1716－0011680　史補 1475/11680
史部/政書類/邦計之屬/貿易
修訂各貨名目稅率起稅量數表不分卷　民國石印本　一冊

330000－1716－0011683　子補 3496/11683
子部/儒家類/儒學之屬/禮教/鑑戒
循分新書二卷　吳佩孚撰　民國十九年(1930)鉛印本　一冊

330000－1716－0011685　地獻 1950－1/11685　史部/傳記類/別傳之屬/事狀
紹興孝子金鹿賓先生哀誄録不分卷　陳澹然等撰　民國八年(1919)鉛印本　一冊

330000－1716－0011686　子補 0067－4/11686　子部/藝術類/書畫之屬/畫譜
古今名人畫稿一卷　民國石印本　二冊

330000－1716－0011688　集補 3249－1/11688　集部/曲類/彈詞之屬
繡像玉夔龍全傳八卷五十七回　民國上海文益書局石印本　六冊　存六卷(一至二、四至六、八)

330000－1716－0011689　子補 0080－48/11689　子部/儒家類/儒學之屬/蒙學
會文堂精校重增繪圖幼學故事瓊林四卷首一卷　(清)程登吉撰　(清)鄒聖脈增補　蔡郕續增　(清)謝梅林　(清)鄒可庭參訂　民國二十年(1931)上海會文堂新記書局石印本　四冊

330000－1716－0011690　地獻 0987/11690
子部/儒家類/儒學之屬/禮教/鑑戒
八德須知初集八卷二集八卷三集八卷四集八卷　蔡振紳輯　**白話本二卷**　蔡振紳輯　陳覺民演　民國上海宏大善書局石印本　二冊　存四卷(二集一至二、五至六)

330000－1716－0011693　子補 0080－1/11693　子部/儒家類/儒學之屬/蒙學
蛟川文選樓精校新增繪圖幼學故事瓊林四卷首一卷　(清)程登吉撰　(清)鄒聖脈增補　民國浙紹奎照樓石印本　五冊

330000－1716－0011694　子補 0080－35/11694　子部/儒家類/儒學之屬/蒙學
新增繪圖幼學故事瓊林四卷首一卷　(清)程登吉撰　(清)鄒聖脈增補　民國上海簡青齋石印本　四冊　存四卷(二至四、首)

330000－1716－0011711　地獻 1824－93/11711　集部/總集類/選集之屬/通代
古文觀止十二卷　(清)吳乘權　(清)吳大職輯　民國三年(1914)上海鴻寶齋石印本　陳毓坤題記　二冊　存八卷(一至八)

330000－1716－0011719　集補 1082－3/11719　集部/詩文評類/文法之屬/函牘格式
最新分類尺牘大觀不分卷　民國上海文明書局石印本　十二冊

330000－1716－0011723　新補 0591－4/11723　子部/天文曆算類/算書之屬
最新圖式歸除算法一卷　民國石印本　一冊

330000－1716－0011724　地獻 3697/11724
集部/曲類/曲藝之屬
梅蘭芳黛玉葬花曲本一卷觀梅蘭芳黛玉葬花劇詩鈔一卷　孥戡道人輯　民國五年(1916)開智新書局石印本　一冊

330000－1716－0011764　地獻 0992/11764
經部/小學類/文字之屬/字書/訓蒙
千字文訓纂一卷附札記一卷　唐風撰　民國二十二年(1933)鉛印本　一冊

330000－1716－0011765　子補 3539/11765
子部/宗教類/道教之屬
大道修渡真諦樣本一卷　謝冠能編輯　民國二十五年(1936)鉛印本　一冊

330000－1716－0011767　子補 3538/11767
子部/道家類
道善二卷　民國十一年(1922)北京道德學社

鉛印本　一冊　存一卷(一)

330000－1716－0011769　子補3897/11769
子部/宗教類/道教之屬
三聖經感應靈驗圖注不分卷　民國杭州彩華印書局鉛印本　一冊

330000－1716－0011773　集補1290/11773
集部/曲類/寶卷之屬
雙鳳寶卷二卷　民國四年(1915)石印本　一冊　存一卷(一)

330000－1716－0011774　子補2534/11774
子部/宗教類/其他宗教之屬/基督教
聖路善工一卷　民國十四年(1925)寧波七苦堂鉛印本　一冊

330000－1716－0011778　子補3534－1/11778　子部/宗教類/佛教之屬
金剛般若波羅蜜經一卷　(後秦)釋鳩摩羅什譯　民國二十二年(1933)上海新華書局鉛印本　一冊

330000－1716－0011779　集補1291/11779
集部/曲類/寶卷之屬
繪圖蜜蜂記寶卷二卷　民國石印本　一冊　存一卷(二)

330000－1716－0011780　子補0717－2/11780　子部/宗教類/佛教之屬
金剛經石注一卷　(清)石成金撰　民國杭州浙江印刷公司鉛印本　一冊

330000－1716－0011781　子補3534－2/11781　子部/宗教類/佛教之屬
金剛般若波羅蜜經一卷　(後秦)釋鳩摩羅什譯　民國石印本　一冊

330000－1716－0011782　新補0657－2/11782　新學/議論/通論
政治大同一卷永久和平一卷大德必得一卷　民國北平道德學社鉛印本　三冊

330000－1716－0011784　集補1292－1/11784　集部/曲類/寶卷之屬
趙氏賢孝寶卷二卷　民國上海文益書局石印本　二冊

330000－1716－0011785　子補3535/11785
子部/宗教類/佛教之屬/經疏
般若波羅蜜多心經白話淺解一卷集解一卷　(唐)釋玄奘譯　駱印雄解　民國鉛印本　一冊

330000－1716－0011787　集補1292－2/11787　集部/曲類/寶卷之屬
趙氏賢孝寶卷二卷　民國石印本　二冊

330000－1716－0011789　子補3536/11789
子部/宗教類/佛教之屬/總録
念佛四大要訣一卷玉峰法師傳一卷　(清)釋古崑撰　民國石印本　一冊

330000－1716－0011791　子補3537－1/11791　子部/宗教類/佛教之屬
大悲咒音義補一卷附國書大悲咒一卷　唐風撰　民國二十年(1931)鉛印本　一冊

330000－1716－0011792　子補0080－45/11792　子部/儒家類/儒學之屬/蒙學
新增繪圖幼學故事瓊林四卷首一卷　(清)程登吉撰　(清)鄒聖脈增補　民國上海劉德記書局石印本　一冊　存二卷(三至四)

330000－1716－0011793　新補0470/11793
新學/兵制
博里蘇意見書一卷坂西意見書一卷　民國石印本　二冊

330000－1716－0011795　子補3537－2/11795　子部/宗教類/佛教之屬
大悲咒音義補一卷附國書大悲咒一卷　唐風撰　民國二十年(1931)鉛印本　一冊

330000－1716－0011797　子補0080－36/11797　子部/儒家類/儒學之屬/蒙學
重增繪圖幼學故事瓊林四卷首一卷　(清)程登吉撰　(清)鄒聖脈增補　蔡郞續增　(清)謝梅林　(清)鄒可庭參訂　民國十二年(1923)上海會文堂書局石印本　五冊

330000－1716－0011798　子補3601/11798

子部/宗教類/道教之屬/戒律

返性圖十卷十集　民國杭州浙江印刷公司鉛印本　二册　存四卷(七至十)

330000－1716－0011801　子補 3602/11801

子部/小説家類/雜事之屬

音釋坐花誌果八卷　(清)汪道鼎撰　(清)鶩峰樵者音釋　民國上海昌文書局石印本　一册　存四卷(一至四)

330000－1716－0011802　子補 3544/11802

子部/雜著類/雜説之屬

大同貞諦不分卷　段正元撰　民國十二年(1923)北平道德學社鉛印本　一册

330000－1716－0011806　新補 0656/11806

新學/算學/代數

代數幾何不分卷　浙江陸軍講武堂編　民國浙江陸軍講武堂石印本　一册

330000－1716－0011807　子補 0080－20/11807　子部/儒家類/儒學之屬/蒙學

新增繪圖幼學故事瓊林四卷首一卷　(清)程登吉撰　(清)鄒聖脈增補　民國石印本　四册　缺一卷(二)

330000－1716－0011809　地獻 0991－1/11809　集部/總集類/課藝之屬

逸廬詩社課藝初集一卷二集一卷三集一卷四集一卷　逸廬詩社編　民國十六年(1927)鉛印本　四册

330000－1716－0011811　子補 3531/11811

子部/雜著類/雜纂之屬

不可録一卷　民國九年(1920)錫成印刷公司鉛印本　一册

330000－1716－0011812　集補 1260/11812

集部/曲類/寶卷之屬

陳世美寶卷二卷　民國鉛印本　一册　存一卷(二)

330000－1716－0011813　子補 3532/11813

子部/醫家類/兒科之屬

福幼編一卷遂生編一卷廣生編一卷　(清)莊一夔撰　民國二十三年(1934)杭州正則印書館鉛印本　一册

330000－1716－0011817　集補 1261/11817

集部/曲類/寶卷之屬

湛然寶卷二卷　民國三年(1914)上海文益書局石印本　一册　存一卷(一)

330000－1716－0011819　集補 1283－2/11819　集部/曲類/寶卷之屬

何文秀寶卷二卷　民國四年(1915)上海文益書局石印本　二册

330000－1716－0011821　集補 1262－1/11821　集部/曲類/寶卷之屬

如意寶卷二卷　民國二年(1913)上海文益書局石印本　二册

330000－1716－0011822　集補 2450－45/11822　集部/小説類/長篇之屬

第一才子書十六卷一百二十回　(明)羅本撰　(清)金人瑞　(清)毛宗崗評　民國上海中新書局鉛印本　六册　存六卷(三、五、十二至十五)

330000－1716－0011824　集補 1283－1/11824　集部/曲類/寶卷之屬

何文秀寶卷二卷　民國上海惜陰書局石印本　二册

330000－1716－0011825　新補 0608/11825

集部/詩文評類/文法之屬

言文對照初等作文新法四卷　許慕羲編輯　民國十一年(1922)上海廣益書局石印本　一册　存一卷(四)

330000－1716－0011826　集補 1262－2/11826　集部/曲類/寶卷之屬

如意寶卷二卷　民國二年(1913)上海文益書局石印本　一册　存一卷(上)

330000－1716－0011829　集補 1282/11829

集部/曲類/寶卷之屬

新編妻黨同惡報寶卷二卷　民國上海惜陰書局石印本　一册　存一卷(上)

330000－1716－0011830　集補 0028－18/

11830　集部/小説類/短篇之屬

繪圖今古奇觀六卷四十回　(明)抱甕老人輯　民國上海雲記書莊石印本　一冊　存一卷(六)

330000 - 1716 - 0011832　子補 3529/11832　集部/詩文評類/文法之屬

初學論説小品四卷　朱勤侯輯　民國三年(1914)浙東尚志學社石印本　二冊　存二卷(二至三)

330000 - 1716 - 0011834　地獻 0926 - 2/11834　集部/曲類/寶卷之屬

梁山伯寶卷二卷　民國十三年(1924)上海文益書局石印本　一冊　存一卷(上)

330000 - 1716 - 0011839　地獻 1002 - 1/11839　集部/總集類/郡邑之屬

蠡陽第三集不分卷　民國八年(1919)鉛印本　一冊

330000 - 1716 - 0011841　子補 3530/11841　子部/儒家類/儒學之屬/蒙學

重增繪圖幼學故事瓊林四卷首一卷　(清)程登吉撰　(清)鄒聖脈增補　蔡郕續增　(清)謝梅林　(清)鄒可庭參訂　民國十七年(1928)上海會文堂書局石印本　張聿澄題記　四冊

330000 - 1716 - 0011843　地獻 1001 - 1/11843　子部/雜著類/雜纂之屬

編餘隨筆一卷　莫壽恒撰　民國十八年(1929)鉛印本　一冊

330000 - 1716 - 0011845　子補 0080 - 10/11845　子部/儒家類/儒學之屬/蒙學

精校重增繪圖幼學故事瓊林四卷首一卷　(清)程登吉撰　(清)鄒聖脈增補　蔡郕續增　(清)謝梅林　(清)鄒可庭參訂　民國十四年(1925)上海會文堂書局石印本　吴克祥題簽並記　二冊　存三卷(一、四,首)

330000 - 1716 - 0011852　集補 1264/11852　集部/曲類/寶卷之屬

新編彩蓮寶卷二卷　民國上海惜陰書局石印本　一冊　存一卷(上)

330000 - 1716 - 0011856　集補 1263 - 2/11856　集部/曲類/寶卷之屬

大明嘉靖江蘇蘇州府瑞珠寶卷二卷　民國三年(1914)上海文益書局石印本　二冊

330000 - 1716 - 0011857　集補 1265 - 1/11857　集部/曲類/寶卷之屬

雪梅寶卷二卷　民國石印本　二冊

330000 - 1716 - 0011860　地獻 1003/11860　子部/藝術類/遊藝之屬/聯語

娉花媚竹館宋詞集聯八卷　俞鎮輯　民國二十五年(1936)海印樓鉛印本　二冊

330000 - 1716 - 0011863　集補 1263 - 3/11863　集部/曲類/寶卷之屬

大明嘉靖江蘇蘇州府瑞珠寶卷二卷　民國三年(1914)上海文益書局石印本　一冊

330000 - 1716 - 0011864　集補 1266/11864　集部/曲類/寶卷之屬

李三娘礱房寶卷二卷　民國上海惜陰書局石印本　一冊

330000 - 1716 - 0011865　子補 3524/11865　子部/醫家類/養生之屬

養生保命録一卷　民國八年(1919)石印本　一冊

330000 - 1716 - 0011866　地獻 1004/11866　子部/醫家類/方書之屬

紹興縣同善局附設施醫局醫方彙選不分卷　張鍾沅輯　民國十年(1921)鉛印本　一冊

330000 - 1716 - 0011867　子補 3523/11867　子部/宗教類/道教之屬/雜著

大學注解一卷善緣一卷　道果圓成注　民國上海宏大善書局石印本　一冊

330000 - 1716 - 0011868　子補 3525/11868　子部/術數類/命書相書之屬

三命通會十二卷　(明)萬民英撰　民國上海章福記書局石印本　二冊　存二卷(二、十一)

330000－1716－0011869　普叢 0298－1/11869　子部/叢編

清代筆記叢刊四十一種　文明書局編　民國上海文明書局石印本　十四册　存二種

330000－1716－0011874　集補 1267－1/11874　集部/曲類/寶卷之屬

繪圖梅花戒寶卷二卷　民國五年(1916)上海文益書局石印本　喻慶華題記　二册

330000－1716－0011877　子補 0080－43/11877　子部/儒家類/儒學之屬/蒙學

會文堂精校新增繪圖幼學故事瓊林四卷首一卷　(清)程登吉撰　(清)鄒聖脈增補　蔡郕續增　(清)謝梅林　(清)鄒可庭參訂　民國石印本　一册　存一卷(一)

330000－1716－0011878　集補 1284/11878　集部/曲類/寶卷之屬

繪圖玉連環寶卷二卷　民國上海惜陰書局石印本　一册

330000－1716－0011880　集補 1285/11880　集部/曲類/寶卷之屬

雌雄盃寶卷二卷　民國十二年(1923)上海文益書局石印本　一册

330000－1716－0011883　集補 1534－3/11883　集部/曲類/寶卷之屬

湖廣荆州府永慶縣脩行梅氏花網寶卷二卷　民國七年(1918)上海文益書局石印本　一册

330000－1716－0011884　集補 1268/11884　集部/曲類/寶卷之屬

新編南樓寶卷二卷　民國上海惜陰書局石印本　一册

330000－1716－0011887　子補 3527/11887　子部/術數類/相宅相墓之屬

八宅四書十卷　(明)西陵一壑居士集　民國上海進步書局石印本　一册

330000－1716－0011888　新補 0549/11888　史部/地理類/雜志之屬

上海指南九卷　商務印書館編　民國上海商務印書館鉛印本　一册

330000－1716－0011892　集補 1281－4/11892　集部/曲類/寶卷之屬

新編合同記寶卷二卷　民國上海惜陰書局石印本　一册　存一卷(一)

330000－1716－0011894　集補 1270/11894　集部/曲類/寶卷之屬

太平寶卷二卷　民國二年(1913)上海文益書局石印本　一册　存一卷(上)

330000－1716－0011895　集補 1265－2/11895　集部/曲類/寶卷之屬

雪梅寶卷三官堂二卷　民國三年(1914)上海文益書局石印本　二册

330000－1716－0011896　地獻 0999/11896　子部/儒家類/儒學之屬/蒙學

便蒙四書　(宋)朱熹撰　民國浙紹墨潤堂石印本　一册　存一種

330000－1716－0011897　集補 1269－1/11897　集部/曲類/寶卷之屬

白蛇寶卷二卷　民國石印本　一册　存一卷(二)

330000－1716－0011899　集補 1286/11899　集部/曲類/寶卷之屬

正本雙珠鳳奇緣寶卷二卷　民國十年(1921)上海文益書局石印本　二册

330000－1716－0011908　集補 1271－1/11908　集部/曲類/寶卷之屬

百花台雙恩寶卷二卷　民國石印本　一册

330000－1716－0011911　集補 1271－2/11911　集部/曲類/寶卷之屬

百花台雙恩寶卷二卷　民國六年(1917)上海文益書局石印本　一册　存一卷(上)

330000－1716－0011912　集補 1271－3/11912　集部/曲類/寶卷之屬

百花台雙恩寶卷二卷　民國六年(1917)上海文益書局石印本　一册　存一卷(上)

330000－1716－0011918　地獻 1830/11918　子部/宗教類/道教之屬

上元定福東廚司命真君醒世經一卷　民國十三年(1924)紹城鍾氏聚珍齋刻本　一冊

330000－1716－0011920　集補 1273/11920　集部/曲類/寶卷之屬

全圖韓湘寶卷二卷　民國上海宏大善書局石印本　一冊　存一卷(二)

330000－1716－0011921　集補 1275/11921　集部/曲類/寶卷之屬

小董永賣身寶卷二卷　民國石印本　一冊　存一卷(下)

330000－1716－0011926　地獻 1961－1/11926　集部/曲類/寶卷之屬

重刻觀世音菩薩本行經簡集二卷　民國三年(1914)上海文益書局石印本　吳錫題記　一冊　存一卷(一)

330000－1716－0011927　集補 1064－1/11927　集部/總集類/選集之屬/斷代

天花亂墜八卷二集八卷三集八卷　寅半生輯　民國石印本　三冊　存六卷(一至四、七至八)

330000－1716－0011928　集補 1281－1/11928　集部/曲類/寶卷之屬

八寶雙鸞釵寶卷二卷　民國石印本　一冊　存一卷(下)

330000－1716－0011932　集補 1281－2/11932　集部/曲類/寶卷之屬

八寶雙鸞釵寶卷二卷　民國石印本　一冊　存一卷(下)

330000－1716－0011935　集補 3086/11935　集部/小說類/長篇之屬

洪秀全演義四集八卷五十四回　黃世仲撰　民國石印本　四冊　存四集(初集一、二集一至二、三集一)

330000－1716－0011936　集補 1281－3/11936　集部/曲類/寶卷之屬

八寶雙鸞釵寶卷二卷　民國石印本　一冊　存一卷(下)

330000－1716－0011940　集補 1276－4/11940　集部/曲類/寶卷之屬

太華山紫金鎮兩世修行劉香寶卷全集二卷　民國石印本　一冊　存一卷(下)

330000－1716－0011942　集補 3087－1/11942　集部/小說類/長篇之屬

繡像七續濟公傳四卷四十回　民國二年(1913)上海鍊石書局石印本　一冊

330000－1716－0011943　集補 3087－2/11943　集部/小說類/長篇之屬

繡像四續濟公傳四卷四十回　民國上海校經山房石印本　二冊　存二卷(一至二)

330000－1716－0011945　集補 1277/11945　集部/曲類/寶卷之屬

繪圖新刻雞鳴寶卷二卷　民國上海文益書局石印本　一冊　存一卷(下)

330000－1716－0011950　集補 1278/11950　集部/曲類/寶卷之屬

新編叫化濟貧寶卷不分卷　民國上海廣記書局鉛印本　一冊

330000－1716－0011954　新補 0586/11954　集部/詩文評類/文法之屬

全國小學國文成績文海十四卷　劉鐵冷評纂　民國十三年(1924)上海崇新書局鉛印本　六冊

330000－1716－0011957　子補 3492/11957　子部/術數類/命書相書之屬

子平四言集腋六卷　(清)廖瀛海撰　民國十六年(1927)上海中一書局石印本　四冊　存五卷(一至三、五至六)

330000－1716－0011963　新補 0551－2/11963　新學/學校

南洋公學新國文四卷　唐文治鑒定　民國四年(1915)蘇州振新書社鉛印本　四冊

330000－1716－0011964　新補 0170－3/11964　新學/政治法律/政治

國民讀本二卷　朱樹人撰　民國上海文明書局鉛印本　一冊　存一卷(上)

330000－1716－0011965　子補 3607－1/11965　子部/儒家類/儒學之屬/蒙學

重增繪圖幼學故事瓊林四卷首一卷　(清)程登吉撰　(清)鄒聖脈增補　蔡郕續增　(清)謝梅林　(清)鄒可庭參訂　民國上海會文堂書局石印本　一冊　存一卷(四)

330000－1716－0011966　集補 1694/11966　集部/小說類/長篇之屬

繪圖增像西遊記八卷一百回　(明)吳承恩撰　(清)陳士斌詮解　民國上海廣益書局石印本　二冊　存二卷(五、八)

330000－1716－0011968　集補 3094/11968　集部/小說類/長篇之屬

續紅樓夢三十卷　(清)秦子忱撰　民國石印本　一冊　存五卷(二十二至二十六)

330000－1716－0011969　子補 3607－2/11969　子部/儒家類/儒學之屬/蒙學

重增繪圖幼學故事瓊林四卷首一卷　(清)程登吉撰　(清)鄒聖脈增補　蔡郕續增　(清)謝梅林　(清)鄒可庭參訂　民國上海會文堂書局石印本　一冊　存一卷(四)

330000－1716－0011970　集補 1279/11970　集部/曲類/寶卷之屬

新編殺子報寶卷二卷　民國上海惜陰書局石印本　一冊　存一卷(上)

330000－1716－0011971　集補 1069－4/11971　集部/總集類/選集之屬/斷代

注釋唐詩三百首四卷　(清)蘅塘退士(孫洙)編　民國上海天寶書局石印本　一冊

330000－1716－0011973　集補 1280－1/11973　集部/曲類/寶卷之屬

繪圖新出雙剪髮寶卷二卷　民國上海文益書局石印本　一冊　存一卷(一)

330000－1716－0011974　子補 3491/11974　子部/儒家類/儒學之屬/俗訓

人譜正篇一卷續篇一卷人譜類記增訂六卷　(明)劉宗周撰　民國上海文瑞樓、鴻章書局石印本　一冊　存一卷(增訂五)

330000－1716－0011975　經補 1299/11975　經部/小學類/文字之屬/字書/字典

康熙字典十二集三十六卷總目一卷檢字一卷辨似一卷等韻一卷補遺一卷備考一卷　(清)張玉書等纂修　民國正心出版社鉛印本　一冊　存三卷(巳集上中下)

330000－1716－0011976　子補 0085/11976　子部/藝術類/書畫之屬/畫譜

明代名人畫譜不分卷　民國石印本　一冊

330000－1716－0011977　集補 1280－2/11977　集部/曲類/寶卷之屬

繪圖新出雙剪髮寶卷二卷　民國上海文益書局石印本　一冊　存一卷(一)

330000－1716－0011983　子補 0600/11983　新學/工藝

工藝實業製造新書八卷　(日本)中村蘆舟纂　民國五年(1916)上海才記石印局石印本　二冊

330000－1716－0011986　普經 0923/11986　經部/四書類/總義之屬/傳說

銅版四書集注　(宋)朱熹集注　民國五年(1916)上海鴻寶書局石印本　二冊　存一種

330000－1716－0011988　集補 3169/11988　類叢部/類書類/專類之屬

應世錦囊八章不分卷　廣文書局編輯所編輯　民國八年(1919)上海廣文書局石印本　一冊

330000－1716－0011994　地獻 1015/11994　經部/四書類/總義之屬/傳說

銅版四書集注　(宋)朱熹集注　民國浙紹墨潤堂鉛印本　三冊　存二種

330000－1716－0011995　普經 0924/11995　經部/四書類/總義之屬/傳說

銅版四書集注　(宋)朱熹集注　民國五年(1916)上海鴻寶書局石印本　一冊　存一種

330000－1716－0012003　縣資 0002－1/12003　史部/地理類/方志之屬/郡縣志

康熙會稽縣志圖一卷　稿本　一冊

330000－1716－0012005　普經 0925/12005 經部/四書類/總義之屬/傳說
校正四書讀本　(宋)朱熹集注　民國五年(1916)上海鴻寶書局石印本　王乾德題簽　二冊　存二種

330000－1716－0012006　史補 1478/12006 史部/傳記類/别傳之屬/事狀
諦公老法師訃告不分卷　釋寶靜等輯　民國石印藍印本暨鉛印本　一冊

330000－1716－0012008　史補 1479/12008 史部/傳記類/别傳之屬/事狀
胡壽母全太夫人訃告不分卷　胡慈清等輯　民國十九年(1930)石印本　一冊

330000－1716－0012009　子補 2617/12009 子部/宗教類/其他宗教之屬/基督教
官話聖書注釋新約卷三聖蹟合參一卷　丁良才撰　民國十五年(1926)中國基督聖教書會鉛印本　一冊

330000－1716－0012010　集補 0102－2/12010　集部/曲類/彈詞之屬
增廣繪像四香緣傳六卷三十二回　民國九年(1920)上海書局石印本　一冊　存三卷(一至三)

330000－1716－0012011　史補 1480/12011 史部/傳記類/别傳之屬/事狀
譚母鄭太夫人訃告不分卷　譚彬輯　民國石印本暨鉛印本　一冊

330000－1716－0012015　集補 3168－1/12015　集部/小說類/長篇之屬
繡像七劍十三俠三集六卷一百八十回　(清)唐芸洲撰　民國石印本　張仁傑題簽　一冊　存二卷(五至六)

330000－1716－0012016　子補 0080－15/12016　子部/儒家類/儒學之屬/蒙學
精校重增繪圖幼學故事瓊林四卷首一卷　(清)程登吉撰　(清)鄒聖脈增補　蔡郕續增　(清)謝梅林　(清)鄒可庭參訂　民國二十年(1931)上海會文堂新記書局石印本　周志泉題記　四冊

330000－1716－0012020　史補 1483/12020 史部/傳記類/别傳之屬/事狀
何明倫先生榮哀録不分卷　民國十八年(1929)南京美昌牋紙印刷號鉛印本　一冊

330000－1716－0012021　集補 3168－2/12021　集部/小說類/長篇之屬
繡像七劍十三俠三集十二卷一百八十回　(清)唐芸洲撰　民國石印本　一冊　存一卷(七)

330000－1716－0012022　集補 3247－75/12022　集部/小說類/短篇之屬
詳注聊齋志異圖詠十六卷　(清)蒲松齡撰　(清)呂湛恩注　民國石印本　二冊　存四卷(三至四、九至十)

330000－1716－0012026　集補 3247－31/12026　集部/小說類/短篇之屬
詳注聊齋志異圖詠十六卷　(清)蒲松齡撰　(清)呂湛恩注　民國石印本　三冊　存六卷(五至六、十一至十二、十五至十六)

330000－1716－0012031　子補 3605/12031 子部/儒家類/儒學之屬/禮教/鑑戒
八德須知二集八卷附誌一卷　蔡振紳輯　民國二十一年(1932)上海明善書局石印本　四冊

330000－1716－0012035　集補 2450－117/12035　集部/小說類/長篇之屬
增像全圖三國志演義第一才子書十六卷一百二十回首一卷　(明)羅本撰　(清)毛宗崗評　民國石印本　二冊　存二卷(六、九)

330000－1716－0012041　子補 3604/12041 子部/術數類/陰陽五行之屬
精繪推背圖說不分卷　題(唐)袁天罡撰　(唐)李淳風注　民國上海劉德記書局石印本　一冊

330000－1716－0012042　經補 1318/12042 經部/四書類/總義之屬/傳說
四書集注十九卷　(宋)朱熹撰　民國育文書

局石印本　一册　存一種

330000－1716－0012045　新補 0610/12045
子部/天文曆算類/算書之屬
最新圖式歸除算法不分卷　民國石印本　一册

330000－1716－0012046　地獻 1925－13/12046　經部/四書類/總義之屬/傳說
銅版四書集注　（宋）朱熹集注　民國浙紹墨潤堂鉛印本　二册　存一種

330000－1716－0012047　集補 3166/12047
集部/小說類/長篇之屬
增像續小五義六卷一百二十四回　（清）石玉崑撰　民國八年（1919）上海昌文書局石印本　一册

330000－1716－0012048　史補 1484/12048
史部/傳記類/別傳之屬/事狀
吳興周夢坡先生訃告一卷年譜一卷墓表一卷墓誌銘一卷畫史一卷　周延礽輯　民國二十三年（1934）影印本暨鉛印本　一册　存一卷（年譜）

330000－1716－0012049　史補 1485/12049
史部/傳記類/別傳之屬/事狀
陸公壽言彙編二卷　朱潤南輯　民國影印本暨鉛印本　一册　存一卷（二）

330000－1716－0012050　集補 3167/12050
集部/小說類/長篇之屬
繡像繪圖乾隆巡幸江南記八卷七十五回　民國上海共和書局石印本　二册　存五卷（一至三、五至六）

330000－1716－0012052　子補 3699/12052
子部/藝術類/篆刻之屬
畏齋藏鉢一卷　劉公魯藏　民國鳴藝樓影印本　一册

330000－1716－0012056　集補 3165－1/12056　集部/總集類/選集之屬/通代
續古文筆法百篇十三卷　民國石印本　二册　存十卷（四至十三）

330000－1716－0012058　子補 1301/12058
子部/藝術類/遊藝之屬/聯語
新輯古今名人楹聯匯海三集□□卷　唐在田手輯加注　民國石印本　一册　存一卷（三）

330000－1716－0012061　集補 3165－2/12061　集部/總集類/選集之屬/通代
古文筆法二十卷　（清）李扶九編集　民國石印本　三册　存十四卷（一至八、十五至二十）

330000－1716－0012062　集補 3220/12062
集部/總集類/尺牘之屬
民國商業經濟尺牘不分卷　陳鶴煒編　民國二十三年（1934）萃英書局石印本　二册

330000－1716－0012068　史補 1489/12068
史部/傳記類/別傳之屬/事狀
陶母鄭太夫人訃告不分卷　陶良　陶鎔　陶甄輯　民國石印本　一册

330000－1716－0012069　經補 0433－2/12069　經部/四書類/總義之屬/傳說
銅版四書集注　（宋）朱熹集注　民國五年（1916）石印本　四册　存二種

330000－1716－0012072　子補 3809/12072
子部/藝術類/書畫之屬/畫譜
醉墨軒畫稿四卷　胡郯卿繪　民國海左書局石印本　一册　存一卷（一）

330000－1716－0012075　新補 0056－1/12075　新學/算學/數學
無師自通圖解珠算全書不分卷　郭義泉考案　郭行正編訂　民國二十三年（1934）上海世界書局石印本　章其昌題記　五册

330000－1716－0012077　集補 0027－23/12077　集部/小說類/長篇之屬
繡像評演濟公傳四卷一百二十回接續後部濟公傳四卷一百二十回　郭廣瑞撰　民國石印本　三册　存三卷（接續後部濟公傳二至四）

330000－1716－0012086　經補 0417－2/12086　經部/四書類/總義之屬/傳說
四書集注十九卷　（宋）朱熹撰　民國上海大

經鑄字印刷所鉛印本　一冊　存一種

330000－1716－0012095　地獻 1552－6/12095　經部/小學類/文字之屬/字書

校正千字文一卷　(南朝梁)周興嗣撰　民國浙紹育新書局石印本　一冊

330000－1716－0012097　子補 3603/12097　子部/醫家類/養生之屬

養生保命録一卷　民國二十三年(1934)上海三友實業社石印本　一冊

330000－1716－0012098　地獻 3672/12098　子部/藝術類/篆刻之屬/印譜

石禪印存一卷　經亨頤篆並輯　民國二年(1913)鈐拓本　一冊

330000－1716－0012100　集補 3164/12100　集部/總集類/選集之屬/通代

鍾伯敬先生訂補千家詩圖注二卷　(明)鍾惺訂補　民國石印本　一冊

330000－1716－0012101　集補 0006－35/12101　集部/小說類/長篇之屬

繪圖隋唐演義十卷一百回　民國石印本　三冊　存四卷(一至二、五至六)

330000－1716－0012108　子補 3611/12108　子部/醫家類/喉科口齒之屬/白喉

白喉治法忌表抉微一卷經驗救急諸方一卷　(清)耐修老人輯　民國中國圖書公司和記石印本　一冊

330000－1716－0012110　集補 1069－2/12110　集部/總集類/選集之屬/斷代

唐詩三百首六卷　(清)孫洙編　民國石印本　二冊　存二卷(二、四)

330000－1716－0012112　子補 3811/12112　子部/藝術類/書畫之屬/法帖

塼塔銘帖一卷　(清)姚孟起臨　民國六年(1917)上海文明書局石印本　一冊

330000－1716－0012115　子補 3813/12115　子部/農家農學類/園藝之屬/花卉

秘傳花鏡六卷　(清)陳淏子撰　民國三年(1914)上海鶴記書局石印本　四冊　存五卷(一至五)

330000－1716－0012117　子補 3815/12117　子部/天文曆算類/曆法之屬

精校星命新萬年書不分卷　民國石印本　一冊

330000－1716－0012119　子補 3807/12119　子部/藝術類/書畫之屬/法帖

名人真蹟小楷法帖四種　民國十三年(1924)上海世界書局石印本　一冊　存一種

330000－1716－0012120　子補 3812/12120　子部/藝術類/書畫之屬/書法書品

常熟楊濠雪書文字建首五百四十部一卷　民國石印本　一冊

330000－1716－0012123　集補 3223/12123　集部/小說類/長篇之屬

兒女英雄傳十二卷四十回續編四卷三十二回　(清)文康撰　民國十二年(1923)上海啟新書局鉛印本　八冊　存八卷(一至八)

330000－1716－0012124　子補 3808/12124　子部/藝術類/書畫之屬/畫録

病鶴叢畫集四集　錢病鶴繪　民國上海世界書局石印本　二冊　存二集(一、三)

330000－1716－0012128　子補 3650/12128　子部/宗教類/佛教之屬

佛學叢書□□種　丁福保輯　民國上海醫學書局鉛印本暨影印本　一冊　存一種

330000－1716－0012130　子補 0126－8/12130　子部/醫家類/婦科之屬/產科

達生編三卷附録一卷保赤編一卷　(清)亟齋居士撰　民國五年(1916)浙杭三槐堂鉛印本　一冊　存二卷(一至二)

330000－1716－0012132　子補 0713－5/12132　子部/術數類/陰陽五行之屬

增廣玉匣記通書二卷　(清)朱說霖重校　民國石印本　二冊

330000－1716－0012133　子補 3649/12133

子部/農家農學類/園藝之屬/花卉
蘭蕙譜一卷 善□繪圖 野逸編輯 民國三年(1914)紹興螭陽紙版印刷部影印本 一冊

330000－1716－0012134 子補 3104－2/12134 子部/醫家類/婦科之屬/產科
達生編一卷 (清)亟齋居士撰 (清)汪家駒增訂 民國十五年(1926)上海宏大善書局石印本 一冊

330000－1716－0012135 子補 3104－3/12135 子部/醫家類/婦科之屬/產科
達生編一卷 (清)亟齋居士撰 (清)汪家駒增訂 民國石印本 一冊

330000－1716－0012139 子補 3814－1/12139 子部/天文曆算類/算書之屬
最新圖式歸除算法一卷 民國三年(1914)上海鴻寶齋書局石印本 一冊

330000－1716－0012141 子補 3651/12141 子部/宗教類/佛教之屬
醒世鐘四卷 民國刻本 一冊 存一卷(四)

330000－1716－0012142 集補 0461－2/12142 集部/總集類/尺牘之屬
分類詳注簡明新尺牘六卷 袁韜壺編 民國石印本 五冊 存五卷(二至六)

330000－1716－0012143 子補 3814－2/12143 子部/天文曆算類/算書之屬
最新圖式歸除算法一卷 民國三年(1914)上海鴻寶齋書局石印本 一冊

330000－1716－0012144 子補 3814－3/12144 子部/天文曆算類/算書之屬
最新圖式歸除算法一卷 民國三年(1914)上海鴻寶齋書局石印本 一冊

330000－1716－0012145 地獻 1824－86/12145 集部/總集類/選集之屬/通代
安越堂古文觀止十二卷 (清)吳乘權 (清)吳大職編 民國十二年(1923)紹興四有書局鉛印本 五冊 缺二卷(九至十)

330000－1716－0012146 子補 3814－4/12146 新學/算學/數學
圖式小學珠算課本一卷 民國三年(1914)上海天寶書局石印本 一冊

330000－1716－0012150 子補 3610/12150 子部/藝術類/遊藝之屬/聯語
精選楹聯新編二卷 (清)俞樾撰 民國二年(1913)上海萃英書莊石印本 一冊

330000－1716－0012154 子補 3814－7/12154 新學/算學/數學
圖式小學珠算課本一卷 民國三年(1914)上海天寶書局石印本 一冊

330000－1716－0012155 子補 3653/12155 經部/易類/圖說之屬
先天圖說一卷 魯載幬撰 魯指南演草 民國二十六年(1937)上海大東書局影印本 一冊

330000－1716－0012157 子補 3814－8/12157 新學/算學/數學
繪圖算法指掌□□卷 民國石印本 一冊 存一卷(一)

330000－1716－0012160 子補 3814－9/12160 子部/天文曆算類/算書之屬
最新全圖小學簡明算法一卷 民國劉德記書局石印本 一冊

330000－1716－0012161 史補 1494－1/12161 史部/傳記類/別傳之屬/事狀
故室李氏傳略一卷 王崇禮述 唐風校訂 民國鉛印本 一冊

330000－1716－0012162 子補 3814－10/12162 子部/天文曆算類/算書之屬
最新圖式歸除算法一卷 民國上海錦章書局石印本 一冊

330000－1716－0012163 史補 1494－2/12163 史部/傳記類/別傳之屬/事狀
故室李氏傳略一卷 王崇禮述 唐風校訂 民國鉛印本 一冊

330000－1716－0012169 新補 0103－1/

12169　新學/學校

高等小學作文範本不分卷　林景亮撰　民國三年(1914)上海中華書局鉛印本　徐月華題記　三冊

330000－1716－0012175　集補 3162/12175
集部/别集類/清别集

方望溪文鈔六卷首一卷　(清)方苞撰　民國上海進步書局石印本　一冊　存一卷(二)

330000－1716－0012176　集補 2450－132/12176　集部/小説類/長篇之屬

增像全圖三國志演義第一才子書十六卷一百二十回首一卷　(明)羅本撰　(清)金人瑞　(清)毛宗崗評　民國十二年(1923)上海元昌書局石印本　一冊　存一卷(一)

330000－1716－0012178　集補 3163/12178
集部/别集類/漢魏六朝别集

陶靖節先生詩四卷附録一卷　(晉)陶潛撰　民國三年(1914)上海有正書局石印本　陸敬安批並跋　一冊

330000－1716－0012179　集補 0130－2/12179　集部/小説類/長篇之屬

繪圖歷朝通俗演義十一種　蔡東帆輯　民國上海會文堂新記書局石印本　五冊　存一種

330000－1716－0012180　集補 0008－68/12180　集部/小説類/長篇之屬

增像全圖東周列國志八卷一百八回　(清)蔡奡評點　民國石印本　三冊　存六卷(二至三、五至八)

330000－1716－0012181　子補 3804/12181
子部/醫家類/類編之屬

南雅堂醫書全集(陳修園醫書)□□種　(清)陳念祖等撰　民國二十二年(1933)上海大一統書局石印本　一冊　存一種

330000－1716－0012183　子補 3609/12183
子部/雜著類/雜纂之屬

日用必備交際大觀十卷　周德芳編　民國二十四年(1935)上海錦章圖書局石印本　一冊

330000－1716－0012186　集補 3222/12186
集部/總集類/選集之屬/斷代

隨園女弟子詩選六卷　(清)袁枚輯　民國十六年(1927)上海大一統書局石印本　二冊

330000－1716－0012188　子補 3665/12188
子部/儒家類/儒學之屬/蒙學

精校重增繪圖幼學故事瓊林四卷首一卷　(清)程登吉撰　(清)鄒聖脈增補　蔡郕續增　(清)謝梅林　(清)鄒可庭參訂　民國十八年(1929)上海會文堂新記書局石印本　四冊

330000－1716－0012190　子補 3608/12190
子部/宗教類/道教之屬/經文

關聖帝君奇驗明聖經一卷　民國二十四年(1935)紹興陳壽光石印本　一冊

330000－1716－0012191　新補 0567/12191
新學/雜著

最新改良繪圖日用雜字一卷最新繪圖幼學雜字一卷　民國天寶書局、民國八年(1919)鑄記書局石印本　一冊

330000－1716－0012193　子補 3664/12193
子部/儒家類/儒學之屬/禮教/家訓

治家格言一卷　(清)朱用純撰　民國石印本　章彭年題簽　一冊

330000－1716－0012197　集補 3221/12197
集部/小説類/長篇之屬

歷代神仙通鑑三集二十二卷附圖一卷　(清)徐衜述　(清)李理　(清)王太素贊　(清)程毓奇續　民國三年(1914)上海江東茂記書局石印本　五冊　存五卷(十八至二十二)

330000－1716－0012198　新補 0566/12198
新學/學校

好學生一卷　紹興縣立第一小學編　民國鉛印本　一冊

330000－1716－0012202　子補 3640/12202
子部/宗教類/道教之屬

性命雙修萬神圭旨四卷　民國上海錦章圖書局石印本　三冊　存三卷(二至四)

330000－1716－0012206　子補 0123－6/12206　子部/醫家類/方書之屬/單方驗方

增評醫方集解二十三卷增補本草備要八卷附湯頭歌訣一卷　（清）汪昂撰　民國上海錦章圖書局石印本　一冊　存一卷（本草備要一）

330000 - 1716 - 0012208　子補 1014 - 4/12208　子部/儒家類/儒學之屬/禮教/家訓

治家格言釋義一卷　（清）朱用純撰　民國石印本　一冊

330000 - 1716 - 0012210　經補 1000 - 134/12210　經部/小學類/文字之屬/字書/字典

康熙字典十二集三十六卷總目一卷檢字一卷辨似一卷等韻一卷補遺一卷備考一卷　（清）張玉書等纂修　民國石印本　一冊　存十卷（子集上中下、丑集上中下，總目，檢字，辨似，等韻）

330000 - 1716 - 0012213　集補 0659/12213　集部/總集類/尺牘之屬

音注女界進步新尺牘四卷　民國三年（1914）進步學社石印本　四冊

330000 - 1716 - 0012215　子補 0126 - 12/12215　子部/醫家類/本草之屬/歷代綜合本草

本草新讀本十八卷　（清）張秉成集選　（清）唐君培　（清）張之賓校　民國元年（1912）上海江東書局石印本　二冊　存二卷（一至二）

330000 - 1716 - 0012218　子補 3185 - 1/12218　子部/宗教類/其他宗教之屬/基督教

與彌撒經一卷　民國六年（1917）寧波七苦堂鉛印本　一冊

330000 - 1716 - 0012220　子補 3643 - 2/12220　子部/醫家類/本草之屬/本草藥性

本草再新十二卷　（清）葉桂撰　（清）陳念祖評　民國石印本　一冊　存四卷（二至五）

330000 - 1716 - 0012221　子補 1820/12221　子部/法家類

商君書箋正五卷　簡書撰　民國二十年（1931）上海民智書局鉛印本　一冊

330000 - 1716 - 0012222　集補 2450 - 140/12222　集部/小說類/長篇之屬

增像全圖三國演義十六卷一百二十回首一卷　（明）羅本撰　（清）毛宗崗評　民國十二年（1923）上海元昌書局石印本　一冊　存五卷（一至四、首）

330000 - 1716 - 0012225　集補 2450 - 141/12225　集部/小說類/長篇之屬

增像全圖三國演義十六卷一百二十回首一卷　（明）羅本撰　（清）毛宗崗評　民國上海錦章書局石印本　一冊　存二卷（十一至十二）

330000 - 1716 - 0012227　集補 2450 - 99/12227　集部/小說類/長篇之屬

增像全圖三國演義十六卷一百二十回首一卷　（明）羅本撰　（清）毛宗崗評　民國上海天寶書局石印本　三冊　存三卷（十三、十五至十六）

330000 - 1716 - 0012228　集補 2450 - 107/12228　集部/小說類/長篇之屬

增像全圖三國演義十六卷一百二十回首一卷　（明）羅本撰　（清）毛宗崗評　民國上海進步書局石印本　三冊　存六卷（七至十、十五至十六）

330000 - 1716 - 0012230　集補 2450 - 127/12230　集部/小說類/長篇之屬

增像全圖三國演義第一才子書八卷一百二十回首一卷　（明）羅本撰　（清）毛宗崗評　民國石印本　二冊　存二卷（五至六）

330000 - 1716 - 0012231　集補 2450 - 103/12231　集部/小說類/長篇之屬

增像全圖三國演義第一才子書十六卷一百二十回首一卷　（明）羅本撰　（清）毛宗崗評　民國上海天寶書局石印本　二冊　存三卷（一、四，首）

330000 - 1716 - 0012235　集補 2450 - 104/12235　集部/小說類/長篇之屬

第一才子書十六卷一百二十回首一卷　（明）羅本撰　（清）金人瑞　（清）毛宗崗評　民國上海大成書局石印本　一冊　存一卷（十一）

330000 - 1716 - 0012237　地獻 1935 - 4/

12237　經部/小學類/訓詁之屬/字詁

新鐫智燈難字二卷　(清)范寅撰　民國浙紹墨潤堂石印本　一冊

330000－1716－0012239　集補 2450－120/12239　集部/小說類/長篇之屬

增像全圖三國演義十六卷一百二十回首一卷　(明)羅本撰　(清)毛宗崗評　民國石印本　二冊　存五卷(五至八、十)

330000－1716－0012240　經補 0891－6/12240　經部/小學類/訓詁之屬/字詁

新鐫智燈難字二卷　(清)范寅撰　民國石印本　一冊

330000－1716－0012243　集補 2450－90/12243　集部/小說類/長篇之屬

增像全圖三國演義十六卷一百二十回　(明)羅本撰　(清)毛宗崗評　民國石印本　二冊　存四卷(七至八、十一至十二)

330000－1716－0012244　集補 2450－133/12244　集部/小說類/長篇之屬

增像全圖三國演義十六卷一百二十回首一卷　(明)羅本撰　(清)毛宗崗評　民國石印本　一冊　存二卷(九至十)

330000－1716－0012245　集補 2450－93/12245　集部/小說類/長篇之屬

增像全圖三國演義十六卷一百二十回　(明)羅本撰　(清)毛宗崗評　民國石印本　五冊　存九卷(四、九至十六)

330000－1716－0012246　集補 0008－71/12246　集部/小說類/長篇之屬

增像全圖東周列國志八卷一百八回　(清)蔡奡評點　民國石印本　一冊　存一卷(七)

330000－1716－0012248　集補 2450－138/12248　集部/小說類/長篇之屬

增像全圖三國演義十六卷一百二十回首一卷　(明)羅本撰　(清)毛宗崗評　民國石印本　一冊　存四卷(十一至十四)

330000－1716－0012249　子補 2068/12249　子部/雜著類/雜考之屬

札迻十二卷　(清)孫詒讓撰　民國上海千頃堂石印本　六冊

330000－1716－0012250　集補 2450－95/12250　集部/小說類/長篇之屬

增像全圖三國演義十六卷一百二十回　(明)羅本撰　(清)毛宗崗評　民國石印本　七冊　存六卷(六至七、九至十、十三至十四)

330000－1716－0012252　集補 2450－115/12252　集部/小說類/長篇之屬

增像全圖三國志演義第一才子書十六卷一百二十回首一卷　(明)羅本撰　(清)毛宗崗評　民國石印本　二冊　存三卷(四至五、九)

330000－1716－0012253　集補 2450－92/12253　集部/小說類/長篇之屬

增像全圖三國演義十六卷一百二十回首一卷　(明)羅本撰　(清)毛宗崗評　民國石印本　五冊　存十一卷(一至六、十三至十六,首)

330000－1716－0012254　經補 0688－8/12254　經部/春秋左傳類/傳說之屬

加批輯注東萊博議四卷　(宋)呂祖謙撰　劉鍾英輯注　**增補虛字備考注釋六卷**　(清)張文炳撰　民國石印本　三冊　存三卷(二至四)

330000－1716－0012255　經補 0400－1/12255　經部/四書類/總義之屬/傳說

四書集注十九卷　(宋)朱熹撰　民國石印本　一冊　存一種

330000－1716－0012259　子補 3630/12259　子部/雜著類/雜編之屬

民國新萬事不求人不分卷　民國石印本　一冊

330000－1716－0012261　子補 1300－2/12261　子部/宗教類/道教之屬

奇驗明聖經感應三聖經合刊不分卷　民國紹城廣文印書館鉛印本　一冊

330000－1716－0012262　史補 1601/12262　史部/史評類/史論之屬

明史例案九卷　劉承幹撰　民國四年(1915)

吳興劉氏嘉業堂刻本　四冊

330000－1716－0012265　子補 1360－2/12265　子部/叢編

評注諸子精華録十八卷　張之純編纂　民國八年(1919)上海商務印書館鉛印本　三冊　存三卷(六至八)

330000－1716－0012268　子補 1039－12/12268　子部/小說家類/雜事之屬

繪圖廣注坐花誌果八卷　(清)汪道鼎撰　(清)鷲峰樵者音釋　民國十四年(1925)上海廣益書局石印本　四冊

330000－1716－0012272　集補 3172/12272　集部/總集類/氏族之屬

伏舍傳唫集四卷　何鏞等撰　民國二十五年(1936)會稽壽氏鉛印本　一冊

330000－1716－0012273　子補 3638/12273　子部/雜著類/雜纂之屬

洞冥統化新編一卷　民國十九年(1930)上海宏大善書局石印本　一冊

330000－1716－0012275　集補 1609－2/12275　集部/詩文評類/文法之屬/函牘格式

言文對照廣注寫信必讀不分卷　(清)唐芸洲撰　民國上海世界書局石印本　一冊

330000－1716－0012276　集補 3217/12276　集部/小說類/長篇之屬

社會小說二十年目睹之怪現狀八卷一百八回　(清)吴趼人撰　(清)李伯元評點　民國石印本　六冊　缺二卷(二至三)

330000－1716－0012277　經補 1311－1/12277　經部/小學類/文字之屬/字書/字典

新字典十二卷拾遺一卷檢字一卷附録一卷勘誤一卷補編一卷　陸爾奎等編纂　民國上海商務印書館鉛印本　二冊　存六卷(一至三、檢字、附録、勘誤)

330000－1716－0012282　經補 1284/12282　經部/小學類/文字之屬/字書/字典

新字典十二卷拾遺一卷檢字一卷附録一卷勘誤一卷補編一卷　陸爾奎等編纂　民國上海商務印書館鉛印本　五冊　缺三卷(七至九)

330000－1716－0012285　新補 0105－4/12285　新學/雜著/叢編

日用萬事全書二十編　新華編輯所編　民國上海新華書局鉛印本　二冊　存二編

330000－1716－0012288　子補 1828/12288　子部/儒家類/儒學之屬/性理

儒門法語一卷　(清)彭定求編　(清)彭清鵬補編　民國十一年(1922)長洲彭氏承業堂鉛印本　一冊

330000－1716－0012290　子補 3662/12290　子部/宗教類/道教之屬/經文

明聖經一卷　民國二十四年(1935)紹興陳壽光石印本　一冊

330000－1716－0012293　子補 0519－1/12293　子部/宗教類/道教之屬/雜著

暗室燈二卷　(清)深山居士輯　民國十五年(1926)杭州浙江印刷公司鉛印本　一冊

330000－1716－0012300　集補 3219/12300　集部/小說類/長篇之屬

繪圖新編洪秀全演義十集四十卷　半癡編　民國十二年(1923)上海大成書局石印本　二十二冊　存二十一卷(五集二至四,六集一至四,七集一、三至四,八集一至四,九集一至四,十集一至三)

330000－1716－0012301　新補 0057/12301　新學/學校

共和國教科書新算術八冊不分卷　壽孝天編　民國上海商務印書館鉛印本　七冊　存七冊(一至七)

330000－1716－0012302　子補 2356－5/12302　子部/醫家類/養生之屬

養生保命録一卷　民國六年(1917)上海宏大善書局石印本　一冊

330000－1716－0012303　普子 2021/12303　子部/藝術類/篆刻之屬/印譜

仁山印稿一卷　鄭仁山編　民國二十八年(1939)江郎山人鈐印本　一冊

330000－1716－0012304　集補 0687/12304　集部/詩文評類/文法之屬/函牘格式

寫信必讀十卷　(清)唐芸洲撰　民國十三年(1924)上海天寶書局石印本　二册

330000－1716－0012306　經補 1326/12306　經部/四書類/中庸之屬/傳說

中庸章句二卷　(宋)朱熹撰　民國浙紹育新書局石印本　一册

330000－1716－0012309　集補 1609－7/12309　集部/詩文評類/文法之屬/函牘格式

女子寫信必讀二卷　民國十一年(1922)上海交通圖書館石印本　四册

330000－1716－0012311　新補 0051－2/12311　子部/天文曆算類/算書之屬

最新全圖小學簡明算法二卷　民國上海昌文書局石印本　一册

330000－1716－0012314　集補 3159/12314　集部/别集類/清别集

新體廣注小倉山房尺牘八卷　(清)袁枚撰　(清)胡光斗箋釋　(清)徐楨增注　民國七年(1918)上海廣文書局石印本　三册　存六卷(一至四、七至八)

330000－1716－0012318　子補 3223－2/12318　子部/雜著類

玉歷至寶鈔勸世一卷　民國石印本　一册

330000－1716－0012320　子補 3803－1/12320　子部/天文曆算類/算書之屬

最新圖式歸除算法一卷　民國石印本　二册

330000－1716－0012322　子補 3803－2/12322　子部/天文曆算類/算書之屬

最新圖式歸除算法一卷　民國上海錦章書局石印本　一册

330000－1716－0012323　集補 3170－1/12323　集部/詩文評類/文法之屬/函牘格式

新撰詳注分類尺牘大成不分卷　周蓮第編　民國石印本　一册　存謀託類、薦舉類、餽贈類

330000－1716－0012324　集補 3175－1/12324　集部/總集類/尺牘之屬

改良商務應用尺牘二卷　顏觀侯撰　江星橋繕寫　民國啟新學社石印本　二册

330000－1716－0012325　子補 3803－3/12325　子部/天文曆算類/算書之屬

一月畢業珠算指南一卷　孫志勁編輯　民國十八年(1929)上海世界書局石印本　一册

330000－1716－0012327　子補 3803－4/12327　子部/天文曆算類/算書之屬

最新圖式小學簡明算法□□卷　民國上海廣記書局石印本　二册　存一卷(一)

330000－1716－0012328　子補 3803－5/12328　子部/天文曆算類/算書之屬

重刻校正指明九章算法□□卷　民國上海大成書局石印本　一册　存一卷(一)

330000－1716－0012329　集補 3175－2/12329　集部/詩文評類/文法之屬/函牘格式

最新應用女子尺牘教科書二卷　杜芝庭撰　民國十三年(1924)上海會文堂書局石印本　一册　存一卷(二)

330000－1716－0012331　普叢 0104－7/12331　類叢部/叢書類/彙編之屬

四部叢刊　張元濟等編　民國上海商務印書館影印本　十三册　存六種

330000－1716－0012332　集補 3175－3/12332　集部/詩文評類/文法之屬/函牘格式

言文對照女子新尺牘二卷　廣文書局編輯所編輯　民國十四年(1925)上海世界書局石印本　二册

330000－1716－0012333　新補 0028－4/12333　新學/學校

[初等小學校秋季始業]共和國教科書新國文八册不分卷　樊炳清　莊俞編　民國二年(1913)上海商務印書館石印本　一册　存一册(四)

330000－1716－0012334　地獻 0968－6/12334　集部/别集類/清别集

新體廣注秋水軒尺牘二卷　（清）許思湄撰　陸翔注　民國上海廣文書局石印本　一冊　存一卷（一）

330000－1716－0012335　集補 3170－2/12335　集部/詩文評類/文法之屬/函牘格式

新撰詳注分類尺牘大成不分卷　周蓮第編　民國七年（1918）上海鴻寶齋書局石印本　十冊

330000－1716－0012336　新補 0029－1/12336　新學/學校

［高等小學校春季始業］共和國教科書新國文六冊不分卷　莊俞　沈頤編　民國上海商務印書館鉛印本　一冊　存一冊（二）

330000－1716－0012338　新補 0082－2/12338　新學/學校

［高等小學校秋季始業］共和國教科書新修身不分卷　包公毅　沈頤編　民國二年（1913）上海商務印書館鉛印本　四冊

330000－1716－0012339　地獻 0968－2/12339　集部/別集類/清別集

新體廣注秋水軒尺牘二卷　（清）許思湄撰　陸翔注　民國十三年（1924）上海世界書局石印本　二冊

330000－1716－0012342　經補 0405－2/12342　經部/四書類/總義之屬/傳說

四書集注十九卷　（宋）朱熹撰　民國上海育文書局鉛印本　陸崇德題記　一冊　存一種

330000－1716－0012345　新補 0103－2/12345　集部/詩文評類/文法之屬/文法

作文指南四卷　（清）陳仲星撰　民國中華書局鉛印本　四冊

330000－1716－0012346　集補 3175－4/12346　集部/詩文評類/文法之屬/函牘格式

最新民國正草商學尺牘指南二卷附增補攷正字彙一卷　民國五年（1916）上海文元書局石印本　二冊

330000－1716－0012348　子補 0080－9/12348　子部/儒家類/儒學之屬/蒙學

精校重增繪圖幼學故事瓊林四卷首一卷　（清）程登吉撰　（清）鄒聖脈增補　蔡郕續增　（清）謝梅林　（清）鄒可庭參訂　民國十八年（1929）上海會文堂新記書局石印本　二冊　缺二卷（二至三）

330000－1716－0012351　新補 0118/12351　新學/學校

中華高等小學地理教科書四冊不分卷　曹同文　吴競編　民國元年（1912）上海中華書局鉛印本　二冊　存二冊（一至二）

330000－1716－0012352　普叢 0105/12352　類叢部/叢書類/彙編之屬

四部叢刊　張元濟等編　民國上海商務印書館影印本　二百十四冊　存四十八種

330000－1716－0012353　子補 3615/12353　子部/醫家類/綜合之屬/雜著

濟世壽人不分卷　民國北京亞東製版印刷局鉛印本　一冊

330000－1716－0012359　史補 1505/12359　史部/目録類/專録之屬

百年書展目録一卷　上海市美術館籌備處編　民國三十六年（1947）鉛印本　一冊

330000－1716－0012360　地獻 1824－25/12360　集部/總集類/選集之屬/通代

新體廣注古文觀止十二卷　（清）吴乘權　（清）吴大職輯　黄築巖　劉再蘇注釋　民國上海廣文書局石印本　五冊　存五卷（四、六至七、十一至十二）

330000－1716－0012363　子補 3616－1/12363　子部/儒家類/儒學之屬/俗訓

益世良歌一卷　金南池等編　民國十二年（1923）上海宏大善書局石印本　一冊

330000－1716－0012365　子補 3623/12365　子部/醫家類/本草之屬/本草藥性

雷公炮製藥性解六卷　（清）李中梓輯　民國石印本　一冊　存三卷（四至六）

330000－1716－0012367　子補 1263－12/12367　類叢部/類書類/專類之屬

分韻字彙撮要四卷江湖輯要四卷 （清）溫儀鳳編輯 （清）溫繼聖訂 民國上海宏文閣石印本 一冊 存四卷（三至四、江湖輯要三至四）

330000－1716－0012369 子補 1831/12369 子部/叢編

子書百家（百子全書） （清）崇文書局編 民國上海掃葉山房石印本 三冊 存九種

330000－1716－0012370 集補 3175－5/12370 集部/詩文評類/文法之屬/函牘格式

注釋尺牘進階三卷 李澮吾編纂 民國商務印書館鉛印本 三冊

330000－1716－0012371 子補 1832/12371 子部/儒家類/儒學之屬

文中子中說十卷 （隋）王通撰 （宋）阮逸注 民國十三年（1924）上海掃葉山房石印本 楊積森題記 二冊

330000－1716－0012375 子補 3624/12375 子部/藝術類/書畫之屬/法帖

篆文論語二卷 （清）吳大澂書 民國三年（1914）蘇州振新書社影印本 一冊 存一卷（二）

330000－1716－0012379 子補 1833/12379 子部/儒家類/儒學之屬/性理

儒門語要六卷 （清）倪元坦撰 民國十三年（1924）上海大通書局石印本 三冊

330000－1716－0012383 集補 3175－6/12383 集部/總集類/尺牘之屬

眉公才子尺牘四卷 （明）陳繼儒輯 （清）沈錫侯增訂 **聖嘆才子尺牘四卷** （清）金人瑞鑒定 （清）金雍撰 民國七年（1918）上海碧梧山莊石印本 一冊 存二卷（二、聖嘆才子尺牘二）

330000－1716－0012386 子補 1834/12386 子部/儒家類/儒學之屬/性理

儒門語要六卷 （清）倪元坦撰 民國十三年（1924）上海大通書局石印本 三冊

330000－1716－0012389 子補 3625/12389 子部/雜著類

醒世良方□□卷 孫文衡纂修 仇性存編輯 民國上海宏大紙號石印本 一冊 存三卷（一至三）

330000－1716－0012391 子補 1835/12391 子部/儒家類/儒學之屬/性理

呂語集粹四卷首一卷 （明）呂坤撰 （清）陳宏謀評 民國江左書林石印本 二冊

330000－1716－0012392 集補 3175－7/12392 集部/詩文評類/文法之屬

中華青年愛我尺牘四卷 岑仰之編輯 民國石印本 三冊 存三卷（二至四）

330000－1716－0012398 集補 3175－8/12398 集部/總集類/尺牘之屬

商業應用尺牘教本二卷 文明書局編 民國上海文明書局石印本 一冊 存一卷（一）

330000－1716－0012400 地獻 1695/12400 史部/政書類/公牘檔冊之屬

蠡城凌霄社丁丑年徵信録一卷 民國鉛印本 一冊

330000－1716－0012401 地獻 1962－3/12401 類叢部/叢書類/彙編之屬

復性書院叢刊二十七種 馬浮編 民國二十九年至三十七年（1940－1948）復性書院刻本暨鉛印本 二冊 存三種

330000－1716－0012403 普叢 0213－1/12403 類叢部/叢書類/彙編之屬

抱經堂叢書十六種 （清）盧文弨編 民國十二年（1923）北京直隸書局據清乾隆至嘉慶盧氏刻本影印本 六冊 存一種

330000－1716－0012404 史補 0899－4/12404 史部/編年類/通代之屬

尺木堂綱鑑易知録九十二卷明鑑易知録十五卷 （清）吳乘權 （清）周之炯 （清）周之燦輯 民國二年（1913）上海中華圖書館鉛印本 十四冊 缺十二卷（八十一至九十二）

330000－1716－0012406 新補 0016－1/12406 子部/雜著類/雜編之屬

日用酬世大觀　世界書局編輯所編　民國十五年(1926)上海世界書局石印本　三冊

330000－1716－0012410　新補 0018－7/12410　子部/雜著類/雜纂之屬

日用快覽不分卷　世界書局編　民國十三年(1924)上海世界書局石印本　一冊

330000－1716－0012411　集補 1767/12411　集部/小說類/長篇之屬

增評加注全圖紅樓夢十五卷一百二十回首一卷　(清)曹霑　(清)高鶚撰　(清)王希廉　(清)張新之　(清)姚燮評　民國上海掃葉山房石印本　八冊　存八卷(八至十五)

330000－1716－0012413　子補 3671/12413　史部/傳記類/總傳之屬/技藝

畫徵録三卷續録二卷明人附録一卷　(清)張庚撰　民國八年(1919)上海有正書局鉛印本　祁慶安題記　二冊

330000－1716－0012417　子補 3626/12417　子部/雜著類/雜編之屬

家庭日用寶鑑不分卷　廣文書局編輯所編　民國八年(1919)上海廣文書局石印本　一冊

330000－1716－0012419　子補 3666/12419　子部/儒家類/儒學之屬/蒙學

會文堂精校重增繪圖幼學故事瓊林四卷首一卷　(清)程登吉撰　(清)鄒聖脈增補　蔡郕續增　(清)謝梅林　(清)鄒可庭參訂　民國八年(1919)上海會文堂書局石印本　一冊

330000－1716－0012421　子補 0080－46/12421　子部/儒家類/儒學之屬/蒙學

精校新增繪圖幼學故事瓊林四卷首一卷　(清)程登吉撰　(清)鄒聖脈增補　蔡郕續增　(清)謝梅林　(清)鄒可庭參訂　民國石印本　一冊　缺一卷(首)

330000－1716－0012426　子補 3676/12426　子部/藝術類/書畫之屬

拜李樓遺墨不分卷　溫匋繪　民國十九年(1930)影印本暨鉛印本　一冊

330000－1716－0012427　集補 0007－28/12427　集部/小說類/長篇之屬

繪圖增像第五才子書水滸全傳十二卷七十回首一卷　(元)施耐庵撰　(清)金人瑞評釋　民國上海文瑞樓石印本　六冊　存七卷(一至六、首)

330000－1716－0012430　史補 1496/12430　史部/目録類

江西佛學經典流通處圖書目録一卷　民國一平印刷局鉛印本　一冊

330000－1716－0012437　子補 1840/12437　子部/儒家類/儒學之屬/禮教/家訓

朱柏廬先生治家格言(朱子家訓)一卷　(清)朱用純撰　民國二十四年(1935)三友實業社石印本　一冊

330000－1716－0012441　子補 3670/12441　子部/醫家類/婦科之屬/產科

達生編三卷　(清)亟齋居士撰　民國鉛印本　一冊

330000－1716－0012442　子補 3674－1/12442　類叢部/叢書類/彙編之屬

少年叢書　民國十年(1921)上海中華書局鉛印本　一冊　存一種

330000－1716－0012446　地獻 2036/12446　史部/傳記類/總傳之屬/家乘

杜氏祠義三種　民國十四年(1925)鉛印本　三冊

330000－1716－0012449　子補 3672/12449　子部/宗教類/佛教之屬

素食主義一卷　民國上海醫學書局鉛印本　一冊

330000－1716－0012450　集補 3225/12450　集部/小說類/長篇之屬

繪圖雪月梅全傳六卷五十回　(清)陳朗編　(清)董孟汾評釋　民國上海受古書店、中一書局石印本　四冊　缺二卷(五至六)

330000－1716－0012454　集補 1749－3/12454　集部/小說類/長篇之屬

增訂繪圖精忠説岳全傳八卷八十回　(清)錢

彩編　(清)金豐增訂　民國石印本　潘仁壽題簽　三冊　存三卷(二、五、八)

330000－1716－0012456　集補 3226－1/12456　集部/小說類/長篇之屬
繪圖說岳全傳八卷八十回　(清)錢彩撰　民國上海大成書局石印本　一冊　存一卷(二)

330000－1716－0012457　集補 3226－2/12457　集部/小說類/長篇之屬
繪圖說岳全傳八卷八十回　(清)錢彩撰　民國上海大成書局石印本　三冊　存三卷(二、五至六)

330000－1716－0012458　集補 0026－11/12458　集部/小說類/長篇之屬
增訂繪圖精忠說岳全傳八卷八十回　(清)錢彩編　(清)金豐增訂　民國石印本　六冊　存六卷(二、四至八)

330000－1716－0012460　集補 0026－13/12460　集部/小說類/長篇之屬
增訂繪圖精忠說岳全傳八卷八十回　(清)錢彩編　(清)金豐增訂　民國上海共和書局石印本　三冊　存三卷(一至二、六)

330000－1716－0012462　集補 3226－5/12462　集部/小說類/長篇之屬
繡像繪圖說岳全傳八卷八十回　(清)錢彩撰　民國石印本　四冊

330000－1716－0012464　集補 3226－3/12464　集部/小說類/長篇之屬
繡像繪圖說岳全傳八卷八十回　(清)錢彩撰　民國石印本　一冊　存一卷(七)

330000－1716－0012465　集補 3226－4/12465　集部/小說類/長篇之屬
繡像精忠演義說岳全傳八卷八十回　(清)錢彩編　(清)金豐增訂　民國石印本　四冊　存五卷(一至二、五至七)

330000－1716－0012466　新補 0574/12466　新學/學校
王廷瑩所輯講義　王廷瑩輯　民國油印本　四冊　存四種

330000－1716－0012482　集補 3227－3/12482　集部/小說類/長篇之屬
繪圖東漢演義四卷六十四回　民國上海中原書局石印本　一冊　存一卷(四)

330000－1716－0012484　集補 3227－4/12484　集部/小說類/長篇之屬
繪圖東漢演義四卷六十四回　民國上海天寶書局石印本　一冊　存二卷(三至四)

330000－1716－0012486　集補 3227－5/12486　集部/小說類/長篇之屬
繪圖東漢演義二卷一百二十六回　民國十六年(1927)上海天成書局石印本　一冊　存一卷(一)

330000－1716－0012487　地獻 3676/12487　子部/藝術類/篆刻之屬/印譜
諸家印存不分卷　星北輯　民國鈐拓本　一冊

330000－1716－0012488　集補 3228－1/12488　集部/小說類/長篇之屬
繡像繪圖乾隆巡幸江南記八卷七十五回　民國上海書局石印本　三冊　存四卷(一至二、五至六)

330000－1716－0012490　普子 2015/12490　史部/金石類/璽印之屬
尊古齋古鉢集林第一集六卷第二集六卷　黄濬輯　民國十七年至二十六年(1928－1937)北平尊古齋石印本　四冊　存四卷(一至四)

330000－1716－0012491　子補 1844/12491　子部/儒家類/儒學之屬/蒙學
課子隨筆十卷　(清)張師載輯　民國八年(1919)郁文館石印本　四冊

330000－1716－0012493　集補 3228－2/12493　集部/小說類/長篇之屬
繡像繪圖乾隆巡幸江南記八卷七十五回　民國石印本　一冊　存四卷(五至八)

330000－1716－0012494　地獻 3677/12494　子部/藝術類/篆刻之屬/印譜
印存不分卷　民國鈐拓本　楊德謙題簽

一册

330000－1716－0012498　子補 3636/12498　子部/醫家類/喉科口齒之屬/白喉

洞主仙師白喉治法忌表抉微一卷　(清)耐修子録並注　**白喉吹藥方一卷**　(清)馮金鑑勘定　(清)馮汝璋　(清)馮汝壩分纂　民國十五年(1926)衢縣三衢印刷社鉛印本　一册

330000－1716－0012500　集補 3230/12500　集部/小説類/長篇之屬

繡像全圖正本九義十八俠八卷八十回　張箇儂編輯　民國上海興記書局石印本　二册　存二卷(三、七)

330000－1716－0012512　集補 3231－2/12512　集部/小説類/長篇之屬

繡像西漢演義四卷一百回　(明)甄偉撰　民國十一年(1922)上海錦章圖書局石印本　三册　存三卷(一、三至四)

330000－1716－0012513　集補 3171/12513　子部/宗教類/佛教之屬/諸宗

印光法師文鈔七卷附録一卷　釋聖量撰　民國上海商務印書館鉛印本　三册　缺二卷(三至四)

330000－1716－0012515　集補 3231－3/12515　集部/小説類/長篇之屬

繡像西漢演義四卷一百回　(明)甄偉撰　民國上海著易堂書局鉛印本　二册

330000－1716－0012521　史補 1533/12521　史部/傳記類/别傳之屬/事狀

林社二十五周年紀念徵文一卷　林社編　民國十四年(1925)鉛印本　一册

330000－1716－0012522　史補 1532/12522　史部/目録類

江西佛學經典流通處圖書目録一卷　民國一平印刷局鉛印本　一册

330000－1716－0012523　地獻 1404－8/12523　史部/傳記類/别傳之屬/年譜

淄川蒲明經[松齡]年徵一卷　唐風撰　民國二十二年(1933)鉛印本　一册

330000－1716－0012525　集補 3232－1/12525　集部/詩文評類/文法之屬/函牘格式

新撰詳注分類尺牘大成不分卷　周蓮第編　民國二十四年(1935)上海大興圖書館石印本　四册

330000－1716－0012526　史補 1531/12526　史部/傳記類/别傳之屬/事狀

吴錦堂先生銅像彙録不分卷　民國鉛印本　一册

330000－1716－0012528　史補 1528/12528　史部/政書類/邦計之屬

東南鐵道大計畫一卷　民國鉛印本　一册

330000－1716－0012533　子補 1137/12533　子部/雜著類

醒世俚言一卷　民國石印本　一册

330000－1716－0012535　集補 3232－2/12535　集部/詩文評類/文法之屬/函牘格式

新撰詳注分類尺牘大成不分卷　周蓮第編　民國八年(1919)上海鴻寶齋書局石印本　四册

330000－1716－0012539　史補 1538/12539　史部/傳記類/别傳之屬/事狀

胡稑薌先生哀輓録不分卷　胡慶衍編　民國九年(1920)鉛印本　一册

330000－1716－0012543　集補 3233－1/12543　集部/小説類/長篇之屬

洞冥記十卷三十八回　(清)吕惟一輯　民國十八年(1929)上海宏大善書局石印本　五册

330000－1716－0012547　子補 3828－1/12547　子部/宗教類/道教之屬/經文

關聖帝君奇驗明聖經一卷　民國二十三年(1934)紹興陳壽光石印本　一册

330000－1716－0012548　子補 3828－2/12548　子部/宗教類/道教之屬/經文

關聖帝君奇驗明聖經一卷　民國二十五年(1936)紹興陳壽光石印本　一册

330000－1716－0012550　集補 3254/12550

集部/總集類/選集之屬/通代

天下才子必讀書十五卷 (清)金人瑞選評 民國國學進化社石印本 四册 存十一卷(三至十一、十四至十五)

330000－1716－0012551 子補 3828－3/12551 子部/宗教類/道教之屬/經文

關聖帝君奇驗明聖經一卷 民國二十五年(1936)紹興陳壽光石印本 一册

330000－1716－0012553 子補 3828－4/12553 子部/宗教類/道教之屬/經文

關聖帝君奇驗明聖經一卷 民國十六年(1927)紹興陳壽光石印本 一册

330000－1716－0012554 子補 3828－5/12554 子部/宗教類/道教之屬

關帝明聖真經一卷附應驗靈籤一卷 民國上海宏大善書局石印本 一册

330000－1716－0012555 普叢 0307/12555 類叢部/叢書類/自著之屬

推十書十二種 劉咸炘撰 民國刻本 十六册 存九種

330000－1716－0012557 子補 3828－6/12557 子部/宗教類/道教之屬

關帝明聖真經一卷附應驗靈籤一卷 民國上海宏大善書局石印本 一册

330000－1716－0012561 史補 1540－1/12561 史部/傳記類/別傳之屬/年譜

陸閏生先生五十自述記一卷附駐日時代交涉案情 陸宗輿撰 民國十四年(1925)北京日報朱墨鉛印本 一册

330000－1716－0012562 史補 1540－2/12562 史部/傳記類/別傳之屬/年譜

陸閏生先生五十自述記一卷附駐日時代交涉案情 陸宗輿撰 民國十四年(1925)北京日報朱墨鉛印本 一册

330000－1716－0012564 史補 1541－1/12564 史部/傳記類/別傳之屬/事狀

誥封通議大夫先府君理聲公[朱鋆]言行述畧一卷誥封淑人先妣馮太淑人家傳一卷 朱允中述 朱允成校 民國鉛印本 一册

330000－1716－0012566 史補 1541－2/12566 史部/傳記類/別傳之屬/事狀

誥封通議大夫先府君理聲公[朱鋆]言行述畧一卷誥封淑人先妣馮太淑人家傳一卷 朱允中述 朱允成校 民國鉛印本 一册

330000－1716－0012568 子補 1929/12568 子部/儒家類/儒學之屬/禮教

式古編五卷 (清)莊瑤輯 民國八年(1919)郁文館石印本 二册

330000－1716－0012569 子補 3686/12569 子部/宗教類/道教之屬

募建崇道院宇啟一卷 道青撰 民國鉛印本 一册

330000－1716－0012574 史補 1536/12574 史部/政書類/邦計之屬

直省編製農林統計報告書暫行規則一卷附度量衡及圜法計算法一卷 民國鉛印本 一册

330000－1716－0012575 史補 1537/12575 史部/傳記類/別傳之屬/事狀

滬軍都督陳公英士[其美]行狀一卷 邵元沖撰 民國鉛印本 一册

330000－1716－0012576 子補 1857/12576 子部/雜著類/雜説之屬

讀子巵言二卷 江瑔撰 民國十八年(1929)上海商務印書館鉛印本 二册

330000－1716－0012577 集補 3196/12577 集部/別集類

感逝叢刊四種 唐風撰 民國十九年(1930)紹興印刷局鉛印本 一册 存一種

330000－1716－0012578 子補 1858/12578 子部/雜著類/雜説之屬

讀子巵言二卷 江瑔撰 民國六年(1917)上海商務印書館鉛印本 二册

330000－1716－0012581 子補 1859/12581 子部/雜著類/雜説之屬

菜根譚一卷 (明)洪應明撰 民國蘭谿泰和

裕紙號鉛字印刷所鉛印本　一冊

330000－1716－0012587　集補 3247－33/12587　集部/小説類/短篇之屬
詳注聊齋志異圖詠十六卷　(清)蒲松齡撰　(清)呂湛恩注　民國石印本　二冊　存四卷(十三至十六)

330000－1716－0012592　子補 0080－30/12592　子部/儒家類/儒學之屬/蒙學
新增繪圖幼學故事瓊林四卷首一卷　(清)程登吉撰　(清)鄒聖脈增補　民國上海文瑞樓石印本　二冊　存二卷(二、四)

330000－1716－0012594　地獻 1824－79/12594　集部/總集類/選集之屬/通代
增批古文觀止十二卷　(清)吳乘權　(清)吳大職輯　民國元年(1912)紹興墨潤堂石印本　羅志雲題簽並記　五冊　缺二卷(三至四)

330000－1716－0012598　地獻 1824－73/12598　集部/總集類/選集之屬/通代
增批古文觀止十二卷　(清)吳乘權　(清)吳大職輯　民國元年(1912)紹興墨潤堂石印本　二冊　存四卷(一至四)

330000－1716－0012601　史補 1543/12601　史部/傳記類/別傳之屬/事狀
故室李氏傳略一卷　王崇禮述　唐風校訂　民國鉛印本　一冊

330000－1716－0012607　集補 3199/12607　集部/小説類/短篇之屬
情鐵十九章　(法國)老昔倭尼撰　林紓筆述　王慶通口譯　民國上海中華書局鉛印本　一冊

330000－1716－0012614　集補 3237/12614　集部/曲類/彈詞之屬
繪圖小金錢全傳四卷二十四回　民國六年(1917)上海萃英書局石印本　二冊　存二卷(一、四)

330000－1716－0012623　子補 3691/12623　子部/宗教類/佛教之屬
初機淨業指南一卷　黃慶瀾撰　民國十一年(1922)上海佛學推行社鉛印本　一冊

330000－1716－0012633　史補 1526/12633　史部/地理類/山川之屬/山志
天台山文化史二卷　梁濟康編　民國鉛印本　一冊

330000－1716－0012635　子補 1865/12635　子部/儒家類/儒學之屬/禮教/家訓
澄懷園語四卷　(清)張廷玉撰　民國上海文瑞樓石印本　張學勤題記　一冊

330000－1716－0012636　子補 3693/12636　子部/宗教類/道教之屬
太上感應篇注講證案彙編四卷首一卷　釋印光鑒定　民國十二年(1923)上海中華書局鉛印本　二冊

330000－1716－0012640　地獻 1404－7/12640　史部/傳記類/別傳之屬/年譜
淄川蒲明經[松齡]年徵一卷　唐風撰　民國二十二年(1933)鉛印本　一冊

330000－1716－0012642　子補 3695/12642　子部/宗教類/佛教之屬/經
地藏菩薩本願經見聞利益品一卷　(唐)釋實叉難陀譯　民國石印本暨鉛印本　一冊

330000－1716－0012644　子補 3696/12644　子部/宗教類/佛教之屬/經咒
日誦經咒簡易科儀不分卷　民國江蘇監獄感化會鉛印本　一冊

330000－1716－0012645　新補 0079－2/12645　新學/議論/通論
政治大同一卷永久和平一卷大德必得一卷　民國北平道德學社鉛印本　二冊　存二卷(政治大同、永久和平)

330000－1716－0012646　子補 3840/12646　子部/宗教類/佛教之屬/論
重刻西方公據不分卷　釋印光輯　民國十二年(1923)徐肇珩刻本　一冊

330000－1716－0012650　新補 0562/12650　子部/儒家類/儒學之屬/蒙學

四字便蒙學校課本不分卷 李庚撰 民國十一年(1922)合川會善堂慈善會刻本 一冊

330000-1716-0012652 子補 1866/12652 子部/儒家類/儒學之屬/禮教/家訓
雙節堂庸訓四卷 (清)汪輝祖撰 民國六年(1917)彩華石印局石印本 周子良題簽 一冊

330000-1716-0012656 子補 1867/12656 子部/儒家類/儒學之屬/性理
性理學大義五種 唐文治輯 民國無錫國學專修館鉛印本 二冊 存四種

330000-1716-0012657 經補 1112-2/12657 經部/四書類/總義之屬/傳說
新注四書白話解說三十六卷 江希張注 民國十三年(1924)上海大同書局石印本 十冊

330000-1716-0012658 子補 1868/12658 子部/雜著類/雜說之屬
菜根譚一卷 (明)洪應明撰 民國二十一年(1932)海門大同印刷局鉛印本 一冊

330000-1716-0012659 子補 1869/12659 子部/雜著類/雜說之屬
菜根譚一卷 (明)洪應明撰 民國蘭谿泰和裕紙號鉛字印刷所鉛印本 一冊

330000-1716-0012660 子補 1870/12660 子部/雜著類/雜說之屬
孔學雜著一卷 歐陽漸撰 民國三十年(1941)支那內學院刻本 一冊

330000-1716-0012663 新補 0563/12663 新學/學校
理化講義不分卷 民國油印本 王世庸題簽並記 一冊

330000-1716-0012665 地獻 1824-85/12665 集部/總集類/選集之屬/通代
增批古文觀止十二卷 (清)吳乘權 (清)吳大職輯 民國元年(1912)紹興墨潤堂石印本 六冊

330000-1716-0012669 地獻 1824-67/12669 集部/總集類/選集之屬/通代
古文觀止十二卷 (清)吳乘權 (清)吳大職輯 民國上海鴻寶齋石印本 五冊 缺二卷(十一至十二)

330000-1716-0012683 子補 3833-3/12683 子部/醫家類/綜合之屬/通論
醫宗金鑑九十卷首一卷 (清)吳謙等撰 民國上海廣益書局石印本 四冊 存二十五卷(內科二十一至二十三、四十五至五十,外科一至十六)

330000-1716-0012688 子補 2193/12688 子部/藝術類/書畫之屬/書法書品
書法入門十章 李肖白撰 民國二十五年(1936)上海慎昌總行鉛印本 一冊

330000-1716-0012689 子補 3833-8/12689 子部/醫家類/綜合之屬/通論
御纂醫宗金鑑九十卷首一卷 (清)吳謙等撰 民國八年(1919)上海鴻寶齋石印本 四冊 存十三卷(外科一至六、十一至十六,首)

330000-1716-0012696 子補 1873/12696 子部/叢編
子書百家(百子全書) (清)崇文書局編 民國七年(1918)上海掃葉山房石印本 一冊 存一種

330000-1716-0012698 譜 0217/12698 史部/傳記類/總傳之屬/家乘
[全國]章氏會譜德慶初編三十卷二編四卷三編十六卷四編十卷 章貽賢纂修 民國八年(1919)鉛印本 十四冊 存三十卷(一至七、九至十七,三編一至八,四編一至二、五至八)

330000-1716-0012702 子補 3833-9/12702 子部/醫家類/綜合之屬/通論
醫宗金鑑九十卷首一卷 (清)吳謙等撰 民國上海廣益書局石印本 一冊 存四卷(外科七至十)

330000-1716-0012704 子補 1874/12704 子部/法家類
韓非子二十卷 識誤三卷 (清)顧廣圻撰

民國十三年(1924)上海會文堂書局石印本 六册

330000－1716－0012705 子補 3833－10/12705 子部/醫家類/綜合之屬/通論
御纂醫宗金鑑九十卷首一卷 (清)吳謙等撰 民國商務印書館鉛印本 三册 存九卷(内科六十至六十二、外科八至十三)

330000－1716－0012710 子補 3833－12/12710 子部/醫家類/綜合之屬/通論
御纂醫宗金鑑九十卷首一卷 (清)吳謙等撰 民國上海昌文書局石印本 槐蔭蘆題記 一册 存十卷(編輯外科心法要訣七至十六)

330000－1716－0012711 子補 0836－1/12711 子部/宗教類/佛教之屬
佛家名相通釋二卷 熊十力撰 民國二十六年(1937)國立北京大學出版組鉛印本 二册

330000－1716－0012717 子補 4070－18/12717 子部/醫家類/本草之屬/歷代綜合本草
本草綱目五十二卷附圖一卷瀕湖脈學一卷奇經八脈考一卷脈訣考證一卷 (明)李時珍撰 **本草萬方鍼線八卷** (清)蔡烈先輯 **本草綱目拾遺十卷** (清)趙學敏輯 民國石印本 一册 存五卷(本草綱目拾遺六至十)

330000－1716－0012724 地獻 1824－91/12724 集部/總集類/選集之屬/通代
古文觀止十二卷 (清)吳乘權 (清)吳大職輯 民國三年(1914)上海鴻寶齋石印本 五册 缺二卷(七至八)

330000－1716－0012734 集補 3240/12734 集部/小說類/短篇之屬
畫報集記不分卷 民國石印本 五册

330000－1716－0012747 子補 1876/12747 子部/醫家類/綜合之屬/雜著
醫學三字經四卷 (清)陳念祖撰 民國二十年(1931)江蘇江陰寶文堂書莊刻本 一册

330000－1716－0012750 子補 3685/12750 子部/藝術類/書畫之屬/法帖
楹聯墨蹟大觀十卷 高野侯輯 民國上海中華書局影印本 四册 存四卷(一至二、四至五)

330000－1716－0012753 集補 3194/12753 集部/總集類/選集之屬/通代
天下才子必讀書十五卷末一卷 (清)金人瑞選評 民國上海有正書局鉛印本 安定氏題記 六册

330000－1716－0012756 集補 3457－1/12756 集部/詩文評類/詩評之屬
隨園詩話十六卷補遺十卷 (清)袁枚撰 民國石印本 四册

330000－1716－0012766 經補 1314－2/12766 經部/小學類/文字之屬/字書/字典
新式學生字典十二卷 吳研蘅主編 民國上海中華書局鉛印本 二册

330000－1716－0012771 新補 0560/12771 史部/政書類/公牘檔册之屬
中華民國醫藥學會章程一卷附録一卷 民國四年(1915)鉛印本 一册

330000－1716－0012774 子補 3683/12774 子部/宗教類/道教之屬/雜著
心傳韻語五卷 (清)何謙撰 民國杭州同道益善書局鉛印本 一册 存二卷(四至五)

330000－1716－0012779 新補 0559/12779 新學/學校
南通縣教育會第五屆年報不分卷 南通縣教育會編 民國六年(1917)鉛印本 一册

330000－1716－0012785 子補 3680/12785 子部/宗教類/佛教之屬/經疏
彌陀講演録一卷 釋源印講 王淇録 民國十三年(1924)京師第一監獄鉛印本 一册

330000－1716－0012786 子補 3681－1/12786 子部/宗教類/佛教之屬/總録
念佛四要一卷 (清)釋古崑撰 民國十年(1921)鉛印本 一册

330000－1716－0012787 子補 3681－2/

12787　子部/宗教類/佛教之屬/總録
念佛四要一卷　(清)釋古崑撰　民國十年(1921)鉛印本　一冊

330000－1716－0012788　經補 1000－164/12788　經部/小學類/文字之屬/字書/字典
康熙字典十二集三十六卷總目一卷檢字一卷辨似一卷等韻一卷補遺一卷備考一卷　(清)張玉書等纂修　民國石印本　二冊　存十五卷(寅集上中下、卯集上中下、辰集上中下、巳集上中下、午集上中下)

330000－1716－0012789　經補 1000－163/12789　經部/小學類/文字之屬/字書/字典
康熙字典十二集三十六卷總目一卷檢字一卷辨似一卷等韻一卷補遺一卷備考一卷　(清)張玉書等纂修　民國石印本　二冊　存十二卷(未集上中下、申集上中下、酉集上中下、戌集上中下)

330000－1716－0012790　子補 3698－1/12790　子部/術數類/雜術之屬
中國預言七種　(清)金人瑞評　民國鉛印本　陳紹森題記　一冊

330000－1716－0012791　子補 3698－2/12791　子部/術數類/雜術之屬
中國預言七種　(清)金人瑞評　民國鉛印本　張儁題記　一冊

330000－1716－0012797　經補 1000－143/12797　經部/小學類/文字之屬/字書/字典
中華字典十二集三十六卷總目一卷檢字一卷辨似一卷等韻一卷備考一卷補遺一卷　(清)張玉書等纂修　民國三年(1914)上海天寶書局石印本　五冊　缺三卷(亥集上中下)

330000－1716－0012798　經補 1000－142/12798　經部/小學類/文字之屬/字書/字典
中華字典十二集三十六卷總目一卷檢字一卷辨似一卷等韻一卷備考一卷補遺一卷　(清)張玉書等纂修　民國文盛堂石印本　一冊　存十五卷(寅集上中下、卯集上中下、辰集上中下、酉集上中下、戌集上中下)

330000－1716－0012799　經補 1000－79/12799　經部/小學類/文字之屬/字書/字典
康熙字典十二集三十六卷總目一卷檢字一卷辨似一卷等韻一卷補遺一卷備考一卷　(清)張玉書等纂修　民國上海廣益書局石印本　三冊　缺十五卷(巳集上中下、午集上中下、未集上中下、申集上中下、亥集上中下)

330000－1716－0012800　經補 1000－81/12800　經部/小學類/文字之屬/字書/字典
康熙字典十二集三十六卷總目一卷檢字一卷辨似一卷等韻一卷補遺一卷備考一卷　(清)張玉書等纂修　民國十八年(1929)上海共和書局石印本　五冊　缺六卷(巳集上中下、午集上中下)

330000－1716－0012801　經補 1000－82/12801　經部/小學類/文字之屬/字書/字典
康熙字典十二集三十六卷總目一卷檢字一卷辨似一卷等韻一卷補遺一卷備考一卷　(清)張玉書等纂修　民國石印本　三冊　存二十一卷(寅集上中下、卯集上中下、辰集上中下、巳集上中下、午集上中下、酉集上中下、戌集上中下)

330000－1716－0012809　集補 3191/12809　集部/總集類/酬唱之屬
壬社十老會紀盛録一卷　孫汝懌等撰　民國二十五年(1936)鉛印本　一冊

330000－1716－0012811　子補 3703/12811　子部/藝術類/書畫之屬/畫譜
清操軒畫賸不分卷　趙詠清繪　民國石印本　一冊

330000－1716－0012815　經補 1000－146/12815　經部/小學類/文字之屬/字書/字典
康熙字典十二集三十六卷總目一卷檢字一卷辨似一卷等韻一卷補遺一卷備考一卷　(清)張玉書等纂修　民國三年(1914)上海共和書局石印本　四冊　缺十二卷(巳集上中下、午集上中下、酉集上中下、戌集上中下)

330000－1716－0012818　經補 1000－83/12818　經部/小學類/文字之屬/字書/字典

康熙字典十二集三十六卷總目一卷檢字一卷辨似一卷等韻一卷補遺一卷備考一卷 （清）張玉書等纂修　民國石印本　二册　存十二卷（未集上中下、申集上中下、酉集上中下、戌集上中下）

330000－1716－0012819　子補 2920/12819
子部/術數類/陰陽五行之屬
參星秘要諏吉便覽不分卷附寶鏡圖一卷陽宅都天發用全書一卷 （清）俞榮寬輯　（清）梁學禮　（清）瞿天賚校　民國石印本　六册

330000－1716－0012821　史補 1523/12821
史部/政書類/邦交之屬
五九國恥書紳寶册一卷　許國英撰　沈宗伊書　民國八年（1919）上海文學圖書館石印本　一册

330000－1716－0012823　地獻 1950－2/12823　史部/傳記類/别傳之屬/事狀
紹興孝子金鹿賓先生哀誄録不分卷　陳澹然等撰　民國八年（1919）鉛印本　濯心室題記　一册

330000－1716－0012824　經補 1000－151/12824　經部/小學類/文字之屬/字書/字典
康熙字典十二集三十六卷總目一卷檢字一卷辨似一卷等韻一卷補遺一卷備考一卷 （清）張玉書等纂修　民國石印本　二册　存十五卷（寅集上中下、卯集上中下、辰集上中下、巳集上中下、午集上中下）

330000－1716－0012826　經補 1000－152/12826　經部/小學類/文字之屬/字書/字典
康熙字典十二集三十六卷總目一卷檢字一卷辨似一卷等韻一卷補遺一卷備考一卷 （清）張玉書等纂修　民國石印本　一册　存六卷（卯集上中下、辰集上中下）

330000－1716－0012827　子補 2896/12827
子部/術數類/命書相書之屬
命理易知不分卷　達文社編　民國七年（1918）中華書局鉛印本　一册

330000－1716－0012828　經補 1454/12828
經部/小學類/文字之屬/字書/字典
中華新字典初編十二卷續編十二卷檢字一卷　王文濡等編纂　民國上海文明書局石印本　一册　存三卷（初編午集、未集、申集）

330000－1716－0012830　普子 2016/12830
子部/藝術類/篆刻之屬/印譜
集古印譜四卷印正附説一卷 （明）甘暘編　民國掃葉山房影印本　四册

330000－1716－0012833　地獻 1505－3/12833　史部/傳記類/别傳之屬/事狀
承歡初録一卷　孫家驤等撰　孫國幹等輯　民國二十四年（1935）鉛印本　一册

330000－1716－0012836　集補 0007－56/12836　集部/小説類/長篇之屬
評注圖像水滸傳三十五卷七十回首一卷（元）施耐庵撰　（清）金人瑞評　民國六年（1917）鉛印本　一册　存一卷（首）

330000－1716－0012837　子補 3744/12837
子部/藝術類/篆刻之屬/印論
續三十五舉一卷 （清）黄子高撰　民國十八年（1929）上海商務印書館石印本　楊曰新題記　一册

330000－1716－0012839　史補 1521/12839
史部/傳記類/别傳之屬/事狀
紀子庚先生孝義録不分卷　紀經訓等輯　民國十三年（1924）鉛印本　一册

330000－1716－0012843　史補 1517/12843
史部/傳記類/總傳之屬
浙江省自治法會議代表名籍表一卷　民國鉛印本　一册

330000－1716－0012848　新補 0558/12848
新學/報章
新聞報館三十年紀念册不分卷　上海新聞報館編　民國十二年（1923）上海新聞報館鉛印本　一册

330000－1716－0012850　史補 1516/12850
史部/目録類
江西佛學經典流通處圖書目録一卷　民國一

平印刷局鉛印本　一冊

330000－1716－0012851　史補 1522/12851　史部/傳記類/別傳之屬/事狀

清封一品夫人陳母楊太夫人訃啟不分卷　陳其業等撰　民國十四年(1925)石印本　一冊

330000－1716－0012852　史補 1513/12852　史部/政書類/公牘檔冊之屬

全浙典業公會第九年癸亥紀事録一卷　民國十三年(1924)鉛印本　一冊

330000－1716－0012854　史補 1515－1/12854　史部/政書類/公牘檔冊之屬

重建粵古康橋徵信録一卷　民國二十四年(1935)鉛印本　一冊

330000－1716－0012855　集補 3239/12855　集部/別集類

心太平室集十卷補遺一卷附録一卷先德集二卷　張一麐撰　民國鉛印本　二冊　存六卷(四至九)

330000－1716－0012863　普叢 0254/12863　類叢部/叢書類/自著之屬

詳注曾文正公全集十六種附四種　(清)曾國藩撰　(清)李瀚章編輯　雷瑨　倪錫恩注　民國二十一年(1932)上海掃葉山房石印本　六冊　存十種

330000－1716－0012864　史補 1520/12864　史部/傳記類/別傳之屬/事狀

為古剡王邈達先生七十壽集資刊書奉祝啟一卷　余重耀撰　民國三十六年(1947)鉛印本　一冊

330000－1716－0012867　普子 2061－1/12867　子部/藝術類/書畫之屬/畫譜

新新百美圖不分卷續集不分卷　沈伯塵繪　民國二年(1913)上海國學書室石印本　四冊

330000－1716－0012873　子補 0683－3/12873　子部/術數類/陰陽五行之屬

欽定協紀辨方書三十六卷　(清)允祿　(清)張照等纂修　民國上海錦章圖書局石印本　八冊

330000－1716－0012874　譜 0188/12874　史部/傳記類/總傳之屬/家乘

[浙江紹興]羊山韓氏宗譜不分卷補遺一卷備考一卷附録一卷增刊一卷　韓百年輯　民國二十年(1931)晝錦堂鉛印本　一冊　存上三集

330000－1716－0012876　地獻 1446－4/12876　子部/儒家類/儒學之屬/禮教/鑑戒

八德須知初集八卷二集八卷三集八卷四集八卷　蔡振紳輯　**白話本二卷**　蔡振紳輯　陳覺民演　民國上海明善書局石印本　三冊　存六卷(二集一至二、五至八)

330000－1716－0012877　子補 3708－1/12877　子部/醫家類/喉科口齒之屬/白喉

洞主仙師白喉治法忌表抉微一卷　(清)耐修子録並注　**白喉吹藥方一卷**　(清)馮金鑑勘定　(清)馮汝璋　(清)馮汝壩分纂　民國十五年(1926)衢縣三衢印刷社鉛印本　一冊

330000－1716－0012879　子補 3708－2/12879　子部/醫家類/喉科口齒之屬/白喉

洞主仙師白喉治法忌表抉微一卷　(清)耐修子録並注　**白喉吹藥方一卷**　(清)馮金鑑勘定　(清)馮汝璋　(清)馮汝壩分纂　民國十五年(1926)衢縣三衢印刷社鉛印本　一冊

330000－1716－0012882　子補 0614/12882　子部/術數類

新鐫曆法便覽象吉備要通書二十九卷　(清)魏鑑撰　民國石印本　二冊　存十一卷(九至十九)

330000－1716－0012884　子補 3710/12884　子部/兵家類/操練之屬

太極拳使用法不分卷　楊澄甫撰　民國國術館油印本　一冊

330000－1716－0012889　集補 3286/12889　集部/別集類/清別集

新式標點白話詳注小倉山房尺牘八卷　(清)袁枚撰　許家恩點注　民國十七年(1928)上海羣學社書局石印本　四冊

330000－1716－0012891　子補 3907/12891　子部/術數類/相宅相墓之屬
山洋指迷原本四卷　（明）周景一撰　（清）張九儀增注　民國石印本　三冊　存三卷（一至二、四）

330000－1716－0012892　集補 3256－2/12892　集部/總集類/選集之屬/通代
新古文辭類纂六十卷首一卷　蔣瑞藻纂集　民國十一年（1922）上海中華書局石印本　十二冊　存二十九卷（一至二十八、首）

330000－1716－0012894　子補 3908/12894　子部/術數類/命書相書之屬
增補星平會海命學全書十卷首一卷　（清）水中龍編集　民國上海萃英書局石印本　八冊

330000－1716－0012895　子補 3909/12895　子部/天文曆算類/曆法之屬
中華民國五大族陽陰合編新萬年曆通書一卷新鐫增補時憲臺曆袖裏璇璣星命須知一卷　徐鶴齡編　民國石印本　一冊　存一卷（中華民國五大族陽陰合編新萬年曆通書）

330000－1716－0012903　子補 1039－11/12903　子部/小說家類/雜事之屬
音釋坐花誌果八卷　（清）汪道鼎撰　（清）鷲峰樵者音釋　民國上海宏大善書局石印本　二冊

330000－1716－0012904　子補 3103－2/12904　子部/宗教類/佛教之屬/諸宗
始終心要解略鈔一卷　釋諦閑解　駱印雄鈔　民國十五年（1926）寧波觀宗講寺鉛印本　一冊

330000－1716－0012907　子補 2596/12907　子部/宗教類/其他宗教之屬/基督教
續天路歷程官話不分卷　孫榮理刪訂　民國中國基督聖教書會鉛印本　一冊

330000－1716－0012908　集補 3251/12908　集部/總集類/選集之屬/通代
評校音注古文辭類纂七十四卷　（清）姚鼐輯　王文濡校注　民國上海文明書局鉛印本　八冊　存三十七卷（一至三十七）

330000－1716－0012909　子補 3912/12909　子部/宗教類/佛教之屬
赦罪寶懺一卷　民國鉛印本　一冊

330000－1716－0012910　子補 1884/12910　子部/儒家類/儒學之屬/禮教
垩室録感一卷　（清）李顒撰　民國二年（1913）紹興朱啟漣、朱啟瀾刻本　一冊

330000－1716－0012914　集補 3278/12914　集部/小說類/長篇之屬
岳飛歷史演義四十四回不分卷　瓣香室主競智編輯部編輯　民國十七年（1928）廣益書局石印本　一冊

330000－1716－0012923　子補 3869/12923　子部/雜著類/雜纂之屬
最新交際大觀初集不分卷續集不分卷　王大錯　吳佑人輯注　民國碧梧山莊石印本　十一冊

330000－1716－0012927　史補 0372/12927　史部/史評類/史論之屬
新編史論軌範六卷　張季直選輯　民國石印本　五冊　缺一卷（五）

330000－1716－0012930　子補 3715/12930　子部/術數類/相宅相墓之屬
地理合璧辨正八卷首一卷　（清）蔣平階補傳　（清）姜垚辨正　（清）無心道人增補直解　（清）溫榮鑣續解　民國十七年（1928）上海朱之翰鉛印本　六冊　存七卷（一、三至七，首）

330000－1716－0012934　地獻 2026－5/12934　集部/總集類/郡邑之屬
螭陽詩學社第三十一期詩艸一卷　螭陽詩學社輯　民國油印本　一冊

330000－1716－0012935　子補 3867/12935　子部/術數類/相宅相墓之屬
增補地理直指原真三卷首一卷　（清）釋如玉撰　民國上海校經山房石印本　三冊　存三卷（一至三）

330000－1716－0012941　子補 3906/12941 子部/術數類/占卜之屬

卜筮正宗十四卷　(清)王維德撰　民國石印本　一册　存四卷(八至十一)

330000－1716－0012942　集補 3287/12942 集部/總集類/尺牘之屬

眉公才子尺牘四卷　(明)陳繼儒輯　(清)沈錫侯增訂　**聖嘆才子尺牘四卷**　(清)金人瑞鑒定　(清)金雍撰　民國上海碧梧山莊石印本　三册　存六卷(一至二、四,聖嘆才子尺牘一至二、四)

330000－1716－0012945　集補 3288/12945 集部/詩文評類/文法之屬

中華青年進步尺牘四卷　岑仰之編輯　民國五年(1916)沈鶴記書莊石印本　一册　存一卷(一)

330000－1716－0012946　子補 3849/12946 子部/術數類/命書相書之屬

袁柳莊先生神相全編三卷　(明)袁忠復秘傳　民國四年(1915)上海書局石印本　一册

330000－1716－0012950　史補 0376/12950 史部/雜史類/斷代之屬

新編溫生才行刺始末記十九章不分卷　天恨生輯　民國石印本　一册

330000－1716－0012956　子補 0751/12956 子部/宗教類/道教之屬

身世寶丹一卷　民國十二年(1923)上海宏大善書局石印本　一册

330000－1716－0012957　子補 0820－1/12957　子部/宗教類/道教之屬

太上寶筏感應篇白話果報圖說八卷　民國三年(1914)石印本　六册　缺二卷(五至六)

330000－1716－0012960　子補 3714－3/12960　子部/藝術類/書畫之屬/畫法畫品

歷代書畫大觀不分卷　民國石印本　一册

330000－1716－0012961　子補 1723/12961 子部/術數類/相宅相墓之屬

地理辨正五卷　(清)蔣平階補傳　(清)姜垚辨正　(清)章仲山增補直解　民國上海朝記書莊石印本　三册　存四卷(一至四)

330000－1716－0012963　經補 0912－35/12963　經部/小學類/音韻之屬/韻書

增廣詩韻全璧五卷　(清)湯祥瑟輯　(清)華錕重編　**虛字韻藪一卷**　(清)潘維城輯　**初學檢韻袖珍一卷**　(清)姚文登輯　民國六年(1917)上海鴻寶書局石印本　三册　存三卷(一、五,初學檢韻袖珍)

330000－1716－0012966　新補 0202－3/12966　子部/天文曆算類/曆法之屬

日用寶鑑二卷　共和編譯局編輯部編　民國上海共和編譯局石印本　二册

330000－1716－0012967　集補 3257－2/12967　集部/小說類/長篇之屬

新刻繪圖粉粧樓全傳六卷八十回　(清)竹溪山人撰　民國石印本　一册　存三卷(四至六)

330000－1716－0012968　集補 3291/12968 集部/總集類/選集之屬/斷代

貫華堂選批唐才子詩甲集七言律七卷聖歎尺牘一卷　(清)金人瑞輯　(清)金雍注　民國上海有正書局鉛印本　七册

330000－1716－0012969　集補 3187/12969 集部/總集類/題詠之屬

石頭記題詞不分卷　周楙等撰　民國抄本　二册

330000－1716－0012970　經補 0912－19/12970　經部/小學類/音韻之屬/韻書

自修適用詩韻合璧大全五卷　(清)湯祥瑟輯　**虛字韻藪一卷**　(清)潘維城輯　民國上海廣益書局石印本　二册　存二卷(一至二)

330000－1716－0012972　集補 3292/12972 集部/總集類/尺牘之屬

明清十大家尺牘　文明書局輯　民國十五年(1926)上海文明書局石印本　一册　存四種

330000－1716－0012977　普子 2020－2/12977　子部/藝術類/篆刻之屬/印譜

吴讓之印存不分卷　(清)吴熙載篆　西泠印社輯　民國西泠印社鈐拓本　三冊

330000－1716－0012980　子補 3851/12980
子部/術數類/命書相書之屬
新刊合併官板音義評注淵海子平五卷　(宋)徐升編　民國上海錦章圖書局鉛印本　四冊

330000－1716－0012981　普子 2035/12981
子部/藝術類/篆刻之屬/印譜
匋齋藏印初集不分卷二集不分卷三集不分卷四集不分卷　(清)端方藏　民國上海有正書局影印本　三冊　缺三集

330000－1716－0012983　普子 2040/12983
子部/藝術類/篆刻之屬/印譜
蝠亭匋印譜不分卷　朱脈輯　民國鈐印本　一冊

330000－1716－0012986　普子 2033/12986
子部/藝術類/篆刻之屬/印譜
完白山人篆刻偶存不分卷　(清)鄧石如篆　民國上海有正書局鈐拓本　二冊

330000－1716－0012987　集補 3257－1/12987　集部/小說類/長篇之屬
新刻繪圖粉妝樓四卷八十回　(清)竹溪山人撰　民國石印本　二冊　存二卷(三至四)

330000－1716－0012988　子補 0203/12988
子部/醫家類/方書之屬/單方驗方
經驗良方一卷　民國鉛印本　一冊

330000－1716－0012991　集補 0007－29/12991　集部/小說類/長篇之屬
繪圖增像第五才子書水滸全傳十二卷七十回首一卷　(元)施耐庵撰　(清)金人瑞評釋　民國石印本　四冊　存四卷(二、四至六)

330000－1716－0012995　集補 0007－36/12995　集部/小說類/長篇之屬
評注圖像五才子書□□卷　(元)施耐庵撰　(清)金人瑞評　民國石印本　一冊　存一卷(二)

330000－1716－0012996　子補 3717/12996
子部/醫家類/喉科口齒之屬/白喉
白喉全生集一卷　(清)李紀方輯　民國六年(1917)蕭山合義和印書局鉛印本　一冊

330000－1716－0013006　普子 2031/13006
子部/藝術類/篆刻之屬/印譜
丁黃印存合冊不分卷　(清)丁敬　(清)黃易篆　民國上海有正書局鈐拓本　三冊

330000－1716－0013009　普子 2032/13009
子部/藝術類/篆刻之屬/印譜
吳倉石印譜不分卷　吳昌碩篆　民國有正書局鈐拓本　二冊

330000－1716－0013015　地獻 1715－1/13015　史部/傳記類/別傳之屬/事狀
槐青府君訃啟一卷　夏致績等撰　民國八年(1919)石印本　一冊

330000－1716－0013026　子補 3850－2/13026　子部/術數類/占卜之屬
卜筮正宗十四卷　(清)王維德撰　民國上海鍊石齋書局石印本　一冊

330000－1716－0013029　子補 3733/13029
子部/藝術類/書畫之屬/書法書品
行書備要一卷　童式規書　民國十九年(1930)嘉定童式規石印本　一冊

330000－1716－0013031　子補 2486/13031
子部/宗教類/其他宗教之屬/基督教
聖教聖歌一卷　民國二十四年(1935)鉛印本　陳保祿題簽　一冊

330000－1716－0013034　子補 3735/13034
子部/藝術類/書畫之屬/法帖
莊繁詩女士楷隸楚辭二卷　莊閑書　民國四年(1915)上海商務印書館影印本　一冊　存一卷(二)

330000－1716－0013035　子補 3734/13035
子部/宗教類/佛教之屬
雲棲法彙二十九種　(明)釋袾宏撰　(明)王宇春等輯　民國十二年(1923)紹興漱石齋鉛印本　一冊　存一種

330000－1716－0013049　集補 3188/13049
集部/别集類
竟無小品一卷　歐陽漸撰　民國三十年(1941)支那内學院刻本　一册

330000－1716－0013051　子補 2487/13051
子部/宗教類/其他宗教之屬/基督教
聖教聖歌一卷　民國二十四年(1935)鉛印本　一册

330000－1716－0013053　子補 3739/13053
子部/藝術類/書畫之屬/書法書品
黄石齋先生書孝經一卷　(明)黄道周書　民國上海有正書局影印本　丁之蕃題記　一册

330000－1716－0013063　子補 3742－1/13063　子部/儒家類/儒學之屬/禮教
壍室録感一卷　(清)李顒撰　民國二年(1913)紹興朱啟溓、朱啟瀾刻本　一册

330000－1716－0013064　子補 3742－2/13064　子部/儒家類/儒學之屬/禮教
壍室録感一卷　(清)李顒撰　民國二年(1913)紹興朱啟溓、朱啟瀾刻本　一册

330000－1716－0013066　集補 3190/13066
集部/詞類/總集之屬
采蘊集一卷　蒯彦範等撰　民國二十四年(1935)下學齋鉛印本　一册

330000－1716－0013068　子補 3420－2/13068　集部/小説類/長篇之屬
洞冥記十卷三十八回　(清)吕惟一輯　民國鉛印本　一册　存二卷(九至十)

330000－1716－0013071　子補 3865/13071
子部/小説家類/雜事之屬
音釋坐花誌果八卷　(清)汪道鼎撰　(清)鷲峰樵者音釋　民國二年(1913)刻本　二册

330000－1716－0013075　地獻 1824－32/13075　集部/總集類/選集之屬/通代
古文觀止十二卷　(清)吴乘權　(清)吴大職輯　民國五年(1916)上海中華書局石印本　一册　存二卷(一至二)

330000－1716－0013076　新補 0582/13076
新學/學校
江蘇各校國文成績精華六卷　鄒登泰評選　民國上海掃葉山房、蘇州振新書社鉛印本　一册　存一卷(四)

330000－1716－0013078　集補 1600/13078
集部/總集類/課藝之屬
無錫國學專修館文集初編四卷二編四卷　無錫國學專修館編　民國十二年至十五年(1923－1926)無錫國學專修館鉛印本　六册　缺二卷(三至四)

330000－1716－0013079　集補 3206－1/13079　集部/總集類/尺牘之屬
一問二答國民新尺牘不分卷　中央書店編輯　民國十八年(1929)上海中央書店石印本　一册

330000－1716－0013080　集補 3264/13080
集部/總集類/選集之屬/斷代
正鵠初集不分卷　(清)李元度輯　民國鉛印本　一册

330000－1716－0013081　集補 3206－2/13081　集部/别集類/清别集
春在堂尺牘六卷　(清)俞樾撰　民國石印本　一册　存三卷(四至六)

330000－1716－0013082　子補 1351/13082
子部/雜著類
婚喪喜慶各種帖式一卷最新各種書契便蒙一卷　民國石印本　一册

330000－1716－0013083　新補 0579/13083
新學/學校
新制單級初等小學修身教科書甲乙編各三册不分卷　沈頤　范源廉　方鈞編　民國上海中華書局石印本　一册　存一册(甲編二)

330000－1716－0013085　新補 0580/13085
新學/學校
全國學校成績新時代國文精華二卷　廣文書局編輯所編　民國十七年(1928)上海世界書局石印本　一册

330000－1716－0013087　子補 3942/13087　子部/宗教類/佛教之屬

善惡鑑不分卷　楊鈞鈺等輯　民國十三年(1924)古越金文華鉛印本　一冊

330000－1716－0013088　集補 0007－30/13088　集部/小説類/長篇之屬

繪圖增像第五才子書水滸全傳十二卷七十回首一卷　(元)施耐庵撰　(清)金人瑞評釋　民國石印本　四冊　存五卷(一、三至四、九，首)

330000－1716－0013089　集補 3206－3/13089　集部/別集類/宋別集

呂東萊書牘一卷　(宋)呂祖謙撰　民國二年(1913)上海商務印書館鉛印本　二冊

330000－1716－0013090　集補 0472/13090　集部/總集類/尺牘之屬

分類箋注文學尺牘大全集二十卷　(明)鍾惺纂輯　(明)馮夢龍訂釋　民國十三年(1924)上海求古齋鉛印本　四冊　存五卷(十五至十八、二十)

330000－1716－0013091　新補 0081/13091　新學/學校

[初等小學校秋季始業]共和國教科書新修身八冊不分卷　沈頤　戴克敦編　民國上海商務印書館石印本　二冊　存二冊(三、七)

330000－1716－0013094　集補 3206－4/13094　集部/詩文評類/文法之屬/函牘格式

詳注雙鯉堂易明尺牘句解五卷　民國十四年(1925)上海會文堂書局石印本　周士琛題簽　濟民氏題記　二冊

330000－1716－0013095　集補 0007－31/13095　集部/小説類/長篇之屬

繪圖增像第五才子書水滸全傳十二卷七十回首一卷　(元)施耐庵撰　(清)金人瑞評釋　民國石印本　五冊　存五卷(四至八)

330000－1716－0013099　新補 0581/13099　新學/學校

常熟鄉土教科書不分卷　程達　徐鐘仁編　民國十年(1921)常熟海虞市教育會鉛印本　一冊

330000－1716－0013100　子補 0216/13100　子部/醫家類/養生之屬

男女節慾金鑑二卷　新華書局編輯　民國十二年(1923)上海新華書局鉛印本　一冊

330000－1716－0013103　集補 3208－1/13103　集部/別集類/清別集

新體廣注小倉山房尺牘八卷　(清)袁枚撰　(清)胡光斗箋釋　(清)徐楨增注　民國八年(1919)上海廣文書局石印本　一冊

330000－1716－0013104　子補 0125－64/13104　子部/醫家類/方書之屬/單方驗方

校正增廣驗方新編八卷續編二卷　(清)鮑相璈輯　(清)張紹棠增輯　民國上海中華書局鉛印本　四冊　存四卷(四至六、八)

330000－1716－0013107　子補 0217/13107　子部/醫家類/診法之屬

急性險疫證治一卷　徐尚志撰　民國九年(1920)鉛印本　一冊

330000－1716－0013108　子補 3756－2/13108　子部/術數類/命書相書之屬

音義評注淵海子平五卷　(宋)徐升編　民國上海江東茂記書局石印本　二冊　存四卷(二至五)

330000－1716－0013110　集補 3209/13110　集部/總集類

言文對照古文精華四卷　朱麟公編譯　民國十二年(1923)上海廣益書局石印本　三冊　缺一卷(一)

330000－1716－0013111　子補 3756－1/13111　子部/術數類/命書相書之屬

新刊合併官板音義評注淵海子平五卷　(宋)徐升編　民國上海廣益書局石印本　一冊　存一卷(一)

330000－1716－0013112　子補 0125－63/13112　子部/醫家類/方書之屬/單方驗方

校正增廣驗方新編十八卷　(清)鮑相璈輯

（清）張紹棠增輯　民國鉛印本　二冊　存七卷（三至九）

330000－1716－0013113　子補3943/13113　子部/宗教類/佛教之屬
壽康寶鑑一卷　釋印光增訂　民國弘化社鉛印本　一冊

330000－1716－0013115　集補0387－1/13115　集部/詩文評類/文法之屬/函牘格式
詳注通用尺牘六卷附録二卷　中華書局編輯　民國五年（1916）上海中華書局鉛印本　四冊

330000－1716－0013116　子補3862/13116　子部/醫家類/醫案之屬
臨證指南醫案十卷首一卷　（清）葉桂撰　民國三年（1914）上海章福記書局石印本　二冊　存五卷（一至二、五至六，首）

330000－1716－0013120　集補3208－2/13120　集部/别集類/清别集
新體廣注小倉山房尺牘八卷　（清）袁枚撰　（清）胡光斗箋釋　（清）徐楨增注　民國十六年（1927）上海世界書局石印本　一冊

330000－1716－0013121　集補0007－34/13121　集部/小説類/長篇之屬
繪圖增像第五才子書水滸全傳十二卷七十回首一卷　（元）施耐庵撰　（清）金人瑞評釋　民國石印本　五冊　存四卷（四至六、十）

330000－1716－0013122　子補0221/13122　子部/醫家類/方書之屬/成方藥目
秘本丹方大全一卷　世界書局編　民國上海世界書局鉛印本　一冊

330000－1716－0013123　集補3210/13123　集部/别集類/明别集
六如居士尺牘四卷　（明）唐寅撰　民國光霽草廬石印本　三冊　存三卷（一至三）

330000－1716－0013124　子補3591－2/13124　子部/術數類/相宅相墓之屬
地理五訣八卷陽宅三要四卷　（清）趙廷棟撰　民國上海文益書局石印本　四冊　存八卷（一至四、七至八，陽宅三要一至二）

330000－1716－0013125　集補0006－31/13125　集部/小説類/長篇之屬
繡像繪圖説唐薛家傳□□卷□□回　民國石印本　一冊　存一卷（一）

330000－1716－0013127　新補0111－2/13127　新學/學校
［高等小學校秋季始業］共和國教科書新理科六冊不分卷　杜亞泉　凌昌煥　杜就田編　民國上海商務印書館鉛印本　一冊　存一冊（一）

330000－1716－0013128　經補1548/13128　經部/孝經類/傳説之屬
孝行經圖不分卷　王震編　民國上海孤兒院影印本　一冊

330000－1716－0013131　子補3945/13131　子部/宗教類/佛教之屬/經疏
般若波羅蜜多心經集解一卷　民國石印本　一冊

330000－1716－0013132　子補0125－70/13132　子部/醫家類/方書之屬/單方驗方
重訂驗方新編十八卷　（清）鮑相璈輯　民國七年（1918）上海鴻寶齋書局石印本　四冊　存十三卷（一至十、十六至十八）

330000－1716－0013134　子補3946/13134　子部/宗教類/佛教之屬/經咒
慈悲報恩妙懺三卷　民國三年（1914）上街聚奎齋刻本　一冊

330000－1716－0013137　子補1910/13137　子部/醫家類/外科之屬/癰疽、疔瘡
重刊刺疔捷法一卷　（清）張鏡撰　民國二十三年（1934）石印本　一冊

330000－1716－0013138　子補4070－21/13138　子部/醫家類/本草之屬/歷代綜合本草
本草綱目五十二卷附圖三卷瀕湖脈學一卷奇經八脈考一卷脈訣考證一卷　（明）李時珍撰　**本草萬方鍼線八卷**　（清）蔡烈先輯　**本草**

綱目拾遺十卷　(清)趙學敏輯　民國五年(1916)上海鴻寶齋書局石印本　三冊　缺五十三卷(一至五十二、圖一)

330000－1716－0013139　新補 0122/13139　新學/學校
[中華民國初等小學]訂正簡明中國地理教科書二冊不分卷　民國上海商務印書館鉛印本　一冊　存一冊(上)

330000－1716－0013140　集補 0006－30/13140　集部/小說類/長篇之屬
繪圖說唐前傳□□卷六十八回　(清)如蓮居士編　民國石印本　一冊　存一卷(三)

330000－1716－0013141　子補 1911/13141　子部/醫家類/外科之屬/癰疽、疔瘡
重刊刺疔捷法一卷　(清)張鏡撰　民國十八年(1929)石印本　自然道人題記　一冊

330000－1716－0013142　子補 4070－22/13142　子部/醫家類/本草之屬/歷代綜合本草
本草綱目五十二卷附圖三卷瀕湖脈學一卷奇經八脈考一卷脈訣考證一卷　(明)李時珍撰　本草萬方鍼線八卷　(清)蔡烈先輯　本草綱目拾遺十卷　(清)趙學敏輯　民國五年(1916)上海鴻寶齋書局石印本　二冊　存二十三卷(十九至三十八、瀕湖脈學、奇經八脈考、脈訣考證)

330000－1716－0013143　子補 1912/13143　子部/醫家類/外科之屬/癰疽、疔瘡
重刊刺疔捷法一卷　(清)張鏡撰　民國十八年(1929)石印本　一冊

330000－1716－0013144　子補 3755/13144　子部/醫家類/兒科之屬
幼科三種　民國石印本　一冊　存一種

330000－1716－0013146　子補 0125－78/13146　子部/醫家類/方書之屬/單方驗方
重訂驗方新編十八卷　(清)鮑相璈輯　民國六年(1917)上海石竹山房石印本　四冊　存十四卷(一至十、十二至十五)

330000－1716－0013147　集補 0006－29/13147　集部/小說類/長篇之屬
說唐薛家將傳□□卷□□回　民國石印本　一冊　存一卷(一)

330000－1716－0013153　集補 1212/13153　集部/總集類/酬唱之屬
鷗隱廬詠壽彙刊不分卷　湯壽潛等撰　民國石印本　一冊

330000－1716－0013155　子補 3948/13155　子部/宗教類/佛教之屬
大悲咒音義補一卷附國書大悲咒一卷　唐風撰　民國二十年(1931)鉛印本　一冊

330000－1716－0013156　新補 0082－1/13156　新學/學校
[高等小學校秋季始業]共和國教科書新修身不分卷　包公毅　沈頤編　民國五年(1916)上海商務印書館石印本　二冊

330000－1716－0013158　子補 3091/13158　子部/宗教類/佛教之屬/經
佛說風輪記經一卷　民國刻本　一冊

330000－1716－0013159　子補 0125－67/13159　子部/醫家類/方書之屬/單方驗方
重訂驗方新編十八卷　(清)鮑相璈輯　民國元年(1912)上海鴻寶齋書局石印本　四冊　存十一卷(一至三、十一至十八)

330000－1716－0013162　子補 0519－2/13162　子部/宗教類/道教之屬
重訂暗室燈二卷　(清)深山居士輯　民國上海宏大善書局石印本　一冊

330000－1716－0013165　子補 3223－6/13165　子部/雜著類
玉歷至寶鈔勸世一卷附經驗神效良方一卷　王子達重編　民國上海宏大善書局石印本　一冊

330000－1716－0013167　集補 1579/13167　集部/詩文評類/文法之屬/函牘格式
最新商務寫信實在易四卷　民國上海彪蒙書室石印本　二冊

330000－1716－0013169　子補 3751/13169　子部/天文曆算類/曆法之屬

新刻增補時憲臺曆袖裏璇璣星命須知一卷附校正萬年書一卷　民國石印本　一冊

330000－1716－0013171　子補 0125－69/13171　子部/醫家類/方書之屬/單方驗方

重訂驗方新編十八卷　（清）鮑相璈輯　民國七年（1918）上海鴻寶齋書局石印本　三冊

330000－1716－0013175　子補 4076/13175　子部/儒家類/儒學之屬/蒙學

繪圖精校益幼雜字一卷　民國八年（1919）上海文益書局石印本　一冊

330000－1716－0013176　子補 3750/13176　子部/宗教類/佛教之屬

天降度劫經真言一卷觀音大士解劫文一卷純陽祖師救劫文一卷　民國十年（1921）上海宏大善書局石印本　一冊

330000－1716－0013178　集補 3283/13178　集部/詩文評類/文法之屬/函牘格式

童子尺牘□□卷　民國上海雲記書局石印本　一冊　存一卷（上）

330000－1716－0013180　子補 3223－8/13180　子部/雜著類

玉歷至寶鈔勸世一卷附經驗神效良方一卷　王子達重編　民國上海宏大善書局石印本　一冊

330000－1716－0013183　子補 1014－2/13183　子部/儒家類/儒學之屬/禮教/家訓

治家格言一卷　（清）朱用純撰　民國上海求古齋書帖社石印本　一冊

330000－1716－0013185　集補 2450－136/13185　集部/小說類/長篇之屬

增像全圖三國演義十六卷一百二十回首一卷　（明）羅本撰　（清）毛宗崗評　民國上海天寶書局石印本　四冊　存四卷（四至五、九、十一）

330000－1716－0013186　集補 2450－91/13186　集部/小說類/長篇之屬

增像全圖三國演義十六卷一百二十回　（明）羅本撰　（清）毛宗崗評　民國十七年（1928）上海天寶書局石印本　六冊　存八卷（一至八）

330000－1716－0013187　子補 3749/13187　子部/天文曆算類/曆法之屬

御定萬年書不分卷　民國刻本　一冊

330000－1716－0013188　集補 2450－88/13188　集部/小說類/長篇之屬

增像全圖三國演義十六卷一百二十回　（明）羅本撰　（清）毛宗崗評　民國石印本　叔鵬題記　三冊　存六卷（三至四、七至十）

330000－1716－0013193　子補 3759/13193　子部/藝術類/遊藝之屬/博戲

牙牌靈數八種　民國石印本　一冊

330000－1716－0013195　子補 3863－3/13195　子部/醫家類/綜合之屬/通論

古吳童氏重校醫宗必讀十卷　（清）李中梓撰　民國文盛書局石印本　二冊　存四卷（一至二、九至十）

330000－1716－0013196　子補 3760/13196　子部/術數類/占卜之屬

未來預知術一卷　（三國蜀）諸葛亮撰　（宋）邵雍演　民國石印本　一冊

330000－1716－0013198　子補 1920/13198　子部/醫家類/兒科之屬/痘疹

天花精言六卷　（清）袁句撰　民國十八年（1929）黃巖楊氏書穜樓鉛印本　二冊

330000－1716－0013203　子補 0125－79/13203　子部/醫家類/方書之屬/單方驗方

驗方新編十八卷　（清）鮑相璈輯　民國石印本　四冊　存十三卷（四至十、十三至十八）

330000－1716－0013205　普叢 0328－2/13205　類叢部/叢書類/彙編之屬

小醉經閣叢刻十種　民國二年（1913）上海中華藝文社鉛印本　三冊　存一種

330000－1716－0013207　子補 3762/13207

子部/宗教類/道教之屬
中學參同一卷 民國鉛印本 一冊

330000－1716－0013208 子補3952/13208
子部/宗教類/佛教之屬/經
大方廣佛華嚴經一卷 （唐）釋實叉難陀譯 民國影印本 一冊

330000－1716－0013209 子補3763/13209
子部/儒家類/儒學之屬/禮教/家訓
精校圈點顔氏家訓二卷 （北齊）顔之推撰 民國上海文瑞樓石印本 一冊

330000－1716－0013211 集補2450－112/13211 集部/小說類/長篇之屬
增像全圖三國演義十六卷一百二十回首一卷 （明）羅本撰 （清）毛宗崗評 民國上海鴻寶齋石印本 一冊 存二卷（十五至十六）

330000－1716－0013212 經補1344－39/13212 經部/春秋左傳類/傳說之屬
評點春秋綱目左傳句解彙雋六卷 （清）韓菼重訂 民國九年（1920）上海天寶書局石印本 一冊 存三卷（一至三）

330000－1716－0013213 子補3764/13213
子部/儒家類/儒學之屬/禮教/鑑戒
醒世良言一卷 周普性輯 民國二十七年（1938）紹興大營玄壇菴石印本 一冊

330000－1716－0013215 集補2450－135/13215 集部/小說類/長篇之屬
增像全圖三國演義十六卷一百二十回首一卷 （明）羅本撰 （清）毛宗崗評 民國上海錦章書局石印本 一冊 存二卷（九至十）

330000－1716－0013217 集補2450－113/13217 集部/小說類/長篇之屬
增像全圖三國演義十六卷一百二十回首一卷 （明）羅本撰 （清）毛宗崗評 民國上海商務印書館石印本 一冊 存二卷（十五至十六）

330000－1716－0013218 集補2450－134/13218 集部/小說類/長篇之屬
增像全圖三國演義十六卷一百二十回首一卷 （明）羅本撰 （清）毛宗崗評 民國上海天寶書局石印本 二冊 存二卷（十三、十六）

330000－1716－0013219 集補2450－122/13219 集部/小說類/長篇之屬
增像全圖三國演義十六卷一百二十回首一卷 （明）羅本撰 （清）毛宗崗評 民國九年（1920）上海天寶書局石印本 二冊 存五卷（一至四、十一）

330000－1716－0013221 子補3223－3/13221 子部/雜著類
玉歷至寶鈔勸世一卷 民國石印本 一冊

330000－1716－0013227 經補1434－3/13227 經部/禮記類/傳說之屬
禮記十卷 （清）汪基撰 民國二年（1913）鑄記書局石印本 一冊 存一卷（一）

330000－1716－0013228 子補3931－1/13228 子部/藝術類/書畫之屬/畫譜
海上九家名人畫寶不分卷 民國二年（1913）上海萃英書局石印本 一冊

330000－1716－0013230 子補3931－2/13230 子部/藝術類/書畫之屬/畫譜
海上名人畫譜六卷 民國石印本 一冊 存一卷（六）

330000－1716－0013232 子補3745/13232
子部/醫家類/方書之屬/單方驗方
不費錢的奇驗方一卷 孫緯才輯 民國十八年（1929）上海宏大善書局石印本 一冊

330000－1716－0013235 子補0001－63/13235 子部/藝術類/書畫之屬/畫譜
芥子園五集五卷 黃克明撰 民國五年（1916）上海江東書局石印本 一冊 存一卷（五）

330000－1716－0013236 子補3747/13236
子部/醫家類/喉科口齒之屬/白喉
洞主仙師白喉治法忌表抉微一卷附經驗救急諸方一卷 （清）耐修子録並注 民國中國圖書公司和記石印本 一冊

330000－1716－0013238　子補 3746/13238
子部/醫家類/兒科之屬/通論
幼科鐵鏡二卷　（清）夏鼎撰　民國三年(1914)上海錦章圖書局石印本　一冊

330000－1716－0013241　子補 3748/13241
子部/醫家類/喉科口齒之屬
小兒耳鼻咽喉病學一卷　（英國）格思烈撰　譚世鑫編譯　民國二十八年(1939)上海廣協書局鉛印本　一冊

330000－1716－0013243　子補 3786/13243
子部/醫家類/溫病之屬/瘟疫
加批時病論八卷　（清）雷豐撰　陳秉鈞批　民國十二年(1923)上海廣益書局石印本　三冊　缺二卷(三至四)

330000－1716－0013244　集補 0464－2/13244　集部/總集類/尺牘之屬
普通尺牘全璧八卷　西湖俠漢撰　民國五年(1916)上海石竹山房書局石印本　八冊

330000－1716－0013245　子補 3932/13245
子部/藝術類/書畫之屬/畫譜
賞奇軒五種合編　民國四年(1915)上海錦文堂書局石印本　許紹江題簽　二冊　存一種

330000－1716－0013246　子補 3861/13246
子部/宗教類/佛教之屬
訂正第十一版佛學撮要一卷　丁福保編　梅光羲節録　民國九年(1920)鉛印本　一冊

330000－1716－0013253　子補 3787－1/13253　子部/天文曆算類/曆法之屬
中西對照百廿年陰陽日曆不分卷　香港統一圖書局編輯　民國十三年(1924)香港統一圖書局石印本　一冊　存一冊(下)

330000－1716－0013254　子補 3787－2/13254　子部/天文曆算類/曆法之屬
百二十年陰陽合曆不分卷　中華書局編　民國二年(1913)上海中華書局石印本　一冊

330000－1716－0013256　集補 0034－16/13256　集部/小說類/長篇之屬
圖像鏡花緣全傳六卷一百回　（清）李汝珍撰　民國九年(1920)上海廣益書局石印本　六冊

330000－1716－0013257　集補 3293/13257
集部/别集類
秋明集詩三卷詞一卷　沈尹默撰　民國十八年(1929)北京書局鉛印本　一冊　存三卷(一至三)

330000－1716－0013259　集補 1410/13259
集部/别集類
湘綺樓書牘八卷　王闓運撰　民國三年(1914)上海廣益書局鉛印本　四冊

330000－1716－0013260　集補 3294/13260
集部/别集類
夢蘇吟草五卷　傅崇黻撰　**書學概要一卷**　蜩隱編　民國石印本　一冊　存一卷(三下)

330000－1716－0013264　子補 3785/13264
子部/儒家類/儒學之屬/俗訓
格言合璧不分卷　（清）金纓輯　民國八年(1919)上海宏大善書總發行所石印本　一冊

330000－1716－0013265　經補 1000－141/13265　經部/小學類/文字之屬/字書/字典
康熙字典十二集三十六卷總目一卷檢字一卷辨似一卷等韻一卷補遺一卷備考一卷　（清）張玉書等纂修　民國石印本　一冊　存六卷(巳集上中下、午集上中下)

330000－1716－0013268　集補 1411－6/13268　集部/詩文評類/文法之屬/函牘格式
寫信必讀十卷　（清）唐芸洲撰　民國二年(1913)上海會文堂書局石印本　二冊

330000－1716－0013273　子補 3858/13273
子部/術數類/陰陽五行之屬
校正地理四彈子　（清）張鳳藻注　（清）陳彝則訂　民國上海錦章圖書局石印本　四冊

330000－1716－0013278　子補 3859/13278
史部/傳記類/總傳之屬/忠孝
二十四義夫一卷　袁濟川編　民國十七年(1928)上海宏大善書局石印本　一冊

330000－1716－0013279　子補 3591－1/13279　子部/術數類/相宅相墓之屬

陽宅三要四卷　(清)趙廷棟撰　民國上海校經山房石印本　一册　存二卷(一至二)

330000－1716－0013280　經補 1342－5/13280　經部/春秋左傳類/傳説之屬

春秋左傳五十卷　(晉)杜預　(宋)林堯叟注釋　(唐)陸德明音義　民國上海掃葉山房石印本　一册　存四卷(二十三至二十六)

330000－1716－0013283　集補 3202/13283　集部/總集類/氏族之屬

伏舍傳唫集四卷　何鏞等撰　民國二十五年(1936)會稽壽氏鉛印本　一册

330000－1716－0013285　集補 0024－6/13285　集部/小説類/長篇之屬

繡像七俠五義傳十二卷一百二十回　(清)石玉崑撰　(清)俞樾重編　民國上海掃葉山房石印本　二册　存四卷(一至二、五至六)

330000－1716－0013289　集補 3201/13289　集部/别集類/宋别集

陸渭南書牘一卷　(宋)陸游撰　民國三年(1914)上海商務印書館鉛印本　二册

330000－1716－0013290　子補 3783/13290　子部/術數類/陰陽五行之屬

董公選要覽一卷附録一卷　(明)董潛撰　民國八年(1919)上海萃英書局石印本　一册

330000－1716－0013291　子補 3782/13291　子部/宗教類/道教之屬/雜著

悟性窮原一卷　(清)涵谷子撰　民國十二年(1923)上海宏大善書局石印本　一册

330000－1716－0013292　子補 4077/13292　子部/儒家類/儒學之屬/蒙學

蒙學千字文一卷　民國石印本　一册

330000－1716－0013293　子補 3860/13293　子部/宗教類/道教之屬

增經敬竈全書不分卷　民國十七年(1928)上海宏大善書局石印本　一册

330000－1716－0013298　集補 3296/13298　集部/總集類/氏族之屬

徐季和先生喬梓遺稿三種　沈秉璜等輯　民國三十二年(1943)鉛印本　一册　存一種

330000－1716－0013305　經補 1435－1/13305　經部/小學類/文字之屬/説文

説文解字十五卷標目一卷　(漢)許慎撰　(宋)徐鉉等校定　民國上海商務印書館據清藤花榭刻本影印本　一册　存五卷(一至四、標目)

330000－1716－0013306　集補 3298/13306　集部/總集類/選集之屬/斷代

虞美人詩録一卷　林爾嘉編　民國五年(1916)鉛印本　一册

330000－1716－0013309　經補 1435－2/13309　經部/小學類/文字之屬/説文

説文解字十五卷標目一卷　(漢)許慎撰　(宋)徐鉉等校定　民國上海商務印書館據清藤花榭刻本影印本　三册　存十三卷(一至十二、標目)

330000－1716－0013321　集補 1546－1/13321　集部/總集類/選集之屬/通代

玉臺新詠十卷　(南朝陳)徐陵編　(清)吳兆宜注　(清)程琰删補　民國上海掃葉山房石印本　二册　存四卷(五至八)

330000－1716－0013331　集補 3275/13331　集部/别集類/清别集

陳檢討四六二十卷　(清)陳維崧撰　(清)程師恭注　民國上海文瑞樓石印本　一册　存三卷(七至九)

330000－1716－0013333　地獻 1944/13333　新學/學校

紹興縣立第一國民學校概覽不分卷　民國鉛印本　一册

330000－1716－0013334　史補 0572/13334　史部/傳記類/總傳之屬/家乘

洞庭西山費氏先德録不分卷　民國七年(1918)鉛印本　一册

330000－1716－0013341　子補 3934/13341 子部/雜著類/雜説之屬

孔學雜著一卷　歐陽漸撰　民國三十年(1941)支那內學院刻本　一冊

330000－1716－0013345　子補 3770/13345 子部/儒家類/儒學之屬

孔聖先師宣講大道篇一卷　民國十三年(1924)蕭邑赭山聽濤仙壇石印本　一冊

330000－1716－0013347　集補 3276/13347 集部/詩文評類/文評之屬

文心雕龍十卷　(南朝梁)劉勰撰　(清)黄叔琳注　(清)紀昀評　民國石印本　二冊　存六卷(五至十)

330000－1716－0013354　子補 3769/13354 子部/儒家類/儒學之屬/禮教

格言録一卷　黄元秀選　民國二十年(1931)鉛印本　一冊

330000－1716－0013358　集補 3451－3/13358　集部/詩文評類

文學津梁十二種　周鍾游編　民國五年(1916)上海有正書局石印本　一冊　存一種

330000－1716－0013359　史補 1503/13359 史部/傳記類/總傳之屬/技藝

江湖異人傳圖詠四卷　孫靜庵編　民國三年(1914)上海國學書室石印本　一冊　存二卷(三至四)

330000－1716－0013361　子補 4147/13361 子部/雜著類/雜考之屬

國學表解不分卷　謝葦豐撰　民國石印本　一冊

330000－1716－0013373　集補 1735/13373 集部/曲類/曲藝之屬

繪圖時調山歌不分卷　民國石印本　一冊

330000－1716－0013385　集補 1267－2/13385　集部/曲類/寶卷之屬

梅花戒寶卷二卷　謝少卿校正　民國五年(1916)上海文益書局石印本　一冊

330000－1716－0013394　新補 0018－8/13394　子部/雜著類/雜纂之屬

日用快覽不分卷　世界書局編　民國十三年(1924)上海世界書局石印本　一冊

330000－1716－0013402　集補 3247－9/13402　集部/小説類/短篇之屬

詳注聊齋志異圖詠十六卷　(清)蒲松齡撰　(清)呂湛恩注　民國十一年(1922)上海元昌書局石印本　十五冊　缺一卷(十一)

330000－1716－0013405　集補 3247－14/13405　集部/小説類/短篇之屬

詳注聊齋志異圖詠十六卷　(清)蒲松齡撰　(清)呂湛恩注　民國十年(1921)上海格言叢輯社石印本　賀承榆題簽　二冊　存十二卷(五至十六)

330000－1716－0013406　集補 0205－1/13406　集部/别集類

飲冰室文集十六卷　梁啟超撰　民國錦章圖書局石印本　八冊　存八卷(一至三、十二至十六)

330000－1716－0013409　集補 3247－15/13409　集部/小説類/短篇之屬

聊齋志異新評十六卷　(清)蒲松齡撰　(清)王士禛評　(清)但明倫新評　(清)呂湛恩注　民國上海中新書局鉛印本　朱邦泰題記　四冊　存四卷(九、十二至十四)

330000－1716－0013416　經補 1533/13416 經部/小學類/文字之屬/説文/專著

説文體例四卷　何容心撰　民國九年(1920)石印本　一冊　存二卷(一至二)

330000－1716－0013418　子補 0125－73/13418　子部/醫家類/方書之屬/單方驗方

重訂驗方新編十八卷　(清)鮑相璈輯　民國石印本　五冊　存十五卷(四至十八)

330000－1716－0013420　新補 0321/13420 新學/農政

農業生物學不分卷　民國石印本　一冊

330000－1716－0013421　集補 0006－28/

13421　集部/小說類/長篇之屬

繪圖廿四史通俗演義□□卷四十四回　(清)呂撫輯　民國石印本　二册　存二卷(二至三)

330000－1716－0013425　子補 0125－76/13425　子部/醫家類/方書之屬/單方驗方

校正增廣驗方新編十八卷　(清)鮑相璈輯　民國石印本　二册　存五卷(七至九、十一至十二)

330000－1716－0013429　子補 0125－68/13429　子部/醫家類/方書之屬/單方驗方

重訂驗方新編十八卷　(清)鮑相璈輯　民國十六年(1927)上海大中國印書館石印本　五册　存十五卷(一至八、十二至十八)

330000－1716－0013430　子補 1941/13430　子部/小說家類/雜事之屬

三異筆談一集四卷　(清)許元仲撰　民國中華圖書館石印本　丁之蕃題記並批跋　一册

330000－1716－0013432　新補 0103－3/13432　集部/詩文評類/文法之屬/文法

作文法四卷　謝慎修撰　民國四年(1915)上海廣益書局石印本　三册　缺一卷(三)

330000－1716－0013436　地獻 1505－2/13436　史部/傳記類/别傳之屬/事狀

承歡初録一卷　孫家驥等撰　孫國幹等輯　民國二十四年(1935)鉛印本　一册

330000－1716－0013438　子補 1942/13438　子部/小說家類/異聞之屬

新齊諧五卷續新齊諧三卷　(清)袁枚撰　民國二年(1913)上海萃英書局石印本　四册　存四卷(一、續新齊諧一至三)

330000－1716－0013439　地獻 1239－7/13439　集部/總集類/郡邑之屬

禹域叢書殘本不分卷　禹域新聞社輯　民國鉛印本　一册

330000－1716－0013442　子補 1943/13442　子部/小說家類/異聞之屬

新齊諧五卷續新齊諧三卷　(清)袁枚撰　民國三年(1914)上海錦章圖書局石印本　和記題簽　五册

330000－1716－0013444　集補 3380/13444　集部/别集類

醉靈軒詩存十卷　陳蘧撰　民國十七年(1928)上海聚珍倣宋印書局鉛印本　一册　存五卷(一至五)

330000－1716－0013445　經補 1291/13445　經部/四書類/總義之屬/傳說

四書集注十九卷　(宋)朱熹撰　民國二十四年(1935)據清光緒三年(1877)永康胡氏退補齋刻本影印本　三册　存三種

330000－1716－0013447　地獻 2019－1/13447　集部/别集類/清别集

平龕遺稿三卷　(清)陶大均撰　民國九年(1920)石印本　一册

330000－1716－0013448　子補 3954/13448　子部/藝術類/書畫之屬/法帖

潘齡皋字帖一卷　潘齡皋書　民國影印本　一册

330000－1716－0013451　史補 1094－2/13451　史部/地理類/專志之屬/寺觀

天童寺續志二卷首一卷　釋淨心修　釋蓮萍纂　民國九年(1920)天童寺刻本　一册　存一卷(下)

330000－1716－0013454　經補 0871/13454　經部/詩類/傳說之屬

詩經旁訓辨體合訂四卷　(清)徐立綱輯　民國寧波汲綆齋鉛印本　三册

330000－1716－0013455　子補 3881/13455　子部/宗教類/佛教之屬/經

般若波羅蜜多心經一卷　(後秦)釋鳩摩羅什釋　**摩訶般若波羅蜜多心經一卷**　(唐)釋玄奘釋　(清)玉山老人秘解　民國鉛印本　一册

330000－1716－0013458　子補 3882/13458　子部/醫家類/兒科之屬/通論

校正幼科三種　民國上海錦章圖書局石印本

一冊　存二卷(三至四)

330000－1716－0013461　經補 1526/13461
經部/四書類/大學之屬/傳說
大學古本質言一卷　(清)劉沅撰　民國八年(1919)石印本　一冊

330000－1716－0013462　子補 1944/13462
子部/小說家類/異聞之屬
外史八卷　(明)思貞子撰　(明)薛朝選　(清)袁枚輯　民國六年(1917)石印本　四冊

330000－1716－0013463　集補 3306/13463
集部/别集類
鞠廬吟草二卷　朱允中撰　民國二十三年(1934)鉛印本　一冊

330000－1716－0013464　集補 3309/13464
集部/别集類
俠龕詩存一卷　陳中嶽撰　民國十五年(1926)鉛印本　一冊

330000－1716－0013465　子補 3883/13465
子部/醫家類/兒科之屬
幼科三種十卷　民國石印本　一冊　存一種

330000－1716－0013469　子補 1946/13469
子部/小說家類/異聞之屬
鬼董狐五卷　民國五年(1916)上海商務印書館鉛印本　一冊

330000－1716－0013473　集補 3272/13473
集部/總集類/尺牘之屬
民國偉人尺牘二卷　民國元年(1912)上海鍊石書局石印本　一冊

330000－1716－0013483　集補 3273/13483
集部/總集類/氏族之屬
三蘇策論十二卷　(宋)蘇洵等撰　民國上海詠記書莊石印本　一冊　存二卷(十一至十二)

330000－1716－0013484　子補 1947/13484
子部/宗教類/佛教之屬/總録
竹窗隨筆一卷二筆一卷三筆一卷　(明)釋袾宏撰　民國上海商務印書館影印本　一冊　存一卷(二筆)

330000－1716－0013487　子補 1948/13487
子部/宗教類/佛教之屬/總録
竹窗隨筆一卷二筆一卷三筆一卷　(明)釋袾宏撰　民國三年(1914)上海有正書局鉛印本　二冊　缺一卷(二筆)

330000－1716－0013488　集補 1840－3/13488　集部/小說類/長篇之屬
花月痕全書四卷五十二回　(清)魏秀仁撰　民國上海文盛書局石印本　一冊　存一卷(四)

330000－1716－0013496　子補 0086/13496
集部/曲類/曲韻曲譜曲律之屬
京調工尺譜不分卷　江天一編輯　民國十年(1921)上海世界書局石印本　一冊

330000－1716－0013498　普叢 0299/13498
類叢部/叢書類/彙編之屬
明人百家小說一百八種　(明)□□編　民國十五年(1926)上海掃葉山房石印本　三冊

330000－1716－0013500　集補 3274/13500
集部/别集類/清别集
新輯秋水軒尺牘二卷　(清)許思湄撰　(清)婁世瑞注　(清)寄虹軒主人輯　民國元年(1912)上海會文堂石印本　二冊

330000－1716－0013504　子補 3974/13504
子部/醫家類/婦科之屬/通論
婦科不謝方一卷附怡怡書屋婦科醫案一卷　周岐隱(周利川)纂録　民國二十年(1931)甬北寧波印刷公司鉛印本　一冊

330000－1716－0013506　子補 3913/13506
子部/宗教類/道教之屬
三聖經靈驗圖注不分卷　民國上海宏大善書局石印本　一冊

330000－1716－0013509　經補 1342－7/13509　經部/春秋左傳類/傳說之屬
春秋左傳五十卷　(晉)杜預　(宋)林堯叟注釋　(唐)陸德明音義　民國石印本　四冊　存十六卷(二十三至三十、四十三至五十)

330000－1716－0013510　集補 3260/13510　集部/小說類/長篇之屬

新刊彭公案□□卷一百回續□□卷八十回再續□□卷八十回全續八卷八十一回　(清)貪夢道人撰　民國石印本　三册　存六卷(續五至六、全續五至八)

330000－1716－0013514　集補 3310/13514　集部/别集類/清别集

曉霞軒詩詞焚餘集一卷　(清)梁壽賢撰　民國八年(1919)鉛印本　一册

330000－1716－0013517　子補 1307－7/13517　子部/農家農學類/總論之屬

重訂增補陶朱公致富全書四卷　(清)石巖逸叟增定　民國上海廣益書局石印本　一册　存二卷(一至二)

330000－1716－0013518　子補 1300－3/13518　子部/宗教類/道教之屬

奇驗明聖經感應三聖經合刊不分卷　民國鉛印本　一册

330000－1716－0013526　普叢 0417/13526　類叢部/叢書類/自著之屬

楊仁山居士遺著十三種　(清)楊文會撰　民國八年(1919)金陵刻經處刻本　一册　存二種

330000－1716－0013527　子補 4043/13527　子部/術數類/命書相書之屬

增補星平會海命學全書十卷首一卷　(清)水中龍編集　民國石印本　一册　存二卷(七至八)

330000－1716－0013528　子補 3880/13528　子部/宗教類/道教之屬

關帝明聖真經一卷　民國十三年(1924)上海宏大紙號石印本　一册

330000－1716－0013530　史補 290－2/13530　史部/叢編

思峴廬史學叢著　唐邦治撰　民國大東書局鉛印本　一册　存一種

330000－1716－0013531　子補 3957/13531　子部/藝術類/遊藝之屬/聯語

澹廬楹語一卷　徐鋆撰　民國二十年(1931)鉛印本　一册

330000－1716－0013532　新補 0520/13532　新學/幼學

希臘名士伊索寓言不分卷　(希臘)伊索撰　林紓　嚴培南　嚴璩編纂　民國九年(1920)上海商務印書館鉛印本　一册

330000－1716－0013533　集補 0029－5/13533　集部/曲類/彈詞之屬

繪圖白蛇傳後集二卷十六回　民國石印本　一册　存一卷(二)

330000－1716－0013537　子補 1950/13537　子部/小說家類/異聞之屬

遯窟讕言十二卷　(清)王韜撰　民國十二年(1923)上海大文書局石印本　四册　存八卷(一至四、七至八、十一至十二)

330000－1716－0013538　子補 1951/13538　子部/小說家類/異聞之屬

新齊諧五卷續新齊諧三卷　(清)袁枚撰　民國二年(1913)上海萃英書局石印本　京□氏題記　四册　存四卷(一、三至五)

330000－1716－0013539　地獻 2026－6/13539　集部/總集類/郡邑之屬

嶀陽詩學社課稿選萃初集一卷　民國七年(1918)鉛印本　一册

330000－1716－0013540　集補 3270/13540　集部/總集類/選集之屬/斷代

貫華堂選批唐才子詩甲集七言律七卷聖歎尺牘一卷　(清)金人瑞輯　(清)金雍注　民國上海有正書局鉛印本　二册　存六卷(一至五、聖歎尺牘)

330000－1716－0013541　子補 1952/13541　子部/小說家類/異聞之屬

新齊諧五卷續新齊諧三卷　(清)袁枚撰　民國上海錦章圖書局石印本　四册　存四卷(三、續新齊諧一至三)

330000－1716－0013542　子補 3956/13542

新學/兵制/營壘
數線陣地攻擊防禦之築城要領二卷 方策譯 民國鉛印本 一册

330000－1716－0013544 子補 3876/13544
子部/術數類
秘本諸葛神數一卷 (三國蜀)諸葛亮撰 民國八年(1919)上海廣文書局石印本 一册

330000－1716－0013545 子補 1953/13545
子部/小說家類/異聞之屬
繪圖山海經十八卷圖五卷 (晉)郭璞傳 (清)畢沅校正 **古今本篇目考一卷** (清)畢沅撰 民國八年(1919)上海錦章圖書局石印本 二册

330000－1716－0013548 集補 1340－5/13548 集部/小說類/長篇之屬
增訂繪圖精忠說岳全傳八卷八十回 (清)錢彩編 (清)金豐增訂 民國上海天寶書局石印本 一册 存二卷(七至八)

330000－1716－0013551 子補 0551/13551
子部/儒家類/儒學之屬/蒙學
兒童禮法一卷 中華書局編 民國十年(1921)上海中華書局石印本 一册

330000－1716－0013553 子補 1300－4/13553 子部/宗教類/道教之屬
奇驗明聖經感應三聖經合刊不分卷 民國鉛印本 一册

330000－1716－0013555 子補 1954/13555
子部/小說家類/雜事之屬
板橋雜記二卷 (清)余懷撰 **續板橋雜記一卷** (清)珠泉居士撰 民國上海掃葉山房石印本 一册

330000－1716－0013556 子補 3978/13556
子部/農家農學類/畜牧之屬
實驗養蜂新歷一卷 酈辛農撰 民國二十二年(1933)湖南養蜂協會鉛印本 一册

330000－1716－0013559 史補 0154/13559
史部/雜史類/斷代之屬
東塘日劄二卷 (清)朱子素撰 **江變紀略二卷** (清)徐世溥撰 民國上海有正書局鉛印本 一册

330000－1716－0013560 集補 0007－38/13560 集部/小說類/長篇之屬
繪像結水滸全傳八卷七十回 (清)俞萬春撰 (清)范辛來 (清)邵祖恩評 民國石印本 二册 存二卷(五至六)

330000－1716－0013561 普叢 0408/13561
類叢部/叢書類/家集之屬
長沙瞿氏叢刊五種 瞿宣穎編 民國二十二年至二十四年(1933－1935)長沙瞿氏鉛印本 一册 存一種

330000－1716－0013562 史補 0153/13562
史部/雜史類/斷代之屬
談往一卷 (清)花村看行侍者撰 民國五年(1916)上海有正書局鉛印本 一册

330000－1716－0013564 集補 2450－44/13564 集部/小說類/長篇之屬
第一才子書十六卷一百二十回 (明)羅本撰 (清)金人瑞 (清)毛宗崗評 民國上海會文堂書局鉛印本 二册 存二卷(九、十一)

330000－1716－0013565 集補 3344/13565
集部/别集類
新州葉氏詩存一卷 葉為銘撰 民國鉛印本 一册

330000－1716－0013568 集補 2450－46/13568 集部/小說類/長篇之屬
第一才子書十六卷一百二十回首一卷 (明)羅本撰 (清)金人瑞 (清)毛宗崗評 民國上海中新書局鉛印本 一册 存一卷(九)

330000－1716－0013570 子補 1130－8/13570 子部/小說家類/諧謔之屬
改良繪圖解人頤廣集二卷 (清)胡澹庵撰 (清)錢德蒼增訂 民國上海錦章書局石印本 一册 存一卷(下)

330000－1716－0013573 集補 3346/13573
集部/别集類
天放樓詩集九卷 金天羽撰 民國十一年

(1922)上海有正書局鉛印本　一册　存五卷(雷音集二至五、潮音集)

330000－1716－0013577　子補3979/13577　子部/醫家類/類編之屬
醫藥叢書十一種　裘慶元輯　民國五年至十年(1916－1921)紹興醫藥學報社刻本　二册　存一種

330000－1716－0013578　子補3223－4/13578　子部/雜著類
玉歷至寶鈔勸世一卷附經驗神效良方一卷　王子達重編　民國上海宏大善書局石印本　一册

330000－1716－0013579　集補2450－48/13579　集部/小説類/長篇之屬
第一才子書十六卷一百二十回首一卷　(明)羅本撰　(清)金人瑞　(清)毛宗崗評　民國上海中新書局鉛印本　十一册　存十卷(三至四、六至十一、十四,首)

330000－1716－0013580　地獻1239－9/13580　集部/别集類/清别集
越縵堂文鈔一卷　(清)李慈銘撰　民國鉛印禹域叢書本　唐風題簽並記　一册

330000－1716－0013582　史補1593/13582　史部/傳記類/别傳之屬/事狀
鏡湖先生哀輓録不分卷　民國石印本　一册

330000－1716－0013585　新補0490－11/13585　經部/小學類/訓詁之屬/字詁
智燈難字一卷新輯繪圖洋務日用雜字一卷　民國浙紹奎照樓石印本　一册

330000－1716－0013589　子補1957/13589　子部/雜著類/雜説之屬
粟香隨筆八卷二筆八卷三筆八卷四筆八卷五筆八卷　金武祥撰　民國上海埽葉山房石印本　十六册

330000－1716－0013593　史補1262－4/13593　史部/史抄類
史記菁華録六卷　(清)姚祖恩輯評　民國二十四年(1935)上海商務印書館鉛印本　一册　存二卷(五至六)

330000－1716－0013594　子補1064－7/13594　子部/小説家類/雜事之屬
音釋坐花誌果二卷　(清)汪道鼎撰　(清)鶩峰樵者音釋　民國上海科學編譯書局石印本　二册

330000－1716－0013595　子補1187/13595　子部/雜著類
痦陶去職實録一卷　范之傑撰　民國鉛印本　一册

330000－1716－0013601　普叢0125－3/13601　類叢部/叢書類/彙編之屬
説庫一百七十種　王文濡編　民國四年(1915)上海文明書局石印本(浮生六記卷五至六原缺)　六十册

330000－1716－0013603　集補1069－1/13603　集部/總集類/選集之屬/斷代
唐詩三百首六卷　(清)孫洙編　民國石印本　陸崇珍題記　四册　存四卷(一至四)

330000－1716－0013608　子補3223－7/13608　子部/雜著類
玉歷至寶鈔勸世一卷附經驗神效良方一卷　王子達重編　**身世金丹一卷**　(清)讀我書屋輯録　民國十一年(1922)上海宏大善書局石印本　一册

330000－1716－0013610　集補3271/13610　集部/總集類/酬唱之屬
息影草廬主六十壽言集不分卷附息影草廬吟賸一卷　陳鴻烈撰　民國四年(1915)鉛印本　一册

330000－1716－0013617　子補3885/13617　子部/醫家類/方書之屬/單方驗方
串雅内編四卷外編四卷　(清)趙學敏纂　(清)吳庚生補注　民國鉛印本　一册　存一卷(外編一)

330000－1716－0013620　子補3958/13620　史部/傳記類/别傳之屬
聖蹟圖一卷　民國四年(1915)財政部印刷局

據明刻本影印本　一册

330000－1716－0013623　新補 0512/13623　新學/史志/臣民傳記
萬國人物備考不分卷　余天民撰　民國杭州學稼社石印本　八册

330000－1716－0013626　新補 0511/13626　新學/史志/臣民傳記
萬國人物備考不分卷　余天民撰　民國杭州學稼社石印本　八册

330000－1716－0013627　子補 0722/13627　子部/宗教類/道教之屬/神符
神秘符咒全書四卷　余哲夫撰　民國十一年(1922)上海東方書局影印本　三册　存三卷(一、三至四)

330000－1716－0013629　集補 0012－22/13629　集部/小說類/長篇之屬
繡像龍鳳配再生緣十二卷七十四回　(清)陳端生撰　民國十年(1921)上海天華書局石印本　三册　存六卷(一至四、九至十)

330000－1716－0013633　集補 1733/13633　集部/曲類/彈詞之屬
新編韓湘子九度文公道情全本四卷　民國文益書局石印本　一册

330000－1716－0013634　集補 1732/13634　集部/小說類/長篇之屬
新輯忠孝節義王清明投親合同記四卷　民國石印本　一册

330000－1716－0013637　子補 3914/13637　子部/藝術類/書畫之屬/畫譜
精撰映雪軒畫譜一卷　(明)祝允明繪　民國湖州大通書局石印本　王叔明題記　一册

330000－1716－0013639　集補 1731/13639　集部/曲類/彈詞之屬
新編韓湘子九度文公道情全本四卷　民國文益書局石印本　裘塏題記　一册

330000－1716－0013643　子補 0039－3/13643　子部/藝術類/書畫之屬/畫譜
唐六如畫譜□□卷　(明)唐寅繪　民國石印本　二册　存二卷(三至四)

330000－1716－0013644　子補 3916/13644　子部/藝術類/書畫之屬/畫譜
小滄齋畫譜□□卷　孫寄滄撰　民國十年(1921)上海文益書局石印本　二册　存二卷(一至二)

330000－1716－0013653　集補 3364/13653　集部/小說類/長篇之屬
繡像綠牡丹全傳六卷六十四回　民國三年(1914)上海書局石印本　裘□諆題簽　一册

330000－1716－0013655　集補 3365/13655　集部/小說類/長篇之屬
繪圖劍俠奇中奇六卷四十八回　民國石印本　一册　存一卷(一)

330000－1716－0013663　新補 0101－2/13663　新學/學校
全國學生成績新文庫甲編十九卷乙編初集二十卷二集二十卷　中央圖書局編輯部編　民國十一年(1922)上海中央圖書公司石印本　十七册　缺二卷(乙編初集一至二)

330000－1716－0013664　集補 2450－96/13664　集部/小說類/長篇之屬
增像全圖三國志演義第一才子書十六卷一百二十回　(明)羅本撰　(清)毛宗崗評　民國上海廣益書局石印本　五册　存五卷(三、五、八、十至十一)

330000－1716－0013668　集補 3458/13668　集部/詩文評類/詩評之屬
隨園詩話十六卷　(清)袁枚撰　民國上海廣益書局石印本　三册

330000－1716－0013669　子補 0001－64/13669　子部/藝術類/書畫之屬/畫譜
芥子園畫譜六集不分卷　汪琨輯　民國十一年(1922)上海江東書局石印本　一册

330000－1716－0013670　新補 0101－1/13670　新學/學校
全國學生成績新文庫甲編十九卷乙編初集二

十卷二集二十卷　中央圖書局編輯部編　民國二十二年(1933)上海中央圖書公司石印本　十二册　缺十八卷(乙編初集三,二集一至四、八至二十)

330000－1716－0013672　新補 0102－1/13672　新學/學校

學生新文庫甲編十九卷乙編二十卷　世界書局編輯所編輯　民國十三年(1924)上海世界書局石印本　十二册

330000－1716－0013673　經補 1344－40/13673　經部/春秋左傳類/傳説之屬

春秋左傳句解六卷　(清)韓菼重訂　民國三年(1914)上海商務印書館鉛印本　丁竹生題記　一册　存一卷(一)

330000－1716－0013676　集補 3247－95/13676　集部/小説類/短篇之屬

聊齋志異新評十六卷　(清)蒲松齡撰　(清)王士禛評　(清)但明倫新評　(清)呂湛恩注　民國鉛印本　四册　存七卷(五至七、十一至十二、十五至十六)

330000－1716－0013678　普叢 0156/13678　類叢部/叢書類/彙編之屬

袖珍古書讀本三十種　中華書局編　民國十九年(1930)上海中華書局鉛印本　六册　存二種

330000－1716－0013682　子補 0001－21/13682　子部/藝術類/書畫之屬/畫譜

芥子園畫傳初集六卷　(清)王槩　(清)王蓍　(清)王臬輯　民國石印本　三册　存三卷(二至四)

330000－1716－0013685　子補 0001－65/13685　子部/藝術類/書畫之屬/畫譜

芥子園畫傳七集四卷　沈蔭松輯　民國十五年(1926)大德書局石印本　二册　存二卷(一至二)

330000－1716－0013686　集補 3330/13686　集部/小説類/長篇之屬

繡像續小五義六卷一百二十四回　(清)石玉崑撰　民國簡青齋書局石印本　一册　存一卷(五)

330000－1716－0013688　新補 0104－1/13688　新學/雜著/叢編

日用萬全新書十二卷三十輯　廣益書局編輯部編　民國十年(1921)上海廣益書局石印本　十二册

330000－1716－0013692　子補 3962/13692　子部/醫家類/方書之屬/單方驗方

驗方新編十六卷　(清)鮑相璈輯　民國三年(1914)上海章福記書局石印本　二册　存三卷(一至二、十一)

330000－1716－0013699　子補 0001－20/13699　子部/藝術類/書畫之屬/畫譜

新芥子園畫譜初集不分卷　民國上海廣益書局石印本　二册

330000－1716－0013706　集補 1242－2/13706　集部/小説類/長篇之屬

歷代春艷秘史三集十三卷圖一卷　芸蘭女史撰　民國上海美術圖書社石印本　二册　存十卷(一至十)

330000－1716－0013707　集補 3340/13707　集部/詩文評類/文法之屬/函牘格式

文言對照學生新尺牘不分卷　世界書局編輯所編輯　民國上海世界書局石印本　一册

330000－1716－0013710　集補 3267/13710　集部/別集類/清別集

音注小倉山房尺牘八卷　(清)袁枚撰　(清)胡光斗箋釋　民國上海章福記書局石印本　二册　存四卷(一至二、五至六)

330000－1716－0013718　子補 4031/13718　子部/儒家類/儒學之屬/禮教/家訓

暄廬家訓不分卷　張載陽撰　民國十九年(1930)新昌張九如堂鉛印本　一册

330000－1716－0013719　集補 0461－3/13719　集部/總集類/尺牘之屬

分類詳注簡明新尺牘六卷　袁韜壺編　民國二十年(1931)上海羣學書社石印本　四册

存四卷(一、三至五)

330000－1716－0013720　子補 3918/13720　子部/藝術類/書畫之屬/畫譜

百花寫生畫譜不分卷　民國石印本　一册

330000－1716－0013722　集補 0206－2/13722　集部/總集類/尺牘之屬

新編分類尺牘大全十四卷　文明書局編輯　民國九年(1920)上海文明書局石印本　十二册　缺二卷(十三至十四)

330000－1716－0013723　子補 3919/13723　子部/藝術類/書畫之屬/畫譜

龢菴畫譜一卷　龢菴繪　民國石印本　一册

330000－1716－0013724　新補 0028－2/13724　新學/學校

[初等小學校春季始業]共和國教科書新國文八册不分卷　莊俞　沈頤編　民國上海商務印書館石印本　一册　存一册(三)

330000－1716－0013726　集補 1854/13726　集部/小說類/長篇之屬

新編繪圖綉像八美圖全傳二卷三十二回　民國上海大文書局石印本　二册

330000－1716－0013728　子補 3920/13728　子部/藝術類/書畫之屬/畫譜

海上名畫彙集二卷　錢病鶴編　民國十年(1921)上海畫學出版部石印本　一册

330000－1716－0013730　集補 0205－8/13730　集部/别集類

飲冰室全集四十八卷　梁啟超撰　民國上海中華書局鉛印本　二十三册　存二十三卷(六至七、十二、二十、二十六至二十七、二十九至三十六、三十八至四十、四十二至四十三、四十五至四十八)

330000－1716－0013733　集補 3402/13733　集部/曲類/彈詞之屬

繡像繪圖荆襄快談録十二卷一百回　民國石印本　五册　缺二卷(七至八)

330000－1716－0013736　子補 3972/13736　子部/儒家類/儒學之屬/禮教/家訓

家庭教育三卷　(清)陸起鯤撰　(清)陸韜編　民國十三年(1924)宏大善書局石印本　一册

330000－1716－0013738　子補 4030/13738　子部/雜著類/雜說之屬

菜根譚一卷　(明)洪應明撰　民國三十二年(1943)上海新華醫藥書籍部鉛印本　一册

330000－1716－0013741　史補 1542－1/13741　史部/政書類/公牘檔册之屬

錢江義渡第一碼頭建築凉棚委員會徵信録一卷　王曉籟等編　民國二十三年(1934)上海中原印務局鉛印本　一册

330000－1716－0013742　史補 0334－3/13742　史部/史評類/史論之屬

歷代史論十二卷附宋史論三卷元史論一卷　(明)張溥撰　**明史論四卷**　(清)谷應泰論正　**左傳史論二卷**　(清)高士奇撰　民國上海珍藝書局鉛印本　七册　存二十卷(一至十二、宋史論一至三、元史論、明史論一至四)

330000－1716－0013746　集補 3366/13746　集部/曲類/彈詞之屬

繡像胡必松九美圖四卷二十六回　民國石印本　二册　存二卷(二至三)

330000－1716－0013747　史補 1542－2/13747　史部/政書類/公牘檔册之屬

錢江義渡第一碼頭建築凉棚委員會徵信録一卷　王曉籟等編　民國二十三年(1934)上海中原印務局鉛印本　一册

330000－1716－0013749　子補 3922/13749　子部/藝術類/書畫之屬/畫譜

丁悚百美圖二册不分卷　丁慕琴繪　民國五年(1916)、六年(1917)上海國學書室石印本　二册

330000－1716－0013751　史補 1542－3/13751　史部/政書類/公牘檔册之屬

錢江義渡第一碼頭建築凉棚委員會徵信録一卷　王曉籟等編　民國二十三年(1934)上海

中原印務局鉛印本　一冊

330000－1716－0013752　子補 3966/13752
子部/宗教類/佛教之屬
在家學佛要典不分卷　陳海量編　民國三十二年(1943)大雄奮迅團鉛印本　一冊

330000－1716－0013753　史補 1542－4/13753　史部/政書類/公牘檔冊之屬
錢江義渡第一碼頭建築涼棚委員會徵信録一卷　王曉籟等編　民國二十三年(1934)上海中原印務局鉛印本　一冊

330000－1716－0013756　集補 3393/13756
集部/小説類/長篇之屬
繡像緑牡丹全傳六卷六十四回　民國三年(1914)石印本　三冊　存三卷(一、三至四)

330000－1716－0013758　子補 3923/13758
子部/藝術類/書畫之屬/畫法畫品
初等毛筆習畫指南四卷　汪耀如撰　民國十三年(1924)上海益新書局石印本　三冊　存三卷(一、三至四)

330000－1716－0013763　新補 0080－2/13763　新學/學校
[初等小學校春季始業]共和國教科書新修身八冊不分卷　沈頤　戴克敦編　民國上海商務印書館石印本　一冊　存一冊(七)

330000－1716－0013766　集補 3337/13766
經部/小學類/文字之屬/字書/字體
真草尺牘合璧二卷附孜正同音字彙一卷　(清)王久徵書　民國五年(1916)上海文益書局石印本　二冊

330000－1716－0013769　子補 3967/13769
子部/宗教類/佛教之屬
蓮池大師戒殺文衍義一卷　民國宏大善書局石印本　一冊

330000－1716－0013772　子補 3928/13772
子部/藝術類/書畫之屬/畫譜
海上名人畫稿不分卷　民國上海同文書局石印本　一冊　存一冊(二)

330000－1716－0013775　集補 3319/13775
集部/詩文評類/文法之屬/函牘格式
言文對照普通新尺牘十八卷附録一卷　世界書局編輯所編輯　民國十八年(1929)上海世界書局石印本　五冊　存十卷(四、七至十、十三、十六至十八,附録)

330000－1716－0013776　新補 0261－1/13776　集部/詩文評類/文法之屬
言文對照評注高等小學論説文範四卷　邵伯棠撰　民國十三年(1924)上海會文堂書局石印本　四冊

330000－1716－0013779　新補 0174－1/13779　集部/總集類/選集之屬/通代
評注古文讀本六卷　林景亮撰　民國六年(1917)上海中華書局鉛印本　四冊　存四卷(一至三、六)

330000－1716－0013781　子補 3990/13781
子部/藝術類/書畫之屬
題詞集一卷　民國石印本　一冊

330000－1716－0013782　普叢 0298－2/13782　子部/叢編
清代筆記叢刊四十一種　文明書局編　民國上海文明書局石印本　十八冊　存七種

330000－1716－0013783　新補 0690/13783
史部/地理類/雜志之屬
浙路輶軒表不分卷　湯壽潛撰　民國二年(1913)鉛印本　一冊

330000－1716－0013784　集補 1770/13784
集部/小説類/長篇之屬
石頭記八卷八十回　(清)曹霑撰　民國上海有正書局石印本　二冊　存二卷(一至二)

330000－1716－0013785　集補 3399/13785
集部/曲類/曲藝之屬
時調山歌□□集　民國石印本　一冊　存一集(耕)

330000－1716－0013786　子補 3989/13786
子部/藝術類/遊藝之屬/聯語
西湖楹聯□□卷　民國西湖鑫記書局鉛印本

一冊　存一卷(上)

330000－1716－0013787　普叢 0404/13787　類叢部/叢書類/彙編之屬

合眾圖書館叢書十五種　合眾圖書館編　民國二十九年至三十七年(1940－1948)鉛印本暨石印本　一冊　存一種

330000－1716－0013789　經補 1497/13789　經部/四書類

學庸章句二卷　民國元年(1912)上海章福記書局石印本　一冊

330000－1716－0013792　集補 1411－3/13792　集部/詩文評類/文法之屬/函牘格式

寫信必讀十卷　(清)唐芸洲撰　民國四年(1915)上海錦章書局石印本　一冊

330000－1716－0013795　子補 3971/13795　集部/總集類/尺牘之屬

交際大全九章　世界書局編輯所編輯　民國上海世界書局石印本　一冊

330000－1716－0013797　新補 0134/13797　新學/學校

[秋季始業學生用書]高等小學新歷史教科書四冊不分卷　趙鉦鐸編　民國八年(1919)中國圖書公司和記鉛印本　朱仁豐題記　一冊　存一冊(一)

330000－1716－0013799　集補 1747－1/13799　集部/小說類/長篇之屬

增訂繪圖精忠說岳全傳八卷八十回　(清)錢彩編　(清)金豐增訂　民國石印本　一冊　存一卷(八)

330000－1716－0013801　集補 1746－2/13801　集部/小說類/長篇之屬

增訂繪圖精忠說岳全傳二十卷八十回　(清)錢彩編　(清)金豐增訂　民國上海文宜書局石印本　二冊　存二卷(一至二)

330000－1716－0013802　子補 0390/13802　子部/醫家類/方書之屬/成方藥目

廣東保合和藥目一卷　保合和主人編　民國九年(1920)鉛印本　一冊

330000－1716－0013811　集補 3321/13811　集部/别集類/清别集

李竹君詩鈔一卷　(清)李承湛撰　民國三年(1914)上海宏大紙號石印本　一冊

330000－1716－0013812　新補 0591－1/13812　子部/天文曆算類/算書之屬

最新全圖小學簡明珠算課本一卷　民國劉德記書局石印本　一冊

330000－1716－0013814　子補 3965/13814　子部/術數類/占卜之屬

卜筮易知一卷　文明書局輯　民國上海文明書局鉛印本　一冊

330000－1716－0013816　地獻 2116/13816　史部/傳記類/别傳之屬/年譜

植園[魯樹恒]年譜一卷　魯樹恒撰　稿本　一冊

330000－1716－0013818　普叢 0111－1/13818　類叢部/叢書類/彙編之屬

古今說部叢書二百七十二種　國學扶輪社輯　民國四年(1915)中國圖書公司和記鉛印本　三十二冊　存一百二十五種

330000－1716－0013819　經補 1383/13819　經部/小學類/文字之屬/字書/訓蒙

蒙學識字字課圖說不分卷　施崇恩編　民國上海彪蒙書室石印本　一冊

330000－1716－0013820　子補 1300－5/13820　子部/宗教類/道教之屬

奇驗明聖經感應三聖經合刊不分卷　民國紹城廣文印書館鉛印本　一冊

330000－1716－0013826　普叢 0111－2/13826　類叢部/叢書類/彙編之屬

古今說部叢書二百七十二種　國學扶輪社輯　民國上海國學扶輪社鉛印本　一冊　存一種

330000－1716－0013833　地獻 0968－3/13833　集部/别集類/清别集

新輯秋水軒尺牘二卷　(清)許思湄撰　(清)婁世瑞注　(清)寄虹軒主人輯　民國二年

(1913)上海會文堂石印本　二冊

330000－1716－0013836　集補 3336/13836
集部/總集類/尺牘之屬
普通應用尺牘教本二卷　竇警凡撰　民國五年(1916)上海文明書局石印本　一冊　存一卷(下)

330000－1716－0013838　子補 3970/13838
子部/儒家類/儒學之屬/禮教/家訓
治家格言類證一卷　(清)曹顯偉輯　民國十二年(1923)紹城縣華商石印本　一冊

330000－1716－0013841　集補 3358/13841
集部/別集類
靈峰先生集十一卷　夏震武撰　民國五年(1916)劉子民、何紹韓鉛印本　二冊

330000－1716－0013842　新補 0663/13842
新學/學校
民國課本不分卷　民國石印本　一冊　存一冊(一)

330000－1716－0013870　經補 1500/13870
經部/四書類/大學之屬/傳說
大學古本質言一卷　(清)劉沅撰　民國三十二年(1943)鉛印本　童鼎璜題記　一冊

330000－1716－0013873　史補 1561/13873
史部/地理類/輿圖之屬/全國
中華民國新區域圖附表不分卷　童世亨編繪　民國四年(1915)上海商務印書館鉛印本　一冊

330000－1716－0013878　集補 3289/13878
集部/小說類/長篇之屬
繡像永慶昇平前傳四卷九十七回　郭廣瑞撰　民國上海大成書局石印本　三冊　存三卷(一至二、四)

330000－1716－0013881　經補 1498/13881
經部/四書類/中庸之屬/傳說
中庸章句二卷　(宋)朱熹撰　民國石印本　一冊　存一卷(一)

330000－1716－0013882　史補 1550/13882
史部/史評類/史論之屬
讀史論畧二卷　(清)杜詔撰　民國石印本　二冊

330000－1716－0013883　集補 3247－71/13883　集部/小說類/短篇之屬
詳注聊齋志異圖詠十六卷　(清)蒲松齡撰　(清)呂湛恩注　民國上海鴻寶齋書局石印本　一冊　存二卷(七至八)

330000－1716－0013886　子補 3969/13886
子部/術數類/陰陽五行之屬
繪冠道人繪圖記二卷　(清)鐵冠道人撰　民國石印本　一冊

330000－1716－0013890　子補 3968/13890
子部/宗教類/道教之屬
三聖經感應靈驗圖注不分卷　民國八年(1919)上海科學書局石印本　一冊

330000－1716－0013892　集補 1816/13892
集部/小說類/長篇之屬
繪圖緣中寃初集一卷四十回　民國洽記書莊石印本　一冊

330000－1716－0013895　史補 0151/13895
史部/傳記類/別傳之屬
閻瑞生自述記一卷　閻瑞生撰　民國上海世界書局石印本　一冊

330000－1716－0013898　史補 0150/13898
史部/傳記類/別傳之屬
楊小樓一卷　燕山小隱　楊塵因編　錢病鶴繪　民國八年(1919)泰東圖書局石印本　一冊

330000－1716－0013907　子補 3930/13907
子部/小說家類/異聞之屬
藝術奇談四卷　葛栩存編　民國上海會文堂書局石印本　三冊　存三卷(一至三)

330000－1716－0013908　集補 0007－27/13908　集部/小說類/長篇之屬
評注圖像水滸傳十二卷七十回首一卷　(元)施耐庵撰　(清)金人瑞評　民國石印本　八冊　存八卷(四至五、七至十二)

330000－1716－0013914　新補 0592/13914　新學/學校
［民立雙山高等小學校］中國歷史教科書不分卷　周印棠編　民國抄本　一冊

330000－1716－0013919　集補 1814/13919　集部/小說類/長篇之屬
說唐羅通掃北全傳四卷十五回　民國十五年(1926)上海沈鶴記書局石印本　二冊　存二卷(一至二)

330000－1716－0013923　地獻 1824－26/13923　集部/總集類/選集之屬/通代
新體廣注古文觀止十二卷　(清)吳乘權　(清)吳大職輯　黃築巖　劉再蘇注釋　民國石印本　一冊　存二卷(五至六)

330000－1716－0013925　集補 3356/13925　集部/別集類
聽雨樓詩鈔一卷附花韻集一卷　張繩武撰　民國九年(1920)鉛印本　一冊

330000－1716－0013927　集補 3247－13/13927　集部/小說類/短篇之屬
聊齋志異評注十六卷　(清)蒲松齡撰　(清)王士禛評　(清)但明倫新評　(清)呂湛恩注　民國上海商務書館鉛印本　三冊　存六卷(五至十)

330000－1716－0013929　子補 3894/13929　子部/儒家類/儒學之屬/禮教/女範
女子四書讀本　(清)王相箋注　民國五年(1916)上海會文堂書局石印本　一冊　存二種

330000－1716－0013932　集補 1813/13932　集部/小說類/長篇之屬
改良小說牙痕記四卷十六回　南海我農編　民國十八年(1929)上海廣記書局石印本　一冊

330000－1716－0013936　集補 1812/13936　集部/詩文評類/詩評之屬
浩然齋雅談三卷　(宋)周密撰　民國廣益書局石印本　吳念祚題記　一冊

330000－1716－0013945　集補 3351/13945　新學/學校
言文對照新撰小學論說精華四卷　陸樹勳編　陸保璿修正　徐正培評譯　民國上海廣益書局石印本　一冊　存一卷(二)

330000－1716－0013951　子補 4026/13951　子部/天文曆算類/曆法之屬
新鐫增補時憲臺曆袖裏璇璣星命須知一卷　民國七年(1918)上海劉德記石印本　金浠題記　一冊

330000－1716－0013952　集補 3353/13952　集部/總集類/尺牘之屬
最新商務尺牘教科書正集二卷續集二卷　周天鵬編　民國石印本　一冊　存一卷(二)

330000－1716－0013957　集補 3361/13957　集部/小說類/長篇之屬
增異說唐羅通掃北全傳四卷十五回　民國石印本　一冊　存一卷(一)

330000－1716－0013974　集補 0006－40/13974　集部/小說類/長篇之屬
繡像說唐征西全傳六卷九十回　民國石印本　一冊　存三卷(一至三)

330000－1716－0013976　子補 4001/13976　子部/藝術類/書畫之屬/法帖
大楷歐陽詢九成宮一卷　(唐)歐陽詢書　民國十七年(1928)上海文明書局石印本　一冊

330000－1716－0013980　集補 3401/13980　集部/詞類/別集之屬
半篋秋詞一卷　(清)張祥齡撰　民國三年(1914)石印本　一冊

330000－1716－0013981　集補 3360/13981　集部/小說類/長篇之屬
繡像木蘭奇女全傳四卷三十二回　民國石印本　一冊　存一卷(三)

330000－1716－0013989　子補 0087/13989　子部/藝術類/書畫之屬/畫譜
龍飛花譜一卷　稿本　龍飛題簽　一冊

330000－1716－0013990　普叢 0303/13990
類叢部/叢書類/彙編之屬
涵芬樓叢書五種　涵芬樓編　民國上海商務印書館鉛印本　五冊　存一種

330000－1716－0013999　子補 1976/13999
子部/雜著類/雜纂之屬
兩般秋雨盦隨筆八卷　（清）梁紹壬撰　民國十八年(1929)掃葉山房石印本　四冊

330000－1716－0014004　集補 3392/14004
集部/曲類/彈詞之屬
新刻續秦雪梅後三元記十六卷　民國上海裕記書莊石印本　四冊

330000－1716－0014005　子補 1977/14005
子部/雜著類/雜說之屬
梵天廬叢録三十七卷　柴萼撰　民國上海中華書局石印本　九冊　存十八卷(一至十八)

330000－1716－0014012　經補 0203/14012
經部/四書類/總義之屬/傳說
四書合講十九卷　（宋）朱熹集注　民國石印本　四冊　存一種

330000－1716－0014016　普叢 0298－3/14016　子部/叢編
清代筆記叢刊四十一種　文明書局編　民國上海文明書局石印本　四冊　存一種

330000－1716－0014021　經補 1489/14021
經部/孝經類/傳說之屬
孝經啟蒙句解講本一卷　朱鮑謙撰　孟肇元評　民國十五年(1926)杭州同道益善書局鉛印本　一冊

330000－1716－0014022　子補 1978/14022
子部/小說家類
古今筆記精華録二十四卷　古今圖書局編譯部編纂　民國四年(1915)上海廣益書局石印本　二十三冊　缺二卷(十九至二十)

330000－1716－0014023　子補 4027/14023
子部/術數類/命書相書之屬
新刊校正增釋合併麻衣先生神相編四卷　（明）陸位崇編　民國石印本　一冊

330000－1716－0014024　子補 4100/14024
子部/雜著類
壽世全書不分卷　民國古歙潭川程氏鉛印本　一冊

330000－1716－0014025　子補 4016/14025
子部/醫家類/外科之屬/癰疽、疔瘡
疔瘡緊要秘方不分卷　（清）盧眞人輯　民國十二年(1923)寧波華陞印局鉛印本　一冊

330000－1716－0014034　新補 0050－2/14034　子部/天文曆算類/算書之屬
最新圖式歸除算法二卷　民國石印本　一冊　缺一卷(一)

330000－1716－0014039　新補 0662/14039
新學/雜著
官商快覽不分卷　民國廣州十七甫澄天閣石印本　一冊

330000－1716－0014051　集補 0012－24/14051　集部/小說類/長篇之屬
龍鳳配再生緣十二卷七十四回　（清）陳端生撰　民國大成書局石印本　陶綬演題簽　五冊　缺二卷(一至二)

330000－1716－0014053　集補 1802/14053
集部/小說類/長篇之屬
繡像龍鳳配再生緣十二卷七十四回　（清）陳端生撰　民國上海天華書局石印本　六冊

330000－1716－0014056　集補 1811/14056
集部/小說類/長篇之屬
歷史小說吴三桂演義四卷四十回　民國上海大中國印書館石印本　四冊

330000－1716－0014057　經補 1431/14057
經部/禮記類/分篇之屬
教科適用檀弓精華一卷　中華書局編　民國上海中華書局鉛印本　一冊

330000－1716－0014063　子補 0541/14063
子部/儒家類/儒學之屬/蒙學
注音國語字課圖解六卷　徐繩宗撰　民國二十年(1931)上海華普書局石印本　三冊　存三卷(一、四、六)

330000－1716－0014064　集補 1809/14064
集部/小說類/長篇之屬
紅樓夢一百二十回首一卷　(清)曹霑　(清)高鶚撰　(清)王希廉　(清)姚燮加評　民國十八年(1929)上海文明書局鉛印本　二十四册　存八十八回(一至二十四、五十三至八十四、八十九至一百二十)

330000－1716－0014066　子補 3993/14066
子部/天文曆算類/曆法之屬
精校星命萬年書不分卷　民國石印本　一册

330000－1716－0014068　子補 3994/14068
子部/宗教類/佛教之屬
諸佛仙眞誥讃在摘録一卷　民國鉛印本　一册

330000－1716－0014070　集補 0038－5/14070　集部/小說類/長篇之屬
新編前明正德白牡丹傳八卷四十六回　(清)石琮編　民國石印本　一册

330000－1716－0014071　子補 3995/14071
子部/宗教類/佛教之屬/經
報母血盆經二卷　民國上海宏大善書局石印本　一册

330000－1716－0014074　子補 3996/14074
子部/宗教類/佛教之屬/經疏
摩訶般若波羅蜜多心經一卷　民國上海宏大善書局石印本　一册

330000－1716－0014076　子補 3997/14076
子部/宗教類/道教之屬/經文
玄靈玉皇經淺注一卷　李兆昌注　民國上海明善書局鉛印本　一册

330000－1716－0014079　子補 1300－7/14079　子部/宗教類/道教之屬
奇驗明聖經感應三聖經合刊不分卷　民國紹城廣文印書館鉛印本　一册

330000－1716－0014080　子補 3998/14080
子部/宗教類
天地心一卷　民國十三年(1924)上海善書流通處石印本　一册

330000－1716－0014082　普史 1485/14082
史部/紀傳類/正史之屬
二十四史附考證　民國上海涵芬樓據清乾隆武英殿刻本影印本　八百二十册

330000－1716－0014083　集補 1808/14083
集部/小說類/長篇之屬
繡像西漢演義四卷一百回　(明)甄偉撰　民國昌文書局石印本　一册

330000－1716－0014087　集補 1804/14087
集部/小說類/長篇之屬
繪圖東西漢演義六卷　民國上海錦章書局石印本　婁煜山題記　一册

330000－1716－0014092　經補 1542/14092
經部/小學類/文字之屬/字書/字體
玉堂楷則一卷　(清)□□輯　民國石印本　一册

330000－1716－0014093　集補 1805/14093
集部/小說類/長篇之屬
大字足本東西漢演義八卷　民國十一年(1922)上海大成書局石印本　八册

330000－1716－0014095　集補 1806/14095
集部/小說類/長篇之屬
繪圖西漢演義四卷一百回　(明)甄偉撰　民國上海天寶書局石印本　一册

330000－1716－0014097　子補 3900/14097
子部/儒家類/儒學之屬/俗訓
格言合璧不分卷　(清)金纓輯　民國八年(1919)上海宏大善書總發行所石印本　一册

330000－1716－0014098　地獻 2117/14098
史部/史評類
史感不分卷　(清)李世熊撰　稿本　二册

330000－1716－0014099　集補 2450－118/14099　集部/小說類/長篇之屬
第一才子書十六卷一百二十回首一卷　(明)羅本撰　(清)金人瑞　(清)毛宗崗評　民國石印本　四册　存九卷(一至四、七至八、十五至十六,首)

330000－1716－0014105　集補 1216/14105　集部/總集類/酬唱之屬

乘風破浪圖唱和集一卷　朱軼塵撰　民國鉛印本　一冊

330000－1716－0014108　集補 2450－129/14108　集部/小說類/長篇之屬

增像全圖三國志演義第一才子書八卷一百二十回首一卷　(明)羅本撰　(清)毛宗崗評　民國石印本　一冊　存二卷(一、首)

330000－1716－0014109　新補 0178－1/14109　子部/儒家類/儒學之屬/蒙學

繪圖幼學白話句解四卷　施錫軒撰　民國十年(1921)上海廣雅書局石印本　二冊　存二卷(一、三)

330000－1716－0014110　集補 2450－131/14110　集部/小說類/長篇之屬

增像全圖三國演義十六卷一百二十回首一卷　(明)羅本撰　(清)毛宗崗評　民國十七年(1928)上海天寶書局石印本　二冊　存十卷(一至八、十五,首)

330000－1716－0014112　集補 0452－2/14112　集部/總集類/尺牘之屬

分類文明尺牘四卷　民國元年(1912)上海文益書局石印本　一冊　存一卷(一)

330000－1716－0014113　子補 1300－6/14113　子部/宗教類/道教之屬

奇驗明聖經感應三聖經合刊不分卷　民國鉛印本　一冊

330000－1716－0014115　子補 3130－2/14115　子部/宗教類/佛教之屬

歷史感應統紀四卷首一卷　許止淨編纂　民國十八年(1929)鉛印本　三冊　存三卷(二至四)

330000－1716－0014117　集補 3247－69/14117　集部/小說類/短篇之屬

詳注聊齋志異圖詠十六卷　(清)蒲松齡撰　(清)呂湛恩注　民國十一年(1922)上海元昌書局石印本　三冊　存六卷(一至二、七至八、十一至十二)

330000－1716－0014121　集補 3247－67/14121　集部/小說類/短篇之屬

詳注聊齋志異圖詠十六卷　(清)蒲松齡撰　(清)呂湛恩注　民國石印本　九冊　存十二卷(三至十四)

330000－1716－0014127　集補 1749－1/14127　集部/小說類/長篇之屬

增訂繪圖精忠說岳全傳八卷八十回　(清)錢彩編　(清)金豐增訂　民國上海共和書局石印本　孫文高題記　二冊

330000－1716－0014129　地獻 1483－2/14129　集部/别集類

非儒非俠齋集　顧燮光撰　民國二十五年(1936)會稽顧氏金佳石好樓石印本　一冊　存二種

330000－1716－0014130　集補 1340－2/14130　集部/小說類/長篇之屬

增訂繪圖精忠說岳全傳八卷八十回　(清)錢彩編　(清)金豐增訂　民國上海天寶書局石印本　三冊　存三卷(一、四、八)

330000－1716－0014131　集補 1749－2/14131　集部/小說類/長篇之屬

增訂繪圖精忠說岳全傳八卷八十回　(清)錢彩編　(清)金豐增訂　民國海左書局石印本　一冊　存一卷(八)

330000－1716－0014136　集補 1340－1/14136　集部/小說類/長篇之屬

增訂繪圖精忠說岳全傳八卷八十回　(清)錢彩編　(清)金豐增訂　民國上海天寶書局石印本　沈姬鎧題記　四冊

330000－1716－0014137　子補 0732－10/14137　子部/宗教類/佛教之屬

看破世界一卷　(清)周祖道輯　民國上海宏大善書局石印本　一冊

330000－1716－0014140　集補 1748/14140　集部/小說類/長篇之屬

增訂繪圖精忠說岳全傳八卷八十回　(清)錢

彩編　(清)金豐增訂　民國石印本　四册　存四卷(二至五)

330000－1716－0014141　普集 1213－2/14141　集部/總集類/選集之屬/斷代

名家選定音注詩文讀本　上海文明書局編　民國上海文明書局鉛印本暨石印本　十册　存十種

330000－1716－0014142　集補 3350/14142　集部/別集類/清別集

新體廣注雪鴻軒尺牘二卷　(清)龔萼撰　朱詩隱　徐慎幾注　民國上海廣文書局石印本　一册　存一卷(一)

330000－1716－0014144　集補 1750/14144　集部/小説類/長篇之屬

增訂繪圖精忠説岳全傳八卷八十回　(清)錢彩編　(清)金豐增訂　民國二年(1913)上海天寶書局石印本　魯蘭題記　七册　存七卷(一至七)

330000－1716－0014145　集補 1340－3/14145　集部/小説類/長篇之屬

繪圖説岳全傳八卷八十回　(清)錢彩撰　民國上海大成書局石印本　章伯榮題記　五册　存五卷(二至六)

330000－1716－0014147　地獻 1636－2/14147　子部/宗教類

三教心法三卷　(清)光月老人輯　民國十四年(1925)浙江紹興同善社暨各事務所鉛印本　一册

330000－1716－0014148　集補 2432－1/14148　集部/別集類/清別集

花月尺牘四卷　(清)徐枕亞撰　(清)東訥注　民國六年(1917)上海小説叢報社鉛印本　二册

330000－1716－0014149　集補 0227－2/14149　集部/總集類/尺牘之屬

分類白話句解新式普通尺牘六卷　廣益書局編輯部輯　民國十年(1921)上海廣益書局石印本　四册　缺二卷(二至三)

330000－1716－0014152　子補 3103－1/14152　子部/宗教類/佛教之屬/諸宗

始終心要解略鈔一卷　釋諦閑解　駱印雄鈔　民國十五年(1926)寧波觀宗講寺鉛印本　一册

330000－1716－0014153　普類 0114－4/14153　類叢部/類書類/通類之屬

新增應酬彙選五卷　(清)陸九如纂輯　民國鉛印本　四册

330000－1716－0014154　經補 1264/14154　經部/小學類/文字之屬/字書

新編精圖壹萬字文二卷　民國石印本　二册

330000－1716－0014156　集補 0012－8/14156　集部/曲類/彈詞之屬

繡像全圖再生緣全傳二十卷八十回　(清)陳端生撰　民國石印本　二册　存七卷(十三至十四、十六至二十)

330000－1716－0014157　地獻 1904－13/14157　經部/小學類/音韻之屬/韻書

增補同音字類標韻二卷續編一卷外編一卷　(清)石韞玉增輯　民國二十四年(1935)紹興育新書局石印本　一册

330000－1716－0014158　子補 0534/14158　子部/儒家類/儒學之屬/蒙學

蒙養圖説不分卷　民國中國圖書博覽會石印本　三册

330000－1716－0014160　集補 3347/14160　類叢部/類書類/通類之屬

雲林別墅新集酧世錦囊採輯新聯四集二卷　(清)鄒景揚輯　民國石印本　一册

330000－1716－0014165　集補 3461/14165　集部/詩文評類/詩評之屬

隨園詩話十六卷補遺十卷　(清)袁枚撰　民國上海章福記書局石印本　二册　存十三卷(十至十六、補遺一至六)

330000－1716－0014168　集補 3456－3/14168　集部/詩文評類/詩評之屬

隨園詩話十六卷補遺十卷　(清)袁枚撰　民

國石印本　三冊　存十三卷(六至十四、補遺一至四)

330000－1716－0014171　集補 3456－5/14171　集部/詩文評類/詩評之屬

隨園詩話十六卷補遺十卷　(清)袁枚撰　民國石印本　二冊　存九卷(十至十六、補遺一至二)

330000－1716－0014174　集補 3396/14174　集部/詩文評類/文法之屬/函牘格式

最新詳注分類尺牘觀止不分卷　袁韜壺編　民國石印本　八冊　存探詢類、報告類、借貸類、催促類、允諾類等

330000－1716－0014175　集補 2430/14175　集部/詩文評類/文法之屬/函牘格式

最新中華白話尺牘不分卷　顧思義編輯　民國二十二年(1933)上海廣益書局石印本　二冊

330000－1716－0014182　子補 3223－5/14182　子部/雜著類

玉歷至寶鈔傳一卷附經驗神效良方一卷　王子達重編　民國上海鴻寶齋書局石印本　一冊

330000－1716－0014184　新補 0534/14184　新學/動植物學/附蟲學

螟蟲之驅除及預防方法說明書一卷　民國鉛印本　一冊

330000－1716－0014186　集補 1743/14186　集部/小說類/短篇之屬

繪圖改正今古奇觀六卷四十回　(明)抱甕老人輯　民國十二年(1923)鑄記書局石印本　李肇清題記　一冊

330000－1716－0014188　集補 1538－1/14188　集部/別集類/宋別集

教科適用蘇詩精華一卷　(宋)蘇軾撰　民國七年(1918)上海中華書局鉛印本　一冊

330000－1716－0014189　集補 0028－19/14189　集部/小說類/短篇之屬

繪圖今古奇觀六卷四十回　(明)抱甕老人輯　民國天寶書局石印本　葉志麟題記　一冊

330000－1716－0014191　子補 4028/14191　子部/術數類/命書相書之屬

新鐫神峰張先生通考闢謬命理正宗大全六卷　(明)張楠撰　(明)張希禹等彙編　民國三年(1914)上海陳壽記石印本　二冊

330000－1716－0014195　子補 1370/14195　子部/醫家類/方書之屬/單方驗方

重訂驗方新編十八卷　(清)鮑相璈輯　民國十年(1921)上海天寶書局石印本　王子豐題簽　一冊

330000－1716－0014197　子補 1371/14197　子部/醫家類/方書之屬/單方驗方

重訂驗方新編十八卷　(清)鮑相璈輯　民國七年(1918)上海鴻寶齋書局石印本　一冊

330000－1716－0014198　子補 1372/14198　子部/醫家類/方書之屬/單方驗方

重訂驗方新編十八卷　(清)鮑相璈輯　民國七年(1918)上海鴻寶齋書局石印本　一冊

330000－1716－0014203　集補 1753/14203　集部/小說類/長篇之屬

燕山外史注釋二卷　(清)陳球撰　(清)傅聲谷輯注　民國上海錦章圖書局石印本　一冊

330000－1716－0014205　集補 1754/14205　集部/小說類/長篇之屬

燕山外史注釋二卷　(清)陳球撰　(清)傅聲谷輯注　民國石印本　一冊

330000－1716－0014214　子補 0125－65/14214　子部/醫家類/方書之屬/單方驗方

校正增廣驗方新編十八卷　(清)鮑相璈輯　(清)張紹棠增輯　民國鉛印本　七冊　存十六卷(三至十八)

330000－1716－0014216　子補 1364/14216　子部/醫家類/方書之屬/單方驗方

增廣驗方新編十六卷　(清)鮑相璈輯　(清)張紹棠增輯　**痧症全書三卷**　(清)王凱輯　**咽喉秘集二卷**　(清)海山仙館輯　民國上海廣益書局石印本　二冊　存五卷(一、十三至

十六）

330000－1716－0014218　子補 1307－2/14218　子部/農家農學類/總論之屬

重訂增補陶朱公致富全書四卷　（清）石巖逸叟增定　民國上海萃英書局石印本　鋸鹿氏題記　一冊　存二卷(一至二)

330000－1716－0014219　子補 1365/14219　子部/醫家類/方書之屬/單方驗方

增廣驗方新編十六卷　（清）鮑相璈輯　（清）張紹棠增輯　**痧症全書三卷**　（清）王凱輯　**咽喉秘集二卷**　（清）海山仙館輯　民國上海廣益書局石印本　一冊　存一卷(一)

330000－1716－0014225　集補 3460/14225　集部/詩文評類/詩評之屬

批本隨園詩話十六卷補遺十卷附録一卷　冒廣生撰　民國中國圖書公司和記鉛印本　一冊　存十六卷(一至十六)

330000－1716－0014227　集補 1759/14227　集部/小説類/長篇之屬

繪圖呼家將欽賜紫金鞭忠孝全傳四卷　民國石印本　四冊

330000－1716－0014230　集補 1764/14230　集部/小説類/長篇之屬

新刻義馬鳴冤傳八卷　民國上海文益書局石印本　一冊

330000－1716－0014232　集補 1765/14232　集部/曲類/彈詞之屬

新刻秘本雲中落綉鞋九卷九回　民國文元書莊石印本　四冊

330000－1716－0014236　集補 3326/14236　集部/小説類

新刻草菴相會二卷　民國五年(1916)紹興思義堂刻本　一冊

330000－1716－0014237　子補 0080－37/14237　子部/儒家類/儒學之屬/蒙學

會文堂精校新增繪圖幼學故事瓊林四卷首一卷　（清）程登吉撰　（清）鄒聖脈增補　蔡郕續增　（清）謝梅林　（清）鄒可庭參訂　民國上海會文堂書局石印本　三冊

330000－1716－0014240　子補 0080－38/14240　子部/儒家類/儒學之屬/蒙學

新增繪圖幼學故事瓊林四卷　（清）程登吉撰　（清）鄒聖脈增補　民國上海鴻文書局石印本　一冊

330000－1716－0014245　經補 1000－148/14245　經部/小學類/文字之屬/字書/字典

字典十二集三十六卷總目一卷檢字一卷辨似一卷等韻一卷補遺一卷備考一卷　（清）張玉書等纂修　民國上海鴻文書局石印本　二冊　存十八卷(子集上中下、丑集上中下、寅集上中下、卯集上中下、辰集上中下，檢字，辨似，等韻)

330000－1716－0014250　經補 1000－155/14250　經部/小學類/文字之屬/字書/字典

字典十二集三十六卷總目一卷檢字一卷辨似一卷等韻一卷補遺一卷備考一卷　（清）張玉書等纂修　民國石印本　一冊　存九卷(寅集上中下、卯集上中下、辰集上中下)

330000－1716－0014251　集補 1745/14251　集部/曲類/彈詞之屬

繡像全圖再生緣全傳二十卷八十回　（清）陳端生撰　民國上海錦章圖書局石印本　十冊

330000－1716－0014252　集補 1777/14252　集部/小説類/短篇之屬

九龍山俠盜英雄傳四卷十二回　鋤奸生撰　民國十二年(1923)上海書局石印本　一冊

330000－1716－0014254　子補 1367/14254　子部/醫家類/方書之屬/單方驗方

增廣驗方新編十六卷　（清）鮑相璈輯　（清）張紹棠增輯　**痧症全書三卷**　（清）王凱輯　**咽喉秘集二卷**　（清）海山仙館輯　民國上海廣益書局石印本　八冊

330000－1716－0014257　子補 1368/14257　子部/醫家類/方書之屬/單方驗方

重訂驗方新編十八卷　（清）鮑相璈輯　民國十九年(1930)上海昌文書局石印本　六冊

330000－1716－0014258　子補 0080－42/14258　子部/儒家類/儒學之屬/蒙學
新增繪圖幼學故事瓊林四卷首一卷　(清)程登吉撰　(清)鄒聖脈增補　民國上海章福記石印本　一冊　存二卷(三至四)

330000－1716－0014259　集補 1778/14259　集部/小說類/長篇之屬
民族小說繡像洪秀全演義四集八卷五十四回　黃世仲撰　民國石印本　八冊

330000－1716－0014260　子補 0125－80/14260　子部/醫家類/方書之屬/單方驗方
增廣驗方新編十六卷　(清)鮑相璈輯　(清)張紹棠增輯　**痧症全書三卷**　(清)王凱輯　**咽喉秘集二卷**　(清)海山仙館輯　民國上海廣益書局石印本　七冊　存二十卷(一至九、十一至十六,痧症全書一至三,咽喉秘集一至二)

330000－1716－0014263　普叢 0402/14263　類叢部/叢書類/彙編之屬
唐代叢書(唐人說薈)　(清)陳世熙(一題王文誥)輯　民國石印本　四冊　存四種

330000－1716－0014267　經補 1000－147/14267　經部/小學類/文字之屬/字書/字典
康熙字典十二集三十六卷總目一卷檢字一卷辨似一卷等韻一卷補遺一卷備考一卷　(清)張玉書等纂修　民國上海鴻寶齋書局石印本　四冊　存二十八卷(子集上中下、丑集上中下、巳集上中下、午集上中下、未集上中下、申集上中下、酉集上中下、戌集上中下,總目,檢字,辨似,等韻)

330000－1716－0014268　子補 4051/14268　子部/藝術類/書畫之屬/書法書品
曹子建洛神賦一卷　(三國魏)曹植撰　(元)趙孟頫書　民國十五年(1926)上海文明書局影印本　一冊

330000－1716－0014269　子補 1377/14269　子部/醫家類/方書之屬/單方驗方
三版增補單方大全十二卷　廣文書局編輯所編　民國十三年(1924)上海世界書局石印本　一冊

330000－1716－0014270　子補 0080－22/14270　子部/儒家類/儒學之屬/蒙學
蛟川文選樓精校新增繪圖幼學故事瓊林四卷首一卷　(清)程登吉撰　(清)鄒聖脈增補　民國寧波蛟川文選樓石印本　三冊　存三卷(一至二、首)

330000－1716－0014272　經補 1000－145/14272　經部/小學類/文字之屬/字書/字典
康熙字典十二集三十六卷總目一卷檢字一卷辨似一卷等韻一卷補遺一卷備考一卷　(清)張玉書等纂修　民國九年(1920)上海昌文書局石印本　四冊　存二十四卷(子集上中下、丑集上中下、寅集上中下、卯集上中下、辰集上中下、未集上中下、戌集上中下,檢字,辨似,等韻)

330000－1716－0014276　子補 1379/14276　子部/醫家類/方書之屬/單方驗方
重訂驗方新編十八卷　(清)鮑相璈輯　民國七年(1918)上海鴻寶齋書局石印本　五冊　缺三卷(十六至十八)

330000－1716－0014277　子補 0080－47/14277　子部/儒家類/儒學之屬/蒙學
新增繪圖幼學故事瓊林四卷首一卷　(清)程登吉撰　(清)鄒聖脈增補　民國四年(1915)上海會文堂書局石印本　四冊　缺一卷(三)

330000－1716－0014278　子補 1380/14278　子部/醫家類/方書之屬/單方驗方
重訂驗方新編十八卷　(清)鮑相璈輯　民國七年(1918)上海鴻寶齋書局石印本　五冊　存十四卷(一至十一、十六至十八)

330000－1716－0014279　集補 1774/14279　集部/小說類
繪圖小小說十種　趙苕狂編　民國十九年(1930)上海世界書局石印本　一冊　存一種

330000－1716－0014280　集補 1775/14280　集部/小說類
繪圖小小說十種　趙苕狂編　民國十三年

(1924)上海世界書局石印本　二冊　存二種

330000－1716－0014281　子補 1381/14281
子部/醫家類/方書之屬/單方驗方
重訂驗方新編十八卷　(清)鮑相璈輯　民國元年(1912)上海鴻寶齋書局石印本　五冊　存十七卷(一至十、十二至十八)

330000－1716－0014282　子補 1382/14282
子部/醫家類/方書之屬/單方驗方
重訂驗方新編十八卷　(清)鮑相璈輯　民國六年(1917)上海石竹山房石印本　六冊

330000－1716－0014283　集補 1776/14283
集部/小說類
繪圖小小說十種　趙苕狂編　民國十四年(1925)上海世界書局石印本　五冊　存五種

330000－1716－0014284　經補 1000－154/14284　經部/小學類/文字之屬/字書/字典
康熙字典十二集三十六卷總目一卷檢字一卷辨似一卷等韻一卷補遺一卷備考一卷　(清)張玉書等纂修　民國石印本　一冊　存九卷(寅集上中下、卯集上中下、辰集上中下)

330000－1716－0014285　地獻 1404－6/14285　史部/傳記類/别傳之屬/年譜
淄川蒲明經[松齡]年徵一卷　唐風撰　民國二十二年(1933)鉛印本　一冊

330000－1716－0014286　經補 1000－156/14286　經部/小學類/文字之屬/字書/字典
康熙字典十二集三十六卷總目一卷檢字一卷辨似一卷等韻一卷補遺一卷備考一卷　(清)張玉書等纂修　民國石印本　二冊　存十五卷(寅集上中下、卯集上中下、辰集上中下、未集上中下、申集上中下)

330000－1716－0014288　地獻 3680/14288
子部/藝術類/篆刻之屬/印譜
椴庵印譜不分卷　民國鈐印本　十二冊

330000－1716－0014290　子補 1383/14290
子部/醫家類/醫案之屬
臨證指南醫案八卷　(清)葉桂撰　民國八年(1919)上海文益書局石印本　八冊

330000－1716－0014291　普叢 0296/14291
子部/小說家類
廣四十家小說四十種　(明)顧元慶輯　民國四年(1915)上海文明書局石印本　一冊　存八種

330000－1716－0014294　經補 1000－150/14294　經部/小學類/文字之屬/字書/字典
康熙字典十二集三十六卷總目一卷檢字一卷辨似一卷等韻一卷補遺一卷備考一卷　(清)張玉書等纂修　民國十八年(1929)上海共和書局石印本　二冊　存十五卷(子集上中下、丑集上中下、酉集上中下、戌集上中下,檢字,辨似,等韻)

330000－1716－0014297　經補 1000－153/14297　經部/小學類/文字之屬/字書/字典
字典十二集三十六卷總目一卷檢字一卷辨似一卷等韻一卷補遺一卷備考一卷　(清)張玉書等纂修　民國二年(1913)上海久敬齋石印本　四冊　存三十卷(子集上中下、丑集上中下、寅集上中下、卯集上中下、辰集上中下、巳集上中下、午集上中下、酉集上中下、戌集上中下,檢字,辨似,等韻)

330000－1716－0014299　子補 4050/14299
子部/儒家類/儒學之屬/蒙學
神童詩一卷續神童詩一卷　寄雲山人編　民國十三年(1924)上海宏大善書局石印本　一冊　存一卷(續神童詩)

330000－1716－0014301　集補 2645－6/14301　集部/小說類/短篇之屬
繪圖今古奇觀六卷四十回　(明)抱甕老人輯　民國石印本　一冊　存二卷(五至六)

330000－1716－0014302　新補 0664/14302
新學/醫學/衛生學
男女美容新法不分卷　顧微中編輯　民國十五年(1926)上海中西書局石印本　一冊

330000－1716－0014303　經補 0430－2/14303　經部/四書類/總義之屬/傳說
校正四書讀本　(宋)朱熹集注　民國五年(1916)上海鴻寶書局石印本　三冊　存二種

330000－1716－0014305　新補 0056－2/14305　新學/算學/數學

無師自通圖解珠算全書不分卷　郭義泉考案　郭行正編訂　民國十五年(1926)上海世界書局石印本　五冊

330000－1716－0014306　集補 2645－5/14306　集部/小說類/短篇之屬

繪圖今古奇觀六卷四十回　(明)抱甕老人輯　民國石印本　一冊　存一卷(六)

330000－1716－0014307　子補 3961/14307　子部/術數類/陰陽五行之屬

推背圖說不分卷　題(唐)袁天罡撰　(唐)李淳風注　民國上海守培書局石印本　一冊

330000－1716－0014309　集補 1271－4/14309　集部/曲類/寶卷之屬

百花台雙恩寶卷二卷　民國上海文益書局石印本　二冊

330000－1716－0014311　地獻 1959－1/14311　集部/曲類/寶卷之屬

新刻說唱金鳳寶卷二卷　民國六年(1917)上海文益書局、紹興聚元堂書局、杭州聚元堂書局石印本　二冊

330000－1716－0014312　集補 1747－2/14312　集部/小說類/長篇之屬

增訂繪圖精忠說岳全傳八卷八十回　(清)錢彩編　(清)金豐增訂　民國石印本　三冊　存三卷(二至四)

330000－1716－0014314　集補 0190－1/14314　集部/小說類/長篇之屬

花月痕全書十六卷五十二回　(清)魏秀仁撰　(清)棲霞居士評　民國石印本　一冊　存二卷(一至二)

330000－1716－0014316　史補 1049/14316　史部/政書類/儀制之屬/專志/科舉校規

浙江省立甲種工業學校規則一卷　民國鉛印本　一冊

330000－1716－0014319　子補 0080－12/14319　子部/儒家類/儒學之屬/蒙學

精校重增繪圖幼學故事瓊林四卷首一卷　(清)程登吉撰　(清)鄒聖脈增補　蔡郕續增　(清)謝梅林　(清)鄒可庭參訂　民國二十一年(1932)上海會文堂新記書局石印本　健庵氏題記　三冊　缺一卷(四)

330000－1716－0014321　子補 4049/14321　子部/術數類/占卜之屬

未來預知術一卷　(三國蜀)諸葛亮撰　(宋)邵雍演　民國八年(1919)上海國粹保存會石印本　一冊

330000－1716－0014322　經補 1490/14322　經部/孝經類/正文之屬

孝經正文一卷　(明)黃道周書　民國上海有正書局石印本　一冊

330000－1716－0014323　子補 3104－1/14323　子部/醫家類/婦科之屬/產科

達生編一卷　(清)亟齋居士撰　(清)汪家駒增訂　民國十五年(1926)上海宏大善書局石印本　一冊

330000－1716－0014325　子補 1401/14325　子部/醫家類/方書之屬/單方驗方

校正增廣驗方新編八卷續編二卷　(清)鮑相璈輯　(清)張紹棠增輯　民國上海中華書局鉛印本　十冊

330000－1716－0014326　史補 1567/14326　史部/傳記類/總傳之屬/忠孝

男女百孝圖全傳四卷　(清)俞葆真編輯　(清)何雲梯繪　民國石印本　二冊　存二卷(一、四)

330000－1716－0014329　子補 0732－9/14329　子部/宗教類/佛教之屬

看破世界一卷　(清)周祖道輯　民國上海宏大善書局石印本　一冊

330000－1716－0014330　子補 1403/14330　子部/醫家類/方書之屬/單方驗方

增廣驗方新編十六卷　(清)鮑相璈輯　(清)張紹棠增輯　**痧症全書三卷**　(清)王凱輯　**咽喉秘集二卷**　(清)海山仙館輯　民國上海

廣益書局石印本　四冊　存九卷（一至六、十至十二）

330000 - 1716 - 0014331　史補 1566 - 1/14331　史部/傳記類/總傳之屬/忠孝

二十四孝圖說一卷　胡懷琛編　民國十四年（1925）上海大東書局石印本　一冊

330000 - 1716 - 0014332　子補 0125 - 82/14332　子部/醫家類/方書之屬/單方驗方

增廣驗方新編十六卷　（清）鮑相璈輯　（清）張紹棠增輯　**痧症全書三卷**　（清）王凱輯　**咽喉秘集二卷**　（清）海山仙館輯　民國上海錦章書局石印本　二冊　缺十四卷（一至十、十三至十六）

330000 - 1716 - 0014335　史補 1566 - 2/14335　史部/傳記類/總傳之屬/忠孝

繪圖二十四孝一卷　世界書局編輯所編輯　民國十二年（1923）上海世界書局石印本　一冊

330000 - 1716 - 0014338　集補 1749 - 4/14338　集部/小說類/長篇之屬

增訂繪圖精忠說岳全傳八卷八十回　（清）錢彩編　（清）金豐增訂　民國上海共和書局石印本　壽田氏題記　一冊

330000 - 1716 - 0014340　集補 3405 - 2/14340　集部/總集類/選集之屬/通代

鍾伯敬先生訂補千家詩圖注二卷　（明）鍾惺訂補　民國上海煥文書局石印本　章鴻錡題簽　一冊

330000 - 1716 - 0014341　集補 3405 - 3/14341　集部/總集類/選集之屬/通代

千家詩圖注二卷附詩品一卷　（明）鍾惺訂補　民國石印本　一冊

330000 - 1716 - 0014342　集補 3405 - 4/14342　集部/總集類/選集之屬/通代

增補重訂千家詩注解一卷　（宋）謝枋得選　（清）王相注　民國上海昌文書局石印本　一冊

330000 - 1716 - 0014345　集補 3405 - 5/14345　集部/總集類/選集之屬/通代

增補重訂千家詩注解二卷　（宋）謝枋得選　（清）王相注　**新鐫五言千家詩箋注二卷**　（清）王相選注　民國上海掃葉山房石印本　一冊　存二卷（一至二）

330000 - 1716 - 0014347　子補 1407/14347　子部/醫家類/方書之屬/單方驗方

梅氏驗方新編七卷　（清）梅啟照編　天虛我生重編　民國二十三年（1934）家庭工業社鉛印本　七冊

330000 - 1716 - 0014348　子補 1429/14348　子部/醫家類/醫案之屬

當代全國名醫驗案類編十四卷　何廉臣評選　民國二十二年（1933）上海大東書局鉛印本　八冊

330000 - 1716 - 0014349　子補 1408/14349　子部/醫家類/方書之屬/單方驗方

增廣驗方新編十六卷　（清）鮑相璈輯　（清）張紹棠增輯　**痧症全書三卷**　（清）王凱輯　**咽喉秘集二卷**　（清）海山仙館輯　民國上海廣益書局石印本　八冊

330000 - 1716 - 0014350　集補 3415 - 1/14350　集部/别集類/清别集

新體廣注小倉山房尺牘八卷　（清）袁枚撰　（清）胡光斗箋釋　（清）徐楨增注　民國十年（1921）上海世界書局石印本　三冊　缺二卷（五至六）

330000 - 1716 - 0014351　集補 1852 - 1/14351　集部/别集類/清别集

百美新詠四卷　（清）袁枚撰　民國石印本　一冊　存一卷（四）

330000 - 1716 - 0014353　集補 3247 - 73/14353　集部/小說類/短篇之屬

繪圖詳注聊齋志異十六卷　（清）蒲松齡撰　（清）呂湛恩注　民國上海廣益書局石印本　一冊　存一卷（一）

330000 - 1716 - 0014354　子補 1388/14354　子部/醫家類/醫案之屬

當代全國名醫驗案類編十四卷 何廉臣評選 民國十八年(1929)上海大東書局鉛印本 四冊 存七卷(一、九至十四)

330000－1716－0014355 子補 1412/14355
子部/醫家類/方書之屬/單方驗方
驗方新編十八卷 (清)鮑相璈輯 (清)張紹棠增輯 民國十四年(1925)上海啟新書局石印本 十二冊

330000－1716－0014356 集補 0473/14356
集部/總集類/尺牘之屬
分類箋注文學尺牘大全集二十卷 (明)鍾惺纂輯 (明)馮夢龍訂釋 民國上海求古齋鉛印本 十二冊 缺四卷(一、三、七、二十)

330000－1716－0014357 集補 0700－1/14357 集部/總集類/尺牘之屬
分類箋注文辭大尺牘二十六卷 (明)鍾惺纂輯 (明)馮夢龍訂釋 (清)王鼎增輯 民國上海求古齋鉛印本 十三冊 存二十一卷(一至八、十至十一、十三至二十一、二十五至二十六)

330000－1716－0014358 集補 0700－2/14358 集部/總集類/尺牘之屬
分類箋注文辭大尺牘二十六卷 (明)鍾惺纂輯 (明)馮夢龍訂釋 (清)王鼎增輯 民國上海求古齋鉛印本 八冊 存十五卷(九至十六、十八至二十四)

330000－1716－0014359 集補 0973/14359
集部/總集類/選集之屬/通代
古詩源十四卷 (清)沈德潛輯 民國五年(1916)富華圖書館石印本 三冊 存十卷(一至三、八至十四)

330000－1716－0014360 集補 3414/14360
集部/總集類/選集之屬/通代
古詩源十四卷 (清)沈德潛輯 民國上海商務印書館鉛印本 一冊 存三卷(十二至十四)

330000－1716－0014361 集補 3415－2/14361 集部/別集類/清別集
音注小倉山房尺牘八卷 (清)袁枚撰 (清)胡光斗箋釋 民國元年(1912)上海會文堂石印本 三冊 存六卷(一至六)

330000－1716－0014362 集補 3415－3/14362 集部/別集類/清別集
音注小倉山房尺牘八卷 (清)袁枚撰 (清)胡光斗箋釋 民國元年(1912)上海會文堂石印本 二冊 存四卷(五至八)

330000－1716－0014364 集補 3415－4/14364 集部/別集類/清別集
增注秋水軒尺牘四卷 (清)許思湄撰 (清)婁世瑞注 (清)寄虹軒主人輯 民國四年(1915)上海廣益書局石印本 一冊 存二卷(一至二)

330000－1716－0014366 子補 1410/14366
子部/醫家類/方書之屬/單方驗方
經驗良方二卷 次留編輯 民國六年(1917)上海鍊石齋書局石印本 二冊

330000－1716－0014369 地獻 0968－5/14369 集部/別集類/清別集
新體廣注秋水軒尺牘二卷 (清)許思湄撰 陸翔注 民國上海廣文書局石印本 一冊 存一卷(一)

330000－1716－0014370 子補 1390/14370
子部/醫家類/醫案之屬
分類王孟英醫案二卷 陸士諤編 民國十年(1921)上海世界書局石印本 二冊

330000－1716－0014373 子補 1398/14373
子部/醫家類/類編之屬
曹氏醫學叢書□□種 曹炳章編 民國十七年(1928)集古閣石印本 六冊 存一種

330000－1716－0014375 新補 0675/14375
新學/工藝/雜藝
紋織機不分卷 陶平叔編 民國石印本 一冊

330000－1716－0014376 子補 0563－2/14376 子部/宗教類/道教之屬/戒律
太上寶筏圖說八卷 (清)黄正元撰 民國十

二年(1923)天寶書局石印本　張武銈題簽　三冊　存三卷(孝、弟、恥)

330000－1716－0014379　新補 0677/14379　子部/工藝類/日用器物之屬
織物意匠學□□卷　陶平叔編　民國石印本　一冊　存一卷(一)

330000－1716－0014381　子補 0563－4/14381　子部/宗教類/道教之屬/戒律
太上寶筏圖說八卷　(清)黄正元撰　民國石印本　三冊　存三卷(信、禮、義)

330000－1716－0014386　經補 1000－149/14386　經部/小學類/文字之屬/字書/字典
字典十二集三十六卷總目一卷檢字一卷辨似一卷等韻一卷補遺一卷備考一卷　(清)張玉書等纂修　民國石印本　三冊　存二十一卷(寅集上中下、卯集上中下、辰集上中下、巳集上中下、午集上中下、酉集上中下、戌集上中下)

330000－1716－0014388　子補 1396/14388　子部/醫家類/綜合之屬/通論
醫學心悟六卷　(清)程國彭撰　民國上海廣益書局石印本　一冊

330000－1716－0014396　新補 0676/14396　新學/學校
陶立恒國文試卷一卷　陶立恒撰　稿本　一冊

330000－1716－0014401　子補 2688/14401　子部/小說家類/異聞之屬
繪圖情史二十四卷　(清)詹詹外史評輯　民國石印本　阮鴻題簽並記　一冊　存七卷(十八至二十四)

330000－1716－0014402　子補 2492/14402　子部/宗教類/其他宗教之屬/基督教
聖教聖歌一卷　民國二十四年(1935)鉛印本　一冊

330000－1716－0014405　子補 1417/14405　子部/小說家類/雜事之屬
古今筆記譚四卷　民國十三年(1924)仁記書局石印本　四冊

330000－1716－0014409　子補 1418/14409　子部/小說家類/異聞之屬
天風閣薈譚四卷　風生撰　民國三年(1914)振華書局石印本　二冊

330000－1716－0014411　子補 1414/14411　子部/小說家類/異聞之屬
藝術奇談四卷　葛栩存編　民國六年(1917)上海會文堂書局石印本　一冊

330000－1716－0014412　集補 0426－3/14412　集部/詩文評類/文法之屬/函牘格式
言文對照學生新尺牘二卷　廣文書局編輯所編輯　民國十年(1921)上海世界書局石印本　一冊

330000－1716－0014413　子補 1415/14413　子部/小說家類/異聞之屬
藝術奇談四卷　葛栩存編　民國十一年(1922)上海會文堂書局石印本　四冊

330000－1716－0014415　子補 1419/14415　子部/小說家類/雜事之屬
繪圖昔柳摭談八卷　(清)馮梓華編　汪人驥重輯　民國三年(1914)上海大聲圖書局鉛印本　四冊

330000－1716－0014416　子補 1416/14416　子部/雜著類/雜說之屬
分甘餘話四卷　(清)王士禛撰　民國十六年(1927)上海掃葉山房石印本　一冊

330000－1716－0014420　地獻 1577－2/14420　子部/儒家類/儒家之屬
鐸音不分卷　紹興孔聖學會編　民國三十四年(1945)紹興孔聖學會石印本　一冊

330000－1716－0014423　子補 4064/14423　子部/雜著類/雜纂之屬
編餘隨筆一卷　莫壽恒撰　民國十八年(1929)鉛印本　一冊

330000－1716－0014424　子補 1420/14424　子部/小說家類/異聞之屬

繪圖影談四卷 (清)管世灝撰 民國三年(1914)上海時務圖書館鉛印本 四冊

330000－1716－0014426 子補 2691/14426 子部/雜著類/雜纂之屬
新編評點古今情史類纂二十四卷 劍痕撰並評點 民國新小說書社石印本 一冊 存二卷(一至二)

330000－1716－0014428 子補 2692/14428 子部/叢編
娱萱室小品六十種 雷瑨輯 民國六年(1917)上海掃葉山房石印本 八冊

330000－1716－0014429 普叢 0330/14429 類叢部/叢書類/郡邑之屬
上虞未刊文獻 民國二十二年(1933)鉛印本 徐慕曾題記 一冊 存一種

330000－1716－0014433 地獻 1612－54/14433 集部/別集類/清別集
新輯詳注秋水軒尺牘四卷 (清)許思湄撰 (清)婁世瑞注 (清)寄虹軒主人輯 **新體廣注雪鴻軒尺牘二卷** (清)龔萼撰 朱詩隱 徐慎幾注 民國上海廣文書局石印本 三冊 缺二卷(一至二)

330000－1716－0014435 子補 2694/14435 子部/小說家類/異聞之屬
遯窟讕言十二卷 (清)王韜撰 民國二年(1913)惜陰書屋石印本 陳國鈞題記 六冊

330000－1716－0014437 子補 2695/14437 子部/小說家類/雜事之屬
茶餘客話十二卷 (清)阮葵生撰 民國二年(1913)上海掃葉山房石印本 四冊

330000－1716－0014441 集補 3417/14441 集部/別集類
潛園詩鈔二卷 洪邦泰撰 民國二十九年(1940)樂清印刷所鉛印本 一冊 存一卷(一)

330000－1716－0014442 集補 2452/14442 集部/總集類/尺牘之屬
廣注分類四六大尺牘二十卷 (清)王虎榜輯 周覲光 吳稷箋注 **中華民國官稱商榷表一卷官秩尺牘駢體新類腋一卷** (清)王鼎輯 民國上海碧梧山莊石印本 六冊

330000－1716－0014445 史補 1581/14445 史部/政書類/邦計之屬
魏頌唐偶存稿三卷 魏頌唐撰 民國十六年(1927)鉛印本 一冊

330000－1716－0014446 子補 4063/14446 子部/雜著類/雜說之屬
戒淫文輯證二卷 民國十年(1921)上海宏大善書局石印本 一冊

330000－1716－0014447 子補 2696/14447 子部/雜著類/雜考之屬
言鯖二卷 (清)呂種玉撰 民國五年(1916)上海有正書局鉛印本 一冊

330000－1716－0014449 史補 0792－1/14449 史部/編年類/通代之屬
增評加批歷史綱鑑補三十九卷首一卷 (明)王世貞 (明)袁黃纂 民國錦章圖書局石印本 七冊 存十七卷(二十至二十一、二十五至三十九)

330000－1716－0014450 集補 0684/14450 集部/詩文評類/文法之屬/函牘格式
寫信必讀十卷 (清)唐芸洲撰 民國十三年(1924)上海天寶書局石印本 三冊 存六卷(一至二、五至六、九至十)

330000－1716－0014451 集補 3412/14451 集部/總集類/尺牘之屬
普通應用白話尺牘初編九卷附一卷 民國元年(1912)上海普學書社石印本 一冊 存五卷(一至五)

330000－1716－0014454 子補 4056－1/14454 子部/宗教類/道教之屬/經文
關聖帝君奇驗明聖經一卷 民國十六年(1927)紹興陳壽光石印本 一冊

330000－1716－0014455 子補 4056－2/14455 子部/宗教類/道教之屬
關帝明聖真經一卷附感應靈籤一卷 民國上

海天寶書局石印本　一册

330000－1716－0014459　子補 1300－8/14459　子部/宗教類/道教之屬
奇驗明聖經感應三聖經合刊不分卷　民國紹城廣文印書館鉛印本　一册

330000－1716－0014461　子補 4056－3/14461　子部/宗教類/道教之屬/經文
明聖經一卷　民國五年(1916)石印本　一册

330000－1716－0014464　子補 2697/14464　子部/小説家類/異聞之屬
續夷堅志四卷　(金)元好問撰　民國三年(1914)上海掃葉山房石印本　二册

330000－1716－0014466　集補 2450－68/14466　集部/小説類/長篇之屬
第一才子書十六卷一百二十回首一卷　(明)羅本撰　(清)金人瑞　(清)毛宗崗評　民國上海中新書局鉛印本　三册　存四卷(四、十三至十四、十六)

330000－1716－0014467　集補 2450－67/14467　集部/小説類/長篇之屬
第一才子書六十卷一百二十回　(明)羅本撰　(清)金人瑞　(清)毛宗崗評　民國石印本　四册　存十二卷(二十三至三十四)

330000－1716－0014468　子補 2698/14468　子部/小説家類/雜事之屬
墨餘録四卷　(清)毛祥麟撰　民國十二年(1923)上海文明書局石印本　三册

330000－1716－0014469　普叢 0328－1/14469　類叢部/叢書類/彙編之屬
小辟經閣叢刻十種　民國二年(1913)上海中華藝文社鉛印本　四册　存一種

330000－1716－0014470　子補 1287－4/14470　子部/小説家類
廣虞初新志四十卷　(清)黄承增輯　民國掃葉山房石印本　八册

330000－1716－0014471　子補 1423/14471　子部/小説家類/異聞之屬
閲微草堂筆記二十四卷　(清)紀昀撰　民國章福記書局石印本　二册　存十二卷(十三至二十四)

330000－1716－0014472　子補 4057/14472　子部/宗教類/道教之屬
三聖經靈驗圖注不分卷　民國十七年(1928)上海鴻寶齋書局石印本　一册

330000－1716－0014473　子補 1424/14473　子部/小説家類/異聞之屬
閲微草堂筆記二十四卷　(清)紀昀撰　民國三年(1914)上海錦章圖書局石印本　一册　存六卷(一至六)

330000－1716－0014474　子補 1425/14474　子部/小説家類/雜事之屬
凝香樓奩艷叢話四卷　无悶女士撰　民國元年(1912)上海中華圖書館石印本　二册

330000－1716－0014475　史補 1245－7/14475　史部/目録類/總録之屬/私撰
食舊廛書目□□卷　食舊廛編　民國三年(1914)上海食舊廛鉛印本　一册　存二卷(第一期一至二)

330000－1716－0014476　集補 2450－66/14476　集部/小説類/長篇之屬
第一才子書十六卷一百二十回　(明)羅本撰　(清)金人瑞　(清)毛宗崗評　民國上海中新書局鉛印本　二册　存二卷(四至五)

330000－1716－0014477　子補 4058/14477　子部/宗教類/道教之屬
聖誕寶誥經咒摘録一卷　民國鉛印本　一册

330000－1716－0014478　子補 1426/14478　子部/小説家類/雜事之屬
三異筆談一集四卷　(清)許元仲撰　民國中華圖書館石印本　二册

330000－1716－0014479　子補 4059/14479　子部/宗教類/道教之屬
獻穆侯降光凌霄社鸞諭全録一卷　王月波纂　民國石印本　一册

330000－1716－0014480　經補 0688－4/14480　經部/春秋左傳類/傳說之屬

東萊博議四卷　(宋)呂祖謙撰　**增補虛字注釋一卷**　(清)馮泰松撰　民國上海育文書局石印本　四册

330000－1716－0014481　子補 0563－1/14481　子部/宗教類/道教之屬/戒律

太上寶筏圖說八卷　(清)黄正元撰　民國石印本　二册　存二卷(弟、廉)

330000－1716－0014484　子補 1427/14484　子部/小說家類/雜事之屬

金壺七墨六種　(清)黄鈞宰撰　民國九年(1920)上海掃葉山房石印本　四册

330000－1716－0014485　子補 4061/14485　子部/雜著類/雜纂之屬

增智囊補二十八卷　(明)馮夢龍輯　民國石印本　一册　存三卷(二十二至二十四)

330000－1716－0014487　普叢 0302/14487　類叢部/叢書類/彙編之屬

小醉經閣叢刻十種　民國二年(1913)上海中華藝文社鉛印本　八册　存一種

330000－1716－0014488　子補 1428/14488　子部/小說家類

顧氏明朝四十家小說四十種　(明)顧元慶輯　民國四年(1915)振寰書局石印本　八册

330000－1716－0014489　集補 3411－1/14489　集部/曲類/彈詞之屬

繡像繪圖天雨花二十卷六十回　民國十九年(1930)上海雲記書局石印本　五册　存十卷(一至四、七至十、十五至十六)

330000－1716－0014491　集補 1679/14491　集部/小說類/長篇之屬

繪圖封神演義八卷一百回　(明)許仲琳撰　(明)鍾惺評　民國上海天寶書局石印本　藍田氏題記　五册　存五卷(三至六、八)

330000－1716－0014492　新補 0674/14492　新學/工藝/雜藝

紋織學一卷　民國石印本　一册

330000－1716－0014493　集補 1656/14493　集部/小說類/長篇之屬

繪圖封神演義八卷一百回　(明)許仲琳撰　(明)鍾惺評　民國上海天寶書局石印本　三册　存三卷(二、四、六)

330000－1716－0014500　集補 3411－2/14500　集部/曲類/彈詞之屬

繪圖天雨花二十卷六十回　民國石印本　一册　存二卷(十一至十二)

330000－1716－0014501　集補 3411－3/14501　集部/曲類/彈詞之屬

繡像繪圖天雨花二十卷六十回　民國石印本　一册　存二卷(十七至十八)

330000－1716－0014503　集補 2175－2/14503　集部/總集類/選集之屬/通代

精選廣注姚氏古文辭類纂不分卷　(清)姚鼐輯　秦同培選　民國十四年(1925)上海世界書局石印本　三册　存三册(一、三至四)

330000－1716－0014505　普子 2018－1/14505　子部/藝術類/篆刻之屬/印譜

可能齋印存一卷　(清)丁宣撰　民國二十二年(1933)石印本　一册

330000－1716－0014506　集補 2450－108/14506　集部/小說類/長篇之屬

第一才子書六十卷一百二十回首一卷　(明)羅本撰　(清)金人瑞　(清)毛宗崗評　民國上海錦章書局石印本　四册　存十六卷(五至八、十三至十六、二十一至二十八)

330000－1716－0014507　集補 2450－110/14507　集部/小說類/長篇之屬

第一才子書六十卷一百二十回首一卷　(明)羅本撰　(清)金人瑞　(清)毛宗崗評　民國上海錦章書局石印本　五册　存十五卷(十至十二、十六至二十七)

330000－1716－0014508　集補 3247－16/14508　集部/小說類/短篇之屬

分類廣注聊齋誌異十卷　(清)蒲松齡撰　通俗小說社編輯　民國十二年(1923)上海世界

書局石印本　一冊　存一卷(十)

330000－1716－0014509　地獻 3666/14509
子部/藝術類/篆刻之屬/印譜
蓬萊印譜不分卷　瀛仙集　民國二十四年(1935)鈐印本　二冊

330000－1716－0014512　集補 2450－106/14512　集部/小說類/長篇之屬
第一才子書六十卷一百二十回首一卷　(明)羅本撰　(清)金人瑞　(清)毛宗崗評　民國上海錦章書局石印本　三冊　存十二卷(一至四、二十五至二十八、五十三至五十六)

330000－1716－0014515　集補 2450－111/14515　集部/小說類/長篇之屬
第一才子書六十卷一百二十回首一卷　(明)羅本撰　(清)金人瑞　(清)毛宗崗評　民國上海錦章書局石印本　一冊　存三卷(十至十二)

330000－1716－0014516　集補 2450－94/14516　集部/小說類/長篇之屬
增像全圖三國演義十六卷一百二十回　(明)羅本撰　(清)毛宗崗評　民國上海天寶書局石印本　二冊　存四卷(五至六、十五至十六)

330000－1716－0014519　集補 2450－121/14519　集部/小說類/長篇之屬
第一才子書十六卷一百二十回首一卷　(明)羅本撰　(清)金人瑞　(清)毛宗崗評　民國上海天寶書局石印本　四冊　存四卷(四、七、十一、十六)

330000－1716－0014520　集補 1762/14520
集部/曲類/彈詞之屬
繡像說唱八美圖初集二卷二十回二集二卷二十九回　民國二年(1913)上海文元書局石印本　四冊

330000－1716－0014521　子補 4062/14521
子部/宗教類/道教之屬
三聖經感應靈驗圖注不分卷　民國八年(1919)上海科學書局石印本　一冊

330000－1716－0014522　普叢 0301/14522
類叢部/叢書類/彙編之屬
五朝小說五百二十三種　(明)□□輯　民國十五年(1926)上海掃葉山房石印本　三十冊　存四百五種

330000－1716－0014523　集補 1206－6/14523　集部/總集類/選集之屬/通代
古文析義初編六卷二編八卷　(清)林雲銘評注　民國石印本　六冊

330000－1716－0014527　子補 4067/14527
子部/藝術類/遊藝之屬/雜藝
七巧八分圖十六卷補遺一卷　(清)錢芸吉撰　(清)王念慈編繪　民國九年(1920)上海商務印書館石印本　五冊　缺三卷(十一至十三)

330000－1716－0014528　集補 2733－2/14528　集部/詩文評類/詩評之屬
古今詩學大全六卷　世界書局編輯所編輯　民國十五年(1926)上海世界書局石印本　二冊　存二種

330000－1716－0014533　集補 2937－1/14533　集部/總集類/選集之屬/斷代
重訂唐詩別裁集二十卷　(清)沈德潛輯　民國石印本　一冊　存二卷(八至九)

330000－1716－0014534　子補 1430/14534
子部/醫家類/方書之屬/單方驗方
增評醫方集解二十三卷增補本草備要八卷附湯頭歌訣一卷　(清)汪昂撰　民國上海廣益書局石印本　八冊

330000－1716－0014536　子補 1437/14536
子部/醫家類/溫病之屬
名醫新評溫病條辨六卷首一卷　(清)吳瑭撰　(清)葉霖評　何廉臣增訂　**新評採輯溫熱諸方一卷歌括一卷**　(清)方內散人編　何廉臣訂　民國十八年(1929)上海鑫記書社鉛印本　三冊

330000－1716－0014538　子補 1438/14538
子部/醫家類/溫病之屬

溫病條辨六卷首一卷　(清)吳瑭撰　民國十四年(1925)上海鴻文書局石印本　二冊　缺四卷(三至六)

330000－1716－0014539　子補 1439/14539
子部/醫家類/溫病之屬
溫病條辨六卷首一卷　(清)吳瑭撰　民國石印本　二冊　存四卷(三至六)

330000－1716－0014544　子補 1445/14544
子部/醫家類/溫病之屬
溫病條辨六卷首一卷　(清)吳瑭撰　民國上海廣益書局石印本　一冊

330000－1716－0014545　普叢 0104－4/14545　類叢部/叢書類/彙編之屬
四部備要三百一種　中華書局編　民國二十五年(1936)上海中華書局鉛印本　四百五十冊　存三十種

330000－1716－0014546　子補 4068/14546
子部/宗教類/道教之屬
三聖經靈驗圖注不分卷　民國石印本　一冊

330000－1716－0014549　子補 1432/14549
子部/醫家類/綜合之屬/通論
先醒齋醫學廣筆記四卷　(明)繆希雍撰　(明)丁元薦輯　民國八年(1919)上海集古閣石印本　周士民題記　四冊

330000－1716－0014550　集補 0076/14550
集部/小說類/長篇之屬
新編武俠小說飛行劍俠傳初集四卷三十二回二集四卷三十二回三集□□卷□□回四集四卷三十二回　民國十七年(1928)上海全球書局石印本　三冊　存十二卷(一至四、二集一至四、四集一至四)

330000－1716－0014554　子補 4066/14554
子部/術數類
金函奇門遁甲秘笈全書三十六卷金函玉鏡六卷　(漢)張良　(三國蜀)諸葛亮撰　(明)劉基輯　民國三年(1914)上海書局石印本　黃農氏題簽　六冊

330000－1716－0014558　普叢 0101/14558
類叢部/叢書類/彙編之屬
四部叢刊三編七十一種　張元濟等編　民國二十四年至二十五年(1935－1936)上海商務印書館影印本　一百十冊　存三種

330000－1716－0014562　集補 1760/14562
集部/小說類/長篇之屬
新刊賣油郎四卷九十六回　民國文益書局石印本　四冊

330000－1716－0014564　普叢 0102/14564
類叢部/叢書類/彙編之屬
四部叢刊續編七十七種　張元濟等編　民國二十三年(1934)上海商務印書館影印本　十六冊　存十種

330000－1716－0014567　子補 1447/14567
子部/醫家類/内科之屬/其他内科病證
問心堂溫病條辨六卷首一卷　(清)吳瑭撰　民國十年(1921)上海文瑞樓石印本　六冊

330000－1716－0014568　子補 1448/14568
子部/醫家類/内科之屬/其他内科病證
問心堂溫病條辨六卷首一卷　(清)吳瑭撰　民國十年(1921)上海文瑞樓石印本　五冊

330000－1716－0014569　子補 1449/14569
子部/醫家類/溫病之屬
溫病條辨六卷首一卷　(清)吳瑭撰　民國十四年(1925)上海鴻文書局石印本　四冊

330000－1716－0014571　子補 1450/14571
子部/醫家類/溫病之屬
溫病條辨六卷首一卷　(清)吳瑭撰　民國九年(1920)上海鑄記書局石印本　四冊

330000－1716－0014574　子補 1984/14574
子部/藝術類/書畫之屬/畫譜
芥子園畫傳初集六卷二集九卷三集六卷　(清)王槩　(清)王蓍　(清)王臬輯　民國上海千頃堂書局石印本　十二冊

330000－1716－0014579　子補 0123－3/14579　子部/醫家類/方書之屬/單方驗方
增評醫方集解二十三卷增補本草備要八卷附湯頭歌訣一卷　(清)汪昂撰　民國上海錦章

圖書局石印本　八冊　缺一卷(湯頭歌訣)

330000－1716－0014589　集補 2946－4/14589　集部/别集類/明别集

疑雨集四卷　(明)王彦泓撰　民國十年(1921)上海掃葉山房石印本　一册　存二卷(一至二)

330000－1716－0014591　普叢 0104－5/14591　類叢部/叢書類/彙編之屬

四部叢刊　張元濟等編　民國上海商務印書館影印本　一百八十三册　存四十四種

330000－1716－0014594　集補 1910－2/14594　集部/别集類/漢魏六朝别集

陶集箋注十卷首一卷末一卷　(晉)陶潛撰　(清)顧皜編　民國石印本　一册　存三卷(三至五)

330000－1716－0014597　子補 1456/14597　子部/儒家類

於越尊孔會叢刊不分卷　紹興尊孔會編　民國鉛印本　一册

330000－1716－0014598　史補 0149/14598　史部/金石類/石之屬

漢安甎旗磚録一卷拾遺一卷　王修撰　民國十九年(1930)影印本暨鉛印本　止肅題記　一册

330000－1716－0014599　子補 1457/14599　子部/儒家類

於越尊孔會叢刊不分卷　紹興尊孔會編　民國鉛印本　一册

330000－1716－0014600　子補 1458/14600　子部/儒家類

於越尊孔會叢刊不分卷　紹興尊孔會編　民國鉛印本　一册

330000－1716－0014603　集補 2946－3/14603　集部/别集類/明别集

疑雨集四卷　(明)王彦泓撰　民國九年(1920)上海掃葉山房石印本　一册　存二卷(一至二)

330000－1716－0014606　地獻 1486－8/14606　集部/小説類/長篇之屬

繡像京本雲合奇踪玉茗英烈全傳十卷八十回　(明)徐渭編　民國上海大成書局石印本　四册　存四卷(二、四至五、八)

330000－1716－0014608　史補 0794/14608　史部/傳記類/總傳之屬/儒林

學案小識十四卷首一卷末一卷　(清)唐鑑撰　民國上海文瑞樓石印本　六册

330000－1716－0014613　經補 1000－18/14613　經部/小學類/文字之屬/字書/字典

康熙字典十二集三十六卷總目一卷檢字一卷辨似一卷等韻一卷補遺一卷備考一卷　(清)張玉書等纂修　民國十年(1921)上海古書流通處影印本　三十二册　缺十二卷(卯集下、辰集上中、巳集上、午集中、酉集中下、戌集中下、亥集上下,補遺)

330000－1716－0014615　子補 3412－1/14615　子部/宗教類/道教之屬

中學參同一卷　民國鉛印本　一册

330000－1716－0014616　史補 0795/14616　史部/傳記類/總傳之屬/儒林

宋元學案一百卷首一卷攷略一卷　(清)黄宗羲撰　(清)黄百家纂輯　(清)全祖望修定　民國上海文瑞樓石印本　三十二册

330000－1716－0014617　子補 3412－2/14617　子部/宗教類/道教之屬

中學參同一卷　民國鉛印本　一册

330000－1716－0014620　子補 3412－3/14620　子部/宗教類/道教之屬

中學參同一卷　民國鉛印本　一册

330000－1716－0014621　子補 1460/14621　子部/雜著類/雜説之屬

潛書二卷　(清)唐甄撰　(清)王聞遠編　民國九年(1920)上海廣益書局石印本　二册

330000－1716－0014623　子補 1461/14623　子部/儒家類/儒家之屬

孔子家語十卷　(三國魏)王肅注　民國十二

年(1923)上海掃葉山房石印本　一冊

330000－1716－0014624　集補 2450－126/14624　集部/小說類/長篇之屬
增像全圖三國演義十六卷一百二十回首一卷　(明)羅本撰　(清)毛宗崗評　民國上海廣益書局石印本　三冊　存三卷(十一至十三)

330000－1716－0014625　子補 1462/14625　子部/雜著類/雜考之屬
東塾讀書記二十五卷　(清)陳澧撰　民國十七年(1928)掃葉山房石印本(卷十三至十四、十七至二十、二十二至二十五原缺)　五冊　存十卷(四至十二、十五)

330000－1716－0014629　集補 2450－98/14629　集部/小說類/長篇之屬
增像全圖三國志演義第一才子書八卷一百二十回首一卷　(明)羅本撰　(清)毛宗崗評　民國上海文華書局石印本　二冊　存七卷(一至六、首)

330000－1716－0014631　子補 0569－12/14631　經部/小學類/文字之屬/字書/訓蒙
龍文鞭影初集四卷　(明)蕭良有撰　(明)楊臣諍增訂　(清)李恩綬校補　**二集二卷**　(清)李暉吉　(清)徐瓚輯　民國八年(1919)上海錦章圖書局石印本　三冊　存四卷(一至二、二集一至二)

330000－1716－0014633　子補 0123－2/14633　子部/醫家類/方書之屬/單方驗方
增評醫方集解二十三卷增補本草備要八卷附湯頭歌訣一卷　(清)汪昂撰　民國上海錦章圖書局石印本　二冊　存二十四卷(一至二十三、湯頭歌訣)

330000－1716－0014634　集補 1801/14634　集部/小說類/長篇之屬
增像全圖三國演義十六卷一百二十回　(明)羅本撰　(清)毛宗崗評　民國石印本　一冊

330000－1716－0014635　子補 1463/14635　子部/醫家類/方書之屬/單方驗方
增評醫方集解二十三卷增補本草備要八卷重校舊本湯頭歌訣一卷經絡歌訣一卷　(清)汪昂撰　民國三年(1914)上海共和書局石印本　二冊

330000－1716－0014636　集補 2450－125/14636　集部/小說類/長篇之屬
增像全圖三國演義十六卷一百二十回首一卷　(明)羅本撰　(清)毛宗崗評　民國石印本　一冊　存十四卷(三至十六)

330000－1716－0014639　子補 1459/14639　子部/儒家類/儒學之屬/性理
儒門語要六卷　(清)倪元坦撰　民國十三年(1924)上海大通書局石印本　三冊

330000－1716－0014640　子補 1464/14640　子部/醫家類/方書之屬/單方驗方
增評醫方集解二十三卷增補本草備要八卷重校舊本湯頭歌訣一卷經絡歌訣一卷　(清)汪昂撰　民國三年(1914)上海共和書局石印本　二冊　存二十四卷(一至二十三、湯頭歌訣)

330000－1716－0014641　經補 0688－18/14641　經部/春秋左傳類/傳說之屬
東萊博議四卷　(宋)呂祖謙撰　民國上海中華書局石印本　二冊　存二卷(三至四)

330000－1716－0014643　普叢 0104－11/14643　類叢部/叢書類/彙編之屬
四部備要三百一種　中華書局編　民國二十五年(1936)上海中華書局鉛印本　二十七冊　存六種

330000－1716－0014644　子補 1465/14644　子部/醫家類/方書之屬/單方驗方
增評醫方集解二十三卷增補本草備要八卷重校舊本湯頭歌訣一卷經絡歌訣一卷　(清)汪昂撰　民國三年(1914)上海共和書局石印本　二冊　存二十四卷(一至二十三、湯頭歌訣)

330000－1716－0014645　集補 2450－139/14645　集部/小說類/長篇之屬
增像全圖三國演義十六卷一百二十回首一卷

（明）羅本撰 （清）毛宗崗評 民國石印本 二册 存四卷（十三至十六）

330000－1716－0014646 子補 1466/14646 子部/醫家類/方書之屬/單方驗方
增評醫方集解二十三卷增補本草備要八卷附湯頭歌訣一卷 （清）汪昂撰 民國元年（1912）上海同文書局石印本 四册 存二十三卷（一至二十三）

330000－1716－0014647 子補 1467/14647 子部/醫家類/方書之屬/單方驗方
增評醫方集解二十三卷增補本草備要八卷附湯頭歌訣一卷 （清）汪昂撰 民國元年（1912）上海同文書局石印本 四册 存二十三卷（一至二十三）

330000－1716－0014649 普叢 0103/14649 類叢部/叢書類/彙編之屬
四部備要三百一種 中華書局編 民國二十五年（1936）上海中華書局鉛印本 一百四十六册 存二十七種

330000－1716－0014650 經補 0688－7/14650 經部/春秋左傳類/傳説之屬
新體廣注東萊博議四卷 （宋）呂祖謙撰 民國上海世界書局石印本 二册

330000－1716－0014651 子補 1468/14651 子部/醫家類/溫病之屬/瘟疫
加批時病論八卷 （清）雷豐撰 陳秉鈞批 民國二十一年（1932）上海廣益書局石印本 四册 缺二卷（三至四）

330000－1716－0014654 子補 1469/14654 子部/醫家類/溫病之屬
時病論八卷附論一卷 （清）雷豐撰 民國上海文瑞樓石印本 四册

330000－1716－0014655 集補 2450－137/14655 集部/小説類/長篇之屬
增像全圖三國演義十六卷一百二十回首一卷 （明）羅本撰 （清）毛宗崗評 民國石印本 二册 存四卷（三至六）

330000－1716－0014658 子補 1470/14658 子部/醫家類/溫病之屬
時病論八卷附論一卷 （清）雷豐撰 民國十五年（1926）上海大東書局鉛印本 四册

330000－1716－0014659 集補 2450－123/14659 集部/小説類/長篇之屬
增像全圖三國演義六十卷一百二十回首一卷 （明）羅本撰 （清）毛宗崗評 民國上海鴻文書局石印本 二册 存二卷（四十五、首）

330000－1716－0014661 子補 1471/14661 子部/醫家類/溫病之屬
時病論八卷 （清）雷豐撰 民國上海錦章圖書局石印本 四册

330000－1716－0014662 經補 1279－3/14662 經部/春秋左傳類/傳説之屬
增批輯注東萊博議四卷 （宋）呂祖謙撰 劉鍾英輯注 民國鉛印本 一册 存一卷（三）

330000－1716－0014664 子補 1472/14664 子部/醫家類/溫病之屬/瘟疫
隨息居重訂霍亂論四卷附録一卷 （清）王士雄撰 民國鉛印本 一册

330000－1716－0014665 子補 1473/14665 子部/醫家類/診法之屬
四診抉微八卷管窺附餘一卷 （清）林之翰撰 民國三年（1914）上海會文堂石印本 四册

330000－1716－0014671 普叢 0104－1/14671 類叢部/叢書類/彙編之屬
四部備要三百一種 中華書局編 民國二十五年（1936）上海中華書局鉛印本 二千二百五十五册

330000－1716－0014672 普叢 0104－3/14672 類叢部/叢書類/彙編之屬
四部叢刊 張元濟等編 民國上海商務印書館影印本 二千七十四册 存三百十四種

330000－1716－0014675 普子 2058/14675 子部/天文曆算類/算書之屬
洛書探賾偶編不分卷 葉譜人撰 **平圓互容新義不分卷** 周達美撰 民國鉛印本 一册

330000－1716－0014677　集補 1222－1/14677　集部/小說類/長篇之屬

增像全圖東漢演義四卷六十四回　（明）謝詔撰　民國上海文新書局石印本　董紹安題簽　一册

330000－1716－0014680　子補 1479/14680　子部/醫家類/綜合之屬

知醫捷徑不分卷　（清）錢榮國編　民國十三年（1924）江陰錢氏石印本　二册

330000－1716－0014683　集補 1223/14683　集部/小說類/長篇之屬

精訂廿四史衍義六卷四十四回　（清）呂撫撰　民國上海文寶書局石印本　六册

330000－1716－0014685　集補 2450－40/14685　集部/小說類/長篇之屬

第一才子書六十卷一百二十回　（明）羅本撰　（清）金人瑞　（清）毛宗崗評　民國上海同文書局鉛印本　孟淦氏題簽　八册　存三十二卷（五至二十四、三十三至四十、四十五至四十八）

330000－1716－0014686　集補 2450－43/14686　集部/小說類/長篇之屬

第一才子書繡像三國志演義六十卷一百二十回首一卷　（明）羅本撰　（清）金人瑞　（清）毛宗崗評　民國十八年（1929）上海商務印書館鉛印本　二册　存十四卷（四十七至六十）

330000－1716－0014687　子補 1982/14687　子部/藝術類/音樂之屬/琴學

塔峙圃藏琴録一卷　徐桴撰　民國三十五年（1946）鎮海徐桴鉛印本　一册

330000－1716－0014688　集補 0053－6/14688　集部/小說類/長篇之屬

繪圖西漢演義四卷一百回　（明）甄偉撰　民國十六年（1927）上海天成書局石印本　二册　存一卷（三）

330000－1716－0014689　集補 2450－128/14689　集部/小說類/長篇之屬

增像全圖三國演義十六卷一百二十回首一卷　（明）羅本撰　（清）毛宗崗評　民國石印本　四册　存八卷（九至十六）

330000－1716－0014695　地獻 1605/14695　集部/别集類

春生詩草一卷　王聿鑫撰　民國四年（1915）杭州鉛印本　一册

330000－1716－0014696　子補 1474/14696　子部/雜著類/雜說之屬

淮南集證二十一卷　劉家立撰　民國上海中華書局鉛印本　十册

330000－1716－0014697　普叢 0104－2/14697　類叢部/叢書類/彙編之屬

四部叢刊　張元濟等編　民國上海商務印書館影印本　二千一百二十五册

330000－1716－0014698　子補 1997/14698　史部/金石類

竹園陶說一卷古玉考一卷　劉子芬撰　民國十四年（1925）石印本　一册

330000－1716－0014699　普子 2057－2/14699　集部/小說類/長篇之屬

上下古今談四卷二十回　吳敬恒撰　民國二十年（1931）上海文明書局鉛印本　四册

330000－1716－0014700　子補 1483/14700　子部/醫家類/綜合之屬/通論

婆心佛手編不分卷　（清）周伏生輯　**小學韻言一卷**　（清）余晦齋　（清）陳韻清編集　民國上海宏大善書局石印本　一册

330000－1716－0014701　子補 1475/14701　子部/醫家類/類編之屬

醫學捷徑十四種　中華書局編　民國八年（1919）上海中華書局鉛印本　一册　存一種

330000－1716－0014702　集補 2948－1/14702　集部/總集類/選集之屬

文學大觀五種　民國上海世界書局石印本　三册　存二種

330000－1716－0014705　集補 2450－50/

14705　集部/小説類/長篇之屬

第一才子書六十卷一百二十回首一卷　(明)羅本撰　(清)金人瑞　(清)毛宗崗評　民國上海同文書局鉛印本　俞其相題簽　六冊　存二十四卷(三十七至六十)

330000－1716－0014706　子補1476/14706　子部/醫家類/醫話醫論之屬

醫學南針十卷　陸士諤編　民國九年(1920)上海神州醫學編輯社石印本　一冊

330000－1716－0014709　子補1477/14709　子部/醫家類/醫話醫論之屬

醫學南針十卷　陸士諤編　民國十年(1921)上海世界書局石印本　一冊

330000－1716－0014710　集補2450－109/14710　集部/小説類/長篇之屬

第一才子書六十卷一百二十回首一卷　(明)羅本撰　(清)金人瑞　(清)毛宗崗評　民國九年(1920)上海天寶書局石印本　二冊　存八卷(一至八)

330000－1716－0014711　集補2948－2/14711　集部/總集類/選集之屬

文學大觀五種　民國上海廣文書局石印本　二冊　存二種

330000－1716－0014714　子補1496/14714　子部/醫家類/本草之屬/本草藥性

雷公炮製藥性賦解十卷　民國上海商務印書館鉛印本　二冊

330000－1716－0014715　集補2450－52/14715　集部/小説類/長篇之屬

第一才子書十六卷一百二十回首一卷　(明)羅本撰　(清)金人瑞　(清)毛宗崗評　民國上海會文書局鉛印本　十三冊　存十三卷(四至十六)

330000－1716－0014716　普叢0173－2/14716　類叢部/叢書類/彙編之屬

宋人小説二十八種　涵芬樓編　民國上海商務印書館鉛印本　三十八冊　存二十六種

330000－1716－0014718　子補1488/14718　子部/醫家類/醫話醫論之屬

冷廬醫話五卷　(清)陸以湉撰　民國千頃堂書局石印本　四冊

330000－1716－0014719　子補1489/14719　子部/醫家類/醫話醫論之屬

冷廬醫話五卷　(清)陸以湉撰　民國五年(1916)千頃堂書局石印本　松廬題記　四冊

330000－1716－0014720　集補2450－87/14720　集部/小説類/長篇之屬

增像全圖三國演義六十卷一百二十回首一卷　(明)羅本撰　(清)毛宗崗評　民國十七年(1928)上海錦章圖書局石印本　四冊　存二十一卷(一至二十、首)

330000－1716－0014721　普叢0173－3/14721　類叢部/叢書類/彙編之屬

宋人小説二十八種　涵芬樓編　民國上海商務印書館鉛印本　三冊　存三種

330000－1716－0014722　普叢0173－5/14722　類叢部/叢書類/彙編之屬

宋人小説二十八種　涵芬樓編　民國上海商務印書館鉛印本　一冊　存一種

330000－1716－0014723　普叢0173－4/14723　類叢部/叢書類/彙編之屬

宋人小説二十八種　涵芬樓編　民國上海商務印書館鉛印本　八冊　存六種

330000－1716－0014727　集補1224/14727　集部/小説類/長篇之屬

清史演義初集四卷二十回二集四卷二十回　陸士諤撰　民國五年(1916)上海大聲圖書局石印本　一冊　存一卷(二集四)

330000－1716－0014728　史補0425－2/14728　史部/雜史類/斷代之屬

戰國策詳注三十三卷　郭希汾輯注　民國二十一年(1932)上海文明書局鉛印本　五冊　存二十八卷(六至三十三)

330000－1716－0014729　集補0006－37/14729　集部/小説類/長篇之屬

四雪草堂重訂通俗隋唐演義八卷一百回

(清)褚人穫撰　民國上海廣益書局石印本　一冊　存一卷(一)

330000－1716－0014730　史補 0425－3/14730　史部/雜史類/斷代之屬

戰國策補注三十三卷　吳曾祺撰　民國二年(1913)上海商務印書館鉛印本　二冊　存十六卷(十八至三十三)

330000－1716－0014732　集補 1230－3/14732　集部/小說類/長篇之屬

繡像繪圖花月痕十六卷五十二回　(清)魏秀仁撰　(清)棲霞居士評　民國上海進步書局石印本　螽城儰題記　二冊

330000－1716－0014733　普子 2057－1/14733　集部/小說類/長篇之屬

上下古今談四卷二十回　吳敬恒撰　民國四年(1915)上海文明書局鉛印本　四冊

330000－1716－0014735　集補 1229/14735　集部/曲類/彈詞之屬

繡像繪圖天雨花二十卷六十回　民國上海進步書局石印本　三冊　存五卷(三、十一至十二、十九至二十)

330000－1716－0014738　史補 0381－2/14738　史部/史抄類

前漢書菁華録四卷後漢書菁華録二卷　(清)高嵣撰　民國石印本　二冊　存二卷(三至四)

330000－1716－0014739　經補 0776－2/14739　經部/小學類/文字之屬/字書/訓蒙

澄衷蒙學堂字課圖說四卷檢字一卷類字一卷　(清)劉樹屏編　(清)吳子城繪圖　民國上海鑄記書局石印本　四冊　缺一卷(三)

330000－1716－0014740　子補 1495/14740　子部/醫家類/醫案之屬

石室秘籙四卷　(清)陳士鐸撰　民國六年(1917)上海普通書局石印本　四冊

330000－1716－0014743　子補 1497/14743　子部/醫家類/類編之屬

三朝名醫方論　民國十年(1921)上海千頃堂書局石印本　六冊

330000－1716－0014746　經補 0776－3/14746　經部/小學類/文字之屬/字書/訓蒙

澄衷蒙學堂字課圖說四卷檢字一卷類字一卷　(清)劉樹屏編　(清)吳子城繪圖　民國石印本　四冊　存三卷(二至四)

330000－1716－0014747　子補 1493/14747　子部/醫家類/醫案之屬

石室秘籙四卷　(清)陳士鐸撰　民國六年(1917)上海普通書局石印本　四冊

330000－1716－0014749　史補 1247/14749　史部/編年類/通代之屬

御批增補了凡綱鑑四十卷首一卷　(明)袁黄編纂　民國上海著易堂石印本　一冊　存四卷(五至八)

330000－1716－0014750　子補 1031－5/14750　子部/儒家類/儒學之屬/禮教/家訓

治家格言繹義一卷　(清)戴翊清撰　民國十五年(1926)中央刻經院鉛印本　一冊

330000－1716－0014751　子補 1494/14751　子部/醫家類/醫案之屬

石室秘籙四卷　(清)陳士鐸撰　民國元年(1912)上海江東書局石印本　四冊

330000－1716－0014755　集補 1232/14755　集部/小說類/長篇之屬

繡像神州光復志演義十五卷一百二十回　王雪菴編　民國七年(1918)上海廣益書局石印本　十六冊

330000－1716－0014762　子補 1498/14762　子部/醫家類/針灸之屬/經絡腧穴

經脈圖考四卷　(清)陳惠疇撰　民國十七年(1928)上海民和書局影印本　四冊

330000－1716－0014765　子補 1499/14765　子部/醫家類/類編之屬

曹氏醫學叢書□□種　曹炳章編　民國四年(1915)紹興育新書局石印本　二冊　存一種

330000－1716－0014766　集補 1227/14766

集部/小說類/長篇之屬

繡像精忠演義説岳全傳八卷八十回 (清)錢彩編 (清)金豐增訂 民國上海錦章書局石印本 俞聖記題簽 八冊

330000－1716－0014770 集補 1226/14770 集部/小說類/長篇之屬

繡像精忠演義説岳全傳八卷八十回 (清)錢彩編 (清)金豐增訂 民國元年(1912)上海錦章圖書局石印本 四冊 缺一卷(四)

330000－1716－0014773 集補 0006－39/14773 集部/小說類/長篇之屬

繡像説唐征西全傳六卷九十回 民國十三年(1924)上海江東書局石印本 六冊

330000－1716－0014775 子補 1771/14775 子部/醫家類/綜合之屬/通論

編注醫學入門八卷首一卷 (明)李梴編 民國十九年(1930)上海錦章圖書局石印本 九冊

330000－1716－0014776 集補 0006－38/14776 集部/小說類/長篇之屬

繪圖説唐前傳三卷六十八回後傳二卷四十二回首一卷 民國二年(1913)上海簡青齋書局石印本 六冊

330000－1716－0014777 經補 1000－44/14777 經部/小學類/文字之屬/字書/字典

康熙字典十二集三十六卷總目一卷檢字一卷辨似一卷等韻一卷補遺一卷備考一卷 (清)張玉書等纂修 民國六年(1917)上海鴻寶齋書局石印本 五冊 缺六卷(未集上中下、申集上中下)

330000－1716－0014779 普類 0101－1/14779 類叢部/類書類/專類之屬

格言叢輯二十集 郁慕俠等輯 民國上海格言叢輯社鉛印本 三冊

330000－1716－0014781 子補 1773/14781 子部/醫家類/方書之屬/成方藥目

大字斷句湯頭歌訣一卷 (清)汪昂輯 民國三十年(1941)上海錦章圖書局石印本 一冊

330000－1716－0014787 新補 0202－1/14787 子部/天文曆算類/曆法之屬

日用寶鑑二卷 共和編譯局編輯部編 民國上海共和編譯局石印本 二冊

330000－1716－0014790 集補 1225/14790 集部/小說類/長篇之屬

精忠宋岳武穆王全傳十二卷八十回 (清)錢彩撰 民國上海廣益書局石印本 八冊

330000－1716－0014792 集補 1249/14792 集部/小說類/長篇之屬

新編俠義小説飛劍奇俠傳初集四卷二集四卷 江都半癡生撰 民國十八年至十九年(1929－1930)上海沈鶴記書局石印本 王振題簽 八冊

330000－1716－0014793 集補 1248/14793 集部/小說類/長篇之屬

繪圖白蓮教演義四卷二十回 吴公雄編 民國十一年(1922)上海世界書局石印本 四冊

330000－1716－0014795 集補 1247/14795 集部/小說類/長篇之屬

足本大字南宋飛龍傳四卷五十回 (明)研石山樵訂正 民國上海廣益書局石印本 四冊

330000－1716－0014796 集補 1246/14796 集部/小說類/長篇之屬

足本大字北宋楊家將四卷五十回 (明)研石山樵訂正 民國上海廣益書局石印本 四冊

330000－1716－0014798 集補 1234/14798 集部/小說類/長篇之屬

小五義六卷一百二十四回 (清)石玉崑撰 民國四年(1915)上海天寶書局石印本 一冊 存一卷(一)

330000－1716－0014799 經補 1000－49/14799 經部/小學類/文字之屬/字書/字典

康熙字典十二集三十六卷總目一卷檢字一卷辨似一卷等韻一卷補遺一卷備考一卷 (清)張玉書等纂修 民國上海商務印書館石印本 六冊

330000－1716－0014804 集補 1236/14804

集部/小說類/長篇之屬

大字足本繡像英烈全傳四卷八十回 (明)徐渭編 民國上海廣益書局石印本 □□羽題記 一册 存一卷(四)

330000－1716－0014805 集補 1235/14805 集部/小說類/長篇之屬

殘唐五代史演義傳六卷 (明)羅本編 (明)湯顯祖批評 民國十八年(1929)上海大成書局石印本 一册

330000－1716－0014806 經補 1000－50/14806 經部/小學類/文字之屬/字書/字典

康熙字典十二集三十六卷總目一卷檢字一卷辨似一卷等韻一卷補遺一卷備考一卷 (清)張玉書等纂修 民國上海商務印書館石印本 六册

330000－1716－0014807 集補 0034－14/14807 集部/小說類/長篇之屬

繪圖鏡花緣一百回 (清)李汝珍撰 民國石印本 二册 存三十六回(四十九至八十四)

330000－1716－0014811 經補 1000－51/14811 經部/小學類/文字之屬/字書/字典

康熙字典十二集三十六卷總目一卷檢字一卷辨似一卷等韻一卷補遺一卷備考一卷 (清)張玉書等纂修 民國石印本 五册 缺十二卷(子集上中下、丑集上中下,總目,檢字,辨似,等韻,補遺,備考)

330000－1716－0014813 集補 0034－15/14813 集部/小說類/長篇之屬

圖像鏡花緣二十卷一百回 (清)李汝珍撰 民國石印本 二册 存四卷(三至四、七至八)

330000－1716－0014818 集補 2930/14818 集部/小說類/長篇之屬

楊貴妃艷史四卷 新新小說社編輯 民國七年(1918)上海海左書局石印本 一册 存二卷(三至四)

330000－1716－0014820 集補 1245/14820 集部/小說類/長篇之屬

新鐫全像隋煬帝艷史八卷四十回 (明)齊東野人撰 (清)不經先生評 民國十四年(1925)上海雲記書莊石印本 八册

330000－1716－0014830 子補 1797/14830 子部/醫家類/本草之屬/本草藥性

珍珠囊指掌補遺藥性賦四卷 (金)李杲編輯 **雷公炮製藥性解六卷** (清)李中梓編輯 民國上海廣益書局石印本 四册

330000－1716－0014831 集補 1340－1/14831 集部/小說類/長篇之屬

增訂繪圖精忠説岳全傳八卷八十回 (清)錢彩編 (清)金豐增訂 民國上海天寶書局石印本 一册 存二卷(七至八)

330000－1716－0014833 集補 1237/14833 集部/小說類/長篇之屬

增像小五義傳二十五卷一百二十四回 (清)石玉崑撰 民國鉛印本 □承氏題記 一册 存五卷(二十一至二十五)

330000－1716－0014834 子補 1798/14834 子部/醫家類/本草之屬/本草藥性

珍珠囊指掌補遺藥性賦四卷 (金)李杲編輯 **雷公炮製藥性解六卷** (清)李中梓編輯 民國上海廣益書局石印本 二册 存六卷(雷公炮製藥性解一至六)

330000－1716－0014838 集補 0031－9/14838 集部/曲類/彈詞之屬

繪圖孝義真蹟珠塔緣四卷二十四回 (清)馬如飛撰 民國石印本 二册 存二卷(二、四)

330000－1716－0014840 子補 1799/14840 子部/醫家類/本草之屬/本草藥性

珍珠囊指掌補遺藥性賦四卷 (金)李杲編輯 **雷公炮製藥性解六卷** (清)李中梓編輯 民國上海廣益書局石印本 二册 存六卷(雷公炮製藥性解一至六)

330000－1716－0014842 集補 1242－1/14842 集部/小說類/長篇之屬

歷代春艷秘史三集十三卷圖一卷 芸蘭女史

撰　民國九年(1920)上海美術圖書社石印本　四册

330000－1716－0014844　子補 3406/14844
子部/醫家類/本草之屬/食療本草
備荒一卷　(清)王纕堂輯　民國三十年(1941)鉛印本　一册

330000－1716－0014845　子補 1800/14845
子部/醫家類/本草之屬/本草藥性
珍珠囊指掌補遺藥性賦四卷　(金)李杲編輯　**雷公炮製藥性解六卷**　(清)李中梓編輯　民國三年(1914)上海廣益書局石印本　四册

330000－1716－0014846　子補 1780/14846
子部/醫家類/醫經之屬/難經
圖注八十一難經四卷　(戰國)秦越人撰　(明)張世賢注　**校正圖注脈訣四卷**　(晉)王叔和撰　**校正瀕湖脈學一卷**　(明)李時珍撰　民國石印本　一册　存一卷(校正瀕湖脈學)

330000－1716－0014847　集補 1241/14847
集部/小説類/長篇之屬
繪圖蘭花夢八卷六十八回　民國十七年(1928)上海受古書店、中一書局石印本　八册

330000－1716－0014848　集補 1240/14848
集部/小説類/長篇之屬
繪圖雪月梅全傳六卷五十回　(清)陳朗編　(清)董孟汾評釋　民國上海受古書店、中一書局石印本　六册

330000－1716－0014849　集補 1238/14849
集部/小説類/長篇之屬
繡像繪圖乾隆巡幸江南記八卷七十五回　民國上海共和書局石印本　徐海樵題簽並記　一册

330000－1716－0014851　集補 0204－2/14851　集部/小説類/長篇之屬
足本大字醒世姻緣十二卷一百回　(清)西周生撰　民國上海受古書店石印本　一册　存一卷(一)

330000－1716－0014853　集補 1239/14853
集部/小説類/長篇之屬
新輯繪圖彭公案初集四卷一百回二集四卷八十回三集四卷八十回四集四卷八十一回　(清)貪夢道人撰　民國上海錦章圖書局石印本　十二册　缺四卷(一至四)

330000－1716－0014854　普史 1676/14854
史部/紀傳類/正史之屬
二十四史附考證　民國上海涵芬樓據清乾隆武英殿刻本影印本　一册　存一種

330000－1716－0014857　子補 2002/14857
子部/醫家類/養生之屬
延壽新法一卷　伍廷芳撰　民國三年(1914)上海商務印書館鉛印本　一册

330000－1716－0014858　子補 1782/14858
子部/醫家類/綜合之屬/雜著
筆花醫鏡四卷　(清)江涵暾撰　民國七年(1918)上海鑄記書局石印本　一册

330000－1716－0014859　經補 0414/14859
經部/小學類/文字之屬/字書/字典
學生字考一卷　民國石印本　辛其綏題記　一册

330000－1716－0014860　子補 2003/14860
子部/醫家類/養生之屬
補天髓五卷　張百熹撰　黄云冕　席錫蕃校　民國六年(1917)上海聚珍倣宋印書局鉛印本　一册

330000－1716－0014864　子補 1787/14864
子部/醫家類/綜合之屬/雜著
筆花醫鏡四卷　(清)江涵暾撰　民國三年(1914)上海文益書局石印本　一册

330000－1716－0014865　子補 1785/14865
子部/醫家類/綜合之屬/雜著
筆花醫鏡四卷　(清)江涵暾撰　民國上海文益書局石印本　一册　存二卷(三至四)

330000－1716－0014866　子補 2004/14866
子部/儒家類/儒學之屬/禮教/家訓
明袁了凡四訓一卷附録俞淨意公遇竈神記一

卷　(明)袁黃撰　民國十一年(1922)上海佛學推行社鉛印本　一冊

330000－1716－0014867　子補 1786/14867　子部/醫家類/綜合之屬/雜著
筆花醫鏡四卷　(清)江涵暾撰　民國上海大成書局石印本　一冊

330000－1716－0014869　經補 1000－60/14869　經部/小學類/文字之屬/字書/字典
康熙字典十二集三十六卷總目一卷檢字一卷辨似一卷等韻一卷補遺一卷備考一卷　(清)張玉書等纂修　民國上海天寶書局石印本　五冊　缺十卷(子集上中下、丑集上中下,總目,檢字,辨似,等韻)

330000－1716－0014871　普集 1752－2/14871　集部/小說類/長篇之屬
繪圖歷朝通俗演義十一種　蔡東帆輯　民國上海會文堂新記書局石印本　二十一冊　存四種

330000－1716－0014877　子補 2685/14877　子部/小說家類/雜事之屬
庸閒齋筆記十二卷　(清)陳其元撰　民國十一年(1922)上海文明書局石印本　四冊

330000－1716－0014878　子補 2686/14878　子部/小說家類/瑣語之屬
觚賸八卷續編四卷　(清)鈕琇輯　民國上海文瑞樓石印本　三冊

330000－1716－0014879　子補 2682/14879　子部/小說家類/雜事之屬
夢厂雜著十卷　(清)俞蛟撰　民國上海中華圖書館石印本　二冊

330000－1716－0014881　集補 0027－22/14881　集部/小說類/長篇之屬
新刊繡像評講濟公傳四卷一百二十回繡像評演接續後部濟公傳四卷一百二十回　郭廣瑞撰　民國上海天寶書局石印本　四冊　存四卷(一、四,繡像評演接續後部濟公傳二至三)

330000－1716－0014882　子補 2683/14882　子部/雜著類/雜說之屬
隨園隨筆二十八卷　(清)袁枚撰　民國上海交通圖書館石印本　四冊

330000－1716－0014883　子補 2684/14883　子部/小說家類
唐人小說六種　葉德輝輯　民國上海廣益書局石印本　四冊

330000－1716－0014885　經補 0405－1/14885　經部/四書類/總義之屬/傳說
四書集注十九卷　(宋)朱熹撰　民國鴻寶齋書局鉛印本　一冊　存一種

330000－1716－0014889　子補 1806/14889　子部/醫家類/方書之屬/單方驗方
重校舊本湯頭歌訣一卷　(清)汪昂編輯　民國石印本　一冊

330000－1716－0014891　子補 1807/14891　子部/醫家類/方書之屬/成方藥目
湯頭歌訣一卷附經絡歌訣一卷　(清)汪昂撰　民國商務印書館鉛印本　二冊

330000－1716－0014892　子補 0123－4/14892　子部/醫家類/方書之屬/單方驗方
增評醫方集解二十三卷增補本草備要八卷附湯頭歌訣一卷　(清)汪昂撰　民國上海錦章圖書局石印本　一冊　存一卷(湯頭歌訣)

330000－1716－0014894　子補 1783/14894　子部/醫家類/綜合之屬/雜著
筆花醫鏡四卷　(清)江涵暾撰　民國元年(1912)上海江東書局石印本　二冊

330000－1716－0014895　子補 3407/14895　史部/傳記類/別傳之屬/事狀
明州定應大師布袋和尚傳一卷　(元)釋曇噩撰　民國九年(1920)刻本　一冊

330000－1716－0014896　子補 2785/14896　子部/小說家類/雜事之屬
三借廬筆談十二卷　鄒弢撰　民國二年(1913)國粹圖書社石印本　六冊

330000－1716－0014898　普叢 0327/14898　類叢部/叢書類/彙編之屬

古今文藝叢書十集　何藻編　民國二年至四年(1913－1915)上海廣益書局鉛印本　十八冊　存四十九種

330000－1716－0014900　子補 2005/14900
子部/宗教類/佛教之屬
素食主義一卷　民國十二年(1923)上海醫學書局鉛印本　錦珊批並跋　一冊

330000－1716－0014901　子補 1784/14901
子部/醫家類/綜合之屬/雜著
筆花醫鏡四卷　(清)江涵暾撰　民國上海錦章圖書局石印本　一冊　存二卷(一至二)

330000－1716－0014903　經補 1000－65/14903　經部/小學類/文字之屬/字書/字典
康熙字典十二集三十六卷總目一卷檢字一卷辨似一卷等韻一卷補遺一卷備考一卷　(清)張玉書等纂修　民國上海文盛堂石印本　五冊　缺六卷(子集上中下、丑集上中下)

330000－1716－0014905　子補 2786/14905
類叢部/叢書類/彙編之屬
屑玉叢談初集二十種　(清)錢徵　蔡爾康輯　民國上海中華圖書館石印本　六冊

330000－1716－0014908　集補 2450－105/14908　集部/小說類/長篇之屬
第一才子書六十卷一百二十回首一卷　(明)羅本撰　(清)金人瑞　(清)毛宗崗評　民國十七年(1928)上海錦章書局石印本　沈熠烈題記　八冊　缺十三卷(十至十五、三十五至四十一)

330000－1716－0014910　集補 2450－97/14910　集部/小說類/長篇之屬
增像全圖三國志演義第一才子書十二卷一百二十回首一卷　(明)羅本撰　(清)金人瑞　(清)毛宗崗評　民國上海廣益書局石印本　十四冊　缺十一回(十二至十六、九十五至一百)

330000－1716－0014911　子補 1808－1/14911　子部/醫家類/方書之屬/單方驗方
增評醫方集解二十三卷增補本草備要八卷重校舊本湯頭歌訣一卷經絡歌訣一卷　(清)汪昂撰　民國三年(1914)上海共和書局石印本　潘芝軒題記　四冊　存十九卷(一至三、十至二十三,湯頭歌訣,經絡歌訣)

330000－1716－0014912　子補 2007/14912
子部/醫家類/外科之屬/癰疽、疔瘡
疔瘡緊要秘方不分卷　(清)盧眞人輯　民國十二年(1923)寧波華陞印局鉛印本　李雅卿題記　一冊

330000－1716－0014914　經補 1000－66/14914　經部/小學類/文字之屬/字書/字典
康熙字典十二集三十六卷總目一卷檢字一卷辨似一卷等韻一卷補遺一卷備考一卷　(清)張玉書等纂修　民國石印本　謝承壽題記　四冊　缺十卷(子集上中下、辰集上中下,總目,檢字,辨似,等韻)

330000－1716－0014919　子補 1809/14919
子部/醫家類/方書之屬/成方藥目
大字斷句湯頭歌訣一卷　(清)汪昂輯　民國上海廣益書局石印本　一冊

330000－1716－0014921　集補 0670/14921
集部/總集類/尺牘之屬
分類詳注交際尺牘□□卷　民國石印本　一冊　存一卷(二)

330000－1716－0014925　子補 1810/14925
子部/醫家類/方書之屬/成方藥目
新增醫方湯頭歌訣一卷經絡歌訣一卷　(清)汪昂編輯　錢榮國改增　民國上海文瑞樓石印本　一冊

330000－1716－0014927　子補 2010/14927
子部/醫家類/方書之屬/單方驗方
幾希録續刻二卷附集經驗諸方二卷　(清)金纓輯　**附佐治藥言一卷**　(清)汪輝祖撰　民國十六年(1927)刻本　四冊

330000－1716－0014930　子補 1812/14930
子部/醫家類/方書之屬
重校舊本湯頭歌訣二卷經絡歌訣一卷　(清)汪昂編輯　民國三年(1914)上海文益書莊石

印本　一册

330000－1716－0014931　子補 1813/14931
子部/醫家類/方書之屬/單方驗方
重校舊本湯頭歌訣一卷　（清）汪昂編輯　民國石印本　一册

330000－1716－0014938　集補 2450－41/14938　集部/小説類/長篇之屬
第一才子書繡像三國志演義六十卷一百二十回首一卷　（明）羅本撰　（清）金人瑞　（清）毛宗崗評　民國上海商務印書館鉛印本　二册　存十四卷（二十三至三十、四十七至五十二）

330000－1716－0014939　地獻 1985－1/14939　史部/目録類/總録之屬/彙刻
復性書院擬先刻諸書簡目一卷　馬浮編　民國三十四年（1945）復性書院刻本　一册

330000－1716－0014945　子補 3410/14945
子部/宗教類/道教之屬/經文
地母真經一卷　民國石印本　一册

330000－1716－0014947　地獻 1018/14947
史部/地理類/山川之屬/水志
蕭山湘湖志八卷外編一卷續志一卷　周易藻編　民國十六年（1927）周氏鉛印本　五册

330000－1716－0014951　子補 0779－2/14951　子部/宗教類/道教之屬
昭明上帝明聖經一卷　民國石印本　一册

330000－1716－0014952　集補 2450－114/14952　集部/小説類/長篇之屬
增像全圖三國演義六十卷一百二十回首一卷　（明）羅本撰　（清）毛宗崗評　民國十九年（1930）上海中原書局石印本　盛星華題記　十一册　缺六卷（五至十）

330000－1716－0014954　古越 0596/14954
類叢部/叢書類/輯佚之屬
黄氏逸書考二百七十四種附六種　（清）黄奭輯　民國二十三年（1934）江都朱長圻補刻彙印甘泉黄氏本　七十七册　存二百五十六種

330000－1716－0014962　集補 1884/14962
集部/小説類/長篇之屬
增像全圖東周列國志八卷一百八回首一卷　（清）蔡奡評點　民國八年（1919）上海天寶書局石印本　楊永春題記　八册

330000－1716－0014964　集補 1885/14964
集部/小説類/長篇之屬
增像全圖東周列國志八卷一百八回首一卷　（清）蔡奡評點　民國上海進步書局石印本　三册

330000－1716－0014965　集補 3459/14965
集部/詩文評類/詩評之屬
隨園詩話十六卷補遺十卷　（清）袁枚撰　民國上海掃葉山房石印本　一册　存四卷（五至八）

330000－1716－0014967　子補 2013/14967
子部/農家農學類/園藝之屬/花卉
秘傳花鏡六卷　（清）陳淏子撰　民國二年（1913）漢口錬石書局石印本　二册

330000－1716－0014970　子補 2014/14970
子部/農家農學類/園藝之屬/花卉
秘傳花鏡六卷　（清）陳淏子撰　民國二年（1913）漢口錬石書局石印本　二册

330000－1716－0014974　史補 0792－2/14974　史部/編年類/通代之屬
增評加批歷史綱鑑補三十九卷首一卷　（明）王世貞　（明）袁黄纂　**資治明紀綱目二十卷　資治明紀綱目三編一卷**　（清）張廷玉等撰　民國八年（1919）上海錦章圖書局石印本　十八册

330000－1716－0014976　史補 1381/14976
史部/政書類/律令之屬/刑制
現時適用新刑律二編不分卷　浙江臨時議會編　民國石印本　一册

330000－1716－0014977　史補 0792－3/14977　史部/編年類/通代之屬
袁王綱鑑合編三十九卷首一卷　（明）袁黄輯　（明）王世貞編　**明鑑綱目十六卷**　（清）張

廷玉等撰　民國十六年(1927)上海錦章圖書局石印本　十二册

330000－1716－0014978　史補 0802/14978　史部/史抄類
二十四史輯要六十四卷附二十四史總目一卷　二十四史四庫提要一卷　趙華基編　民國十七年(1928)上海中華書局鉛印本　三十六册

330000－1716－0014980　史補 0802/14980　史部/紀傳類/正史之屬
史記一百三十卷　(漢)司馬遷撰　(南朝宋)裴駰集解　(唐)司馬貞索隱　(唐)張守節正義　**補史記一卷**　(唐)司馬貞撰并注　民國中華圖書館影印本　二十册

330000－1716－0014984　集補 0008－67/14984　集部/小説類/長篇之屬
繪圖東周列國志八卷一百二十回　(明)馮夢龍撰　(清)蔡奡評點　民國石印本　五册　存五卷(一、三、五、七至八)

330000－1716－0014986　集補 0008－70/14986　集部/小説類/長篇之屬
增像全圖東周列國志八卷一百八回首一卷　(清)蔡奡評點　民國石印本　三册　存三卷(六至八)

330000－1716－0014987　集補 0008－65/14987　集部/小説類/長篇之屬
增像全圖東周列國志二十七卷一百八回首一卷　(清)蔡奡評點　民國石印本　二册　存六卷(一至六)

330000－1716－0014988　集補 0008－63/14988　集部/小説類/長篇之屬
繪圖東周列國志八卷一百二十回　(明)馮夢龍撰　(清)蔡奡評點　民國十五年(1926)上海世界書局石印本　二册　存二卷(二、八)

330000－1716－0014993　子補 1258/14993　子部/天文曆算類/算書之屬
增删算法統宗十一卷　(明)程大位編　(清)梅穀成增删　民國六年(1917)上海江東茂記書局石印本　二册　存五卷(一至五)

330000－1716－0014995　史補 0803/14995　史部/史抄類
二十四史輯要六十四卷附二十四史總目一卷　二十四史四庫提要一卷　趙華基編　民國十七年(1928)上海中華書局鉛印本　三十六册

330000－1716－0014999　集補 1914/14999　集部/别集類/漢魏六朝别集
陶詩彙注四卷首一卷末一卷　(晉)陶潛撰　(清)吳瞻泰輯　(清)許印芳增訂　民國十五年(1926)上海大中書局石印本　四册

330000－1716－0015000　普子 2005/15000　子部/藝術類/書畫之屬/法帖
梁山舟學士書吳中丞貞肅司馬三公傳不分卷　(清)梁同書書　民國十四年(1925)上海商務印書館石印本　徐世綬題記　一册

330000－1716－0015001　經補 1344－41/15001　經部/春秋左傳類/傳説之屬
言文對照左傳句解六卷　廣益書局編輯部編譯　民國二十一年(1932)上海廣益書局石印本　六册

330000－1716－0015002　集補 2935/15002　集部/别集類
心源小記一卷雜俎一卷　陳文鑑撰　民國石印本　一册

330000－1716－0015003　經補 1344－42/15003　經部/春秋左傳類/傳説之屬
言文對照左傳句解六卷　廣益書局編輯部編譯　民國十七年(1928)上海廣益書局石印本　六册

330000－1716－0015005　經補 1344－44/15005　經部/春秋左傳類/傳説之屬
言文對照左傳句解六卷　廣益書局編輯部編譯　民國二十二年(1933)上海廣益書局石印本　一册　存一卷(六)

330000－1716－0015006　經補 1344－43/15006　經部/春秋左傳類/傳説之屬
言文對照左傳句解六卷　廣益書局編輯部編譯　民國二十四年(1935)上海廣益書局石印

本　六册

330000－1716－0015007　子補 1358/15007
子部/兵家類/兵法之屬
孫子十家注十三卷　（三國魏）武帝曹操等注　**遺説一卷**　（宋）鄭友賢撰　**孫子敘録一卷**　（清）畢以珣撰　民國鉛印本　二册

330000－1716－0015012　經補 1102/15012
經部/四書類/總義之屬/傳説
四書白話注解　許伏民　童官卓編　民國五年(1916)上海鍊石齋書局、羣學書社石印本　十四册

330000－1716－0015015　經補 1101/15015
經部/四書類/總義之屬/傳説
言文對照廣注四書讀本　世界書局編輯所編輯　民國十四年(1925)上海世界書局石印本　七册

330000－1716－0015017　子補 2792/15017
子部/道家類
南華真經評注十卷　（明）歸有光輯　（明）文震孟訂　民國六年(1917)中華圖書館石印本　四册

330000－1716－0015019　縣資 0020－1/15019　史部/傳記類/日記之屬
祁忠敏公日記十五卷(明崇禎四年至弘光元年)　（明）祁彪佳撰　**祁忠敏公年譜一卷**　（明）王思任撰　（清）梁廷枏　（清）龔沅補編　民國二十六年(1937)紹興縣修志委員會鉛印本　七册

330000－1716－0015020　縣資 0020－2/15020　史部/傳記類/日記之屬
祁忠敏公日記十五卷(明崇禎四年至弘光元年)　（明）祁彪佳撰　**祁忠敏公年譜一卷**　（明）王思任撰　（清）梁廷枏　（清）龔沅補編　民國二十六年(1937)紹興縣修志委員會鉛印本　六册

330000－1716－0015021　縣資 0020－3/15021　史部/傳記類/日記之屬
祁忠敏公日記十五卷(明崇禎四年至弘光元年)　（明）祁彪佳撰　**祁忠敏公年譜一卷**　（明）王思任撰　（清）梁廷枏　（清）龔沅補編　民國二十六年(1937)紹興縣修志委員會鉛印本　六册

330000－1716－0015022　縣資 0020－4/15022　史部/傳記類/日記之屬
祁忠敏公日記十五卷(明崇禎四年至弘光元年)　（明）祁彪佳撰　**祁忠敏公年譜一卷**　（明）王思任撰　（清）梁廷枏　（清）龔沅補編　民國二十六年(1937)紹興縣修志委員會鉛印本　六册

330000－1716－0015023　縣資 0020－5/15023　史部/傳記類/日記之屬
祁忠敏公日記十五卷(明崇禎四年至弘光元年)　（明）祁彪佳撰　**祁忠敏公年譜一卷**　（明）王思任撰　（清）梁廷枏　（清）龔沅補編　民國二十六年(1937)紹興縣修志委員會鉛印本　六册

330000－1716－0015024　縣資 0020－6/15024　史部/傳記類/日記之屬
祁忠敏公日記十五卷(明崇禎四年至弘光元年)　（明）祁彪佳撰　**祁忠敏公年譜一卷**　（明）王思任撰　（清）梁廷枏　（清）龔沅補編　民國二十六年(1937)紹興縣修志委員會鉛印本　六册

330000－1716－0015025　縣資 0020－7/15025　史部/傳記類/日記之屬
祁忠敏公日記十五卷(明崇禎四年至弘光元年)　（明）祁彪佳撰　**祁忠敏公年譜一卷**　（明）王思任撰　（清）梁廷枏　（清）龔沅補編　民國二十六年(1937)紹興縣修志委員會鉛印本　六册

330000－1716－0015026　縣資 0020－8/15026　史部/傳記類/日記之屬
祁忠敏公日記十五卷(明崇禎四年至弘光元年)　（明）祁彪佳撰　**祁忠敏公年譜一卷**　（明）王思任撰　（清）梁廷枏　（清）龔沅補編　民國二十六年(1937)紹興縣修志委員會鉛印本　六册

330000－1716－0015027　縣資 0020－9/15027　史部/傳記類/日記之屬

祁忠敏公日記十五卷(明崇禎四年至弘光元年)　(明)祁彪佳撰　**祁忠敏公年譜一卷**　(明)王思任撰　(清)梁廷枏　(清)龔沅補編　民國二十六年(1937)紹興縣修志委員會鉛印本　六冊

330000－1716－0015028　縣資 0020－10/15028　史部/傳記類/日記之屬

祁忠敏公日記十五卷(明崇禎四年至弘光元年)　(明)祁彪佳撰　**祁忠敏公年譜一卷**　(明)王思任撰　(清)梁廷枏　(清)龔沅補編　民國二十六年(1937)紹興縣修志委員會鉛印本　六冊

330000－1716－0015029　縣資 0020－11/15029　史部/傳記類/日記之屬

祁忠敏公日記十五卷(明崇禎四年至弘光元年)　(明)祁彪佳撰　**祁忠敏公年譜一卷**　(明)王思任撰　(清)梁廷枏　(清)龔沅補編　民國二十六年(1937)紹興縣修志委員會鉛印本　六冊

330000－1716－0015030　縣資 0020－12/15030　史部/傳記類/日記之屬

祁忠敏公日記十五卷(明崇禎四年至弘光元年)　(明)祁彪佳撰　**祁忠敏公年譜一卷**　(明)王思任撰　(清)梁廷枏　(清)龔沅補編　民國二十六年(1937)紹興縣修志委員會鉛印本　六冊

330000－1716－0015031　縣資 0020－13/15031　史部/傳記類/日記之屬

祁忠敏公日記十五卷(明崇禎四年至弘光元年)　(明)祁彪佳撰　**祁忠敏公年譜一卷**　(明)王思任撰　(清)梁廷枏　(清)龔沅補編　民國二十六年(1937)紹興縣修志委員會鉛印本　六冊

330000－1716－0015032　縣資 0020－14/15032　史部/傳記類/日記之屬

祁忠敏公日記十五卷(明崇禎四年至弘光元年)　(明)祁彪佳撰　**祁忠敏公年譜一卷**　(明)王思任撰　(清)梁廷枏　(清)龔沅補編　民國二十六年(1937)紹興縣修志委員會鉛印本　六冊

330000－1716－0015033　縣資 0020－15/15033　史部/傳記類/日記之屬

祁忠敏公日記十五卷(明崇禎四年至弘光元年)　(明)祁彪佳撰　**祁忠敏公年譜一卷**　(明)王思任撰　(清)梁廷枏　(清)龔沅補編　民國二十六年(1937)紹興縣修志委員會鉛印本　六冊

330000－1716－0015034　縣資 0020－16/15034　史部/傳記類/日記之屬

祁忠敏公日記十五卷(明崇禎四年至弘光元年)　(明)祁彪佳撰　**祁忠敏公年譜一卷**　(明)王思任撰　(清)梁廷枏　(清)龔沅補編　民國二十六年(1937)紹興縣修志委員會鉛印本　六冊

330000－1716－0015035　縣資 0020－17/15035　史部/傳記類/日記之屬

祁忠敏公日記十五卷(明崇禎四年至弘光元年)　(明)祁彪佳撰　**祁忠敏公年譜一卷**　(明)王思任撰　(清)梁廷枏　(清)龔沅補編　民國二十六年(1937)紹興縣修志委員會鉛印本　六冊

330000－1716－0015036　縣資 0020－18/15036　史部/傳記類/日記之屬

祁忠敏公日記十五卷(明崇禎四年至弘光元年)　(明)祁彪佳撰　**祁忠敏公年譜一卷**　(明)王思任撰　(清)梁廷枏　(清)龔沅補編　民國二十六年(1937)紹興縣修志委員會鉛印本　六冊

330000－1716－0015037　縣資 0020－19/15037　史部/傳記類/日記之屬

祁忠敏公日記十五卷(明崇禎四年至弘光元年)　(明)祁彪佳撰　**祁忠敏公年譜一卷**　(明)王思任撰　(清)梁廷枏　(清)龔沅補編　民國二十六年(1937)紹興縣修志委員會鉛印本　六冊

330000－1716－0015038　縣資 0020－20/

15038　史部/傳記類/日記之屬

祁忠敏公日記十五卷(明崇禎四年至弘光元年)　(明)祁彪佳撰　**祁忠敏公年譜一卷**　(明)王思任撰　(清)梁廷枏　(清)龔沅補編　民國二十六年(1937)紹興縣修志委員會鉛印本　六冊

330000－1716－0015039　經補 1103/15039　經部/詩類/傳說之屬

詩經集傳八卷　(宋)朱熹撰　民國三十二年(1943)掃葉山房石印本　四冊

330000－1716－0015041　經補 1104/15041　經部/詩類

言文對照白話注解新式整理分類詩經八卷　許嘯天編演　民國十九年(1930)上海羣學書社石印本　八冊

330000－1716－0015043　子補 2793/15043　子部/道家類

莊子集解八卷　王先謙撰　民國上海掃葉山房石印本　四冊

330000－1716－0015044　子補 2794/15044　子部/叢編

諸子百家精華十卷　(清)錢樹棠　(清)雷琳　(清)錢樹立輯　民國六年(1917)蘇州振新書社鉛印本　九冊　缺一卷(七)

330000－1716－0015045　集補 1576/15045　集部/詩文評類/文法之屬/函牘格式

分類句解最新寫信實在易四卷　賀群上輯　民國十八年(1929)錦章圖書局石印本　三冊　缺一卷(一)

330000－1716－0015046　子補 2795/15046　子部/道家類

莊子集注三卷首一卷　阮毓崧輯　民國十九年(1930)上海中華書局影印本　陶存煦題記　四冊

330000－1716－0015047　子補 2796/15047　子部/道家類

莊子十卷　(晉)郭象注　(唐)陸德明音義　民國上海文瑞樓石印本　四冊

330000－1716－0015048　經補 1108/15048　經部/四書類/總義之屬/傳說

四書白話注解　許伏民　童官卓編　民國二十四年(1935)上海羣學書社石印本　八冊

330000－1716－0015049　子補 2797/15049　子部/道家類

莊子十卷　(晉)郭象注　(唐)陸德明音義　民國九年(1920)上海掃葉山房石印本　四冊

330000－1716－0015050　經補 1107/15050　經部/春秋左傳類/傳說之屬

曲江書屋新訂批注左傳快讀十八卷首一卷　(清)李紹崧輯　民國上海廣益書局石印本　十二冊

330000－1716－0015051　子補 3223－1/15051　子部/雜著類

玉歷至寶鈔勸世一卷　民國石印本　一冊

330000－1716－0015052　子補 2798/15052　子部/道家類

箋注莊子南華經六卷　(清)胡文英注釋　民國十九年(1930)上海掃葉山房石印本　六冊

330000－1716－0015054　經補 1000－87/15054　經部/小學類/文字之屬/字書/字典

康熙字典十二集三十六卷總目一卷檢字一卷辨似一卷等韻一卷補遺一卷備考一卷　(清)張玉書等纂修　民國三年(1914)上海共和書局石印本　三冊　存二十一卷(子集上中下、丑集上中下、巳集上中下、午集上中下、未集上中下、申集上中下,檢字,辨似,等韻)

330000－1716－0015055　經補 1109/15055　經部/四書類/總義之屬/傳說

新式標點四書白話注解十九卷　琴石山人注解　民國十五年(1926)上海會文堂書局石印本　二冊

330000－1716－0015057　子補 2799/15057　子部/叢編

六子全書　(明)顧春輯　民國三年(1914)右文社據明嘉靖十二年(1533)吳郡顧氏世德堂刻本影印本　六冊　存一種

330000－1716－0015058　經補 1000－88/15058　經部/小學類/文字之屬/字書/字典
康熙字典十二集三十六卷總目一卷檢字一卷辨似一卷等韻一卷補遺一卷備考一卷　(清)張玉書等纂修　民國三年(1914)上海共和書局石印本　二册　存十二卷(子集上中下、丑集上中下、酉集上中下、戌集上中下)

330000－1716－0015059　經補 1105/15059
經部/春秋左傳類/傳說之屬
春秋左傳五十卷　(晉)杜預　(宋)林堯叟注釋　(唐)陸德明音義　民國十三年(1924)上海錦章圖書局石印本　喻文鏊題記　十二册

330000－1716－0015060　子補 1130－7/15060　子部/小說家類/諧謔之屬
改良繪圖解人頤廣集二卷　(清)胡澹庵撰　(清)錢德蒼增訂　民國石印本　一册　存一卷(下)

330000－1716－0015061　經補 1111/15061
經部/四書類/總義之屬/傳說
新注四書白話解說三十六卷　江希張注　民國上海書業公所石印本　十四册

330000－1716－0015062　子補 1360－1/15062　子部/叢編
評注諸子菁華録十八卷　張之純編纂　民國上海商務印書館鉛印本　十九册　缺二卷(十、十三)

330000－1716－0015064　經補 0894/15064
經部/小學類/文字之屬/字書/字典
康熙字典十二集三十六卷總目一卷檢字一卷辨似一卷等韻一卷補遺一卷備考一卷　(清)張玉書等纂修　民國六年(1917)上海鴻寶齋書局石印本　四册　缺十二卷(寅集上中下、巳集上中下、酉集上中下、戌集上中下)

330000－1716－0015066　子補 2788/15066
子部/叢編
六子全書　(明)顧春輯　民國三年(1914)右文社據明嘉靖十二年(1533)吳郡顧氏世德堂刻本影印本　二十册

330000－1716－0015067　經補 1106/15067
經部/春秋左傳類/傳說之屬
左傳易讀六卷　(清)司徒則廬氏輯　民國五年(1916)自強書局石印本　六册

330000－1716－0015069　經補 1000－91/15069　經部/小學類/文字之屬/字書/字典
康熙字典十二集三十六卷總目一卷檢字一卷辨似一卷等韻一卷補遺一卷備考一卷　(清)張玉書等纂修　民國石印本　一册　存五卷(亥集上中下、補遺、備考)

330000－1716－0015073　縣資 0020－21/15073　史部/傳記類/日記之屬
祁忠敏公日記十五卷(明崇禎四年至弘光元年)　(明)祁彪佳撰　**祁忠敏公年譜一卷**　(明)王思任撰　(清)梁廷枏　(清)龔沅補編　民國二十六年(1937)紹興縣修志委員會鉛印本　六册

330000－1716－0015074　縣資 0020－22/15074　史部/傳記類/日記之屬
祁忠敏公日記十五卷(明崇禎四年至弘光元年)　(明)祁彪佳撰　**祁忠敏公年譜一卷**　(明)王思任撰　(清)梁廷枏　(清)龔沅補編　民國二十六年(1937)紹興縣修志委員會鉛印本　六册

330000－1716－0015075　縣資 0020－23/15075　史部/傳記類/日記之屬
祁忠敏公日記十五卷(明崇禎四年至弘光元年)　(明)祁彪佳撰　**祁忠敏公年譜一卷**　(明)王思任撰　(清)梁廷枏　(清)龔沅補編　民國二十六年(1937)紹興縣修志委員會鉛印本　六册

330000－1716－0015077　縣資 0020－24/15077　史部/傳記類/日記之屬
祁忠敏公日記十五卷(明崇禎四年至弘光元年)　(明)祁彪佳撰　**祁忠敏公年譜一卷**　(明)王思任撰　(清)梁廷枏　(清)龔沅補編　民國二十六年(1937)紹興縣修志委員會鉛印本　六册

330000－1716－0015078　縣資 0020－25/

15078　史部/傳記類/日記之屬

祁忠敏公日記十五卷(明崇禎四年至弘光元年)　(明)祁彪佳撰　**祁忠敏公年譜一卷**　(明)王思任撰　(清)梁廷枏　(清)龔沅補編　民國二十六年(1937)紹興縣修志委員會鉛印本　六册

330000－1716－0015086　經補 1112－1/15086　經部/四書類/總義之屬/傳說

新注四書白話解說三十六卷　江希張注　民國上海書業公所石印本　七册　缺十四卷(孟子白話解說一至十四)

330000－1716－0015088　經補 1099/15088　經部/四書類/總義之屬/文字音義

注音字母四書白話句解十九卷　周覲光　吳穀民演譯　民國上海求古齋石印本　十四册

330000－1716－0015090　經補 1113/15090　經部/四書類/總義之屬/傳說

四書白話注解　許伏民　童官卓編　民國五年(1916)上海鍊石齋書局、羣學書社石印本　十四册

330000－1716－0015093　子補 2801/15093　子部/道家類

列子八卷　(晉)張湛注　(唐)殷敬順釋文　民國三年(1914)上海掃葉山房石印本　二册

330000－1716－0015094　子補 2802/15094　子部/道家類

老子道德經二卷　(三國魏)王弼注　**音義一卷**　(唐)陸德明撰　民國六年(1917)上海會文堂書局石印本　一册

330000－1716－0015095　子補 1025/15095　類叢部/叢書類/彙編之屬

東方文教研究院叢書□□種　民國三十二年至三十三年(1943－1944)四川東方文教研究院鉛印本　一册　存一種

330000－1716－0015096　集補 0273－2/15096　集部/曲類/彈詞之屬

真真原板荆襄快談録十六卷一百回　民國石印本　二册　存六卷(一至四、十三至十四)

330000－1716－0015097　史補 1379－2/15097　史部/傳記類/別傳之屬/事狀

亡室周孺人事畧一卷　民國十四年(1925)石印本　一册

330000－1716－0015098　經補 1110/15098　經部/四書類/總義之屬/傳說

四書味根録三十九卷　(清)金澂撰　民國十七年(1928)鴻寶齋書局石印本　五册

330000－1716－0015099　子補 2803/15099　子部/宗教類/道教之屬/雜著

抱朴子内篇二十卷外篇五十卷　(晉)葛洪撰　**抱朴子附篇十卷**　(清)繼昌等撰　民國九年(1920)上海掃葉山房石印本　八册

330000－1716－0015100　經補 1115/15100　經部/春秋左傳類/傳說之屬

春秋左傳五十卷　(晉)杜預　(宋)林堯叟注釋　(唐)陸德明音義　民國七年(1918)上海錦章圖書局石印本　十二册

330000－1716－0015101　集補 0273－3/15101　集部/曲類/彈詞之屬

真真原板荆襄快談録十六卷一百回　民國石印本　一册　存二卷(十三至十四)

330000－1716－0015102　子補 2804/15102　子部/儒家類/儒學之屬/蒙學

德育叢書十種　民國上海掃葉山房石印本　七册　存五種

330000－1716－0015103　子補 2805/15103　子部/儒家類/儒家之屬

孔氏家語十卷　(三國魏)王肅注　民國六年(1917)上海會文堂書局石印本　五册

330000－1716－0015104　子補 2806/15104　子部/道家類

南華真經解四卷　(清)宣穎撰　民國三年(1914)尚古山房石印本　四册

330000－1716－0015107　子補 2807/15107　子部/儒家類/儒學之屬/禮教

陳文恭公五種遺規　(清)陳弘謀編　民國石印本　五册

330000－1716－0015109　經補 1116/15109
經部/詩類/傳說之屬
詩經集傳八卷　（宋）朱熹撰　民國六年(1917)石印本　四册

330000－1716－0015112　經補 0903－1/15112　經部/詩類/傳說之屬
詩經白話注解八卷　民國七年(1918)上海江東茂記書局石印本　四册

330000－1716－0015113　經補 1119/15113
經部/詩類/傳說之屬
詩經集傳八卷　(宋)朱熹撰　民國上海鴻寶齋書局石印本　二册　存五卷(三至四、六至八)

330000－1716－0015114　經補 1120/15114
經部/詩類/傳說之屬
詩經集傳八卷　（宋）朱熹撰　民國七年(1918)上海天寶書局石印本　四册

330000－1716－0015116　經補 1121/15116
經部/詩類/傳說之屬
詩經集傳八卷　（宋）朱熹撰　民國十八年(1929)上海昌文書局石印本　四册

330000－1716－0015119　子補 2810/15119
子部/儒家類/儒家之屬
孔氏家語十卷　（三國魏）王肅注　民國六年(1917)上海會文堂書局石印本　五册

330000－1716－0015120　集補 2929/15120
集部/曲類/彈詞之屬
新編改良梁山伯祝英台全本一卷　民國上海協成書局石印本　一册

330000－1716－0015122　經補 1000－99/15122　經部/小學類/文字之屬/字書/字典
康熙字典十二集三十六卷總目一卷檢字一卷辨似一卷等韻一卷補遺一卷備考一卷　(清)張玉書等纂修　民國石印本　一册　存六卷(未集上中下、申集上中下)

330000－1716－0015123　子補 2811/15123
子部/儒家類/儒家之屬
荀子集解二十卷首一卷　(唐)楊倞注　王先謙集解　民國上海掃葉山房石印本　四册

330000－1716－0015124　經補 1128/15124
經部/詩類/傳說之屬
新注詩經白話解八卷　洪子良編纂　民國二十年(1931)上海中原書局石印本　四册

330000－1716－0015126　子補 2812/15126
子部/儒家類/儒學之屬/性理
近思録集注十四卷考訂朱子世家一卷　（清）江永撰　**校勘記一卷**　（清）王炳撰　民國上海文瑞樓石印本　一册

330000－1716－0015129　經補 1000－101/15129　經部/小學類/文字之屬/字書/字典
康熙字典十二集三十六卷總目一卷檢字一卷辨似一卷等韻一卷補遺一卷備考一卷　（清）張玉書等纂修　民國石印本　一册　存七卷(寅集下、卯集上中下、辰集上中下)

330000－1716－0015130　經補 0903－2/15130　經部/詩類/傳說之屬
詩經白話注解八卷　民國七年(1918)上海江東茂記書局石印本　四册

330000－1716－0015134　經補 1129/15134
經部/詩類/傳說之屬
毛詩說六卷詩蘊二卷　（清）莊有可撰　民國二十三年(1934)上海商務印書館影印本　六册

330000－1716－0015136　子補 2488/15136
子部/宗教類/其他宗教之屬/基督教
聖教聖歌一卷　民國二十四年(1935)鉛印本　一册

330000－1716－0015139　經補 1122/15139
經部/詩類/傳說之屬
詩經集傳八卷　（宋）朱熹撰　民國二年(1913)上海鑄記書局石印本　四册

330000－1716－0015141　子補 2815/15141
子部/醫家類/綜合之屬/通論
古吴童氏重校醫宗必讀十卷　（清）李中梓撰　民國上海文盛書局石印本　五册

330000－1716－0015143　經補 1123/15143
經部/詩類/傳說之屬
詩經集傳八卷　（宋）朱熹撰　民國二年（1913）上海鑄記書局石印本　一冊　存二卷（四至五）

330000－1716－0015145　新補 0029－5/15145　新學/學校
［高等小學校秋季始業］共和國教科書新國文六冊不分卷　樊炳清　莊俞編　民國上海商務印書館鉛印本　二冊　存二冊（二、五）

330000－1716－0015148　經補 1124/15148
經部/詩類/傳說之屬
詩經集傳八卷　（宋）朱熹撰　民國石印本　一冊　存四卷（五至八）

330000－1716－0015150　集補 1655/15150
集部/小說類/長篇之屬
繡像封神演義一百回　（明）許仲琳撰　（明）鍾惺評　民國鉛印本　一冊　存十回（八十一至九十）

330000－1716－0015154　經補 1126/15154
經部/詩類/傳說之屬
詩經集傳八卷　（宋）朱熹撰　民國石印本　二冊　存四卷（五至八）

330000－1716－0015156　經補 1127/15156
經部/詩類/傳說之屬
詩經集傳八卷　（宋）朱熹撰　民國上海天寶書局石印本　一冊　存二卷（三至四）

330000－1716－0015159　集補 2928/15159
集部/詞類/別集之屬
大厂詞稿九卷　易孺撰　民國二十四年（1935）上海商務印書館影印本　一冊

330000－1716－0015161　集補 1913/15161
集部/總集類/氏族之屬
嘉樂齋三蘇文範十八卷　（宋）蘇洵　（宋）蘇軾　（宋）蘇轍撰　（明）楊慎選　（明）袁宏道參閱　民國五年（1916）石印本　八冊

330000－1716－0015162　子補 4071/15162
子部/農家農學類/園藝之屬/花卉
秘傳花鏡全書六卷　（清）陳淏子撰　民國九年（1920）上海廣益書局石印本　四冊

330000－1716－0015164　集補 1915/15164
集部/總集類/氏族之屬
三蘇文集四十四卷　邵希雍輯　民國元年（1912）上海會文學社石印本　八冊

330000－1716－0015165　子補 2818/15165
子部/醫家類/醫經之屬/内經
内經知要讀本一卷　（清）李中梓輯注　（清）薛雪補注　民國二十六年（1937）上海千頃堂書局鉛印本　一冊

330000－1716－0015168　子補 2819/15168
子部/醫家類/醫經之屬/内經
加批圈點内經知要二卷　（清）李中梓輯　陳秉鈞批　民國十七年（1928）上海廣益書局石印本　二冊

330000－1716－0015176　子補 2820/15176
子部/醫家類/醫經之屬/内經
内經知要二卷　（清）李中梓輯注　（清）薛雪補注　民國上海商務印書館鉛印本　一冊

330000－1716－0015177　集補 1917/15177
集部/別集類/宋別集
范文正公集十二卷補編四卷年譜一卷年譜補遺一卷鄱陽遺事録一卷義莊規矩一卷遺蹟一卷褒賢集五卷言行拾遺事録四卷　（宋）范仲淹撰　（明）毛一鷺彙編　民國十四年（1925）上海掃葉山房石印本　十二冊

330000－1716－0015178　子補 2821/15178
子部/醫家類/綜合之屬/通論
古吳童氏重校醫宗必讀十卷　（清）李中梓撰　民國十四年（1925）上海錦章圖書局石印本　九冊　缺一卷（九）

330000－1716－0015179　子補 2822/15179
子部/醫家類/綜合之屬/通論
瀛經堂醫宗必讀十卷　（清）李中梓撰　民國上海會文堂書局石印本　二冊　存四卷（一至二、九至十）

330000－1716－0015180　集補 1911/15180

集部/别集類/宋别集

蘇老泉先生全集二十卷 （宋）蘇洵撰 **附録二卷** （宋）沈斐輯 民國自強書局石印本 四册

330000－1716－0015183 子補 2823/15183

子部/醫家類/綜合之屬/通論

古吴童氏重校醫宗必讀十卷 （清）李中梓撰 民國三年（1914）上海錦章圖書局石印本 廬江題簽 四册 存八卷（一至八）

330000－1716－0015185 集補 1912/15185

集部/别集類/宋别集

六一居士文集五卷外集録二卷 （宋）歐陽修撰 民國二年（1913）上海會文堂書局石印本 六册

330000－1716－0015189 子補 2825/15189

子部/醫家類/綜合之屬/通論

古吴童氏重校醫宗必讀十卷 （清）李中梓撰 民國上海文盛書局石印本 一册

330000－1716－0015191 子補 2808/15191

子部/墨家類

墨辯新注二卷 魯大東撰 民國二十五年（1936）上海中華書局鉛印本 一册

330000－1716－0015192 子補 2809/15192

子部/墨家類

墨子閒詁十五卷目録一卷附録一卷後語二卷 （清）孫詒讓撰 民國上海商務印書館影印本 八册

330000－1716－0015195 經補 1000－112/15195 經部/小學類/文字之屬/字書/字典

康熙字典十二集三十六卷總目一卷檢字一卷辨似一卷等韻一卷補遺一卷備考一卷 （清）張玉書等纂修 民國上海大方書局石印本 一册 存三卷（未集上中下）

330000－1716－0015200 子補 2826/15200

子部/醫家類/類編之屬

何氏醫學叢書 何炳元編 民國元年（1912）紹興明強書藥局鉛印本 八册 存一種

330000－1716－0015202 子補 2037/15202

子部/藝術類/遊藝之屬/謎語

燈謎籖録一卷 蔡克仁輯 民國十年（1921）杭州楊耀松文元堂刻本 五册

330000－1716－0015203 子補 2827/15203

子部/醫家類/綜合之屬/通論

瀛經堂醫宗必讀十卷 （清）李中梓撰 民國九年（1920）上海會文堂書局石印本 五册

330000－1716－0015205 子補 2828/15205

子部/醫家類/醫經之屬/内經

黄帝内經素問合纂十卷靈樞經合纂九卷補遺一卷 （明）馬蒔 （清）張志聰注 民國八年（1919）上海掃葉山房石印本 十六册

330000－1716－0015208 集補 2933/15208

集部/别集類/清别集

雪壓軒集不分卷 （清）賀雙卿撰 張壽林輯 民國十六年（1927）北京文化學社鉛印本 一册

330000－1716－0015211 子補 2830/15211

子部/醫家類/診法之屬/其他診法

傷寒舌鑑一卷 （清）張登撰 民國八年（1919）上海文瑞樓石印本 一册

330000－1716－0015212 集補 1921/15212

集部/總集類/氏族之屬

三蘇文集四十四卷 邵希雍輯 民國元年（1912）上海會文堂書局石印本 八册

330000－1716－0015217 子補 2832/15217

子部/醫家類/傷寒金匱之屬/傷寒論

增注類證活人書二十二卷 （宋）朱肱撰 民國八年（1919）上海文瑞樓石印本 一册

330000－1716－0015218 集補 1922/15218

集部/别集類/宋别集

六一居士文集五卷外集録二卷 （宋）歐陽修撰 民國二年（1913）上海會文堂書局石印本 六册

330000－1716－0015225 縣資 0020－26/15225 史部/傳記類/日記之屬

祁忠敏公日記十五卷（明崇禎四年至弘光元年） （明）祁彪佳撰 **祁忠敏公年譜一卷**

(明)王思任撰　(清)梁廷枏　(清)龔沅補編　民國二十六年(1937)紹興縣修志委員會鉛印本　六冊

330000－1716－0015226　縣資 0020－27/15226　史部/傳記類/日記之屬
祁忠敏公日記十五卷(明崇禎四年至弘光元年)　(明)祁彪佳撰　**祁忠敏公年譜一卷**　(明)王思任撰　(清)梁廷枏　(清)龔沅補編　民國二十六年(1937)紹興縣修志委員會鉛印本　六冊

330000－1716－0015227　縣資 0020－28/15227　史部/傳記類/日記之屬
祁忠敏公日記十五卷(明崇禎四年至弘光元年)　(明)祁彪佳撰　**祁忠敏公年譜一卷**　(明)王思任撰　(清)梁廷枏　(清)龔沅補編　民國二十六年(1937)紹興縣修志委員會鉛印本　六冊

330000－1716－0015228　縣資 0020－29/15228　史部/傳記類/日記之屬
祁忠敏公日記十五卷(明崇禎四年至弘光元年)　(明)祁彪佳撰　**祁忠敏公年譜一卷**　(明)王思任撰　(清)梁廷枏　(清)龔沅補編　民國二十六年(1937)紹興縣修志委員會鉛印本　五冊　缺二卷(十四至十五)

330000－1716－0015230　縣資 0020－30/15230　史部/傳記類/日記之屬
祁忠敏公日記十五卷(明崇禎四年至弘光元年)　(明)祁彪佳撰　**祁忠敏公年譜一卷**　(明)王思任撰　(清)梁廷枏　(清)龔沅補編　民國二十六年(1937)紹興縣修志委員會鉛印本　六冊

330000－1716－0015231　縣資 0020－31/15231　史部/傳記類/日記之屬
祁忠敏公日記十五卷(明崇禎四年至弘光元年)　(明)祁彪佳撰　**祁忠敏公年譜一卷**　(明)王思任撰　(清)梁廷枏　(清)龔沅補編　民國二十六年(1937)紹興縣修志委員會鉛印本　六冊

330000－1716－0015232　縣資 0020－33/15232　史部/傳記類/日記之屬
祁忠敏公日記十五卷(明崇禎四年至弘光元年)　(明)祁彪佳撰　**祁忠敏公年譜一卷**　(明)王思任撰　(清)梁廷枏　(清)龔沅補編　民國二十六年(1937)紹興縣修志委員會鉛印本　六冊

330000－1716－0015233　子補 2835/15233　子部/醫家類/綜合之屬/通論
古吳童氏重校醫宗必讀十卷　(清)李中梓撰　民國上海文盛書局石印本　二冊

330000－1716－0015234　子補 2836/15234　子部/醫家類/傷寒金匱之屬/傷寒論
注解傷寒論十卷　(漢)張機述　(漢)王叔和撰次　(金)成無己注解　**傷寒明理論四卷**　(金)成無己撰　民國元年(1912)上海江東書局石印本　四冊

330000－1716－0015236　子補 2837/15236　子部/醫家類/類編之屬
薛立齋醫案全集二十四種　(明)吳琯輯　民國十年(1921)上海大成書局石印本　二十四冊

330000－1716－0015239　普類 0074/15239　類叢部/類書類/通類之屬
增補事類統編九十三卷首一卷　(清)黃葆真增輯　民國四年(1915)上海文盛書局石印本　十二冊

330000－1716－0015240　子補 2838/15240　子部/醫家類/醫話醫論之屬
醫學門徑語正編一卷續編一卷附録一卷　陳邦賢　萬鍾　丁福保撰　民國上海醫學書局鉛印本　一冊

330000－1716－0015243　集補 1926/15243　集部/別集類/唐五代別集
唐女郎魚玄機詩一卷　(唐)魚玄機撰　民國中華書局鉛印本　一冊

330000－1716－0015246　集補 1924/15246　集部/別集類/唐五代別集
唐女郎魚玄機詩一卷　(唐)魚玄機撰　民國

二十五年(1936)上海中華書局鉛印本　一冊

330000－1716－0015248　子補2839/15248
子部/醫家類/綜合之屬
景岳全書發揮四卷首一卷　(清)葉桂撰　民國六年(1917)競進書局石印本　四冊

330000－1716－0015249　集補1925/15249
集部/别集類/唐五代别集
唐女郎魚玄機詩一卷　(唐)魚玄機撰　民國中華書局鉛印本　一冊

330000－1716－0015252　子補2840/15252
子部/醫家類/醫話醫論之屬
醫學白話四卷　(清)洪壽曼編　民國八年(1919)上海廣益書局石印本　四冊

330000－1716－0015253　縣資0020－34/15253　史部/傳記類/日記之屬
祁忠敏公日記十五卷(明崇禎四年至弘光元年)　(明)祁彪佳撰　**祁忠敏公年譜一卷**　(明)王思任撰　(清)梁廷枏　(清)龔沅補編　民國二十六年(1937)紹興縣修志委員會鉛印本　五冊　缺三卷(一至二、年譜)

330000－1716－0015254　子補2841/15254
子部/醫家類/醫話醫論之屬
醫學白話四卷　(清)洪壽曼編　民國十六年(1927)上海廣益書局石印本　四冊

330000－1716－0015257　集補1928/15257
集部/别集類/唐五代别集
杜少陵詩選二卷　(清)吳興祚選　民國十一年(1922)上海中華新教育社石印本　一冊

330000－1716－0015259　子補2842/15259
子部/醫家類/類編之屬
張仲景醫學全書五種　(漢)張機等撰　民國十八年(1929)上海受古書店石印本　四冊　存一種

330000－1716－0015260　縣資0020－35/15260　史部/傳記類/日記之屬
祁忠敏公日記十五卷(明崇禎四年至弘光元年)　(明)祁彪佳撰　**祁忠敏公年譜一卷**　(明)王思任撰　(清)梁廷枏　(清)龔沅補編　民國二十六年(1937)紹興縣修志委員會鉛印本　三冊　存四卷(七至十)

330000－1716－0015261　集補1929/15261
集部/别集類/唐五代别集
杜詩精華集解二卷　(清)師筠輯　民國七年(1918)上海詩學石印本　一冊

330000－1716－0015262　集補3437/15262
集部/小説類/長篇之屬
繪圖增像四續小五義四卷四十回　(清)治逸編　民國七年(1918)上海書局石印本　王憲德題記　一冊

330000－1716－0015263　新補0521/15263
新學/醫學/内科
内科學講義一卷　許勉齋撰　民國石印本　一冊

330000－1716－0015267　子補2843/15267
子部/醫家類/傷寒金匱之屬/傷寒論
傷寒大白四卷總論一卷　(清)秦之楨撰　民國十一年(1922)吳門殷氏甯瑞堂石印本　四冊

330000－1716－0015268　縣資0021－1/15268　史部/地理類/方志之屬/郡縣志
[民國]紹興縣志資料第一輯不分卷　紹興縣修志委員會輯　民國二十六年至二十八年(1937－1939)紹興縣修志委員會鉛印本　十六冊

330000－1716－0015269　縣資0021－2/15269　史部/地理類/方志之屬/郡縣志
[民國]紹興縣志資料第一輯不分卷　紹興縣修志委員會輯　民國二十六年至二十八年(1937－1939)紹興縣修志委員會鉛印本　十六冊

330000－1716－0015270　縣資0021－3/15270　史部/地理類/方志之屬/郡縣志
[民國]紹興縣志資料第一輯不分卷　紹興縣修志委員會輯　民國二十六年至二十八年(1937－1939)紹興縣修志委員會鉛印本　十六冊

330000－1716－0015271　縣資 0021－4/15271　史部/地理類/方志之屬/郡縣志

[民國]紹興縣志資料第一輯不分卷　紹興縣修志委員會輯　民國二十六年至二十八年(1937－1939)紹興縣修志委員會鉛印本　十六冊

330000－1716－0015272　縣資 0021－5/15272　史部/地理類/方志之屬/郡縣志

[民國]紹興縣志資料第一輯不分卷　紹興縣修志委員會輯　民國二十六年至二十八年(1937－1939)紹興縣修志委員會鉛印本　十六冊

330000－1716－0015273　縣資 0021－6/15273　史部/地理類/方志之屬/郡縣志

[民國]紹興縣志資料第一輯不分卷　紹興縣修志委員會輯　民國二十六年至二十八年(1937－1939)紹興縣修志委員會鉛印本　十六冊

330000－1716－0015274　縣資 0021－7/15274　史部/地理類/方志之屬/郡縣志

[民國]紹興縣志資料第一輯不分卷　紹興縣修志委員會輯　民國二十六年至二十八年(1937－1939)紹興縣修志委員會鉛印本　十六冊

330000－1716－0015275　縣資 0021－8/15275　史部/地理類/方志之屬/郡縣志

[民國]紹興縣志資料第一輯不分卷　紹興縣修志委員會輯　民國二十六年至二十八年(1937－1939)紹興縣修志委員會鉛印本　十六冊

330000－1716－0015276　縣資 0021－9/15276　史部/地理類/方志之屬/郡縣志

[民國]紹興縣志資料第一輯不分卷　紹興縣修志委員會輯　民國二十六年至二十八年(1937－1939)紹興縣修志委員會鉛印本　十六冊

330000－1716－0015277　縣資 0021－10/15277　史部/地理類/方志之屬/郡縣志

[民國]紹興縣志資料第一輯不分卷　紹興縣修志委員會輯　民國二十六年至二十八年(1937－1939)紹興縣修志委員會鉛印本　十六冊

330000－1716－0015278　縣資 0021－11/15278　史部/地理類/方志之屬/郡縣志

[民國]紹興縣志資料第一輯不分卷　紹興縣修志委員會輯　民國二十六年至二十八年(1937－1939)紹興縣修志委員會鉛印本　十六冊

330000－1716－0015279　縣資 0021－12/15279　史部/地理類/方志之屬/郡縣志

[民國]紹興縣志資料第一輯不分卷　紹興縣修志委員會輯　民國二十六年至二十八年(1937－1939)紹興縣修志委員會鉛印本　十六冊

330000－1716－0015280　縣資 0021－13/15280　史部/地理類/方志之屬/郡縣志

[民國]紹興縣志資料第一輯不分卷　紹興縣修志委員會輯　民國二十六年至二十八年(1937－1939)紹興縣修志委員會鉛印本　十六冊

330000－1716－0015281　縣資 0021－14/15281　史部/地理類/方志之屬/郡縣志

[民國]紹興縣志資料第一輯不分卷　紹興縣修志委員會輯　民國二十六年至二十八年(1937－1939)紹興縣修志委員會鉛印本　十六冊

330000－1716－0015282　縣資 0021－15/15282　史部/地理類/方志之屬/郡縣志

[民國]紹興縣志資料第一輯不分卷　紹興縣修志委員會輯　民國二十六年至二十八年(1937－1939)紹興縣修志委員會鉛印本　十六冊

330000－1716－0015291　集補 1940/15291　集部/別集類

越叟詠梅詩稿一卷　朱怙生撰　民國三十五年(1946)鉛印本　一冊

330000－1716－0015293　新補 0515/15293

新學/醫學/藥品
藥物學講義一卷 王治華編述 民國石印本 一冊

330000－1716－0015294 縣資 0021－17/15294 史部/地理類/方志之屬/郡縣志
[民國]紹興縣志資料第一輯不分卷 紹興縣修志委員會輯 民國二十六年至二十八年(1937－1939)紹興縣修志委員會鉛印本 十六冊

330000－1716－0015295 史補 0863/15295 史部/傳記類/總傳之屬/技藝
國朝畫識十七卷 (清)馮金伯纂輯 民國三十年(1941)上海中華書局鉛印本 四冊

330000－1716－0015296 縣資 0021－18/15296 史部/地理類/方志之屬/郡縣志
[民國]紹興縣志資料第一輯不分卷 紹興縣修志委員會輯 民國二十六年至二十八年(1937－1939)紹興縣修志委員會鉛印本 十六冊

330000－1716－0015297 縣資 0021－19/15297 史部/地理類/方志之屬/郡縣志
[民國]紹興縣志資料第一輯不分卷 紹興縣修志委員會輯 民國二十六年至二十八年(1937－1939)紹興縣修志委員會鉛印本 十六冊

330000－1716－0015299 縣資 0021－20/15299 史部/地理類/方志之屬/郡縣志
[民國]紹興縣志資料第一輯不分卷 紹興縣修志委員會輯 民國二十六年至二十八年(1937－1939)紹興縣修志委員會鉛印本 十六冊

330000－1716－0015302 子補 2851/15302 子部/藝術類/書畫之屬/畫法畫品
小蓬萊閣畫鑑七卷獵古集一卷 (清)李修易撰 (清)李厥猷編訂 民國二十三年(1934)上海商務印書館鉛印本 一冊

330000－1716－0015304 子補 2852/15304 子部/藝術類/書畫之屬/畫法畫品
論畫輯要八種 馬克明輯 民國十七年(1928)上海商務印書館鉛印本 一冊

330000－1716－0015305 子補 2498/15305 子部/宗教類/其他宗教之屬/基督教
聖教聖歌一卷 民國二十四年(1935)鉛印本 一冊

330000－1716－0015308 新補 0517/15308 新學/醫學/衛生學
戰時衛生勤務一卷 軍學編輯局編 民國軍學編輯局鉛印本 一冊

330000－1716－0015309 新補 0518/15309 新學/醫學/方書
方劑學一卷 楊則民編述 民國石印本 二冊

330000－1716－0015310 新補 0516/15310 子部/醫家類/兒科之屬/通論
幼科講義一卷 吳煥成撰 民國石印本 一冊

330000－1716－0015311 子補 2854/15311 子部/術數類/陰陽五行之屬
欽定協紀辨方書三十六卷 (清)允祿 (清)張照等纂修 民國二年(1913)上海江左書林石印本 二冊

330000－1716－0015312 子補 2855/15312 子部/術數類/陰陽五行之屬
欽定協紀辨方書三十六卷 (清)允祿 (清)張照等纂修 民國十一年(1922)上海錦章圖書局石印本 陸氏題記 八冊

330000－1716－0015314 縣資 0021－21/15314 史部/地理類/方志之屬/郡縣志
[民國]紹興縣志資料第一輯不分卷 紹興縣修志委員會輯 民國二十六年至二十八年(1937－1939)紹興縣修志委員會鉛印本 十六冊

330000－1716－0015315 縣資 0021－22/15315 史部/地理類/方志之屬/郡縣志
[民國]紹興縣志資料第一輯不分卷 紹興縣修志委員會輯 民國二十六年至二十八年

(1937－1939)紹興縣修志委員會鉛印本　十六冊

330000－1716－0015317　縣資0021－23/15317　史部/地理類/方志之屬/郡縣志

[民國]紹興縣志資料第一輯不分卷　紹興縣修志委員會輯　民國二十六年至二十八年(1937－1939)紹興縣修志委員會鉛印本　十五冊　缺一冊(一)

330000－1716－0015318　縣資0021－25/15318　史部/地理類/方志之屬/郡縣志

[民國]紹興縣志資料第一輯不分卷　紹興縣修志委員會輯　民國二十六年至二十八年(1937－1939)紹興縣修志委員會鉛印本　九冊　缺七冊(一至六、八)

330000－1716－0015319　縣資0021－24/15319　史部/地理類/方志之屬/郡縣志

[民國]紹興縣志資料第一輯不分卷　紹興縣修志委員會輯　民國二十六年至二十八年(1937－1939)紹興縣修志委員會鉛印本　九冊　缺七冊(一至六、八)

330000－1716－0015320　縣資0021－26/15320　史部/地理類/方志之屬/郡縣志

[民國]紹興縣志資料第一輯不分卷　紹興縣修志委員會輯　民國二十六年至二十八年(1937－1939)紹興縣修志委員會鉛印本　九冊　缺七冊(一至六、八)

330000－1716－0015321　縣資0021－27/15321　史部/地理類/方志之屬/郡縣志

[民國]紹興縣志資料第一輯不分卷　紹興縣修志委員會輯　民國二十六年至二十八年(1937－1939)紹興縣修志委員會鉛印本　七冊　缺九冊(一至六、八至九、十六)

330000－1716－0015322　縣資0021－29/15322　史部/地理類/方志之屬/郡縣志

[民國]紹興縣志資料第一輯不分卷　紹興縣修志委員會輯　民國二十六年至二十八年(1937－1939)紹興縣修志委員會鉛印本　六冊　缺十冊(一至十)

330000－1716－0015323　子補2480/15323　子部/宗教類/其他宗教之屬/基督教

聖路善工一卷　民國二十九年(1940)鉛印本　一冊

330000－1716－0015325　子補3185－2/15325　子部/宗教類/其他宗教之屬/基督教

與彌撒經一卷　民國六年(1917)寧波七苦堂鉛印本　一冊

330000－1716－0015328　子補3185－3/15328　子部/宗教類/其他宗教之屬/基督教

與彌撒經一卷　民國六年(1917)寧波七苦堂鉛印本　一冊

330000－1716－0015339　縣資0021－30/15339　史部/地理類/方志之屬/郡縣志

[民國]紹興縣志資料第一輯不分卷　紹興縣修志委員會輯　民國二十六年至二十八年(1937－1939)紹興縣修志委員會鉛印本　六冊　缺十冊(一至九、十六)

330000－1716－0015340　縣資0021－31/15340　史部/地理類/方志之屬/郡縣志

[民國]紹興縣志資料第一輯不分卷　紹興縣修志委員會輯　民國二十六年至二十八年(1937－1939)紹興縣修志委員會鉛印本　六冊　缺十冊(一至九、十六)

330000－1716－0015341　縣資0021－32/15341　史部/地理類/方志之屬/郡縣志

[民國]紹興縣志資料第一輯不分卷　紹興縣修志委員會輯　民國二十六年至二十八年(1937－1939)紹興縣修志委員會鉛印本　六冊　缺十冊(一至九、十六)

330000－1716－0015342　縣資0021－33/15342　史部/地理類/方志之屬/郡縣志

[民國]紹興縣志資料第一輯不分卷　紹興縣修志委員會輯　民國二十六年至二十八年(1937－1939)紹興縣修志委員會鉛印本　六冊　缺十冊(一至九、十六)

330000－1716－0015343　縣資0021－34/15343　史部/地理類/方志之屬/郡縣志

［民國］紹興縣志資料第一輯不分卷　紹興縣修志委員會輯　民國二十六年至二十八年（1937－1939）紹興縣修志委員會鉛印本　六冊　缺十冊（一至九、十六）

330000－1716－0015344　縣資 0021－28/15344　史部/地理類/方志之屬/郡縣志
［民國］紹興縣志資料第一輯不分卷　紹興縣修志委員會輯　民國二十六年至二十八年（1937－1939）紹興縣修志委員會鉛印本　六冊　缺十冊（一至九、十六）

330000－1716－0015345　縣資 0021－35/15345　史部/地理類/方志之屬/郡縣志
［民國］紹興縣志資料第一輯不分卷　紹興縣修志委員會輯　民國二十六年至二十八年（1937－1939）紹興縣修志委員會鉛印本　六冊　缺十冊（一至九、十六）

330000－1716－0015346　縣資 0021－36/15346　史部/地理類/方志之屬/郡縣志
［民國］紹興縣志資料第一輯不分卷　紹興縣修志委員會輯　民國二十六年至二十八年（1937－1939）紹興縣修志委員會鉛印本　六冊　缺十冊（一至九、十六）

330000－1716－0015347　縣資 0021－37/15347　史部/地理類/方志之屬/郡縣志
［民國］紹興縣志資料第一輯不分卷　紹興縣修志委員會輯　民國二十六年至二十八年（1937－1939）紹興縣修志委員會鉛印本　六冊　缺十冊（一至九、十六）

330000－1716－0015348　縣資 0021－38/15348　史部/地理類/方志之屬/郡縣志
［民國］紹興縣志資料第一輯不分卷　紹興縣修志委員會輯　民國二十六年至二十八年（1937－1939）紹興縣修志委員會鉛印本　四冊　缺十二冊（一至九、十一、十三、十六）

330000－1716－0015349　縣資 0021－39/15349　史部/地理類/方志之屬/郡縣志
［民國］紹興縣志資料第一輯不分卷　紹興縣修志委員會輯　民國二十六年至二十八年（1937－1939）紹興縣修志委員會鉛印本　五冊　缺十一冊（一至九、十三、十六）

330000－1716－0015350　縣資 0021－40/15350　史部/地理類/方志之屬/郡縣志
［民國］紹興縣志資料第一輯不分卷　紹興縣修志委員會輯　民國二十六年至二十八年（1937－1939）紹興縣修志委員會鉛印本　五冊　存五冊（一、十、十二、十四至十五）

330000－1716－0015351　縣資 0021－41/15351　史部/地理類/方志之屬/郡縣志
［民國］紹興縣志資料第一輯不分卷　紹興縣修志委員會輯　民國二十六年至二十八年（1937－1939）紹興縣修志委員會鉛印本　三冊　存三冊（十二、十四至十五）

330000－1716－0015352　縣資 0021－43/15352　史部/地理類/方志之屬/郡縣志
［民國］紹興縣志資料第一輯殘冊　紹興縣修志委員會輯　民國二十八年（1939）紹興縣修志委員會鉛印本　二十二冊

330000－1716－0015353　子補 2862/15353　子部/術數類/相宅相墓之屬
秘傳水龍經五卷　（清）蔣平階輯訂　民國三年（1914）上海江左書林石印本　四冊

330000－1716－0015355　子補 2863/15355　子部/術數類/相宅相墓之屬
王氏地理書　王邈達撰　民國三十六年（1947）六百金文齋鉛印本　一冊　存一種

330000－1716－0015357　子補 2844/15357　子部/醫家類/類編之屬
潛齋醫學叢書十四種　曹炳章編　民國七年（1918）集古閣石印本　十六冊

330000－1716－0015358　子補 2864/15358　子部/術數類/相宅相墓之屬
王氏地理書　王邈達撰　民國三十六年（1947）六百金文齋鉛印本　一冊　存一種

330000－1716－0015359　子補 2865/15359　子部/術數類/相宅相墓之屬
王氏地理書　王邈達撰　民國三十六年（1947）六百金文齋鉛印本　一冊　存一種

330000－1716－0015361　子補 2867/15361
子部/藝術類/書畫之屬/畫譜
紉齋畫賸四卷　(清)陳允升繪　民國十二年(1923)上海雪香樓石印本　一冊

330000－1716－0015362　子補 2481/15362
子部/宗教類/其他宗教之屬/基督教
聖路善工一卷　民國二十九年(1940)鉛印本　一冊

330000－1716－0015363　子補 2845/15363
子部/醫家類/醫經之屬
醫經原旨六卷　(清)薛雪集注　民國上海千頃堂書局石印本　六冊

330000－1716－0015364　子補 2846/15364
子部/醫家類/方書之屬/單方驗方
三世醫驗五卷　(明)陸嶽等撰　民國四年(1915)上海會文堂石印本　四冊

330000－1716－0015365　子補 2045/15365
子部/兵家類/操練之屬
太極拳使用法不分卷　楊澄甫撰　民國國術館油印本　一冊

330000－1716－0015366　子補 2847/15366
子部/醫家類/方書之屬/單方驗方
串雅内編四卷外編四卷　(清)趙學敏纂　(清)吳庚生補注　民國九年(1920)上海廣益書局鉛印本　甫田題記　一冊

330000－1716－0015367　子補 2868/15367
子部/藝術類/書畫之屬/畫譜
醉墨軒畫稿四卷　胡郯卿繪　民國海左書局石印本　張種泗題記　四冊

330000－1716－0015369　新補 0001－1/15369　新學/工藝/雜工
明密碼電報書不分卷　商務印書館編譯所編輯　民國十五年(1926)上海商務印書館鉛印本暨石印本　一冊

330000－1716－0015370　子補 2869/15370
子部/藝術類/書畫之屬/畫譜
醉墨軒畫稿四卷　胡郯卿繪　民國海左書局石印本　四冊

330000－1716－0015371　子補 2046/15371
子部/醫家類
醫法入門摘要不分卷　民國抄本　一冊

330000－1716－0015372　子補 2849/15372
子部/醫家類/方書之屬/單方驗方
丹溪心法附餘二十四卷首一卷　(明)方廣輯　民國九年(1920)浙紹墨潤堂石印本　十二冊

330000－1716－0015373　子補 2482/15373
子部/宗教類/其他宗教之屬/基督教
聖教聖歌一卷　民國二十四年(1935)鉛印本　陳仁德題記　一冊

330000－1716－0015374　子補 2850/15374
子部/醫家類/方書之屬/單方驗方
丹溪心法附餘二十四卷首一卷　(明)方廣輯　民國十三年(1924)上洋海左書局石印本　十二冊

330000－1716－0015375　子補 2870/15375
子部/藝術類/書畫之屬/畫譜
醉墨軒畫稿四卷　胡郯卿繪　民國海左書局石印本　四冊

330000－1716－0015376　子補 2871/15376
子部/藝術類/書畫之屬/畫譜
醉墨軒畫稿四卷　胡郯卿繪　民國海左書局石印本　四冊

330000－1716－0015377　子補 2872/15377
子部/藝術類/書畫之屬/畫譜
醉墨軒畫稿四卷　胡郯卿繪　民國十八年(1929)海左書局石印本　四冊

330000－1716－0015378　子補 2047/15378
子部/藝術類/書畫之屬
習字秘訣一卷　王虛洲　蔣湘帆　蔣和編輯　民國九年(1920)上海廣文書局石印本　一冊

330000－1716－0015379　子補 2866/15379
子部/術數類/相宅相墓之屬
重鐫官板地理天機會元三十五卷　(唐)卜則魏撰　(明)顧乃德集　(明)徐之鏌重編刪補

民國上海校經山房石印本　八册

330000－1716－0015380　子補 2500/15380
子部/宗教類/其他宗教之屬/基督教
聖教聖歌一卷　民國六年(1917)寧波七苦堂鉛印本　一册

330000－1716－0015381　子補 2048/15381
子部/醫家類/方書之屬/單方驗方
增評醫方集解二十三卷增補本草備要八卷重校舊本湯頭歌訣一卷經絡歌訣一卷　(清)汪昂撰　民國三年(1914)上海共和書局石印本　五册

330000－1716－0015387　子補 2874/15387
子部/術數類/命書相書之屬
鬼谷算命術一卷　(三國蜀)諸葛亮注釋　民國十年(1921)上海國粹保存會石印本　一册

330000－1716－0015389　集補 1904/15389
集部/別集類/唐五代別集
唐陸宣公集二十二卷　(唐)陸贄撰　民國六年(1917)上海會文堂書局石印本　四册

330000－1716－0015391　縣資 0021－42/15391　史部/地理類/方志之屬/郡縣志
[民國]紹興縣志資料第一輯不分卷　紹興縣修志委員會輯　民國二十六年至二十八年(1937－1939)紹興縣修志委員會鉛印本　九册　缺七册(一至二、五至八、十六)

330000－1716－0015394　子補 2875/15394
子部/術數類/命書相書之屬
鬼谷算命術一卷　(三國蜀)諸葛亮注釋　民國十年(1921)上海國粹保存會石印本　一册

330000－1716－0015396　子補 2876/15396
子部/術數類/命書相書之屬
增補星平會海命學全書十卷首一卷　(清)水中龍編集　民國石印本　六册

330000－1716－0015400　集補 0225－2/15400　集部/別集類/唐五代別集
樊川詩集四卷補遺一卷外集一卷別集一卷　(唐)杜牧撰　(清)馮集梧注　民國上海掃葉山房石印本　四册

330000－1716－0015401　子補 2501/15401
子部/宗教類/其他宗教之屬/基督教
聖路善工一卷　民國二十九年(1940)鉛印本　一册

330000－1716－0015402　子補 2873/15402
子部/藝術類/書畫之屬/畫録
病鶴叢畫集四集　錢病鶴繪　民國上海世界書局石印本　四册

330000－1716－0015403　子補 2877/15403
子部/術數類/命書相書之屬
决斷終身相術奇書二卷首一卷　徐默安輯　民國上海世界書局石印本　一册　缺一卷(下)

330000－1716－0015404　子補 2878/15404
子部/術數類/命書相書之屬
神相秘傳一卷　(漢)管輅撰　民國九年(1920)上海古書保存會石印本　一册

330000－1716－0015405　子補 2502/15405
子部/宗教類/其他宗教之屬/基督教
聖路善工一卷　民國二十九年(1940)鉛印本　一册

330000－1716－0015406　集補 1896/15406
集部/別集類/唐五代別集
溫飛卿詩集七卷別集一卷集外詩一卷附録諸家詩評一卷　(唐)溫庭筠撰　(明)曾益注　(清)顧予咸補注　(清)顧嗣立續注　民國九年(1920)上海掃葉山房石印本　二册

330000－1716－0015407　子補 2050/15407
子部/醫家類/本草之屬/歷代綜合本草
本草從新十八卷　(清)吳儀洛輯　民國上海姚文海書局石印本　四册

330000－1716－0015408　集補 1898/15408
集部/別集類/唐五代別集
溫飛卿詩集七卷別集一卷集外詩一卷附録諸家詩評一卷　(唐)溫庭筠撰　(明)曾益注　(清)顧予咸補注　(清)顧嗣立續注　民國九年(1920)上海掃葉山房石印本　四册

330000－1716－0015409　集補 0225－3/

15409　集部/别集類/唐五代别集

樊川詩集四卷補遺一卷外集一卷别集一卷　(唐)杜牧撰　(清)馮集梧注　民國上海掃葉山房石印本　四册

330000－1716－0015413　新補0001－2/15413　新學/工藝/雜工

明密碼電報書不分卷　商務印書館編譯所編輯　民國十五年(1926)上海商務印書館鉛印本暨石印本　一册

330000－1716－0015415　新補0001－3/15415　新學/工藝/雜工

明密碼電報書不分卷　商務印書館編譯所編輯　民國上海商務印書館鉛印本暨石印本　一册

330000－1716－0015419　新補0001－4/15419　新學/工藝/雜工

明密碼電報書不分卷　商務印書館編譯所編輯　民國十六年(1927)上海商務印書館鉛印本暨石印本　一册

330000－1716－0015421　新補0001－5/15421　新學/工藝/雜工

明密碼電報書不分卷　商務印書館編譯所編輯　民國十年(1921)上海商務印書館鉛印本暨石印本　一册

330000－1716－0015423　新補0001－6/15423　新學/工藝/雜工

明密碼電報書不分卷　商務印書館編譯所編輯　民國上海商務印書館鉛印本暨石印本　一册

330000－1716－0015424　子補2483/15424　子部/宗教類/其他宗教之屬/基督教

聖母玫瑰會要一卷　民國十六年(1927)鉛印本　一册

330000－1716－0015425　子補2879/15425　子部/術數類/命書相書之屬

神相全編十二卷首一卷　(宋)陳摶撰　(明)袁忠徹訂正　民國上海校經山房石印本　四册

330000－1716－0015426　子補2049/15426　子部/醫家類/方書之屬/單方驗方

增評醫方集解二十三卷增補本草備要八卷重校舊本湯頭歌訣一卷經絡歌訣一卷　(清)汪昂撰　民國三年(1914)上海共和書局石印本　五册　存二十六卷(一至二十三、本草備要二至四)

330000－1716－0015427　縣資0021－45/15427　史部/地理類/方志之屬/郡縣志

[民國]紹興縣志資料第一輯不分卷　紹興縣修志委員會輯　民國二十六年至二十八年(1937－1939)紹興縣修志委員會鉛印本　十一册　缺五册(一至三、六、十六)

330000－1716－0015428　子補2880/15428　子部/術數類

百二漢鏡齋秘書□□種　(清)程芝雲輯　民國十年(1921)泰華圖書館石印本　三册　存三種

330000－1716－0015430　縣資0021－44/15430　史部/地理類/方志之屬/郡縣志

[民國]紹興縣志資料第一輯不分卷　紹興縣修志委員會輯　民國二十六年至二十八年(1937－1939)紹興縣修志委員會鉛印本　十四册　缺二册(一、十六)

330000－1716－0015432　集補1537－1/15432　集部/别集類/漢魏六朝别集

陶淵明文集十卷　(晉)陶潛撰　民國六年(1917)上海會文堂書局石印本　四册

330000－1716－0015434　史補0866/15434　史部/政書類/考工之屬/營造

新鐫工師雕斲正式魯班木經匠家鏡四卷首一卷　(明)午榮　(明)章嚴撰　民國上海錦章圖書局石印本　一册

330000－1716－0015435　集補1901/15435　集部/楚辭類

楚辭章句十七卷　(漢)王逸撰　(宋)洪興祖補注　民國八年(1919)上海文瑞樓影印本　四册

330000－1716－0015439　集補 1537－2/15439　集部/別集類/漢魏六朝別集

陶淵明文集十卷　(晉)陶潛撰　民國六年(1917)上海會文堂書局石印本　四冊

330000－1716－0015440　縣資 0022－1/15440　史部/地理類/方志之屬/郡縣志

嘉慶山陰縣志三十卷首一卷　(清)徐元梅修　(清)朱文翰等纂　民國二十五年(1936)紹興縣修志委員會鉛印本　七冊

330000－1716－0015441　集補 1537－3/15441　集部/別集類/漢魏六朝別集

陶淵明文集十卷　(晉)陶潛撰　民國十四年(1925)海左書局石印本　四冊

330000－1716－0015443　新補 0001－8/15443　新學/工藝/雜工

明密碼電報書不分卷　商務印書館編譯所編輯　民國十六年(1927)上海商務印書館鉛印本暨石印本　一冊

330000－1716－0015444　集補 1905/15444　集部/別集類/唐五代別集

王摩詰集六卷　(唐)王維撰　民國十五年(1926)上海會文堂書局石印本　二冊

330000－1716－0015445　子補 2884/15445　子部/術數類

漢鏡齋秘書四種　(清)程芝雲輯　民國十年(1921)泰華圖書館石印本　一冊　存一種

330000－1716－0015446　子補 2051/15446　子部/醫家類/方書之屬/單方驗方

增評醫方集解二十三卷增補本草備要八卷重校舊本湯頭歌訣一卷經絡歌訣一卷　(清)汪昂撰　民國三年(1914)上海共和書局石印本　一冊　存二卷(湯頭歌訣、經絡歌訣)

330000－1716－0015448　子補 2885/15448　子部/術數類/命書相書之屬

袁柳莊先生神相全編三卷　(明)袁忠復秘傳　民國十年(1921)上海大成書局石印本　一冊

330000－1716－0015449　集補 1906/15449　集部/別集類/唐五代別集

溫飛卿詩集七卷別集一卷集外詩一卷附録諸家詩評一卷　(唐)溫庭筠撰　(明)曾益注　(清)顧予咸補注　(清)顧嗣立續注　民國石印本　四冊

330000－1716－0015450　新補 0001－9/15450　新學/工藝/雜工

明密碼電報書不分卷　商務印書館編譯所編輯　民國十三年(1924)上海商務印書館鉛印本暨石印本　一冊

330000－1716－0015451　集補 1907/15451　集部/楚辭類

離騷三種　民國二年(1913)上海文瑞樓石印本　三冊

330000－1716－0015452　縣資 0023－1/15452　史部/地理類/方志之屬/郡縣志

康熙會稽縣志二十八卷首一卷　(清)王元臣修　(清)董欽德　(清)金炯纂　民國二十五年(1936)紹興縣修志委員會鉛印本　四冊

330000－1716－0015453　子補 2886/15453　子部/術數類/命書相書之屬

秘本子平真詮四卷　(清)沈燡燔撰　民國十二年(1923)上海會文堂石印本　一冊

330000－1716－0015455　子補 2053/15455　子部/醫家類/方書之屬/單方驗方

增評醫方集解二十三卷增補本草備要八卷附湯頭歌訣一卷　(清)汪昂撰　民國元年(1912)上海同文書局石印本　養真氏題簽並記　四冊　存二十三卷(一至二十三)

330000－1716－0015457　縣資 0024－1/15457　史部/地理類/方志之屬/郡縣志

道光會稽縣志稿二十五卷首一卷末一卷　(清)王蓉坡　(清)沈墨莊纂　民國二十五年(1936)紹興縣修志委員會鉛印本(卷二至五、十至十三、二十至二十二原缺)　三冊

330000－1716－0015458　新補 0001－10/15458　新學/工藝/雜工

電報書不分卷　民國上海啟新書局石印本

一册

330000－1716－0015460　子補 2887/15460
子部/術數類/命書相書之屬
段氏白話命理綱要一卷　段方撰　民國二十五年(1936)大眾書局鉛印本　一册

330000－1716－0015462　子補 2057/15462
子部/醫家類/方書之屬/單方驗方
增評醫方集解二十三卷增補本草備要八卷重校舊本湯頭歌訣一卷經絡歌訣一卷　(清)汪昂撰　民國元年(1912)章福記書局石印本　四册　存八卷(本草備要一至八)

330000－1716－0015463　子補 2882/15463
子部/術數類/陰陽五行之屬
增廣玉匣記通書二卷　(清)朱說霖重校　民國上海鍊石齋書局石印本　魯仲琳題記　一册

330000－1716－0015464　集補 1215－1/15464　集部/别集類/唐五代别集
五百家注音辯韓昌黎先生全集四十卷　(唐)韓愈撰　(宋)魏仲舉輯注　民國上海文瑞樓石印本　二册　存四卷(二至五)

330000－1716－0015465　子補 2883/15465
子部/術數類/雜術之屬
新刻萬法歸宗五卷　(唐)李淳風撰　(唐)袁天罡補　民國十年(1921)上海大成書局石印本　四册

330000－1716－0015466　子補 2058/15466
子部/醫家類/綜合之屬/合刻、合抄
大字斷句增圖醫方集解二十三卷本草備要八卷附湯頭歌訣一卷　(清)汪昂撰　民國上海錦章圖書局石印本　五册　存七卷(本草備要一至三、五至八)

330000－1716－0015469　集補 1909/15469
集部/楚辭類
楚辭易讀四卷附楚懷襄二王在位事蹟考一卷　(清)林雲銘論述　民國六年(1917)中華圖書館石印本　四册

330000－1716－0015471　集補 1537－4/15471　集部/别集類/漢魏六朝别集
陶淵明文集十卷　(晉)陶潛撰　民國六年(1917)上海會文堂書局石印本　童鼎璜題簽並觀款　四册

330000－1716－0015474　集補 1537－5/15474　集部/别集類/漢魏六朝别集
陶淵明文集十卷　(晉)陶潛撰　民國二年(1913)上海著易堂書局石印本　四册

330000－1716－0015475　集補 1910－1/15475　集部/别集類/漢魏六朝别集
陶集箋注十卷首一卷末一卷　(晉)陶潛撰　(清)顧皜編　民國上海文瑞樓石印本　四册

330000－1716－0015477　子補 2895/15477
子部/術數類/命書相書之屬
繪圖校正相理衡真十卷首一卷　(清)陳釗撰　民國四年(1915)上海錦文堂石印本　一册

330000－1716－0015480　子補 2897/15480
子部/術數類/命書相書之屬
新刊合併官板音義評注淵海子平五卷附星命須知一卷萬年曆一卷　(宋)徐升編　民國上海江東茂記書局石印本　一册

330000－1716－0015481　子補 2898/15481
子部/術數類/陰陽五行之屬
董公選要覽一卷附録一卷　(明)董潛撰　民國十一年(1922)上海錦章書局石印本　一册

330000－1716－0015482　子補 2503/15482
子部/宗教類/其他宗教之屬/基督教
聖路善工一卷　民國二十九年(1940)鉛印本　一册

330000－1716－0015484　子補 2888/15484
子部/術數類/命書相書之屬
新鐫神峰張先生通考闢謬命理正宗大全六卷　(明)張楠撰　(明)張希禹等彙編　民國二年(1913)上海江東書局石印本　四册

330000－1716－0015485　子補 2899/15485
子部/術數類/陰陽五行之屬
董公選要覽一卷附録一卷　(明)董潛撰　民國十五年(1926)上海廣益書局石印本　一册

330000－1716－0015486　子補 2054/15486
子部/醫家類/方書之屬/單方驗方
朱氏利人集一卷再版增方一卷　朱覺省撰　民國十六年(1927)石印本　一冊

330000－1716－0015488　縣資 0024－14/15488　史部/地理類/方志之屬/郡縣志
道光會稽縣志稿二十五卷首一卷末一卷　(清)王蓉坡　(清)沈墨莊纂　民國二十五年(1936)紹興縣修志委員會鉛印本(卷二至五、十至十三、二十至二十二原缺)　三冊

330000－1716－0015491　普類 0202/15491
類叢部/類書類/通類之屬
淵鑑類函四百五十卷目録四卷　(清)張英　(清)王士禛等輯　民國十五年(1926)上海同文書局影印本　六十四冊

330000－1716－0015492　子補 2889/15492
子部/術數類/命書相書之屬
新鐫神峰張先生通考闢謬命理正宗大全四卷　(明)張楠撰　(明)張希禹等彙編　民國三年(1914)上海廣益書局石印本　四冊

330000－1716－0015495　子補 2489/15495
子部/宗教類/其他宗教之屬/基督教
聖教聖歌一卷　民國二十四年(1935)鉛印本　一冊

330000－1716－0015496　子補 2890/15496
子部/術數類/命書相書之屬
新鐫神峰張先生通考闢謬命理正宗大全六卷　(明)張楠撰　(明)張希禹等彙編　民國二年(1913)上海江東書局石印本　四冊

330000－1716－0015497　子補 3003/15497
子部/醫家類/類編之屬
曹氏醫藥學叢書□□種　曹炳章編　民國二十五年(1936)紹興和濟藥局鉛印本　一冊　存一種

330000－1716－0015499　子補 3004/15499
子部/醫家類/喉科口齒之屬/喉痧
喉痧證治要略不分卷　曹炳章撰　民國二十五年(1936)紹興和濟藥局鉛印本　一冊

330000－1716－0015500　子補 2891/15500
子部/術數類/命書相書之屬
重鐫神峰張先生通考闢謬命理正宗大全四卷　(明)張楠撰　(明)張希禹等彙編　民國上海廣益書局石印本　三冊　缺一卷(一)

330000－1716－0015501　子補 3005/15501
子部/醫家類/喉科口齒之屬/喉痧
喉痧證治要略不分卷　曹炳章撰　民國二十五年(1936)紹興和濟藥局鉛印本　一冊

330000－1716－0015502　子補 3006/15502
子部/醫家類/類編之屬
曹氏醫藥叢書□□種　曹炳章編　民國紹興和濟藥局鉛印本　一冊　存一種

330000－1716－0015503　子補 2056/15503
子部/醫家類/本草之屬/歷代綜合本草
本草三家合注六卷　(清)郭汝驄撰　**神農本草經百種録一卷**　(清)徐大椿撰　**本經便讀一卷**　(清)黃鈺編　民國上海文明書局石印本　一冊

330000－1716－0015504　子補 2892/15504
子部/術數類/命書相書之屬
京鍥神峰張先生通考闢謬命理正宗大全六卷　(明)張楠撰　(明)張希禹等彙編　民國上海廣益書局石印本　一冊　存一卷(四)

330000－1716－0015505　子補 3007/15505
子部/醫家類/類編之屬
曹氏醫藥叢書□□種　曹炳章編　民國紹興和濟藥局鉛印本　一冊　存一種

330000－1716－0015506　子補 4070－25/15506　子部/醫家類/本草之屬/歷代綜合本草
本草綱目五十二卷附圖三卷瀕湖脈學一卷奇經八脈考一卷脈訣考證一卷　(明)李時珍撰　**本草萬方鍼線八卷**　(清)蔡烈先輯　**本草綱目拾遺十卷**　(清)趙學敏輯　民國元年(1912)上海鴻寶齋石印本　二十三冊　缺二卷(四至五)

330000－1716－0015508　子補 2893/15508

子部/術數類/命書相書之屬

子平四言集腋六卷 （清）廖瀛海撰　民國十六年(1927)上海中一書局石印本　一册

330000－1716－0015511　子補 2921/15511

子部/術數類/陰陽五行之屬

參星秘要諏吉便覽不分卷附寶鏡圖一卷陽宅都天發用全書一卷 （清）俞榮寬輯　（清）梁學禮　（清）瞿天賚校　民國石印本　一册

330000－1716－0015512　子補 2059/15512

子部/醫家類/綜合之屬/合刻、合抄

增訂本草備要八卷醫方集解三卷 （清）汪昂撰　民國抄本　四册　存六卷(一至四、醫方集解一至二)

330000－1716－0015519　子補 2915/15519

子部/藝術類/書畫之屬/畫法畫品

論畫輯要八種 　馬克明輯　民國十七年(1928)上海商務印書館鉛印本　一册

330000－1716－0015521　子補 2916/15521

子部/藝術類/書畫之屬/畫法畫品

論畫輯要八種 　馬克明輯　民國十七年(1928)上海商務印書館鉛印本　一册

330000－1716－0015524　子補 3009/15524

子部/醫家類/喉科口齒之屬/通論

重樓玉鑰四卷 （清）鄭宏綱撰　民國六年(1917)奉天章福記石印本　四册

330000－1716－0015526　子補 2062/15526

子部/儒家類/儒學之屬/蒙學

新增繪圖幼學故事瓊林四卷首一卷 （清）程登吉撰　（清）鄒聖脈增補　民國上海啟新書局石印本　五册

330000－1716－0015530　子補 2918/15530

子部/藝術類/書畫之屬/畫譜

醉墨軒畫稿四卷 　胡郯卿繪　民國海左書局石印本　清韓少卿　四册

330000－1716－0015532　子補 2922/15532

子部/術數類/命書相書之屬

增補星平會海命學全書十卷首一卷 （清）水中龍編集　民國石印本　江南崖題記　一册

330000－1716－0015533　子補 3012/15533

子部/醫家類/喉科口齒之屬/白喉

洞主仙師白喉治法忌表抉微一卷附經驗救急諸方一卷 （清）耐修子録並注　民國上海商務印書館石印本　一册

330000－1716－0015534　子補 2919/15534

子部/藝術類/書畫之屬/畫譜

醉墨軒畫稿四卷 　胡郯卿繪　民國海左書局石印本　三册　缺一卷(一)

330000－1716－0015535　子補 2903/15535

子部/術數類/命書相書之屬

三命通會十二卷 （明）萬民英撰　民國上海章福記書局石印本　十一册　存十一卷(一至十一)

330000－1716－0015536　子補 3013/15536

子部/醫家類/喉科口齒之屬/白喉

洞主仙師白喉治法忌表抉微一卷附經驗救急諸方一卷 （清）耐修子録並注　民國六年(1917)古越楊亢宗石印本　一册

330000－1716－0015537　史補 0869/15537

史部/傳記類/總傳之屬/技藝

國朝畫識十七卷 （清）馮金伯纂輯　民國十二年(1923)上海中華書局鉛印本　四册

330000－1716－0015538　子補 3014/15538

子部/醫家類

家庭快覽醫書不分卷 　游士楨輯　民國十七年(1928)上海宏大善書局石印本　一册

330000－1716－0015539　子補 2904/15539

子部/術數類/命書相書之屬

三命通會十二卷 （明）萬民英撰　民國十五年(1926)上海中原書局石印本　十二册

330000－1716－0015542　子補 3015/15542

子部/醫家類/外科之屬/通論

外科正宗十二卷 （明）陳實功撰　（清）徐大椿評　民國石印本　崕庵題簽　一册

330000－1716－0015543　子補 2905/15543

子部/術數類/占卜之屬

未來預知術一卷 （三國蜀）諸葛亮撰　（宋）

邵雍演　民國八年(1919)上海國粹保存會石印本　一册

330000－1716－0015546　子補 3016/15546
子部/醫家類/外科之屬/癰疽、疔瘡
洞天奥旨十六卷　(清)陳士鐸撰　(清)陶式玉評　民國上海廣益書局石印本　四册

330000－1716－0015547　子補 2906/15547
子部/術數類/占卜之屬
未來預知術一卷　(三國蜀)諸葛亮撰　(宋)邵雍演　民國九年(1920)上海國粹保存會石印本　一册

330000－1716－0015548　子補 2907/15548
子部/術數類/占卜之屬
未來預知術一卷　(三國蜀)諸葛亮撰　(宋)邵雍演　民國九年(1920)上海國粹保存會石印本　一册

330000－1716－0015549　子補 3018/15549
子部/醫家類/兒科之屬/通論
兒科易知不分卷　中華書局編　民國八年(1919)鉛印本　一册

330000－1716－0015550　子補 2908/15550
子部/術數類/占卜之屬
未來預知術一卷　(三國蜀)諸葛亮撰　(宋)邵雍演　民國九年(1920)上海國粹保存會石印本　一册

330000－1716－0015552　子補 3017/15552
子部/醫家類/綜合之屬/通論
御纂醫宗金鑑九十卷首一卷　(清)吴謙等撰　民國上海鴻寶齋石印本　二册　存八卷(内科六十九至七十四、外科一至二)

330000－1716－0015553　子補 4070－26/15553　子部/醫家類/本草之屬/歷代綜合本草
本草綱目五十二卷附圖三卷瀕湖脈學一卷奇經八脈考一卷脈訣考證一卷　(明)李時珍撰　**本草萬方鍼線八卷**　(清)蔡烈先輯　**本草綱目拾遺十卷**　(清)趙學敏輯　民國石印本　一册　存二卷(十三至十四)

330000－1716－0015554　子補 2910/15554
子部/天文曆算類/算書之屬
增删算法統宗十一卷　(明)程大位編　(清)梅穀成增删　**重刊梅文穆公增删算法統宗校算記一卷**　(清)賈步緯撰　民國石印本　一册

330000－1716－0015555　子補 4070－27/15555　子部/醫家類/本草之屬/歷代綜合本草
本草綱目五十二卷附圖三卷瀕湖脈學一卷奇經八脈考一卷脈訣考證一卷　(明)李時珍撰　**本草萬方鍼線八卷**　(清)蔡烈先輯　**本草綱目拾遺十卷**　(清)趙學敏輯　民國石印本　一册　存四卷(本草綱目拾遺六至九)

330000－1716－0015556　子補 2504/15556
子部/宗教類/其他宗教之屬/基督教
聖路善工一卷　民國二十九年(1940)鉛印本　一册

330000－1716－0015557　子補 2911/15557
子部/天文曆算類/算書之屬
無師自通書算大全不分卷　洪子良　居映園編纂　民國二十年(1931)上海中原書局石印本　八册

330000－1716－0015561　子補 4070－28/15561　子部/醫家類/本草之屬/歷代綜合本草
本草綱目五十二卷附圖三卷瀕湖脈學一卷奇經八脈考一卷脈訣考證一卷　(明)李時珍撰　**本草萬方鍼線八卷**　(清)蔡烈先輯　**本草綱目拾遺十卷**　(清)趙學敏輯　民國上海錦章圖書局石印本　三册　存六卷(一至三、圖一至三)

330000－1716－0015562　子補 2491/15562
子部/宗教類/其他宗教之屬/基督教
聖教聖歌一卷　民國二十四年(1935)鉛印本　一册

330000－1716－0015564　普類 0204/15564
類叢部/類書類/通類之屬
子史精華一百六十卷　(清)吴士玉　(清)吴

襄等輯　民國十一年(1922)上海錦章圖書局石印本　十六冊

330000-1716-0015565　子補 2497/15565　子部/宗教類/其他宗教之屬/基督教

聖教聖歌一卷　民國二十四年(1935)鉛印本　一冊

330000-1716-0015566　子補 4070-29/15566　子部/醫家類/本草之屬/歷代綜合本草

本草綱目五十二卷附圖三卷瀕湖脈學一卷奇經八脈考一卷脈訣考證一卷　(明)李時珍撰　**本草萬方鍼線八卷**　(清)蔡烈先輯　**本草綱目拾遺十卷**　(清)趙學敏輯　民國上海鴻寶齋石印本　十八冊　存六十七卷(四至五十二、本草萬方鍼線一至八、本草綱目拾遺一至十)

330000-1716-0015567　子補 3019/15567　子部/雜著類/雜說之屬

分甘餘話四卷　(清)王士禛撰　民國五年(1916)上海掃葉山房石印本　丁之蕃題記　一冊

330000-1716-0015570　史補 0881/15570　史部/雜史類/斷代之屬

嘯亭雜録十卷續録三卷　(清)昭槤撰　民國十一年(1922)上海文明書局石印本　二冊

330000-1716-0015571　子補 2496/15571　子部/宗教類/其他宗教之屬/基督教

聖教聖歌一卷　民國二十四年(1935)鉛印本　一冊

330000-1716-0015572　子補 1722-1/15572　子部/雜著類/雜說之屬

印雪軒隨筆四卷　(清)俞鴻漸撰　民國元年(1912)上海掃葉山房石印本　四冊

330000-1716-0015575　子補 4070-30/15575　子部/醫家類/本草之屬/歷代綜合本草

本草綱目五十二卷附圖三卷瀕湖脈學一卷奇經八脈考一卷脈訣考證一卷　(明)李時珍撰　**本草萬方鍼線八卷**　(清)蔡烈先輯　**本草綱目拾遺十卷**　(清)趙學敏輯　民國石印本　三冊　存五卷(一至二、十五至十六,圖一)

330000-1716-0015578　子補 2067/15578　子部/醫家類/類編之屬

潛齋醫學叢書八種　(清)王士雄編　民國元年(1912)上海李鍾玨鉛印本　三冊　存六種

330000-1716-0015580　縣資 0022-2/15580　史部/地理類/方志之屬/郡縣志

嘉慶山陰縣志三十卷首一卷　(清)徐元梅修　(清)朱文翰等纂　民國二十五年(1936)紹興縣修志委員會鉛印本　七冊

330000-1716-0015581　縣資 0022-3/15581　史部/地理類/方志之屬/郡縣志

嘉慶山陰縣志三十卷首一卷　(清)徐元梅修　(清)朱文翰等纂　民國二十五年(1936)紹興縣修志委員會鉛印本　七冊

330000-1716-0015582　縣資 0022-4/15582　史部/地理類/方志之屬/郡縣志

嘉慶山陰縣志三十卷首一卷　(清)徐元梅修　(清)朱文翰等纂　民國二十五年(1936)紹興縣修志委員會鉛印本　七冊

330000-1716-0015583　縣資 0022-5/15583　史部/地理類/方志之屬/郡縣志

嘉慶山陰縣志三十卷首一卷　(清)徐元梅修　(清)朱文翰等纂　民國二十五年(1936)紹興縣修志委員會鉛印本　七冊

330000-1716-0015584　子補 4073/15584　子部/醫家類/方書之屬/單方驗方

增評童氏醫方集解二十三卷　(清)汪昂撰　(清)李保常批點　(清)費伯雄加評　民國石印本　二冊　存十三卷(一至十三)

330000-1716-0015585　縣資 0022-6/15585　史部/地理類/方志之屬/郡縣志

嘉慶山陰縣志三十卷首一卷　(清)徐元梅修　(清)朱文翰等纂　民國二十五年(1936)紹興縣修志委員會鉛印本　七冊

330000-1716-0015586　縣資 0022-7/

15586　史部/地理類/方志之屬/郡縣志
嘉慶山陰縣志三十卷首一卷　(清)徐元梅修　(清)朱文翰等纂　民國二十五年(1936)紹興縣修志委員會鉛印本　七册

330000－1716－0015587　縣資 0022－8/15587　史部/地理類/方志之屬/郡縣志
嘉慶山陰縣志三十卷首一卷　(清)徐元梅修　(清)朱文翰等纂　民國二十五年(1936)紹興縣修志委員會鉛印本　七册

330000－1716－0015588　縣資 0022－9/15588　史部/地理類/方志之屬/郡縣志
嘉慶山陰縣志三十卷首一卷　(清)徐元梅修　(清)朱文翰等纂　民國二十五年(1936)紹興縣修志委員會鉛印本　七册

330000－1716－0015589　縣資 0022－10/15589　史部/地理類/方志之屬/郡縣志
嘉慶山陰縣志三十卷首一卷　(清)徐元梅修　(清)朱文翰等纂　民國二十五年(1936)紹興縣修志委員會鉛印本　七册

330000－1716－0015590　縣資 0022－11/15590　史部/地理類/方志之屬/郡縣志
嘉慶山陰縣志三十卷首一卷　(清)徐元梅修　(清)朱文翰等纂　民國二十五年(1936)紹興縣修志委員會鉛印本　七册

330000－1716－0015591　縣資 0022－12/15591　史部/地理類/方志之屬/郡縣志
嘉慶山陰縣志三十卷首一卷　(清)徐元梅修　(清)朱文翰等纂　民國二十五年(1936)紹興縣修志委員會鉛印本　七册

330000－1716－0015592　子補 4070－31/15592　子部/醫家類/本草之屬/歷代綜合本草
本草綱目五十二卷附圖三卷瀕湖脈學一卷奇經八脈考一卷脈訣考證一卷　(明)李時珍撰　**本草萬方鍼線八卷**　(清)蔡烈先輯　**本草綱目拾遺十卷**　(清)趙學敏輯　民國石印本　一册　存二卷(三十五至三十六)

330000－1716－0015593　縣資 0022－13/15593　史部/地理類/方志之屬/郡縣志
嘉慶山陰縣志三十卷首一卷　(清)徐元梅修　(清)朱文翰等纂　民國二十五年(1936)紹興縣修志委員會鉛印本　七册

330000－1716－0015594　普叢 0141/15594　類叢部/叢書類/郡邑之屬
遼海叢書八十種附一種　金毓黻編　民國二十年至二十三年(1931－1934)遼海書社鉛印本([康熙]廣寧縣志卷七至八原缺)　四册　存一種

330000－1716－0015595　縣資 0022－14/15595　史部/地理類/方志之屬/郡縣志
嘉慶山陰縣志三十卷首一卷　(清)徐元梅修　(清)朱文翰等纂　民國二十五年(1936)紹興縣修志委員會鉛印本　七册

330000－1716－0015596　縣資 0022－15/15596　史部/地理類/方志之屬/郡縣志
嘉慶山陰縣志三十卷首一卷　(清)徐元梅修　(清)朱文翰等纂　民國二十五年(1936)紹興縣修志委員會鉛印本　六册　缺二卷(十七至十八)

330000－1716－0015600　子補 2914/15600　子部/天文曆算類/算書之屬
增删算法統宗十一卷首一卷末一卷　(明)程大位編　(清)梅瑴成增删　民國上海廣益書局石印本　四册

330000－1716－0015601　子補 3021/15601　子部/雜著類/雜纂之屬
兩般秋雨盦隨筆八卷　(清)梁紹壬撰　民國七年(1918)上海掃葉山房石印本　四册

330000－1716－0015603　普叢 0152－1/15603　類叢部/叢書類/自著之屬
心史叢刊十四種　孟森撰　民國二十五年(1936)上海大東書局鉛印本　三册

330000－1716－0015604　普叢 0152－2/15604　類叢部/叢書類/自著之屬
心史叢刊十六種　孟森撰　民國五年至六年(1916－1917)上海商務印書館鉛印本　三册

330000－1716－0015605　子補 2493/15605
子部/宗教類/其他宗教之屬/基督教
聖教聖歌一卷　民國二十四年(1935)鉛印本　一冊

330000－1716－0015606　子補 2069/15606
子部/醫家類/綜合之屬/通論
醫學心悟六卷　(清)程國彭撰　民國上海錦章書局石印本　四冊

330000－1716－0015611　史補 0880/15611
史部/傳記類/總傳之屬/斷代
敏求軒述記十六卷　(清)陳世箴輯　民國四年(1915)上海掃葉山房石印本　四冊

330000－1716－0015612　子補 2787/15612
類叢部/叢書類/彙編之屬
屑玉叢談初集二十種　(清)錢徵　蔡爾康輯　民國上海中華圖書館石印本　六冊

330000－1716－0015613　縣資 0022－16/15613　史部/地理類/方志之屬/郡縣志
嘉慶山陰縣志三十卷首一卷　(清)徐元梅修　(清)朱文翰等纂　民國二十五年(1936)紹興縣修志委員會鉛印本　四冊　存十一卷(十至十七、二十八至三十)

330000－1716－0015614　子補 3022/15614
子部/雜著類/雜說之屬
粟香隨筆八卷二筆八卷三筆八卷四筆八卷五筆八卷　金武祥撰　民國上海埽葉山房石印本　十六冊

330000－1716－0015615　子補 2494/15615
子部/宗教類/其他宗教之屬/基督教
聖教聖歌一卷　民國二十四年(1935)鉛印本　一冊

330000－1716－0015618　縣資 0023－2/15618　史部/地理類/方志之屬/郡縣志
康熙會稽縣志二十八卷首一卷　(清)王元臣修　(清)董欽德　(清)金烔纂　民國二十五年(1936)紹興縣修志委員會鉛印本　四冊

330000－1716－0015620　子補 2073/15620
子部/醫家類/方書之屬/單方驗方
同壽録不分卷　民國八年(1919)石印本　一冊

330000－1716－0015622　子補 2924/15622
子部/藝術類/遊藝之屬/雜藝
益智圖二卷燕几圖一卷副本一卷　(清)童叶庚撰　**益智續圖一卷**　(清)童昂　(清)童昶　(清)童晏撰　(清)童叶庚編　**益智字圖一卷附一卷**　(清)祝梅君撰　民國上海商務印書館石印本　四冊　缺三卷(二、燕几圖、副本)

330000－1716－0015623　子補 2074/15623
子部/醫家類/婦科之屬/廣嗣
種子奇方一卷　(清)康強撰　民國十一年(1922)上海宏大善書總發行所石印本　一冊

330000－1716－0015624　縣資 0023－3/15624　史部/地理類/方志之屬/郡縣志
康熙會稽縣志二十八卷首一卷　(清)王元臣修　(清)董欽德　(清)金烔纂　民國二十五年(1936)紹興縣修志委員會鉛印本　四冊

330000－1716－0015625　子補 2495/15625
子部/宗教類/其他宗教之屬/基督教
聖教聖歌一卷　民國二十四年(1935)鉛印本　一冊

330000－1716－0015628　縣資 0023－4/15628　史部/地理類/方志之屬/郡縣志
康熙會稽縣志二十八卷首一卷　(清)王元臣修　(清)董欽德　(清)金烔纂　民國二十五年(1936)紹興縣修志委員會鉛印本　四冊

330000－1716－0015629　縣資 0023－5/15629　史部/地理類/方志之屬/郡縣志
康熙會稽縣志二十八卷首一卷　(清)王元臣修　(清)董欽德　(清)金烔纂　民國二十五年(1936)紹興縣修志委員會鉛印本　四冊

330000－1716－0015630　縣資 0023－6/15630　史部/地理類/方志之屬/郡縣志
康熙會稽縣志二十八卷首一卷　(清)王元臣修　(清)董欽德　(清)金烔纂　民國二十五年(1936)紹興縣修志委員會鉛印本　四冊

330000－1716－0015631　縣資 0023－7/15631　史部/地理類/方志之屬/郡縣志

康熙會稽縣志二十八卷首一卷　(清)王元臣修　(清)董欽德　(清)金炯纂　民國二十五年(1936)紹興縣修志委員會鉛印本　四冊

330000－1716－0015632　縣資 0023－8/15632　史部/地理類/方志之屬/郡縣志

康熙會稽縣志二十八卷首一卷　(清)王元臣修　(清)董欽德　(清)金炯纂　民國二十五年(1936)紹興縣修志委員會鉛印本　四冊

330000－1716－0015633　子補 2077/15633

子部/醫家類/方書之屬/單方驗方

療飢良方一卷　民國十九年(1930)上海宏大善書局石印本　一冊

330000－1716－0015634　縣資 0023－9/15634　史部/地理類/方志之屬/郡縣志

康熙會稽縣志二十八卷首一卷　(清)王元臣修　(清)董欽德　(清)金炯纂　民國二十五年(1936)紹興縣修志委員會鉛印本　四冊

330000－1716－0015635　縣資 0023－10/15635　史部/地理類/方志之屬/郡縣志

康熙會稽縣志二十八卷首一卷　(清)王元臣修　(清)董欽德　(清)金炯纂　民國二十五年(1936)紹興縣修志委員會鉛印本　四冊

330000－1716－0015636　縣資 0023－11/15636　史部/地理類/方志之屬/郡縣志

康熙會稽縣志二十八卷首一卷　(清)王元臣修　(清)董欽德　(清)金炯纂　民國二十五年(1936)紹興縣修志委員會鉛印本　四冊

330000－1716－0015637　縣資 0023－13/15637　史部/地理類/方志之屬/郡縣志

康熙會稽縣志二十八卷首一卷　(清)王元臣修　(清)董欽德　(清)金炯纂　民國二十五年(1936)紹興縣修志委員會鉛印本　四冊

330000－1716－0015638　縣資 0023－12/15638　史部/地理類/方志之屬/郡縣志

康熙會稽縣志二十八卷首一卷　(清)王元臣修　(清)董欽德　(清)金炯纂　民國二十五年(1936)紹興縣修志委員會鉛印本　四冊

330000－1716－0015639　縣資 0023－14/15639　史部/地理類/方志之屬/郡縣志

康熙會稽縣志二十八卷首一卷　(清)王元臣修　(清)董欽德　(清)金炯纂　民國二十五年(1936)紹興縣修志委員會鉛印本　四冊

330000－1716－0015640　縣資 0023－17/15640　史部/地理類/方志之屬/郡縣志

康熙會稽縣志二十八卷首一卷　(清)王元臣修　(清)董欽德　(清)金炯纂　民國二十五年(1936)紹興縣修志委員會鉛印本　一冊　存六卷(二十三至二十八)

330000－1716－0015643　子補 3024/15643

子部/小說家類/諧謔之屬

遣愁集十四卷　(清)張貴勝纂輯　民國十三年(1924)上海商務印書館鉛印本　二冊

330000－1716－0015644　子補 3025/15644

子部/小說家類/諧謔之屬

遣愁集十四卷　(清)張貴勝纂輯　民國十三年(1924)上海商務印書館鉛印本　八冊

330000－1716－0015645　子補 3026/15645

子部/小說家類/諧謔之屬

遣愁集十四卷　(清)張貴勝纂輯　民國九年(1920)上海商務印書館鉛印本　四冊

330000－1716－0015646　子補 3027/15646

子部/雜著類/雜說之屬

容齋隨筆十六卷續筆十六卷三筆十六卷四筆十六卷五筆十卷首一卷　(宋)洪邁撰　民國二年(1913)上海掃葉山房石印本　十冊

330000－1716－0015647　子補 2075/15647

子部/醫家類/方書之屬/單方驗方

痲瘋再造神方一卷　劉季青撰　民國五年(1916)明善書局石印本　一冊

330000－1716－0015648　子補 2076/15648

子部/醫家類/方書之屬/單方驗方

萬應保產方一卷　民國明善書局石印本　一冊

330000－1716－0015649　子補 3028/15649
子部/雜著類/雜説之屬
容齋隨筆十六卷續筆十六卷三筆十六卷四筆十六卷五筆十卷首一卷　（宋）洪邁撰　民國十年（1921）上海掃葉山房石印本　十冊

330000－1716－0015651　普叢 0340－1/15651　類叢部/叢書類/彙編之屬
四部精華一百二十五種　陸翔選輯　民國上海世界書局石印本　三十一冊

330000－1716－0015652　子補 2926/15652
子部/藝術類/書畫之屬/畫譜
分類畫範自習畫譜大全三集二十四卷　馬駘繪　民國二十年（1931）上海世界書局石印本　二十四冊

330000－1716－0015656　子補 2928/15656
子部/藝術類/書畫之屬/總論
寒松閣談藝瑣録六卷　（清）張鳴珂撰　民國十二年（1923）上海文明書局鉛印本　一冊

330000－1716－0015658　子補 2929/15658
子部/藝術類/書畫之屬/書法書品
標準行書之研究一卷　黄仲明撰　民國二十五年（1936）石印本　一冊

330000－1716－0015660　集補 1938/15660
集部/總集類/題詠之屬
歷代題畫詩類絕句鈔二卷　中華圖書館編　民國二年（1913）上海中華圖書館石印本　二冊

330000－1716－0015663　子補 1742－1/15663　子部/藝術類/書畫之屬/法帖
初等小學堂習字帖不分卷　民國上海商務印書館石印本　三冊

330000－1716－0015664　子補 2931/15664
子部/藝術類/書畫之屬/畫録
清朝畫徵録三卷明人附録一卷續録二卷浦山論畫一卷　（清）張庚撰　**清朝畫徵三録一卷**　（清）張寅撰　民國上海朝記書莊鉛印本　二冊

330000－1716－0015667　子補 2078/15667
子部/醫家類/方書之屬/單方驗方
成仙秘方一卷　（晉）葛洪撰　民國十四年（1925）上海宏文圖書館石印本　一冊

330000－1716－0015669　子補 4087/15669
子部/儒家類/儒學之屬/蒙學
二論韻語引蒙四卷　（清）周維新輯　民國二十二年（1933）明善書局石印本　一冊　存二卷（三至四）

330000－1716－0015670　子補 4075/15670
子部/宗教類/道教之屬
中學參同一卷　民國鉛印本　一冊

330000－1716－0015671　子補 2079/15671
子部/醫家類/方書之屬/單方驗方
成仙秘方一卷　（晉）葛洪撰　民國十四年（1925）上海宏文圖書館石印本　一冊

330000－1716－0015672　子補 2080/15672
子部/醫家類/方書之屬/單方驗方
成仙秘方一卷　（晉）葛洪撰　民國十二年（1923）上海宏文圖書館石印本　一冊

330000－1716－0015674　子補 3031/15674
子部/雜著類/雜説之屬
分甘餘話四卷　（清）王士禛撰　民國五年（1916）上海掃葉山房石印本　一冊

330000－1716－0015675　史補 0877/15675
史部/傳記類/總傳之屬/姓名
青樓小名録八卷　（清）趙慶楨輯　民國四年（1915）上海中國圖書公司鉛印本　四冊

330000－1716－0015677　史補 0878/15677
史部/傳記類/總傳之屬/姓名
青樓小名録八卷　（清）趙慶楨輯　民國四年（1915）上海中國圖書公司鉛印本　四冊

330000－1716－0015685　子補 3034/15685
子部/雜著類/雜説之屬
梁氏筆記三種二十七卷　（清）梁章鉅撰　民國七年（1918）上海掃葉山房石印本　八冊

330000－1716－0015687　子補 2083/15687
子部/醫家類/方書之屬/單方驗方

經驗良方二卷　次留編輯　民國六年(1917)上海鍊石齋書局石印本　李雅卿題簽　二冊

330000－1716－0015688　子補 2932/15688

子部/藝術類/書畫之屬/畫譜

醉墨軒畫稿四卷　胡郯卿繪　民國海左書局石印本　一冊

330000－1716－0015689　史補 1584/15689

史部/雜史類/通代之屬

歷史啟蒙二編　胡朝陽撰　民國十五年(1926)上海新學會社石印本　一冊　存前編

330000－1716－0015690　子補 2933/15690

子部/藝術類/書畫之屬/畫譜

醉墨軒畫稿四卷　胡郯卿繪　民國海左書局石印本　一冊

330000－1716－0015692　子補 2084/15692

子部/醫家類/方書之屬/單方驗方

丹方集異四卷　黄楚九輯　民國七年(1918)鉛印本　一冊

330000－1716－0015693　子補 2934/15693

子部/藝術類/書畫之屬/畫譜

醉墨軒畫稿四卷　胡郯卿繪　民國海左書局石印本　一冊　存一卷(一)

330000－1716－0015694　子補 3032/15694

子部/雜著類/雜説之屬

分甘餘話四卷　(清)王士禛撰　民國五年(1916)上海掃葉山房石印本　一冊

330000－1716－0015696　子補 2085/15696

子部/醫家類/方書之屬/單方驗方

丹方集異四卷　黄楚九輯　民國七年(1918)鉛印本　一冊

330000－1716－0015697　普類 0060/15697

類叢部/類書類/通類之屬

增補事類統編九十三卷首一卷　(清)黄葆真增輯　民國石印本　三冊　存二十七卷(六十七至九十三)

330000－1716－0015702　子補 2936/15702

子部/藝術類/書畫之屬/總論

江村銷夏録三卷　(清)高士奇撰　民國上海文瑞樓石印本　三冊

330000－1716－0015703　集補 1609－1/15703　集部/詩文評類/文法之屬/函牘格式

言文對照廣注寫信必讀不分卷　(清)唐芸洲撰　民國十七年(1928)上海世界書局石印本　一冊

330000－1716－0015705　子補 2087/15705

子部/醫家類/方書之屬/成方藥目

秘本丹方大全一卷　廣文書局編　民國八年(1919)上海廣文書局鉛印本　一冊

330000－1716－0015706　史補 0870/15706

史部/傳記類/總傳之屬/技藝

清朝書畫家筆録四卷　竇鎮輯　民國九年(1920)上海自強書局石印本　四冊

330000－1716－0015708　子補 4085/15708

新學/算學/數學

繪圖算法指掌□□卷　民國石印本　一冊　存一卷(一)

330000－1716－0015710　子補 2088/15710

子部/醫家類/方書之屬/成方藥目

秘本丹方大全一卷　廣文書局編　民國十二年(1923)上海世界書局石印本　金文龍題記　一冊

330000－1716－0015711　集補 3426/15711

集部/總集類/尺牘之屬

交際大全八章　廣文書局編輯所編　民國十一年(1922)上海世界書局石印本　一冊

330000－1716－0015714　子補 3037/15714

子部/醫家類/醫話醫論之屬

鮮溪醫論選中編六卷　民國十一年(1922)石印本　六冊

330000－1716－0015715　子補 2089/15715

子部/醫家類/方書之屬/成方藥目

秘本丹方大全一卷　世界書局編　民國十四年(1925)上海世界書局石印本　一冊

330000－1716－0015716　新補 0202－2/

15716　子部/天文曆算類/曆法之屬
日用寶鑑二卷　共和編譯局編輯部編　民國四年(1915)上海共和編譯局石印本　二冊

330000－1716－0015717　子補 3038/15717　子部/醫家類/醫話醫論之屬
鮮溪醫論選中編六卷　民國十一年(1922)石印本　六冊

330000－1716－0015720　子補 2938/15720　子部/藝術類/遊藝之屬/棋弈
桃花泉弈譜二卷　(清)范世勳撰　民國上海千頃堂石印本　一冊

330000－1716－0015723　子補 2090/15723　子部/醫家類/方書之屬/成方藥目
秘本丹方大全一卷　世界書局編　民國十七年(1928)上海世界書局石印本　一冊

330000－1716－0015724　子補 3040/15724　子部/醫家類/本草之屬/歷代綜合本草
本草述鉤元三十二卷　(清)劉若金撰　(清)楊時泰輯　民國十年(1921)上海進化書局石印本　十六冊

330000－1716－0015727　子補 2091/15727　子部/醫家類/方書之屬/單方驗方
三版增補單方大全十二卷　廣文書局編輯所編　民國十七年(1928)上海世界書局石印本　一冊

330000－1716－0015728　子補 3045/15728　子部/藝術類/書畫之屬/畫譜
童之風人物仕女畫譜不分卷　童之風繪　民國十四年(1925)上海圖書館影印本　二冊

330000－1716－0015729　子補 2092/15729　子部/醫家類/方書之屬/單方驗方
三版增補單方大全十二卷　廣文書局編輯所編　民國上海世界書局石印本　一冊

330000－1716－0015730　縣資 0024－2/15730　史部/地理類/方志之屬/郡縣志
道光會稽縣志稿二十五卷首一卷末一卷　(清)王蓉坡　(清)沈墨莊纂　民國二十五年(1936)紹興縣修志委員會鉛印本(卷二至五、十至十三、二十至二十二原缺)　三冊

330000－1716－0015731　普類 0218－4/15731　類叢部/類書類/專類之屬
古今楹聯類纂十二卷附慶弔雜件備覽二卷　雲后編輯　民國十年(1921)上海會文堂書局石印本　一冊　存一卷(附慶弔雜件備覽二)

330000－1716－0015732　縣資 0024－3/15732　史部/地理類/方志之屬/郡縣志
道光會稽縣志稿二十五卷首一卷末一卷　(清)王蓉坡　(清)沈墨莊纂　民國二十五年(1936)紹興縣修志委員會鉛印本(卷二至五、十至十三、二十至二十二原缺)　三冊

330000－1716－0015733　縣資 0024－4/15733　史部/地理類/方志之屬/郡縣志
道光會稽縣志稿二十五卷首一卷末一卷　(清)王蓉坡　(清)沈墨莊纂　民國二十五年(1936)紹興縣修志委員會鉛印本(卷二至五、十至十三、二十至二十二原缺)　三冊

330000－1716－0015734　子補 2093/15734　子部/醫家類/方書之屬/單方驗方
三版增補單方大全十二卷　廣文書局編輯所編　民國十八年(1929)上海世界書局石印本　一冊

330000－1716－0015736　縣資 0024－7/15736　史部/地理類/方志之屬/郡縣志
道光會稽縣志稿二十五卷首一卷末一卷　(清)王蓉坡　(清)沈墨莊纂　民國二十五年(1936)紹興縣修志委員會鉛印本(卷二至五、十至十三、二十至二十二原缺)　三冊

330000－1716－0015737　縣資 0024－5/15737　史部/地理類/方志之屬/郡縣志
道光會稽縣志稿二十五卷首一卷末一卷　(清)王蓉坡　(清)沈墨莊纂　民國二十五年(1936)紹興縣修志委員會鉛印本(卷二至五、十至十三、二十至二十二原缺)　三冊

330000－1716－0015738　普子 2018－2/15738　子部/藝術類/篆刻之屬/印譜
可能齋印存一卷　(清)丁宣撰　民國二十二

年(1933)石印本　一册

330000－1716－0015739　縣資 0024－6/15739　史部/地理類/方志之屬/郡縣志
道光會稽縣志稿二十五卷首一卷末一卷　(清)王蓉坡　(清)沈墨莊纂　民國二十五年(1936)紹興縣修志委員會鉛印本(卷二至五、十至十三、二十至二十二原缺)　三册

330000－1716－0015741　普子 2018－3/15741　子部/藝術類/篆刻之屬/印譜
可能齋印存一卷　(清)丁宣撰　民國二十二年(1933)石印本　一册

330000－1716－0015742　子補 2094/15742　子部/醫家類/方書之屬/單方驗方
三版增補單方大全十二卷　廣文書局編輯所編　民國十四年(1925)上海世界書局石印本　一册

330000－1716－0015743　普子 2018－4/15743　子部/藝術類/篆刻之屬/印譜
可能齋印存一卷　(清)丁宣撰　民國二十二年(1933)石印本　一册

330000－1716－0015744　普類 0114－13/15744　類叢部/類書類/通類之屬
新增應酬彙選五卷　(清)陸九如纂輯　民國上海啟新書局石印本　三册　存四卷(一至四)

330000－1716－0015745　子補 3043/15745　子部/醫家類
學醫便讀二卷　陸晉笙輯　民國鉛印本　一册

330000－1716－0015746　集補 3427/15746　集部/詩文評類/文評之屬
言文對照古文評注筆法百篇四卷　進化書局編　民國十三年(1924)上海進化書局石印本　四册

330000－1716－0015749　子補 3044/15749　子部/藝術類/書畫之屬/畫録
學生新畫庫四卷　胡亞光編　民國十三年(1924)上海東亞書局石印本　四册

330000－1716－0015751　縣資 0024－8/15751　史部/地理類/方志之屬/郡縣志
道光會稽縣志稿二十五卷首一卷末一卷　(清)王蓉坡　(清)沈墨莊纂　民國二十五年(1936)紹興縣修志委員會鉛印本(卷二至五、十至十三、二十至二十二原缺)　三册

330000－1716－0015752　縣資 0024－7/15752　史部/地理類/方志之屬/郡縣志
道光會稽縣志稿二十五卷首一卷末一卷　(清)王蓉坡　(清)沈墨莊纂　民國二十五年(1936)紹興縣修志委員會鉛印本(卷二至五、十至十三、二十至二十二原缺)　三册

330000－1716－0015753　縣資 0024－9/15753　史部/地理類/方志之屬/郡縣志
道光會稽縣志稿二十五卷首一卷末一卷　(清)王蓉坡　(清)沈墨莊纂　民國二十五年(1936)紹興縣修志委員會鉛印本(卷二至五、十至十三、二十至二十二原缺)　三册

330000－1716－0015754　縣資 0024－10/15754　史部/地理類/方志之屬/郡縣志
道光會稽縣志稿二十五卷首一卷末一卷　(清)王蓉坡　(清)沈墨莊纂　民國二十五年(1936)紹興縣修志委員會鉛印本(卷二至五、十至十三、二十至二十二原缺)　三册

330000－1716－0015755　縣資 0024－11/15755　史部/地理類/方志之屬/郡縣志
道光會稽縣志稿二十五卷首一卷末一卷　(清)王蓉坡　(清)沈墨莊纂　民國二十五年(1936)紹興縣修志委員會鉛印本(卷二至五、十至十三、二十至二十二原缺)　三册

330000－1716－0015756　地獻 3684/15756　子部/藝術類/篆刻之屬/印譜
芝園印林不分卷　徐舒撰　民國鈐印本　四册

330000－1716－0015757　普子 2017/15757　子部/藝術類/篆刻之屬/印譜
鄧石如印存不分卷　(清)鄧石如篆　民國八年(1919)上海有正書局石印本　二册

330000－1716－0015758　縣資 0022－17/15758　史部/地理類/方志之屬/郡縣志
嘉慶山陰縣志三十卷首一卷　(清)徐元梅修　(清)朱文翰等纂　民國二十五年(1936)紹興縣修志委員會鉛印本　三冊　存八卷(十至十七)

330000－1716－0015760　子補 2095/15760
子部/藝術類/遊藝之屬/博戲
牙牌神數八種　民國上海鴻章書局石印本　一冊

330000－1716－0015761　縣資 0024－12/15761　史部/地理類/方志之屬/郡縣志
道光會稽縣志稿二十五卷首一卷末一卷　(清)王蓉坡　(清)沈墨莊纂　民國二十五年(1936)紹興縣修志委員會鉛印本(卷二至五、十至十三、二十至二十二原缺)　三冊

330000－1716－0015762　縣資 0024－13/15762　史部/地理類/方志之屬/郡縣志
道光會稽縣志稿二十五卷首一卷末一卷　(清)王蓉坡　(清)沈墨莊纂　民國二十五年(1936)紹興縣修志委員會鉛印本(卷二至五、十至十三、二十至二十二原缺)　三冊

330000－1716－0015763　子補 4096/15763
子部/宗教類/佛教之屬
大方廣佛華嚴經樣本一卷影印南本大般涅槃經樣本一卷　民國上海佛學書局鉛印本暨影印本　一冊

330000－1716－0015764　子補 2096/15764
子部/術數類/雜術之屬
諸葛孔明仙師六壬課一卷　(三國蜀)諸葛亮編　周曉定注釋　民國杭州弘文興記書局鉛印本　一冊

330000－1716－0015765　子補 2935/15765
子部/藝術類/遊藝之屬/雜藝
益智圖二卷燕几圖一卷副本一卷　(清)童叶庚撰　**益智續圖一卷**　(清)童昂　(清)童昶　(清)童晏撰　(清)童叶庚編　**益智字圖一卷附一卷**　(清)祝梅君撰　民國八年(1919)上海商務印書館石印本　五冊　缺二卷(益智字圖、附)

330000－1716－0015766　子補 3046/15766
子部/醫家類/方書之屬/單方驗方
增評醫方集解二十三卷增補本草備要八卷附湯頭歌訣一卷　(清)汪昂撰　民國元年(1912)上海同文書局石印本　三冊　存八卷(本草備要一至八)

330000－1716－0015768　子補 3047/15768
子部/醫家類/方書之屬/單方驗方
增評醫方集解二十三卷增補本草備要八卷重校舊本湯頭歌訣一卷經絡歌訣一卷　(清)汪昂撰　民國三年(1914)上海共和書局石印本　四冊　存八卷(本草備要一至八)

330000－1716－0015769　子補 4097/15769
子部/宗教類/佛教之屬
佛經合刊□□種　民國上海大眾書局鉛印本　二冊　存二種

330000－1716－0015773　子補 0001－66/15773　子部/藝術類/書畫之屬/畫譜
芥子園畫傳三集六卷　(清)王槩　(清)王蓍　(清)王臬輯　民國上海千頃堂書局石印本　四冊

330000－1716－0015774　子補 3048/15774
子部/醫家類/方書之屬/單方驗方
增評醫方集解二十三卷增補本草備要八卷重校舊本湯頭歌訣一卷經絡歌訣一卷　(清)汪昂撰　民國三年(1914)上海共和書局石印本　一冊　存八卷(本草備要一至八)

330000－1716－0015775　子補 2097/15775
子部/術數類/陰陽五行之屬
增廣玉匣記通書二卷　(清)朱說霖重校　民國八年(1919)上海文益書局石印本　始平凌題記　一冊

330000－1716－0015776　集補 3429/15776
集部/總集類/尺牘之屬
共和新尺牘四卷　孔憲彭撰　民國二年(1913)上海會文堂石印本　二冊　存二卷(一至二)

330000－1716－0015777　子補 3049/15777
子部/醫家類/本草之屬/本草藥性
本草易讀八卷　(清)汪昂撰　民國十五年(1926)上海大成書局石印本　八冊

330000－1716－0015778　集補 3428/15778
集部/詩文評類/文法之屬/函牘格式
新撰詳注分類尺牘大成不分卷　周蓮第編　民國石印本　余傳秀題記　二冊　存交易類、償還類、規誡類、求索類、借貸類、抵押類

330000－1716－0015780　子補 2098/15780
子部/宗教類/道教之屬/神符
神秘符咒全書四卷　余哲夫撰　民國十一年(1922)上海東方書局影印本　沈氏題記　四冊

330000－1716－0015781　子補 3085/15781
子部/醫家類/本草之屬/歷代綜合本草
本草備要八卷圖一卷　(清)汪昂撰　民國上海商務印書館鉛印本　二冊

330000－1716－0015786　普叢 0180－2/15786　類叢部/叢書類/彙編之屬
涵芬樓秘笈五十一種　孫毓修等輯　民國五年至十五年(1916－1926)上海商務印書館影印本暨鉛印本　三十二冊　存十七種

330000－1716－0015788　子補 2944/15788
子部/藝術類/遊藝之屬/棋弈
日本國手丈和弈譜四卷　(日本)丈和撰　民國上海文瑞樓石印本　四冊

330000－1716－0015794　普叢 0180－3/15794　類叢部/叢書類/彙編之屬
涵芬樓秘笈五十一種　孫毓修等輯　民國五年至十五年(1916－1926)上海商務印書館影印本暨鉛印本　七冊　存三種

330000－1716－0015796　集補 3430/15796
集部/總集類/尺牘之屬
分類音注實用新尺牘八卷　民國七年(1918)石印本　五冊　存六卷(一至六)

330000－1716－0015799　子補 4095/15799
子部/儒家類/儒學之屬/俗訓
格言合璧不分卷　(清)金纓輯　民國八年(1919)上海宏大善書總發行所石印本　一冊

330000－1716－0015800　子補 1742－2/15800　子部/藝術類/書畫之屬/法帖
初等小學堂習字帖不分卷　民國石印本　三冊

330000－1716－0015801　集補 3431/15801
集部/總集類/尺牘之屬
商學適用普通白話尺牘二卷　民國上海劉德記書局石印本　一冊

330000－1716－0015802　子補 2946/15802
子部/藝術類/遊藝之屬/棋弈
餐菊齋棋評一卷　(清)周鼎撰　民國元年(1912)上海掃葉山房石印本　一冊

330000－1716－0015805　子補 3081/15805
子部/藝術類/書畫之屬/畫譜
醉墨軒畫稿四卷　胡郯卿繪　民國海左書局石印本　羅梅崖題簽並記　一冊

330000－1716－0015806　子補 4084/15806
子部/術數類/陰陽五行之屬
董公選要覽一卷附録一卷　(明)董潛撰　民國十一年(1922)上海錦章書局石印本　一冊

330000－1716－0015807　集補 3432/15807
集部/别集類
政商學界新尺牘四卷　陳小樓撰　民國石印本　一冊　存一卷(二)

330000－1716－0015808　子補 0278/15808
子部/醫家類/類編之屬
徐靈胎醫書三十二種　(清)徐大椿撰　民國石印本　一冊　存二種

330000－1716－0015811　普叢 0343－1/15811　類叢部/叢書類/彙編之屬
寶顏堂秘笈二百二十八種　(明)陳繼儒編　民國十一年(1922)上海文明書局石印本　四十八冊

330000－1716－0015812　子補 2947/15812
子部/藝術類/遊藝之屬/棋弈

弈程一卷　(清)張雅博輯　民國上海文瑞樓石印本　一冊

330000－1716－0015813　子補 2107/15813
子部/醫家類/方書之屬/成方藥目
醫方湯頭歌訣一卷經絡歌訣一卷　(清)汪昂編輯　民國抄本　一冊

330000－1716－0015814　子補 2948/15814
子部/藝術類/遊藝之屬/棋弈
潘景齋奕譜約選一卷　(清)楚桐隱　(清)章芝楣評　民國十一年(1922)上海掃葉山房石印本　一冊

330000－1716－0015815　經補 1131/15815
經部/小學類/訓詁之屬/爾雅
爾雅音圖三卷　(晉)郭璞注　(清)姚之麟摹繪　民國十年(1921)上海千頃堂書局據清嘉慶六年(1801)南城曾燠藝學軒影宋刻本影印本　三冊

330000－1716－0015817　子補 2108/15817
子部/醫家類/方書之屬/單方驗方
醫方録本不分卷　民國抄本　一冊

330000－1716－0015818　新補 0034－3/15818　新學/學校
新制中華高等小學國文教科書九冊不分卷　郭成爽等編　民國二年至五年(1913－1916)上海中華書局鉛印本　一冊　存一冊(三)

330000－1716－0015819　子補 2949/15819
子部/藝術類/遊藝之屬/棋弈
摘星譜一卷　(清)胡鴻澤編　民國十一年(1922)上海掃葉山房石印本　一冊

330000－1716－0015821　新補 0033－3/15821　新學/學校
新制中華初等小學國文教科書十二冊不分卷　沈頤等編　民國二年至九年(1913－1920)上海中華書局石印本　二冊　存二冊(七、十)

330000－1716－0015826　集補 3465/15826
集部/總集類/尺牘之屬
言文對照商業新尺牘二卷　世界書局編輯所編輯　民國十七年(1928)上海世界書局石印本　二冊

330000－1716－0015827　集補 3434/15827
集部/詩文評類/文法之屬/函牘格式
言文對照初等新尺牘不分卷　黄克宗編　民國十四年(1925)上海世界書局石印本　一冊

330000－1716－0015828　子補 3084/15828
經部/小學類/文字之屬/字書/字體
隸字彙十卷　(清)項懷述編録　民國十四年(1925)上海掃葉山房石印本　四冊

330000－1716－0015829　集補 3445/15829
集部/總集類/尺牘之屬
蘇長公尺牘三卷黄山谷尺牘二卷　(清)黄始箋輯　民國石印本　三冊　缺一卷(一)

330000－1716－0015830　子補 3083/15830
經部/小學類/文字之屬/字書/字體
隸字彙十卷　(清)項懷述編録　民國八年(1919)上海掃葉山房石印本　四冊

330000－1716－0015831　子補 2950/15831
子部/藝術類/遊藝之屬/棋弈
日本第一國手圍棋譜四卷　民國上海有正書局石印本　孝焱題記　一冊　存二卷(一至二)

330000－1716－0015834　集補 3446/15834
集部/總集類/尺牘之屬
共和女界新尺牘二卷　孔憲彭撰　民國上海會文堂書局石印本　二冊

330000－1716－0015839　子補 2951/15839
子部/藝術類/遊藝之屬/棋弈
中日圍棋對局二卷　民國八年(1919)上海有正書局石印本　二冊

330000－1716－0015841　縣資 0028－1/15841　史部/地理類/方志之屬/郡縣志
[民國]新昌縣志二十卷附新昌農事調查一卷　金城修　陳畬纂　**沃州詩存一卷**　(宋)潘音撰　**沃州文存一卷**　(宋)徐霖撰　民國八年(1919)鉛印本　十一冊　缺一卷(新昌農事調查)

330000－1716－0015842　縣資 0023－15/15842　史部/地理類/方志之屬/郡縣志

康熙會稽縣志二十八卷首一卷　(清)王元臣修　(清)董欽德　(清)金炯纂　民國二十五年(1936)紹興縣修志委員會鉛印本　四冊

330000－1716－0015844　子補 0098/15844　子部/藝術類/遊藝之屬/棋弈

海昌二妙集三卷首二卷　(清)斤竹山民輯　(清)黃紹箕增訂　民國三年(1914)上海文瑞樓石印本　六冊

330000－1716－0015846　縣資 0028－2/15846　史部/地理類/方志之屬/郡縣志

[民國]新昌縣志二十卷附新昌農事調查一卷　金城修　陳畬纂　**沃州詩存一卷**　(宋)潘音撰　**沃州文存一卷**　(宋)徐霖撰　民國八年(1919)鉛印本　八冊　存十六卷(一至十一、十三至十七)

330000－1716－0015847　子補 2943/15847　子部/藝術類/遊藝之屬/棋弈

棊經十三篇一卷　(宋)張擬撰　(元)□□原注　(清)鄧元鏸校補　民國上海文瑞樓石印本　一冊

330000－1716－0015849　縣資 0025－1/15849　史部/地理類/方志之屬/郡縣志

[嘉泰]會稽志二十卷　(宋)沈作賓修　(宋)施宿等纂　民國十五年(1926)據清嘉慶十三年(1808)采鞠軒刻本影印本　九冊

330000－1716－0015851　縣資 0025－2/15851　史部/地理類/方志之屬/郡縣志

[嘉泰]會稽志二十卷　(宋)沈作賓修　(宋)施宿等纂　民國十五年(1926)據清嘉慶十三年(1808)采鞠軒刻本影印本　九冊

330000－1716－0015852　縣資 0025－3/15852　史部/地理類/方志之屬/郡縣志

[嘉泰]會稽志二十卷　(宋)沈作賓修　(宋)施宿等纂　民國十五年(1926)據清嘉慶十三年(1808)采鞠軒刻本影印本　九冊

330000－1716－0015853　縣資 0025－4/15853　史部/地理類/方志之屬/郡縣志

[嘉泰]會稽志二十卷　(宋)沈作賓修　(宋)施宿等纂　民國十五年(1926)據清嘉慶十三年(1808)采鞠軒刻本影印本　六冊　存十三卷(一至九、十二至十三、十六至十七)

330000－1716－0015855　經補 1141/15855　經部/小學類/文字之屬/說文

說文易檢十四卷附識一卷末二卷　(清)史恩綿編　民國六年(1917)上海商務印書館影印本　十冊

330000－1716－0015856　縣資 0025－5/15856　史部/地理類/方志之屬/郡縣志

[嘉泰]會稽志二十卷　(宋)沈作賓修　(宋)施宿等纂　民國十五年(1926)據清嘉慶十三年(1808)采鞠軒刻本影印本　三冊　存七卷(三至九)

330000－1716－0015858　經補 1140/15858　經部/小學類/訓詁之屬/爾雅

爾雅音圖三卷　(晉)郭璞注　(清)姚之麟摹繪　民國十年(1921)上海千頃堂書局據清嘉慶六年(1801)南城曾燠藝學軒影宋刻本影印本　三冊

330000－1716－0015860　子補 2940/15860　子部/藝術類/遊藝之屬/雜藝

益智圖二卷燕几圖一卷副本一卷　(清)童叶庚撰　**益智續圖一卷**　(清)童昂　(清)童昶　(清)童晏撰　(清)童叶庚編　**益智字圖一卷附一卷**　(清)祝梅君撰　民國八年(1919)上海商務印書館石印本　六冊

330000－1716－0015861　子補 1741/15861　子部/藝術類/遊藝之屬/雜藝

益智圖二卷燕几圖一卷副本一卷　(清)童叶庚撰　**益智續圖一卷**　(清)童昂　(清)童昶　(清)童晏撰　(清)童叶庚編　**益智字圖一卷附一卷**　(清)祝梅君撰　民國八年(1919)上海商務印書館石印本　六冊

330000－1716－0015862　經補 1138/15862　經部/小學類/訓詁之屬/爾雅

爾雅三卷　(晉)郭璞注　(唐)陸德明音釋

民國十四年(1925)上海掃葉山房石印本　一册

330000－1716－0015866　集補 3247－34/15866　集部/小說類/短篇之屬
詳注聊齋志異圖詠十六卷　(清)蒲松齡撰　(清)吕湛恩注　民國石印本　三册　存六卷(三至六、十三至十四)

330000－1716－0015867　史補 0867/15867　史部/傳記類/總傳之屬/技藝
歷代畫史彙傳二十四卷首一卷附録一卷　(清)彭藴璨編　民國六年(1917)上海掃葉山房石印本　十一册　缺二卷(十四至十五)

330000－1716－0015870　集補 3247－35/15870　集部/小說類/短篇之屬
聊齋志異新評十六卷　(清)蒲松齡撰　(清)王士禛評　(清)但明倫新評　(清)吕湛恩注　民國鉛印本　二册　存四卷(五至六、十三至十四)

330000－1716－0015871　史補 0868/15871　史部/傳記類/總傳之屬/技藝
歷代畫史彙傳七十二卷首一卷附録二卷　(清)彭藴璨編　民國上海錦章圖書局石印本　十二册

330000－1716－0015875　集補 3247－36/15875　集部/小說類/短篇之屬
詳注聊齋志異新評十六卷　(清)蒲松齡撰　(清)王士禛評　(清)吕湛恩注　(清)但明倫批　民國鉛印本　三册　存六卷(五至六、九至十二)

330000－1716－0015877　子補 3457－27/15877　子部/宗教類/佛教之屬/經咒
白衣大士神咒一卷　民國北京中央刻經院鉛印本　一册

330000－1716－0015878　史補 0908－2/15878　史部/金石類/金之屬/文字
積古齋鐘鼎彝器款識十卷　(清)阮元撰　民國上海中華圖書館影印本　六册

330000－1716－0015880　子補 3560－2/15880　子部/宗教類/佛教之屬/經咒
白衣神咒靈驗紀不分卷　民國二十四年(1935)北平中央刻經院鉛印本　一册

330000－1716－0015881　史補 0908－1/15881　史部/金石類/金之屬/文字
積古齋鐘鼎彝器款識十卷　(清)阮元撰　民國十八年(1929)上海掃葉山房石印本　五册

330000－1716－0015882　子補 0713－7/15882　子部/術數類/陰陽五行之屬
增廣玉匣記通書二卷　(清)朱說霖重校　民國石印本　二册

330000－1716－0015883　史補 0908－3/15883　史部/金石類/金之屬/文字
積古齋鐘鼎彝器款識十卷　(清)阮元撰　民國上海中華圖書館影印本　六册

330000－1716－0015885　集補 1933/15885　集部/别集類
漪香山館文集不分卷二集不分卷　吳曾祺撰　民國二十四年至二十五年(1935－1936)上海商務印書館鉛印本　二册

330000－1716－0015886　縣資 0029－1/15886　史部/地理類/方志之屬/郡縣志
乾隆紹興府志校記不分卷　(清)李慈銘撰　民國十八年(1929)鉛印本　一册

330000－1716－0015888　集補 1934/15888　集部/别集類/清别集
煙霞萬古樓詩集二卷　(清)王曇撰　**仲瞿詩録一卷**　(清)徐渭仁輯　民國二年(1913)上海掃葉山房石印本　三册

330000－1716－0015890　集補 3247－37/15890　集部/小說類/短篇之屬
詳注聊齋志異圖詠十六卷　(清)蒲松齡撰　(清)吕湛恩注　民國石印本　一册　存二卷(三至四)

330000－1716－0015891　集補 1935/15891　集部/别集類/清别集
煙霞萬古樓詩集二卷　(清)王曇撰　**仲瞿詩録一卷**　(清)徐渭仁輯　民國六年(1917)上

海掃葉山房石印本　三冊

330000－1716－0015892　集補 1936/15892
集部/别集類/清别集
煙霞萬古樓詩集二卷　(清)王曇撰　**仲瞿詩録一卷**　(清)徐渭仁輯　民國二年(1913)上海掃葉山房石印本　三冊

330000－1716－0015893　子補 4090/15893
子部/宗教類/佛教之屬
金剛般若波羅蜜經二卷　(清)俞樾注　**般若波羅蜜多心經一卷**　(唐)釋玄奘譯　民國四年(1915)奉化孫鏘鉛印本　一冊

330000－1716－0015895　縣資 0030－1/15895　史部/地理類/方志之屬/郡縣志
[嘉慶]山陰縣志校記一卷　(清)李慈銘撰　民國十九年(1930)鉛印本　一冊

330000－1716－0015897　集補 3247－38/15897　集部/小説類/短篇之屬
詳注聊齋志異圖詠十六卷　(清)蒲松齡撰　(清)呂湛恩注　民國石印本　一冊　存二卷(十一至十二)

330000－1716－0015898　史補 0874/15898
史部/傳記類/總傳之屬/技藝
歷代畫史彙傳二十四卷首一卷附録一卷　(清)彭藴璨編　民國六年(1917)上海掃葉山房石印本　六冊

330000－1716－0015899　集補 3247－39/15899　集部/小説類/短篇之屬
詳注聊齋志異圖詠十六卷　(清)蒲松齡撰　(清)呂湛恩注　民國石印本　一冊　存二卷(一至二)

330000－1716－0015900　史補 0873/15900
史部/傳記類/總傳之屬/技藝
歷代畫史彙傳七十二卷首一卷附録二卷　(清)彭藴璨編　民國十一年(1922)上海錦章圖書局石印本　十二冊

330000－1716－0015901　縣資 0030－2/15901　史部/地理類/方志之屬/郡縣志
[嘉慶]山陰縣志校記一卷　(清)李慈銘撰　民國十九年(1930)鉛印本　一冊

330000－1716－0015902　史補 0872/15902
史部/傳記類/總傳之屬/技藝
清代畫史增編三十七卷補編一卷　盛鐔輯　民國十六年(1927)上海有正書局鉛印本　六冊

330000－1716－0015904　集補 1931/15904
集部/别集類/清别集
廣雅堂詩集不分卷　(清)張之洞撰　民國中國詩畫會社石印本　四冊

330000－1716－0015905　集補 1932/15905
集部/别集類/清别集
張文襄公詩集四卷　(清)張之洞撰　民國六年(1917)上海集益書局石印本　四冊

330000－1716－0015906　集補 1947/15906
集部/别集類/清别集
兩當軒集二十卷補遺二卷附録四卷攷異二卷　(清)黄景仁撰　(清)黄志述輯　民國十九年(1930)上海掃葉山房石印本　二冊

330000－1716－0015907　子補 4091/15907
子部/宗教類/道教之屬
聖誕寶誥經咒摘録一卷　民國鉛印本　一冊

330000－1716－0015908　史補 0875/15908
史部/傳記類/總傳之屬/技藝
歷代畫史彙傳七十二卷首一卷附録二卷　(清)彭藴璨編　民國三十年(1941)上海廣雅書局、啟新書局石印本　十二冊

330000－1716－0015911　集補 1945/15911
集部/别集類/清别集
兩當軒集二十卷補遺二卷附録四卷攷異二卷　(清)黄景仁撰　(清)黄志述輯　民國十年(1921)上海掃葉山房石印本　六冊

330000－1716－0015913　子補 4093/15913
子部/宗教類/佛教之屬
蓮池大師戒殺文衍義一卷　民國宏大善書局石印本　一冊

330000－1716－0015914　子補 2952/15914

子部/藝術類/書畫之屬/題跋
明十大名家評校仿蘇寫本蘇黃題跋 (清)黃嘉惠輯 民國中華圖書館石印本 八冊

330000－1716－0015915 集補 1944/15915
集部/別集類/清別集
海珊詩鈔十一卷補遺二卷 (清)嚴遂成撰 民國七年(1918)上海文明書局石印本 二冊

330000－1716－0015916 子補 4094/15916
子部/宗教類/佛教之屬
戒殺放生文一卷 (明)釋袾宏撰 民國上海宏大善書局石印本 一冊

330000－1716－0015917 集補 1943/15917
集部/別集類/清別集
新羅山人集五卷 (清)華嵒撰 民國古今圖書館石印本 馬靓元題簽並記 二冊

330000－1716－0015918 集補 3247－40/15918 集部/小說類/短篇之屬
聊齋志異新評十六卷 (清)蒲松齡撰 (清)王士禛評 (清)但明倫新評 (清)呂湛恩注 民國中新書局鉛印本 五冊 存五卷(二至三、五、七、十三)

330000－1716－0015919 集補 1942/15919
集部/別集類/清別集
新羅山人集五卷 (清)華嵒撰 民國古今圖書館石印本 四冊

330000－1716－0015920 集補 3247－41/15920 集部/小說類/短篇之屬
詳注聊齋志異圖詠十六卷 (清)蒲松齡撰 (清)呂湛恩注 民國上海簡青齋書局石印本 一冊 存二卷(十三至十四)

330000－1716－0015922 集補 3247－42/15922 集部/小說類/短篇之屬
聊齋誌異續編八卷 (清)青城子編 民國上海受古書店石印本 五冊 存五卷(三、五至八)

330000－1716－0015923 子補 4080/15923
子部/天文曆算類/天文之屬
大千圖說三卷 江希張撰 民國六藝書林石印本 一冊 存一卷(上)

330000－1716－0015926 子補 2941/15926
子部/藝術類/書畫之屬/畫譜
分類畫範自習畫譜大全三集二十四卷 馬駘繪 民國十七年(1928)上海世界書局石印本 二十四冊

330000－1716－0015927 子補 2942/15927
子部/藝術類/書畫之屬/畫譜
分類畫範自習畫譜大全三集二十四卷 馬駘繪 民國十七年(1928)上海世界書局石印本 二十四冊

330000－1716－0015928 集補 3247－43/15928 集部/小說類/短篇之屬
詳注聊齋志異圖詠十六卷 (清)蒲松齡撰 (清)呂湛恩注 民國石印本 三冊 存六卷(五至八、十一至十二)

330000－1716－0015930 集補 1949/15930
集部/別集類
求我山人雜著六卷首一卷 莊景仲撰 **附録一卷** 民國十八年(1929)鉛印本 二冊

330000－1716－0015931 集補 1950/15931
集部/別集類
求我山人雜著六卷首一卷 莊景仲撰 **附録一卷** 民國十八年(1929)鉛印本 二冊

330000－1716－0015933 集補 3442/15933
集部/小說類/長篇之屬
繡像繪圖西漢演義四卷一百回 (明)甄偉撰 民國六年(1917)上海廣益書局石印本 二冊 存二卷(一、三)

330000－1716－0015934 集補 3247－44/15934 集部/小說類/短篇之屬
詳注聊齋志異圖詠十六卷 (清)蒲松齡撰 (清)呂湛恩注 民國上海天機書局石印本 一冊 存二卷(三至四)

330000－1716－0015935 集補 1951/15935
集部/總集類/彙編之屬
足本康南海梁任公文集彙編二種 感鳳逸民編 民國十四年(1925)時還書局石印本 十

六冊

330000－1716－0015939 集補 3247－45/15939 集部/小說類/短篇之屬
詳注聊齋志異圖詠十六卷 (清)蒲松齡撰 (清)呂湛恩注 民國上海天機書局石印本 二冊 存四卷(三至四、九至十)

330000－1716－0015940 地獻 1276－2/15940 類叢部/叢書類/自著之屬
惟謙廬叢書 胡維銓撰 民國二十年(1931)研白齋鉛印本 一冊 存一種

330000－1716－0015941 集補 3247－46/15941 集部/小說類/短篇之屬
詳注聊齋志異圖詠十六卷 (清)蒲松齡撰 (清)呂湛恩注 民國石印本 三冊 存六卷(三至四、七至八、十一至十二)

330000－1716－0015943 地獻 1276－3/15943 類叢部/叢書類/自著之屬
惟謙廬叢書 胡維銓撰 民國二十年(1931)研白齋鉛印本 一冊 存一種

330000－1716－0015946 地獻 1276－4/15946 類叢部/叢書類/自著之屬
惟謙廬叢書 胡維銓撰 民國二十年(1931)研白齋鉛印本 一冊 存一種

330000－1716－0015947 地獻 1276－5/15947 類叢部/叢書類/自著之屬
惟謙廬叢書 胡維銓撰 民國二十年(1931)研白齋鉛印本 一冊 存一種

330000－1716－0015949 集補 3247－47/15949 集部/小說類/短篇之屬
詳注聊齋志異圖詠十六卷 (清)蒲松齡撰 (清)呂湛恩注 民國上海錦章圖書局石印本 一冊 存二卷(五至六)

330000－1716－0015950 地獻 1276－6/15950 類叢部/叢書類/自著之屬
惟謙廬叢書 胡維銓撰 民國二十年(1931)研白齋鉛印本 一冊 存一種

330000－1716－0015951 集補 3444－1/15951 集部/小說類/長篇之屬
繡像七劍十三俠三集十二卷一百八十回 (清)唐芸洲撰 民國四年(1915)文盛書局石印本 孫鳴鏘題記 一冊 存一卷(二集一)

330000－1716－0015952 經補 1344－7/15952 經部/春秋左傳類/文字音義之屬
春秋左傳音義白話注解六卷 費恕皆編 民國上海群學書社石印本 一冊 存三卷(四至六)

330000－1716－0015953 地獻 1276－7/15953 類叢部/叢書類/自著之屬
惟謙廬叢書 胡維銓撰 民國二十年(1931)研白齋鉛印本 一冊 存一種

330000－1716－0015954 地獻 1276－8/15954 類叢部/叢書類/自著之屬
惟謙廬叢書 胡維銓撰 民國二十年(1931)研白齋鉛印本 一冊 存一種

330000－1716－0015955 地獻 1276－9/15955 類叢部/叢書類/自著之屬
惟謙廬叢書 胡維銓撰 民國二十年(1931)研白齋鉛印本 一冊 存一種

330000－1716－0015956 經補 1344－8/15956 經部/春秋左傳類/傳說之屬
春秋左傳句解六卷 (清)韓菼重訂 民國長沙萬卷閣書局鉛印本 六冊

330000－1716－0015957 集補 3444－2/15957 集部/小說類/長篇之屬
繡像七劍十三俠三集十二卷一百八十回 (清)唐芸洲撰 民國石印本 一冊 存三卷(三集一至三)

330000－1716－0015958 集補 1952/15958 集部/別集類
海藏樓詩一卷 鄭孝胥撰 民國十三年(1924)上海掃葉山房石印本 一冊

330000－1716－0015959 集補 1953/15959 集部/別集類
海藏樓詩一卷 鄭孝胥撰 民國五年(1916)文藝雜志社石印本 一冊

330000－1716－0015961　集補 3247－48/15961　集部/小說類/短篇之屬
分類廣注聊齋誌異十卷　(清)蒲松齡撰　通俗小說社編輯　民國十七年(1928)上海世界書局石印本　八冊　存八卷(一至六、九至十)

330000－1716－0015964　經補 1344－10/15964　經部/春秋左傳類/傳說之屬
言文對照左傳句解六卷　廣益書局編輯部編譯　民國十七年(1928)上海廣益書局石印本　五冊　缺一卷(四)

330000－1716－0015966　子補 1307－5/15966　子部/農家農學類/總論之屬
重訂增補陶朱公致富全書四卷　(清)石巖逸叟增定　民國石印本　一冊

330000－1716－0015967　子補 1307－6/15967　子部/農家農學類/總論之屬
重訂增補陶朱公致富全書四卷　(清)石巖逸叟增定　民國石印本　一冊

330000－1716－0015969　史補 0282/15969　史部/政書類/律令之屬
現行律令判牘成案匯覽四集　孫鑫源編輯　民國四年(1915)上海文明書局石印本　十七冊　存十七冊(二、四至五、七至二十)

330000－1716－0015971　縣資 0026－1/15971　史部/地理類/方志之屬/郡縣志
[寶慶]會稽續志八卷　(宋)張淏纂修　民國十五年(1926)據清嘉慶十三年(1808)刻本影印本　三冊

330000－1716－0015972　縣資 0026－2/15972　史部/地理類/方志之屬/郡縣志
[寶慶]會稽續志八卷　(宋)張淏纂修　民國十五年(1926)據清嘉慶十三年(1808)刻本影印本　三冊

330000－1716－0015973　縣資 0026－3/15973　史部/地理類/方志之屬/郡縣志
[寶慶]會稽續志八卷　(宋)張淏纂修　民國十五年(1926)據清嘉慶十三年(1808)刻本影印本　三冊

330000－1716－0015974　縣資 0026－4/15974　史部/地理類/方志之屬/郡縣志
[寶慶]會稽續志八卷　(宋)張淏纂修　民國十五年(1926)據清嘉慶十三年(1808)刻本影印本　三冊

330000－1716－0015975　縣資 0026－5/15975　史部/地理類/方志之屬/郡縣志
[寶慶]會稽續志八卷　(宋)張淏纂修　民國十五年(1926)據清嘉慶十三年(1808)刻本影印本　一冊　存三卷(六至八)

330000－1716－0015977　集補 1954/15977　集部/別集類
盤山集三卷　盧伯炎撰　民國三十四年(1945)鉛印本　一冊

330000－1716－0015978　子補 4088/15978　新學/學校
初等小學女子修身教科書二卷　中國教育改良會編　民國石印本　一冊　存一卷(一)

330000－1716－0015979　子補 2124/15979　子部/農家農學類/園藝之屬/花卉
秘本蘭蕙譜四卷　蘭蕙研究會編輯　民國十一年(1922)上海世界書局石印本　一冊

330000－1716－0015981　集補 1955/15981　集部/別集類
靈璅閣詩二卷附孫言草一卷　張惠衣撰　民國三十三年(1944)鉛印本　一冊

330000－1716－0015982　集補 3441/15982　集部/總集類/尺牘之屬
新式白話信範本七卷　嚴渭漁編輯　嚴玉成校訂　民國十九年(1930)上海世界書局石印本　一冊

330000－1716－0015984　新補 0666/15984　新學/政治法律/政治
政治不分卷　民國石印本　一冊

330000－1716－0015985　集補 3247－49/15985　集部/小說類/短篇之屬

詳注聊齋志異圖詠十六卷 (清)蒲松齡撰 (清)呂湛恩注 民國石印本 一冊 存二卷(五至六)

330000－1716－0015986 普叢 0340－2/15986 類叢部/叢書類/彙編之屬

四部精華一百二十五種 陸翔選輯 民國上海世界書局石印本 二十冊

330000－1716－0015987 子補 2323－3/15987 子部/術數類/陰陽五行之屬

增廣玉匣記通書二卷 (清)朱說霖重校 民國十七年(1928)上海文昌書局石印本 一冊

330000－1716－0015988 集補 1956/15988 集部/別集類

適園詩存一卷 何衢撰 民國二十九年(1940)鉛印本 一冊

330000－1716－0015991 子補 0836－2/15991 子部/宗教類/佛教之屬

佛家名相通釋二卷 熊十力撰 民國二十六年(1937)國立北京大學出版組鉛印本 二冊

330000－1716－0015992 史補 1585/15992 新學/雜著

繪圖國民模範不分卷 陳知祥輯 民國十二年(1923)上海世界書局石印本 四冊

330000－1716－0015993 集補 1957/15993 集部/別集類

栩園近稿六卷 陳栩撰 民國漢文書局鉛印本 一冊

330000－1716－0015995 普類 0098－3/15995 類叢部/類書類

韻海大全角山樓類腋不分卷 (清)姚培謙原本 (清)趙克宜增輯 民國上海文瑞樓石印本 六冊

330000－1716－0015996 集補 3247－50/15996 集部/小說類/短篇之屬

詳注聊齋志異圖詠十六卷 (清)蒲松齡撰 (清)呂湛恩注 民國石印本 一冊 存二卷(十三至十四)

330000－1716－0015997 子補 2125/15997 子部/農家農學類/園藝之屬/花卉

秘傳花鏡六卷 (清)陳淏子撰 民國石印本 一冊 存三卷(四至六)

330000－1716－0015998 普叢 0345－2/15998 類叢部/叢書類/彙編之屬

醉靈軒叢書 民國鉛印本 一冊 存三種

330000－1716－0015999 集補 3247－51/15999 集部/小說類/短篇之屬

詳注聊齋志異圖詠十六卷 (清)蒲松齡撰 (清)呂湛恩注 民國石印本 一冊 存二卷(三至四)

330000－1716－0016000 普叢 0345－1/16000 類叢部/叢書類/彙編之屬

醉靈軒叢書 民國鉛印本 一冊 存三種

330000－1716－0016001 集補 3247－52/16001 集部/小說類/短篇之屬

詳注聊齋志異圖詠十六卷 (清)蒲松齡撰 (清)呂湛恩注 民國石印本 一冊 存二卷(五至六)

330000－1716－0016002 普叢 0345－4/16002 類叢部/叢書類/彙編之屬

醉靈軒叢書 民國鉛印本 二冊 存五種

330000－1716－0016003 普叢 0345－3/16003 類叢部/叢書類/彙編之屬

醉靈軒叢書 民國鉛印本 一冊 存三種

330000－1716－0016007 子補 2356－4/16007 子部/醫家類/養生之屬

養生保命録一卷 民國二十三年(1934)上海三友實業社石印本 一冊

330000－1716－0016012 子補 2126/16012 子部/農家農學類/園藝之屬/花卉

秘傳花鏡六卷 (清)陳淏子撰 民國三年(1914)上海鶴記書局石印本 六冊

330000－1716－0016013 子補 3087/16013 子部/藝術類/遊藝之屬/雜藝

益智圖二卷燕几圖一卷副本一卷 (清)童叶

庚撰　**益智續圖一卷**　(清)童昂　(清)童昶　(清)童晏撰　(清)童叶庚編　**益智字圖一卷附一卷**　(清)祝梅君撰　民國十一年(1922)上海商務印書館石印本　六册

330000－1716－0016016　子補 2127/16016
子部/農家農學類/園藝之屬/花卉
秘傳花鏡六卷　(清)陳淏子撰　民國三年(1914)上海鶴記書局石印本　金雯氏題記並批註　一册

330000－1716－0016017　集補 3247－54/16017　集部/小説類/短篇之屬
詳注聊齋志異圖詠十六卷　(清)蒲松齡撰　(清)吕湛恩注　民國上海天寶書局石印本　五册　存十卷(一至二、七至十二、十五至十六)

330000－1716－0016018　子補 2128/16018
子部/農家農學類/園藝之屬/花卉
秘傳花鏡六卷　(清)陳淏子撰　民國三年(1914)上海鶴記書局石印本　二册

330000－1716－0016019　集補 1960/16019
集部/總集類/選集之屬/斷代
初唐四傑文集二十一卷　民國六年(1917)上海江左書林石印本　四册

330000－1716－0016020　縣資 0029－2/16020　史部/地理類/方志之屬/郡縣志
乾隆紹興府志校記不分卷　(清)李慈銘撰　民國十八年(1929)鉛印本　一册

330000－1716－0016023　集補 3247－55/16023　集部/小説類/短篇之屬
詳注聊齋志異圖詠十六卷　(清)蒲松齡撰　(清)吕湛恩注　民國石印本　二册　存四卷(三至四、七至八)

330000－1716－0016024　縣資 0029－3/16024　史部/地理類/方志之屬/郡縣志
乾隆紹興府志校記不分卷　(清)李慈銘撰　民國十八年(1929)鉛印本　一册

330000－1716－0016026　縣資 0029－4/16026　史部/地理類/方志之屬/郡縣志
乾隆紹興府志校記不分卷　(清)李慈銘撰　民國十八年(1929)鉛印本　一册

330000－1716－0016027　子補 2958/16027
子部/醫家類/婦科之屬/通論
竹林寺女科秘方一卷　(清)竹林寺僧撰　民國開封第一山房石印本　一册

330000－1716－0016028　普叢 0344/16028
類叢部/叢書類/自著之屬
樊山全集六種　樊增祥撰　民國石印本　二十四册

330000－1716－0016029　縣資 0029－5/16029　史部/地理類/方志之屬/郡縣志
乾隆紹興府志校記不分卷　(清)李慈銘撰　民國十八年(1929)鉛印本　一册

330000－1716－0016030　集補 3247－56/16030　集部/小説類/短篇之屬
詳注聊齋志異圖詠十六卷　(清)蒲松齡撰　(清)吕湛恩注　民國石印本　二册　存四卷(十一至十四)

330000－1716－0016031　縣資 0029－6/16031　史部/地理類/方志之屬/郡縣志
乾隆紹興府志校記不分卷　(清)李慈銘撰　民國十八年(1929)鉛印本　一册

330000－1716－0016033　子補 2959/16033
子部/醫家類/婦科之屬
婦科易知一卷　中華書局編　民國八年(1919)中華書局鉛印本　一册

330000－1716－0016034　集補 1959/16034
集部/別集類
栩園近稿六卷　陳栩撰　民國漢文書局鉛印本　一册

330000－1716－0016035　縣資 0029－8/16035　史部/地理類/方志之屬/郡縣志
乾隆紹興府志校記不分卷　(清)李慈銘撰　民國十八年(1929)鉛印本　一册

330000－1716－0016036　縣資 0029－7/16036　史部/地理類/方志之屬/郡縣志

乾隆紹興府志校記不分卷　(清)李慈銘撰　民國十八年(1929)鉛印本　一冊

330000－1716－0016039　子補 4099/16039　子部/醫家類/類編之屬
增輯陳修園醫書七十種　(清)陳念祖撰　民國上海廣益書局石印本　一冊　存五種

330000－1716－0016040　縣資 0029－9/16040　史部/地理類/方志之屬/郡縣志
乾隆紹興府志校記不分卷　(清)李慈銘撰　民國十八年(1929)鉛印本　一冊

330000－1716－0016042　集補 3247－57/16042　集部/小說類/短篇之屬
評注聊齋志異圖詠十六卷　(清)蒲松齡撰　(清)呂湛恩注　民國上海中原書局石印本　一冊　存二卷(十一至十二)

330000－1716－0016043　子補 2960/16043　子部/醫家類/婦科之屬/通論
新編女科指掌五卷　(清)葉其蓁編輯　民國上海海左書局石印本　二冊

330000－1716－0016044　縣資 0029－10/16044　史部/地理類/方志之屬/郡縣志
乾隆紹興府志校記不分卷　(清)李慈銘撰　民國十八年(1929)鉛印本　一冊

330000－1716－0016045　子補 2957/16045　子部/醫家類/婦科之屬/通論
新編女科指掌五卷　(清)葉其蓁編輯　民國上海海左書局石印本　一冊

330000－1716－0016046　縣資 0029－11/16046　史部/地理類/方志之屬/郡縣志
乾隆紹興府志校記不分卷　(清)李慈銘撰　民國十八年(1929)鉛印本　一冊

330000－1716－0016047　縣資 0029－12/16047　史部/地理類/方志之屬/郡縣志
乾隆紹興府志校記不分卷　(清)李慈銘撰　民國十八年(1929)鉛印本　一冊

330000－1716－0016048　集補 3247－58/16048　集部/小說類/短篇之屬
評注聊齋志異圖詠十六卷　(清)蒲松齡撰　(清)呂湛恩注　民國石印本　一冊　存二卷(七至八)

330000－1716－0016049　子補 2962/16049　子部/醫家類/兒科之屬/痘疹
痘科全書四卷　(清)鄧爾泰撰　民國六年(1917)上海廣益書局石印本　一冊

330000－1716－0016050　縣資 0029－13/16050　史部/地理類/方志之屬/郡縣志
乾隆紹興府志校記不分卷　(清)李慈銘撰　民國十八年(1929)鉛印本　一冊

330000－1716－0016052　子補 2963/16052　子部/醫家類/兒科之屬/通論
校正幼科三種　民國三年(1914)上海錦章圖書局石印本　二冊

330000－1716－0016053　縣資 0029－14/16053　史部/地理類/方志之屬/郡縣志
乾隆紹興府志校記不分卷　(清)李慈銘撰　民國十八年(1929)鉛印本　一冊

330000－1716－0016054　縣資 0029－15/16054　史部/地理類/方志之屬/郡縣志
乾隆紹興府志校記不分卷　(清)李慈銘撰　民國十八年(1929)鉛印本　一冊

330000－1716－0016055　縣資 0031－1/16055　史部/傳記類/總傳之屬/郡邑
龍山詩巢志略四卷　錢繩武輯　民國二十二年(1933)鉛印本　一冊

330000－1716－0016056　縣資 0029－16/16056　史部/地理類/方志之屬/郡縣志
乾隆紹興府志校記不分卷　(清)李慈銘撰　民國十八年(1929)鉛印本　一冊

330000－1716－0016057　集補 3247－59/16057　集部/小說類/短篇之屬
評注聊齋志異圖詠十六卷　(清)蒲松齡撰　(清)呂湛恩注　民國石印本　一冊　存一卷(四)

330000－1716－0016058　縣資 0031－2/

16058　史部/傳記類/總傳之屬/郡邑

龍山詩巢志略四卷　錢繩武輯　民國二十二年(1933)鉛印本　一冊

330000－1716－0016059　縣資 0031－3/16059　史部/傳記類/總傳之屬/郡邑

龍山詩巢志略四卷　錢繩武輯　民國二十二年(1933)鉛印本　一冊

330000－1716－0016060　經補 1041－3/16060　經部/春秋左傳類/傳說之屬

評點春秋綱目左傳句解彙雋六卷　(清)韓菼重訂　民國上海掃葉山房石印本　六冊

330000－1716－0016061　縣資 0031－4/16061　史部/傳記類/總傳之屬/郡邑

龍山詩巢志略四卷　錢繩武輯　民國二十二年(1933)鉛印本　一冊

330000－1716－0016062　縣資 0031－5/16062　史部/傳記類/總傳之屬/郡邑

龍山詩巢志略四卷　錢繩武輯　民國二十二年(1933)鉛印本　一冊

330000－1716－0016063　縣資 0029－17/16063　史部/地理類/方志之屬/郡縣志

乾隆紹興府志校記不分卷　(清)李慈銘撰　民國十八年(1929)鉛印本　一冊

330000－1716－0016064　縣資 0029－18/16064　史部/地理類/方志之屬/郡縣志

乾隆紹興府志校記不分卷　(清)李慈銘撰　民國十八年(1929)鉛印本　一冊

330000－1716－0016065　縣資 0029－19/16065　史部/地理類/方志之屬/郡縣志

乾隆紹興府志校記不分卷　(清)李慈銘撰　民國十八年(1929)鉛印本　一冊

330000－1716－0016066　縣資 0029－20/16066　史部/地理類/方志之屬/郡縣志

乾隆紹興府志校記不分卷　(清)李慈銘撰　民國十八年(1929)鉛印本　一冊

330000－1716－0016067　縣資 0029－21/16067　史部/地理類/方志之屬/郡縣志

乾隆紹興府志校記不分卷　(清)李慈銘撰　民國十八年(1929)鉛印本　一冊

330000－1716－0016068　縣資 0029－22/16068　史部/地理類/方志之屬/郡縣志

乾隆紹興府志校記不分卷　(清)李慈銘撰　民國十八年(1929)鉛印本　一冊

330000－1716－0016069　縣資 0032－1/16069　史部/地理類/專志之屬/寺觀

倉帝廟志一卷附臥龍山倉帝廟立石記一卷　(清)劉正誼編　**續倉帝廟志不分卷**　陳艮仙　周毅修輯　民國二十五年(1936)鉛印本　一冊

330000－1716－0016071　集補 3247－60/16071　集部/小說類/短篇之屬

詳注聊齋志異圖詠十六卷　(清)蒲松齡撰　(清)呂湛恩注　民國石印本　二冊　存三卷(五至六、十二)

330000－1716－0016072　縣資 0032－2/16072　史部/地理類/專志之屬/寺觀

倉帝廟志一卷附臥龍山倉帝廟立石記一卷　(清)劉正誼編　**續倉帝廟志不分卷**　陳艮仙　周毅修輯　民國二十五年(1936)鉛印本　一冊

330000－1716－0016073　縣資 0032－5/16073　史部/地理類/專志之屬/寺觀

倉帝廟志一卷附臥龍山倉帝廟立石記一卷　(清)劉正誼編　**續倉帝廟志不分卷**　陳艮仙　周毅修輯　民國二十五年(1936)鉛印本　一冊

330000－1716－0016074　縣資 0032－3/16074　史部/地理類/專志之屬/寺觀

倉帝廟志一卷附臥龍山倉帝廟立石記一卷　(清)劉正誼編　**續倉帝廟志不分卷**　陳艮仙　周毅修輯　民國二十五年(1936)鉛印本　一冊

330000－1716－0016075　子補 2964/16075　子部/醫家類/兒科之屬/痘疹

增補秘傳痘疹玉髓金鏡録真本四卷首一卷

（明）翁仲仁輯　民國元年（1912）上海江東書局石印本　一冊

330000－1716－0016076　集補 3247－61/16076　集部/小說類/短篇之屬

詳注聊齋志異圖詠十六卷　（清）蒲松齡撰（清）呂湛恩注　民國上海天寶書局石印本　二冊　存四卷（十一至十四）

330000－1716－0016078　縣資 0032－4/16078　史部/地理類/專志之屬/寺觀

倉帝廟志一卷附臥龍山倉帝廟立石記一卷　（清）劉正誼編　**續倉帝廟志不分卷**　陳艮仙　周毅修輯　民國二十五年（1936）鉛印本　一冊

330000－1716－0016079　子補 0064－1/16079　子部/藝術類/書畫之屬/畫譜

海上名人畫譜六卷　民國石印本　一冊　存一卷（六）

330000－1716－0016082　經補 1344－36/16082　經部/春秋左傳類/傳說之屬

評點春秋左傳綱目句解彙雋六卷　（清）韓菼重訂　民國石印本　一冊　存一卷（四）

330000－1716－0016083　經補 0931－8/16083　子部/儒家類/儒學之屬/蒙學

便蒙四書　（宋）朱熹撰　民國石印本　一冊　存一種

330000－1716－0016084　集補 3247－62/16084　集部/小說類/短篇之屬

詳注聊齋志異圖詠十六卷　（清）蒲松齡撰（清）呂湛恩注　民國上海鴻寶齋書局石印本　一冊　存二卷（十三至十四）

330000－1716－0016085　集補 1964/16085　集部/總集類/選集之屬/通代

評點音注十八家詩鈔二十八卷　（清）曾國藩纂　民國二十二年（1933）上海廣益書局鉛印本　二十八冊

330000－1716－0016088　經補 1344－37/16088　經部/春秋左傳類/傳說之屬

批點春秋左傳綱目句解彙雋六卷　（清）韓菼重訂　民國石印本　一冊　存一卷（二）

330000－1716－0016090　子補 2966/16090　子部/醫家類/兒科之屬/通論

小兒藥證直訣三卷附方一卷　（宋）錢乙撰（宋）閻孝忠輯　**閻氏小兒方論一卷**　（宋）閻孝忠撰　**小兒斑疹備急方論一卷**　（宋）董汲撰　民國二十年（1931）上海千頃堂石印本　一冊

330000－1716－0016091　新補 0058/16091　新學/學校

共和國教科書新算術教授法六冊不分卷　駱師曾編　民國上海商務印書館鉛印本　三冊　存三冊（三至五）

330000－1716－0016093　子補 3088/16093　子部/藝術類/遊藝之屬/雜藝

益智圖二卷燕几圖一卷副本一卷　（清）童叶庚撰　**益智續圖一卷**　（清）童昂　（清）童昶　（清）童晏撰　（清）童叶庚編　**益智字圖一卷附一卷**　（清）祝梅君撰　民國十一年（1922）上海商務印書館石印本　六冊

330000－1716－0016094　子補 2967/16094　子部/醫家類/兒科之屬/通論

小兒藥證直訣三卷附方一卷　（宋）錢乙撰（宋）閻孝忠輯　**閻氏小兒方論一卷**　（宋）閻孝忠撰　**小兒斑疹備急方論一卷**　（宋）董汲撰　民國二十年（1931）上海千頃堂石印本　一冊

330000－1716－0016097　子補 2969/16097　子部/醫家類/兒科之屬/通論

鼎鍥幼幼集成六卷　（清）陳復正輯　民國六年（1917）上海錦章圖書局影印本　六冊

330000－1716－0016098　子補 4102/16098　新學/學校

高等小學論說文範四卷　邵伯棠撰　民國六年（1917）上海會文堂石印本　一冊

330000－1716－0016100　縣資 0030－3/16100　史部/地理類/方志之屬/郡縣志

［嘉慶］山陰縣志校記一卷　（清）李慈銘撰

民國十九年(1930)鉛印本　一冊

330000－1716－0016101　子補 2133/16101
子部/雜著類/雜品之屬
多能鄙事十二卷　(明)劉基編　民國六年(1917)上海榮華書局石印本　八冊

330000－1716－0016103　集補 3247－63/16103　集部/小說類/短篇之屬
詳注聊齋志異圖詠十六卷　(清)蒲松齡撰　(清)呂湛恩注　民國石印本　六冊　存八卷(六至七、九至十三、十五)

330000－1716－0016104　縣資 0030－4/16104　史部/地理類/方志之屬/郡縣志
[嘉慶]山陰縣志校記一卷　(清)李慈銘撰　民國十九年(1930)鉛印本　一冊

330000－1716－0016105　子補 3089－1/16105　子部/藝術類/遊藝之屬/雜藝
益智圖二卷燕几圖一卷副本一卷　(清)童叶庚撰　**益智續圖一卷**　(清)童昂　(清)童昶　(清)童晏撰　(清)童叶庚編　**益智字圖一卷附一卷**　(清)祝梅君撰　民國四年(1915)上海商務印書館石印本　一冊　存一卷(副本)

330000－1716－0016106　子補 2134/16106
子部/雜著類/雜品之屬
多能鄙事十二卷　(明)劉基編　民國六年(1917)上海榮華書局石印本　七冊　存十卷(一至十)

330000－1716－0016107　集補 1968/16107
集部/總集類/選集之屬/通代
御選唐宋詩醇四十七卷目録二卷　(清)高宗弘曆輯　民國四年(1915)中華圖書館石印本　十冊

330000－1716－0016108　集補 1969/16108
集部/總集類/選集之屬/通代
圈點詳注十八家詩鈔二十八卷　(清)曾國藩撰　陳存悔等注　民國十三年(1924)上海崇新書局鉛印本　十六冊

330000－1716－0016109　子補 3089－2/16109　子部/藝術類/遊藝之屬/雜藝
益智圖二卷燕几圖一卷副本一卷　(清)童叶庚撰　**益智續圖一卷**　(清)童昂　(清)童昶　(清)童晏撰　(清)童叶庚編　**益智字圖一卷附一卷**　(清)祝梅君撰　民國十三年(1924)上海商務印書館石印本　一冊　存一卷(副本)

330000－1716－0016111　集補 1970/16111
集部/總集類/選集之屬/通代
圈點詳注十八家詩鈔二十八卷　(清)曾國藩撰　陳存悔等注　民國十八年(1929)上海中原書局鉛印本　十六冊

330000－1716－0016112　集補 1971/16112
集部/別集類/清別集
香屑集十八卷首一卷末一卷　(清)黄之雋撰　(清)陳邦直注　民國七年(1918)上海掃葉山房石印本　四冊

330000－1716－0016113　集補 3247－65/16113　集部/小說類/短篇之屬
詳注聊齋志異圖詠十六卷　(清)蒲松齡撰　(清)呂湛恩注　民國上海鴻寶齋書局石印本　一冊　存二卷(十三至十四)

330000－1716－0016114　縣資 0030－5/16114　史部/地理類/方志之屬/郡縣志
[嘉慶]山陰縣志校記一卷　(清)李慈銘撰　民國十九年(1930)鉛印本　一冊

330000－1716－0016116　集補 1972/16116
集部/別集類/清別集
香屑集十八卷首一卷末一卷　(清)黄之雋撰　(清)陳邦直注　民國四年(1915)上海掃葉山房石印本　四冊

330000－1716－0016117　集補 1973/16117
集部/別集類/清別集
香屑集十八卷首一卷末一卷　(清)黄之雋撰　(清)陳邦直注　民國十一年(1922)上海掃葉山房石印本　四冊

330000－1716－0016118　集補 3247－64/16118　集部/小說類/短篇之屬

詳注聊齋志異圖詠十六卷 (清)蒲松齡撰 (清)呂湛恩注 民國上海鴻寶齋書局石印本 一册 存二卷(十一至十二)

330000－1716－0016119 子補2970/16119 子部/醫家類/兒科之屬/通論
鼎鍥幼幼集成六卷 (清)陳復正輯 民國三年(1914)上海才記書局石印本 二册

330000－1716－0016120 普類0164/16120 子部/雜著類/雜纂之屬
日用文件大全不分卷 民國石印本 一册

330000－1716－0016121 縣資0030－6/16121 史部/地理類/方志之屬/郡縣志
[嘉慶]山陰縣志校記一卷 (清)李慈銘撰 民國十九年(1930)鉛印本 一册

330000－1716－0016122 縣資0030－7/16122 史部/地理類/方志之屬/郡縣志
[嘉慶]山陰縣志校記一卷 (清)李慈銘撰 民國十九年(1930)鉛印本 一册

330000－1716－0016124 集補3247－66/16124 集部/小説類/短篇之屬
詳注聊齋志異圖詠十六卷 (清)蒲松齡撰 (清)呂湛恩注 民國石印本 二册 存二卷(十、十四)

330000－1716－0016125 集補1966/16125 集部/總集類/選集之屬/斷代
才調集十卷 (五代)韋縠輯 民國十一年(1922)上海掃葉山房石印本 四册

330000－1716－0016126 集補1975/16126 集部/總集類/選集之屬/通代
詳注經史百家雜鈔二十六卷 (清)曾國藩纂 民國二十二年(1933)上海掃葉山房石印本 十二册

330000－1716－0016128 集補1976/16128 集部/總集類/選集之屬/通代
經史百家雜鈔二十六卷首一卷 (清)曾國藩纂 民國十三年(1924)上海中華圖書館鉛印本 十二册

330000－1716－0016131 子補2972/16131 子部/醫家類/外科之屬/通論
外科正宗十二卷 (明)陳實功撰 (清)徐大椿評 民國上海校經山房石印本 一册

330000－1716－0016132 史補0311/16132 史部/傳記類/别傳之屬
多瑪先生紀念册不分卷 國際勞工局中國分局輯 民國二十一年(1932)鉛印本 一册

330000－1716－0016135 縣資0030－8/16135 史部/地理類/方志之屬/郡縣志
[嘉慶]山陰縣志校記一卷 (清)李慈銘撰 民國十九年(1930)鉛印本 一册

330000－1716－0016137 新補0101－3/16137 新學/學校
全國學生成績新文庫甲編十九卷乙編初集二十卷二集二十卷 中央圖書局編輯部編 民國上海中央圖書公司石印本 三册 存十卷(一至二、六至十三)

330000－1716－0016138 新補0490－7/16138 新學/雜著
增訂日用雜字一卷 民國刻本 金硯題簽 一册

330000－1716－0016139 縣資0030－9/16139 史部/地理類/方志之屬/郡縣志
[嘉慶]山陰縣志校記一卷 (清)李慈銘撰 民國十九年(1930)鉛印本 一册

330000－1716－0016140 縣資0030－10/16140 史部/地理類/方志之屬/郡縣志
[嘉慶]山陰縣志校記一卷 (清)李慈銘撰 民國十九年(1930)鉛印本 一册

330000－1716－0016142 縣資0030－11/16142 史部/地理類/方志之屬/郡縣志
[嘉慶]山陰縣志校記一卷 (清)李慈銘撰 民國十九年(1930)鉛印本 一册

330000－1716－0016143 子補2974/16143 子部/醫家類/外科之屬/通論
外科正宗十二卷 (明)陳實功撰 (清)徐大椿評 民國元年(1912)廣益書局石印本

四册

330000－1716－0016145　縣資0030－12/16145　史部/地理類/方志之屬/郡縣志
［嘉慶］山陰縣志校記一卷　（清）李慈銘撰　民國十九年（1930）鉛印本　一册

330000－1716－0016147　子補2356－3/16147　子部/醫家類/養生之屬
養生保命録一卷　民國二十三年（1934）上海三友實業社石印本　一册

330000－1716－0016148　縣資0030－13/16148　史部/地理類/方志之屬/郡縣志
［嘉慶］山陰縣志校記一卷　（清）李慈銘撰　民國十九年（1930）鉛印本　一册

330000－1716－0016149　縣資0030－14/16149　史部/地理類/方志之屬/郡縣志
［嘉慶］山陰縣志校記一卷　（清）李慈銘撰　民國十九年（1930）鉛印本　一册

330000－1716－0016151　新補0105－1/16151　新學/雜著/叢編
日用萬事全書二十四編　新華編輯所編　民國上海新華書局鉛印本　三册　存十七編（一至十七）

330000－1716－0016152　縣資0030－15/16152　史部/地理類/方志之屬/郡縣志
［嘉慶］山陰縣志校記一卷　（清）李慈銘撰　民國十九年（1930）鉛印本　一册

330000－1716－0016153　縣資0030－16/16153　史部/地理類/方志之屬/郡縣志
［嘉慶］山陰縣志校記一卷　（清）李慈銘撰　民國十九年（1930）鉛印本　一册

330000－1716－0016155　子補2975/16155　子部/醫家類/外科之屬
外科理例七卷附方一卷　（明）汪機撰　民國上海千頃堂書局石印本　四册

330000－1716－0016156　新補0349－1/16156　新學/雜著
交際錦囊不分卷　教育圖書館編輯　民國十一年（1922）上海教育圖書館石印本　二册

330000－1716－0016157　集補1986/16157　集部/總集類/選集之屬/通代
詩歌易讀不分卷　達文社編　民國七年（1918）達文社鉛印本　一册

330000－1716－0016160　子補4119/16160　子部/儒家類/儒學之屬/禮教/家訓
家庭教育三卷　（清）陸起鯤撰　（清）陸韜編　民國十三年（1924）宏大善書局石印本　徐張全題記　一册

330000－1716－0016163　集補1980/16163　集部/總集類/選集之屬/通代
經史百家簡編二卷　（清）曾國藩纂　民國十一年（1922）上海中華圖書館鉛印本　二册

330000－1716－0016164　集補1987/16164　集部/詞類/詞話之屬
學詞初步一卷　傅紹先編　民國十五年（1926）上海文明書局鉛印本　一册

330000－1716－0016165　子補4120/16165　子部/宗教類/佛教之屬
大方廣圓覺脩多羅了義經二卷　（唐）多羅譯　民國上海佛學書局鉛印本　一册

330000－1716－0016167　集補1988/16167　集部/詞類/詞話之屬
詞學捷徑一卷　鄒弢撰　民國七年（1918）蘇州振新書社、上海蘇新書社石印本　一册

330000－1716－0016168　集補1982/16168　集部/總集類/選集之屬/通代
經史百家簡編二卷　（清）曾國藩纂　民國鉛印本　二册

330000－1716－0016169　子補2137/16169　子部/醫家類/婦科之屬
葉天士女科醫案一卷　（清）葉桂撰　陸士諤輯　民國十二年（1923）上海世界書局石印本　一册

330000－1716－0016171　普集1955－1/16171　集部/詩文評類/詩評之屬

最淺學詩法一卷　傅汝楫編　民國十一年(1922)上海大東書局石印本　一冊

330000－1716－0016173　普集 1955－2/16173　集部/詩文評類/詩評之屬
最淺學詩法一卷　傅汝楫編　民國十四年(1925)上海大東書局石印本　一冊

330000－1716－0016176　子補 2979/16176　類叢部/叢書類/自著之屬
顧氏秘書　民國三年(1914)上海書局石印本　四冊　存一種

330000－1716－0016177　子補 2138/16177　子部/醫家類/方書之屬/單方驗方
葉天士秘方一卷　(清)葉桂撰　陸士諤輯　民國十四年(1925)上海世界書局石印本　一冊

330000－1716－0016179　集補 3247－83/16179　集部/小說類/短篇之屬
詳注聊齋志異圖詠十六卷　(清)蒲松齡撰　(清)呂湛恩注　民國石印本　二冊　存四卷(十一至十四)

330000－1716－0016182　集補 1541－1/16182　集部/詩文評類/詩評之屬
詩學捷徑一卷　鄒弢編　民國蘇州振新書社、上海蘇新書社石印本　一冊

330000－1716－0016183　集補 1989/16183　集部/詩文評類/類編之屬
詩學指南八卷　(清)顧龍振編　民國十一年(1922)上海萃英書局石印本　一冊

330000－1716－0016184　子補 2986/16184　子部/醫家類/喉科口齒之屬/白喉
白喉全生集一卷　(清)李紀方輯　民國六年(1917)蕭山合義和印書局鉛印本　一冊

330000－1716－0016185　集補 1990/16185　集部/詩文評類/詩評之屬
學詩入門一卷　達文社編　民國八年(1919)上海達文社鉛印本　一冊

330000－1716－0016186　集補 1991/16186　集部/詩文評類/詩評之屬
學詩入門一卷　達文社編　民國七年(1918)上海達文社鉛印本　一冊

330000－1716－0016187　普集 1959－3/16187　集部/詩文評類/詩評之屬
學詩法程四卷　(清)王祖源輯　民國交通圖書館石印本　二冊

330000－1716－0016188　子補 2982/16188　子部/醫家類/喉科口齒之屬/白喉
洞主仙師白喉治法忌表抉微一卷　(清)耐修子録並注　民國十七年(1928)杭州中合印書館鉛印本　一冊

330000－1716－0016193　縣資 0031－6/16193　史部/傳記類/總傳之屬/郡邑
龍山詩巢志略四卷　錢繩武輯　民國二十二年(1933)鉛印本　一冊

330000－1716－0016194　縣資 0031－7/16194　史部/傳記類/總傳之屬/郡邑
龍山詩巢志略四卷　錢繩武輯　民國二十二年(1933)鉛印本　一冊

330000－1716－0016196　縣資 0031－8/16196　史部/傳記類/總傳之屬/郡邑
龍山詩巢志略四卷　錢繩武輯　民國二十二年(1933)鉛印本　李鴻梁題記　一冊

330000－1716－0016197　縣資 0031－9/16197　史部/傳記類/總傳之屬/郡邑
龍山詩巢志略四卷　錢繩武輯　民國二十二年(1933)鉛印本　一冊

330000－1716－0016199　子補 2985/16199　子部/醫家類/喉科口齒之屬/白喉
洞主仙師白喉治法忌表抉微一卷附經驗救急諸方一卷　(清)耐修子録並注　民國六年(1917)古越楊亢宗石印本　一冊

330000－1716－0016201　集補 3448/16201　集部/總集類/酬唱之屬
同聲集二卷附録一卷自集一卷　徐致青輯　民國八年(1919)同安石印本　一冊　存二卷(一至二)

330000－1716－0016206　集補 1992/16206
集部/詩文評類/詩評之屬
學詩初步三卷　張廷華　吳玉編　民國五年(1916)上海文明書局鉛印本　一冊

330000－1716－0016207　集補 3247－84/16207　集部/小説類/短篇之屬
詳注聊齋志異圖詠十六卷　(清)蒲松齡撰　(清)呂湛恩注　民國上海同文書局石印本　四冊　存十四卷(一至四、七至十六)

330000－1716－0016209　集補 2024/16209
集部/詩文評類/詩評之屬
隨園詩話十六卷補遺十卷　(清)袁枚撰　民國三年(1914)上海鴻寶齋書局石印本　四冊　缺六卷(補遺五至十)

330000－1716－0016210　史補 0485/16210
史部/目録類/專録之屬
新近編校出版各書提要一卷　會文堂書局撰　民國上海會文堂書局石印本　一冊

330000－1716－0016211　集補 2025/16211
集部/詩文評類/詩評之屬
隨園詩話十六卷補遺十卷　(清)袁枚撰　民國三年(1914)上海鴻寶齋書局石印本　三冊　存十六卷(一至十六)

330000－1716－0016212　新補 0365/16212
新學/學校
國文□□卷　民國油印本　二冊　存二卷(二、五上)

330000－1716－0016213　集補 2026/16213
集部/詩文評類/詩評之屬
隨園詩話十六卷補遺十卷　(清)袁枚撰　民國三年(1914)上海鴻寶齋書局石印本　一冊　存十六卷(一至十六)

330000－1716－0016214　集補 2027/16214
集部/詩文評類/詩評之屬
隨園詩話十六卷補遺十卷　(清)袁枚撰　民國石印本　一冊

330000－1716－0016215　集補 1993/16215
集部/詩文評類/詩評之屬
學詩初步三卷　張廷華　吳玉編　民國十三年(1924)上海文明書局鉛印本　一冊

330000－1716－0016216　普叢 0434－3/16216　類叢部/叢書類/自著之屬
隨園全集三十八種　(清)袁枚撰　民國七年(1918)上海文明書局石印本　六冊　存一種

330000－1716－0016217　集補 1994/16217
集部/詩文評類/詩評之屬
學詩初步三卷　張廷華　吳玉編　民國七年(1918)上海文明書局鉛印本　一冊

330000－1716－0016221　子補 2140/16221
子部/醫家類/温病之屬/瘟疫
温熱暑疫全書四卷　(清)周揚俊輯　民國上海千頃堂書局石印本　一冊

330000－1716－0016224　集補 2022/16224
集部/詩文評類/詩評之屬
隨園詩話十六卷補遺十卷　(清)袁枚撰　民國三年(1914)上海鴻寶齋書局石印本　四冊　缺六卷(補遺五至十)

330000－1716－0016232　子補 2989/16232
子部/醫家類/婦科之屬/通論
濟陰綱目十四卷　(明)武之望　(明)金德生撰　(清)汪淇箋釋　**保生碎事一卷**　(清)汪淇輯　民國三年(1914)上海錦章圖書局石印本　六冊

330000－1716－0016234　子補 2990/16234
子部/醫家類/綜合之屬/通論
御纂醫宗金鑑九十卷首一卷　(清)吳謙等撰　民國上海鴻寶齋石印本　四冊　存十六卷(外科一至十六)

330000－1716－0016236　縣資 0021－46/16236　史部/地理類/方志之屬/郡縣志
[民國]紹興縣志資料第一輯不分卷　紹興縣修志委員會輯　民國二十六年至二十八年(1937－1939)紹興縣修志委員會鉛印本　八冊　存八冊(三至六、十三至十六)

330000－1716－0016237　普集 1959－5/16237　集部/詩文評類/詩評之屬

學詩法程四卷　(清)王祖源輯　民國交通圖書館石印本　一冊　存二卷(一至二)

330000－1716－0016239　子補 2144/16239
子部/醫家類/傷寒金匱之屬/傷寒論
醫效秘傳三卷　(清)葉桂撰　**溫熱贅言一卷**　(清)寄瓢子撰　民國石印本　一冊

330000－1716－0016241　子補 2992/16241
子部/醫家類/綜合之屬/通論
御纂醫宗金鑑九十卷首一卷　(清)吳謙等撰　民國上海鴻寶齋石印本　一冊　存十六卷(外科一至十六)

330000－1716－0016242　子補 2991/16242
子部/醫家類/綜合之屬/通論
御纂醫宗金鑑九十卷首一卷　(清)吳謙等撰　民國八年(1919)上海鴻寶齋石印本　四冊　存十六卷(外科一至十六)

330000－1716－0016243　集補 1995/16243
集部/詩文評類/詩評之屬
學詩初步三卷　張廷華　吳玉編　民國四年(1915)上海文明書局鉛印本　一冊

330000－1716－0016244　縣資 0036/16244
史部/地理類/方志之屬/郡縣志
嘉慶山陰縣志斠稿不分卷　紹興縣修志委員會輯　稿本　七冊

330000－1716－0016246　集補 2049/16246
集部/詩文評類/詩評之屬
詩品三卷　(南朝梁)鍾嶸撰　**詩式一卷**　(唐)釋皎然撰　民國上海中華圖書館石印本　一冊

330000－1716－0016247　集補 1996/16247
集部/詩文評類/詩評之屬
學詩初步三卷　張廷華　吳玉編　民國五年(1916)上海文明書局鉛印本　一冊

330000－1716－0016249　集補 1997/16249
集部/詩文評類/詩評之屬
學詩初步三卷　張廷華　吳玉編　民國五年(1916)上海文明書局鉛印本　一冊

330000－1716－0016251　縣資 0037/16251
史部/地理類/方志之屬/郡縣志
[民國]紹興縣志資料第一輯校本不分卷　紹興縣修志委員會輯　稿本　十五冊

330000－1716－0016252　集補 2002/16252
集部/總集類/選集之屬/斷代
評注清文筆法百篇四卷　民國十三年(1924)上海進化書局石印本　四冊

330000－1716－0016253　集補 2003/16253
集部/總集類/選集之屬/通代
新選古文筆法百篇八卷首一卷　(清)李扶九編集　民國三年(1914)振華書局石印本　一冊

330000－1716－0016254　集補 2004/16254
集部/總集類/選集之屬/通代
古文筆法二十卷　(清)李扶九編集　民國天寶書局石印本　一冊

330000－1716－0016255　集補 2005/16255
集部/總集類/選集之屬/通代
古文筆法八卷　(清)李扶九編集　民國五年(1916)上海鑄記書局石印本　一冊

330000－1716－0016256　集補 2006/16256
集部/總集類/選集之屬/通代
言文對照古文筆法百篇不分卷　世界書局編輯所編輯　民國十一年(1922)上海世界書局石印本　一冊

330000－1716－0016259　集補 2008/16259
集部/總集類/選集之屬/通代
古文筆法二十卷　(清)李扶九編集　民國三年(1914)上海鴻寶齋書局石印本　二冊

330000－1716－0016260　縣資 0038－1/16260　史部/地理類/方志之屬/郡縣志
[嘉慶]山陰縣志三十卷首一卷　(清)徐元梅修　(清)朱文翰等纂　民國二十四年(1935)紹興新聞日報社鉛印本　四冊

330000－1716－0016261　集補 1998/16261
集部/詩文評類/詩評之屬
學詩初步三卷　張廷華　吳玉編　民國四年

(1915)上海文明書局鉛印本　一册

330000－1716－0016262　子補 0238－1/16262　子部/醫家類/外科之屬/通論

外科大成四卷　(清)祁坤撰　民國上海會文堂新記書局石印本　二册　存二卷(二、四)

330000－1716－0016263　地獻 1239－6/16263　集部/總集類/郡邑之屬

禹域叢書三種十二卷　禹域新聞社輯　民國鉛印本　四册　缺六卷(實齋文集三至八)

330000－1716－0016265　集補 1999/16265　集部/詩文評類/詩評之屬

學詩初步三卷　張廷華　吴玉編　民國二十年(1931)上海文明書局鉛印本　一册

330000－1716－0016266　子補 2146/16266　子部/醫家類/針灸之屬/針法灸法

痧驚合璧四卷　(清)陳汝銈撰　民國六年(1917)上海文益書局石印本　潘仁壽題簽　四册

330000－1716－0016267　子補 2993/16267　子部/醫家類/婦科之屬/產科

葉氏女科證治四卷　(清)葉桂撰　民國二年(1913)上海文益書局石印本　趙翔題記　四册

330000－1716－0016268　集補 2000/16268　集部/詩文評類/詩評之屬

學詩初步三卷　張廷華　吴玉編　民國四年(1915)上海文明書局鉛印本　一册

330000－1716－0016269　子補 2996/16269　子部/醫家類/婦科之屬/產科

葉氏女科證治四卷　(清)葉桂撰　民國二年(1913)上海文益書局石印本　三册　存三卷(一至三)

330000－1716－0016271　集補 2001/16271　集部/詩文評類/詩評之屬

學詩初步三卷　張廷華　吴玉編　民國五年(1916)上海文明書局鉛印本　一册

330000－1716－0016273　子補 2147/16273　子部/醫家類/針灸之屬/針法灸法

痧驚合璧四卷　(清)陳汝銈撰　民國六年(1917)上海文益書局石印本　四册

330000－1716－0016274　子補 2997/16274　子部/醫家類/婦科之屬/產科

葉氏女科證治四卷　(清)葉桂撰　民國上海錦章圖書局石印本　潘芝軒題記　二册　存二卷(三至四)

330000－1716－0016275　集補 1575－6/16275　集部/詩文評類/詩評之屬

詩法入門四卷首一卷　(清)游藝輯　民國十年(1921)上海雲記書莊石印本　二册

330000－1716－0016276　子補 2994/16276　子部/醫家類/内科之屬/其他内科病證

傅青主男科二卷　(清)傅山撰　民國上海錦章圖書局石印本　一册

330000－1716－0016279　縣資 0039－1/16279　史部/地理類/專志之屬/寺觀

舜帝廟志三卷　谷暘編　民國二十四年(1935)鉛印本　一册

330000－1716－0016280　集補 1575－9/16280　集部/詩文評類/詩評之屬

詩法入門四卷首一卷　(清)游藝輯　民國九年(1920)上海會文堂書局石印本　屠鑑明題記　一册

330000－1716－0016285　集補 2010/16285　集部/總集類/選集之屬/通代

言文對照古文筆法百篇四卷　廣益書局編輯部編　民國十六年(1927)上海廣益書局石印本　四册

330000－1716－0016287　集補 1575－8/16287　集部/詩文評類/詩評之屬

詩法入門四卷首一卷　(清)游藝輯　民國三年(1914)上海千頃堂石印本　二册

330000－1716－0016290　集補 2011/16290　集部/總集類/選集之屬/通代

古文筆法二十卷　(清)李扶九編集　民國上海廣益書局石印本　四册

330000－1716－0016292　集補 1575－10/16292　集部/詩文評類/詩評之屬

詩法入門四卷首一卷　(清)游藝輯　民國上海文瑞樓石印本　二冊

330000－1716－0016293　子補 2999/16293　子部/醫家類/綜合之屬/通論

新刊萬病回春原本八卷　(明)龔廷賢編　民國上海掃葉山房石印本　一冊　存一卷(八)

330000－1716－0016294　集補 2012/16294　集部/總集類/選集之屬/通代

古文筆法二十卷　(清)李扶九編集　民國三年(1914)上海章福記書局石印本　四冊

330000－1716－0016295　子補 3000/16295　子部/醫家類/針灸之屬/通論

鍼灸甲乙經十二卷　(晉)皇甫謐撰　民國二十年(1931)中原書局石印本　四冊

330000－1716－0016300　集補 2016/16300　集部/詩文評類/詩評之屬

冷禪室詩話一卷　海納川撰　民國上海文瑞樓石印本　一冊

330000－1716－0016301　子補 4070－41/16301　子部/醫家類/本草之屬/歷代綜合本草

本草綱目五十二卷附圖三卷瀕湖脈學一卷奇經八脈考一卷脈訣考證一卷　(明)李時珍撰　**本草萬方鍼線八卷**　(清)蔡烈先輯　**本草綱目拾遺十卷**　(清)趙學敏輯　民國石印本　一冊　存九卷(三十八至四十六)

330000－1716－0016302　集補 1563－1/16302　集部/詩文評類/詩評之屬

漁洋山人詩問二卷律詩定體一卷　(清)王士禛撰　**然燈記聞一卷**　(清)王士禛授　(清)何世璂録　民國元年(1912)掃葉山房石印本　一冊

330000－1716－0016303　縣資 0039－2/16303　史部/地理類/專志之屬/寺觀

舜帝廟志三卷　谷暘編　民國二十四年(1935)鉛印本　一冊

330000－1716－0016307　子補 4070－42/16307　子部/醫家類/本草之屬/歷代綜合本草

本草綱目五十二卷附圖三卷瀕湖脈學一卷奇經八脈考一卷脈訣考證一卷　(明)李時珍撰　**本草萬方鍼線八卷**　(清)蔡烈先輯　**本草綱目拾遺十卷**　(清)趙學敏輯　民國五年(1916)上海鴻寶齋書局石印本　二冊　存十二卷(奇經八脈考、脈訣考證、本草綱目拾遺一至十)

330000－1716－0016308　集補 2018/16308　集部/詩文評類/詩評之屬

漁洋詩話二卷　(清)王士禛撰　民國元年(1912)上海掃葉山房石印本　一冊

330000－1716－0016309　集補 2019/16309　集部/詩文評類/詩評之屬

漁洋詩話二卷　(清)王士禛撰　民國上海同文圖書館石印本　一冊

330000－1716－0016310　集補 1575－11/16310　集部/詩文評類/詩評之屬

詩法入門四卷首一卷　(清)游藝輯　民國三年(1914)上海千頃堂石印本　二冊

330000－1716－0016311　縣資 0038－2/16311　史部/地理類/方志之屬/郡縣志

[嘉慶]山陰縣志三十卷首一卷　(清)徐元梅修　(清)朱文翰等纂　民國二十四年(1935)紹興新聞日報社鉛印本　一冊　存九卷(一至八、首)

330000－1716－0016312　集補 1575－12/16312　集部/詩文評類/詩評之屬

詩法入門四卷首一卷　(清)游藝輯　民國上海文瑞樓石印本　二冊

330000－1716－0016315　集補 2021/16315　集部/詩文評類/詩評之屬

批本隨園詩話十六卷補遺十卷附録一卷　冒廣生撰　民國五年(1916)中國圖書公司和記鉛印本　二冊

330000－1716－0016316　集補 1575－13/

16316　集部/詩文評類/詩評之屬
詩法入門四卷首一卷　(清)游藝輯　民國上海文瑞樓石印本　陶沐霖題記　二冊

330000－1716－0016320　新補 0672－1/16320　史部/政書類/公牘檔冊之屬
浙江省立第一師範學校第二次實習録一卷　民國鉛印本　一冊

330000－1716－0016321　集補 1259－2/16321　集部/總集類/選集之屬/通代
評注昭明文選十五卷首一卷葉星衛附注一卷　(清)于光華輯　民國上海掃葉山房石印本　十六冊

330000－1716－0016322　新補 0670/16322　史部/傳記類/總傳之屬
浙江公立醫藥專門學校校友録不分卷　民國十二年(1923)鉛印本　一冊

330000－1716－0016323　子補 2150/16323　子部/藝術類/書畫之屬/總論
江村銷夏録三卷　(清)高士奇撰　民國上海有正書局影印本　夢翁題記　三冊

330000－1716－0016324　集補 1890/16324　集部/總集類/選集之屬/通代
昭明文選大成二十四卷　(南朝梁)蕭統輯　(清)方廷珪評注　(清)何焯批點　民國上海碧梧山莊石印本　二十三冊　缺一卷(二十二)

330000－1716－0016328　集補 1259－1/16328　集部/總集類/選集之屬/通代
評注昭明文選十五卷首一卷葉星衛附注一卷　(清)于光華輯　民國八年(1919)上海掃葉山房石印本　十六冊

330000－1716－0016329　集補 2028/16329　集部/詩文評類/詩評之屬
隨園詩話十六卷補遺十卷　(清)袁枚撰　謝瑢箋注　民國十三年(1924)上海會文堂書局石印本　六冊

330000－1716－0016331　集補 1259－3/16331　集部/總集類/選集之屬/通代
評注昭明文選十五卷首一卷葉星衛附注一卷　(清)于光華輯　民國十三年(1924)上海掃葉山房石印本　十六冊

330000－1716－0016333　集補 2030/16333　集部/詩文評類/詩評之屬
隨園詩話十六卷補遺十卷　(清)袁枚撰　謝瑢箋注　民國十四年(1925)上海會文堂書局石印本　十冊

330000－1716－0016334　子補 3185－4/16334　子部/宗教類/其他宗教之屬/基督教
與彌撒經一卷　民國六年(1917)寧波七苦堂鉛印本　一冊

330000－1716－0016338　縣資 0003－1/16338　史部/金石類/郡邑之屬
越中金石山會兩邑續記目録一卷　顧燮光編　稿本　一冊

330000－1716－0016340　子補 3185－5/16340　子部/宗教類/其他宗教之屬/基督教
與彌撒經一卷　民國六年(1917)寧波七苦堂鉛印本　一冊

330000－1716－0016342　子補 3185－6/16342　子部/宗教類/其他宗教之屬/基督教
與彌撒經一卷　民國六年(1917)寧波七苦堂鉛印本　一冊

330000－1716－0016343　縣資 0003－2/16343　史部/金石類/郡邑之屬
越中金石山會兩邑續記目録一卷　顧燮光編　稿本　一冊

330000－1716－0016346　子補 3185－7/16346　子部/宗教類/其他宗教之屬/基督教
與彌撒經一卷　民國六年(1917)寧波七苦堂鉛印本　一冊

330000－1716－0016347　子補 3185－8/16347　子部/宗教類/其他宗教之屬/基督教
與彌撒經一卷　民國六年(1917)寧波七苦堂鉛印本　一冊

330000－1716－0016348　子補 3185－9/

16348　子部/宗教類/其他宗教之屬/基督教

與彌撒經一卷　民國六年(1917)寧波七苦堂鉛印本　一册

330000－1716－0016349　集補 2159/16349　集部/總集類/選集之屬/通代

東萊先生古文關鍵四卷　(宋)呂祖謙評　(宋)蔡子文注　(清)徐樹屏考異　民國七年(1918)上海會文堂書局、碧梧山莊書局影印本　四册

330000－1716－0016350　縣資 0003－4/16350　史部/金石類/石之屬/文字

山會碑刻鈔存不分卷　陳艮仙輯　稿本　四册

330000－1716－0016355　新補 0671/16355　史部/政書類/公牘檔册之屬

全浙教育會聯合會民國十年八月臨時會議決案一卷　浙江省教育會編　民國十年(1921)鉛印本　一册

330000－1716－0016356　子補 3185－10/16356　子部/宗教類/其他宗教之屬/基督教

與彌撒經一卷　民國六年(1917)寧波七苦堂鉛印本　一册

330000－1716－0016358　子補 3185－11/16358　子部/宗教類/其他宗教之屬/基督教

與彌撒經一卷　民國六年(1917)寧波七苦堂鉛印本　一册

330000－1716－0016360　子補 3185－12/16360　子部/宗教類/其他宗教之屬/基督教

與彌撒經一卷　民國六年(1917)寧波七苦堂鉛印本　一册

330000－1716－0016361　集補 1892/16361　集部/總集類/選集之屬/斷代

近代詩鈔不分卷　陳衍輯　民國十二年(1923)上海商務印書館鉛印本　二十四册

330000－1716－0016362　子補 4070－47/16362　子部/醫家類/本草之屬/歷代綜合本草

本草綱目五十二卷附圖三卷瀕湖脈學一卷奇經八脈考一卷脈訣考證一卷　(明)李時珍撰　**本草萬方鍼線八卷**　(清)蔡烈先輯　**本草綱目拾遺十卷**　(清)趙學敏輯　民國鉛印本　一册　存四卷(二十七至三十)

330000－1716－0016363　子補 3185－13/16363　子部/宗教類/其他宗教之屬/基督教

與彌撒經一卷　民國六年(1917)寧波七苦堂鉛印本　一册

330000－1716－0016364　子補 3185－14/16364　子部/宗教類/其他宗教之屬/基督教

與彌撒經一卷　民國六年(1917)寧波七苦堂鉛印本　一册

330000－1716－0016366　集補 1891/16366　集部/詩文評類/詩評之屬

歷代詩話續編二十九種　丁福保訂　民國五年(1916)無錫丁氏鉛印本　二十四册

330000－1716－0016367　縣資 0003－3/16367　史部/金石類/郡邑之屬

越中山會兩邑金石續目録一卷　顧燮光編　稿本　一册

330000－1716－0016368　子補 3185－15/16368　子部/宗教類/其他宗教之屬/基督教

與彌撒經一卷　民國六年(1917)寧波七苦堂鉛印本　一册

330000－1716－0016370　子補 3185－16/16370　子部/宗教類/其他宗教之屬/基督教

與彌撒經一卷　民國六年(1917)寧波七苦堂鉛印本　一册

330000－1716－0016372　子補 3185－17/16372　子部/宗教類/其他宗教之屬/基督教

與彌撒經一卷　民國六年(1917)寧波七苦堂鉛印本　一册

330000－1716－0016373　子補 3185－19/16373　子部/宗教類/其他宗教之屬/基督教

與彌撒經一卷　民國六年(1917)寧波七苦堂鉛印本　一册

330000－1716－0016374　子補 3185－18/

16374　子部/宗教類/其他宗教之屬/基督教
與彌撒經一卷　民國六年(1917)寧波七苦堂鉛印本　一冊

330000 - 1716 - 0016376　縣資 0003 - 5/16376　史部/地理類/方志之屬/郡縣志
民國紹興縣志資料石刻不分卷　紹興縣修志委員會輯　稿本　十二冊

330000 - 1716 - 0016378　縣資 0003 - 6/16378　史部/地理類/方志之屬/郡縣志
民國紹興縣志資料石刻補遺不分卷　紹興縣修志委員會輯　稿本　五冊

330000 - 1716 - 0016379　子補 3185 - 20/16379　子部/宗教類/其他宗教之屬/基督教
與彌撒經一卷　民國六年(1917)寧波七苦堂鉛印本　一冊

330000 - 1716 - 0016380　子補 3185 - 21/16380　子部/宗教類/其他宗教之屬/基督教
與彌撒經一卷　民國六年(1917)寧波七苦堂鉛印本　一冊

330000 - 1716 - 0016381　子補 3185 - 22/16381　子部/宗教類/其他宗教之屬/基督教
與彌撒經一卷　民國六年(1917)寧波七苦堂鉛印本　一冊

330000 - 1716 - 0016382　子補 3185 - 23/16382　子部/宗教類/其他宗教之屬/基督教
與彌撒經一卷　民國六年(1917)寧波七苦堂鉛印本　一冊

330000 - 1716 - 0016383　子補 3185 - 24/16383　子部/宗教類/其他宗教之屬/基督教
與彌撒經一卷　民國六年(1917)寧波七苦堂鉛印本　一冊

330000 - 1716 - 0016384　子補 3185 - 25/16384　子部/宗教類/其他宗教之屬/基督教
與彌撒經一卷　民國六年(1917)寧波七苦堂鉛印本　一冊

330000 - 1716 - 0016386　子補 3185 - 26/16386　子部/宗教類/其他宗教之屬/基督教
與彌撒經一卷　民國六年(1917)寧波七苦堂鉛印本　一冊

330000 - 1716 - 0016388　集補 2035/16388　集部/詩文評類/詩評之屬
李義山詩話二卷補録一卷　(清)紀昀選　民國上海中華圖書館石印本　二冊

330000 - 1716 - 0016390　集補 2036/16390　集部/詩文評類/詩評之屬
石林詩話三卷　(宋)葉夢得撰　民國上海中華圖書館石印本　一冊

330000 - 1716 - 0016392　集補 2037/16392　集部/詩文評類/詩評之屬
石遺室詩話十三卷　陳衍撰　民國上海廣益書局石印本　四冊

330000 - 1716 - 0016394　子補 4118/16394　子部/醫家類/喉科口齒之屬/白喉
白喉全生集一卷　(清)李紀方輯　民國六年(1917)蕭山合義和印書局鉛印本　一冊

330000 - 1716 - 0016395　集補 2158/16395　集部/總集類/選集之屬/通代
評注唐宋八家古文三十卷　(唐)韓愈等撰　(清)沈德潛評點　雷瑨注釋　民國十二年(1923)上海掃葉山房石印本　達卿題記　十二冊

330000 - 1716 - 0016398　子補 2156/16398　子部/醫家類/外科之屬
癲狗咬方一卷　韓覺廬輯　**刺疔捷法一卷**　(清)張鏡蓉撰　民國紹興弘文印刷局石印本　一冊

330000 - 1716 - 0016400　集補 2157/16400　集部/總集類/選集之屬/通代
古今文綜不分卷　張相輯　民國五年(1916)上海中華書局鉛印本　二十六冊　存二十六冊(一至二十、二十五至三十)

330000 - 1716 - 0016404　集補 1651/16404　集部/小說類/長篇之屬
繡像封神演義八卷一百回　(明)許仲琳撰　民國石印本　四冊　存四卷(三、五至六、八)

330000－1716－0016405　集補 2162/16405
集部/總集類/選集之屬/斷代
新文精華五卷　陸翔輯　民國十年(1921)上海世界書局石印本　四冊

330000－1716－0016406　子補 2100/16406
子部/術數類/命書相書之屬
神相秘傳一卷　(漢)管輅撰　民國十年(1921)上海古書保存會石印本　一冊

330000－1716－0016408　集補 2038/16408
集部/詩文評類/詩評之屬
石遺室詩話三十二卷　陳衍撰　民國二十四年(1935)上海商務印書館鉛印本　四冊

330000－1716－0016409　集補 1652/16409
集部/小說類/長篇之屬
鍾伯敬先生批評封神演義十九卷一百回　(明)許仲琳撰　(明)鍾惺評　民國鉛印本　一冊　存二卷(五至六)

330000－1716－0016410　集補 2039/16410
集部/詩文評類/詩評之屬
閨秀詩話十六卷　雷瑨　雷瑊輯　民國十一年(1922)上海掃葉山房石印本　四冊

330000－1716－0016411　集補 2163/16411
集部/總集類/選集之屬/通代
詳注六朝文絜八卷　吳承烜注釋　民國六年(1917)上海國華書局鉛印本　四冊

330000－1716－0016412　集補 2164/16412
集部/總集類/選集之屬/通代
詳注六朝文絜八卷　吳承烜注釋　民國六年(1917)上海國華書局鉛印本　四冊

330000－1716－0016413　集補 2165/16413
集部/總集類/選集之屬/通代
六朝文絜箋注十二卷　(清)許槤輯並評　(清)黎經誥箋注　民國十八年(1929)上海中原書局石印本　四冊

330000－1716－0016414　集補 2166/16414
集部/總集類/選集之屬/通代
續文選十四卷著作人姓名録一卷　(明)胡震亨撰　民國九年(1920)上海進化書局影印本　六冊

330000－1716－0016416　集補 1653/16416
集部/小說類/長篇之屬
繡像封神演義一百回　(明)許仲琳撰　(明)鍾惺評　民國鉛印本　一冊　存十回(三十一至四十)

330000－1716－0016418　子補 4148/16418
集部/總集類/選集之屬/通代
昭明文選大成二十四卷　(南朝梁)蕭統輯　(清)方廷珪評注　(清)何焯批點　民國上海碧梧山莊石印本　二十四冊

330000－1716－0016420　集補 1654/16420
集部/小說類/長篇之屬
繡像封神演義一百回　(明)許仲琳撰　(明)鍾惺評　民國上海中新書局鉛印本　二冊　存十回(八十六至九十、九十六至一百)

330000－1716－0016421　子補 1300－11/16421　子部/宗教類/道教之屬
奇驗明聖經感應三聖經合刊不分卷　民國紹城鉛印本　一冊

330000－1716－0016423　集補 1206－5/16423　集部/總集類/選集之屬/通代
古文析義初編六卷二編八卷　(清)林雲銘評注　民國二十年(1931)上海萃英書局石印本　七冊

330000－1716－0016424　集補 1888/16424
集部/總集類/彙編之屬
當代八家文鈔　胡君復輯　民國十六年(1927)中國圖書公司和記鉛印本　二十冊

330000－1716－0016425　子補 1300－12/16425　子部/宗教類/道教之屬
奇驗明聖經感應三聖經合刊不分卷　民國紹城廣文印書館鉛印本　一冊

330000－1716－0016427　集補 1069－11/16427　集部/總集類/選集之屬/斷代
唐詩三百首注疏六卷　(清)孫洙編　(清)章燮注　民國上海鴻寶齋書局石印本　一冊

330000－1716－0016429　縣資 0004－1/16429　史部/地理類/方志之屬/郡縣志
民國紹興縣志資料列女初録不分卷　紹興縣修志委員會輯　稿本　八冊

330000－1716－0016430　集補 1660/16430　集部/小說類/長篇之屬
繡像封神演義八卷一百回　(明)許仲琳撰　民國石印本　二冊　存五卷(二、五至八)

330000－1716－0016432　集補 1069－13/16432　集部/總集類/選集之屬/斷代
唐詩三百首注疏六卷　(清)孫洙編　(清)章燮注　民國十年(1921)上海掃葉山房石印本　六冊

330000－1716－0016433　集補 1069－3/16433　集部/總集類/選集之屬/斷代
唐詩三百首注疏六卷　(清)孫洙編　(清)章燮注　民國四年(1915)上海萃英書莊石印本　三冊　存三卷(二至三、六)

330000－1716－0016435　子補 1300－13/16435　子部/宗教類/道教之屬
奇驗明聖經感應三聖經合刊不分卷　民國紹城廣文印書館鉛印本　一冊

330000－1716－0016436　縣資 0004－2/16436　史部/傳記類/總傳之屬/列女
列女傳補遺一卷　朱修齡輯　民國十一年(1922)稿本　一冊

330000－1716－0016437　集補 1661/16437　集部/小說類/長篇之屬
繡像封神演義八卷一百回　(明)許仲琳撰　民國石印本　酈松樵題記　二冊　存二卷(三至四)

330000－1716－0016439　子補 1300－9/16439　子部/宗教類/道教之屬
奇驗明聖經感應三聖經合刊不分卷　民國紹城廣文印書館鉛印本　一冊

330000－1716－0016440　縣資 0004－3/16440　史部/地理類/方志之屬/郡縣志
民國紹興縣志資料山陰會稽兩縣列女録不分卷　紹興縣修志委員會輯　稿本　三十冊

330000－1716－0016441　集補 2168/16441　集部/總集類/選集之屬/通代
詳注六朝文絜八卷　吴承烜注釋　民國六年(1917)上海國華書局鉛印本　一冊

330000－1716－0016442　集補 1219/16442　集部/總集類/選集之屬/通代
六朝文絜四卷　(清)許槤輯並評　民國據清道光五年(1825)海昌許氏享金寶石齋刻本影印本　二冊

330000－1716－0016443　集補 2169/16443　集部/總集類/選集之屬/通代
六朝文絜箋注十二卷　(清)許槤輯並評　(清)黎經誥箋注　民國十九年(1930)上海掃葉山房石印本　四冊

330000－1716－0016444　集補 2170/16444　集部/總集類/選集之屬/通代
六朝文絜箋注十二卷　(清)許槤輯並評　(清)黎經誥箋注　民國十九年(1930)上海掃葉山房石印本　一冊

330000－1716－0016445　集補 2171/16445　類叢部/叢書類/彙編之屬
有不爲齋叢書　林語堂編　民國上海時代圖書公司鉛印本　一冊　存一種

330000－1716－0016446　集補 2172/16446　集部/總集類/選集之屬/通代
古文四象四卷　(清)曾國藩輯　民國十三年(1924)上海有正書局鉛印本　四冊

330000－1716－0016447　集補 2173/16447　集部/詩文評類/文評之屬
文心雕龍十卷　(南朝梁)劉勰撰　(清)黄叔琳注　(清)紀昀評　民國上海文瑞樓石印本　四冊

330000－1716－0016448　集補 2174/16448　集部/總集類/選集之屬/通代
評校音注續古文辭類纂三十四卷　王先謙輯　王文濡校注　民國十九年(1930)上海文明書局鉛印本　八冊

330000－1716－0016449　集補 2175－1/16449　集部/總集類/選集之屬/通代
精選廣注姚氏古文辭類纂不分卷　(清)姚鼐輯　秦同培選　民國十四年(1925)上海世界書局石印本　四册

330000－1716－0016450　集補 2117/16450　集部/總集類/選集之屬/通代
歷代詩文評注讀本　王文濡編　民國上海文明書局鉛印本　二册　存一種

330000－1716－0016451　集補 1662/16451　集部/小説類/長篇之屬
繡像封神演義八卷一百回　(明)許仲琳撰　民國石印本　一册　存一卷(三)

330000－1716－0016453　集補 1663/16453　集部/小説類/長篇之屬
繡像封神演義八卷一百回　(明)許仲琳撰　民國石印本　一册　存一卷(四)

330000－1716－0016454　集補 2118/16454　集部/總集類/選集之屬/通代
明清六才子文六卷　進步書局編輯所編輯　民國四年(1915)上海文明書局石印本　四册

330000－1716－0016455　子補 1300－10/16455　子部/宗教類/道教之屬
奇驗明聖經感應三聖經合刊不分卷　民國紹城廣文印書館鉛印本　一册

330000－1716－0016456　集補 2119/16456　集部/總集類/選集之屬/通代
明清六才子文六卷　進步書局編輯所編輯　民國四年(1915)上海文明書局石印本　四册

330000－1716－0016457　集補 1664/16457　集部/小説類/長篇之屬
繪圖封神演義八卷一百回　(明)許仲琳撰　(明)鍾惺評　民國上海廣益書局石印本　二册　存二卷(二、六)

330000－1716－0016458　集補 2040/16458　集部/詩文評類/詩評之屬
靜志居詩話二十四卷　(清)朱彝尊撰　(清)姚祖恩輯　民國二年(1913)上海文瑞樓石印本　四册

330000－1716－0016459　集補 2041/16459　集部/詩文評類/詩評之屬
靜志居詩話二十四卷　(清)朱彝尊撰　(清)姚祖恩輯　民國二年(1913)上海文瑞樓石印本　十册

330000－1716－0016461　子補 1300－14/16461　子部/宗教類/道教之屬
奇驗明聖經感應三聖經合刊不分卷　民國紹城廣文印書館鉛印本　一册

330000－1716－0016462　集補 1665/16462　集部/小説類/長篇之屬
繡像封神演義十卷一百回　(明)許仲琳撰　民國上海章福記書局石印本　三册　存三卷(六、九至十)

330000－1716－0016464　集補 1666/16464　集部/小説類/長篇之屬
繡像繪圖封神傳十卷一百回　(明)許仲琳撰　民國上海進步書局石印本　二册　存二卷(二至三)

330000－1716－0016466　集補 2042/16466　集部/詩文評類/詩評之屬
初白菴詩評三卷詞綜偶評一卷　(清)查慎行撰　(清)張載華輯　民國上海六藝書局石印本　六册

330000－1716－0016467　集補 2184/16467　集部/總集類/選集之屬/通代
評校音注續古文辭類纂三十四卷　王先謙輯　王文濡校注　民國九年(1920)上海中華書局鉛印本　八册

330000－1716－0016468　集補 2043/16468　集部/詩文評類/詩評之屬
初白菴詩評三卷詞綜偶評一卷　(清)查慎行撰　(清)張載華輯　民國上海六藝書局石印本　八册

330000－1716－0016469　集補 2031/16469　集部/詩文評類/文評之屬
韓文研究法一卷柳文研究法一卷　林紓撰

民國十三年(1924)上海商務印書館鉛印本　一冊

330000－1716－0016470　集補 2048/16470　集部/詩文評類/文評之屬
韓文研究法一卷柳文研究法一卷　林紓撰　民國十三年(1924)上海商務印書館鉛印本　一冊

330000－1716－0016471　集補 2186/16471　集部/別集類/宋別集
歐陽文評注讀本二卷　(宋)歐陽修撰　黄興洛評注　民國十二年(1923)上海大東書局石印本　文達題記　二冊

330000－1716－0016472　集補 1406－1/16472　集部/總集類/選集之屬/通代
歷代詩文評注讀本　王文濡編　民國上海文明書局鉛印本　十八冊　存八種

330000－1716－0016476　集補 3466/16476　集部/小說類/長篇之屬
繡像封神演義八卷一百回　(明)許仲琳撰　民國石印本　一冊　存一卷(八)

330000－1716－0016477　集補 1406－2/16477　集部/總集類/選集之屬/通代
歷代詩文評注讀本　王文濡編　民國上海文明書局鉛印本　二十冊　存九種

330000－1716－0016479　集補 1406－7/16479　集部/總集類/選集之屬/通代
歷代詩文評注讀本　王文濡編　民國上海文明書局鉛印本　四冊　存一種

330000－1716－0016480　集補 1406－4/16480　集部/總集類/選集之屬/通代
歷代詩文評注讀本　王文濡編　民國上海文明書局鉛印本　九冊　存四種

330000－1716－0016482　子補 4105/16482　子部/藝術類/書畫之屬/畫法畫品
畫學秘旨要訣大觀四卷　陳敏編輯　民國石印本　一冊　存一卷(三)

330000－1716－0016483　集補 1667/16483　集部/小說類/長篇之屬
繪圖封神演義十二卷一百回　(明)許仲琳撰　(明)鍾惺評　民國上海廣益書局石印本　五冊　存三卷(三、五至六)

330000－1716－0016484　集補 1411－9/16484　集部/詩文評類/文法之屬/函牘格式
寫信必讀十卷　(清)唐芸洲撰　民國上海廣益書局石印本　三冊　存八卷(一至八)

330000－1716－0016485　集補 1668/16485　集部/小說類/長篇之屬
繪圖封神演義十二卷一百回　(明)許仲琳撰　(明)鍾惺評　民國石印本　四冊　存四卷(五、八至九、十二)

330000－1716－0016487　集補 2044/16487　集部/詩文評類/詩評之屬
然脂餘韻六卷　王蘊章輯　民國八年(1919)上海商務印書館鉛印本　三冊

330000－1716－0016490　集補 2045/16490　集部/總集類/選集之屬/通代
謝疊山先生文章軌範七卷　(宋)謝枋得輯　民國十六年(1927)掃葉山房石印本　四冊

330000－1716－0016491　集補 1669/16491　集部/小說類/長篇之屬
繪圖封神演義十二卷一百回　(明)許仲琳撰　(明)鍾惺評　民國石印本　一冊　存一卷(五)

330000－1716－0016493　子補 2158/16493　子部/術數類/雜術之屬
測字秘牒一卷　(清)程省撰　民國泰華圖書館石印本　一冊

330000－1716－0016494　集補 2047/16494　集部/詩文評類/文評之屬
文學研究法四卷　姚永樸撰　民國上海商務印書館鉛印本　四冊

330000－1716－0016495　子補 2159/16495　子部/術數類/命書相書之屬
新鐫神峰張先生通考闢謬命理正宗大全六卷　(明)張楠撰　(明)張希禹等彙編　民國二

年(1913)上海江東書局石印本　一冊

330000－1716－0016498　集補 2176/16498
集部/總集類/選集之屬/斷代
嘉道六家絕句六卷　民國八年(1919)上海掃葉山房石印本　六冊

330000－1716－0016500　集補 2177/16500
集部/別集類/唐五代別集
柳柳州文評注讀本二卷　王楚香評注　民國十二年(1923)大東書局石印本　文達題記　一冊　存一卷(二)

330000－1716－0016501　子補 1300－15/16501　子部/宗教類/道教之屬
奇驗明聖經感應三聖經合刊不分卷　民國紹城廣文印書館鉛印本　一冊

330000－1716－0016502　子補 1300－16/16502　子部/宗教類/道教之屬
奇驗明聖經感應三聖經合刊不分卷　民國紹城廣文印書館鉛印本　一冊

330000－1716－0016503　子補 1300－17/16503　子部/宗教類/道教之屬
奇驗明聖經感應三聖經合刊不分卷　民國紹城廣文印書館鉛印本　一冊

330000－1716－0016504　集補 1670/16504
集部/小說類/長篇之屬
繪圖封神演義十二卷一百回　(明)許仲琳撰　(明)鍾惺評　民國錦章圖書局石印本　六冊　存六卷(二至三、六至七、十至十一)

330000－1716－0016506　集補 2178/16506
集部/總集類/選集之屬/斷代
唐人萬首絕句選七卷　(宋)洪邁選　(清)王士禛輯　民國四年(1915)上海掃葉山房石印本　二冊

330000－1716－0016507　子補 1300－18/16507　子部/宗教類/道教之屬
奇驗明聖經感應三聖經合刊不分卷　民國紹城廣文印書館鉛印本　一冊

330000－1716－0016508　集補 2179/16508
集部/總集類/選集之屬/斷代
千首宋人絕句十卷　(清)嚴長明輯　民國上海商務印書館鉛印本　二冊

330000－1716－0016509　集補 2180/16509
集部/別集類/唐五代別集
唱經堂杜詩解四卷　(唐)杜甫撰　(清)金人瑞解　民國八年(1919)上海震華書局石印本　一冊　存一卷(一)

330000－1716－0016510　集補 1671/16510
集部/小說類/長篇之屬
繪圖封神傳十二卷一百回　(明)許仲琳撰　(明)鍾惺評　民國石印本　四冊　存四卷(一至四)

330000－1716－0016511　集補 2181/16511
集部/總集類/彙編之屬
批點七家詩試帖詳注七卷　(清)張熙宇輯評　民國上海大成書局石印本　四冊

330000－1716－0016512　子補 1300－19/16512　子部/宗教類/道教之屬
奇驗明聖經感應三聖經合刊不分卷　民國紹城廣文印書館鉛印本　一冊

330000－1716－0016513　集補 1672/16513
集部/小說類/長篇之屬
繪圖封神演義八卷一百回　(明)許仲琳撰　(明)鍾惺評　民國九年(1920)上海天寶書局石印本　五冊　存五卷(一至二、四至六)

330000－1716－0016515　集補 2050/16515
集部/詩文評類/詩評之屬
學詩指南二卷　顧亭鑑纂輯　民國五年(1916)詩學齋石印本　二冊

330000－1716－0016516　子補 1300－20/16516　子部/宗教類/道教之屬
奇驗明聖經感應三聖經合刊不分卷　民國紹城廣文印書館鉛印本　一冊

330000－1716－0016517　集補 1673/16517
集部/小說類/長篇之屬
繪圖封神演義八卷一百回　(明)許仲琳撰　(明)鍾惺評　民國石印本　一冊　存一卷

集部/别集類/清别集

陳檢討四六二十卷　(清)陳維崧撰　(清)程師恭注　民國上海文瑞樓石印本　八册

330000－1716－0016572　集補 2199/16572　集部/别集類/清别集

陳檢討四六二十卷　(清)陳維崧撰　(清)程師恭注　民國上海文瑞樓、鴻章書局石印本　八册

330000－1716－0016574　普叢 0354－2/16574　類叢部/叢書類/自著之屬

惜抱軒全集七種　(清)姚鼐撰　民國三年(1914)上海會文堂書局石印本　八册

330000－1716－0016576　地獻 1962－2/16576　類叢部/叢書類/彙編之屬

復性書院叢刊二十七種　馬浮編　民國二十九年至三十七年(1940－1948)復性書院刻本暨鉛印本　一册　存一種

330000－1716－0016577　集補 2062/16577　集部/曲類/曲藝之屬

山歌十卷　(明)馮夢龍輯　民國二十四年(1935)朱瑞軒傳經堂書店鉛印本　一册

330000－1716－0016578　集補 2063/16578　集部/詞類/總集之屬

花菴絶妙詞選十卷　(宋)黄昇輯　民國上海掃葉山房石印本　三册　缺二卷(一至二)

330000－1716－0016579　經補 0891－4/16579　經部/小學類/訓詁之屬/字詁

新鐫智燈難字二卷　(清)范寅撰　民國石印本　一册

330000－1716－0016580　子補 1300－27/16580　子部/宗教類/道教之屬

奇驗明聖經感應三聖經合刊不分卷　民國紹城廣文印書館鉛印本　一册

330000－1716－0016582　集補 2064/16582　集部/詞類/總集之屬

絶妙好詞箋七卷　(宋)周密輯　(清)查為仁　(清)厲鶚箋　**續鈔一卷**　(清)余集輯　**又續鈔一卷**　(清)徐楙補録　民國十二年(1923)上海啟新圖書局石印本　四册

330000－1716－0016583　子補 1300－28/16583　子部/宗教類/道教之屬

奇驗明聖經感應三聖經合刊不分卷　民國紹城廣文印書館鉛印本　一册

330000－1716－0016584　子補 1300－29/16584　子部/宗教類/道教之屬

奇驗明聖經感應三聖經合刊不分卷　民國紹城廣文印書館鉛印本　一册

330000－1716－0016588　普叢 0352/16588　類叢部/叢書類/自著之屬

亭林遺書二十二種附三種　(清)顧炎武撰　(清)席威　(清)朱記榮編　民國上海文瑞樓石印本　十二册

330000－1716－0016591　普集 1769－6/16591　集部/别集類/清别集

李笠翁一家言全集十六卷　(清)李漁撰　民國上海會文堂書局石印本　十二册

330000－1716－0016592　集補 2065/16592　集部/詞類/總集之屬

唐五代詞選三卷　(清)成肇麐輯　民國上海涵芬樓鉛印本　一册

330000－1716－0016593　集補 2066/16593　集部/詞類/總集之屬

唐五代詞選三卷　(清)成肇麐輯　民國上海涵芬樓鉛印本　樓建發題記　一册

330000－1716－0016594　集補 2067/16594　集部/詞類/總集之屬

唐五代詞選三卷　(清)成肇麐輯　民國上海涵芬樓鉛印本　一册

330000－1716－0016595　集補 2068/16595　集部/詞類/總集之屬

唐五代詞選三卷　(清)成肇麐輯　民國上海涵芬樓鉛印本　一册

330000－1716－0016596　子補 1300－30/16596　子部/宗教類/道教之屬

奇驗明聖經感應三聖經合刊不分卷　民國紹

城廣文印書館鉛印本　一冊

330000－1716－0016597　普史 1657/16597　史部/紀傳類/正史之屬
二十四史附考證　民國五年(1916)上海涵芬樓據清乾隆武英殿刻本影印本　四百四十五冊　存二十種

330000－1716－0016598　子補 1300－31/16598　子部/宗教類/道教之屬
奇驗明聖經感應三聖經合刊不分卷　民國紹城廣文印書館鉛印本　一冊

330000－1716－0016600　集補 2070/16600　集部/詞類/總集之屬
歷朝名人詞選十三卷　(清)夏秉衡輯　民國十七年(1928)上海掃葉山房石印本　六冊

330000－1716－0016601　集補 2203/16601　集部/别集類/清别集
定山堂古文小品二卷　(清)龔鼎孳撰　民國上海中華圖書館石印本　二冊

330000－1716－0016603　集補 2205/16603　集部/别集類/清别集
魏叔子文鈔三卷　(清)魏禧撰　民國上海廣益書局石印本　三冊

330000－1716－0016605　集補 2206/16605　集部/别集類/清别集
望溪先生文集十八卷集外文十卷集外文補遺二卷　(清)方苞撰　**方望溪先生年譜一卷附録一卷**　(清)蘇惇元輯　民國二年(1913)上海民國第一圖書局鉛印本　十冊

330000－1716－0016606　子補 1300－32/16606　子部/宗教類/道教之屬
奇驗明聖經感應三聖經合刊不分卷　民國紹城廣文印書館鉛印本　一冊

330000－1716－0016607　集補 2207/16607　集部/别集類/清别集
蓮洋集二十卷附録一卷　(清)吴雯撰　(清)張體乾輯　**蓮洋吴徵君年譜一卷**　(清)翁方綱撰　民國上海掃葉山房石印本　四冊

330000－1716－0016608　集補 2208/16608　集部/别集類/清别集
西堂雜俎一集八卷二集八卷三集八卷　(清)尤侗撰　民國上海中華圖書館石印本　三冊

330000－1716－0016609　集補 2071/16609　集部/别集類/唐五代别集
香山詩選六卷　(唐)白居易撰　(清)曹文埴選　民國十一年(1922)上海掃葉山房石印本　二冊

330000－1716－0016612　子補 1300－33/16612　子部/宗教類/道教之屬
奇驗明聖經感應三聖經合刊不分卷　民國鉛印本　一冊

330000－1716－0016613　集補 2210/16613　集部/别集類/明别集
祝枝山全集五卷　(明)祝允明撰　民國六年(1917)上海朝記書莊石印本　四冊

330000－1716－0016614　集補 2072/16614　集部/詞類/别集之屬
歐陽文忠公近體樂府三卷　(宋)歐陽修撰　**校記一卷**　林大椿撰　民國二十年(1931)上海商務印書館鉛印本　一冊

330000－1716－0016616　集補 2073/16616　集部/詞類/總集之屬
二家詞鈔五卷　樊增祥輯　民國上海會文堂石印本　二冊

330000－1716－0016617　子補 2173/16617　子部/術數類/命書相書之屬
滴天髓闡微四卷　(明)劉基注　(清)任鐵樵增注　民國二十二年(1933)影印本　四冊

330000－1716－0016621　子補 2174/16621　子部/術數類/命書相書之屬
滴天髓闡微四卷　(明)劉基注　(清)任鐵樵增注　民國二十二年(1933)影印本　四冊

330000－1716－0016622　集補 2074/16622　集部/别集類/清别集
晚香詩稿不分卷　(清)韓潮撰　民國鉛印本

一冊

330000－1716－0016623　史補 1587/16623　史部/傳記類/別傳之屬/事狀
黃太史[壽袞]哀輓録一卷　民國鉛印本　一冊

330000－1716－0016624　集補 1684/16624　集部/小說類/長篇之屬
新刻唐三藏出身八卷一百回　(明)吳承恩撰　民國石印本　一冊　存二卷(三至四)

330000－1716－0016625　集補 2075/16625　集部/別集類/清別集
晚香廬詩詞鈔不分卷　(清)韓潮撰　民國鉛印本　一冊

330000－1716－0016626　集補 2076/16626　集部/別集類/清別集
晚香廬詩詞鈔不分卷　(清)韓潮撰　民國鉛印本　一冊

330000－1716－0016627　集補 2077/16627　集部/別集類/清別集
晚香廬詩詞鈔不分卷　(清)韓潮撰　民國鉛印本　一冊

330000－1716－0016628　集補 2078/16628　集部/別集類/清別集
晚香廬詩詞鈔不分卷　(清)韓潮撰　民國鉛印本　一冊

330000－1716－0016632　普叢 0346－1/16632　類叢部/叢書類/自著之屬
隨園全集三十九種　(清)袁枚撰　民國十九年(1930)國學書局鉛印本　六十冊

330000－1716－0016633　子補 2176/16633　子部/醫家類/婦科之屬/產科
達生編三卷　(清)亟齋居士撰　民國鉛印本　一冊

330000－1716－0016634　子補 2177/16634　子部/醫家類/婦科之屬/產科
達生編三卷　(清)亟齋居士撰　民國鉛印本　一冊

330000－1716－0016635　子補 2178/16635　子部/醫家類/婦科之屬/產科
達生編三卷　(清)亟齋居士撰　民國鉛印本　一冊

330000－1716－0016637　新補 0665/16637　新學/幼學
兒童教育鑑二卷　(德國)柴爾紫芒撰　徐傳霖口譯　陸基筆述　民國六年(1917)上海文明書局鉛印本　一冊　存一卷(二)

330000－1716－0016638　子補 1300－34/16638　子部/宗教類/道教之屬
奇驗明聖經感應三聖經合刊不分卷　民國紹城廣文印書館鉛印本　一冊

330000－1716－0016641　集補 2079/16641　集部/詞類/別集之屬
小山詞一卷　(宋)晏幾道撰　**小山詞校記一卷**　林大椿撰　民國十九年(1930)上海商務印書館鉛印本　一冊

330000－1716－0016642　子補 1300－35/16642　子部/宗教類/道教之屬
奇驗明聖經感應三聖經合刊不分卷　民國紹城廣文印書館鉛印本　一冊

330000－1716－0016643　史補 0357/16643　史部/傳記類/總傳之屬
民國二十七年浙江省立醫藥專科學校同學録不分卷　民國二十三年(1934)臨海心心印刷館鉛印本　一冊

330000－1716－0016644　子補 1300－36/16644　子部/宗教類/道教之屬
奇驗明聖經感應三聖經合刊不分卷　民國紹城廣文印書館鉛印本　一冊

330000－1716－0016645　史補 0528－2/16645　史部/政書類/律令之屬/判牘
新編評注刀筆菁華四種　平襟亞編　秋痕樓主評　民國十二年(1923)上海共和書局鉛印本　一冊　存一種

330000－1716－0016646　普叢 0346－2/16646　類叢部/叢書類/自著之屬

隨園全集三十八種 (清)袁枚撰 民國七年(1918)上海文明書局石印本 六十四冊

330000－1716－0016647 集補 2080/16647
集部/詞類/別集之屬
小山詞一卷 (宋)晏幾道撰 **小山詞校記一卷** 林大椿撰 民國二十三年(1934)上海商務印書館鉛印本 一冊

330000－1716－0016648 子補 1300－37/16648 子部/宗教類/道教之屬
奇驗明聖經感應三聖經合刊不分卷 民國紹城廣文印書館鉛印本 一冊

330000－1716－0016649 集補 2081/16649
集部/詞類/別集之屬
小山詞一卷 (宋)晏幾道撰 **小山詞校記一卷** 林大椿撰 民國二十年(1931)上海商務印書館鉛印本 一冊

330000－1716－0016650 子補 1300－38/16650 子部/宗教類/道教之屬
奇驗明聖經感應三聖經合刊不分卷 民國紹城廣文印書館鉛印本 一冊

330000－1716－0016651 集補 2082/16651
集部/詞類/別集之屬
珠玉詞一卷補遺一卷 (宋)晏殊撰 林大椿編校 **珠玉詞校記一卷** 林大椿撰 民國十九年(1930)上海商務印書館鉛印本 一冊

330000－1716－0016652 集補 2083/16652
集部/詞類/別集之屬
珠玉詞一卷補遺一卷 (宋)晏殊撰 林大椿編校 **珠玉詞校記一卷** 林大椿撰 民國十九年(1930)上海商務印書館鉛印本 一冊

330000－1716－0016653 集補 2084/16653
集部/詞類/別集之屬
珠玉詞一卷補遺一卷 (宋)晏殊撰 林大椿編校 **珠玉詞校記一卷** 林大椿撰 民國二十三年(1934)上海商務印書館鉛印本 一冊

330000－1716－0016657 集補 3438/16657
集部/總集類/尺牘之屬
廣注高等尺牘大全二卷 世界書局編輯所編輯 民國十六年(1927)世界書局石印本 一冊

330000－1716－0016658 子補 2180/16658
子部/雜著類/雜纂之屬
福壽寶鑑不分卷 邱征輯 民國二十二年(1933)鉛印本 一冊

330000－1716－0016659 集補 2215/16659
集部/別集類/明別集
疑雲集四卷 (明)王彥泓撰 民國七年(1918)上海國學維持社石印本 一冊

330000－1716－0016660 集補 2216/16660
集部/別集類/明別集
疑雨集四卷 (明)王彥泓撰 民國三年(1914)上海掃葉山房石印本 二冊

330000－1716－0016661 集補 2085/16661
集部/詞類/別集之屬
納蘭詞五卷補遺一卷 (清)納蘭成德撰 民國上海有正書局石印本 一冊

330000－1716－0016662 集補 2217/16662
集部/別集類/明別集
疑雨集四卷 (明)王彥泓撰 民國十年(1921)上海掃葉山房石印本 二冊

330000－1716－0016664 集補 2218/16664
集部/別集類/明別集
疑雨集四卷 (明)王彥泓撰 民國五年(1916)上海掃葉山房石印本 二冊

330000－1716－0016667 集補 2220/16667
集部/別集類/明別集
疑雨集四卷 (明)王彥泓撰 民國八年(1919)上海錦章書局石印本 邵先題簽並記 二冊

330000－1716－0016670 集補 2221/16670
集部/別集類/明別集
疑雨集四卷 (明)王彥泓撰 民國五年(1916)上海掃葉山房石印本 二冊

330000－1716－0016672 集補 2222/16672
集部/別集類/明別集

王次回疑雨集注四卷 (明)王彦泓撰 (□)句漏後裔釋 民國十年(1921)上海文明書局石印本 四册

330000－1716－0016673 集補 2086/16673
集部/詞類/别集之屬
玉壺山房詞選二卷 (清)改琦撰 民國十七年(1928)千頃堂書局影印本 二册

330000－1716－0016674 集補 2223/16674
集部/别集類/明别集
王次回疑雨集注四卷 (明)王彦泓撰 (□)句漏後裔釋 民國十四年(1925)上海文明書局石印本 苧羅郇長題記 四册

330000－1716－0016676 集補 2224/16676
集部/别集類/明别集
王次回疑雨集注四卷 (明)王彦泓撰 (□)句漏後裔釋 民國十年(1921)上海文明書局石印本 四册

330000－1716－0016677 集補 2225/16677
集部/别集類/明别集
王次回疑雨集注四卷 (明)王彦泓撰 (□)句漏後裔釋 民國十五年(1926)上海文明書局石印本 四册

330000－1716－0016678 集補 2226/16678
集部/别集類/明别集
疑雨集注四卷 (明)王彦泓撰 丁國鈞注 民國四年(1915)上海掃葉山房石印本 四册

330000－1716－0016679 集補 1693/16679
集部/小説類/長篇之屬
繪圖增像西遊記八卷一百回 (明)吴承恩撰 (清)陳士斌詮解 民國上海天寶書局石印本 一册 存二卷(五至六)

330000－1716－0016680 集補 2227/16680
集部/别集類/明别集
疑雨集四卷 (明)王彦泓撰 民國五年(1916)上海掃葉山房石印本 二册

330000－1716－0016682 集補 2228/16682
集部/别集類/明别集
王次回疑雨集注四卷 (明)王彦泓撰 (□)句漏後裔釋 民國九年(1920)上海文明書局石印本 四册

330000－1716－0016683 集補 2229/16683
集部/别集類/明别集
疑雨集注四卷 (明)王彦泓撰 丁國鈞注 民國十三年(1924)上海掃葉山房石印本 四册

330000－1716－0016684 集補 2087/16684
集部/别集類/清别集
曝書亭集二十三卷詞七卷附録一卷 (清)朱彝尊撰 民國四年(1915)中華圖書館石印本 四册 缺二十三卷(一至二十三)

330000－1716－0016685 集補 2088/16685
集部/詞類/别集之屬
西麓繼周集一卷 (宋)陳允平撰 民國十八年(1929)商務印書館鉛印本 一册

330000－1716－0016686 集補 2089/16686
集部/詞類/别集之屬
西麓繼周集一卷 (宋)陳允平撰 民國十八年(1929)商務印書館鉛印本 一册

330000－1716－0016689 集補 1697/16689
集部/小説類/長篇之屬
增像全圖加批西遊記八卷一百回 (明)吴承恩撰 (清)陳士斌詮解 民國上海天寶書局石印本 一册 存一卷(八)

330000－1716－0016690 子補 4109/16690
子部/醫家類/方書之屬/單方驗方
梅氏驗方新編七卷 (清)梅啟照編 天虛我生重編 民國二十三年(1934)家庭工業社鉛印本 二册 存二卷(四、七)

330000－1716－0016691 集補 1698/16691
集部/小説類/長篇之屬
增像全圖加批西遊記八卷一百回 (明)吴承恩撰 (清)陳士斌詮解 民國久敬齋書莊石印本 二册 存四卷(三至六)

330000－1716－0016696 集補 2230/16696
集部/别集類/清别集
有正味齋駢體文(有正味齋駢體文箋注)二十

四卷首一卷 (清)吳錫麒撰 (清)王廣業箋 (清)葉聯芬注 民國上海文瑞樓石印本 八册

330000－1716－0016698 集補 2090/16698
集部/詞類/總集之屬
衆香詞六卷 (清)徐樹敏 (清)錢岳輯 民國二十三年(1934)上海大東書局影印本 六册

330000－1716－0016699 集補 2231/16699
集部/别集類/清别集
有正味齋駢體文(有正味齋駢體文箋注)二十四卷首一卷 (清)吳錫麒撰 (清)王廣業箋 (清)葉聯芬注 民國尚友山房石印本 八册

330000－1716－0016700 集補 1699/16700
集部/小説類/長篇之屬
繡像西遊原旨二十四卷一百回 (明)吳承恩撰 (清)劉一明解 民國上海大成書局石印本 六册 存六卷(三至五、十一至十二、二十四)

330000－1716－0016702 普叢 0434－1/16702 類叢部/叢書類/自著之屬
隨園全集三十八種 (清)袁枚撰 民國七年(1918)上海文明書局石印本 四册 存一種

330000－1716－0016703 集補 2091/16703
集部/詞類
香雪小山詞合刻 民國七年(1918)上海掃葉山房石印本 二册

330000－1716－0016706 集補 2092/16706
集部/詞類/别集之屬
晁氏琴趣外篇六卷補遺一卷 (宋)晁補之撰 **晁氏琴趣外篇校記一卷** 林大椿撰 民國二十二年(1933)上海商務印書館鉛印本 一册

330000－1716－0016707 集補 2093/16707
集部/曲類/曲選之屬
元曲别裁集二卷 盧前編 民國十七年(1928)上海開明書店鉛印本 一册

330000－1716－0016708 集補 2232/16708
集部/别集類/清别集
袁文箋正十六卷補注一卷 (清)袁枚撰 (清)石韞玉箋 民國上海文瑞樓石印本 五册

330000－1716－0016709 集補 2122/16709
類叢部/叢書類/彙編之屬
百尺樓叢書五種 陳去病編 民國鉛印本 二册 存一種

330000－1716－0016710 集補 2233/16710
集部/别集類/清别集
隨園集外詩四卷 (清)袁枚撰 (清)蔣敦復編 民國九年(1920)上海大東書局石印本 二册

330000－1716－0016712 集補 2094/16712
集部/曲類/曲選之屬
元曲别裁集二卷 盧前編 民國十七年(1928)上海開明書店鉛印本 一册

330000－1716－0016713 集補 2234/16713
集部/總集類/郡邑之屬
江左三大家詩鈔九卷 (清)顧有孝 (清)趙澐編 民國上海進化書局石印本 三册 存一種

330000－1716－0016714 集補 2095/16714
集部/曲類/曲選之屬
元曲别裁集二卷 盧前編 民國鉛印本 一册

330000－1716－0016716 集補 2235/16716
集部/總集類/郡邑之屬
江左三大家詩鈔九卷 (清)顧有孝 (清)趙澐編 民國上海進化書局石印本 一册 存一種

330000－1716－0016717 集補 2236/16717
集部/總集類/郡邑之屬
江左三大家詩鈔九卷 (清)顧有孝 (清)趙澐編 民國上海進化書局石印本 三册 存一種

330000－1716－0016718 集補 1700/16718

集部/小説類/長篇之屬
繪圖增像西遊記八卷一百回　(明)吳承恩撰　民國上海錦章圖書局石印本　一册　存一卷(八)

330000－1716－0016720　集補 2237/16720
集部/别集類/清别集
漁洋山人精華録箋注十二卷補一卷附録一卷年譜一卷　(清)王士禛撰　(清)金榮箋注　(清)徐淮纂輯　民國上海有正書局石印本　姚子皋題記　六册

330000－1716－0016721　集補 1701/16721
集部/小説類/長篇之屬
繪圖增像西遊記八卷一百回　(明)吳承恩撰　(清)陳士斌詮解　民國上海錦章書局石印本　二册　存五卷(三、五至八)

330000－1716－0016722　集補 1406－9/16722　集部/總集類/選集之屬/通代
歷代詩文評注讀本　王文濡編　民國上海文明書局鉛印本　一册　存一種

330000－1716－0016723　集補 2238/16723
集部/别集類/明别集
王遵巖集十卷　(明)王慎中撰　(清)張汝瑚選　高煌選輯　民國四年(1915)上海振寰書局鉛印本　四册

330000－1716－0016726　集補 1056－1/16726　集部/總集類/選集之屬/通代
重訂古文釋義新編八卷　(清)余誠評注　民國上海鴻寶齋書局石印本　八册

330000－1716－0016730　集補 1702/16730
集部/小説類/長篇之屬
增像全圖加批西遊記八卷一百回　(明)吳承恩撰　(清)陳士斌詮解　民國上海錦章書局石印本　三册　存四卷(二至四、六)

330000－1716－0016731　集補 1206－2/16731　集部/總集類/選集之屬/通代
古文析義初編六卷二編八卷　(清)林雲銘評注　民國九年(1920)上海鑄記書局石印本　十一册　缺三卷(三至四、二編七)

330000－1716－0016732　集補 2243/16732
集部/别集類/清别集
帶經堂集七種九十二卷　(清)王士禛撰　(清)程哲編　民國十年(1921)上海錦文堂石印本　二册　存二種

330000－1716－0016733　集補 1206－4/16733　集部/總集類/選集之屬/通代
古文析義初編六卷二編八卷　(清)林雲銘評注　民國石印本　四册　存四卷(三、二編三至五)

330000－1716－0016735　集補 2245/16735
集部/别集類/清别集
亭林詩集五卷文集六卷餘集一卷　(清)顧炎武撰　民國五年(1916)上海同文圖書館石印本　四册

330000－1716－0016736　集補 1703/16736
集部/小説類/長篇之屬
繪圖增像西遊記八卷一百回　(明)吳承恩撰　(清)陳士斌詮解　民國天寶書局石印本　三册　存三卷(六至八)

330000－1716－0016737　集補 2246/16737
集部/别集類/清别集
亭林詩集五卷文集六卷餘集一卷　(清)顧炎武撰　民國十七年(1928)上海掃葉山房石印本　四册

330000－1716－0016739　集補 1704/16739
集部/小説類/長篇之屬
增像全圖加批西遊記八卷一百回　(明)吳承恩撰　(清)陳士斌詮解　民國石印本　一册　存一卷(三)

330000－1716－0016740　集補 2120/16740
集部/總集類/選集之屬/通代
歷代詩文評注讀本　王文濡編　民國上海文明書局鉛印本　四册　存一種

330000－1716－0016741　集補 2113/16741
集部/總集類/選集之屬/通代
歷代詩文評注讀本　王文濡編　民國上海文明書局鉛印本　四册　存一種

330000－1716－0016742　集補1413－2/16742　集部/别集類
祖武雜詩初稿三卷　徐祖武撰　民國二十二年(1933)鉛印本　二册　缺一卷(二)

330000－1716－0016745　集補1406－6/16745　集部/總集類/選集之屬/通代
歷代詩文評注讀本　王文濡編　民國上海文明書局鉛印本　四册　存一種

330000－1716－0016746　集補1705/16746　集部/小説類/長篇之屬
增像全圖加批西遊記八卷一百回　(明)吴承恩撰　民國石印本　二册　存二卷(五、七)

330000－1716－0016747　集補1406－8/16747　集部/總集類/選集之屬/通代
歷代詩文評注讀本　王文濡編　民國上海文明書局鉛印本　四册　存一種

330000－1716－0016748　集補1706/16748　集部/小説類/長篇之屬
增像全圖加批西遊記八卷一百回　(明)吴承恩撰　(清)陳士斌詮解　民國石印本　一册　存一卷(五)

330000－1716－0016749　集補2252/16749　集部/别集類/明别集
陶菴集二十二卷首一卷末一卷　(明)黄淳燿撰　民國十二年(1923)上海掃葉山房石印本　六册

330000－1716－0016750　集補1707/16750　集部/小説類/長篇之屬
增像全圖加批西遊記八卷一百回　(明)吴承恩撰　(清)陳士斌詮解　民國石印本　一册　存三卷(二至四)

330000－1716－0016752　集補2248/16752　集部/别集類/清别集
漁洋山人精華録箋注十二卷補一卷附録一卷年譜一卷　(清)王士禛撰　(清)金榮箋注　(清)徐淮纂輯　民國十年(1921)上海有正書局石印本　六册

330000－1716－0016754　普叢0348－2/16754　類叢部/叢書類/自著之屬
六如居士全集四種　(明)唐寅撰　民國上海國學昌明社石印本　四册

330000－1716－0016755　集補1708/16755　集部/小説類/長篇之屬
繪圖增像加批西遊記八卷一百回　(明)吴承恩撰　(清)陳士斌詮解　民國石印本　一册　存二卷(五至六)

330000－1716－0016756　普叢0348－1/16756　類叢部/叢書類/自著之屬
六如居士全集四種　(明)唐寅撰　民國七年(1918)上海廣益書局石印本　六册

330000－1716－0016758　集補1709/16758　集部/小説類/長篇之屬
增像全圖加批西遊記十二卷一百回　(明)吴承恩撰　民國石印本　二册　存二卷(七至八)

330000－1716－0016764　集補1710/16764　集部/小説類/長篇之屬
增像全圖加批西遊記十二卷一百回　(明)吴承恩撰　民國石印本　二册　存二卷(八、十二)

330000－1716－0016765　集補1407－1/16765　集部/總集類/選集之屬/斷代
近代文評注讀本三卷　王文濡評選　沈鎔等注釋　民國十八年(1929)上海文明書局鉛印本　三册

330000－1716－0016766　集補2250/16766　集部/别集類/清别集
壯悔堂文集十卷首一卷遺稿一卷四憶堂詩集六卷　(清)侯方域撰　(清)賈開宗等評點　民國上海彪蒙書室石印本　四册

330000－1716－0016767　集補1414－3/16767　集部/别集類
新美人百詠二卷　趙廷玉撰　民國十年(1921)上海掃葉山房石印本　一册　存一卷(一)

330000－1716－0016768　集補1711/16768

集部/小說類/長篇之屬

增像全圖加批西遊記十卷一百回 （明）吳承恩撰　民國石印本　三冊　存三卷（二、八至九）

330000－1716－0016770　集補 1712/16770

集部/小說類/長篇之屬

繡像繪圖後西遊記四卷四十回 （清）□□撰（清）天花才子評點　民國上海進步書局石印本　一冊　存一卷（四）

330000－1716－0016771　集補 1713/16771

集部/小說類/長篇之屬

繡像繪圖後西遊記四卷四十回 （清）□□撰（清）天花才子評點　民國石印本　一冊　存一卷（二）

330000－1716－0016772　集補 1714/16772

集部/小說類/長篇之屬

繡像繪圖後西遊記四卷四十回 （清）□□撰（清）天花才子評點　民國石印本　二冊　存二卷（三至四）

330000－1716－0016774　集補 0981－5/16774　集部/總集類/選集之屬/通代

古唐詩合解十二卷古詩合解四卷 （清）王堯衢注　民國二年（1913）上海錦章圖書局石印本　四冊

330000－1716－0016775　集補 1715/16775

集部/小說類/長篇之屬

繡像繪圖後西遊記四卷四十回 （清）□□撰（清）天花才子評點　民國石印本　一冊

330000－1716－0016776　集補 0981－3/16776　集部/總集類/選集之屬/通代

古唐詩合解十二卷古詩合解四卷 （清）王堯衢注　民國二年（1913）上海錦章圖書局石印本　四冊

330000－1716－0016778　集補 0981－6/16778　集部/總集類/選集之屬/通代

古唐詩合解十二卷古詩合解四卷 （清）王堯衢注　民國二年（1913）上海錦章圖書局石印本　八冊

330000－1716－0016779　集補 0981－1/16779　集部/總集類/選集之屬/通代

古唐詩合解十二卷古詩合解四卷 （清）王堯衢注　民國二年（1913）上海鑄記書局石印本　七冊　缺二卷（三至四）

330000－1716－0016780　普類 0079/16780

類叢部/類書類/通類之屬

增補事類統編九十三卷首一卷 （清）黃葆真增輯　民國上海錦章圖書局石印本　六冊　存五十一卷（四十三至九十三）

330000－1716－0016783　集補 1716/16783

集部/小說類/長篇之屬

繪圖增像加批西遊記八卷一百回 （明）吳承恩撰　（清）陳士斌詮解　民國石印本　四冊　存四卷（三、五至七）

330000－1716－0016785　集補 0981－7/16785　集部/總集類/選集之屬/通代

古唐詩合解十二卷古詩合解四卷 （清）王堯衢注　民國上海錦章圖書局石印本　一冊

330000－1716－0016786　集補 2131/16786

集部/總集類/選集之屬/通代

新體評注宋元明詩三百首六卷 （清）朱梓（清）冷昌言編　張廷華　黃興洛評注　民國十四年（1925）上海大東書局石印本　二冊

330000－1716－0016787　集補 1069－10/16787　集部/總集類/選集之屬/斷代

唐詩三百首注疏六卷 （清）孫洙編　（清）章燮注　民國上海鴻寶齋書局石印本　四冊

330000－1716－0016788　集補 1069－12/16788　集部/總集類/選集之屬/斷代

唐詩三百首注疏六卷 （清）孫洙編　（清）章燮注　民國上海鴻寶齋書局石印本　二冊

330000－1716－0016790　集補 2116/16790

集部/總集類/選集之屬/通代

注釋宋元明詩三百首六卷 （清）朱梓　（清）冷昌言編　民國中華書局鉛印本　一冊

330000－1716－0016791　普類 0078/16791

類叢部/類書類/通類之屬

增補事類統編九十三卷首一卷 （清）黄葆真增輯　民國上海錦章圖書局石印本　一册　存九卷（六十七至七十五）

330000－1716－0016792　集補 1717/16792
集部/小説類/長篇之屬
增像全圖加批西遊記十二卷一百回 （明）吴承恩撰　民國石印本　三册　存三卷（三、五、十二）

330000－1716－0016793　集補 1718/16793
集部/小説類/長篇之屬
繪圖增像加批西遊記十二卷一百回 （明）吴承恩撰　（清）陳士斌詮解　民國石印本　八册　存八卷（二、五至八、十至十二）

330000－1716－0016794　集補 2125/16794
集部/總集類/選集之屬/通代
注釋宋元明詩三百首六卷 （清）朱梓　（清）冷昌言編　民國中華書局鉛印本　一册

330000－1716－0016796　集補 2096/16796
集部/曲類/散曲之屬
續曲雅一卷 盧前輯　民國二十二年（1933）上海開明書店鉛印本　一册

330000－1716－0016797　集補 2126/16797
集部/總集類/選集之屬/通代
歷代詩文評注讀本 王文濡編　民國上海文明書局鉛印本　二册　存一種

330000－1716－0016798　集補 2097/16798
集部/詞類/别集之屬
東山樂府一卷 （宋）賀鑄撰　民國十七年（1928）上海商務印書館鉛印本　一册

330000－1716－0016799　集補 2098/16799
集部/詞類/詞譜之屬
攷正白香詞譜三卷附録一卷 陳小蝶編　**增訂晚翠軒詞韻一卷** 陳祖耀校正　民國七年（1918）春草軒鉛印本暨石印本　一册　存一卷（增訂晚翠軒詞韻）

330000－1716－0016800　子補 2191/16800
子部/藝術類/書畫之屬/畫録
清朝畫徵録三卷明人附録一卷續録二卷浦山論畫一卷 （清）張庚撰　**清朝畫徵三録一卷** （清）張寅撰　民國上海朝記書莊鉛印本　二册　缺二卷（浦山論畫、清朝畫徵三録）

330000－1716－0016801　集補 2127/16801
集部/總集類/選集之屬/通代
歷代詩文評注讀本 王文濡編　民國上海文明書局鉛印本　二册　存一種

330000－1716－0016804　集補 2099/16804
集部/詞類/詞韻之屬
晚翠軒詞韻一卷 （清）舒夢蘭輯　民國二十年（1931）上海錦章圖書局石印本　一册

330000－1716－0016805　子補 2192/16805
子部/儒家類/儒學之屬/蒙學
重增幼學故事瓊林四卷 （清）程登吉撰　（清）鄒聖脈增補　董鈞續增　民國上海錦章書局石印本　賀仲甫題簽　四册

330000－1716－0016806　集補 2100/16806
集部/詞類/詞韻之屬
晚翠軒詞韻一卷 （清）舒夢蘭輯　民國二十年（1931）上海錦章圖書局石印本　一册

330000－1716－0016809　集補 2129/16809
集部/總集類/選集之屬/通代
歷代詩文評注讀本 王文濡編　民國上海文明書局鉛印本　二册　存一種

330000－1716－0016811　集補 2130/16811
集部/總集類/選集之屬/斷代
繪圖唐詩三百首四卷 （清）蘅塘退士（孫洙）編　**增注字類標韻六卷**　民國石印本　四册

330000－1716－0016812　集補 0981－8/16812　集部/總集類/選集之屬/通代
古唐詩合解十二卷古詩合解四卷 （清）王堯衢注　民國二年（1913）上海錦章圖書局石印本　八册

330000－1716－0016814　子補 2201/16814
子部/兵家類/操練之屬
太極拳使用法不分卷 楊澄甫撰　民國國術館油印本　一册

330000－1716－0016815　子補 2202/16815
子部/兵家類/操練之屬
太極拳使用法不分卷　楊澄甫撰　民國國術館油印本　一冊

330000－1716－0016816　子補 2203/16816
子部/兵家類/操練之屬
太極拳使用法不分卷　楊澄甫撰　民國國術館油印本　一冊

330000－1716－0016817　子補 2204/16817
子部/兵家類/操練之屬
太極拳使用法不分卷　楊澄甫撰　民國國術館油印本　一冊

330000－1716－0016818　集補 2128/16818
集部/總集類/選集之屬/通代
歷代詩文評注讀本　王文濡編　民國上海文明書局鉛印本　一冊　存一種

330000－1716－0016819　集補 0981－4/16819　集部/總集類/選集之屬/通代
古唐詩合解十二卷古詩合解四卷　（清）王堯衢注　民國上海錦章圖書局石印本　二冊　存四卷（三至四、古詩合解三至四）

330000－1716－0016820　集補 2103/16820
集部/詞類/詞譜之屬
孜正白香詞譜三卷附録一卷　陳小蝶編　**增訂晚翠軒詞韻一卷**　陳祖耀校正　民國七年（1918）春草軒鉛印本暨石印本　四冊

330000－1716－0016821　集補 2104/16821
集部/詞類/詞譜之屬
孜正白香詞譜三卷附録一卷　陳小蝶編　**增訂晚翠軒詞韻一卷**　陳祖耀校正　民國七年（1918）春草軒鉛印本暨石印本　四冊

330000－1716－0016823　史補 1245－4/16823　史部/目録類/總録之屬/私撰
中國書店書目不分卷　中國書店編　民國十六年（1927）上海中國書店鉛印本　一冊

330000－1716－0016824　集補 0981－2/16824　集部/總集類/選集之屬/通代
古唐詩合解十二卷古詩合解四卷　（清）王堯衢注　民國上海錦章圖書局石印本　二冊　存四卷（三至四、古詩合解三至四）

330000－1716－0016825　集補 2105/16825
集部/詞類/詞譜之屬
孜正白香詞譜三卷附録一卷　陳小蝶編　**增訂晚翠軒詞韻一卷**　陳祖耀校正　民國七年（1918）春草軒鉛印本暨石印本　四冊

330000－1716－0016826　集補 2106/16826
集部/詞類/詞譜之屬
孜正白香詞譜三卷附録一卷　陳小蝶編　**增訂晚翠軒詞韻一卷**　陳祖耀校正　民國七年（1918）春草軒鉛印本暨石印本　四冊

330000－1716－0016827　子補 2205/16827
子部/兵家類/操練之屬
太極拳使用法不分卷　楊澄甫撰　民國國術館油印本　一冊

330000－1716－0016828　集補 2107/16828
集部/詞類/詞韻之屬
詞林正韻三卷發凡一卷　（清）戈載撰　民國四年（1915）掃葉山房石印本　四冊

330000－1716－0016830　子補 2206/16830
子部/兵家類/操練之屬
太極拳使用法不分卷　楊澄甫撰　民國國術館油印本　一冊

330000－1716－0016832　集補 2114/16832
集部/總集類/選集之屬/斷代
新體廣注唐詩三百首讀本六卷　世界書局編輯所編輯　民國十六年（1927）上海世界書局石印本　一冊　存四卷（三至六）

330000－1716－0016833　子補 2207/16833
子部/兵家類/操練之屬
太極拳使用法不分卷　楊澄甫撰　民國國術館油印本　一冊

330000－1716－0016834　史補 1245－3/16834　史部/目録類/總録之屬/私撰
千頃堂書局圖書目録不分卷　千頃堂書局編　民國二十三年（1934）上海千頃堂書局石印本　一冊

330000－1716－0016835　子補 2208/16835
子部/兵家類/操練之屬
太極拳使用法不分卷　楊澄甫撰　民國國術館油印本　一冊

330000－1716－0016836　子補 2209/16836
子部/兵家類/操練之屬
太極拳使用法不分卷　楊澄甫撰　民國國術館油印本　一冊

330000－1716－0016837　集補 2132/16837
集部/總集類/選集之屬/通代
高僧山居詩一卷續編一卷　懺庵居士編輯　民國二十三年(1934)、二十五年(1936)上海商務印書館鉛印本　易之民題記　二冊

330000－1716－0016838　子補 2210/16838
子部/兵家類/操練之屬
太極拳使用法不分卷　楊澄甫撰　民國國術館油印本　一冊

330000－1716－0016839　子補 2211/16839
子部/兵家類/操練之屬
太極拳使用法不分卷　楊澄甫撰　民國油印本　一冊

330000－1716－0016840　子補 2285/16840
子部/藝術類/書畫之屬/畫法畫品
山水入門十章　胡錫銓撰　民國十五年(1926)上海商務印書館石印本　一冊

330000－1716－0016841　史補 1245－2/16841　史部/目録類/專録之屬
同文書店書目第八期一卷　同文書店編　民國二十四年(1935)上海同文書店石印本　一冊

330000－1716－0016842　子補 2212/16842
子部/兵家類/操練之屬
太極拳使用法不分卷　楊澄甫撰　民國油印本　一冊

330000－1716－0016843　集補 2133/16843
集部/總集類/彙編之屬
袁蔣趙三家詩選三卷　王文濡輯　民國十八年(1929)上海文明書局石印本　二冊

330000－1716－0016845　集補 2134/16845
集部/總集類/彙編之屬
袁蔣趙三家詩選三卷　王文濡輯　民國七年(1918)上海文明書局石印本　一冊

330000－1716－0016846　集補 2136/16846
集部/總集類/選集之屬/斷代
注釋唐詩三百首六卷　(清)蘅塘退士(孫洙)編　民國中華書局鉛印本　一冊

330000－1716－0016847　集補 2137/16847
集部/總集類/選集之屬/斷代
注釋唐詩三百首六卷　(清)蘅塘退士(孫洙)編　民國中華書局鉛印本　一冊

330000－1716－0016850　集補 2135/16850
集部/總集類/選集之屬/斷代
近人詩録二卷續編二卷　雷瑨輯　民國四年(1915)、六年(1917)上海掃葉山房石印本　三冊　缺一卷(續編一)

330000－1716－0016851　史補 1245－1/16851　史部/目録類/總録之屬/彙刻
古書流通處舊書目録一卷　古書流通處編　民國古書流通處石印本　一冊

330000－1716－0016852　集補 2108/16852
集部/詞類/詞話之屬
詞話叢鈔十種　況周頤輯　王文濡校閲　民國十年(1921)上海大東書局石印本　孫桀題記　四冊

330000－1716－0016853　子補 2213/16853
子部/兵家類/操練之屬
太極拳使用法不分卷　楊澄甫撰　民國國術館油印本　一冊

330000－1716－0016854　子補 2214/16854
子部/兵家類/操練之屬
太極拳使用法不分卷　楊澄甫撰　民國國術館油印本　一冊

330000－1716－0016855　子補 2215/16855
子部/兵家類/操練之屬
太極拳使用法不分卷　楊澄甫撰　民國國術館油印本　一冊

330000－1716－0016856　子補 2216/16856
子部/兵家類/操練之屬
太極拳使用法不分卷　楊澄甫撰　民國國術館油印本　一冊

330000－1716－0016857　子補 2217/16857
子部/兵家類/操練之屬
太極拳使用法不分卷　楊澄甫撰　民國國術館油印本　一冊

330000－1716－0016858　子補 2218/16858
子部/兵家類/操練之屬
太極拳使用法不分卷　楊澄甫撰　民國國術館油印本　一冊

330000－1716－0016859　集補 2109/16859
集部/詞類/別集之屬
吴梅村詞一卷　(清)吴偉業撰　民國中華圖書館石印本　一冊

330000－1716－0016861　集補 2110/16861
集部/詞類/別集之屬
吴梅村詞一卷　(清)吴偉業撰　民國中華圖書館石印本　一冊

330000－1716－0016866　集補 2139/16866
集部/總集類/選集之屬/斷代
現代十大家詩鈔　進步書局編　民國十二年(1923)文明書局、中華書局石印本　四冊

330000－1716－0016872　子補 2194/16872
子部/醫家類/本草之屬/本草雜著
本草求真九卷主治二卷脈理求真一卷圖一卷　(清)黄宫繡纂　民國十五年(1926)上海錦章圖書局石印本　六冊

330000－1716－0016880　集補 2140/16880
集部/總集類/選集之屬/通代
歷代五言詩評選十六卷　楊鍾羲輯　民國二十八年(1939)長沙商務印書館鉛印本　三冊

330000－1716－0016882　集補 2141/16882
集部/總集類/選集之屬/通代
評注歷代白話詩選五卷　胡懷琛選　民國十五年(1926)中原書局鉛印本　四冊

330000－1716－0016885　集補 2143/16885
集部/總集類/選集之屬/通代
評選古詩源四卷　(清)沈德潛輯　民國六年(1917)上海會文堂書局石印本　一冊　存一卷(一)

330000－1716－0016887　集補 1546－3/16887　集部/總集類/選集之屬/通代
玉臺新詠十卷　(南朝陳)徐陵編　(清)吴兆宜注　(清)程琰刪補　民國十年(1921)上海掃葉山房石印本　六冊

330000－1716－0016891　集補 1546－2/16891　集部/總集類/選集之屬/通代
玉臺新詠十卷　(南朝陳)徐陵編　(清)吴兆宜注　(清)程琰刪補　民國十年(1921)上海掃葉山房石印本　六冊

330000－1716－0016893　集補 2144/16893
集部/別集類/清別集
梅村詩集箋注十八卷　(清)吴偉業撰　(清)吴翌鳳箋注　民國中華圖書館石印本　八冊

330000－1716－0016894　子補 2197/16894
子部/醫家類/方書之屬/單方驗方
備急醫方要旨二卷　(清)鄭奠一撰　民國十一年(1922)上海宏大善書局石印本　一冊

330000－1716－0016896　集補 2142/16896
集部/總集類/選集之屬/通代
名媛詩歸三十六卷　(明)鍾惺輯　民國上海有正書局鉛印本　八冊

330000－1716－0016914　集補 2146/16914
集部/別集類/唐五代別集
玉溪生詩意八卷　(唐)李商隱撰　(清)朱鶴齡注　(清)屈復意　民國六年(1917)上海會文堂書局石印本　六冊

330000－1716－0016920　普史 1634/16920
史部/紀事本末類/通代之屬
歷朝紀事本末(九朝紀事本末)九種　(清)陳如升　(清)朱記榮輯　(清)慎記主人增輯　民國上海校經山房、成記書局石印本　二冊　存一種

330000－1716－0016925　集補 1818/16925
集部/總集類/選集之屬/斷代
新體評注唐詩三百首六卷　(清)孫洙編　張萼蓀評注　民國十四年(1925)上海大東書局石印本　二冊

330000－1716－0016927　集補 2147/16927
集部/別集類/唐五代別集
昌黎先生集四十卷外集十卷遺文一卷　(唐)韓愈撰　(唐)李漢編　**朱子校昌黎先生集傳一卷**　(宋)朱熹撰　**韓集點勘四卷**　(清)陳景雲撰　民國九年(1920)石印本　十冊

330000－1716－0016929　集補 2148/16929
集部/別集類/唐五代別集
昌黎先生集四十卷外集十卷遺文一卷　(唐)韓愈撰　(唐)李漢編　**朱子校昌黎先生集傳一卷**　(宋)朱熹撰　**韓集點勘四卷**　(清)陳景雲撰　民國九年(1920)石印本　十冊

330000－1716－0016932　集補 2149/16932
集部/別集類/唐五代別集
注釋評點韓昌黎文全集十卷　(唐)韓愈撰　湯壽銘增訂　蔣箸超評注　民國十三年(1924)上海會文堂書局鉛印本　一冊　存一卷(一)

330000－1716－0016936　集補 2150/16936
集部/別集類/唐五代別集
注釋評點韓昌黎文全集十卷　(唐)韓愈撰　湯壽銘增訂　蔣箸超評注　民國十三年(1924)上海會文堂書局鉛印本　一冊　存一卷(一)

330000－1716－0016939　集補 2151/16939
集部/別集類/唐五代別集
重刊五百家注音辯昌黎先生文集四十卷　(唐)韓愈撰　民國上海鴻章書局石印本　一冊　存一卷(一)

330000－1716－0016957　集補 2153/16957
集部/別集類/唐五代別集
韓文起十二卷　(唐)韓愈撰　(清)林雲銘評注　民國四年(1915)上海會文堂書局石印本　六冊

330000－1716－0016959　集補 2154/16959
集部/別集類/宋別集
姜白石全集十六卷　(宋)姜夔撰　民國十四年(1925)上海掃葉山房石印本　三冊

330000－1716－0016961　集補 2155/16961
集部/別集類/宋別集
象山先生全集三十六卷　(宋)陸九淵撰　**附録少湖徐先生學則辯一卷**　(明)徐階撰　民國江左書林石印本　八冊

330000－1716－0016967　集補 2450－63/16967　集部/小說類/長篇之屬
第一才子書六十卷一百二十回首一卷　(明)羅本撰　(清)金人瑞　(清)毛宗崗評　民國同文晉記書局鉛印本　三冊　存十六卷(一至四、九至十二、二十一至二十八)

330000－1716－0016972　子補 2228/16972
子部/醫家類/方書之屬/單方驗方
歸安凌氏飼鶴亭集方一卷　(清)凌奐纂　民國十七年(1928)鉛印本　一冊

330000－1716－0016979　史補 1163/16979
史部/紀傳類/正史之屬
漢書補注一百卷首一卷　王先謙撰　**姚惜抱先生前漢書評點一卷**　(清)姚鼐撰　(清)吳汝綸輯　民國石印本　二冊　存一卷(二十一)

330000－1716－0016989　史補 0846/16989
史部/傳記類/總傳之屬/技藝
國朝畫識十七卷　(清)馮金伯纂輯　民國三十年(1941)上海中華書局鉛印本　四冊

330000－1716－0016994　地獻 3674/16994
子部/藝術類/篆刻之屬/印譜
江山奇氣廔印存不分卷　浪仙篆　民國鈐印本　一冊

330000－1716－0017002　子補 2316/17002
子部/醫家類/綜合之屬
醫師秘笈二卷　(清)□□撰　**濕熱條辨一卷**　(清)薛雪撰　民國九年(1920)上海進化書局石印本　二冊

330000－1716－0017003　子補 2317/17003
子部/醫家類/綜合之屬/通論
醫醇賸義四卷醫方論四卷　(清)費伯雄撰　民國六年(1917)上海萃英書局石印本　一冊

330000－1716－0017029　子補 2784/17029
子部/叢編
子書百家(百子全書)　(清)崇文書局編　民國十一年(1922)上海掃葉山房石印本　七十六冊　存九十三種

330000－1716－0017033　子補 2200/17033
子部/藝術類/篆刻之屬/印譜
十鐘山房印舉三十卷　(清)陳介祺藏並輯　民國十一年(1922)上海商務印書館涵芬樓影印本　六冊　缺十六卷(二至十七)

330000－1716－0017034　子補 2318/17034
子部/術數類/占卜之屬
未來預知術一卷　(三國蜀)諸葛亮撰　(宋)邵雍演　民國八年(1919)上海國粹保存會石印本　一冊

330000－1716－0017035　子補 2319/17035
子部/術數類/占卜之屬
未來預知術一卷　(三國蜀)諸葛亮撰　(宋)邵雍演　民國九年(1920)上海國粹保存會石印本　一冊

330000－1716－0017038　地獻 1432/17038
子部/儒家類/儒學之屬/禮教/女範
墨潤堂校正女兒經一卷　民國浙紹墨潤堂刻本　一冊

330000－1716－0017040　子補 2783/17040
子部/叢編
大字精校圈點注釋三十六子全書□□種　(清)孫星衍撰　民國上海掃葉山房石印本　二冊　存二種

330000－1716－0017041　普子 2014/17041
子部/藝術類/篆刻之屬/印譜
飛鴻堂印譜初集八卷二集八卷三集八卷四集八卷五集八卷　(清)汪啟淑鑒藏　民國影印本　二十冊

330000－1716－0017045　子補 2321/17045
子部/宗教類/道教之屬/神符
神秘符咒全書四卷　余哲夫撰　民國十一年(1922)上海東方書局影印本　四冊

330000－1716－0017047　子補 2322/17047
子部/術數類/陰陽五行之屬
增廣玉匣記通書二卷　(清)朱説霖重校　民國上海鍊石齋書局石印本　一冊

330000－1716－0017050　子補 2323－1/17050　子部/術數類/陰陽五行之屬
增廣玉匣記通書二卷　(清)朱説霖重校　民國石印本　二冊

330000－1716－0017051　子補 2324/17051
子部/術數類/陰陽五行之屬
通德類情十三卷　(清)沈重華輯　民國上海千頃堂書局石印本　十冊

330000－1716－0017055　史補 0899－12/17055　史部/編年類/斷代之屬
二思堂清鑑易知録前編四卷正編二十八卷　許國英輯　沈文浩重編　民國二十年(1931)上海大成書局鉛印本　七冊　存十八卷(二至四、正編十四至二十八)

330000－1716－0017061　子補 2240/17061
子部/藝術類/書畫之屬/總論
江村銷夏録三卷　(清)高士奇撰　民國上海有正書局影印本　三冊

330000－1716－0017063　子補 2241/17063
子部/藝術類/篆刻之屬/印論
篆刻鍼度八卷　(清)陳克恕撰　民國七年(1918)上海圖書館石印本　一冊

330000－1716－0017064　子補 2242/17064
子部/藝術類/篆刻之屬/印論
篆刻鍼度八卷　(清)陳克恕撰　民國七年(1918)上海圖書館石印本　二冊

330000－1716－0017066　地獻 1487－2/17066　子部/儒家類/儒學之屬/俗訓
格言聯璧不分卷　(清)金纓輯　民國七年(1918)上海尚古山房石印本　一冊

330000－1716－0017073　子補 2325/17073
子部/術數類/相宅相墓之屬
地理正義鉛彈子砂水要訣七卷　(清)張鳳藻撰　民國上海錦章圖書局石印本　一冊

330000－1716－0017074　子補 2326/17074
子部/醫家類/婦科之屬/產科
增補大生要旨五卷　(清)唐千頃撰　(清)馬振蕃續增　**經驗各種秘方輯要不分卷**　民國六年(1917)上海宏大印刷紙號石印本　一冊

330000－1716－0017076　子補 2327/17076
子部/醫家類/婦科之屬/產科
增訂大生要旨五卷　(清)唐千頃撰　**重訂福幼遂生合編一卷**　(清)莊一夔撰　民國九年(1920)浙江印刷公司鉛印本　一冊

330000－1716－0017077　子補 2328/17077
子部/醫家類/婦科之屬/產科
增補大生要旨五卷　(清)唐千頃撰　(清)馬振蕃續增　**經驗各種秘方輯要不分卷**　民國六年(1917)上海宏大印刷紙號石印本　一冊

330000－1716－0017078　子補 2329/17078
子部/醫家類/婦科之屬/產科
增廣大生要旨五卷　(清)唐千頃撰　(清)葉灝增訂　民國十五年(1926)杭州光華印局鉛印本　一冊

330000－1716－0017084　子補 2330/17084
子部/醫家類/兒科之屬
福幼編一卷遂生編一卷廣生編一卷　(清)莊一夔撰　民國二十三年(1934)杭州正則印書館鉛印本　一冊

330000－1716－0017086　子補 2331/17086
子部/醫家類/兒科之屬
福幼編一卷遂生編一卷廣生編一卷　(清)莊一夔撰　民國二十三年(1934)杭州正則印書館鉛印本　一冊

330000－1716－0017088　子補 2332/17088
子部/醫家類/兒科之屬
福幼編一卷遂生編一卷廣生編一卷　(清)莊一夔撰　民國二十三年(1934)鉛印本　一冊

330000－1716－0017090　子補 2333/17090
子部/醫家類/婦科之屬/產科
達生編三卷附録一卷補遺一卷急救良方一卷　(清)亟齋居士撰　民國七年(1918)杭州光華印局鉛印本　一冊

330000－1716－0017093　子補 2247/17093
子部/術數類/命書相書之屬
繪圖水鏡集四卷　(清)右髻道人(范騋)纂　民國上海錦章圖書局石印本　黄農氏題簽　一冊

330000－1716－0017094　集補 1848/17094
集部/小說類/長篇之屬
繡像英雄大八義四卷五十六回續四卷一百回　民國上海錦章圖書局石印本　七冊　存七卷(一至四,續一至二、四)

330000－1716－0017096　子補 2334/17096
子部/醫家類/婦科之屬/產科
達生編一卷附經驗良藥説明書一卷　(清)亟齋居士撰　民國十二年(1923)上海明德書局鉛印本　一冊

330000－1716－0017102　普叢 0100－3/17102　類叢部/叢書類/彙編之屬
別下齋叢書二十七種　(清)蔣光煦編　民國武林竹簡齋據清道光海昌蔣氏刻本影印本　一冊　存一種

330000－1716－0017103　子補 2249/17103
子部/術數類
百二漢鏡齋秘書□□種　(清)程芝雲輯　民國十年(1921)泰華圖書館石印本　一冊　存一種

330000－1716－0017108　子補 2250/17108
子部/小說家類/諧謔之屬
遣愁集十四卷　(清)張貴勝纂輯　民國十四年(1925)上海商務印書館鉛印本　八冊

330000－1716－0017112　子補 0389－2/17112　子部/醫家類/本草之屬/本草藥性
珍珠囊指掌補遺藥性賦四卷　(金)李杲編輯　**雷公炮製藥性解六卷**　(清)李中梓編輯

民國上海廣益書局石印本　四冊

330000－1716－0017116　子補 2338/17116
子部/醫家類/本草之屬/本草藥性
珍珠囊指掌補遺藥性賦四卷　(金)李杲編輯　**雷公炮製藥性解六卷**　(清)李中梓編輯　民國上海錦章圖書局石印本　二冊

330000－1716－0017128　集補 2450－53/17128　集部/小説類/長篇之屬
第一才子書六十卷一百二十回首一卷　(明)羅本撰　(清)金人瑞　(清)毛宗崗評　民國鉛印本　一冊　存六卷(二十八至三十三)

330000－1716－0017129　子補 2254/17129
子部/藝術類/書畫之屬/畫譜
分類畫範自習畫譜大全三集二十四卷　馬駘繪　民國上海世界書局石印本　八冊　存八卷(人物畫範一至二、仙佛圖像畫譜一至二、美人百態畫譜一至二、歷代名將畫譜一至二)

330000－1716－0017134　集補 2450－54/17134　集部/小説類/長篇之屬
圖像三國志演義第一才子書六十卷一百二十回　(明)羅本撰　(清)毛宗崗評　民國廣百宋齋鉛印本　二冊　存十一卷(一至五、十三至十八)

330000－1716－0017136　子補 2343/17136
子部/醫家類/方書之屬/成方藥目
丸散膏丹自製法不分卷　陸士諤編　民國上海中華新教育社石印本　一冊

330000－1716－0017137　集補 2450－55/17137　集部/小説類/長篇之屬
第一才子書繡像三國志演義六十卷一百二十回首一卷　(明)羅本撰　(清)金人瑞　(清)毛宗崗評　民國上海商務印書館鉛印本　一冊　存五卷(五十一至五十五)

330000－1716－0017138　子補 2344/17138
子部/醫家類/本草之屬/本草雜著
修事指南一卷　(清)張叡撰　民國十六年(1927)杭州抱經堂書局石印本　二冊

330000－1716－0017140　集補 2450－56/17140　集部/小説類/長篇之屬
第一才子書繡像三國志演義六十卷一百二十回首一卷　(明)羅本撰　(清)金人瑞　(清)毛宗崗評　民國上海商務印書館鉛印本　五冊　存二十六卷(二十九至五十四)

330000－1716－0017142　子補 2345/17142
子部/醫家類/醫經之屬/難經
校正圖注八十一難經四卷　(明)張世賢注　**校正圖注脈訣四卷**　(晉)王叔和撰　(明)張世賢注　**校正瀕湖脈學一卷奇經八脈考一卷**　(明)李時珍撰輯　民國上海大成書局石印本　五冊　缺一卷(校正圖注脈訣二)

330000－1716－0017144　子補 2257/17144
子部/藝術類/書畫之屬/畫譜
王念慈先生山水畫譜初集不分卷二集不分卷　王屺繪　民國十二年(1923)上海文瑞樓石印本　四冊

330000－1716－0017150　集補 2450－57/17150　集部/小説類/長篇之屬
第一才子書繡像三國志演義六十卷一百二十回首一卷　(明)羅本撰　(清)金人瑞　(清)毛宗崗評　民國上海商務印書館鉛印本　二冊　存十四卷(三十九至五十二)

330000－1716－0017155　史補 0791－2/17155　史部/編年類/通代之屬
尺木堂綱鑑易知録九十二卷明鑑易知録十五卷　(清)吴乘權　(清)周之炯　(清)周之燦輯　民國上海掃葉山房石印本　七冊　存三十三卷(六十至九十二)

330000－1716－0017156　子補 2347/17156
子部/醫家類/醫經之屬/難經
校正圖注八十一難經四卷　(明)張世賢注　**校正圖注脈訣四卷**　(晉)王叔和撰　(明)張世賢注　**校正瀕湖脈學一卷奇經八脈考一卷**　(明)李時珍撰輯　民國石印本　一冊　缺二卷(校正瀕湖脈學、奇經八脈考)

330000－1716－0017160　子補 2348/17160
子部/醫家類/醫經之屬/難經
校正圖注八十一難經四卷　(明)張世賢注

校正圖注脈訣四卷 (晉)王叔和撰 (明)張世賢注 **校正瀕湖脈學一卷奇經八脈考一卷** (明)李時珍撰輯 民國石印本 一冊 存四卷(校正圖注脈訣一至四)

330000－1716－0017163 集補 2450－58/17163 集部/小說類/長篇之屬

第一才子書十六卷一百二十回首一卷 (明)羅本撰 (清)金人瑞 (清)毛宗崗評 民國中新書局鉛印本 一冊 存一卷(十)

330000－1716－0017166 子補 0393/17166 子部/醫家類/醫經之屬/難經

校正圖注八十一難經四卷 (明)張世賢注 **校正圖注脈訣四卷** (晉)王叔和撰 (明)張世賢注 **校正瀕湖脈學一卷奇經八脈考一卷** (明)李時珍撰輯 民國上海大成書局石印本 五冊

330000－1716－0017167 集補 2450－59/17167 集部/小說類/長篇之屬

第一才子書十六卷一百二十回首一卷 (明)羅本撰 (清)金人瑞 (清)毛宗崗評 民國中新書局鉛印本 四冊 存四卷(四至六、八)

330000－1716－0017168 集補 2450－60/17168 集部/小說類/長篇之屬

第一才子書十六卷一百二十回首一卷 (明)羅本撰 (清)金人瑞 (清)毛宗崗評 民國中新書局鉛印本 五冊 存五卷(十一至十三、十五至十六)

330000－1716－0017169 子補 0245－12/17169 子部/醫家類/醫經之屬/難經

校正圖注八十一難經四卷 (明)張世賢注 **校正圖注脈訣四卷** (晉)王叔和撰 (明)張世賢注 **校正瀕湖脈學一卷奇經八脈考一卷** (明)李時珍撰輯 民國石印本 三冊 存四卷(校正圖注脈訣一至四)

330000－1716－0017173 集補 2450－61/17173 集部/小說類/長篇之屬

第一才子書十六卷一百二十回首一卷 (明)羅本撰 (清)金人瑞 (清)毛宗崗評 民國中新書局鉛印本 三冊 存三卷(四、七至八)

330000－1716－0017179 集補 2450－62/17179 集部/小說類/長篇之屬

第一才子書十六卷一百二十回首一卷 (明)羅本撰 (清)金人瑞 (清)毛宗崗評 民國上海廣興書局鉛印本 十四冊 存十五卷(一至二、四、六至十六,首)

330000－1716－0017181 史補 0899－1/17181 史部/編年類/通代之屬

綱鑑易知録九十二卷明鑑易知録十五卷 (清)吳乘權 (清)周之炯 (清)周之燦輯 民國五年(1916)上海商務印書館鉛印本 八冊 存五十一卷(一至六、二十二至二十八、三十五至四十、四十七至七十,明鑑易知録八至十五)

330000－1716－0017184 史補 0899－2/17184 史部/編年類/通代之屬

綱鑑易知録九十二卷明鑑易知録十五卷 (清)吳乘權 (清)周之炯 (清)周之燦輯 民國五年(1916)上海商務印書館鉛印本 三冊 存十九卷(二十二至二十八、四十七至五十八)

330000－1716－0017189 子補 2270/17189 子部/藝術類/書畫之屬/畫譜

夢坡畫史一卷 周慶雲繪 民國二十三年(1934)影印本 一冊

330000－1716－0017192 子補 2350/17192 子部/醫家類/醫經之屬/難經

校正圖注八十一難經四卷 (明)張世賢注 **校正圖注脈訣四卷** (晉)王叔和撰 (明)張世賢注 **校正瀕湖脈學一卷奇經八脈考一卷** (明)李時珍撰輯 民國上海廣益書局石印本 三冊 缺四卷(校正圖注脈訣一至四)

330000－1716－0017193 集補 1853/17193 集部/小說類/長篇之屬

足本大字義妖全傳前集六卷後集二卷 民國上海受古書店石印本 一冊 存一卷(一)

330000－1716－0017195　史補 0899－14/17195　史部/編年類/通代之屬

尺木堂綱鑑易知録九十二卷明鑑易知録十五卷　(清)吳乘權　(清)周之炯　(清)周之燦輯　民國鉛印本　二册　存十五卷(十二至十八、明鑑易知録八至十五)

330000－1716－0017197　普史 1705/17197　史部/紀傳類/正史之屬

清史稿五百三十六卷目録五卷　趙爾巽等撰　民國十六年(1927)清史館鉛印本　一百七册

330000－1716－0017198　史補 0899－16/17198　史部/編年類/通代之屬

綱鑑易知録九十二卷明鑑易知録十五卷　(清)吳乘權　(清)周之炯　(清)周之燦輯　民國鉛印本　孫祥麟題記　一册　存六卷(四十七至五十二)

330000－1716－0017200　集補 0012－20/17200　集部/小説類/長篇之屬

繡像龍鳳配再生緣十二卷七十四回　(清)陳端生撰　民國十年(1921)上海天華書局石印本　三册　存六卷(一至二、五至六、九至十)

330000－1716－0017201　子補 2272/17201　子部/藝術類/篆刻之屬/印論

續三十五舉一卷　(清)黃子高撰　民國六年(1917)上海商務印書館石印本　一册

330000－1716－0017203　集補 0012－23/17203　集部/曲類/彈詞之屬

繡像繪圖再生緣全傳二十卷　(清)陳端生撰　民國石印本　一册　存二卷(十七至十八)

330000－1716－0017207　子補 2273/17207　子部/藝術類/篆刻之屬/印譜

董巴王胡會刻印集四卷　吳隱輯　民國西泠印社鈐印本　四册

330000－1716－0017208　子補 2274/17208　子部/藝術類/篆刻之屬

遯盦印學叢書十七種　吳隱輯　民國十年(1921)山陰吳氏西泠印社木活字印本　一册　存二種

330000－1716－0017209　集補 2450－69/17209　集部/小説類/長篇之屬

第一才子書十六卷一百二十回首一卷　(明)羅本撰　(清)金人瑞　(清)毛宗崗評　民國上海中新書局鉛印本　一册　存一卷(四)

330000－1716－0017210　新補 0648－1/17210　新學/商務/商學

日本商標彙刊不分卷　國際商業研究社編　民國二十年(1931)上海新聲通訊社鉛印本　一册

330000－1716－0017212　集補 2450－70/17212　集部/小説類/長篇之屬

第一才子書十六卷一百二十回首一卷　(明)羅本撰　(清)金人瑞　(清)毛宗崗評　民國上海中新書局鉛印本　三册　存六卷(十一至十六)

330000－1716－0017213　新補 0648－2/17213　新學/商務/商學

日本商標彙刊不分卷　國際商業研究社編　民國二十年(1931)上海新聲通訊社鉛印本　一册

330000－1716－0017214　新補 0648－3/17214　新學/商務/商學

日本商標彙刊不分卷　國際商業研究社編　民國二十年(1931)上海新聲通訊社鉛印本　一册

330000－1716－0017217　新補 0648－4/17217　新學/商務/商學

日本商標彙刊不分卷　國際商業研究社編　民國二十年(1931)上海新聲通訊社鉛印本　一册

330000－1716－0017219　子補 2275/17219　史部/傳記類/總傳之屬/技藝

畫徵録三卷續録二卷明人附録一卷　(清)張庚撰　民國八年(1919)上海有正書局鉛印本　二册

330000－1716－0017220　新補 0648－5/

17220　新學/商務/商學
日本商標彙刊不分卷　國際商業研究社編　民國二十年(1931)上海新聲通訊社鉛印本　一册

330000－1716－0017222　新補0648－6/17222　新學/商務/商學
日本商標彙刊不分卷　國際商業研究社編　民國二十年(1931)上海新聲通訊社鉛印本　一册

330000－1716－0017223　子補2354/17223　子部/醫家類/養生之屬
男女房中秘密醫術一卷　怡養老人撰　民國香港新書局石印本　一册

330000－1716－0017224　新補0648－7/17224　新學/商務/商學
日本商標彙刊不分卷　國際商業研究社編　民國二十年(1931)上海新聲通訊社鉛印本　一册

330000－1716－0017225　新補0648－8/17225　新學/商務/商學
日本商標彙刊不分卷　國際商業研究社編　民國二十年(1931)上海新聲通訊社鉛印本　一册

330000－1716－0017227　新補0648－9/17227　新學/商務/商學
日本商標彙刊不分卷　國際商業研究社編　民國二十年(1931)上海新聲通訊社鉛印本　一册

330000－1716－0017229　新補0648－10/17229　新學/商務/商學
日本商標彙刊不分卷　國際商業研究社編　民國二十年(1931)上海新聲通訊社鉛印本　一册

330000－1716－0017230　新補0648－11/17230　新學/商務/商學
日本商標彙刊不分卷　國際商業研究社編　民國二十年(1931)上海新聲通訊社鉛印本　一册

330000－1716－0017231　新補0648－12/17231　新學/商務/商學
日本商標彙刊不分卷　國際商業研究社編　民國二十年(1931)上海新聲通訊社鉛印本　一册

330000－1716－0017233　新補0648－13/17233　新學/商務/商學
日本商標彙刊不分卷　國際商業研究社編　民國二十年(1931)上海新聲通訊社鉛印本　一册

330000－1716－0017235　子補2355/17235　子部/宗教類/佛教之屬
感化叢刊□□種　萬鈞編　民國無錫萬氏鉛印本　一册　存一種

330000－1716－0017239　子補2356－1/17239　子部/醫家類/養生之屬
養生保命録一卷　民國二十三年(1934)上海三友實業社石印本　一册

330000－1716－0017241　子補2357/17241　子部/醫家類
陰陽尿具及花柳症簡編一卷　(美國)戴世璜撰　余冠瀛述　民國六年(1917)鉛印本　一册

330000－1716－0017253　子補2359/17253　類叢部/叢書類/彙編之屬
雙梅影闇叢書十六種　葉德輝編　民國廣州唯美書局據清光緒至宣統長沙葉氏刻本影印本　一册　存五種

330000－1716－0017255　子補2360/17255　類叢部/叢書類/彙編之屬
雙梅影闇叢書十六種　葉德輝編　民國廣州唯美書局據清光緒至宣統長沙葉氏刻本影印本　一册　存五種

330000－1716－0017258　子補2362/17258　子部/醫家類/外科之屬/癰疽、疔瘡
治疔要書一卷　民國十六年(1927)上海宏大善書局石印本　一册

330000－1716－0017259　子補2279/17259

子部/藝術類/書畫之屬/畫録
練水畫徵録一卷續録一卷補録一卷　(清)程庭鷺輯　民國二十八年(1939)練西黄氏試金石室鉛印本　一册

330000－1716－0017260　子補 2363/17260
子部/醫家類/外科之屬/癰疽、疔瘡
治疔要書一卷　民國十六年(1927)上海宏大善書局石印本　一册

330000－1716－0017266　子補 2258/17266
新學/理學
實驗夢學萬能全集一卷　中國哲學研究會編輯　民國十二年(1923)上海中華圖書集成公司石印本　一册

330000－1716－0017271　子補 2365/17271
子部/醫家類/外科之屬
新增疔瘡要訣不分卷　(清)應遵誨撰　民國石印本　一册

330000－1716－0017273　子補 2366/17273
新學/醫學/内科
肺病最經濟之療養法一卷　丁福保撰　民國二十九年(1940)上海醫學書局鉛印本　一册

330000－1716－0017278　集補 2450－72/17278　集部/小說類/長篇之屬
第一才子書十六卷一百二十回首一卷　(明)羅本撰　(清)金人瑞　(清)毛宗崗評　民國上海中新書局鉛印本　七册　存七卷(九至十一、十三至十六)

330000－1716－0017279　子補 2260/17279
子部/醫家類/喉科口齒之屬/白喉
洞主仙師白喉治法忌表抉微一卷附經驗救急諸方一卷　(清)耐修子録並注　民國中國圖書公司和記石印本　馬天貺題記　一册

330000－1716－0017280　子補 2367/17280
子部/醫家類/傷寒金匱之屬/綜合
軒轅碑記醫學祝由十三科二卷　民國八年(1919)上海文益書局石印本　一册

330000－1716－0017284　子補 2369/17284
子部/醫家類/内科之屬
溼症金壺録一卷附雜證名方一卷裒春廬醫案一卷　謝掄元撰　民國止止居鉛印本　一册

330000－1716－0017289　子補 2371/17289
子部/醫家類/兒科之屬/痘疹
天花醫治方法一卷　民國十五年(1926)上海宏大善書局石印本　一册

330000－1716－0017290　集補 2450－73/17290　集部/小說類/長篇之屬
第一才子書六十卷一百二十回首一卷　(明)羅本撰　(清)金人瑞　(清)毛宗崗評　民國同文晉記書局鉛印本　四册　存十六卷(十三至二十四、三十三至三十六)

330000－1716－0017291　新補 0526/17291
新學/全體學
廣東中醫藥專門學校全體學講義一卷　章啟祥輯　民國廣東中醫藥專門學校鉛印本　一册

330000－1716－0017292　子補 2372/17292
子部/醫家類/婦科之屬/產科
大生要旨六卷　(清)唐千頃撰　**續刻驗方一卷**　民國三年(1914)江東書局石印本　一册　存一卷(續刻驗方)

330000－1716－0017294　譜 0194/17294　史部/傳記類/總傳之屬/家乘
[浙江紹興]山陰華舍趙氏宗譜二十四卷　趙思林修　趙瑲　趙德基纂　民國五年(1916)萃渙堂木活字印本　二十三册　缺一卷(一)

330000－1716－0017295　集補 2450－74/17295　集部/小說類/長篇之屬
第一才子書六十卷一百二十回首一卷　(明)羅本撰　(清)金人瑞　(清)毛宗崗評　民國同文升記書局鉛印本　一册　存四卷(五十三至五十六)

330000－1716－0017296　子補 2373/17296
子部/醫家類/兒科之屬/通論
保嬰要言一卷　王德森編　民國三十年(1941)鉛印本　一册

330000－1716－0017297　地獻 1965－3/

17297　類叢部/叢書類/彙編之屬
復性書院叢刊二十七種　馬浮編　民國二十九年至三十七年(1940 – 1948)復性書院刻本暨鉛印本　三冊　存一種

330000 – 1716 – 0017299　集補 2450 – 75/17299　集部/小説類/長篇之屬
第一才子書六十卷一百二十回首一卷　(明)羅本撰　(清)金人瑞　(清)毛宗崗評　民國同文升記書局鉛印本　一冊　存十二卷(十三至十六、二十一至二十八)

330000 – 1716 – 0017300　子補 2374/17300　子部/醫家類/婦科之屬
婦科易知一卷　中華書局編　民國八年(1919)中華書局鉛印本　一冊

330000 – 1716 – 0017302　集補 2450 – 76/17302　集部/小説類/長篇之屬
第一才子書六十卷一百二十回首一卷　(明)羅本撰　(清)金人瑞　(清)毛宗崗評　民國同文升記書局鉛印本　三冊　存十二卷(十三至十六、二十五至二十八、三十三至三十六)

330000 – 1716 – 0017303　地獻 1965 – 2/17303　類叢部/叢書類/彙編之屬
復性書院叢刊二十七種　馬浮編　民國二十九年至三十七年(1940 – 1948)復性書院刻本暨鉛印本　一冊　存一種

330000 – 1716 – 0017308　子補 2375/17308　子部/醫家類/兒科之屬/痘疹
痲症集成四卷　(清)朱載揚撰　民國八年(1919)浙江體育學校鉛印本　一冊

330000 – 1716 – 0017309　子補 2709/17309　子部/宗教類/道教之屬
玉定金科例誅輯要十卷首一卷末一卷特宥輯要十卷首一卷末一卷例賞輯要十卷首一卷末一卷　南天都劫司　桂宮武昌侯輯　民國十五年(1926)北京金科流通處鉛印本　十三冊

330000 – 1716 – 0017311　子補 2376/17311　子部/醫家類/眼科之屬
傅氏眼科審視瑤函六卷首一卷　(明)傅仁宇纂輯　(明)林長生校補　(清)傅維藩編集　民國石印本　六冊

330000 – 1716 – 0017312　集補 2450 – 77/17312　集部/小説類/長篇之屬
第一才子書三十四卷一百二十回首一卷　(明)羅本撰　(清)金人瑞　(清)毛宗崗評　民國國光書局鉛印本　三冊　存六卷(二十七至三十二)

330000 – 1716 – 0017313　譜 0196/17313　史部/傳記類/總傳之屬/家乘
[浙江紹興]胡氏家譜一卷　胡聯玻纂　胡聯珮續纂　民國鉛印本　一冊

330000 – 1716 – 0017315　集補 2450 – 78/17315　集部/小説類/長篇之屬
第一才子書三十四卷一百二十回首一卷　(明)羅本撰　(清)金人瑞　(清)毛宗崗評　民國國光書局鉛印本　二冊　存四卷(十三至十六)

330000 – 1716 – 0017317　子補 2710/17317　子部/宗教類/道教之屬/雜著
玉準輪科輯要二十七卷　民國十四年(1925)北京金科流通處鉛印本　十四冊　缺二卷(八至九)

330000 – 1716 – 0017318　集補 1839/17318　集部/小説類/長篇之屬
繪圖花月痕六卷五十二回　(清)眠鶴主人(魏秀仁)編次　民國石印本　一冊　存二卷(一至二)

330000 – 1716 – 0017321　集補 2450 – 79/17321　集部/小説類/長篇之屬
第一才子書三十四卷一百二十回首一卷　(明)羅本撰　(清)金人瑞　(清)毛宗崗評　民國國光書局鉛印本　一冊　存二卷(三十三至三十四)

330000 – 1716 – 0017326　集補 2450 – 80/17326　集部/小説類/長篇之屬
第一才子書六十卷一百二十回首一卷　(明)

羅本撰　(清)金人瑞　(清)毛宗崗評　民國國光書局鉛印本　十一册　存二十二卷(五至二十六)

330000－1716－0017327　集補 1851/17327　集部/小說類/長篇之屬
新輯海公小紅袍全傳四卷四十二回　民國上海沈鶴記書局石印本　二册

330000－1716－0017332　普子 2030/17332　子部/藝術類/篆刻之屬/印譜
三長兩短齋印存五卷　鄧鐵篆　民國鈐印本　三册　存三卷(一至三)

330000－1716－0017338　譜 0203/17338　史部/傳記類/總傳之屬/家乘
[浙江紹興]胡氏家譜一卷　胡聯玻纂　胡聯珮續纂　民國鉛印本　一册

330000－1716－0017345　子補 2281/17345　子部/醫家類/醫理之屬/陰陽五行、五運六氣
尚論篇四卷首一卷尚論後篇四卷　(清)喻昌撰　民國簡青齋書局石印本　一册　存四卷(尚論後篇一至四)

330000－1716－0017346　集補 1838/17346　集部/小說類/長篇之屬
全圖貍貓換太子演義八卷八十回　民國上海大同書局石印本　七册　存七卷(二至八)

330000－1716－0017350　子補 2734/17350　子部/雜著類/雜說之屬
六研齋筆記四卷二筆四卷三筆四卷　(明)李日華撰　民國上海有正書局影印本(筆記卷三至四、二筆卷一至二原缺)　四册　存五卷(一至二、二筆三至四、三筆四)

330000－1716－0017352　集補 2450－81/17352　集部/小說類/長篇之屬
繪圖小三國志二十回　(明)羅本撰　民國上海世界書局石印本　一册

330000－1716－0017355　集補 2450－82/17355　集部/小說類/長篇之屬
第一才子書六十卷一百二十回首一卷　(明)羅本撰　(清)金人瑞　(清)毛宗崗評　民國石印本　三册　存十八卷(一至六、十七至二十二、二十八至三十三)

330000－1716－0017357　新補 0178－2/17357　子部/儒家類/儒學之屬/蒙學
繪圖幼學白話句解四卷　施錫軒撰　民國十年(1921)上海廣雅書局石印本　三册　存三卷(一至三)

330000－1716－0017360　集補 2450－83/17360　集部/小說類/長篇之屬
增像全圖三國演義六十卷一百二十回首一卷　(明)羅本撰　(清)毛宗崗評　民國石印本　一册　存一卷(首)

330000－1716－0017361　集補 2450－84/17361　集部/小說類/長篇之屬
增像全圖三國演義六十卷一百二十回首一卷　(明)羅本撰　(清)毛宗崗評　民國上海鴻文書局石印本　一册　存一卷(首)

330000－1716－0017362　史補 1245－5/17362　史部/目録類/總録之屬/私撰
杭州抱經堂書局第十二期舊書目録不分卷　杭州抱經堂書局編　民國二十三年(1934)杭州抱經堂書局鉛印本　一册

330000－1716－0017363　子補 2286/17363　子部/藝術類/書畫之屬/畫譜
近世一百名家畫集四卷　錢病鶴編　民國七年(1918)圖畫研究會石印本　二册

330000－1716－0017364　子補 2735/17364　子部/雜著類/雜纂之屬
庸盦筆記六卷　(清)薛福成撰　民國十四年(1925)上海掃葉山房石印本　三册

330000－1716－0017365　子補 2287/17365　子部/藝術類/書畫之屬/畫譜
近世一百名家畫集四卷　錢病鶴編　民國七年(1918)圖畫研究會石印本　二册

330000－1716－0017371　史補 1245－6/17371　史部/目録類/總録之屬/私撰
中國書店書目□□卷　中國書店編　民國上海中國書店石印本　六册　存六卷(一、三、

十三至十四、十六至十七)

330000－1716－0017374　經補 1069/17374
經部/小學類/文字之屬/字書
芸香館重刊正字略一卷　(清)王筠撰　民國十五年(1926)抄本　一冊

330000－1716－0017377　史補 1245－8/17377　史部/目録類/總録之屬/私撰
中國書店書目□□卷　中國書店編　民國上海中國書店石印本　二冊　存二卷(一、十七)

330000－1716－0017378　史補 0851/17378
史部/政書類/邦計之屬/鹽法
鹺務誌要四卷　錢文選輯　民國十九年(1930)鉛印本　一冊　缺一卷(鄂鹺誌要)

330000－1716－0017382　子補 2290/17382
子部/醫家類/外科之屬/癰疽、疔瘡
重刊刺疔捷法一卷　(清)張鏡撰　民國二十五年(1936)石印本　一冊

330000－1716－0017383　子補 2379/17383
子部/儒家類/儒學之屬/禮教/家訓
過庭百録一卷　葉佩瑲述　葉恭綽録　民國三十一年(1942)鉛印本　一冊

330000－1716－0017384　史補 1245－9/17384　史部/目録類/總録之屬/彙刻
漢文淵書肆書目一卷　漢文淵書肆編　民國二十四年(1935)上海漢文淵書肆石印本　一冊

330000－1716－0017390　子補 2380/17390
子部/藝術類/書畫之屬/畫譜
清操軒畫賸不分卷　趙詠清繪　民國十五年(1926)上海大德書局石印本　一冊

330000－1716－0017391　子補 2292/17391
子部/醫家類/溫病之屬
溫熱講義一卷　章巨膺撰　民國上海國醫學院油印本　一冊

330000－1716－0017393　史補 1245－10/17393　史部/目録類/總録之屬/官修
湖北官書處新刊書目一卷　湖北官書處編　民國元年(1912)湖北官書處刻本　一冊

330000－1716－0017394　史補 1245－11/17394　史部/目録類/總録之屬/私撰
杭州抱經堂書局上海分局第二期書目一卷　杭州抱經堂書局上海分局編　民國二十八年(1939)杭州抱經堂書局上海分局石印本　一冊

330000－1716－0017397　史補 1245－12/17397　史部/目録類/專録之屬
復初齋書局第二期廉價書目一卷　復初齋書局編　民國二十三年(1934)杭州復初齋書局鉛印本　一冊

330000－1716－0017398　集補 1844/17398
集部/曲類/彈詞之屬
繪圖後三笑才子奇書四卷二十四回　民國六年(1917)上海何廣記書局石印本　一冊

330000－1716－0017399　史補 1245－13/17399　史部/目録類/總録之屬/私撰
杭州朱氏抱經堂藏版書目一卷　朱氏抱經堂編　民國二十五年(1936)杭州朱氏抱經堂鉛印本　一冊

330000－1716－0017400　史補 0853/17400
史部/傳記類/别傳之屬/事狀
陸公壽言彙編二卷　朱潤南輯　民國影印本暨鉛印本　一冊　存一卷(二)

330000－1716－0017401　史補 0854/17401
史部/傳記類/别傳之屬/事狀
世德堂楊氏六秩雙慶壽言彙編二卷　民國七年(1918)鉛印本　二冊

330000－1716－0017403　史補 1245－14/17403　史部/目録類
拜經樓叢書樣本不分卷　博古齋書莊編　民國上海博古齋石印本　一冊

330000－1716－0017410　史補 1245－15/17410　史部/目録類/總録之屬/彙刻
四部叢刊續編輯印緣起發行簡章目録附定單一卷　上海商務印書館編　民國二十三年

(1934)上海商務印書館鉛印本　一冊

330000－1716－0017412　史補 1245－16/17412　史部/目録類/總録之屬/彙刻

四庫全書珍本初集樣本一卷　商務印書館編　民國二十三年(1934)上海商務印書館鉛印本暨影印本　一冊

330000－1716－0017414　史補 1245－17/17414　史部/目録類/總録之屬/彙刻

四庫全書珍本初集樣本一卷　商務印書館編　民國二十三年(1934)上海商務印書館鉛印本暨影印本　一冊

330000－1716－0017415　史補 1245－18/17415　史部/目録類/總録之屬/彙刻

四庫全書珍本初集樣本一卷　商務印書館編　民國二十三年(1934)上海商務印書館鉛印本暨影印本　一冊

330000－1716－0017416　集補 1846/17416　集部/小說類

繪圖小小說十種　趙苕狂編　民國上海世界書局石印本　一冊　存一種

330000－1716－0017417　史補 1245－19/17417　史部/目録類/書志之屬/題跋

百衲本六史後跋一卷　張元濟撰　民國上海商務印書館鉛印本　一冊

330000－1716－0017419　集補 1847/17419　集部/小說類/長篇之屬

蘭花夢八卷六十八回　民國石印本　三冊　存三卷(六至八)

330000－1716－0017428　史補 1245－20/17428　史部/目録類

乙丑重編飲冰室文集樣本一卷　中華書局編　民國十五年(1926)中華書局鉛印本　一冊

330000－1716－0017431　普叢 0323/17431　類叢部/叢書類/自著之屬

康居筆記彙函十三種十四卷　徐珂撰　民國二十二年(1933)徐新六鉛印本　二冊

330000－1716－0017436　史補 1245－21/17436　史部/目録類

影印學海類編樣本一卷　商務印書館編　民國上海商務印書館鉛印本暨影印本　一冊

330000－1716－0017439　集補 2450－143/17439　集部/小說類/長篇之屬

增像全圖三國演義十六卷一百二十回首一卷　(明)羅本撰　(清)毛宗崗評　民國石印本　四冊　存八卷(五至六、九至十、十三至十六)

330000－1716－0017441　史補 1245－22/17441　史部/目録類/總録之屬/彙刻

四部叢刊第二次預約樣本一卷　上海商務印書館編　民國十五年(1926)上海商務印書館影印本暨鉛印本　一冊

330000－1716－0017444　史補 1245－23/17444　史部/目録類/總録之屬/彙刻

四部叢刊目録一卷　上海商務印書館編　民國上海商務印書館鉛印本暨影印本　一冊

330000－1716－0017445　地獻 1490/17445　史部/傳記類/總傳之屬/技藝

清朝書畫家筆録四卷　竇鎮輯　民國九年(1920)二友書屋鉛印本　二冊　存二卷(二至三)

330000－1716－0017447　史補 1245－24/17447　史部/目録類/總録之屬/彙刻

四部叢刊目録一卷　上海商務印書館編　民國上海商務印書館鉛印本暨影印本　一冊

330000－1716－0017449　集補 2450－144/17449　集部/小說類/長篇之屬

第一才子書十六卷一百二十回首一卷　(明)羅本撰　(清)金人瑞　(清)毛宗崗評　民國天寶書局石印本　二冊　存八卷(九至十六)

330000－1716－0017454　集補 2450－145/17454　集部/小說類/長篇之屬

增像全圖三國演義十六卷一百二十回首一卷　(明)羅本撰　(清)毛宗崗評　民國上海天寶書局石印本　五冊　存十卷(三至六、九至十二、十五至十六)

330000－1716－0017462　集補 1341/17462　集部/小說類/長篇之屬

新編繪圖三國志八卷　民國上海錦章圖書局石印本　六册　存六卷(一、三至七)

330000－1716－0017463　普類 0191/17463　類叢部/類書類/通類之屬

古事比五十二卷　(清)方中德輯　民國十三年(1924)上海錦章圖書局石印本　十五册　缺三卷(三十七至三十九)

330000－1716－0017468　集補 1862/17468　集部/小說類/長篇之屬

繡像爭春園全傳六卷四十八回　民國上海大觀書局石印本　蟲恒氏題記　一册

330000－1716－0017469　集補 2450－146/17469　集部/小說類/長篇之屬

第一才子書十六卷一百二十回首一卷　(明)羅本撰　(清)金人瑞　(清)毛宗崗評　民國九年(1920)上海天寶書局石印本　六册　存七卷(一至二、四至五、七至八,首)

330000－1716－0017471　集補 2450－147/17471　集部/小說類/長篇之屬

第一才子書十六卷一百二十回首一卷　(明)羅本撰　(清)金人瑞　(清)毛宗崗評　民國華文齋石印本　一册　存二卷(二至三)

330000－1716－0017472　集補 2450－148/17472　集部/小說類/長篇之屬

增像全圖三國志演義六十卷一百二十回首一卷　(明)羅本撰　(清)金人瑞　(清)毛宗崗評　民國文寶書局石印本　一册　存八卷(五至十二)

330000－1716－0017484　集補 3456－2/17484　集部/詩文評類/詩評之屬

隨園詩話十六卷補遺十卷　(清)袁枚撰　民國三年(1914)上海鴻寶齋書局石印本　四册　缺六卷(補遺五至十)

330000－1716－0017486　子補 2381/17486　子部/天文曆算類/曆法之屬

新刻增補時憲臺曆袖裏璇璣星命須知一卷附星命萬年曆一卷　民國天利書局石印本　一册

330000－1716－0017487　集補 2450－150/17487　集部/小說類/長篇之屬

增像全圖三國演義十六卷一百二十回首一卷　(明)羅本撰　(清)毛宗崗評　民國上海天寶書局石印本　一册　存二卷(三至四)

330000－1716－0017489　子補 2382/17489　子部/醫家類/類編之屬

中西醫學叢書　顧鳴盛編　民國上海大東書局石印本　一册　存一種

330000－1716－0017491　子補 2731/17491　子部/藝術類/書畫之屬/畫法畫品

歷朝名人畫法津梁八卷　王仲芬　汪聲遠編輯　民國十三年(1924)上海廣雅書局石印本　六册　缺二卷(四、七)

330000－1716－0017495　集補 2450－151/17495　集部/小說類/長篇之屬

增像全圖三國演義十六卷一百二十回首一卷　(明)羅本撰　(清)毛宗崗評　民國上海天寶書局石印本　二册　存四卷(三至四、九至十)

330000－1716－0017500　普叢 0350－1/17500　類叢部/叢書類/自著之屬

章氏叢書　章炳麟撰　民國石印本　三册　存一種

330000－1716－0017501　普子 2027/17501　子部/藝術類/篆刻之屬/印譜

谷園印譜四卷　(清)胡介祉藏　(清)許容篆　民國上海掃葉山房影印本　二册　存二卷(一、四)

330000－1716－0017504　子補 2383/17504　子部/藝術類/篆刻之屬/印譜

瑞安林氏印存不分卷　(清)趙之琛篆　林大同拓　民國瑞安林氏鈐拓本　植夫題記　一册

330000－1716－0017505　集補 2450－152/17505　集部/小說類/長篇之屬

增像全圖三國演義十六卷一百二十回首一卷　(明)羅本撰　(清)毛宗崗評　民國上海天寶書局石印本　一册　存二卷(十一至十二)

330000－1716－0017506　子補 2302/17506　子部/天文曆算類/曆法之屬
星命須知一卷欽定萬年書一卷　民國石印本　一册

330000－1716－0017507　子補 2384/17507　子部/藝術類/篆刻之屬/印譜
漢銅印叢十二卷　(清)汪啟淑鑒賞　瞿良士收藏　民國二十四年(1935)上海商務印書館影印本　一册　存六卷(一至三、十至十二)

330000－1716－0017509　子補 2303/17509　子部/天文曆算類/曆法之屬
星命須知一卷萬年書一卷　民國十五年(1926)上海中原書局石印本　一册

330000－1716－0017510　集補 2450－153/17510　集部/小說類/長篇之屬
增像全圖三國演義十六卷一百二十回首一卷　(明)羅本撰　(清)毛宗崗評　民國上海天寶書局石印本　二册　存十卷(五至六、九至十六)

330000－1716－0017513　集補 2450－154/17513　集部/小說類/長篇之屬
增像全圖三國演義十六卷一百二十回首一卷　(明)羅本撰　(清)毛宗崗評　民國上海錦章書局石印本　一册　存五卷(十一至十五)

330000－1716－0017519　子補 2304/17519　子部/術數類/雜術之屬
六壬神課金口訣三卷　(清)熊大本校正　(清)周儆弦重訂　繪圖金錢課一卷　牙牌靈數八種不分卷　民國石印本　一册

330000－1716－0017520　子補 2385/17520　子部/藝術類/書畫之屬/畫譜
萃新畫譜不分卷　(清)朱偁等繪　民國石印本　一册

330000－1716－0017525　子補 2387/17525　子部/藝術類/書畫之屬/畫譜
紉齋畫賸四卷　(清)陳允升繪　民國石印本　二册　存二卷(天、地)

330000－1716－0017528　集補 2450－155/17528　集部/小說類/長篇之屬
增像全圖三國演義十六卷一百二十回首一卷　(明)羅本撰　(清)毛宗崗評　民國石印本　一册　存二卷(十五至十六)

330000－1716－0017531　集補 2450－156/17531　集部/小說類/長篇之屬
增像全圖三國志演義第一才子書十二卷一百二十回首一卷　(明)羅本撰　(清)金人瑞　(清)毛宗崗評　民國上海廣益書局石印本　七册　存六卷(二至四、十至十二)

330000－1716－0017532　子補 2306/17532　子部/醫家類/眼科之屬
傅氏眼科審視瑤函六卷首一卷附眼科捷徑一卷　(明)傅仁宇纂輯　(明)林長生校補　(清)傅維藩編集　民國上海進步書局石印本　一册

330000－1716－0017533　史補 1245－27/17533　史部/目録類
上海中華書局四部備要說明書一卷　中華書局編　民國十年(1921)上海中華書局鉛印本　一册

330000－1716－0017534　子補 2307/17534　子部/醫家類/眼科之屬
傅氏眼科審視瑤函六卷首一卷附眼科捷徑一卷　(明)傅仁宇纂輯　(明)林長生校補　(清)傅維藩編集　民國上海進步書局石印本　一册

330000－1716－0017535　史補 1245－28/17535　史部/目録類
上海中華書局四部備要說明書一卷　中華書局編　民國十年(1921)上海中華書局鉛印本　一册

330000－1716－0017536　集補 2450－157/17536　集部/小說類/長篇之屬
增像全圖三國演義十二卷一百二十回　(明)

羅本撰　民國二年(1913)上海文華書局石印本　一冊　存二卷(一至二)

330000－1716－0017539　子補 2308/17539
子部/醫家類/眼科之屬
傅氏眼科審視瑤函六卷首一卷　(明)傅仁宇纂輯　(明)林長生校補　(清)傅維藩編集　民國元年(1912)上海江東書局石印本　一冊

330000－1716－0017543　子補 2309/17543
子部/醫家類/眼科之屬
傅氏眼科審視瑤函六卷首一卷醫案一卷圖說一卷　(明)傅仁宇纂輯　(明)林長生校補　(清)傅維藩編集　民國上海錦章圖書局石印本　一冊

330000－1716－0017544　集補 2450－158/17544　集部/小說類/長篇之屬
增像全圖三國志演義第一才子書十二卷一百二十回首一卷　(明)羅本撰　(清)金人瑞　(清)毛宗崗評　民國上海文華書局石印本　六冊　存六卷(一至五、首)

330000－1716－0017545　史補 1245－30/17545　史部/目録類/書志之屬/題跋
百衲本六史後跋一卷　張元濟撰　民國上海商務印書館鉛印本　一冊

330000－1716－0017546　史補 1245－31/17546　史部/目録類/書志之屬/題跋
百衲本已出十八史跋文彙刊一卷　商務印書館輯　民國二十五年(1936)上海商務印書館鉛印本　一冊

330000－1716－0017547　集補 2450－159/17547　集部/小說類/長篇之屬
增像全圖三國志演義第一才子書十二卷一百二十回首一卷　(明)羅本撰　(清)金人瑞　(清)毛宗崗評　民國上海廣益書局石印本　二冊　存二卷(七、十)

330000－1716－0017550　史補 1245－32/17550　史部/目録類/版本之屬/書影
百衲本二十四史預約樣本一卷　上海商務印書館編　民國十九年(1930)上海商務印書館鉛印本暨影印本　一冊

330000－1716－0017553　子補 2310/17553
子部/術數類/雜術之屬
真本斷夢秘書三卷附周公詳夢全書一卷　民國十四年(1925)上海世界書局石印本　一冊

330000－1716－0017554　子補 2311/17554
子部/術數類/雜術之屬
真本斷夢秘書三卷附周公詳夢全書一卷　民國十二年(1923)上海世界書局石印本　一冊

330000－1716－0017555　史補 1245－33/17555　史部/目録類/版本之屬/書影
百衲本二十四史預約樣本一卷　上海商務印書館編　民國十九年(1930)上海商務印書館鉛印本暨影印本　一冊

330000－1716－0017557　史補 1245－34/17557　史部/目録類/版本之屬/書影
百衲本二十四史預約樣本一卷　上海商務印書館編　民國十九年(1930)上海商務印書館鉛印本暨影印本　一冊

330000－1716－0017558　史補 1245－35/17558　史部/目録類/版本之屬/書影
百衲本二十四史預約樣本一卷　上海商務印書館編　民國十九年(1930)上海商務印書館鉛印本暨影印本　一冊

330000－1716－0017561　史補 1245－36/17561　史部/目録類
影印學海類編樣本一卷　商務印書館編　民國九年(1920)上海商務印書館鉛印本暨影印本　一冊

330000－1716－0017563　子補 2312/17563
子部/術數類/占卜之屬
未來預知術一卷　(三國蜀)諸葛亮撰　(宋)邵雍演　民國九年(1920)上海國粹保存會石印本　一冊

330000－1716－0017565　集補 2450－160/17565　集部/小說類/長篇之屬
增像全圖三國志演義第一才子書十二卷一百二十回首一卷　(明)羅本撰　(清)金人瑞

(清)毛宗崗評　民國上海文華書局石印本　十冊　存十卷(一至二、四至十,首)

330000－1716－0017566　普史 1523/17566　史部/目録類/版本之屬

涵芬樓古今文鈔簡編樣本一卷　商務印書館編　民國五年(1916)上海商務印書館鉛印本　一冊

330000－1716－0017568　集補 1857/17568　集部/詩文評類

南野堂筆記十二卷　(清)吳文溥撰　民國元年(1912)中華國粹書社石印本　四冊

330000－1716－0017569　集補 2450－161/17569　集部/小說類/長篇之屬

增像全圖三國志演義第一才子書十二卷一百二十回首一卷　(明)羅本撰　(清)金人瑞　(清)毛宗崗評　民國上海廣益書局石印本　一冊　存三卷(七至九)

330000－1716－0017570　集補 1858/17570　集部/詩文評類

南野堂筆記十二卷　(清)吳文溥撰　民國元年(1912)中華國粹書社石印本　四冊

330000－1716－0017571　集補 2450－162/17571　集部/小說類/長篇之屬

第一才子書十六卷一百二十回首一卷　(明)羅本撰　(清)金人瑞　(清)毛宗崗評　民國上海會文堂書局石印本　一冊　存一卷(十三)

330000－1716－0017574　子補 0132－7/17574　子部/醫家類/婦科之屬/產科

精印產科四種　民國三年(1914)江東書局石印本　來鴻堯題記　十冊

330000－1716－0017576　集補 2450－163/17576　集部/小說類/長篇之屬

增像繪圖第一才子書三國志演義十六卷一百二十回首一卷　(明)羅本撰　(清)金人瑞　(清)毛宗崗評　民國義成書局石印本　一冊　存二卷(一至二)

330000－1716－0017577　子補 2313/17577　子部/小說家類/異聞之屬

右台仙館筆記十六卷　(清)俞樾撰　民國十三年(1924)上海朝記書莊、蘇州振新書社石印本　八冊

330000－1716－0017578　子補 2314/17578　子部/小說家類/異聞之屬

右台仙館筆記十六卷　(清)俞樾撰　民國十年(1921)上海朝記書莊、蘇州振新書社石印本　七冊　缺二卷(七至八)

330000－1716－0017588　史補 1245－37/17588　史部/目録類/書志之屬/提要

國學書目提要不分卷　上海醫學書局編　民國上海醫學書局鉛印本　一冊

330000－1716－0017589　集補 2450－164/17589　集部/小說類/長篇之屬

增像全圖三國演義十六卷一百二十回首一卷　(明)羅本撰　(清)毛宗崗評　民國上海進步書局石印本　一冊　存二卷(五至六)

330000－1716－0017590　史補 1245－38/17590　史部/目録類/總録之屬/私撰

蘇州來青閣書目第三期一卷　來青閣書莊編　民國二十三年(1934)蘇州來青閣書莊石印本　一冊

330000－1716－0017592　史補 1245－39/17592　史部/目録類/總録之屬/私撰

來青閣書目不分卷　來青閣書莊編　民國上海來青閣書莊石印本　一冊　存減價書目壬申年第一期

330000－1716－0017594　集補 2450－165/17594　集部/小說類/長篇之屬

圖像三國志演義第一才子書六十卷一百二十回首一卷　(明)羅本撰　(清)毛宗崗評　民國上海文盛書局石印本　四冊　存二十二卷(十二至十八、二十六至三十二、四十至四十六,首)

330000－1716－0017596　史補 1245－40/17596　史部/目録類/總録之屬/私撰

來青閣書目不分卷　來青閣書莊編　民國上

海來青閣書莊石印本　一冊　存廉價書目二十五年四月第一次

330000－1716－0017598　史補 1245－41/17598　史部/目録類/總録之屬/私撰

東來閣書目一卷　東來閣書店編　民國二十三年(1934)北平東來閣書店鉛印本　一冊

330000－1716－0017599　集補 2450－166/17599　集部/小說類/長篇之屬

圖像三國志演義第一才子書六十卷一百二十回首一卷　(明)羅本撰　(清)毛宗崗評　民國上海文盛書局石印本　二冊　存十二卷(一至十二)

330000－1716－0017606　史補 1245－42/17606　史部/目録類/總録之屬/私撰

直隸書局書目一卷　直隸書局編　民國二十六年(1937)北平直隸書局鉛印本　一冊

330000－1716－0017607　集補 2450－167/17607　集部/小說類/長篇之屬

圖像三國志演義第一才子書六十卷一百二十回首一卷　(明)羅本撰　(清)毛宗崗評　民國上海文盛書局石印本　一冊　存四卷(一至四)

330000－1716－0017610　集補 2450－168/17610　集部/小說類/長篇之屬

圖像三國志演義第一才子書六十卷一百二十回首一卷　(明)羅本撰　(清)毛宗崗評　民國上海文盛書局石印本　一冊　存七卷(十二至十八)

330000－1716－0017614　史補 1245－43/17614　史部/目録類/總録之屬/私撰

蟫隱廬新板書目第四期一卷　蟫隱廬書莊編　民國十六年(1927)上海蟫隱廬書莊石印本　一冊

330000－1716－0017617　史補 1245－44/17617　史部/目録類/總録之屬/私撰

蟫隱廬新板書目第五期一卷　蟫隱廬書莊編　民國十九年(1930)上海蟫隱廬書莊石印本　一冊

330000－1716－0017619　史補 1245－45/17619　史部/目録類/總録之屬/私撰

蟫隱廬新板書目第七期一卷　蟫隱廬書莊編　民國二十四年(1935)上海蟫隱廬書莊石印本　一冊

330000－1716－0017621　集補 2450－169/17621　集部/小說類/長篇之屬

繡像全圖三國志演義六十卷一百二十回首一卷　(明)羅本撰　(清)毛宗崗評　民國石印本　一冊　存四卷(四十一至四十四)

330000－1716－0017626　集補 2450－170/17626　集部/小說類/長篇之屬

增像全圖三國演義十六卷一百二十回首一卷　(明)羅本撰　(清)毛宗崗評　民國上海錦章書局石印本　三冊　存六卷(三至四、七至八、十三至十四)

330000－1716－0017629　集補 2450－171/17629　集部/小說類/長篇之屬

第一才子書六十卷一百二十回首一卷　(明)羅本撰　(清)金人瑞　(清)毛宗崗評　民國上海錦章書局石印本　八冊　存三十二卷(二十九至六十)

330000－1716－0017631　集補 2450－172/17631　集部/小說類/長篇之屬

第一才子書十六卷一百二十回首一卷　(明)羅本撰　(清)金人瑞　(清)毛宗崗評　民國天寶書局石印本　三冊　存四卷(一至三、首)

330000－1716－0017640　史補 1245－46/17640　史部/目録類/總録之屬/私撰

蟫隱廬舊本書目第十四期一卷　蟫隱廬書莊編　民國十五年(1926)上海蟫隱廬書莊石印本　一冊

330000－1716－0017641　史補 1245－47/17641　史部/目録類/總録之屬/私撰

蟫隱廬舊本書目第十四期一卷　蟫隱廬書莊編　民國十五年(1926)上海蟫隱廬書莊石印本　一冊

330000－1716－0017646　史補 1245－48/17646　史部/目録類/總録之屬/私撰
蟫隱廬舊本書目第十五期一卷　蟫隱廬書莊編　民國十六年(1927)上海蟫隱廬書莊石印本　一册

330000－1716－0017649　經補 1095/17649　經部/小學類/文字之屬/字書/訓蒙
繪圖一萬字文一卷　民國石印本　一册

330000－1716－0017650　史補 1245－49/17650　史部/目録類/總録之屬/私撰
蟫隱廬舊本書目第十六期一卷　蟫隱廬書莊編　民國十七年(1928)上海蟫隱廬書莊石印本　一册

330000－1716－0017651　集補 2450－173/17651　集部/小説類/長篇之屬
第一才子書十六卷一百二十回首一卷　(明)羅本撰　(清)金人瑞　(清)毛宗崗評　民國上海天寶書局石印本　三册　存三卷(三至五)

330000－1716－0017654　經補 1092/17654　經部/小學類/文字之屬/字書/訓蒙
繪圖九千字文一卷　民國浙紹奎照樓石印本　一册

330000－1716－0017657　集補 2450－174/17657　集部/小説類/長篇之屬
第一才子書十六卷一百二十回首一卷　(明)羅本撰　(清)金人瑞　(清)毛宗崗評　民國上海天寶書局石印本　七册　存七卷(三至八、十二)

330000－1716－0017658　經補 1093/17658　經部/小學類/文字之屬/字書/訓蒙
繪圖五千字文一卷　民國石印本　一册

330000－1716－0017660　集補 2450－175/17660　集部/小説類/長篇之屬
增像全圖三國演義十六卷一百二十回首一卷　(明)羅本撰　(清)毛宗崗評　民國上海天寶書局石印本　一册　存二卷(五至六)

330000－1716－0017662　經補 1094/17662　經部/小學類/文字之屬/字書/訓蒙
繪圖五千字文一卷　民國文盛書局石印本　一册

330000－1716－0017664　史補 1245－50/17664　史部/目録類/總録之屬/私撰
蟫隱廬舊本書目第十七期一卷　蟫隱廬書莊編　民國十七年(1928)上海蟫隱廬書莊石印本　一册

330000－1716－0017665　史補 1245－51/17665　史部/目録類/總録之屬/私撰
蟫隱廬舊本書目第十八期一卷　蟫隱廬書莊編　民國十八年(1929)上海蟫隱廬書莊石印本　一册

330000－1716－0017666　集補 2450－176/17666　集部/小説類/長篇之屬
增像全圖三國演義十六卷一百二十回首一卷　(明)羅本撰　(清)毛宗崗評　民國二年(1913)上海天寶書局石印本　二册　存九卷(一至四、九至十二,首)

330000－1716－0017670　史補 1245－52/17670　史部/目録類/總録之屬/私撰
蟫隱廬舊本書目第二十二期一卷蟫隱廬碑帖字畫目録一卷　蟫隱廬書莊編　民國上海蟫隱廬書莊石印本　一册

330000－1716－0017673　集補 2450－177/17673　集部/小説類/長篇之屬
第一才子書十六卷一百二十回首一卷　(明)羅本撰　(清)金人瑞　(清)毛宗崗評　民國石印本　一册　存一卷(七)

330000－1716－0017674　史補 1245－53/17674　史部/目録類/總録之屬/私撰
蟫隱廬舊本書目第二十六期一卷　蟫隱廬書莊編　民國二十三年(1934)上海蟫隱廬書莊石印本　一册

330000－1716－0017676　普史 1637/17676　史部/史抄類
二十四史輯要六十四卷附二十四史總目一卷二十四史四庫提要一卷　趙華基編　民國十

七年(1928)上海中華書局鉛印本　十四冊　存二十九卷(八至十、十八、二十二至三十九、五十八至六十四)

330000－1716－0017679　普史1638/17679　史部/史抄類
二十四史輯要六十四卷附二十四史總目一卷二十四史四庫提要一卷　趙華基編　民國十七年(1928)上海中華書局鉛印本　十八冊　缺三十八卷(八至十、十八、二十二至三十、四十至六十四)

330000－1716－0017689　普史1614/17689　史部/目録類/總録之屬/私撰
郘亭知見傳本書目十六卷　(清)莫友芝撰　民國上海國學扶輪社鉛印本　五冊　缺二卷(七至八)

330000－1716－0017690　普史1611/17690　史部/紀傳類/正史之屬
史記論文不分卷　(清)吳見思評點　民國五年(1916)上海中華書局鉛印本　八冊

330000－1716－0017691　普史1615/17691　史部/目録類/總録之屬/彙刻
續彙刻書目十卷閏集一卷　羅振玉撰　民國三年(1914)連平范氏雙魚室刻本　八冊　缺三卷(甲、庚,閏集)

330000－1716－0017695　子補2405/17695　子部/藝術類/書畫之屬/畫譜
海上名人畫譜六卷　民國石印本　一冊　存一卷(六)

330000－1716－0017696　子補2406/17696　子部/藝術類/書畫之屬/畫譜
海上名人畫譜六卷　民國石印本　二冊　存三卷(四至六)

330000－1716－0017703　集補2450－180/17703　集部/小說類/長篇之屬
增像全圖三國演義八卷一百二十回首一卷　(明)羅本撰　(清)毛宗崗評　民國石印本　一冊　存一卷(六)

330000－1716－0017707　集補2450－181/17707　集部/小說類/長篇之屬
增像全圖三國演義十六卷一百二十回首一卷　(明)羅本撰　(清)毛宗崗評　民國石印本　二冊　存八卷(五至十二)

330000－1716－0017708　子補2402/17708　子部/藝術類/遊藝之屬/雜藝
七巧八分圖十六卷補遺一卷　(清)錢芸吉撰　(清)王念慈編繪　民國十五年(1926)上海商務印書館石印本　六冊

330000－1716－0017710　子補2401/17710　子部/藝術類/書畫之屬/畫譜
楳嶺百鳥畫譜三卷　(日本)辛野楳嶺繪　民國石印本　一冊　存一卷(天之卷)

330000－1716－0017719　集補2450－183/17719　集部/小說類/長篇之屬
增像全圖三國演義十六卷一百二十回首一卷　(明)羅本撰　(清)毛宗崗評　民國石印本　四冊　存九卷(一至六、九至十,首)

330000－1716－0017724　集補2450－184/17724　集部/小說類/長篇之屬
增像全圖三國演義十六卷一百二十回首一卷　(明)羅本撰　(清)毛宗崗評　民國石印本　二冊　存八卷(五至八、十三至十六)

330000－1716－0017725　子補2403/17725　子部/藝術類/遊藝之屬/雜藝
七巧八分圖十六卷補遺一卷　(清)錢芸吉撰　(清)王念慈編繪　民國十五年(1926)上海商務印書館石印本　六冊

330000－1716－0017728　集補2450－185/17728　集部/小說類/長篇之屬
繡像繪圖三國志演義十六卷一百二十回首一卷　(明)羅本撰　(清)毛宗崗評　民國石印本　一冊　存四卷(五至八)

330000－1716－0017733　集補2450－186/17733　集部/小說類/長篇之屬
第一才子書十六卷一百二十回　(明)羅本撰　(清)金人瑞　(清)毛宗崗評　民國石印本　三冊　存六卷(一至二、九至十二)

330000－1716－0017734　集補 2450－187/17734　集部/小說類/長篇之屬

增像全圖三國志演義第一才子書十六卷一百二十回首一卷　(明)羅本撰　(清)金人瑞　(清)毛宗崗評　民國石印本　一册　存一卷(三)

330000－1716－0017740　子補 2408/17740　子部/兵家類/操練之屬

太極拳使用法不分卷　楊澄甫撰　民國國術館油印本　一册

330000－1716－0017743　子補 2409/17743　子部/兵家類/操練之屬

太極拳使用法不分卷　楊澄甫撰　民國國術館油印本　一册

330000－1716－0017744　子補 2410/17744　子部/兵家類/操練之屬

太極拳使用法不分卷　楊澄甫撰　民國國術館油印本　一册

330000－1716－0017745　集補 2450－188/17745　集部/小說類/長篇之屬

增像全圖三國演義十六卷一百二十回首一卷　(明)羅本撰　(清)毛宗崗評　民國石印本　二册　存六卷(九至十四)

330000－1716－0017746　子補 2411/17746　子部/兵家類/操練之屬

太極拳使用法不分卷　楊澄甫撰　民國國術館油印本　一册

330000－1716－0017748　子補 2412/17748　子部/兵家類/操練之屬

太極拳使用法不分卷　楊澄甫撰　民國國術館油印本　一册

330000－1716－0017750　子補 2413/17750　子部/兵家類/操練之屬

太極拳使用法不分卷　楊澄甫撰　民國國術館油印本　一册

330000－1716－0017752　子補 2414/17752　子部/兵家類/操練之屬

太極拳使用法不分卷　楊澄甫撰　民國國術館油印本　一册

330000－1716－0017753　集補 2450－189/17753　集部/小說類/長篇之屬

第一才子書六十卷一百二十回首一卷　(明)羅本撰　(清)金人瑞　(清)毛宗崗評　民國石印本　一册　存四卷(六至九)

330000－1716－0017754　子補 2415/17754　子部/兵家類/操練之屬

太極拳使用法不分卷　楊澄甫撰　民國國術館油印本　一册

330000－1716－0017757　子補 2416/17757　子部/兵家類/操練之屬

太極拳使用法不分卷　楊澄甫撰　民國國術館油印本　一册

330000－1716－0017758　子補 2417/17758　子部/兵家類/操練之屬

太極拳使用法不分卷　楊澄甫撰　民國國術館油印本　一册

330000－1716－0017759　集補 2450－190/17759　集部/小說類/長篇之屬

增像全圖三國演義十六卷一百二十回首一卷　(明)羅本撰　(清)毛宗崗評　民國石印本　一册　存二卷(十五至十六)

330000－1716－0017767　子補 2418/17767　子部/兵家類/操練之屬

太極拳使用法不分卷　楊澄甫撰　民國國術館油印本　一册

330000－1716－0017768　子補 2419/17768　子部/兵家類/操練之屬

太極拳使用法不分卷　楊澄甫撰　民國國術館油印本　一册

330000－1716－0017769　子補 2420/17769　子部/兵家類/操練之屬

太極拳使用法不分卷　楊澄甫撰　民國國術館油印本　一册

330000－1716－0017770　子補 2421/17770　子部/兵家類/操練之屬

太極拳使用法不分卷　楊澄甫撰　民國國術館油印本　一冊

330000－1716－0017771　子補 2422/17771
子部/兵家類/操練之屬
太極拳使用法不分卷　楊澄甫撰　民國國術館油印本　一冊

330000－1716－0017772　子補 2423/17772
子部/兵家類/操練之屬
太極拳使用法不分卷　楊澄甫撰　民國國術館油印本　一冊

330000－1716－0017775　集補 2450－191/17775　集部/小說類/長篇之屬
增像全圖三國演義十六卷一百二十回首一卷　(明)羅本撰　民國二年(1913)上海文華書局石印本　一冊　存九卷(一至八、首)

330000－1716－0017776　子補 2424/17776
子部/兵家類/操練之屬
太極拳使用法不分卷　楊澄甫撰　民國國術館油印本　一冊

330000－1716－0017777　子補 2425/17777
子部/兵家類/操練之屬
太極拳使用法不分卷　楊澄甫撰　民國國術館油印本　一冊

330000－1716－0017778　子補 2426/17778
子部/兵家類/操練之屬
太極拳使用法不分卷　楊澄甫撰　民國國術館油印本　一冊

330000－1716－0017779　子補 2427/17779
子部/兵家類/操練之屬
太極拳使用法不分卷　楊澄甫撰　民國國術館油印本　一冊

330000－1716－0017786　子補 2428/17786
子部/兵家類/操練之屬
太極拳使用法不分卷　楊澄甫撰　民國國術館油印本　一冊

330000－1716－0017787　子補 2429/17787
子部/兵家類/操練之屬
太極拳使用法不分卷　楊澄甫撰　民國國術館油印本　一冊

330000－1716－0017788　子補 2430/17788
子部/兵家類/操練之屬
太極拳使用法不分卷　楊澄甫撰　民國國術館油印本　一冊

330000－1716－0017789　子補 2431/17789
子部/兵家類/操練之屬
太極拳使用法不分卷　楊澄甫撰　民國國術館油印本　一冊

330000－1716－0017790　子補 2432/17790
子部/兵家類/操練之屬
太極拳使用法不分卷　楊澄甫撰　民國國術館油印本　一冊

330000－1716－0017791　子補 2433/17791
子部/兵家類/操練之屬
太極拳使用法不分卷　楊澄甫撰　民國國術館油印本　一冊

330000－1716－0017794　集補 2450－192/17794　集部/小說類/長篇之屬
第一才子書十六卷一百二十回首一卷　(明)羅本撰　(清)金人瑞　(清)毛宗崗評　民國天寶書局石印本　二冊　存二卷(七至八)

330000－1716－0017800　集補 2450－193/17800　集部/小說類/長篇之屬
第一才子書十六卷一百二十回首一卷　(明)羅本撰　(清)金人瑞　(清)毛宗崗評　民國天寶書局石印本　一冊　存一卷(十五)

330000－1716－0017808　集補 2450－194/17808　集部/小說類/長篇之屬
增像全圖三國演義十六卷一百二十回　(明)羅本撰　(清)毛宗崗評　民國八年(1919)上海錦章書局石印本　一冊　存二卷(一至二)

330000－1716－0017816　集補 2450－195/17816　集部/小說類/長篇之屬
第一才子書六十卷一百二十回首一卷　(明)羅本撰　(清)金人瑞　(清)毛宗崗評　民國石印本　二冊　存十一卷(十至二十)

330000 - 1716 - 0017819　集補 2450 - 196/17819　集部/小說類/長篇之屬
繡像全圖三國志演義六十卷一百二十回首一卷　(明)羅本撰　(清)毛宗崗評　民國石印本　一册　存六卷(三十六至四十一)

330000 - 1716 - 0017833　集補 2450 - 197/17833　集部/小說類/長篇之屬
第一才子書六十卷一百二十回首一卷　(明)羅本撰　(清)金人瑞　(清)毛宗崗評　民國石印本　四册　存十五卷(十三至二十、三十一至三十二、三十五至三十六、五十一至五十三)

330000 - 1716 - 0017836　集補 2450 - 198/17836　集部/小說類/長篇之屬
大字足本繡像全圖三國志演義十六卷一百二十回首一卷　(明)羅本撰　民國上海掃葉山房石印本　六册　存六卷(四、六、九至十、十四、十六)

330000 - 1716 - 0017839　子補 2465/17839　子部/雜著類/雜纂之屬
兩般秋雨盦隨筆八卷　(清)梁紹壬撰　民國著易堂鉛印本　一册

330000 - 1716 - 0017841　史補 1193/17841　史部/編年類/斷代之屬
御撰資治通鑑綱目三編六卷　(清)張廷玉等撰　民國上海富強齋石印本　二册

330000 - 1716 - 0017843　集補 2450 - 199/17843　集部/小說類/長篇之屬
第一才子書十六卷一百二十回首一卷　(明)羅本撰　(清)金人瑞　(清)毛宗崗評　民國天寶書局石印本　七册　存七卷(九至十五)

330000 - 1716 - 0017845　集補 2450 - 200/17845　集部/小說類/長篇之屬
增像全圖三國演義十六卷一百二十回首一卷　(明)羅本撰　(清)毛宗崗評　民國石印本　一册　存一卷(三)

330000 - 1716 - 0017851　集補 2450 - 201/17851　集部/小說類/長篇之屬
增像全圖三國演義十六卷一百二十回首一卷　(明)羅本撰　(清)金人瑞　(清)毛宗崗評　民國石印本　一册　存二卷(十一至十二)

330000 - 1716 - 0017856　子補 2466/17856　子部/雜著類/雜纂之屬
兩般秋雨盦隨筆八卷　(清)梁紹壬撰　民國鉛印本　三册　缺二卷(一至二)

330000 - 1716 - 0017867　集補 2450 - 204/17867　集部/小說類/長篇之屬
第一才子書六十卷一百二十回首一卷　(明)羅本撰　(清)金人瑞　(清)毛宗崗評　民國石印本　一册　存四卷(十七至二十)

330000 - 1716 - 0017874　集補 2450 - 205/17874　集部/小說類/長篇之屬
第一才子書六十卷一百二十回首一卷　(明)羅本撰　(清)金人瑞　(清)毛宗崗評　民國四年(1915)上海章福記、茂記書莊石印本　五册　存十七卷(一至十二、十七至二十,首)

330000 - 1716 - 0017875　子補 2439/17875　子部/醫家類
中華國民樂天修養館叢書　民國上海商務印書館鉛印本　二册　存一種

330000 - 1716 - 0017877　集補 2450 - 206/17877　集部/小說類/長篇之屬
增像全圖三國演義十六卷一百二十回首一卷　(明)羅本撰　(清)毛宗崗評　民國石印本　一册　存二卷(五至六)

330000 - 1716 - 0017884　集補 2450 - 207/17884　集部/小說類/長篇之屬
增像全圖三國演義十六卷一百二十回首一卷　(明)羅本撰　(清)毛宗崗評　民國石印本　一册　存二卷(七至八)

330000 - 1716 - 0017892　經補 1075/17892　經部/小學類/音韻之屬/韻書
詩韻集成五卷　(清)余照輯　民國四年(1915)育文書局石印本　一册

330000 - 1716 - 0017896　集補 2450 - 208/

17896　集部/小說類/長篇之屬

增像全圖三國演義十六卷一百二十回首一卷　(明)羅本撰　(清)毛宗崗評　民國會文堂石印本　一冊　存四卷(九至十二)

330000－1716－0017906　集補 2450－209/17906　集部/小說類/長篇之屬

增像全圖三國演義十六卷一百二十回首一卷　(明)羅本撰　(清)毛宗崗評　民國石印本　二冊　存二卷(十五至十六)

330000－1716－0017911　子補 2761/17911　子部/醫家類/綜合之屬/通論

增訂醫宗金鑑九十卷首一卷　(清)吳謙等撰　民國十四年(1925)上海鴻寶齋書局石印本　二十冊

330000－1716－0017916　集補 2450－210/17916　集部/小說類/長篇之屬

繪圖三國志演義八卷一百四十八回　(明)羅本撰　民國上海世界書局石印本　三冊　存三卷(一、四、六)

330000－1716－0017921　子補 2760/17921　子部/醫家類/綜合之屬/通論

御纂醫宗金鑑九十卷首一卷　(清)吳謙等撰　民國上海啟新書局石印本　九冊　存二十九卷(九至十、四十二至六十一、六十四至七十)

330000－1716－0017924　集補 2450－211/17924　集部/小說類/長篇之屬

增像全圖三國演義十六卷一百二十回首一卷　(明)羅本撰　民國石印本　一冊　存二卷(十三至十四)

330000－1716－0017925　子補 2445/17925　子部/醫家類/外科之屬/癰疽、疔瘡

疔瘡緊要秘方不分卷　(清)盧眞人輯　民國十二年(1923)寧波華陞印局鉛印本　一冊

330000－1716－0017927　集補 2450－212/17927　集部/小說類/長篇之屬

增像全圖三國演義十六卷一百二十回首一卷　(明)羅本撰　(清)毛宗崗評　民國石印本　二冊

330000－1716－0017929　普叢 0326－1/17929　類叢部/叢書類/彙編之屬

東南大學叢書□□種　民國上海商務印書館石印本　一冊　存一種

330000－1716－0017931　普叢 0326－2/17931　類叢部/叢書類/彙編之屬

東南大學叢書□□種　民國上海商務印書館石印本　一冊　存一種

330000－1716－0017933　普叢 0326－3/17933　類叢部/叢書類/彙編之屬

東南大學叢書□□種　民國上海商務印書館石印本　一冊　存一種

330000－1716－0017936　子補 2762/17936　子部/醫家類/綜合之屬/通論

御纂醫宗金鑑九十卷首一卷　(清)吳謙等撰　民國上海鴻寶齋石印本　十冊　存三十二卷(內科四十五至七十四、外科一至二)

330000－1716－0017937　集補 2450－213/17937　集部/小說類/長篇之屬

增像全圖三國演義第一才子書八卷一百二十回首一卷　(明)羅本撰　(清)毛宗崗評　民國石印本　一冊　存一卷(三)

330000－1716－0017940　集補 2450－214/17940　集部/小說類/長篇之屬

增像全圖三國演義十六卷一百二十回首一卷　(明)羅本撰　(清)金人瑞　(清)毛宗崗評　民國石印本　二冊　存四卷(十一至十二、十五至十六)

330000－1716－0017944　集補 2450－215/17944　集部/小說類/長篇之屬

增像全圖三國演義十六卷一百二十回首一卷　(明)羅本撰　(清)毛宗崗評　民國石印本　一冊　存二卷(十三至十四)

330000－1716－0017960　集補 2450－217/17960　集部/小說類/長篇之屬

新編繪圖三國志八卷　民國石印本　三冊　存三卷(五至六、八)

330000－1716－0017961　子補 2449/17961
子部/藝術類/書畫之屬/畫法畫品
山水入門十章　胡錫銓撰　民國九年(1920)上海商務印書館石印本　一冊

330000－1716－0017966　子補 2450/17966
子部/藝術類/書畫之屬/畫法畫品
山水入門十章　胡錫銓撰　民國十一年(1922)上海商務印書館石印本　募梅精舍題記　一冊

330000－1716－0017975　普子 2061－2/17975　子部/藝術類/書畫之屬/畫譜
新新百美圖不分卷續集不分卷　沈伯塵繪　民國二年(1913)上海國學書室石印本　二冊

330000－1716－0017976　集補 2450－218/17976　集部/小說類/長篇之屬
增像全圖三國演義十六卷一百二十回首一卷　(明)羅本撰　(清)金人瑞　(清)毛宗崗評　民國石印本　一冊　存二卷(十一至十二)

330000－1716－0017978　集補 2450－219/17978　集部/小說類/長篇之屬
增像全圖三國演義十六卷一百二十回首一卷　(明)羅本撰　(清)毛宗崗評　民國石印本　一冊　存二卷(十一至十二)

330000－1716－0017982　集補 2450－220/17982　集部/小說類/長篇之屬
增像全圖三國演義十六卷一百二十回首一卷　(明)羅本撰　(清)毛宗崗評　民國石印本　一冊　存十六卷(一至十六)

330000－1716－0017985　子補 2767/17985
子部/醫家類/綜合之屬/通論
御纂醫宗金鑑九十卷首一卷　(清)吳謙等撰　民國石印本　一冊　存四卷(外科七至十)

330000－1716－0017988　集補 2450－221/17988　集部/小說類/長篇之屬
第一才子書十六卷一百二十回首一卷　(明)羅本撰　(清)金人瑞　(清)毛宗崗評　民國十一年(1922)上海廣雅書局石印本　七冊　存八卷(一至六、八,首)

330000－1716－0017994　子補 2454/17994
子部/藝術類/書畫之屬/畫譜
梅花喜神譜二卷　(宋)宋伯仁編　梅王閣藏　民國十七年(1928)上海中華書局影印本　二冊

330000－1716－0017998　子補 2455/17998
子部/藝術類/書畫之屬/畫譜
分類畫範自習畫譜大全三集二十四卷　馬駘繪　民國十七年(1928)上海世界書局石印本　一冊　存一卷(古今人物畫譜一)

330000－1716－0017999　子補 2456/17999
子部/藝術類/書畫之屬
上海振青社書畫集不分卷　振青書畫會編　民國上海振青書畫會石印本　三冊

330000－1716－0018000　子補 2457/18000
子部/藝術類/書畫之屬
上海振青社書畫集不分卷　振青書畫會編　民國上海振青書畫會石印本　一冊

330000－1716－0018013　子補 2592/18013
子部/藝術類/遊藝之屬/雜藝
鶉幻彙編十二卷首一卷　(清)唐再豐撰　民國五年(1916)上海蔣春記書局石印本　一冊

330000－1716－0018016　子補 2593/18016
子部/藝術類/遊藝之屬/雜藝
鶉幻彙編十二卷首一卷　(清)唐再豐撰　民國五年(1916)上海蔣春記書局石印本　一冊

330000－1716－0018025　子補 2595/18025
子部/藝術類/篆刻之屬/印譜
匋齋藏印初集不分卷二集不分卷三集不分卷四集不分卷　(清)端方藏　民國影印本　八冊

330000－1716－0018027　子補 2468/18027
史部/金石類/璽印之屬
伏廬藏印十二卷　陳漢第藏並輯　民國十六年(1927)上海商務印書館影印本　六冊

330000－1716－0018033　子補 2469/18033

子部/藝術類/遊藝之屬/謎語

春謎大觀二卷 王文濡編輯 民國六年(1917)上海進步書局鉛印本 二冊

330000-1716-0018039 縣資0020-38/18039 史部/傳記類/日記之屬

祁忠敏公日記十五卷(明崇禎四年至弘光元年) (明)祁彪佳撰 **祁忠敏公年譜一卷** (明)王思任撰 (清)梁廷枏 (清)龔沅補編 民國二十六年(1937)紹興縣修志委員會鉛印本 六冊

330000-1716-0018040 縣資0020-37/18040 史部/傳記類/日記之屬

祁忠敏公日記十五卷(明崇禎四年至弘光元年) (明)祁彪佳撰 **祁忠敏公年譜一卷** (明)王思任撰 (清)梁廷枏 (清)龔沅補編 民國二十六年(1937)紹興縣修志委員會鉛印本 六冊

330000-1716-0018046 子補2470/18046 子部/藝術類/遊藝之屬/謎語

春謎大觀二卷 王文濡編輯 民國十年(1921)上海進步書局鉛印本 二冊

330000-1716-0018047 縣資0020-36/18047 史部/傳記類/日記之屬

祁忠敏公日記十五卷(明崇禎四年至弘光元年) (明)祁彪佳撰 **祁忠敏公年譜一卷** (明)王思任撰 (清)梁廷枏 (清)龔沅補編 民國二十六年(1937)紹興縣修志委員會鉛印本 六冊

330000-1716-0018048 子補2471/18048 子部/藝術類/遊藝之屬/謎語

春謎大觀二卷 王文濡編輯 民國十五年(1926)上海進步書局鉛印本 二冊

330000-1716-0018050 子補0001-7/18050 子部/藝術類/書畫之屬

周臨芥子園畫傳五卷 (清)周備笙臨 民國十八年(1929)徐在廬石印本 四冊

330000-1716-0018062 普子2025-1/18062 子部/藝術類/篆刻之屬/印譜

寒月齋主印存不分卷 張寒月(張政)篆 民國鈐印本 一冊

330000-1716-0018063 普子2024/18063 子部/藝術類/篆刻之屬/印譜

榮寶齋印選不分卷 民國榮寶齋鈐印本 二冊

330000-1716-0018064 地獻1115/18064 史部/傳記類/日記之屬

越縵堂日記不分卷(清同治二年四月朔至光緒十五年七月初十) (清)李慈銘撰 民國九年(1920)北京浙江公會影印本 三十九冊

缺桃花聖解盦日記甲集至乙集、荀學齋日記己集至癸集

330000-1716-0018065 經補1158/18065 經部/小學類/文字之屬/字書/訓蒙

千字文訓纂一卷附札記一卷 唐風撰 民國二十二年(1933)鉛印本 一冊

330000-1716-0018066 經補1159/18066 經部/小學類/文字之屬/字書/訓蒙

千字文訓纂一卷附札記一卷 唐風撰 民國二十二年(1933)鉛印本 一冊

330000-1716-0018067 經補1160/18067 經部/小學類/文字之屬/字書/訓蒙

千字文訓纂一卷附札記一卷 唐風撰 民國二十二年(1933)鉛印本 一冊

330000-1716-0018068 經補1161/18068 經部/小學類/文字之屬/字書/訓蒙

千字文訓纂一卷附札記一卷 唐風撰 民國二十二年(1933)鉛印本 一冊

330000-1716-0018069 經補1162/18069 經部/小學類/文字之屬/字書/訓蒙

千字文訓纂一卷附札記一卷 唐風撰 民國二十二年(1933)鉛印本 一冊

330000-1716-0018070 地獻1116/18070 史部/傳記類/日記之屬

越縵堂日記不分卷(清同治二年四月朔至光緒十五年七月初十) (清)李慈銘撰 民國九年(1920)北京浙江公會影印本 二十冊

存孟學齋日記甲集首集上、下,甲集上、下、尾,乙集中、下,丙集上;籀詩孯疋之室日記;桃花聖解盦日記甲集至癸集;桃花聖解盦日記二集己集至辛集、癸集

330000 – 1716 – 0018071　經補 1163/18071
經部/小學類/文字之屬/字書/訓蒙
千字文訓纂一卷附札記一卷　唐風撰　民國二十二年(1933)鉛印本　一册

330000 – 1716 – 0018072　經補 1164/18072
經部/小學類/文字之屬/字書/訓蒙
千字文訓纂一卷附札記一卷　唐風撰　民國二十二年(1933)鉛印本　一册

330000 – 1716 – 0018074　地獻 1117/18074
史部/傳記類/日記之屬
越縵堂日記不分卷(清同治二年四月朔至光緒十五年七月初十)　(清)李慈銘撰　民國九年(1920)北京浙江公會影印本　九册　存桃花聖解盦日記甲集至戊集、庚集至癸集

330000 – 1716 – 0018075　經補 1165/18075
經部/小學類/文字之屬/字書/訓蒙
千字文訓纂一卷附札記一卷　唐風撰　民國二十二年(1933)鉛印本　一册

330000 – 1716 – 0018076　經補 1166/18076
經部/小學類/文字之屬/字書/訓蒙
千字文訓纂一卷附札記一卷　唐風撰　民國二十二年(1933)鉛印本　一册

330000 – 1716 – 0018078　經補 1167/18078
經部/小學類/文字之屬/字書/訓蒙
千字文訓纂一卷附札記一卷　唐風撰　民國二十二年(1933)鉛印本　一册

330000 – 1716 – 0018079　經補 1168/18079
經部/小學類/文字之屬/字書/訓蒙
千字文訓纂一卷附札記一卷　唐風撰　民國二十二年(1933)鉛印本　一册

330000 – 1716 – 0018081　經補 1169/18081
經部/小學類/文字之屬/字書/訓蒙
千字文訓纂一卷附札記一卷　唐風撰　民國二十二年(1933)鉛印本　一册

330000 – 1716 – 0018082　經補 1170/18082
經部/小學類/文字之屬/字書/訓蒙
千字文訓纂一卷附札記一卷　唐風撰　民國二十二年(1933)鉛印本　一册

330000 – 1716 – 0018084　經補 1171/18084
經部/小學類/文字之屬/字書/訓蒙
千字文訓纂一卷附札記一卷　唐風撰　民國二十二年(1933)鉛印本　一册

330000 – 1716 – 0018086　經補 1172/18086
經部/小學類/文字之屬/字書/訓蒙
千字文訓纂一卷附札記一卷　唐風撰　民國二十二年(1933)鉛印本　一册

330000 – 1716 – 0018098　子補 2473/18098
子部/藝術類/書畫之屬/書法書品
書學源流論不分卷　張宗祥撰　民國十年(1921)上海聚珍倣宋印書局鉛印本　一册

330000 – 1716 – 0018101　普子 2039/18101
子部/藝術類/篆刻之屬/印譜
似鴻軒印稿一卷　(清)吳毓庭篆刻　吳仲珺輯　民國二十六年(1937)影印本　一册

330000 – 1716 – 0018102　地獻 3679/18102
子部/藝術類
潛泉遺蹟不分卷　吳隱撰　民國十二年(1923)影印本　一册

330000 – 1716 – 0018103　集補 2450 – 229/18103　集部/小説類/長篇之屬
第一才子書十六卷一百二十回首一卷　(明)羅本撰　(清)金人瑞　(清)毛宗崗評　民國石印本　一册　存一卷(三)

330000 – 1716 – 0018141　子補 2475/18141
子部/藝術類/篆刻之屬/印譜
陳氏藏印一卷　民國鈐印本　二册

330000 – 1716 – 0018162　子補 2474/18162
子部/藝術類/篆刻之屬/印譜
金薤留珍五集　(清)蔣溥輯　民國十五年(1926)北平故宮博物院古物館鈐印本　五册

330000 – 1716 – 0018167　史補 0004/18167

史部/地理類/方志之屬/郡縣志
[光緒]杭州府志一百七十八卷首八卷 (清)陳璚等修 (清)王棻等纂 屈映光續修 陸懋勳續纂 齊耀珊重修 吳慶坻重纂 民國十一年(1922)鉛印本 五十一册 存一百十五卷(一至六、五十一至五十六、七十六至一百七十八)

330000－1716－0018169 子補 2476/18169
子部/藝術類/書畫之屬/法帖
松禪老人遺墨不分卷 (清)翁同龢書 (清)鄒王賓輯 民國八年(1919)影印本 二册

330000－1716－0018172 史補 0852/18172
史部/金石類/甲骨之屬/文字
甲骨文字理惑一卷 徐英撰 民國二十六年(1937)上海中華書局影印本 一册

330000－1716－0018175 子補 2477/18175
子部/藝術類/篆刻之屬/印論
續三十五舉一卷 (清)黄子高撰 民國十八年(1929)上海商務印書館石印本 一册

330000－1716－0018178 子補 2478/18178
子部/藝術類/書畫之屬/書法書品
書學不分卷 祝嘉輯 民國二十四年(1935)上海正中書局鉛印本 一册

330000－1716－0018179 子補 2479/18179
子部/藝術類/書畫之屬/書法書品
寐叟題跋一集二卷二集二卷 沈曾植撰並書 民國十五年(1926)上海商務印書館石印本 一册 存一卷(二集一)

330000－1716－0018181 經補 1001－13/18181 經部/小學類/文字之屬/字書/字典
康熙字典十二集三十六卷總目一卷檢字一卷辨似一卷等韻一卷補遺一卷備考一卷 (清)張玉書等纂修 民國上海廣益書局石印本 二册 存十五卷(子集上中下、丑集上中下、亥集上中下,總目,檢字,辨似,等韻,補遺,備考)

330000－1716－0018188 子補 0100/18188
子部/醫家類/本草之屬/歷代綜合本草
本草從新十八卷 (清)吳儀洛輯 民國二年(1913)上海廣益書局石印本 二册

330000－1716－0018197 子補 0104/18197
子部/醫家類/本草之屬/歷代綜合本草
本草從新十八卷 (清)吳儀洛輯 民國元年(1912)上海鑄記鍊石書局石印本 四册 缺三卷(七至九)

330000－1716－0018199 子補 0105/18199
子部/醫家類/本草之屬/歷代綜合本草
本草從新十八卷 (清)吳儀洛輯 民國十九年(1930)上海錦章圖書局石印本 四册

330000－1716－0018200 子補 0106/18200
子部/醫家類/本草之屬/歷代綜合本草
本草從新六卷 (清)吳儀洛輯 民國十一年(1922)上海啟新書局石印本 六册

330000－1716－0018202 子補 0107/18202
子部/醫家類/本草之屬/歷代綜合本草
本草述鉤元三十二卷 (清)劉若金撰 (清)楊時泰輯 民國十年(1921)上海進化書局石印本 八册 存二十一卷(一至八、十五至二十二、二十五至二十七、三十一至三十二)

330000－1716－0018210 子補 0108/18210
子部/醫家類/本草之屬/歷代綜合本草
本草從新十八卷 (清)吳儀洛輯 民國上海姚文海書局石印本 一册 存三卷(一至三)

330000－1716－0018211 子補 0109/18211
子部/醫家類/本草之屬/歷代綜合本草
本草從新十八卷 (清)吳儀洛輯 民國上海蔣春記書莊石印本 一册

330000－1716－0018214 子補 0110/18214
子部/醫家類/本草之屬/歷代綜合本草
本草從新十八卷 (清)吳儀洛輯 民國石印本 一册 存五卷(十四至十八)

330000－1716－0018217 子補 0113/18217
子部/醫家類/本草之屬/歷代綜合本草
本草從新十三卷 (清)吳儀洛輯 民國抄本 二册

330000－1716－0018218　集補 1681/18218　集部/小說類/長篇之屬

繪圖封神演義八卷一百回　(明)許仲琳撰　(明)鍾惺評　民國上海廣益書局石印本　二冊　存二卷(一至二)

330000－1716－0018234　新補 0001－11/18234　新學/工藝/雜工

明密碼電報書不分卷　商務印書館編譯所編輯　民國上海商務印書館鉛印本暨石印本　一冊

330000－1716－0018240　新補 0001－12/18240　新學/工藝/雜工

明密碼電報書不分卷　商務印書館編譯所編輯　民國上海商務印書館鉛印本暨石印本　一冊

330000－1716－0018245　新補 0002/18245　新學/工藝/雜工

電碼不分卷　民國鉛印本　一冊

330000－1716－0018246　子補 0001－15/18246　子部/藝術類/書畫之屬/畫譜

芥子園畫傳初集六卷二集九卷三集六卷　(清)王槩　(清)王蓍　(清)王臬輯　民國三十六年(1947)上海錦章書局石印本　八冊

330000－1716－0018250　子補 0001－16/18250　子部/藝術類/書畫之屬/畫譜

芥子園畫傳初集六卷二集九卷三集六卷　(清)王槩　(清)王蓍　(清)王臬輯　民國二十二年(1933)上海天寶書局石印本　顯林題簽　十二冊

330000－1716－0018252　新補 0003－1/18252　新學/工藝/雜工

明密碼電報書不分卷　商務印書館編譯所編輯　民國二十一年(1932)中華書局鉛印本暨石印本　一冊

330000－1716－0018257　子補 0001－17/18257　子部/藝術類/書畫之屬/畫譜

芥子園畫傳初集六卷二集九卷三集六卷　(清)王槩　(清)王蓍　(清)王臬輯　民國上海天寶書局石印本　十二冊

330000－1716－0018258　子補 0001－18/18258　子部/藝術類/書畫之屬/畫譜

芥子園畫傳初集六卷二集九卷三集六卷　(清)王槩　(清)王蓍　(清)王臬輯　民國上海天寶書局石印本　十二冊

330000－1716－0018259　史補 0017/18259　史部/地理類/方志之屬/郡縣志

[民國]衢縣志樣本不分卷　民國浙江衢縣縣志校印處鉛印本　一冊

330000－1716－0018262　新補 0005/18262　新學/工藝/雜工

電報新書不分卷　民國石印本　一冊

330000－1716－0018263　新補 0006/18263　新學/工藝/雜工

電報章程不分卷　民國惜陰別墅石印本　一冊

330000－1716－0018265　子補 0001－19/18265　子部/藝術類/書畫之屬/畫譜

芥子園畫傳四集四卷　(清)闕十原繪圖　民國十三年(1924)上海天寶書局石印本　一冊

330000－1716－0018267　新補 0007/18267　新學/工藝/雜工

中國電報新編不分卷　民國石印本　一冊

330000－1716－0018272　子補 0001－22/18272　子部/藝術類/書畫之屬/畫譜

影印足本芥子園畫譜初集四卷二集四卷三集四卷　(清)王槩　(清)王蓍　(清)王臬輯　民國二十二年(1933)上海世界書局影印本　十冊　存十卷(一至三,二集一、三至四,三集一至四)

330000－1716－0018274　子補 0001－23/18274　子部/藝術類/書畫之屬/畫譜

芥子園畫傳初集六卷二集九卷三集六卷　(清)王槩　(清)王蓍　(清)王臬輯　民國三年(1914)上海共和書局石印本　十冊　存十七卷(一至六,二集一至三、五至九,三集一至二、五至六)

330000－1716－0018275　子補 0001－24/18275　子部/藝術類/書畫之屬/畫譜

芥子園畫傳初集六卷二集九卷三集六卷　(清)王槩　(清)王蓍　(清)王臬輯　民國上海中原書局石印本　十一册　缺二卷(三集一至二)

330000－1716－0018281　集補 3247－91/18281　集部/小說類/短篇之屬

詳注聊齋志異圖詠十六卷　(清)蒲松齡撰　(清)呂湛恩注　民國石印本　一册　存二卷(九至十)

330000－1716－0018284　集補 3247－92/18284　集部/小說類/短篇之屬

詳注聊齋志異圖詠十六卷　(清)蒲松齡撰　(清)呂湛恩注　民國石印本　一册　存二卷(十五至十六)

330000－1716－0018286　集補 3247－93/18286　集部/小說類/短篇之屬

詳注聊齋志異圖詠十六卷　(清)蒲松齡撰　(清)呂湛恩注　民國上海天寶書局石印本　一册　存二卷(十一至十二)

330000－1716－0018289　子補 0123－1/18289　子部/醫家類/方書之屬/單方驗方

增評醫方集解二十三卷增補本草備要八卷附湯頭歌訣一卷　(清)汪昂撰　民國上海錦章圖書局石印本　三册　存八卷(本草備要二至八、湯頭歌訣)

330000－1716－0018292　經補 1005/18292　經部/春秋左傳類/傳說之屬

評點春秋綱目左傳句解彙雋六卷　(清)韓菼重訂　民國五年(1916)上海章福記書局石印本　二册　缺二卷(三至四)

330000－1716－0018293　經補 1006/18293　經部/春秋左傳類/傳說之屬

言文對照左傳句解六卷　廣益書局編輯部編譯　民國上海廣益書局石印本　一册　存一卷(二)

330000－1716－0018294　經補 1007/18294　經部/春秋左傳類/傳說之屬

言文對照左傳句解六卷　廣益書局編輯部編譯　民國上海廣益書局石印本　三册　存一卷(二)

330000－1716－0018296　子補 0001－47/18296　子部/藝術類/書畫之屬/畫譜

芥子園畫傳初集六卷二集九卷三集六卷　(清)王槩　(清)王蓍　(清)王臬輯　民國發文新書局石印本　金明題簽　五册　存十卷(三、二集一至九)

330000－1716－0018308　子補 0001－27/18308　子部/藝術類/書畫之屬/畫譜

芥子園畫傳初集六卷二集九卷三集六卷　(清)王槩　(清)王蓍　(清)王臬輯　民國三年(1914)上海共和書局石印本　九册　存十五卷(四至六,二集一至二、六至九,三集一至六)

330000－1716－0018311　集補 3247－96/18311　集部/小說類/短篇之屬

詳注聊齋志異圖詠十六卷　(清)蒲松齡撰　(清)呂湛恩注　民國上海天寶書局石印本　二册　存十卷(一至八、十三至十四)

330000－1716－0018312　經補 1008/18312　經部/春秋左傳類/傳說之屬

曲江書屋新訂批注左傳快讀十八卷首一卷　(清)李紹崧輯　民國上海廣益書局石印本　十一册　缺二卷(九至十)

330000－1716－0018315　集補 3247－97/18315　集部/小說類/短篇之屬

聊齋志異新評十六卷　(清)蒲松齡撰　(清)王士禛評　(清)但明倫新評　(清)呂湛恩注　民國上海商務印書館鉛印本　一册　存二卷(七至八)

330000－1716－0018316　子補 0001－28/18316　子部/藝術類/書畫之屬/畫譜

芥子園畫傳初集六卷二集九卷三集六卷　(清)王槩　(清)王蓍　(清)王臬輯　民國石印本　龔國粹題記　二册　缺六卷(一至六)

330000－1716－0018319　史補 0022/18319
史部/地理類/方志之屬/郡縣志
[民國]衢縣志様本不分卷　民國浙江衢縣縣志校印處鉛印本　一冊

330000－1716－0018321　集補 3247－98/18321　集部/小說類/短篇之屬
聊齋志異新評十六卷　(清)蒲松齡撰　(清)王士禛評　(清)但明倫新評　(清)呂湛恩注　民國鉛印本　三冊　存六卷(七至十、十五至十六)

330000－1716－0018323　經補 1009/18323
經部/春秋左傳類/傳說之屬
春秋左傳不分卷　(晉)杜預　(宋)林堯叟注釋　(唐)陸德明音義　民國鉛印本　二冊

330000－1716－0018329　子補 0001－30/18329　子部/藝術類/書畫之屬/畫譜
芥子園畫傳初集六卷二集九卷三集六卷　(清)王槩　(清)王蓍　(清)王臬輯　民國三年(1914)上海共和書局石印本　七冊　存十一卷(一至六、二集五至六、三集一至三)

330000－1716－0018330　集補 3247－100/18330　集部/小說類/短篇之屬
詳注聊齋志異圖詠十六卷　(清)蒲松齡撰　(清)呂湛恩注　民國上海錦章圖書局石印本　四冊

330000－1716－0018334　子補 0001－31/18334　子部/藝術類/書畫之屬/畫譜
芥子園畫傳初集六卷二集九卷三集六卷　(清)王槩　(清)王蓍　(清)王臬輯　民國上海天寶書局石印本　七冊　存十三卷(一至三、二集一至九、三集一)

330000－1716－0018337　集補 3247－101/18337　集部/小說類/短篇之屬
詳注聊齋志異圖詠十六卷　(清)蒲松齡撰　(清)呂湛恩注　民國上海天寶書局石印本　一冊　存二卷(三至四)

330000－1716－0018338　子補 0001－32/18338　子部/藝術類/書畫之屬/畫譜
芥子園畫傳初集六卷二集九卷三集六卷　(清)王槩　(清)王蓍　(清)王臬輯　民國二十二年(1933)上海天寶書局石印本　十冊　存十七卷(一至三,二集一至九,三集一、三至六)

330000－1716－0018344　集補 3247－102/18344　集部/小說類/短篇之屬
詳注聊齋志異圖詠十六卷　(清)蒲松齡撰　(清)呂湛恩注　民國石印本　一冊　存二卷(十一至十二)

330000－1716－0018355　子補 0001－33/18355　子部/藝術類/書畫之屬/畫譜
芥子園畫傳初集六卷二集九卷三集六卷　(清)王槩　(清)王蓍　(清)王臬輯　民國發文新書局石印本　四冊　存七卷(一至二、二集一至四、三集六)

330000－1716－0018359　地獻 1194/18359
史部/傳記類/總傳之屬/郡邑
於越有明一代三不朽圖贊一卷　(清)張岱撰　民國七年(1918)紹興印刷局鉛印本　一冊

330000－1716－0018362　地獻 1195/18362
史部/傳記類/總傳之屬/郡邑
於越有明一代三不朽圖贊一卷　(清)張岱撰　民國七年(1918)紹興印刷局鉛印本　一冊

330000－1716－0018363　地獻 1196/18363
史部/傳記類/總傳之屬/郡邑
於越有明一代三不朽圖贊一卷　(清)張岱撰　民國七年(1918)紹興印刷局鉛印本　一冊

330000－1716－0018365　地獻 1197/18365
史部/傳記類/總傳之屬/郡邑
於越有明一代三不朽圖贊一卷　(清)張岱撰　民國七年(1918)紹興印刷局鉛印本　一冊

330000－1716－0018367　地獻 1198/18367
史部/傳記類/總傳之屬/郡邑
於越有明一代三不朽圖贊一卷　(清)張岱撰　民國七年(1918)紹興印刷局鉛印本　一冊

330000－1716－0018368　集補 3247－105/18368　集部/小說類/短篇之屬

詳注聊齋志異圖詠十六卷 (清)蒲松齡撰 (清)呂湛恩注 民國石印本 一冊 存二卷(十五至十六)

330000-1716-0018371 地獻1199/18371 史部/傳記類/總傳之屬/郡邑

於越有明一代三不朽圖贊一卷 (清)張岱撰 民國七年(1918)紹興印刷局鉛印本 一冊

330000-1716-0018372 地獻1200/18372 史部/傳記類/總傳之屬/郡邑

於越有明一代三不朽圖贊一卷 (清)張岱撰 民國七年(1918)紹興印刷局鉛印本 一冊

330000-1716-0018374 地獻1201/18374 史部/傳記類/總傳之屬/郡邑

於越有明一代三不朽圖贊一卷 (清)張岱撰 民國七年(1918)紹興印刷局鉛印本 一冊

330000-1716-0018377 子補0001-35/18377 子部/藝術類/書畫之屬/畫譜

芥子園畫傳初集六卷二集九卷三集六卷 (清)王槩 (清)王蓍 (清)王臬輯 民國石印本 六冊 存十卷(三,二集一至四、九,三集一至四)

330000-1716-0018378 集補3247-106/18378 集部/小說類/短篇之屬

詳注聊齋志異圖詠十六卷 (清)蒲松齡撰 (清)呂湛恩注 民國石印本 一冊 存二卷(五至六)

330000-1716-0018386 子補0001-37/18386 子部/藝術類/書畫之屬/畫譜

芥子園畫傳初集六卷二集九卷三集六卷 (清)王槩 (清)王蓍 (清)王臬輯 民國石印本 五冊 存八卷(三至五、二集九、三集一至四)

330000-1716-0018388 史補0945/18388 史部/史抄類

三國志摺華二卷 莊適輯 民國七年(1918)上海商務印書館鉛印本 一冊 存一卷(下)

330000-1716-0018392 地獻1204/18392 集部/別集類/明別集

詳注王陽明全集三十八卷 (明)王守仁撰 民國二十四年(1935)上海掃葉山房石印本 十二冊

330000-1716-0018393 子補0001-38/18393 子部/藝術類/書畫之屬/畫譜

芥子園畫傳初集六卷二集九卷三集六卷 (清)王槩 (清)王蓍 (清)王臬輯 民國石印本 一清道人題簽 二冊 存十三卷(一至二、二集一至九、三集一至二)

330000-1716-0018394 子補0001-44/18394 子部/藝術類/書畫之屬/畫譜

芥子園畫傳初集六卷二集九卷三集六卷 (清)王槩 (清)王蓍 (清)王臬輯 民國石印本 王致祥題簽 二冊 存十卷(一至五、二集五至九)

330000-1716-0018396 子補0001-39/18396 子部/藝術類/書畫之屬/畫譜

芥子園畫傳初集六卷二集九卷三集六卷 (清)王槩 (清)王蓍 (清)王臬輯 民國石印本 四冊 存八卷(四至五,二集三至四、八至九,三集一至二)

330000-1716-0018401 子補0001-40/18401 子部/藝術類/書畫之屬/畫譜

芥子園畫傳初集六卷二集九卷三集六卷 (清)王槩 (清)王蓍 (清)王臬輯 民國上海天寶書局石印本 □濟題簽 五冊 存十一卷(四至五、二集五至九、三集一至四)

330000-1716-0018404 子補0001-41/18404 子部/藝術類/書畫之屬/畫譜

芥子園畫傳初集六卷二集九卷三集六卷 (清)王槩 (清)王蓍 (清)王臬輯 民國三年(1914)上海書局石印本 三冊 存九卷(一至三、三集一至六)

330000-1716-0018410 子補0001-42/18410 子部/藝術類/書畫之屬/畫譜

芥子園畫傳初集六卷二集九卷三集六卷 (清)王槩 (清)王蓍 (清)王臬輯 民國石印本 五冊 存八卷(一至三、五至六,三集一至二、六)

330000－1716－0018411　子補 0001－43/18411　子部/藝術類/書畫之屬/畫譜

芥子園畫傳初集六卷　(清)王槩　(清)王蓍　(清)王臬輯　民國石印本　一冊

330000－1716－0018414　子補 0001－45/18414　子部/藝術類/書畫之屬/畫譜

芥子園畫傳初集六卷二集九卷三集六卷　(清)王槩　(清)王蓍　(清)王臬輯　民國石印本　天鵬題記　一冊　存三卷(二集一、七至八)

330000－1716－0018415　地獻 1209/18415　集部/別集類

庸謹堂文存一卷附續歲華紀感一卷　唐風撰　民國二十二年(1933)紹興鉛印本　一冊

330000－1716－0018416　子補 0001－46/18416　子部/藝術類/書畫之屬/畫譜

芥子園畫傳初集六卷　(清)王槩　(清)王蓍　(清)王臬輯　民國上海中原書局石印本　慶藻題記　一冊

330000－1716－0018417　地獻 1210/18417　集部/別集類

庸謹堂文存一卷附續歲華紀感一卷　唐風撰　民國二十二年(1933)紹興鉛印本　一冊

330000－1716－0018418　地獻 1211/18418　集部/別集類

庸謹堂文存一卷附續歲華紀感一卷　唐風撰　民國二十二年(1933)紹興鉛印本　一冊

330000－1716－0018419　地獻 1212/18419　集部/別集類

庸謹堂文存一卷附續歲華紀感一卷　唐風撰　民國二十二年(1933)紹興鉛印本　一冊

330000－1716－0018421　地獻 1213/18421　集部/別集類

庸謹堂文存一卷附續歲華紀感一卷　唐風撰　民國二十二年(1933)紹興鉛印本　一冊

330000－1716－0018422　地獻 1214/18422　集部/別集類

庸謹堂文存一卷附續歲華紀感一卷　唐風撰　民國二十二年(1933)紹興鉛印本　一冊

330000－1716－0018423　地獻 1215/18423　集部/別集類

庸謹堂文存一卷附續歲華紀感一卷　唐風撰　民國二十二年(1933)紹興鉛印本　一冊

330000－1716－0018425　地獻 1216/18425　集部/別集類

庸謹堂文存一卷附續歲華紀感一卷　唐風撰　民國二十二年(1933)紹興鉛印本　一冊

330000－1716－0018426　地獻 1217/18426　集部/別集類

庸謹堂文存一卷附續歲華紀感一卷　唐風撰　民國二十二年(1933)紹興鉛印本　一冊

330000－1716－0018428　地獻 1218/18428　集部/別集類

庸謹堂文存一卷附續歲華紀感一卷　唐風撰　民國二十二年(1933)紹興鉛印本　一冊

330000－1716－0018430　地獻 1219/18430　集部/別集類

庸謹堂文存一卷附續歲華紀感一卷　唐風撰　民國二十二年(1933)紹興鉛印本　一冊

330000－1716－0018431　地獻 1220/18431　集部/別集類

庸謹堂文存一卷附續歲華紀感一卷　唐風撰　民國二十二年(1933)紹興鉛印本　一冊

330000－1716－0018432　地獻 1221/18432　集部/別集類

庸謹堂文存一卷附續歲華紀感一卷　唐風撰　民國二十二年(1933)紹興鉛印本　一冊

330000－1716－0018434　地獻 1222/18434　集部/別集類

庸謹堂文存一卷附續歲華紀感一卷　唐風撰　民國二十二年(1933)紹興鉛印本　一冊

330000－1716－0018441　集補 1825/18441　集部/小說類/長篇之屬

繪圖封神演義八卷一百回　(明)許仲琳撰　(明)鍾惺評　民國上海天寶書局石印本　一

冊　存一卷(三)

330000－1716－0018442　集補 1682/18442　集部/小說類/長篇之屬

繪圖封神演義八卷一百回　(明)許仲琳撰　(明)鍾惺評　民國上海簡青齋書局石印本　一冊　存一卷(一)

330000－1716－0018443　子補 0001－48/18443　子部/藝術類/書畫之屬/畫譜

芥子園畫傳初集六卷二集九卷三集六卷　(清)王槩　(清)王蓍　(清)王臯輯　民國石印本　五冊　存八卷(一至六、三集四至五)

330000－1716－0018444　子補 0001－49/18444　子部/藝術類/書畫之屬/畫譜

芥子園畫傳初集六卷　(清)王槩　(清)王蓍　(清)王臯輯　民國石印本　一冊　存二卷(一至二)

330000－1716－0018445　集補 1683/18445　集部/小說類/長篇之屬

繡像封神演義八卷一百回　(明)許仲琳撰　民國石印本　一冊　存一卷(五)

330000－1716－0018452　子補 0001－50/18452　子部/藝術類/書畫之屬/畫譜

芥子園畫傳初集六卷　(清)王槩　(清)王蓍　(清)王臯輯　民國石印本　一冊　存二卷(一至二)

330000－1716－0018453　子補 0001－51/18453　子部/藝術類/書畫之屬/畫譜

芥子園畫傳初集六卷　(清)王槩　(清)王蓍　(清)王臯輯　民國石印本　一冊　存二卷(一至二)

330000－1716－0018454　地獻 1223/18454　史部/地理類/水利之屬

麻溪改壩為橋始末記四卷首一卷　王念祖纂　民國八年(1919)蕺社鉛印本　二冊

330000－1716－0018455　子補 0001－52/18455　子部/藝術類/書畫之屬/畫譜

芥子園畫傳三集六卷　(清)王槩　(清)王蓍　(清)王臯輯　民國石印本　一冊　存二卷(二至三)

330000－1716－0018457　地獻 1224/18457　史部/地理類/水利之屬

麻溪改壩為橋始末記四卷首一卷　王念祖纂　民國八年(1919)蕺社鉛印本　二冊

330000－1716－0018458　地獻 1225/18458　史部/地理類/水利之屬

麻溪改壩為橋始末記四卷首一卷　王念祖纂　民國八年(1919)蕺社鉛印本　二冊

330000－1716－0018459　集補 3247－108/18459　集部/小說類/短篇之屬

詳注聊齋志異圖詠十六卷　(清)蒲松齡撰　(清)呂湛恩注　民國石印本　一冊　存二卷(十一至十二)

330000－1716－0018460　地獻 1226－1/18460　史部/地理類/水利之屬

麻溪改壩為橋始末記四卷首一卷　王念祖纂　民國八年(1919)蕺社鉛印本　二冊

330000－1716－0018461　子補 0001－53/18461　子部/藝術類/書畫之屬/畫譜

芥子園畫傳三集六卷　(清)王槩　(清)王蓍　(清)王臯輯　民國石印本　一冊　存一卷(六)

330000－1716－0018462　子補 0001－54/18462　子部/藝術類/書畫之屬/畫譜

芥子園畫傳二集九卷　(清)王槩　(清)王蓍　(清)王臯輯　民國石印本　一冊　存二卷(八至九)

330000－1716－0018463　子補 0001－55/18463　子部/藝術類/書畫之屬/畫譜

芥子園畫傳三集六卷　(清)王槩　(清)王蓍　(清)王臯輯　民國石印本　一冊　存二卷(一至二)

330000－1716－0018468　子補 0001－59/18468　子部/藝術類/書畫之屬/畫譜

芥子園五集五卷　黃克明撰　民國五年(1916)上海江東書局石印本　二冊　存二卷

(二、五)

330000 - 1716 - 0018470　子補 0001 - 56/18470　子部/藝術類/書畫之屬/畫譜

芥子園畫傳四集四卷　(清)闕十原繪圖　民國石印本　一冊　存一卷(四)

330000 - 1716 - 0018471　地獻 1228/18471　史部/傳記類/日記之屬

越縵堂詹詹録二卷　(清)李慈銘撰　李文糺輯　民國二十二年(1933)李文糺鉛印本　二冊

330000 - 1716 - 0018472　子補 0001 - 57/18472　子部/藝術類/書畫之屬/畫譜

芥子園畫傳四集四卷　(清)闕十原繪圖　民國石印本　一冊　存一卷(一)

330000 - 1716 - 0018473　地獻 1229/18473　史部/傳記類/日記之屬

越縵堂詹詹録二卷　(清)李慈銘撰　李文糺輯　民國二十二年(1933)李文糺鉛印本　二冊

330000 - 1716 - 0018474　地獻 1230/18474　史部/傳記類/日記之屬

越縵堂詹詹録二卷　(清)李慈銘撰　李文糺輯　民國二十二年(1933)李文糺鉛印本　二冊

330000 - 1716 - 0018475　地獻 1231/18475　史部/傳記類/日記之屬

越縵堂詹詹録二卷　(清)李慈銘撰　李文糺輯　民國二十二年(1933)李文糺鉛印本　二冊

330000 - 1716 - 0018476　地獻 1232/18476　史部/傳記類/日記之屬

越縵堂詹詹録二卷　(清)李慈銘撰　李文糺輯　民國二十二年(1933)李文糺鉛印本　二冊

330000 - 1716 - 0018477　地獻 1233/18477　史部/傳記類/日記之屬

越縵堂詹詹録二卷　(清)李慈銘撰　李文糺輯　民國二十二年(1933)李文糺鉛印本　田紹謙題簽並記　二冊

330000 - 1716 - 0018478　子補 0001 - 58/18478　子部/藝術類/書畫之屬/畫譜

芥子園五集五卷　黄克明撰　民國五年(1916)上海江東書局石印本　三冊　存三卷(一、三、五)

330000 - 1716 - 0018486　集補 1723/18486　集部/小說類/長篇之屬

繪圖增像西遊記一百回　(明)吳承恩撰　(清)陳士斌詮解　民國鉛印本　三冊　存三十二回(九至二十、六十一至八十)

330000 - 1716 - 0018487　子補 3185 - 27/18487　子部/宗教類/其他宗教之屬/基督教

與彌撒經一卷　民國六年(1917)寧波七苦堂鉛印本　一冊

330000 - 1716 - 0018491　集補 1724/18491　集部/小說類/長篇之屬

繪圖西遊記八卷一百回　(明)吳承恩撰　民國石印本　一冊　存一卷(七)

330000 - 1716 - 0018494　子補 3185 - 28/18494　子部/宗教類/其他宗教之屬/基督教

與彌撒經一卷　民國六年(1917)寧波七苦堂鉛印本　一冊

330000 - 1716 - 0018495　地獻 1234 - 1/18495　集部/別集類/清別集

躬恥齋文鈔十四卷別集一卷後編六卷附崇祀鄉賢録一卷躬恥齋詩鈔十四卷首一卷後編七卷校勘記二卷　(清)宗稷辰撰　民國二年(1913)吳門鉛印本　二冊　存九卷(一至九)

330000 - 1716 - 0018506　子補 3185 - 29/18506　子部/宗教類/其他宗教之屬/基督教

與彌撒經一卷　民國六年(1917)寧波七苦堂鉛印本　一冊

330000 - 1716 - 0018511　子補 3185 - 30/18511　子部/宗教類/其他宗教之屬/基督教

與彌撒經一卷　民國六年(1917)寧波七苦堂鉛印本　一冊

330000 - 1716 - 0018514　地獻 1239 - 1/18514　集部/總集類/郡邑之屬

禹域叢書三種十二卷　禹域新聞社輯　民國鉛印本　二冊　存一種

330000 - 1716 - 0018517　子補 3185 - 32/18517　子部/宗教類/其他宗教之屬/基督教

與彌撒經一卷　民國六年(1917)寧波七苦堂鉛印本　一冊

330000 - 1716 - 0018518　子補 3185 - 31/18518　子部/宗教類/其他宗教之屬/基督教

與彌撒經一卷　民國六年(1917)寧波七苦堂鉛印本　一冊

330000 - 1716 - 0018519　子補 3185 - 33/18519　子部/宗教類/其他宗教之屬/基督教

與彌撒經一卷　民國六年(1917)寧波七苦堂鉛印本　一冊

330000 - 1716 - 0018520　子補 3185 - 34/18520　子部/宗教類/其他宗教之屬/基督教

與彌撒經一卷　民國六年(1917)寧波七苦堂鉛印本　一冊

330000 - 1716 - 0018522　子補 3185 - 35/18522　子部/宗教類/其他宗教之屬/基督教

與彌撒經一卷　民國六年(1917)寧波七苦堂鉛印本　一冊

330000 - 1716 - 0018523　子補 3185 - 36/18523　子部/宗教類/其他宗教之屬/基督教

與彌撒經一卷　民國六年(1917)寧波七苦堂鉛印本　一冊

330000 - 1716 - 0018526　子補 3185 - 37/18526　子部/宗教類/其他宗教之屬/基督教

與彌撒經一卷　民國六年(1917)寧波七苦堂鉛印本　一冊

330000 - 1716 - 0018528　子補 3185 - 38/18528　子部/宗教類/其他宗教之屬/基督教

與彌撒經一卷　民國六年(1917)寧波七苦堂鉛印本　一冊

330000 - 1716 - 0018533　子補 3185 - 39/18533　子部/宗教類/其他宗教之屬/基督教

與彌撒經一卷　民國六年(1917)寧波七苦堂鉛印本　一冊

330000 - 1716 - 0018534　子補 3185 - 40/18534　子部/宗教類/其他宗教之屬/基督教

與彌撒經一卷　民國六年(1917)寧波七苦堂鉛印本　一冊

330000 - 1716 - 0018535　地獻 1243/18535　史部/傳記類/總傳之屬/郡邑

越蔭録一卷傳芳録一卷　(清)杜甲撰　民國二十八年(1939)鉛印本　一冊

330000 - 1716 - 0018536　子補 3185 - 41/18536　子部/宗教類/其他宗教之屬/基督教

與彌撒經一卷　民國六年(1917)寧波七苦堂鉛印本　一冊

330000 - 1716 - 0018538　地獻 1244/18538　史部/傳記類/總傳之屬/郡邑

越蔭録一卷傳芳録一卷　(清)杜甲撰　民國二十八年(1939)鉛印本　一冊

330000 - 1716 - 0018539　地獻 1245/18539　史部/傳記類/總傳之屬/郡邑

越蔭録一卷傳芳録一卷　(清)杜甲撰　民國二十八年(1939)鉛印本　一冊

330000 - 1716 - 0018540　地獻 1246/18540　史部/傳記類/總傳之屬/郡邑

越蔭録一卷傳芳録一卷　(清)杜甲撰　民國二十八年(1939)鉛印本　一冊

330000 - 1716 - 0018542　子補 3185 - 42/18542　子部/宗教類/其他宗教之屬/基督教

與彌撒經一卷　民國六年(1917)寧波七苦堂鉛印本　一冊

330000 - 1716 - 0018544　地獻 1247/18544　史部/傳記類/總傳之屬/郡邑

越蔭録一卷傳芳録一卷　(清)杜甲撰　民國二十八年(1939)鉛印本　一冊

330000 - 1716 - 0018545　地獻 1248/18545　史部/傳記類/總傳之屬/郡邑

越蔭録一卷傳芳録一卷　（清）杜甲撰　民國二十八年（1939）鉛印本　一冊

330000－1716－0018546　地獻 1249/18546
史部/傳記類/總傳之屬/郡邑
越蔭録一卷傳芳録一卷　（清）杜甲撰　民國二十八年（1939）鉛印本　一冊

330000－1716－0018547　子補 3185－43/18547　子部/宗教類/其他宗教之屬/基督教
與彌撒經一卷　民國六年（1917）寧波七苦堂鉛印本　一冊

330000－1716－0018549　子補 3185－44/18549　子部/宗教類/其他宗教之屬/基督教
與彌撒經一卷　民國六年（1917）寧波七苦堂鉛印本　一冊

330000－1716－0018551　子補 3185－46/18551　子部/宗教類/其他宗教之屬/基督教
與彌撒經一卷　民國六年（1917）寧波七苦堂鉛印本　一冊

330000－1716－0018552　子補 3185－45/18552　子部/宗教類/其他宗教之屬/基督教
與彌撒經一卷　民國六年（1917）寧波七苦堂鉛印本　一冊

330000－1716－0018555　子補 3185－47/18555　子部/宗教類/其他宗教之屬/基督教
與彌撒經一卷　民國六年（1917）寧波七苦堂鉛印本　一冊

330000－1716－0018556　子補 3185－48/18556　子部/宗教類/其他宗教之屬/基督教
與彌撒經一卷　民國六年（1917）寧波七苦堂鉛印本　一冊

330000－1716－0018557　子補 3185－49/18557　子部/宗教類/其他宗教之屬/基督教
與彌撒經一卷　民國六年（1917）寧波七苦堂鉛印本　一冊

330000－1716－0018558　子補 3185－50/18558　子部/宗教類/其他宗教之屬/基督教
與彌撒經一卷　民國六年（1917）寧波七苦堂鉛印本　一冊

330000－1716－0018559　子補 3185－51/18559　子部/宗教類/其他宗教之屬/基督教
與彌撒經一卷　民國六年（1917）寧波七苦堂鉛印本　一冊

330000－1716－0018564　地獻 1206/18564
史部/地理類/專志之屬/寺觀
重修柯橋融光寺徵信録一卷　民國鉛印本　一冊

330000－1716－0018565　地獻 1207－1/18565　史部/地理類/專志之屬/寺觀
重修柯橋融光寺徵信録一卷　民國鉛印本　一冊

330000－1716－0018566　集補 0006－5/18566　集部/小說類/長篇之屬
說唐薛家府傳二卷四十二回　（清）如蓮居士編　民國上海天寶書局石印本　二冊

330000－1716－0018567　地獻 1208/18567
子部/儒家類/儒學之屬
餘山先生遺書十卷　（清）勞史撰　（清）桑調元　（清）沈廷芳編　**附餘山先生行狀一卷**　（清）桑調元撰　民國鉛印本　二冊

330000－1716－0018569　集補 0006－6/18569　集部/小說類/長篇之屬
精訂綱鑑廿四史通俗衍義六卷四十四回　（清）吕撫撰　民國富華圖書館石印本　三冊
存三卷（三至四、六）

330000－1716－0018572　子補 2505/18572
子部/宗教類/其他宗教之屬/基督教
聖路善工一卷　民國二十九年（1940）鉛印本　一冊

330000－1716－0018573　子補 3185－53/18573　子部/宗教類/其他宗教之屬/基督教
與彌撒經一卷　民國六年（1917）寧波七苦堂鉛印本　一冊

330000－1716－0018574　子補 3185－54/18574　子部/宗教類/其他宗教之屬/基督教

與彌撒經一卷　民國六年(1917)寧波七苦堂鉛印本　一冊

330000－1716－0018576　集補 0006－9/18576　集部/小說類/長篇之屬

四雪草堂重訂通俗隋唐演義十卷一百回　(清)褚人穫撰　民國上海錦章圖書局石印本　一冊　存一卷(七)

330000－1716－0018577　集補 0006－7/18577　集部/小說類/長篇之屬

繡像繪圖隋唐演義八卷一百回　民國上海進步書局石印本　五冊　存五卷(二、四至七)

330000－1716－0018578　子補 2506/18578　子部/宗教類/其他宗教之屬/基督教

聖路善工一卷　民國二十九年(1940)鉛印本　一冊

330000－1716－0018580　子補 2507/18580　子部/宗教類/其他宗教之屬/基督教

聖路善工一卷　民國二十九年(1940)鉛印本　一冊

330000－1716－0018581　子補 2508/18581　子部/宗教類/其他宗教之屬/基督教

聖路善工一卷　民國二十九年(1940)鉛印本　一冊

330000－1716－0018582　經補 1038/18582　經部/春秋左傳類/傳說之屬

左繡三十卷首一卷　(清)馮李驊　(清)陸浩評輯　民國十一年(1922)上海章福記書局石印本　八冊　存十六卷(一至十五、首)

330000－1716－0018583　子補 2509/18583　子部/宗教類/其他宗教之屬/基督教

聖路善工一卷　民國二十九年(1940)鉛印本　一冊

330000－1716－0018585　子補 2510/18585　子部/宗教類/其他宗教之屬/基督教

聖路善工一卷　民國二十九年(1940)鉛印本　一冊

330000－1716－0018586　子補 3185－52/18586　子部/宗教類/其他宗教之屬/基督教

與彌撒經一卷　民國六年(1917)寧波七苦堂鉛印本　一冊

330000－1716－0018587　集補 0006－8/18587　集部/小說類/長篇之屬

四雪草堂重訂通俗隋唐演義十卷一百回　(清)褚人穫撰　民國上海錦章圖書局石印本　一冊　存一卷(七)

330000－1716－0018588　子補 3185－55/18588　子部/宗教類/其他宗教之屬/基督教

與彌撒經一卷　民國六年(1917)寧波七苦堂鉛印本　一冊

330000－1716－0018589　集補 0006－10/18589　集部/小說類/長篇之屬

繡像繪圖隋唐演義八卷一百回　民國上海進步書局石印本　一冊　存一卷(七)

330000－1716－0018590　子補 3185－56/18590　子部/宗教類/其他宗教之屬/基督教

與彌撒經一卷　民國六年(1917)寧波七苦堂鉛印本　一冊

330000－1716－0018591　子補 3185－57/18591　子部/宗教類/其他宗教之屬/基督教

與彌撒經一卷　民國六年(1917)寧波七苦堂鉛印本　一冊

330000－1716－0018592　集補 0006－11/18592　集部/小說類/長篇之屬

四雪草堂重訂通俗隋唐演義八卷一百回　(清)褚人穫撰　民國上海天寶書局石印本　三冊　存三卷(四、六至七)

330000－1716－0018593　子補 3185－58/18593　子部/宗教類/其他宗教之屬/基督教

與彌撒經一卷　民國六年(1917)寧波七苦堂鉛印本　一冊

330000－1716－0018594　子補 3185－59/18594　子部/宗教類/其他宗教之屬/基督教

與彌撒經一卷　民國六年(1917)寧波七苦堂鉛印本　一冊

330000－1716－0018595　子補2511/18595
子部/宗教類/其他宗教之屬/基督教
聖路善工一卷　民國二十九年(1940)鉛印本
一冊

330000－1716－0018596　子補3185－60/18596　子部/宗教類/其他宗教之屬/基督教
與彌撒經一卷　民國六年(1917)寧波七苦堂鉛印本　一冊

330000－1716－0018597　子補2512/18597
子部/宗教類/其他宗教之屬/基督教
聖路善工一卷　民國二十九年(1940)鉛印本
一冊

330000－1716－0018598　集補0006－12/18598　集部/小說類/長篇之屬
四雪草堂重訂通俗隋唐演義八卷一百回
(清)褚人穫撰　民國十三年(1924)昌文書局石印本　四冊　存四卷(一至二、四、七)

330000－1716－0018599　子補2513/18599
子部/宗教類/其他宗教之屬/基督教
聖路善工一卷　民國二十九年(1940)鉛印本
一冊

330000－1716－0018600　子補2514/18600
子部/宗教類/其他宗教之屬/基督教
聖路善工一卷　民國二十九年(1940)鉛印本
一冊

330000－1716－0018601　子補2515/18601
子部/宗教類/其他宗教之屬/基督教
聖路善工一卷　民國二十九年(1940)鉛印本
一冊

330000－1716－0018602　子補2516/18602
子部/宗教類/其他宗教之屬/基督教
聖路善工一卷　民國二十九年(1940)鉛印本
一冊

330000－1716－0018603　子補3185－61/18603　子部/宗教類/其他宗教之屬/基督教
與彌撒經一卷　民國六年(1917)寧波七苦堂鉛印本　一冊

330000－1716－0018604　古越0730/18604
類叢部/叢書類/郡邑之屬
雲南叢書初編一百四十一種二編三十七種
趙藩　陳榮昌等輯　民國雲南叢書處刻本
一冊　存一種

330000－1716－0018605　子補2517/18605
子部/宗教類/其他宗教之屬/基督教
聖路善工一卷　民國二十九年(1940)鉛印本
一冊

330000－1716－0018606　子補3185－62/18606　子部/宗教類/其他宗教之屬/基督教
與彌撒經一卷　民國六年(1917)寧波七苦堂鉛印本　一冊

330000－1716－0018607　子補2518/18607
子部/宗教類/其他宗教之屬/基督教
聖路善工一卷　民國二十九年(1940)鉛印本
一冊

330000－1716－0018609　子補2519/18609
子部/宗教類/其他宗教之屬/基督教
聖路善工一卷　民國二十九年(1940)鉛印本
一冊

330000－1716－0018612　地獻1254－2/18612　類叢部/叢書類/家集之屬
諸暨馮氏叢刻五種四十四卷　馮振音編　民國六年(1917)鉛印本　一冊　存一種

330000－1716－0018614　子補3185－63/18614　子部/宗教類/其他宗教之屬/基督教
與彌撒經一卷　民國六年(1917)寧波七苦堂鉛印本　一冊

330000－1716－0018616　子補3185－64/18616　子部/宗教類/其他宗教之屬/基督教
與彌撒經一卷　民國六年(1917)寧波七苦堂鉛印本　一冊

330000－1716－0018617　地獻1257/18617
史部/政書類/公牘檔冊之屬
二年議案不分卷　民國二年(1913)油印本
董懷祖題簽　二冊

330000－1716－0018618　子補 3185－65/18618　子部/宗教類/其他宗教之屬/基督教
與彌撒經一卷　民國六年(1917)寧波七苦堂鉛印本　一册

330000－1716－0018619　子補 3185－66/18619　子部/宗教類/其他宗教之屬/基督教
與彌撒經一卷　民國六年(1917)寧波七苦堂鉛印本　一册

330000－1716－0018620　子補 3185－67/18620　子部/宗教類/其他宗教之屬/基督教
與彌撒經一卷　民國六年(1917)寧波七苦堂鉛印本　一册

330000－1716－0018621　子補 3185－68/18621　子部/宗教類/其他宗教之屬/基督教
與彌撒經一卷　民國六年(1917)寧波七苦堂鉛印本　一册

330000－1716－0018622　子補 3185－69/18622　子部/宗教類/其他宗教之屬/基督教
與彌撒經一卷　民國六年(1917)寧波七苦堂鉛印本　一册

330000－1716－0018623　子補 3185－70/18623　子部/宗教類/其他宗教之屬/基督教
與彌撒經一卷　民國六年(1917)寧波七苦堂鉛印本　一册

330000－1716－0018625　子補 3185－71/18625　子部/宗教類/其他宗教之屬/基督教
與彌撒經一卷　民國六年(1917)寧波七苦堂鉛印本　一册

330000－1716－0018626　子補 3185－72/18626　子部/宗教類/其他宗教之屬/基督教
與彌撒經一卷　民國六年(1917)寧波七苦堂鉛印本　一册

330000－1716－0018627　子補 3185－73/18627　子部/宗教類/其他宗教之屬/基督教
與彌撒經一卷　民國六年(1917)寧波七苦堂鉛印本　一册

330000－1716－0018628　子補 3185－74/18628　子部/宗教類/其他宗教之屬/基督教
與彌撒經一卷　民國六年(1917)寧波七苦堂鉛印本　一册

330000－1716－0018629　子補 3185－75/18629　子部/宗教類/其他宗教之屬/基督教
與彌撒經一卷　民國六年(1917)寧波七苦堂鉛印本　一册

330000－1716－0018630　子補 2520/18630　子部/宗教類/其他宗教之屬/基督教
聖路善工一卷　民國二十九年(1940)鉛印本　一册

330000－1716－0018631　子補 2521/18631　子部/宗教類/其他宗教之屬/基督教
聖路善工一卷　民國二十九年(1940)鉛印本　一册

330000－1716－0018633　子補 2522/18633　子部/宗教類/其他宗教之屬/基督教
聖路善工一卷　民國二十九年(1940)鉛印本　一册

330000－1716－0018636　子補 2523/18636　子部/宗教類/其他宗教之屬/基督教
聖路善工一卷　民國二十九年(1940)鉛印本　一册

330000－1716－0018638　子補 0003/18638　子部/藝術類/書畫之屬/畫録
清朝書畫録四卷　竇鎮輯　民國九年(1920)上海進化書局石印本　五册

330000－1716－0018641　子補 2524/18641　子部/宗教類/其他宗教之屬/基督教
聖路善工一卷　民國二十九年(1940)鉛印本　一册

330000－1716－0018642　集補 0006－13/18642　集部/小説類/長篇之屬
繡像征東全傳四卷四十二回　民國六年(1917)上沈鶴記書局石印本　一册　存一卷(一)

330000－1716－0018645　子補 2525/18645

子部/宗教類/其他宗教之屬/基督教
聖路善工一卷　民國二十九年(1940)鉛印本　一册

330000－1716－0018646　集補 0006－14/18646　集部/小説類/長篇之屬
繡像征東全傳四卷四十二回　民國石印本　一册　存一卷(二)

330000－1716－0018649　子補 0005/18649　子部/藝術類/遊藝之屬/聯語
分類楹聯大全六編續集八編　世界書局編輯所編輯　民國十八年(1929)上海世界書局石印本　一册

330000－1716－0018650　子補 2526/18650　子部/宗教類/其他宗教之屬/基督教
聖路善工一卷　民國二十九年(1940)鉛印本　一册

330000－1716－0018652　子補 3185－76/18652　子部/宗教類/其他宗教之屬/基督教
與彌撒經一卷　民國六年(1917)寧波七苦堂鉛印本　一册

330000－1716－0018654　子補 2527/18654　子部/宗教類/其他宗教之屬/基督教
聖路善工一卷　民國二十九年(1940)鉛印本　一册

330000－1716－0018656　集補 0006－15/18656　集部/小説類/長篇之屬
四雪草堂重編通俗隋唐演義二十卷一百回　(清)褚人穫撰　民國石印本　一册　存二卷(十五至十六)

330000－1716－0018660　子補 2528/18660　子部/宗教類/其他宗教之屬/基督教
聖路善工一卷　民國二十九年(1940)鉛印本　一册

330000－1716－0018661　子補 3185－77/18661　子部/宗教類/其他宗教之屬/基督教
與彌撒經一卷　民國六年(1917)寧波七苦堂鉛印本　一册

330000－1716－0018662　集補 0006－16/18662　集部/小説類/長篇之屬
四雪草堂重編通俗隋唐演義二十卷一百回　(清)褚人穫撰　民國石印本　一册　存二卷(十六至十七)

330000－1716－0018664　子補 2529/18664　子部/宗教類/其他宗教之屬/基督教
聖路善工一卷　民國二十三年(1934)鉛印本　一册

330000－1716－0018665　子補 3185－78/18665　子部/宗教類/其他宗教之屬/基督教
與彌撒經一卷　民國六年(1917)寧波七苦堂鉛印本　一册

330000－1716－0018666　集補 0006－17/18666　集部/小説類/長篇之屬
四雪草堂重編通俗隋唐演義十卷一百回　(清)褚人穫撰　民國上海錦章圖書局石印本　四册　存四卷(七至十)

330000－1716－0018668　子補 3185－79/18668　子部/宗教類/其他宗教之屬/基督教
與彌撒經一卷　民國六年(1917)寧波七苦堂鉛印本　一册

330000－1716－0018669　子補 3185－80/18669　子部/宗教類/其他宗教之屬/基督教
與彌撒經一卷　民國六年(1917)寧波七苦堂鉛印本　一册

330000－1716－0018670　子補 3185－81/18670　子部/宗教類/其他宗教之屬/基督教
與彌撒經一卷　民國六年(1917)寧波七苦堂鉛印本　一册

330000－1716－0018672　子補 3185－82/18672　子部/宗教類/其他宗教之屬/基督教
與彌撒經一卷　民國六年(1917)寧波七苦堂鉛印本　一册

330000－1716－0018674　子補 0006/18674　子部/藝術類/書畫之屬/書法書品
書法指南二卷　王鼎撰　民國九年(1920)莫釐涵青山房石印本　一册

330000－1716－0018675　子補 3185－83/18675　子部/宗教類/其他宗教之屬/基督教

與彌撒經一卷　民國六年(1917)寧波七苦堂鉛印本　一冊

330000－1716－0018676　子補 3459－4/18676　子部/宗教類/其他宗教之屬/基督教

週年瞻禮不分卷　民國二十三年(1934)鉛印本　一冊

330000－1716－0018677　地獻 1264/18677　子部/宗教類/道教之屬/經文

關聖帝君桃園明聖經一卷　民國五年(1916)紹興石印本　一冊

330000－1716－0018678　子補 3185－84/18678　子部/宗教類/其他宗教之屬/基督教

與彌撒經一卷　民國六年(1917)寧波七苦堂鉛印本　一冊

330000－1716－0018679　子補 3185－85/18679　子部/宗教類/其他宗教之屬/基督教

與彌撒經一卷　民國六年(1917)寧波七苦堂鉛印本　一冊

330000－1716－0018680　子補 3185－86/18680　子部/宗教類/其他宗教之屬/基督教

與彌撒經一卷　民國六年(1917)寧波七苦堂鉛印本　一冊

330000－1716－0018681　子補 3185－87/18681　子部/宗教類/其他宗教之屬/基督教

與彌撒經一卷　民國六年(1917)寧波七苦堂鉛印本　一冊

330000－1716－0018682　子補 3185－88/18682　子部/宗教類/其他宗教之屬/基督教

與彌撒經一卷　民國六年(1917)寧波七苦堂鉛印本　一冊

330000－1716－0018683　子補 3185－89/18683　子部/宗教類/其他宗教之屬/基督教

與彌撒經一卷　民國六年(1917)寧波七苦堂鉛印本　一冊

330000－1716－0018684　子補 0007/18684　子部/藝術類/書畫之屬/書法書品

習字速成法一卷　郭希汾撰　蕭麟書　民國十二年(1923)上海大東書局石印本　一冊

330000－1716－0018685　子補 3185－90/18685　子部/宗教類/其他宗教之屬/基督教

與彌撒經一卷　民國六年(1917)寧波七苦堂鉛印本　一冊

330000－1716－0018687　子補 3185－91/18687　子部/宗教類/其他宗教之屬/基督教

與彌撒經一卷　民國六年(1917)寧波七苦堂鉛印本　一冊

330000－1716－0018688　地獻 1266/18688　子部/醫家類/婦科之屬/產科

達生編三卷　(清)亟齋居士撰　民國七年(1918)紹興印刷局鉛印本　一冊

330000－1716－0018689　地獻 1267/18689　子部/醫家類/醫案之屬

石室秘錄四卷　(清)陳士鐸撰　民國石印本　一冊　存一卷(三)

330000－1716－0018691　子補 3185－92/18691　子部/宗教類/其他宗教之屬/基督教

與彌撒經一卷　民國六年(1917)寧波七苦堂鉛印本　一冊

330000－1716－0018693　子補 0008/18693　子部/藝術類/書畫之屬/書法書品

篆書秘訣不分卷　潘衎重訂　民國十六年(1927)上海中華新教育社石印本　一冊

330000－1716－0018694　子補 3185－93/18694　子部/宗教類/其他宗教之屬/基督教

與彌撒經一卷　民國六年(1917)寧波七苦堂鉛印本　一冊

330000－1716－0018695　集補 0006－18/18695　集部/小說類/長篇之屬

四雪草堂重訂通俗隋唐演義十卷一百回　(清)褚人穫撰　民國三年(1914)上海錦章圖書局石印本　三冊　存三卷(一、三、六)

330000－1716－0018696　集補 0006－19/

18696　集部/小說類/長篇之屬
四雪草堂重訂通俗隋唐演義二十卷一百回
(清)褚人穫撰　民國石印本　一冊　存四卷(十一至十四)

330000－1716－0018697　子補3185－94/18697　子部/宗教類/其他宗教之屬/基督教
與彌撒經一卷　民國六年(1917)寧波七苦堂鉛印本　一冊

330000－1716－0018701　子補3185－95/18701　子部/宗教類/其他宗教之屬/基督教
與彌撒經一卷　民國六年(1917)寧波七苦堂鉛印本　一冊

330000－1716－0018702　地獻1269/18702
子部/醫家類/醫案之屬
石室秘籙四卷　(清)陳士鐸撰　民國元年(1912)上海江東書局石印本　一冊　存一卷(一)

330000－1716－0018703　集補0006－20/18703　集部/小說類/長篇之屬
繪圖最新小説□□卷□□回　民國石印本一冊　存四卷(一至四)

330000－1716－0018705　子補3185－96/18705　子部/宗教類/其他宗教之屬/基督教
與彌撒經一卷　民國六年(1917)寧波七苦堂鉛印本　一冊

330000－1716－0018707　子補3185－97/18707　子部/宗教類/其他宗教之屬/基督教
與彌撒經一卷　民國六年(1917)寧波七苦堂鉛印本　一冊

330000－1716－0018708　集補0006－21/18708　集部/小說類/長篇之屬
繡像説唐征西全傳六卷九十回　民國石印本二冊　存二卷(二至三)

330000－1716－0018709　子補3185－98/18709　子部/宗教類/其他宗教之屬/基督教
與彌撒經一卷　民國六年(1917)寧波七苦堂鉛印本　一冊

330000－1716－0018710　子補0009/18710
子部/藝術類/遊藝之屬/聯語
精選楹聯新編二卷　(清)俞樾撰　民國二年(1913)上海萃英書莊石印本　二冊

330000－1716－0018712　子補3185－99/18712　子部/宗教類/其他宗教之屬/基督教
與彌撒經一卷　民國六年(1917)寧波七苦堂鉛印本　一冊

330000－1716－0018714　地獻1272/18714
史部/傳記類/別傳之屬/事狀
宋侍郎胡忠佑公事跡録一卷　程鳳山輯　民國二十一年(1932)上海新華書局鉛印本　一冊

330000－1716－0018718　子補3185－100/18718　子部/宗教類/其他宗教之屬/基督教
與彌撒經一卷　民國六年(1917)寧波七苦堂鉛印本　一冊

330000－1716－0018719　地獻1274/18719
子部/宗教類/道教之屬/經文
關聖帝君奇驗明聖經一卷　民國二十三年(1934)紹興陳壽光石印本　一冊

330000－1716－0018720　子補3185－101/18720　子部/宗教類/其他宗教之屬/基督教
與彌撒經一卷　民國六年(1917)寧波七苦堂鉛印本　一冊

330000－1716－0018721　子補3185－102/18721　子部/宗教類/其他宗教之屬/基督教
與彌撒經一卷　民國六年(1917)寧波七苦堂鉛印本　一冊

330000－1716－0018722　子補3185－103/18722　子部/宗教類/其他宗教之屬/基督教
與彌撒經一卷　民國六年(1917)寧波七苦堂鉛印本　一冊

330000－1716－0018723　子補3185－104/18723　子部/宗教類/其他宗教之屬/基督教
與彌撒經一卷　民國六年(1917)寧波七苦堂鉛印本　一冊

330000－1716－0018724　子補 3459－5/18724　子部/宗教類/其他宗教之屬/基督教
週年瞻禮不分卷　民國二十三年(1934)鉛印本　一册

330000－1716－0018725　子補 3185－105/18725　子部/宗教類/其他宗教之屬/基督教
與彌撒經一卷　民國六年(1917)寧波七苦堂鉛印本　一册

330000－1716－0018726　子補 3185－106/18726　子部/宗教類/其他宗教之屬/基督教
與彌撒經一卷　民國六年(1917)寧波七苦堂鉛印本　一册

330000－1716－0018727　子補 3185－107/18727　子部/宗教類/其他宗教之屬/基督教
與彌撒經一卷　民國六年(1917)寧波七苦堂鉛印本　一册

330000－1716－0018728　子補 3185－108/18728　子部/宗教類/其他宗教之屬/基督教
與彌撒經一卷　民國六年(1917)寧波七苦堂鉛印本　一册

330000－1716－0018729　子補 3185－109/18729　子部/宗教類/其他宗教之屬/基督教
與彌撒經一卷　民國六年(1917)寧波七苦堂鉛印本　一册

330000－1716－0018731　地獻 1275/18731　集部/小說類/長篇之屬
精訂綱鑑廿四史通俗衍義六卷四十四回　(清)吕撫撰　民國石印本　一册　存一卷(三)

330000－1716－0018732　子補 3185－110/18732　子部/宗教類/其他宗教之屬/基督教
與彌撒經一卷　民國六年(1917)寧波七苦堂鉛印本　一册

330000－1716－0018735　地獻 1276－1/18735　類叢部/叢書類/自著之屬
惟謙廬叢書　胡維銓撰　民國二十年(1931)研白齋鉛印本　一册　存一種

330000－1716－0018738　子補 3459－6/18738　子部/宗教類/其他宗教之屬/基督教
週年瞻禮不分卷　民國二十三年(1934)鉛印本　一册

330000－1716－0018740　集補 0006－22/18740　集部/小說類/長篇之屬
繪像南唐演義薛家將六卷一百回　民國石印本　一册　存一卷(二)

330000－1716－0018742　子補 3459－7/18742　子部/宗教類/其他宗教之屬/基督教
週年瞻禮不分卷　民國二十三年(1934)鉛印本　一册

330000－1716－0018744　子補 3459－8/18744　子部/宗教類/其他宗教之屬/基督教
週年瞻禮不分卷　民國二十三年(1934)鉛印本　一册

330000－1716－0018746　地獻 1279－1/18746　子部/宗教類/佛教之屬
佛教淨土淺說一卷　民國九年(1920)紹興戒珠寺蓮社鉛印本　一册

330000－1716－0018747　子補 3459－9/18747　子部/宗教類/其他宗教之屬/基督教
週年瞻禮不分卷　民國二十三年(1934)鉛印本　一册

330000－1716－0018748　集補 0006－23/18748　集部/小說類/長篇之屬
繪像南唐演義薛家將六卷一百回　民國石印本　三册　存三卷(二至四)

330000－1716－0018749　子補 3459－10/18749　子部/宗教類/其他宗教之屬/基督教
週年瞻禮不分卷　民國二十三年(1934)鉛印本　一册

330000－1716－0018750　子補 3459－11/18750　子部/宗教類/其他宗教之屬/基督教
週年瞻禮不分卷　民國二十三年(1934)鉛印本　一册

330000－1716－0018752　集補 0006－24/

18752　集部/小說類/長篇之屬
繡像説唐征西全傳六卷九十回　民國石印本　一冊

330000－1716－0018753　子補 3185－111/18753　子部/宗教類/其他宗教之屬/基督教
與彌撒經一卷　民國六年(1917)寧波七苦堂鉛印本　一冊

330000－1716－0018754　地獻 1281/18754　子部/醫家類/醫話醫論之屬
存存齋醫話稿二卷　(清)趙彦暉撰　民國四年(1915)紹興裘氏刻本　二冊

330000－1716－0018755　子補 3185－112/18755　子部/宗教類/其他宗教之屬/基督教
與彌撒經一卷　民國六年(1917)寧波七苦堂鉛印本　一冊

330000－1716－0018757　子補 3459－12/18757　子部/宗教類/其他宗教之屬/基督教
週年瞻禮不分卷　民國二十三年(1934)鉛印本　一冊

330000－1716－0018758　子補 3185－113/18758　子部/宗教類/其他宗教之屬/基督教
與彌撒經一卷　民國六年(1917)寧波七苦堂鉛印本　一冊

330000－1716－0018759　集補 0006－25/18759　集部/小說類/長篇之屬
繡像説唐征西全傳六卷九十回　民國石印本　四冊　存四卷(二至五)

330000－1716－0018762　子補 3459－13/18762　子部/宗教類/其他宗教之屬/基督教
週年瞻禮不分卷　民國二十三年(1934)鉛印本　一冊

330000－1716－0018764　子補 3185－114/18764　子部/宗教類/其他宗教之屬/基督教
與彌撒經一卷　民國六年(1917)寧波七苦堂鉛印本　一冊

330000－1716－0018765　子補 0012－1/18765　子部/藝術類/遊藝之屬
游戲大觀不分卷　廣文書局編輯所編輯　民國八年(1919)廣文書局石印本　六冊

330000－1716－0018766　子補 3185－118/18766　子部/宗教類/其他宗教之屬/基督教
與彌撒經一卷　民國六年(1917)寧波七苦堂鉛印本　一冊

330000－1716－0018767　子補 3185－115/18767　子部/宗教類/其他宗教之屬/基督教
與彌撒經一卷　民國六年(1917)寧波七苦堂鉛印本　一冊

330000－1716－0018768　子補 3459－14/18768　子部/宗教類/其他宗教之屬/基督教
週年瞻禮不分卷　民國二十四年(1935)鉛印本　一冊

330000－1716－0018770　子補 3185－116/18770　子部/宗教類/其他宗教之屬/基督教
與彌撒經一卷　民國六年(1917)寧波七苦堂鉛印本　一冊

330000－1716－0018771　集補 0006－26/18771　集部/小說類/長篇之屬
新鐫全像隋煬帝艷史八卷四十回　(明)齊東野人撰　(清)不經先生評　民國石印本　二冊　存二卷(四、六)

330000－1716－0018772　子補 3185－117/18772　子部/宗教類/其他宗教之屬/基督教
與彌撒經一卷　民國六年(1917)寧波七苦堂鉛印本　一冊

330000－1716－0018773　子補 3185－119/18773　子部/宗教類/其他宗教之屬/基督教
與彌撒經一卷　民國六年(1917)寧波七苦堂鉛印本　一冊

330000－1716－0018774　子補 3185－120/18774　子部/宗教類/其他宗教之屬/基督教
與彌撒經一卷　民國六年(1917)寧波七苦堂鉛印本　一冊

330000－1716－0018775　集補 0006－27/18775　集部/小說類/長篇之屬

說唐羅通掃北全傳四卷十五回　民國十五年(1926)上海沈鶴記書局石印本　三冊　存三卷(一、三至四)

330000－1716－0018776　子補 0013/18776　子部/藝術類/書畫之屬/書法書品

書法入門十章　李肖白撰　民國二十四年(1935)上海肖白書法函授學校鉛印本　一冊

330000－1716－0018777　子補 0125－83/18777　子部/醫家類/方書之屬/單方驗方

重訂驗方新編十八卷　(清)鮑相璈輯　民國十年(1921)上海天寶書局石印本　一冊　存二卷(九至十)

330000－1716－0018778　子補 3185－121/18778　子部/宗教類/其他宗教之屬/基督教

與彌撒經一卷　民國六年(1917)寧波七苦堂鉛印本　一冊

330000－1716－0018779　子補 3459－15/18779　子部/宗教類/其他宗教之屬/基督教

週年瞻禮不分卷　民國二十九年(1940)鉛印本　一冊

330000－1716－0018780　子補 3185－122/18780　子部/宗教類/其他宗教之屬/基督教

與彌撒經一卷　民國六年(1917)寧波七苦堂鉛印本　一冊

330000－1716－0018781　子補 3185－123/18781　子部/宗教類/其他宗教之屬/基督教

與彌撒經一卷　民國六年(1917)寧波七苦堂鉛印本　一冊

330000－1716－0018782　子補 0125－84/18782　子部/醫家類/方書之屬/單方驗方

驗方新編十八卷　(清)鮑相璈輯　(清)張紹棠增輯　民國鉛印本　一冊

330000－1716－0018783　子補 3185－124/18783　子部/宗教類/其他宗教之屬/基督教

與彌撒經一卷　民國六年(1917)寧波七苦堂鉛印本　一冊

330000－1716－0018784　子補 3459－16/18784　子部/宗教類/其他宗教之屬/基督教

週年瞻禮不分卷　民國十三年(1924)寧波七苦堂鉛印本　一冊

330000－1716－0018785　子補 3185－125/18785　子部/宗教類/其他宗教之屬/基督教

與彌撒經一卷　民國六年(1917)寧波七苦堂鉛印本　一冊

330000－1716－0018786　子補 0014/18786　子部/藝術類/書畫之屬/畫譜

寉巢人物畫稿三千法二集六卷　王寉撰並繪　民國十八年(1929)上海碧梧山莊石印本　四冊　存四卷(上集一至二、下集一至二)

330000－1716－0018787　子補 3185－126/18787　子部/宗教類/其他宗教之屬/基督教

與彌撒經一卷　民國六年(1917)寧波七苦堂鉛印本　一冊

330000－1716－0018789　子補 3185－127/18789　子部/宗教類/其他宗教之屬/基督教

與彌撒經一卷　民國六年(1917)寧波七苦堂鉛印本　一冊

330000－1716－0018790　子補 3185－128/18790　子部/宗教類/其他宗教之屬/基督教

與彌撒經一卷　民國六年(1917)寧波七苦堂鉛印本　一冊

330000－1716－0018791　子補 3459－17/18791　子部/宗教類/其他宗教之屬/基督教

週年瞻禮不分卷　民國十三年(1924)寧波七苦堂鉛印本　一冊

330000－1716－0018792　子補 3185－129/18792　子部/宗教類/其他宗教之屬/基督教

與彌撒經一卷　民國六年(1917)寧波七苦堂鉛印本　一冊

330000－1716－0018793　子補 3185－130/18793　子部/宗教類/其他宗教之屬/基督教

與彌撒經一卷　民國六年(1917)寧波七苦堂鉛印本　一冊

330000－1716－0018794　子補 3459－18/

18794　子部/宗教類/其他宗教之屬/基督教
週年瞻禮不分卷　民國十三年(1924)寧波七苦堂鉛印本　一冊

330000－1716－0018795　地獻 3675/18795　子部/藝術類/篆刻之屬/印譜
趙撝叔印存不分卷　(清)趙之謙篆刻　民國有正書局鈐拓本　一冊　存一冊(上)

330000－1716－0018797　子補 3185－131/18797　子部/宗教類/其他宗教之屬/基督教
與彌撒經一卷　民國六年(1917)寧波七苦堂鉛印本　一冊

330000－1716－0018798　子補 3185－132/18798　子部/宗教類/其他宗教之屬/基督教
與彌撒經一卷　民國六年(1917)寧波七苦堂鉛印本　一冊

330000－1716－0018799　子補 3185－133/18799　子部/宗教類/其他宗教之屬/基督教
與彌撒經一卷　民國六年(1917)寧波七苦堂鉛印本　一冊

330000－1716－0018800　子補 3185－134/18800　子部/宗教類/其他宗教之屬/基督教
與彌撒經一卷　民國六年(1917)寧波七苦堂鉛印本　一冊

330000－1716－0018801　子補 3185－135/18801　子部/宗教類/其他宗教之屬/基督教
與彌撒經一卷　民國六年(1917)寧波七苦堂鉛印本　一冊

330000－1716－0018802　子補 3185－136/18802　子部/宗教類/其他宗教之屬/基督教
與彌撒經一卷　民國六年(1917)寧波七苦堂鉛印本　一冊

330000－1716－0018803　子補 3185－137/18803　子部/宗教類/其他宗教之屬/基督教
與彌撒經一卷　民國六年(1917)寧波七苦堂鉛印本　一冊

330000－1716－0018804　子補 3185－138/18804　子部/宗教類/其他宗教之屬/基督教
與彌撒經一卷　民國六年(1917)寧波七苦堂鉛印本　一冊

330000－1716－0018805　子補 3185－139/18805　子部/宗教類/其他宗教之屬/基督教
與彌撒經一卷　民國六年(1917)寧波七苦堂鉛印本　一冊

330000－1716－0018806　子補 3185－140/18806　子部/宗教類/其他宗教之屬/基督教
與彌撒經一卷　民國六年(1917)寧波七苦堂鉛印本　一冊

330000－1716－0018807　子補 3185－141/18807　子部/宗教類/其他宗教之屬/基督教
與彌撒經一卷　民國六年(1917)寧波七苦堂鉛印本　一冊

330000－1716－0018808　子補 3185－142/18808　子部/宗教類/其他宗教之屬/基督教
與彌撒經一卷　民國六年(1917)寧波七苦堂鉛印本　一冊

330000－1716－0018810　子補 3185－143/18810　子部/宗教類/其他宗教之屬/基督教
與彌撒經一卷　民國六年(1917)寧波七苦堂鉛印本　一冊

330000－1716－0018812　子補 3185－144/18812　子部/宗教類/其他宗教之屬/基督教
與彌撒經一卷　民國六年(1917)寧波七苦堂鉛印本　一冊

330000－1716－0018814　子補 3185－145/18814　子部/宗教類/其他宗教之屬/基督教
與彌撒經一卷　民國六年(1917)寧波七苦堂鉛印本　一冊

330000－1716－0018815　子補 3185－146/18815　子部/宗教類/其他宗教之屬/基督教
與彌撒經一卷　民國六年(1917)寧波七苦堂鉛印本　一冊

330000－1716－0018816　子補 3185－147/18816　子部/宗教類/其他宗教之屬/基督教
與彌撒經一卷　民國六年(1917)寧波七苦堂

鉛印本　一冊

330000－1716－0018818　子補 3185－148/18818　子部/宗教類/其他宗教之屬/基督教

與彌撒經一卷　民國六年(1917)寧波七苦堂鉛印本　一冊

330000－1716－0018819　子補 3185－149/18819　子部/宗教類/其他宗教之屬/基督教

與彌撒經一卷　民國六年(1917)寧波七苦堂鉛印本　一冊

330000－1716－0018820　地獻 1286/18820　子部/兵家類/兵法之屬

詳注孫子一卷吴子一卷司馬法一卷　(明)陳玖學撰　民國十年(1921)上海掃葉山房石印本　一冊

330000－1716－0018821　子補 3185－150/18821　子部/宗教類/其他宗教之屬/基督教

與彌撒經一卷　民國六年(1917)寧波七苦堂鉛印本　一冊

330000－1716－0018822　子補 0015/18822　子部/藝術類/書畫之屬/書法書品

馮閣學小楷臨書譜帖一卷　(清)馮文蔚書　民國九年(1920)上海進步書局石印本　一冊

330000－1716－0018823　子補 3185－151/18823　子部/宗教類/其他宗教之屬/基督教

與彌撒經一卷　民國六年(1917)寧波七苦堂鉛印本　一冊

330000－1716－0018824　地獻 1287/18824　子部/儒家類/儒學之屬/性理

王陽明先生傳習録集評四卷　(清)孫奇逢等參評　孫鏘輯校　**附王陽明先生年譜一卷**　孫鏘撰　民國十四年(1925)上海新學會社鉛印本　二冊

330000－1716－0018825　子補 3185－152/18825　子部/宗教類/其他宗教之屬/基督教

與彌撒經一卷　民國六年(1917)寧波七苦堂鉛印本　一冊

330000－1716－0018826　子補 3185－153/18826　子部/宗教類/其他宗教之屬/基督教

與彌撒經一卷　民國六年(1917)寧波七苦堂鉛印本　一冊

330000－1716－0018827　子補 0126－5/18827　子部/醫家類/婦科之屬/產科

達生編一卷　(清)亟齋居士撰　(清)汪家駒增訂　民國十五年(1926)上海宏大善書局石印本　一冊

330000－1716－0018828　子補 3185－154/18828　子部/宗教類/其他宗教之屬/基督教

與彌撒經一卷　民國六年(1917)寧波七苦堂鉛印本　一冊

330000－1716－0018829　子補 3185－155/18829　子部/宗教類/其他宗教之屬/基督教

與彌撒經一卷　民國六年(1917)寧波七苦堂鉛印本　一冊

330000－1716－0018830　子補 0126－6/18830　子部/醫家類/婦科之屬/產科

達生編一卷　(清)亟齋居士撰　(清)汪家駒增訂　民國十五年(1926)上海宏大善書局石印本　一冊

330000－1716－0018831　地獻 1288－1/18831　子部/儒家類/儒學之屬/性理

王陽明先生傳習録集評四卷　(清)孫奇逢等參評　(清)陶潯霍　梁啟超續評　孫鏘輯校　**王陽明先生年譜一卷**　孫鏘輯　民國四年(1915)上海新學會社鉛印本　二冊

330000－1716－0018832　子補 0126－7/18832　子部/醫家類/婦科之屬/產科

達生編一卷　(清)亟齋居士撰　(清)汪家駒增訂　民國十五年(1926)上海宏大善書局石印本　一冊

330000－1716－0018833　子補 0126－9/18833　子部/醫家類/婦科之屬/產科

達生編三卷　(清)亟齋居士撰　民國七年(1918)浙江印刷公司鉛印本　一冊

330000－1716－0018834　地獻 1289/18834　子部/醫家類/婦科之屬/產科

達生編三卷　(清)亟齋居士撰　民國七年(1918)紹興印刷局鉛印本　一冊

330000－1716－0018837　子補 0017/18837　子部/藝術類/書畫之屬/畫法畫品

畫筌叢談一卷　胡佩衡撰　民國十七年(1928)長興王氏泉園鉛印本暨影印本　一冊

330000－1716－0018841　子補 0018－1/18841　子部/藝術類/書畫之屬/法帖

星彔書詞一卷　童式規書　民國十七年(1928)影印本　一冊

330000－1716－0018842　子補 0018－2/18842　子部/藝術類/書畫之屬/法帖

星彔書詞一卷　童式規書　民國二十三年(1934)影印本　一冊

330000－1716－0018843　子補 0126－1/18843　子部/醫家類/婦科之屬/產科

達生編一卷　(清)亟齋居士撰　(清)汪家駒增訂　民國十五年(1926)上海宏大善書局石印本　一冊

330000－1716－0018845　集補 1726/18845　集部/小說類/長篇之屬

增像全圖加批西遊記八卷一百回　(明)吳承恩撰　(清)陳士斌詮解　民國上海龍文書局石印本　一冊　存一卷(一)

330000－1716－0018846　子補 0126－2/18846　子部/醫家類/婦科之屬/產科

達生編一卷　(清)亟齋居士撰　(清)汪家駒增訂　民國上海宏大善書局石印本　一冊

330000－1716－0018847　子補 0126－3/18847　子部/醫家類/婦科之屬/產科

達生編一卷　(清)亟齋居士撰　(清)汪家駒增訂　民國上海宏大善書局石印本　一冊

330000－1716－0018849　子補 0126－4/18849　子部/醫家類/婦科之屬/產科

達生編一卷　(清)亟齋居士撰　(清)汪家駒增訂　民國上海明善書局石印本　一冊

330000－1716－0018852　集補 0006－32/18852　集部/小說類/長篇之屬

說唐薛家府傳二卷四十二回　(清)如蓮居士編　民國石印本　一冊　存一卷(二)

330000－1716－0018854　子補 0019－1/18854　子部/藝術類/書畫之屬/法帖

一心書詞一卷　童式規書　民國影印本　一冊

330000－1716－0018856　集補 0006－33/18856　集部/小說類/長篇之屬

足本大字繡像征西全傳六卷九十回　民國石印本　一冊　存五卷(二至六)

330000－1716－0018857　子補 0126－11/18857　子部/醫家類/類編之屬

陳修園醫書七十種　(清)陳念祖等撰　民國石印本　二冊　存十一種

330000－1716－0018859　子補 0019－2/18859　子部/藝術類/書畫之屬/法帖

一心書詞一卷　童式規書　民國二十四年(1935)上海商務印書館影印本　一冊

330000－1716－0018861　子補 3457－7/18861　子部/宗教類/佛教之屬/經咒

白衣大士神咒一卷　民國北京中央刻經院鉛印本　一冊

330000－1716－0018864　集補 0006－34/18864　集部/小說類/長篇之屬

大字足本繡像薛丁山征西全傳六卷九十回　民國二十二年(1933)上海沈鶴記書局石印本　一冊　存三卷(一至三)

330000－1716－0018876　子補 3457－8/18876　子部/宗教類/佛教之屬/經咒

白衣大士神咒一卷　民國北京中央刻經院鉛印本　一冊

330000－1716－0018879　子補 0020/18879　子部/藝術類/書畫之屬/書法書品

真草隸篆四體百家姓一卷千字文一卷　王昇治書　民國五年(1916)上海文益書局石印本　一冊

330000－1716－0018880　子補 0021/18880 子部/藝術類/音樂之屬/琴學
會琴實紀六卷首一卷　葉希明編　民國九年(1920)木活字印本　一冊

330000－1716－0018881　子補 3457－9/18881　子部/宗教類/佛教之屬/經咒
白衣大士神咒一卷　民國北京中央刻經院鉛印本　一冊

330000－1716－0018882　子補 3457－10/18882　子部/宗教類/佛教之屬/經咒
白衣大士神咒一卷　民國北京中央刻經院鉛印本　一冊

330000－1716－0018883　子補 3457－11/18883　子部/宗教類/佛教之屬/經咒
白衣大士神咒一卷　民國北京中央刻經院鉛印本　一冊

330000－1716－0018885　子補 3457－12/18885　子部/宗教類/佛教之屬/經咒
白衣大士神咒一卷　民國北京中央刻經院鉛印本　一冊

330000－1716－0018886　子補 3457－13/18886　子部/宗教類/佛教之屬/經咒
白衣大士神咒一卷　民國北京中央刻經院鉛印本　一冊

330000－1716－0018888　子補 3457－14/18888　子部/宗教類/佛教之屬/經咒
白衣大士神咒一卷　民國北京中央刻經院鉛印本　一冊

330000－1716－0018891　子補 3457－15/18891　子部/宗教類/佛教之屬/經咒
白衣大士神咒一卷　民國北京中央刻經院鉛印本　一冊

330000－1716－0018893　子補 3457－16/18893　子部/宗教類/佛教之屬/經咒
白衣大士神咒一卷　民國北京中央刻經院鉛印本　一冊

330000－1716－0018895　子補 3457－17/18895　子部/宗教類/佛教之屬/經咒
白衣大士神咒一卷　民國北京中央刻經院鉛印本　一冊

330000－1716－0018912　子補 3385－2/18912　子部/宗教類/道教之屬
太上感應篇引證句解一卷　(清)崔嘉勲注　民國十年(1921)上海宏大善書局石印本　一冊

330000－1716－0018917　子補 3385－3/18917　子部/宗教類/道教之屬
太上感應篇引證句解一卷　(清)崔嘉勲注　民國十年(1921)上海宏大善書局石印本　一冊

330000－1716－0018919　子補 3385－4/18919　子部/宗教類/道教之屬
太上感應篇引證句解一卷　(清)崔嘉勲注　民國十年(1921)上海宏大善書局石印本　一冊

330000－1716－0018920　子補 3385－5/18920　子部/宗教類/道教之屬
太上感應篇引證句解一卷　(清)崔嘉勲注　民國十年(1921)上海宏大善書局石印本　一冊

330000－1716－0018921　子補 0023/18921 子部/藝術類/書畫之屬/畫譜
蘭譜不分卷　(清)陳旭繪　民國四年(1915)上海錦文堂書局石印本　二冊

330000－1716－0018922　子補 3385－6/18922　子部/宗教類/道教之屬
太上感應篇引證句解一卷　(清)崔嘉勲注　民國十年(1921)上海宏大善書局石印本　一冊

330000－1716－0018925　集補 0007－2/18925　集部/小說類/長篇之屬
後水滸蕩平四大寇傳六卷四十九回　(明)陳忱撰　民國石印本　一冊　存一卷(四)

330000－1716－0018932　子補 0024/18932 子部/藝術類/書畫之屬/畫譜

新派美術分類圖畫大全六集六卷　王翰娱繪　民國十五年(1926)上海新新美術社石印本　二冊　存二卷(四至五)

330000－1716－0018934　子補 3385－7/18934　子部/宗教類/道教之屬

太上感應篇引證句解一卷　(清)崔嘉勲注　民國十年(1921)上海宏大善書局石印本　一冊

330000－1716－0018935　地獻 1295－1/18935　集部/别集類

感逝叢刊四種　唐風撰　民國十九年(1930)紹興印刷局鉛印本　一冊　存一種

330000－1716－0018938　子補 3385－8/18938　子部/宗教類/道教之屬

太上感應篇引證句解一卷　(清)崔嘉勲注　民國十年(1921)上海宏大善書局石印本　一冊

330000－1716－0018942　子補 3385－9/18942　子部/宗教類/道教之屬

太上感應篇引證句解一卷　(清)崔嘉勲注　民國十年(1921)上海宏大善書局石印本　一冊

330000－1716－0018945　子補 3385－10/18945　子部/宗教類/道教之屬

太上感應篇引證句解一卷　(清)崔嘉勲注　民國十年(1921)上海宏大善書局石印本　一冊

330000－1716－0018948　子補 3385－11/18948　子部/宗教類/道教之屬

太上感應篇引證句解一卷　(清)崔嘉勲注　民國十年(1921)上海宏大善書局石印本　一冊

330000－1716－0018950　子補 3385－12/18950　子部/宗教類/道教之屬

太上感應篇引證句解一卷　(清)崔嘉勲注　民國十年(1921)上海宏大善書局石印本　一冊

330000－1716－0018951　子補 2568/18951　子部/宗教類/其他宗教之屬/基督教

大主日禮義一卷　民國十七年(1928)北京救世堂鉛印本　一冊

330000－1716－0018952　子補 3385－13/18952　子部/宗教類/道教之屬

太上感應篇引證句解一卷　(清)崔嘉勲注　民國十年(1921)上海宏大善書局石印本　一冊

330000－1716－0018953　集補 0007－6/18953　集部/小說類/長篇之屬

評注圖像水滸傳十二卷七十回首一卷　(元)施耐庵撰　(清)金人瑞評　民國石印本　一冊　存一卷(八)

330000－1716－0018954　子補 3385－14/18954　子部/宗教類/道教之屬

太上感應篇引證句解一卷　(清)崔嘉勲注　民國十年(1921)上海宏大善書局石印本　一冊

330000－1716－0018958　子補 0025－2/18958　子部/藝術類/遊藝之屬/聯語

楹聯叢話十二卷續話四卷巧對録二卷　(清)梁章鉅輯　民國石印本　二冊　缺八卷(一至八)

330000－1716－0018960　普類 0075/18960　類叢部/類書類/通類之屬

增補事類統編九十三卷首一卷　(清)黄葆真增輯　民國石印本　六冊　存四十三卷(九至四十二、七十六至八十四)

330000－1716－0018961　子補 2575/18961　子部/宗教類/其他宗教之屬/基督教

聖教要理一卷　民國十二年(1923)寧波七苦堂鉛印本　一冊

330000－1716－0018963　集補 0007－7/18963　集部/小說類/長篇之屬

評注圖像水滸傳十二卷七十回首一卷　(元)施耐庵撰　(清)金人瑞評　民國石印本　一冊　存一卷(十二)

330000－1716－0018966　子補 0025－3/

18966　子部/藝術類/遊藝之屬/聯語
楹聯叢話十二卷續話四卷巧對録二卷　(清)梁章鉅輯　民國石印本　二册　存四卷(續話三至四、巧對録一至二)

330000－1716－0018967　子補 2578/18967
子部/宗教類/其他宗教之屬/基督教
聖教要理一卷　民國二十年(1931)寧波七苦堂鉛印本　沈有根題簽　一册

330000－1716－0018968　普類 0076/18968
類叢部/類書類/通類之屬
增補事類統編九十三卷首一卷　(清)黄葆真增輯　民國石印本　二册　存十六卷(二十八至三十四、七十六至八十四)

330000－1716－0018970　集補 0007－8/18970　集部/小説類/長篇之屬
評注圖像水滸傳七十五卷七十回首一卷(元)施耐庵撰　(清)金人瑞評　民國上海校經山房成記石印本　十二册　存五十六卷(一至五、十一至十五、三十一至七十五,首)

330000－1716－0018974　子補 3457－18/18974　子部/宗教類/佛教之屬/經咒
白衣大士神咒一卷　民國北京中央刻經院鉛印本　一册

330000－1716－0018975　集補 0007－9/18975　集部/小説類/長篇之屬
全圖足本蕩寇志全傳十六卷一百四十回末一卷　(清)俞萬春撰　(清)范辛來　(清)邵祖恩評　民國上海啟新書局鉛印本　五册　存五卷(十一至十二、十四至十六)

330000－1716－0018977　子補 2576/18977
子部/宗教類/其他宗教之屬/基督教
聖教要理一卷　民國十二年(1923)寧波七苦堂鉛印本　一册

330000－1716－0018978　子補 2577/18978
子部/宗教類/其他宗教之屬/基督教
聖教要理一卷　民國九年(1920)寧波七苦堂鉛印本　一册

330000－1716－0018979　集補 0007－10/18979　集部/小説類/長篇之屬
繪圖繡像第五才子書水滸全傳十二卷七十回引首一卷　(元)施耐庵撰　(清)金人瑞評釋　民國上海掃葉山房石印本　七册　存七卷(三至五、九至十二)

330000－1716－0018980　子補 2579/18980
子部/宗教類/其他宗教之屬/基督教
日領神糧一卷　民國二年(1913)北京救世堂鉛印本　一册

330000－1716－0018982　子補 0026/18982
子部/藝術類/書畫之屬/總論
甌鉢羅室書畫過目攷四卷首一卷附卷一卷(清)李玉棻輯　民國上海朝記書莊鉛印本　一册

330000－1716－0018984　子補 2580/18984
子部/宗教類/其他宗教之屬/基督教
日領神糧一卷　民國二年(1913)北京救世堂鉛印本　一册

330000－1716－0018985　子補 0129－1/18985　子部/醫家類/綜合之屬/通論
赤水玄珠三十卷附醫旨緒餘二卷醫案五卷(明)孫一奎撰　民國上海著易堂鉛印本　八册　存二十卷(十一至三十)

330000－1716－0018986　集補 0007－11/18986　集部/小説類/長篇之屬
新式水滸演義四卷　江蔭香編　民國上海廣文書局石印本　一册　存一卷(三)

330000－1716－0018989　集補 0007－12/18989　集部/小説類/長篇之屬
新式水滸演義四卷　江蔭香編　民國十二年(1923)上海世界書局石印本　二册　存二卷(三至四)

330000－1716－0018992　子補 0028/18992
子部/藝術類/遊藝之屬/聯語
新制對聯大觀□□卷　民國上海廣益書局石印本　一册　存二卷(四至五)

330000－1716－0018994　集補 0007－13/18994　集部/小説類/長篇之屬

新式水滸演義四卷 江蔭香編 民國十三年(1924)上海世界書局石印本 一册 存一卷(四)

330000－1716－0018997 地獻 1302－1/18997 子部/宗教類/道教之屬
感應篇直講一卷 民國六年(1917)浙紹古香堂石印本 一册

330000－1716－0018999 集補 0007－14/18999 集部/小説類/長篇之屬
繪圖增像第五才子書水滸全傳七十回引首一回 (元)施耐庵撰 (清)金人瑞評釋 民國石印本 九册 存五十四回(三至八、十七至三十四、四十一至七十)

330000－1716－0019000 地獻 1303/19000 子部/宗教類/道教之屬
感應篇直講一卷 民國十三年(1924)浙蕭合義和善書局鉛印本 一册

330000－1716－0019004 集補 0007－15/19004 集部/小説類/長篇之屬
繪圖結水滸全傳八卷一百四十回 (清)俞萬春撰 (清)范辛來 (清)邵祖恩評 民國石印本 一册 存二卷(五至六)

330000－1716－0019009 子補 2581/19009 子部/宗教類/其他宗教之屬/基督教
聖心王家問答一卷 民國七年(1918)西灣子雙愛堂鉛印本 一册

330000－1716－0019010 地獻 1306/19010 子部/宗教類/道教之屬
太乙金華宗旨不分卷 (唐)呂喦撰 民國九年(1920)蕭山合義和印書局鉛印本 一册

330000－1716－0019013 子補 2582/19013 子部/宗教類/其他宗教之屬/基督教
初學聖經問答一卷 浦德撰 仕文譯 民國六年(1917)鉛印本 一册

330000－1716－0019015 經補 1040/19015 經部/春秋左傳類/傳説之屬
評點春秋綱目左傳句解彙雋六卷 (清)韓菼重訂 民國上海掃葉山房石印本 五册 缺一卷(三)

330000－1716－0019016 子補 0030/19016 子部/藝術類/書畫之屬/書法書品
增補分部書法正傳不分卷 (清)蔣和編 民國十一年(1922)上海廣益書局石印本 一册

330000－1716－0019018 經補 1041－1/19018 經部/春秋左傳類/傳説之屬
評點春秋綱目左傳句解彙雋六卷 (清)韓菼重訂 民國上海掃葉山房石印本 六册

330000－1716－0019019 子補 2583/19019 子部/宗教類/其他宗教之屬/基督教
早晚課一卷 民國鉛印本 一册

330000－1716－0019020 子補 0031/19020 子部/藝術類/遊藝之屬/聯語
楹聯採新二卷 民國上海會文堂書局石印本 一册 存一卷(一)

330000－1716－0019023 子補 2584/19023 子部/宗教類/其他宗教之屬/基督教
與彌撒經一卷 民國鉛印本 一册

330000－1716－0019025 集補 0007－16/19025 集部/小説類/長篇之屬
繪圖結水滸全傳八卷一百四十回 (清)俞萬春撰 (清)范辛來 (清)邵祖恩評 民國石印本 二册 存二卷(二、五)

330000－1716－0019028 子補 3560－3/19028 子部/宗教類/佛教之屬/經咒
白衣神咒靈驗紀不分卷 民國二十五年(1936)北平中央刻經院鉛印本 一册

330000－1716－0019030 子補 2585/19030 子部/宗教類/其他宗教之屬/基督教
要經彙集一卷 民國九年(1920)寧波七苦堂鉛印本 一册

330000－1716－0019031 子補 0130－3/19031 子部/醫家類/類編之屬
陳修園醫書七十種 (清)陳念祖等撰 民國石印本 二册 存四種

330000－1716－0019032 集補 0007－17/

19032　集部/小說類/長篇之屬

繪圖增像第五才子書水滸全傳八卷七十回首一卷　(元)施耐庵撰　(清)金人瑞評釋　民國九年(1920)上海共和書局石印本　二冊　存四卷(一至二、四,首)

330000－1716－0019033　子補3560－4/19033　子部/宗教類/佛教之屬/經咒

白衣觀音大士神咒不分卷　民國北平中央刻經院鉛印本　一冊

330000－1716－0019034　地獻1307/19034　子部/宗教類/道教之屬

太乙金華宗旨不分卷　(唐)呂嵒撰　民國九年(1920)蕭山合義和印書局鉛印本　一冊

330000－1716－0019037　經補1042/19037　經部/春秋左傳類/傳說之屬

批點春秋左傳綱目句解彙鐫六卷　(清)韓菼重訂　民國石印本　一冊　存一卷(二)

330000－1716－0019041　子補2586/19041　子部/宗教類/其他宗教之屬/基督教

週年瞻禮不分卷　民國二十三年(1934)鉛印本　一冊

330000－1716－0019042　子補0033/19042　子部/藝術類/遊藝之屬/聯語

共和新輓聯分類合璧五卷　民國四年(1915)上海廣益書局石印本　一冊　存二卷(一至二)

330000－1716－0019043　集補0007－18/19043　集部/小說類/長篇之屬

繪像結水滸全傳八卷七十回　(清)俞萬春撰　(清)范辛來　(清)邵祖恩評　民國天寶書局石印本　一冊　存二卷(二至三)

330000－1716－0019044　子補2587/19044　子部/宗教類/其他宗教之屬/基督教

聖路善工一卷　民國二十九年(1940)鉛印本　一冊

330000－1716－0019045　子補2588/19045　子部/宗教類/其他宗教之屬/基督教

聖教聖歌一卷　民國二十四年(1935)鉛印本　一冊

330000－1716－0019046　子補3457－19/19046　子部/宗教類/佛教之屬/經咒

白衣大士神咒一卷　民國北京中央刻經院鉛印本　一冊

330000－1716－0019048　經補1043/19048　經部/春秋左傳類/傳說之屬

春秋左傳不分卷　(晉)杜預　(宋)林堯叟注釋　(唐)陸德明音義　民國鉛印本　一冊

330000－1716－0019049　子補2589/19049　子部/宗教類/其他宗教之屬/基督教

要理問答四卷　民國鉛印本　一冊

330000－1716－0019050　子補3457－21/19050　子部/宗教類/佛教之屬/經咒

白衣大士神咒一卷　民國北京中央刻經院鉛印本　一冊

330000－1716－0019051　集補0007－19/19051　集部/小說類/長篇之屬

結水滸全傳□□卷一百四十回　(清)俞萬春撰　(清)范辛來　(清)邵祖恩評　民國上海大成書局石印本　一冊　存九回(七十五至八十三)

330000－1716－0019053　子補3457－20/19053　子部/宗教類/佛教之屬/經咒

白衣大士神咒一卷　民國北京中央刻經院鉛印本　一冊

330000－1716－0019054　子補3457－22/19054　子部/宗教類/佛教之屬/經咒

白衣大士神咒一卷　民國北京中央刻經院鉛印本　一冊

330000－1716－0019055　子補3457－23/19055　子部/宗教類/佛教之屬/經咒

白衣大士神咒一卷　民國北京中央刻經院鉛印本　一冊

330000－1716－0019056　子補3457－24/19056　子部/宗教類/佛教之屬/經咒

白衣大士神咒一卷　民國北京中央刻經院鉛

印本　一册

330000－1716－0019062　地獻 1310/19062
史部/金石類
非儒非俠齋金石叢著十種　顧燮光撰　民國會稽顧氏金佳石好樓石印本暨鉛印本　一册　存一種

330000－1716－0019063　集補 0007－20/19063　集部/小説類/長篇之屬
繪像結水滸全傳八卷七十回　(清)俞萬春撰　(清)范辛來　(清)邵祖恩評　民國上海天寶書局石印本　五册　存五卷(一至二、五至七)

330000－1716－0019064　子補 2622/19064
子部/宗教類/其他宗教之屬/基督教
拜聖體文一卷　民國十三年(1924)上海土山灣慈母堂鉛印本　一册

330000－1716－0019068　子補 2623/19068
子部/宗教類/其他宗教之屬/基督教
恭拜聖體經一卷　民國二十三年(1934)鉛印本　一册

330000－1716－0019070　集補 0007－21/19070　集部/小説類/長篇之屬
繪像結水滸全傳八卷七十回　(清)俞萬春撰　(清)范辛來　(清)邵祖恩評　民國上海天寶書局石印本　一册　存一卷(四)

330000－1716－0019072　集補 0007－22/19072　集部/小説類/長篇之屬
結水滸全傳八卷七十回　(清)俞萬春撰　(清)范辛來　(清)邵祖恩評　民國石印本　二册　存二卷(三、八)

330000－1716－0019078　集補 0007－23/19078　集部/小説類/長篇之屬
繡像繪圖征四寇四卷四十九回　民國上海進步書局石印本　一册　存二卷(一至二)

330000－1716－0019080　子補 0036－2/19080　子部/雜著類/雜説之屬
桐陰清話八卷　(清)倪鴻撰　民國上海掃葉山房石印本　三册　缺二卷(一至二)

330000－1716－0019084　集補 0007－24/19084　集部/小説類/長篇之屬
繪像結水滸全傳八卷七十回　(清)俞萬春撰　(清)范辛來　(清)邵祖恩評　民國石印本　四册　存四卷(三至四、六至七)

330000－1716－0019091　地獻 1315/19091
子部/儒家類/儒學之屬/禮教/女範
婦學一卷　(清)章學誠撰　民國八年(1919)敬親室刻本　二册

330000－1716－0019096　子補 0037－1/19096　子部/藝術類/書畫之屬/畫譜
全國名伶秘本戲畫大觀二卷　錢病鶴繪　民國十七年(1928)世界書局石印本　一册　存一卷(二)

330000－1716－0019102　普類 0218－5/19102　類叢部/類書類/專類之屬
古今楹聯類纂十二卷附慶弔雜件備覽二卷　雲后編輯　民國十年(1921)上海會文堂書局石印本　一册　存一卷(附慶弔雜件備覽二)

330000－1716－0019105　子補 2634/19105
子部/宗教類/其他宗教之屬/基督教
聖衣問答一卷　民國七年(1918)鉛印本　一册

330000－1716－0019106　子補 2635/19106
子部/宗教類/其他宗教之屬/基督教
聖衣問答一卷　民國七年(1918)鉛印本　一册

330000－1716－0019107　子補 2636/19107
子部/宗教類/其他宗教之屬/基督教
聖衣問答一卷　民國二十三年(1934)鉛印本　一册

330000－1716－0019108　子補 2637/19108
子部/宗教類/其他宗教之屬/基督教
聖衣問答一卷　民國二十三年(1934)鉛印本　一册

330000－1716－0019109　子補 0037－2/19109　子部/藝術類/書畫之屬/畫譜
全國名伶秘本戲畫大觀二卷　錢病鶴繪　民

國石印本　一册　存一卷(二)

330000－1716－0019110　子補2638/19110　子部/宗教類/其他宗教之屬/基督教
聖衣問答一卷　民國二十三年(1934)鉛印本　一册

330000－1716－0019113　地獻1318/19113　經部/小學類/文字之屬/字書/古文
六朝别字記一卷　(清)趙之謙撰　民國十三年(1924)上海商務印書館影印本　一册

330000－1716－0019114　地獻1319－1/19114　子部/宗教類/道教之屬/經文
關聖帝君奇驗明聖經一卷　民國二十三年(1934)紹興陳壽光石印本　一册

330000－1716－0019115　子補0038/19115　子部/藝術類/書畫之屬/畫譜
醉墨軒畫稿四卷　胡郯卿繪　民國十五年(1926)海左書局石印本　㦸望軒題記　施思敂題簽　二册　存二卷(一、四)

330000－1716－0019116　地獻1319－2/19116　子部/宗教類/道教之屬/經文
關聖帝君奇驗明聖經一卷　民國二十五年(1936)紹興陳壽光石印本　一册

330000－1716－0019117　地獻1319－3/19117　子部/宗教類/道教之屬/經文
關聖帝君奇驗明聖經一卷　民國二十五年(1936)紹興陳壽光石印本　一册

330000－1716－0019118　地獻1319－4/19118　子部/宗教類/道教之屬/經文
關聖帝君奇驗明聖經一卷　民國二十一年(1932)紹興陳壽光石印本　一册

330000－1716－0019121　地獻1319－5/19121　子部/宗教類/道教之屬/經文
關聖帝君奇驗明聖經一卷　民國十九年(1930)紹興陳壽光石印本　一册

330000－1716－0019122　地獻1319－6/19122　子部/宗教類/道教之屬/經文
關聖帝君奇驗明聖經一卷　民國十九年(1930)紹興陳壽光石印本　一册

330000－1716－0019123　地獻1319－7/19123　子部/宗教類/道教之屬/經文
關聖帝君奇驗明聖經一卷　民國二十四年(1935)紹興陳壽光石印本　一册

330000－1716－0019124　子補0039－1/19124　子部/藝術類/書畫之屬/畫譜
唐六如畫譜□□卷　(明)唐寅繪　民國石印本　三册　存三卷(□、□、四)

330000－1716－0019125　地獻1319－8/19125　子部/宗教類/道教之屬/經文
關聖帝君奇驗明聖經一卷　民國二十五年(1936)紹興陳壽光石印本　一册

330000－1716－0019126　地獻1319－9/19126　子部/宗教類/道教之屬/經文
關聖帝君奇驗明聖經一卷　民國二十三年(1934)紹興陳壽光石印本　一册

330000－1716－0019128　地獻1319－10/19128　子部/宗教類/道教之屬/經文
關聖帝君奇驗明聖經一卷　民國二十五年(1936)紹興陳壽光石印本　一册

330000－1716－0019129　地獻1319－11/19129　子部/宗教類/道教之屬/經文
關聖帝君奇驗明聖經一卷　民國二十四年(1935)紹興陳壽光石印本　一册

330000－1716－0019130　地獻1319－12/19130　子部/宗教類/道教之屬/經文
關聖帝君奇驗明聖經一卷　民國二十三年(1934)紹興陳壽光石印本　一册

330000－1716－0019132　地獻1319－13/19132　子部/宗教類/道教之屬/經文
關聖帝君奇驗明聖經一卷　民國二十五年(1936)紹興陳壽光石印本　一册

330000－1716－0019136　地獻1319－14/19136　子部/宗教類/道教之屬/經文
關聖帝君奇驗明聖經一卷　民國二十四年(1935)紹興陳壽光石印本　一册

330000－1716－0019138　集補 3233－2/19138　集部/小說類/長篇之屬

洞冥記十卷三十八回　(清)呂惟一輯　民國十八年(1929)上海宏大善書局石印本　五冊

330000－1716－0019139　集補 3233－3/19139　集部/小說類/長篇之屬

洞冥記十卷三十八回　(清)呂惟一輯　民國十八年(1929)上海宏大善書局石印本　五冊

330000－1716－0019140　集補 3233－4/19140　集部/小說類/長篇之屬

洞冥記十卷三十八回　(清)呂惟一輯　民國十八年(1929)上海宏大善書局石印本　五冊

330000－1716－0019142　集補 3233－5/19142　集部/小說類/長篇之屬

洞冥記十卷三十八回　(清)呂惟一輯　民國十八年(1929)上海宏大善書局石印本　四冊　缺二卷(三至四)

330000－1716－0019143　集補 3233－6/19143　集部/小說類/長篇之屬

洞冥記十卷三十八回　(清)呂惟一輯　民國十八年(1929)上海宏大善書局石印本　三冊　存六卷(一至二、五至六、九至十)

330000－1716－0019145　地獻 1319－15/19145　子部/宗教類/道教之屬/經文

關聖帝君奇驗明聖經一卷　民國二十四年(1935)紹興陳壽光石印本　一冊

330000－1716－0019146　地獻 1319－16/19146　子部/宗教類/道教之屬/經文

關聖帝君奇驗明聖經一卷　民國二十一年(1932)紹興陳壽光石印本　一冊

330000－1716－0019148　地獻 1319－17/19148　子部/宗教類/道教之屬/經文

關聖帝君奇驗明聖經一卷　民國上海明善書局石印本　一冊

330000－1716－0019149　集補 3233－7/19149　集部/小說類/長篇之屬

洞冥記十卷三十八回　(清)呂惟一輯　民國十八年(1929)上海宏大善書局石印本　二冊　存四卷(一至二、五至六)

330000－1716－0019150　地獻 1319－18/19150　子部/宗教類/道教之屬/經文

關聖帝君奇驗明聖經一卷　民國上海明善書局石印本　一冊

330000－1716－0019153　地獻 1319－19/19153　子部/宗教類/道教之屬/經文

關聖帝君奇驗明聖經一卷　民國上海明善書局石印本　一冊

330000－1716－0019154　集補 3233－8/19154　集部/小說類/長篇之屬

洞冥記十卷三十八回　(清)呂惟一輯　民國十八年(1929)上海宏大善書局石印本　三冊　存六卷(一至二、五至八)

330000－1716－0019155　地獻 1319－20/19155　子部/宗教類/道教之屬/經文

關聖帝君奇驗明聖經一卷　民國上海明善書局石印本　一冊

330000－1716－0019156　子補 0041－4/19156　子部/藝術類/遊藝之屬/雜藝

鵝幻彙編十二卷　(清)唐再豐撰　民國二年(1913)上海姚文海書局石印本　二冊　存四卷(一至二、十一至十二)

330000－1716－0019160　子補 3827－1/19160　集部/小說類/長篇之屬

洞冥記全圖十卷　(清)呂惟一輯　民國石印本　一冊

330000－1716－0019162　子補 2645/19162　子部/宗教類/其他宗教之屬/基督教

基督實理不分卷　民國十五年(1926)漢口上海中國基督聖教書會鉛印本　一冊

330000－1716－0019163　子補 0042/19163　子部/藝術類/遊藝之屬/雜藝

鵝幻餘編十卷　(清)唐再豐撰　民國二年(1913)上海宏文閣書局石印本　一冊　存五卷(一至五)

330000－1716－0019166　子補 2646/19166

子部/宗教類/其他宗教之屬/基督教

聖母行實三卷 (意大利)高一志撰 民國十七年(1928)上海土山灣印書館鉛印本 一册

330000－1716－0019168 子補 3827－3/19168 集部/小説類/長篇之屬

洞冥記全圖十卷 (清)吕惟一輯 民國石印本 一册

330000－1716－0019169 子補 3827－2/19169 集部/小説類/長篇之屬

洞冥記全圖十卷 (清)吕惟一輯 民國石印本 一册

330000－1716－0019172 子補 2647/19172 子部/宗教類/其他宗教之屬/基督教

約翰福音不分卷 民國漢鎮英漢書館鉛印本 一册

330000－1716－0019173 子補 2648/19173 子部/宗教類/其他宗教之屬/基督教

新約聖書路加福音不分卷 民國漢鎮英漢書館鉛印本 一册

330000－1716－0019175 子補 0134/19175 子部/醫家類/眼科之屬

最新簡明眼科秘訣一卷 陸天醫撰 民國十一年(1922)啟新書局、廣雅書局石印本 一册

330000－1716－0019177 子補 0135/19177 子部/醫家類/傷寒金匱之屬/傷寒論

加批傷寒論集注六卷 (清)張志聰注釋 陳秉鈞批 民國上海廣益書局石印本 一册 存二卷(一至二)

330000－1716－0019179 子補 2651/19179 子部/宗教類/其他宗教之屬/基督教

新約聖書馬可傳福音不分卷 民國六年(1917)漢鎮英漢書館鉛印本 一册

330000－1716－0019183 子補 2653/19183 子部/宗教類/其他宗教之屬/基督教

聖教理證一卷 民國十四年(1925)鉛印本 一册

330000－1716－0019185 子補 2654/19185 子部/宗教類/其他宗教之屬/基督教

聖教理證一卷 民國十四年(1925)鉛印本 一册

330000－1716－0019186 子補 2655/19186 子部/宗教類/其他宗教之屬/基督教

聖教理證一卷 民國十四年(1925)鉛印本 一册

330000－1716－0019188 子補 2656/19188 子部/宗教類/其他宗教之屬/基督教

聖教理證一卷 民國十四年(1925)鉛印本 一册

330000－1716－0019189 子補 2658/19189 子部/宗教類/其他宗教之屬/基督教

聖事禮規一卷 民國元年(1912)甬江七苦堂鉛印本 一册

330000－1716－0019192 地獻 1320－1/19192 史部/傳記類/别傳之屬/事狀

會稽施仲魯先生暨德配程淑人六十徵言事略一卷 施贇等輯 民國十五年(1926)刻朱印本 一册

330000－1716－0019196 子補 2607/19196 子部/宗教類/其他宗教之屬/基督教

由淺入深三卷 (美國)畢來思撰 民國十一年(1922)中華基督教書會鉛印本 二册 存二卷(一至二)

330000－1716－0019200 子補 0138/19200 子部/醫家類/針灸之屬/針法灸法

繪圖針灸易學三卷 (清)李守先撰 (清)王庭烜等繪 民國石印本 一册 存一卷(下)

330000－1716－0019201 子補 2608/19201 子部/宗教類/其他宗教之屬/基督教

基督之忠僕一卷 民國十五年(1926)漢口上海中國聖教書會鉛印本 一册

330000－1716－0019202 地獻 1320－2/19202 史部/傳記類/别傳之屬/事狀

會稽施仲魯先生暨德配程淑人六十徵言事略一卷 施贇等輯 民國十五年(1926)刻朱印

本　一册

330000－1716－0019204　子補 0044/19204
子部/藝術類/書畫之屬/畫譜
人物畫範二卷　(清)竹禪和尚繪　潘衎編訂　民國十五年(1926)中華新教育社石印本　一册　存一卷(二)

330000－1716－0019208　子補 0045/19208
子部/藝術類/書畫之屬/畫法畫品
名家秘傳山水畫訣三卷　潘衎輯　李湛　潘濤校閱　民國十五年(1926)上海中華新教育社石印本　一册　存二卷(二至三)

330000－1716－0019209　子補 3420－3/19209　集部/小説類/長篇之屬
洞冥記十卷三十八回　(清)呂惟一輯　民國鉛印本　一册　存二卷(九至十)

330000－1716－0019211　地獻 1320－3/19211　史部/傳記類/别傳之屬/事狀
會稽施仲魯先生暨德配程淑人六十徵言事略一卷　施贇等輯　民國十五年(1926)刻朱印本　一册

330000－1716－0019213　子補 0046/19213
子部/藝術類/書畫之屬/畫譜
山水畫稿四卷　民國石印本　樵舟客批並跋　二册　存二卷(二、四)

330000－1716－0019214　子補 0141/19214
子部/醫家類/方書之屬/單方驗方
急治彙編初集一卷二集一卷　張龢棻輯　民國四年(1915)石印本　一册　存一卷(二集)

330000－1716－0019215　子補 2610/19215
子部/宗教類/其他宗教之屬/基督教
普天頌讚一卷　民國鉛印本　一册

330000－1716－0019217　地獻 1320－4/19217　史部/傳記類/别傳之屬/事狀
會稽施仲魯先生暨德配程淑人六十徵言事略一卷　施贇等輯　民國十五年(1926)刻朱印本　一册

330000－1716－0019218　子補 0142/19218
子部/醫家類/眼科之屬
傅氏眼科審視瑤函六卷首一卷醫案一卷圖説一卷　(明)傅仁宇纂輯　(明)林長生校補　(清)傅維藩編集　民國上海錦章圖書局石印本　一册　存一卷(四)

330000－1716－0019220　地獻 1320－5/19220　史部/傳記類/别傳之屬/事狀
會稽施仲魯先生暨德配程淑人六十徵言事略一卷　施贇等輯　民國十五年(1926)刻朱印本　一册

330000－1716－0019222　子補 0047/19222
子部/藝術類/書畫之屬/畫譜
四百美女畫譜樣本不分卷　民國上海世界書局影印本　一册

330000－1716－0019225　子補 2614/19225
子部/宗教類/其他宗教之屬/基督教
聖體問答釋義五卷　民國十二年(1923)兖州府天主堂鉛印本　三册　存三卷(三至五)

330000－1716－0019226　子補 0048/19226
子部/藝術類/書畫之屬/畫譜
最新海上百美圖詠二卷　陸子常繪　民國石印本　一册　存一卷(一)

330000－1716－0019229　子補 0049－1/19229　子部/藝術類/書畫之屬/畫譜
馬駘畫寶十五種二十四卷　馬駘繪　民國石印本　四册　存四種

330000－1716－0019235　子補 0143/19235
子部/醫家類/方書之屬/單方驗方
洪氏集驗方五卷　(宋)洪遵輯　民國學海圖書局影印本　一册　存三卷(一至三)

330000－1716－0019238　子補 0050－1/19238　新學/工藝
圖案術一卷附録一卷　陶平叔編　民國石印本　二册

330000－1716－0019239　子補 2616/19239
子部/宗教類/其他宗教之屬/基督教
舊約聖書詩篇一卷　民國四年(1915)聖書公會鉛印本　一册

330000－1716－0019240　子補0144/19240　子部/醫家類/方書之屬/歷代方書

孫真人海上仙方一卷　（唐）孫思邈撰　民國十五年（1926）杭州同道益善書局鉛印本　一冊

330000－1716－0019242　子補0050－2/19242　新學/工藝

圖案術一卷附録一卷　陶平叔編　民國石印本　一冊

330000－1716－0019243　地獻1320－6/19243　史部/傳記類/别傳之屬/事狀

會稽施仲魯先生暨德配程淑人六十徵言事略一卷　施贇等輯　民國十五年（1926）刻朱印本　一冊

330000－1716－0019244　子補0146/19244　子部/醫家類/外科之屬/癰疽、疔瘡

瘡瘍經驗全書六卷　（宋）竇傑撰　民國上海會文堂石印本　二冊　存二卷（五至六）

330000－1716－0019245　地獻1320－7/19245　史部/傳記類/别傳之屬/事狀

會稽施仲魯先生暨德配程淑人六十徵言事略一卷　施贇等輯　民國十五年（1926）刻朱印本　一冊

330000－1716－0019246　地獻1320－8/19246　史部/傳記類/别傳之屬/事狀

會稽施仲魯先生暨德配程淑人六十徵言事略一卷　施贇等輯　民國十五年（1926）刻朱印本　一冊

330000－1716－0019247　子補0147/19247　子部/醫家類/醫話醫論之屬

鮮溪醫論選中編六卷　民國十一年（1922）石印本　三冊　存一種

330000－1716－0019249　地獻1320－9/19249　史部/傳記類/别傳之屬/事狀

會稽施仲魯先生暨德配程淑人六十徵言事略一卷　施贇等輯　民國十五年（1926）刻朱印本　一冊

330000－1716－0019251　地獻1320－10/19251　史部/傳記類/别傳之屬/事狀

會稽施仲魯先生暨德配程淑人六十徵言事略一卷　施贇等輯　民國十五年（1926）刻朱印本　一冊

330000－1716－0019256　子補0149/19256　子部/醫家類/内科之屬/其他内科病證

傅青主男科二卷女科二卷產後編二卷　（清）傅山撰　民國石印本　二冊　存二卷（二、女科一）

330000－1716－0019257　地獻1320－11/19257　史部/傳記類/别傳之屬/事狀

會稽施仲魯先生暨德配程淑人六十徵言事略一卷　施贇等輯　民國十五年（1926）刻朱印本　一冊

330000－1716－0019258　地獻1320－12/19258　史部/傳記類/别傳之屬/事狀

會稽施仲魯先生暨德配程淑人六十徵言事略一卷　施贇等輯　民國十五年（1926）刻朱印本　一冊

330000－1716－0019259　子補0150/19259　子部/醫家類/婦科之屬/產科

葉氏女科證治四卷　（清）葉桂撰　民國二年（1913）上海文益書局石印本　二冊　存二卷（一、三）

330000－1716－0019261　地獻1320－13/19261　史部/傳記類/别傳之屬/事狀

會稽施仲魯先生暨德配程淑人六十徵言事略一卷　施贇等輯　民國十五年（1926）刻朱印本　一冊

330000－1716－0019264　地獻1320－14/19264　史部/傳記類/别傳之屬/事狀

會稽施仲魯先生暨德配程淑人六十徵言事略一卷　施贇等輯　民國十五年（1926）刻朱印本　一冊

330000－1716－0019266　地獻1320－15/19266　史部/傳記類/别傳之屬/事狀

會稽施仲魯先生暨德配程淑人六十徵言事略一卷　施贇等輯　民國十五年（1926）刻朱印

本　一冊

330000 - 1716 - 0019268　地獻 1327 - 1/19268　子部/醫家類/方書之屬
紹興縣同善局附設施醫局醫方彙選不分卷　張鍾沅輯　民國十年(1921)鉛印本　一冊

330000 - 1716 - 0019269　地獻 1320 - 16/19269　史部/傳記類/別傳之屬/事狀
會稽施仲魯先生暨德配程淑人六十徵言事略一卷　施贇等輯　民國十五年(1926)刻朱印本　一冊

330000 - 1716 - 0019270　集補 1771/19270　集部/小說類/長篇之屬
原本石頭記八卷八十回　(清)曹霑撰　民國有正書局石印本　一冊　存二卷(五至六)

330000 - 1716 - 0019271　子補 0151/19271　子部/醫家類/兒科之屬
福幼編一卷遂生編一卷廣生編一卷　(清)莊一夔撰　民國二十三年(1934)鉛印本　一冊

330000 - 1716 - 0019273　地獻 1327 - 2/19273　子部/醫家類/方書之屬
紹興縣同善局附設施醫局醫方彙選不分卷　張鍾沅輯　民國十年(1921)鉛印本　一冊

330000 - 1716 - 0019274　子補 0152/19274　子部/醫家類/兒科之屬
福幼編一卷遂生編一卷廣生編一卷　(清)莊一夔撰　民國二十三年(1934)鉛印本　一冊

330000 - 1716 - 0019276　集補 0008 - 11/19276　集部/小說類/長篇之屬
繡像繪圖足本東周列國志十六卷一百八回　(清)蔡奡評點　民國上海掃葉山房石印本　二冊　存四卷(十一至十二、十五至十六)

330000 - 1716 - 0019277　地獻 1329/19277　子部/小說家類/瑣語之屬
今雨談屑一卷　陳中嶽撰　民國二十一年(1932)鉛印本　一冊

330000 - 1716 - 0019278　子補 0052/19278　子部/儒家類/儒學之屬/禮教/家訓
朱柏廬先生治家格言(朱子家訓)一卷　(清)朱用純撰　**百家姓一卷**　民國三友實業社石印本　一冊

330000 - 1716 - 0019279　地獻 1330 - 1/19279　子部/藝術類/書畫之屬/畫譜
養逌齋畫屑一卷　趙雪侯繪　民國十三年(1924)上海求古齋石印本　一冊

330000 - 1716 - 0019281　地獻 1330 - 2/19281　子部/藝術類/書畫之屬/畫譜
養逌齋畫屑一卷　趙雪侯繪　民國十三年(1924)上海求古齋石印本　一冊

330000 - 1716 - 0019283　地獻 1330 - 3/19283　子部/藝術類/書畫之屬/畫譜
養逌齋畫屑一卷　趙雪侯繪　民國十三年(1924)上海求古齋石印本　一冊

330000 - 1716 - 0019285　集補 0008 - 13/19285　集部/小說類/長篇之屬
增像全圖東周列國志八卷一百八回　(清)蔡奡評點　民國石印本　二冊　存三卷(二、五至六)

330000 - 1716 - 0019287　子補 0153 - 1/19287　子部/醫家類/兒科之屬
福幼編一卷遂生編一卷廣生編一卷　(清)莊一夔撰　民國二十三年(1934)杭州正則印書館鉛印本　一冊

330000 - 1716 - 0019290　子補 0153 - 2/19290　子部/醫家類/兒科之屬
福幼編一卷遂生編一卷廣生編一卷　(清)莊一夔撰　民國二十三年(1934)杭州正則印書館鉛印本　一冊

330000 - 1716 - 0019297　子補 2618/19297　子部/宗教類/其他宗教之屬/基督教
官話聖書注釋新約卷六羅馬人書一卷　(英國)貝赫奕撰　民國十五年(1926)中國基督聖教書會鉛印本　一冊

330000 - 1716 - 0019298　集補 1772/19298　集部/小說類/長篇之屬
紅樓夢一百二十回首一卷　(清)曹霑　(清)

高鶚撰　(清)王希廉　(清)姚燮加評　民國鑄記書局鉛印本　五冊　存十三回(四十五至四十八、五十三至六十,首)

330000－1716－0019306　集補 0008－14/19306　集部/小說類/長篇之屬
增像全圖東周列國志八卷一百八回　(清)蔡奡評點　民國石印本　一冊　存一卷(六)

330000－1716－0019309　集補 0008－15/19309　集部/小說類/長篇之屬
增像全圖東周列國志八卷一百八回　(清)蔡奡評點　民國石印本　一冊　存一卷(六)

330000－1716－0019312　集補 0008－16/19312　集部/小說類/長篇之屬
增像全圖東周列國志八卷一百八回　(清)蔡奡評點　民國上海天寶書局石印本　一冊　存一卷(三)

330000－1716－0019316　地獻 1334－1/19316　子部/醫家類/兒科之屬/痘疹
痲科合璧二卷　(清)尉仲林等撰　民國十五年(1926)紹興朱志雲木活字印本　小雲棲題記　一冊

330000－1716－0019320　地獻 1334－2/19320　子部/醫家類/兒科之屬/痘疹
痲科合璧二卷　(清)尉仲林等撰　民國十五年(1926)紹興朱志雲木活字印本　一冊

330000－1716－0019321　集補 0008－17/19321　集部/小說類/長篇之屬
增像全圖東周列國志八卷一百八回首一卷　(清)蔡奡評點　民國石印本　一冊　存三卷(一至二、首)

330000－1716－0019325　經補 0001/19325　經部/小學類/文字之屬/字書/字典
攷正字彙摘要一卷　(清)唐再豐撰　民國石印本　一冊

330000－1716－0019326　子補 2619/19326　子部/宗教類
世界宗教會發起辭不分卷　民國鉛印本　一冊

330000－1716－0019328　經補 0002/19328　經部/小學類/文字之屬/字書/字典
中英合璧新字彙四卷　俞亮熙譯　民國十年(1921)上海新中華書社石印本　一冊

330000－1716－0019338　子補 0057/19338　子部/藝術類/遊藝之屬/雜藝
七巧八分圖十六卷補遺一卷　(清)錢芸吉撰　(清)王念慈編繪　民國上海商務印書館石印本　二冊　存三卷(一、十四至十五)

330000－1716－0019341　集補 0008－18/19341　集部/小說類/長篇之屬
東周列國全志八卷一百八回　(清)蔡奡評點　民國石印本　一冊　存一卷(七)

330000－1716－0019345　子補 0058－1/19345　子部/藝術類/遊藝之屬/雜藝
益智圖一卷　(清)童叶庚撰　民國抄本　一冊

330000－1716－0019351　集補 0008－19/19351　集部/小說類/長篇之屬
東周列國全志八卷一百八回　(清)蔡奡評點　民國石印本　三冊　存三卷(四至六)

330000－1716－0019354　經補 0005/19354　經部/小學類/文字之屬/字書/字典
正草隸篆四體大字典十二集二十四卷部首檢查表一卷難字檢查表一卷　陳龢祥等編　**文字源流攷一卷**　王大錯纂述　**正草隸篆名人楹聯大觀四卷**　民國十五年(1926)上海掃葉山房石印本　十四冊　存十四卷(卯集一至二、辰集一至二、巳集一至二、酉集一至二、戌集一至二、亥集一至二,名人楹聯大觀二、四)

330000－1716－0019358　集補 1779/19358　集部/小說類/長篇之屬
增評加批金玉緣圖說一百二十卷首一卷　(清)曹霑　(清)高鶚撰　(清)蝶薌仙史評訂　民國石印本　四冊　存三十二卷(五十七至六十三、八十九至一百十三)

330000－1716－0019363　集補 1781－1/19363　集部/小說類/長篇之屬

增評加批金玉緣圖說一百二十卷首一卷 (清)曹霑 (清)高鶚撰 (清)蝶薌仙史評訂 民國石印本 二冊 存十五卷(九十九至一百十三)

330000－1716－0019365 子補 0058－4/19365 子部/藝術類/遊藝之屬/雜藝

益智圖一卷 (清)童叶庚撰 民國抄本 一冊

330000－1716－0019366 集補 0008－20/19366 集部/小說類/長篇之屬

增像全圖東周列國志八卷一百八回 (清)蔡奡評點 民國上海天寶書局石印本 一冊 存一卷(二)

330000－1716－0019368 經補 0006/19368 經部/小學類/文字之屬/字書/字典

正草隸篆四體大字典十二集二十四卷部首檢查表一卷難字檢查表一卷 陳龢祥等編 **文字源流攷一卷** 王大錯纂述 **正草隸篆名人楹聯大觀四卷** 民國十八年(1929)上海掃葉山房石印本 五冊 存六卷(丑集一至二、寅集一,名人楹聯大觀一至二、四)

330000－1716－0019369 子補 1300－39/19369 子部/宗教類/道教之屬

奇驗明聖經感應三聖經合刊不分卷 民國紹城鉛印本 一冊

330000－1716－0019371 集補 0008－21/19371 集部/小說類/長篇之屬

增像全圖東周列國志八卷一百八回 (清)蔡奡評點 民國石印本 一冊 存一卷(四)

330000－1716－0019376 子補 1300－40/19376 子部/宗教類/道教之屬

奇驗明聖經感應三聖經合刊不分卷 民國紹城廣文印書館鉛印本 錢松林題記 一冊

330000－1716－0019378 集補 0008－22/19378 集部/小說類/長篇之屬

增像全圖東周列國志八卷一百八回 (清)蔡奡評點 民國石印本 一冊 存一卷(七)

330000－1716－0019379 子補 1300－41/19379 子部/宗教類/道教之屬

奇驗明聖經感應三聖經合刊不分卷 民國鉛印本 一冊

330000－1716－0019380 子補 1300－42/19380 子部/宗教類/道教之屬

奇驗明聖經感應三聖經合刊不分卷 民國紹城鉛印本 一冊

330000－1716－0019381 子補 1300－43/19381 子部/宗教類/道教之屬

奇驗明聖經感應三聖經合刊不分卷 民國鉛印本 田作範題記 一冊

330000－1716－0019386 子補 1300－44/19386 子部/宗教類/道教之屬

奇驗明聖經感應三聖經合刊不分卷 民國鉛印本 一冊

330000－1716－0019387 子補 0061－1/19387 子部/藝術類/書畫之屬/畫譜

雲溪山館畫稿不分卷 民國石印本 一冊

330000－1716－0019390 子補 1300－45/19390 子部/宗教類/道教之屬

奇驗明聖經感應三聖經合刊不分卷 民國紹城廣文印書館鉛印本 一冊

330000－1716－0019391 集補 0008－23/19391 集部/小說類/長篇之屬

增像全圖東周列國志二十七卷一百八回 (清)蔡奡評點 民國石印本 一冊 存二卷(二十二至二十三)

330000－1716－0019394 子補 1300－46/19394 子部/宗教類/道教之屬

奇驗明聖經感應三聖經合刊不分卷 民國紹城廣文印書館鉛印本 一冊

330000－1716－0019396 子補 1300－47/19396 子部/宗教類/道教之屬

奇驗明聖經感應三聖經合刊不分卷 民國鉛印本 一冊

330000－1716－0019398 子補 1300－48/19398 子部/宗教類/道教之屬

奇驗明聖經感應三聖經合刊不分卷 民國鉛印本 一冊

330000－1716－0019414 集補 0008－25/19414 集部/小說類/長篇之屬
東周列國志二十七卷一百八回首一卷 (清)蔡奡評點 民國十五年(1926)石印本 一冊 存三卷(一至二、首)

330000－1716－0019417 集補 0008－26/19417 集部/小說類/長篇之屬
增像全圖東周列國志二十七卷一百八回 (清)蔡奡評點 民國石印本 一冊 存四卷(七至十)

330000－1716－0019422 子補 0063/19422 子部/藝術類/遊藝之屬/聯語
最新分類楹聯大成八卷最新壽文類一卷 周蓮第編 民國石印本 二冊 存四卷(六至八、最新壽文類)

330000－1716－0019425 子補 0064－2/19425 子部/藝術類/書畫之屬/畫譜
海上名人畫譜六卷 民國石印本 鳳濟題簽 一冊 存一卷(六)

330000－1716－0019426 子補 0065/19426 子部/藝術類/篆刻之屬/印譜
名人印集一卷 民國七年(1918)鈐印本 一冊

330000－1716－0019428 集補 1796/19428 集部/小說類/長篇之屬
增評加批金玉緣圖說一百二十卷首一卷 (清)曹霑 (清)高鶚撰 (清)蝶薌仙史評訂 民國石印本 二冊 存十六卷(三十五至四十二、六十五至七十二)

330000－1716－0019442 子補 0164/19442 子部/醫家類/溫病之屬/痧症
弔腳痧一卷附保產經驗神方一卷 (清)徐子默手定 民國湖北財政廳鉛印本 一冊 存一卷(弔腳痧)

330000－1716－0019453 經補 0009/19453 子部/藝術類/書畫之屬/法帖
草字彙十二卷附補 (清)石梁集 民國石印本 二冊 存四卷(辰、巳、申、酉)

330000－1716－0019454 子補 0165/19454 子部/醫家類/外科之屬
癲狗咬方一卷 韓覺廬輯 **刺疔捷法一卷** (清)張鏡蓉撰 民國紹興弘文印刷局石印本 李敏記題記 一冊

330000－1716－0019456 地獻 1343/19456 子部/醫家類/婦科之屬/產科
達生編三卷附録一卷保赤編一卷 (清)亟齋居士撰 民國八年(1919)浙紹光裕堂鉛印本 一冊

330000－1716－0019458 經補 0010/19458 子部/藝術類/書畫之屬/法帖
草字彙十二卷附補 (清)石梁集 民國石印本 三冊 缺三卷(子、未、申)

330000－1716－0019460 地獻 1344/19460 子部/醫家類/方書之屬
和濟藥局膏丸説明書一卷 曹炳章輯 民國三年(1914)紹城和濟藥局鉛印本 一冊

330000－1716－0019461 地獻 1345/19461 子部/醫家類/本草之屬/本草雜著
增訂偽藥條辨四卷 鄭奮揚撰 曹炳章集注 民國十七年(1928)紹興和濟藥局鉛印本 二冊

330000－1716－0019463 經補 0011/19463 經部/小學類/文字之屬/字書/字典
新體學生大字典十二卷 秦同培輯 民國上海世界書局石印本 一冊

330000－1716－0019467 地獻 1346－1/19467 子部/醫家類
醫歌不分卷 陳陶撰 民國十二年(1923)紹興陳氏醫廬鉛印本 一冊

330000－1716－0019471 地獻 1346－2/19471 子部/醫家類
醫歌不分卷 陳陶撰 民國十二年(1923)紹興陳氏醫廬鉛印本 一冊

330000－1716－0019474　地獻 1347/19474　子部/醫家類/類編之屬
曹氏醫藥叢書□□種　曹炳章編　民國紹興和濟藥局鉛印本　一册　存一種

330000－1716－0019481　集補 0008－30/19481　集部/小説類/長篇之屬
東周列國全志八卷一百八回　（清）蔡奡評點　民國天寶書局石印本　一册　存一卷（八）

330000－1716－0019482　子補 0067－3/19482　子部/藝術類/書畫之屬/畫譜
古今名人畫稿初集不分卷　（清）費丹旭等繪　民國三年（1914）上海共和書局石印本　二册

330000－1716－0019483　子補 0571/19483　子部/藝術類/遊藝之屬/聯語
最新對聯大全一卷　民國五年（1916）上海錦章圖書局石印本　一册

330000－1716－0019486　地獻 1349－1/19486　子部/醫家類/養生之屬
養生鏡一卷附經驗靈藥説明書一卷　石天基撰述　楊瑞葆纂訂　民國十二年（1923）上海明德書局鉛印本　一册

330000－1716－0019488　地獻 1349－2/19488　子部/醫家類/養生之屬
養生鏡一卷附經驗靈藥説明書一卷　石天基撰述　楊瑞葆纂訂　民國十二年（1923）上海明德書局鉛印本　一册

330000－1716－0019496　經補 0015/19496　經部/小學類/文字之屬/字書/字典
玫正字彙摘要一卷　（清）唐再豐撰　民國石印本　一册

330000－1716－0019498　地獻 1351/19498　子部/醫家類/婦科之屬
仁壽鏡四卷　孟葑不病人輯　民國十六年（1927）上海吳承記印書局鉛印本　一册

330000－1716－0019504　地獻 1351－1/19504　子部/醫家類/外科之屬/癰疽、疔瘡
洞天奧旨十六卷　（清）陳士鐸撰　（清）陶式玉評　民國上海大成書局石印本　三册　存十三卷（一至十三）

330000－1716－0019505　集補 0008－32/19505　集部/小説類/長篇之屬
東周列國全志八卷一百八回　（清）蔡奡評點　民國上海天寶書局石印本　一册　存四卷（五至八）

330000－1716－0019506　地獻 1351－2/19506　子部/醫家類/外科之屬/癰疽、疔瘡
洞天奧旨十六卷　（清）陳士鐸撰　（清）陶式玉評　民國石印本　一册　存三卷（十四至十六）

330000－1716－0019513　集補 0008－33/19513　集部/小説類/長篇之屬
東周列國全志八卷一百八回　（清）蔡奡評點　民國上海天寶書局石印本　二册　存二卷（二、四）

330000－1716－0019514　經補 0017/19514　經部/小學類/文字之屬/字書/字典
玫正玉堂字彙四卷　（清）知足子編　民國四年（1915）上海錦章圖書局石印本　四册

330000－1716－0019515　子補 0070/19515　子部/藝術類/書畫之屬/畫譜
慰農畫蘭不分卷　高家修繪　民國十四年（1925）上海大德書局石印本　一册

330000－1716－0019517　集補 0008－34/19517　集部/小説類/長篇之屬
增像全圖東周列國志八卷一百八回　（清）蔡奡評點　民國上海進步書局石印本　一册　存一卷（七）

330000－1716－0019518　經補 0018/19518　經部/小學類/文字之屬/字書/字典
玫正玉堂字彙四卷　（清）知足子編　民國十二年（1923）上海錦章圖書局石印本　一册　存一卷（四）

330000－1716－0019533　集補 0008－35/19533　集部/小説類/長篇之屬
繪圖東周列國志□□卷一百八回　（明）馮夢

龍撰 (清)蔡奡評點 民國石印本 一冊 存一卷(二)

330000－1716－0019539 集補 0008－36/19539 集部/小說類/長篇之屬
繪圖東周列國志八卷一百二十回 (明)馮夢龍撰 (清)蔡奡評點 民國石印本 四冊 存四卷(一、三至五)

330000－1716－0019541 地獻 1353/19541 子部/醫家類/本草之屬/歷代綜合本草
本草綱目五十二卷附圖三卷瀕湖脈學一卷奇經八脈考一卷脈訣考證一卷 (明)李時珍撰 **本草萬方鍼線八卷** (清)蔡烈先輯 **本草綱目拾遺十卷** (清)趙學敏輯 民國五年(1916)上海鴻寶齋書局石印本 一冊 存八卷(本草萬方鍼線一至八)

330000－1716－0019544 普子 2062/19544 子部/藝術類/書畫之屬/畫譜
新新百美圖外集不分卷 沈伯塵繪 民國四年(1915)上海國學書室石印本 一冊

330000－1716－0019551 集補 0008－37/19551 集部/小說類/長篇之屬
增像全圖東周列國志八卷一百八回 (清)蔡奡評點 民國上海錦章圖書局石印本 一冊 存二卷(七至八)

330000－1716－0019552 地獻 1354/19552 子部/術數類/雜術之屬
詳夢秘書一卷 (宋)邵雍撰 民國七年(1918)達文社鉛印本 一冊

330000－1716－0019554 普子 2063/19554 子部/藝術類/書畫之屬/畫譜
精選名人畫稿不分卷 民國元年(1912)上海美術研究會石印本 一冊

330000－1716－0019555 地獻 1355－1/19555 子部/醫家類/溫病之屬/瘟疫
濕溫時疫治療法四章附選錄急性時疫方一卷 紹興醫學會編 民國鉛印本 一冊

330000－1716－0019559 集補 0008－38/19559 集部/小說類/長篇之屬
繪圖東周列國志□□卷一百八回 (明)馮夢龍撰 (清)蔡奡評點 民國上海廣益書局石印本 一冊 存一卷(二十)

330000－1716－0019560 地獻 1355－2/19560 子部/醫家類/溫病之屬/瘟疫
濕溫時疫治療法四章附選錄急性時疫方一卷 紹興醫學會編 民國鉛印本 一冊

330000－1716－0019562 集補 0008－39/19562 集部/小說類/長篇之屬
東周列國志二十七卷一百八回首一卷 (清)蔡奡評點 民國錦章圖書局石印本 六冊 存十五卷(三至八、十一至十二、十五至十九、二十四至二十五)

330000－1716－0019573 普子 2064/19573 子部/藝術類/書畫之屬/畫譜
名人山水畫譜初集不分卷 (清)楊伯潤等繪 民國石印本 一冊

330000－1716－0019577 經補 0024/19577 經部/小學類/文字之屬/字書/字典
中華大字典十二卷 徐誥等編輯 民國鉛印本 四冊 存四卷(丑集、巳集、申集、戌集)

330000－1716－0019578 集補 0008－40/19578 集部/小說類/長篇之屬
增像全圖東周列國志二十七卷一百八回首一卷 (清)蔡奡評點 民國十一年(1922)上海元昌書局石印本 一冊 存二卷(一、首)

330000－1716－0019580 普子 2065/19580 子部/藝術類/書畫之屬/畫譜
名人扇面集不分卷 民國石印本 一冊

330000－1716－0019583 普子 2066/19583 子部/藝術類/書畫之屬/畫譜
花鳥畫譜不分卷 民國石印本 一冊

330000－1716－0019587 集補 0008－41/19587 集部/小說類/長篇之屬
增像全圖東周列國志二十七卷一百八回首一卷 (清)蔡奡評點 民國上海元昌書局石印本 二冊 存四卷(十六至十七、二十二至二十三)

330000－1716－0019592　子補 0169－10/19592　子部/醫家類/醫案之屬
臨證指南醫案八卷　(清)葉桂撰　民國上海文益書局石印本　一册　存一卷(八)

330000－1716－0019594　地獻 1358/19594　集部/小說類/短篇之屬
幻情小說畫中人一卷　古剡醉翁撰　民國鉛印本　一册

330000－1716－0019596　集補 0008－42/19596　集部/小說類/長篇之屬
增像全圖東周列國志八卷一百八回　(清)蔡奡評點　民國上海廣益書局石印本　二册　存二卷(四、六)

330000－1716－0019600　普子 2067/19600　子部/藝術類/書畫之屬/畫譜
歷朝名人扇集不分卷　鄒登鰲輯　民國十八年(1929)蘇州振新書社影印本　一册

330000－1716－0019603　集補 0008－43/19603　集部/小說類/長篇之屬
增像全圖東周列國志八卷一百八回　(清)蔡奡評點　民國上海廣益書局石印本　二册　存二卷(三至四)

330000－1716－0019606　集補 1799/19606　集部/小說類/長篇之屬
續紅樓夢三十卷　(清)秦子忱撰　民國石印本　三册　存十五卷(十二至二十六)

330000－1716－0019607　地獻 1362/19607　子部/小說家類/異聞之屬
勸戒近録初二三編合鈔十六卷四編摘鈔一卷五録六卷六録六卷七録六卷八録六卷九録六卷十録六卷　(清)梁恭辰撰　民國十年(1921)越州李文紀刻本　十六册

330000－1716－0019612　子補 0169－11/19612　子部/醫家類/醫案之屬
臨證指南醫案八卷　(清)葉桂撰　民國石印本　一册　存一卷(七)

330000－1716－0019623　集補 1800/19623　集部/小說類/長篇之屬
續紅樓夢三十卷　(清)秦子忱撰　民國十年(1921)上海大成書局石印本　一册

330000－1716－0019628　集補 0008－44/19628　集部/小說類/長篇之屬
東周列國全志八卷一百八回　(清)蔡奡評點　民國上海天寶書局石印本　六册　存六卷(二至七)

330000－1716－0019644　集補 0008－46/19644　集部/小說類/長篇之屬
繡像繪圖足本東周列國志十六卷一百八回　(清)蔡奡評點　民國上海掃葉山房石印本　二册　存三卷(二、九至十)

330000－1716－0019655　集補 0008－47/19655　集部/小說類/長篇之屬
東周列國志二十七卷一百八回首一卷　(清)蔡奡評點　民國掃葉山房石印本　四册　存十四卷(七至十四、十九至二十四)

330000－1716－0019667　集補 0008－48/19667　集部/小說類/長篇之屬
東周列國志二十七卷一百八回首一卷　(清)蔡奡評點　民國掃葉山房石印本　四册　存十四卷(七至十、十八至二十七)

330000－1716－0019672　地獻 1367/19672　子部/醫家類/方書之屬/成方藥目
良藥集成一卷　民國九年(1920)紹城中華大藥房鉛印本　一册

330000－1716－0019675　集補 0008－49/19675　集部/小說類/長篇之屬
繡像東周列國志二十七卷一百八回　(清)蔡奡評點　民國上海商務印書館鉛印本　一册　存四卷(二十至二十三)

330000－1716－0019682　子補 0171－1/19682　子部/醫家類/傷寒金匱之屬/傷寒論
傷寒集注六卷本義一卷　(清)張志聰注　高世栻輯　民國四年(1915)國粹書局石印本　五册　缺一卷(二)

330000－1716－0019689　子補 0171－3/19689　子部/醫家類/傷寒金匱之屬/傷寒論

注解傷寒論十卷 (漢)張機述 (漢)王叔和撰次 (金)成無己注解 **傷寒明理論四卷** (金)成無己撰 民國石印本 一册 存四卷(傷寒明理論一至四)

330000－1716－0019690 集補 0008－50/19690 集部/小說類/長篇之屬

繡像東周列國志二十七卷一百八回 (清)蔡奡評點 民國上海商務印書館鉛印本 一册 存二卷(十至十一)

330000－1716－0019697 集補 0008－51/19697 集部/小說類/長篇之屬

增像全圖東周列國志二十七卷一百八回 (清)蔡奡評點 民國上海中新書局鉛印本 二册 存四卷(十四至十五、二十四至二十五)

330000－1716－0019739 集補 0008－52/19739 集部/小說類/長篇之屬

增像全圖東周列國志□□卷一百八回 (清)蔡奡評點 民國大上海書局鉛印本 一册 存二卷(十四至十五)

330000－1716－0019755 集補 0008－53/19755 集部/小說類/長篇之屬

增像全圖東周列國志□□卷一百八回 (清)蔡奡評點 民國時中書局鉛印本 二册 存八卷(二至五、十至十三)

330000－1716－0019757 地獻 1371－1/19757 子部/雜著類/雜說之屬

東山布衣自警齋語一卷 (清)夏崇德撰 民國山陰周氏微尚室鉛印本 一册

330000－1716－0019762 集補 0008－54/19762 集部/小說類/長篇之屬

東周列國志二十七卷一百八回首一卷 (清)蔡奡評點 民國上海書局石印本 一册 存一卷(首)

330000－1716－0019767 子補 0177－2/19767 子部/醫家類/婦科之屬/通論

女科指掌五卷 (清)葉其蓁編輯 民國石印本 一册 存三卷(三至五)

330000－1716－0019771 集補 0008－55/19771 集部/小說類/長篇之屬

繡像全圖東周列國志二十七卷一百八回 (清)蔡奡評點 民國鉛印本 三册 存十卷(七至十、十九至二十一、二十五至二十七)

330000－1716－0019777 集補 0008－56/19777 集部/小說類/長篇之屬

繡像全圖東周列國志二十七卷一百八回 (清)蔡奡評點 民國鉛印本 一册 存四卷(四至七)

330000－1716－0019783 子補 0179－1/19783 子部/醫家類/方書之屬/單方驗方

不費錢的奇驗方一卷 孫緯才輯 民國十八年(1929)上海宏大善書局石印本 一册

330000－1716－0019784 子補 0179－2/19784 子部/醫家類/方書之屬/單方驗方

不費錢的奇驗方一卷 孫緯才輯 民國十八年(1929)上海宏大善書局石印本 一册

330000－1716－0019785 子補 0179－3/19785 子部/醫家類/方書之屬/單方驗方

不費錢的奇驗方一卷 孫緯才輯 民國十八年(1929)上海宏大善書局石印本 一册

330000－1716－0019797 子補 0180/19797 子部/醫家類

南坡居士歐陽輯瑞評注二卷 (明)夢覺道人撰 民國上海大成書局石印本 一册

330000－1716－0019801 集補 0008－57/19801 集部/小說類/長篇之屬

東周列國志二十七卷一百八回首一卷 (清)蔡奡評點 民國石印本 二册 存七卷(二十一至二十七)

330000－1716－0019813 集補 0008－58/19813 集部/小說類/長篇之屬

東周列國志二十七卷一百八回首一卷 (清)蔡奡評點 民國石印本 二册 存七卷(一至六、首)

330000－1716－0019823 經補 0047/19823 經部/小學類/文字之屬/字書/字典

正草隸篆四體大字典十二集二十四卷部首檢查表一卷難字檢查表一卷 陳龢祥等編 **文字源流攷一卷** 王大錯纂述 **正草隸篆名人楹聯大觀四卷** 民國十五年(1926)影印本 一册 存一卷(名人楹聯大觀四)

330000－1716－0019832 地獻 1378－1/19832 子部/工藝類/日用器物之屬/服飾
仿單一卷 民國三年(1914)紹興育新書局石印本 一册

330000－1716－0019836 地獻 1379－1/19836 子部/術數類/相宅相墓之屬
山洋指迷原本四卷 (明)周景一撰 (清)張九儀增注 民國上海掃葉山房石印本 一册 存二卷(一至二)

330000－1716－0019842 集補 0008－74/19842 集部/小說類/長篇之屬
東周列國志二十七卷一百八回首一卷 (清)蔡奡評點 民國石印本 一册 存四卷(十二至十五)

330000－1716－0019847 地獻 1379－4/19847 子部/術數類/相宅相墓之屬
山洋指迷原本四卷 (明)周景一撰 (清)張九儀增注 民國石印本 張希聖題簽 一册

330000－1716－0019872 集補 0008－79/19872 集部/小說類/長篇之屬
增像全圖東周列國志八卷一百八回 (清)蔡奡評點 民國石印本 一册 存一卷(二)

330000－1716－0019882 經補 0050/19882 經部/小學類/文字之屬/字書/字典
中華字典十二集三十六卷總目一卷檢字一卷辨似一卷等韻一卷備考一卷補遺一卷 (清)張玉書等纂修 民國上海天寶書局石印本 二册 存十二卷(卯集上中下、辰集上中下、巳集上中下、午集上中下)

330000－1716－0019887 經補 0051/19887 經部/小學類/文字之屬/字書/字典
鴻寶齋攷正字彙二卷 (清)陳淏子撰 鴻寶齋主人輯 民國九年(1920)上海鴻寶書局石印本 一册

330000－1716－0019889 經補 0052/19889 經部/小學類/文字之屬/字書/字典
校正攷正字彙二卷 (清)陳淏子撰 民國上海鴻章書局石印本 一册

330000－1716－0019896 經補 0045/19896 經部/小學類/文字之屬/字書/字典
錦章圖書局攷正字彙二卷 (清)陳淏子撰 民國上海錦章圖書局石印本 一册

330000－1716－0019910 經補 0055/19910 子部/藝術類/書畫之屬/法帖
草字彙十二卷附補 (清)石梁集 民國六年(1917)上海涵芬樓影印本 六册

330000－1716－0019915 子補 0191－1/19915 子部/醫家類/類編之屬
潛齋醫學叢書八種 (清)王士雄編 民國元年(1912)上海李鍾玨鉛印本 三册 存六種

330000－1716－0019916 子補 0191－2/19916 子部/醫家類/類編之屬
潛齋醫學叢書八種 (清)王士雄編 民國元年(1912)上海李鍾玨鉛印本 一册 存三種

330000－1716－0019917 經補 0056/19917 經部/小學類/文字之屬/字書/字典
中華字典十二集三十六卷總目一卷檢字一卷辨似一卷等韻一卷備考一卷補遺一卷 (清)張玉書等纂修 民國文盛堂石印本 一册 存九卷(寅集上中下、卯集上中下、辰集上中下)

330000－1716－0019919 子補 0192/19919 子部/醫家類/養生之屬
青年之攝生一卷 丁福保撰 民國上海醫學書局鉛印本 一册

330000－1716－0019920 經補 0057/19920 經部/小學類/文字之屬/字書/字典
中華字典十二集三十六卷總目一卷檢字一卷辨似一卷等韻一卷備考一卷補遺一卷 (清)張玉書等纂修 民國石印本 一册 存四卷(亥集上中下、備考)

330000－1716－0019922　子補 2641/19922
子部/宗教類/其他宗教之屬/基督教
耶穌教或問一卷　民國鉛印本　一册

330000－1716－0019931　經補 0058/19931
經部/小學類/文字之屬/字書/字典
中華新字典初編十二卷續編十二卷檢字一卷　王文濡等編纂　民國三年(1914)廣益書局、中華圖書館石印本　三册　缺十二卷(一至十二)

330000－1716－0019934　子補 2649/19934
子部/宗教類/其他宗教之屬/基督教
新約聖書路加福音不分卷　民國漢鎮英漢書館鉛印本　錢起文題記　一册

330000－1716－0019941　子補 0081－1/19941　子部/儒家類/儒學之屬/蒙學
會文堂精校重增繪圖幼學故事瓊林四卷首一卷　(清)程登吉撰　(清)鄒聖脈增補　蔡郕續增　(清)謝梅林　(清)鄒可庭參訂　民國十六年(1927)上海會文堂書局石印本　一册

330000－1716－0019942　子補 0081－2/19942　子部/儒家類/儒學之屬/蒙學
會文堂精校重增繪圖幼學故事瓊林四卷首一卷　(清)程登吉撰　(清)鄒聖脈增補　蔡郕續增　(清)謝梅林　(清)鄒可庭參訂　民國八年(1919)上海會文堂書局石印本　四册

330000－1716－0019943　子補 2640/19943
子部/宗教類/其他宗教之屬/基督教
頌主聖歌不分卷　民國三十年(1941)上海兢新印書館鉛印本　一册

330000－1716－0019944　史補 0145/19944
史部/編年類/斷代之屬
注釋清鑑輯覽二十八卷　文明書局編輯　民國九年(1920)文明書局鉛印本　三册　存三卷(十七、二十一、二十三)

330000－1716－0019945　子補 0081－3/19945　子部/儒家類/儒學之屬/蒙學
會文堂精校重增繪圖幼學故事瓊林四卷首一卷　(清)程登吉撰　(清)鄒聖脈增補　蔡郕續增　(清)謝梅林　(清)鄒可庭參訂　民國上海會文堂書局石印本　二册

330000－1716－0019948　子補 0081－4/19948　子部/儒家類/儒學之屬/蒙學
會文堂精校重增繪圖幼學故事瓊林四卷首一卷　(清)程登吉撰　(清)鄒聖脈增補　蔡郕續增　(清)謝梅林　(清)鄒可庭參訂　民國上海會文堂書局石印本　朱孝山題記　一册

330000－1716－0019952　子補 0081－5/19952　子部/儒家類/儒學之屬/蒙學
會文堂精校重增繪圖幼學故事瓊林四卷首一卷　(清)程登吉撰　(清)鄒聖脈增補　蔡郕續增　(清)謝梅林　(清)鄒可庭參訂　民國十三年(1924)上海會文堂書局石印本　五册

330000－1716－0019953　經補 0059/19953
經部/小學類/文字之屬/字書/字典
增篆字典十二集三十六卷檢字一卷等韻一卷補遺一卷備考一卷　(清)張玉書等纂修　民國六年(1917)上海鴻寶齋書局石印本　二册　存十一卷(子集一至三、丑集一至三、亥集一至三,補遺,備考)

330000－1716－0019954　地獻 1531－2/19954　集部/總集類/酬唱之屬
壬社十老會紀盛録一卷　孫汝懌等撰　民國二十五年(1936)鉛印本　一册

330000－1716－0019956　子補 0081－6/19956　子部/儒家類/儒學之屬/蒙學
會文堂精校重增繪圖幼學故事瓊林四卷首一卷　(清)程登吉撰　(清)鄒聖脈增補　蔡郕續增　(清)謝梅林　(清)鄒可庭參訂　民國十一年(1922)上海會文堂書局石印本　一册

330000－1716－0019957　子補 2652/19957
子部/宗教類/其他宗教之屬/基督教
新約聖書馬可傳福音不分卷　民國二年(1913)漢鎮英漢書館鉛印本　一册

330000－1716－0019959　經補 0060/19959
子部/藝術類/書畫之屬/法帖
草字彙十二卷附補　(清)石梁集　民國上海

會文堂書局石印本　二册　存四卷(午、未、申、酉)

330000－1716－0019961　子補 0081－7/19961　子部/儒家類/儒學之屬/蒙學

會文堂精校重增繪圖幼學故事瓊林四卷首一卷　(清)程登吉撰　(清)鄒聖脈增補　蔡郕續增　(清)謝梅林　(清)鄒可庭參訂　民國八年(1919)上海會文堂書局石印本　五册

330000－1716－0019962　子補 0081－8/19962　子部/儒家類/儒學之屬/蒙學

會文堂精校重增繪圖幼學故事瓊林四卷首一卷　(清)程登吉撰　(清)鄒聖脈增補　蔡郕續增　(清)謝梅林　(清)鄒可庭參訂　民國八年(1919)上海會文堂書局石印本　三册

330000－1716－0019964　經補 0061/19964　子部/藝術類/書畫之屬/法帖

草字彙十二卷附補　(清)石梁集　民國上海文匯書局石印本　二册　存四卷(子、丑、戌、亥)

330000－1716－0019965　子補 3223－9/19965　子部/雜著類

玉歷至寶鈔傳一卷附經驗神效良方一卷　王子達重編　民國上海鴻寶齋書局石印本　一册

330000－1716－0019967　子補 2670/19967　子部/宗教類/其他宗教之屬/基督教

基督譬喻類纂不分卷　(美國)卜舫濟譯　民國鉛印本　一册

330000－1716－0019969　子補 3223－10/19969　子部/雜著類

玉歷至寶鈔勸世一卷附經驗神效良方一卷　王子達重編　民國上海宏大善書局石印本　何世超題記　一册

330000－1716－0019972　子補 0081－9/19972　子部/儒家類/儒學之屬/蒙學

新增繪圖幼學故事瓊林四卷首一卷　(清)程登吉撰　(清)鄒聖脈增補　民國上海會文堂書局石印本　二册

330000－1716－0019973　經補 0062/19973　經部/小學類/文字之屬/字書/字典

玟正字彙二卷　(清)陳淏子撰　民國石印本　一册

330000－1716－0019975　集補 0007－44/19975　集部/小說類/長篇之屬

評注圖像水滸傳三十五卷七十回首一卷　(元)施耐庵撰　(清)金人瑞評　民國上海廣益書局石印本　八册　存二十一卷(三至八、十一至十二、十八至二十二、二十七至三十三,首)

330000－1716－0019979　經補 0063/19979　經部/小學類/文字之屬/字書/字典

玟正字彙二卷　(清)陳淏子撰　民國石印本　一册

330000－1716－0019980　集補 0007－41/19980　集部/小說類/長篇之屬

結水滸全傳八卷七十回　(清)俞萬春撰　(清)范辛來　(清)邵祖恩評　民國石印本　四册　存四卷(二至五)

330000－1716－0019981　經補 0064/19981　經部/小學類/文字之屬/字書/字典

鴻寶齋玟正字彙二卷　(清)陳淏子撰　鴻寶齋主人輯　民國上海鴻寶書局石印本　一册

330000－1716－0019984　集補 0007－42/19984　集部/小說類/長篇之屬

繪像結水滸全傳八卷七十回　(清)俞萬春撰　(清)范辛來　(清)邵祖恩評　民國石印本　二册　存二卷(五、七)

330000－1716－0019985　子補 3223－11/19985　子部/雜著類

玉歷至寶鈔勸世一卷附經驗神效良方一卷　王子達重編　民國上海宏大善書局石印本　一册

330000－1716－0019986　子補 3223－12/19986　子部/雜著類

玉歷至寶鈔勸世一卷附經驗神效良方一卷　王子達重編　民國上海宏大善書局石印本

一册

330000－1716－0019987　經補 0065/19987　經部/小學類/文字之屬/字書/字典

校正攷正字彙二卷　(清)陳淏子撰　民國石印本　一册

330000－1716－0019989　子補 0081－10/19989　子部/儒家類/儒學之屬/蒙學

新增繪圖幼學故事瓊林四卷首一卷　(清)程登吉撰　(清)鄒聖脈增補　民國十三年(1924)上海會文堂書局石印本　五册

330000－1716－0019992　子補 3223－13/19992　子部/雜著類

玉歷至寶鈔勸世一卷附經驗神效良方一卷　王子達重編　民國上海文華書局石印本　一册

330000－1716－0019993　經補 0066/19993　經部/小學類/文字之屬/字書/字典

攷正字彙二卷　(清)陳淏子撰　民國石印本　一册

330000－1716－0019994　地獻 2033/19994　史部/史表類/通代之屬

孟廣年表一卷　稿本　一册

330000－1716－0019996　子補 0081－11/19996　子部/儒家類/儒學之屬/蒙學

上海會文堂書局精校新增繪圖幼學故事瓊林四卷首一卷　(清)程登吉撰　(清)鄒聖脈增補　民國上海會文堂書局石印本　三册　存三卷(一至三)

330000－1716－0019998　子補 0199/19998　子部/宗教類/道教之屬/雜著

玉準輪科輯要二十七卷　民國二十一年(1932)北京天華館鉛印本　十五册

330000－1716－0020000　子補 0081－12/20000　子部/儒家類/儒學之屬/蒙學

新增繪圖幼學故事瓊林四卷首一卷　(清)程登吉撰　(清)鄒聖脈增補　民國石印本　一册

330000－1716－0020001　集補 0007－43/20001　集部/小說類/長篇之屬

繪圖增像第五才子書水滸全傳七十回引首一回　(元)施耐庵撰　(清)金人瑞評釋　民國鉛印本　三册　存二十回(九至十六、五十九至七十)

330000－1716－0020002　子補 3223－14/20002　子部/雜著類

玉歷至寶鈔勸世一卷附經驗神效良方一卷　王子達重編　民國上海文華書局石印本　一册

330000－1716－0020003　經補 0067/20003　經部/小學類/文字之屬/字書/字典

攷正字彙二卷　(清)陳淏子撰　民國石印本　一册

330000－1716－0020005　子補 0200/20005　新學/醫學

病理學讀本二卷　浙江蘭谿中醫學校編　民國二十年(1931)浙江蘭谿中醫學校鉛印本　二册

330000－1716－0020006　經補 0068/20006　經部/小學類/文字之屬/字書/字典

字典不分卷　民國石印本　一册

330000－1716－0020007　子補 3223－15/20007　子部/雜著類

玉歷至寶鈔勸世一卷附經驗神效良方一卷　王子達重編　民國上海文華書局石印本　一册

330000－1716－0020008　子補 3223－16/20008　子部/雜著類

玉歷至寶鈔勸世一卷　民國上海文華書局石印本　一册

330000－1716－0020011　子補 0081－13/20011　子部/儒家類/儒學之屬/蒙學

新增繪圖幼學故事瓊林四卷首一卷　(清)程登吉撰　(清)鄒聖脈增補　民國石印本　湯國麗題簽　一册

330000－1716－0020015　經補 0069/20015

經部/小學類/文字之屬/字書/字典

新字典十二卷拾遺一卷檢字一卷附録一卷勘誤一卷補編一卷　陸爾奎等編纂　民國元年(1912)上海商務印書館鉛印本　三册

330000－1716－0020016　集補 0007－45/20016　集部/小説類/長篇之屬

評注圖像水滸傳三十五卷七十回首一卷　(元)施耐庵撰　(清)金人瑞評　民國上海廣益書局石印本　五册　存十二卷(二十一至二十八、三十二至三十五)

330000－1716－0020019　子補 0081－14/20019　子部/儒家類/儒學之屬/蒙學

會文堂精校新增繪圖幼學故事瓊林四卷首一卷　(清)程登吉撰　(清)鄒聖脈增補　蔡郕續增　(清)謝梅林　(清)鄒可庭參訂　民國石印本　一册

330000－1716－0020020　子補 0501－1/20020　子部/雜著類

玉歷至寶鈔勸世一卷附經驗神效良方一卷　王子達重編　民國二十一年(1932)上海明善書局石印本　一册

330000－1716－0020021　集補 0007－46/20021　集部/小説類/長篇之屬

繪圖增像第五才子書水滸全傳十二卷七十回首一卷　(元)施耐庵撰　(清)金人瑞評釋　民國石印本　三册　存三卷(四至五、七)

330000－1716－0020023　經補 0070/20023　經部/小學類/文字之屬/字書/字典

新字典十二卷拾遺一卷檢字一卷附録一卷勘誤一卷補編一卷　陸爾奎等編纂　民國二年(1913)上海商務印書館鉛印本　三册　存八卷(十至十二、拾遺、檢字、附録、勘誤、補編)

330000－1716－0020026　子補 0081－15/20026　子部/儒家類/儒學之屬/蒙學

新增繪圖幼學故事瓊林四卷首一卷　(清)程登吉撰　(清)鄒聖脈增補　民國石印本　四册

330000－1716－0020027　經補 0071/20027　經部/小學類/文字之屬/字書/字典

字典十二集三十六卷總目一卷檢字一卷辨似一卷等韻一卷補遺一卷備考一卷　(清)張玉書等纂修　民國上海鴻文書局石印本　一册　存十二卷(巳集上中下、午集上中下、未集上中下、申集上中下)

330000－1716－0020028　集補 0007－47/20028　集部/小説類/長篇之屬

繪圖增像第五才子書水滸全傳□□卷七十回　(元)施耐庵撰　(清)金人瑞評釋　民國石印本　一册　存一卷(六)

330000－1716－0020032　子補 0501－2/20032　子部/雜著類

玉歷至寶鈔勸世一卷附經驗神效良方一卷　王子達重編　民國二十一年(1932)上海明善書局石印本　一册

330000－1716－0020033　經補 0072/20033　經部/小學類/文字之屬/字書/字典

新編中華字典十二集十二卷總目一卷檢字一卷辨似一卷補遺一卷　許伏民等編　民國石印本　一册　存三卷(酉集、戌集、亥集)

330000－1716－0020034　子補 0502/20034　子部/雜著類

玉歷至寶鈔勸世一卷附經驗神效良方一卷　王子達重編　民國上海宏大善書局石印本　一册

330000－1716－0020035　普叢 0098/20035　類叢部/叢書類/家集之屬

樸學齋叢書第一集二十八種　胡韞玉編　民國二十九年(1940)安吳胡氏鉛印本　八册

330000－1716－0020036　子補 0503－1/20036　子部/雜著類

玉歷至寶鈔勸世一卷附經驗神效良方一卷　王子達重編　**身世金丹一卷**　(清)讀我書屋輯録　民國上海宏大善書局石印本　一册

330000－1716－0020039　普叢 0099/20039　類叢部/叢書類/彙編之屬

別下齋叢書二十七種　(清)蔣光煦編　民國

武林竹簡齋據清道光海昌蔣氏刻本影印本　二十冊

330000－1716－0020043　子補 0503－2/20043　子部/雜著類

玉歷至寶鈔勸世一卷附經驗神效良方一卷　王子達重編　**身世金丹一卷**　（清）讀我書屋輯録　民國上海宏大善書局石印本　一冊

330000－1716－0020047　子補 3223－17/20047　子部/雜著類

玉歷至寶鈔勸世一卷附經驗神效良方一卷　王子達重編　民國上海宏大善書局石印本　一冊

330000－1716－0020052　集補 0007－48/20052　集部/小說類/長篇之屬

繪圖增像第五才子書水滸全傳□□卷七十回　（元）施耐庵撰　（清）金人瑞評釋　民國石印本　一冊　存一卷（七）

330000－1716－0020053　普叢 0100－1/20053　類叢部/叢書類/彙編之屬

別下齋叢書二十七種　（清）蔣光煦編　民國武林竹簡齋據清道光海昌蔣氏刻本影印本　二十四冊

330000－1716－0020055　集補 0007－49/20055　集部/小說類/長篇之屬

繪圖增像第五才子書水滸全傳□□卷七十回　（元）施耐庵撰　（清）金人瑞評釋　民國石印本　二冊　存二卷（三、七）

330000－1716－0020059　集補 0007－50/20059　集部/小說類/長篇之屬

繪圖增像第五才子書水滸全傳□□卷七十回　（元）施耐庵撰　（清）金人瑞評釋　民國石印本　二冊　存二卷（二、四）

330000－1716－0020064　經補 0074/20064　經部/小學類/文字之屬/字書/字典

攷正玉堂字彙四卷　（清）知足子編　民國上海天南書局石印本　一冊　存一卷（一）

330000－1716－0020065　集補 0007－51/20065　集部/小說類/長篇之屬

繪圖增像第五才子書水滸全傳□□卷七十回　（元）施耐庵撰　（清）金人瑞評釋　民國石印本　二冊　存二卷（三、六）

330000－1716－0020067　地獻 1388/20067　子部/宗教類/道教之屬

梓潼帝君陰隲文注證新編四卷　（清）馮勸撰　民國九年（1920）馮振怡鉛印本　二冊

330000－1716－0020068　經補 0075/20068　經部/小學類/文字之屬/字書/字典

新體學生大字典十二卷　秦同培輯　民國上海世界書局石印本　一冊　存六集（一至六）

330000－1716－0020069　集補 0007－52/20069　集部/小說類/長篇之屬

繪圖增像第五才子書水滸全傳十卷七十回　（元）施耐庵撰　（清）金人瑞評釋　民國石印本　二冊　存三卷（六、九至十）

330000－1716－0020070　經補 0076/20070　經部/小學類/文字之屬/字書/字體

漢碑隸體舉要不分卷　（清）蔣和撰　潘浚書　民國七年（1918）上海商務印書館石印本　一冊

330000－1716－0020071　子補 3457－25/20071　子部/宗教類/佛教之屬/經咒

白衣大士神咒一卷　民國北京中央刻經院鉛印本　一冊

330000－1716－0020073　子補 3457－26/20073　子部/宗教類/佛教之屬/經咒

白衣大士神咒一卷　民國北京中央刻經院鉛印本　一冊

330000－1716－0020075　地獻 1391/20075　子部/藝術類/書畫之屬

經頤淵金石詩書畫合集三種　經亨頤撰　民國二十五年（1936）上海中華書局影印本暨鉛印本　二冊

330000－1716－0020076　子補 3457－28/20076　子部/宗教類/佛教之屬/經咒

白衣大士神咒一卷　民國十一年（1922）上海怡春堂石印本　一冊

330000－1716－0020080　集補 0007－53/20080　集部/小說類/長篇之屬
繪圖增像第五才子書水滸全傳七十回引首一回　(元)施耐庵撰　(清)金人瑞評釋　民國鉛印本　四冊　存三十五回(二十三至五十七)

330000－1716－0020081　子補 3457－29/20081　子部/宗教類/佛教之屬/經咒
白衣大士神咒一卷　民國十一年(1922)上海怡春堂石印本　一冊

330000－1716－0020084　子補 0081－27/20084　子部/儒家類/儒學之屬/蒙學
新增繪圖幼學故事瓊林四卷首一卷　(清)程登吉撰　(清)鄒聖脈增補　民國八年(1919)上海鴻寶齋石印本　張志杲題簽　四冊

330000－1716－0020085　經補 0078/20085　經部/小學類/文字之屬/字書/字體
隸字彙十卷　(清)項懷述編録　民國十二年(1923)上海掃葉山房石印本　四冊

330000－1716－0020086　子補 0504－1/20086　子部/雜著類
玉歷至寶鈔勸世一卷附經驗神效良方一卷　王子達重編　民國上海宏大善書局石印本　一冊

330000－1716－0020089　經補 0079/20089　經部/小學類/文字之屬/字書/字體
隸字彙十卷　(清)項懷述編録　民國二十四年(1935)上海掃葉山房石印本　三冊　缺三卷(三至五)

330000－1716－0020090　子補 0504－2/20090　子部/雜著類
玉歷至寶鈔勸世一卷附經驗神效良方一卷　王子達重編　民國上海宏大善書局石印本　一冊

330000－1716－0020093　子補 0504－3/20093　子部/雜著類
玉歷至寶鈔勸世一卷附經驗神效良方一卷　王子達重編　民國上海宏大善書局石印本　一冊

330000－1716－0020096　子補 2666/20096　子部/宗教類/其他宗教之屬/基督教
讀馬可福音識字法不分卷　民國六年(1917)鉛印本　一冊

330000－1716－0020098　子補 0081－25/20098　子部/儒家類/儒學之屬/蒙學
新增繪圖幼學故事瓊林四卷首一卷　(清)程登吉撰　(清)鄒聖脈增補　民國上海鴻寶齋石印本　馬筱堂題記　一冊

330000－1716－0020101　子補 0505－1/20101　子部/雜著類
玉歷至寶鈔勸世一卷附經驗神效良方一卷　王子達重編　民國上海宏大善書局石印本　一冊

330000－1716－0020102　子補 0081－26/20102　子部/儒家類/儒學之屬/蒙學
新增繪圖幼學故事瓊林四卷首一卷　(清)程登吉撰　(清)鄒聖脈增補　民國四年(1915)上海鴻寶齋石印本　三冊　缺一卷(一)

330000－1716－0020103　子補 0505－2/20103　子部/雜著類
玉歷至寶鈔勸世一卷附經驗神效良方一卷　王子達重編　民國上海宏大善書局石印本　一冊

330000－1716－0020106　子補 0506/20106　子部/雜著類
玉歷至寶鈔勸世一卷附經驗神效良方一卷　王子達重編　民國上海宏大善書局石印本　一冊

330000－1716－0020107　經補 0081/20107　子部/藝術類/書畫之屬/法帖
草字彙十二卷附補　(清)石梁集　民國石印本　五冊　缺二卷(子、丑)

330000－1716－0020112　子補 0202－7/20112　子部/醫家類/類編之屬
陳修園醫書四十八種　(清)陳念祖等撰　民國石印本　二冊　存十二種